5급

차이나는 중국어 HSK

저자
양영호, 이창재, 권용중, 마연

최신 기출 경향 반영
혼자 해도 한달 완성

○ 怎么? ──────────── 체계적 학습을 위한 완벽 분석 〈출제 원리와 공략법〉
정답률을 높여 주는 〈기출문제 분석〉 | 시험장까지 이어지는 문제 풀이의 감 〈실전 연습 문제〉
꼭 나오는 주제별 어휘만 쏙쏙 〈빈출 어휘 정리〉 | 완벽한 쓰기를 위한 〈모범 작문 통암기〉

사람in

5급
차이나는 중국어 HSK

차이나는 중국어 HSK 5급

지은이 | 양영호, 이창재, 권용중, 마연
초판 1쇄 인쇄 | 2017년 9월 13일
초판 1쇄 발행 | 2017년 9월 19일

발행인 | 박효상
총괄이사 | 이종선
편집장 | 김 현
편집 | 박혜민
디자인 | 김보연
마케팅 | 이태호, 이전희
디지털콘텐츠 | 이지호
관리 | 김태옥

교정 및 조판 | 양정희

종이 | 월드페이퍼 **인쇄·제본** | 현문자현

출판등록 | 제10-1835호
발행처 | 사람in
주소 | 04034 서울시 마포구 양화로11길 14-10(서교동) 4F
전화 | 02) 338-3555(代) **팩스** | 02) 338-3545
E-mail | saramin@netsgo.com
Homepage | www.saramin.com

:: 책값은 뒤표지에 있습니다.
:: 파본은 바꾸어 드립니다.

ⓒ 양영호 2017

ISBN 978-89-6049-644-6 14720
     978-89-6049-642-2 (세트)

사람이 중심이 되는 세상, 세상과 소통하는 책 **사람in**

5급

차이나는 중국어 HSK

머리말

안녕하세요, 〈차이나는 중국어 HSK 4급〉의 대표 저자 양영호입니다.

○ 이 책의 집필 원칙에 관하여

본 교재는 집필을 시작할 때부터 줄곧 세 개의 원칙을 가지고 있었습니다.

첫째, 정확한 출제 원리를 알기 쉽게 소개하고 최적화된 풀이 방법을 안내한다.

둘째, 단순히 풀이법 습득에만 머물지 않고, 실질적으로 중국어 실력 향상에 필요한 단어를 외울 수 있도록 한다.

셋째, 학습 과정을 통해 합격과 고득점이 자연스럽게 따라오도록 한다.

오랜 시간의 연구와 무수한 시도, 수차례 수정을 통해서 이 책이 마무리되어 갈 무렵, 감히 위 세 가지 목표를 90% 이상 실현시킬 수 있겠다는 자신감을 갖게 되었습니다.

○ 이 책의 구성에 관하여

이 책의 구성은 크게 〈출제 원리와 공략법〉 → 〈기출문제 분석〉 → 〈전략 학습〉 → 〈실전 연습 문제〉로 이루어져 있습니다. 〈출제 원리와 공략법〉을 통해서 실제로 문제가 출제되는 원리와 특징을 이해하게 하였고, 〈기출문제 분석〉에서는 시험에 나온 기출문제를 직접 풀어 봄으로써 문제 유형을 탐색하고, 〈전략 학습〉에서는 문제 풀이에 필요한 핵심 어휘, 핵심 어법, 주의사항 등을 소개하였으며, 혼자서는 알기 어려운 알짜배기 풀이 '꿀팁'을 담았습니다. 이어서 〈실전 연습 문제〉에서는 앞에서 배운 내용을 실제로 적용시켜 보고 본인의 실력을 점검할 수 있도록 하였습니다.

○ 이 책의 남다른 특징에 관하여

이 책에는 또 다른 중요한 특징들이 있는데요. 바로 〈단어 확인 테스트〉, 〈필수 어휘 급수 표시〉와 〈핵심 내용 볼드 처리〉입니다. 〈단어 확인 테스트〉는 비록 많은 지면을 할애하더라도 포기할 수 없는 부분이었는데요. 왜냐하면 언어 시험의 본질은 결국 '단어 암기'이기 때문입니다. 많은 교재들에서는 단어 암기 장치를 일부만 살짝 다루거나 심지어 '구경'하기로만 끝내는 경우가 많은데요. 본 교재는 이 문제를 근본적으로 해결하기 위해 '듣기 영역'의 〈전략 학습〉 부분에서 '화제별 빈출 단어'를 학습한 후, 〈확인 테스트〉를 통해 핵심 단어를 전면적으로 테스트할 수 있도록 하였습니다.

〈필수 어휘 급수 표시〉는 어휘란의 필수 단어에 [4급], [5급], [6급]과 같이 HSK 해당 급수를 표시하여 우선 암기 단어를 지정해 놓았습니다. 〈핵심 내용 볼드 처리〉는 모든 설명에서 핵심이 되는 내용에 **볼드 처리**(굵고 진하게 강조하는 것)를 하여, 효율적으로 읽고 이해할 수 있도록 하였습니다.

○ 부록 단어장에 대하여

부록으로 들어간 단어장은 부록이라는 말이 무색할 정도록 분량이 많은 편이지만 그만큼 다양한 내용으로 체계적으로 구성하였습니다. '단어 - 발음 - 뜻'이라는 기본적인 구조에서 한 발 더 나아가 풍부한 예문, 빈출도 높은 호응구, 꿀팁과 어휘 비교를 추가하여 한층 더 효율적인 학습을 유도하고 있습니다.

○ 감사의 마음을 전하며

끝으로 아직 '미생'이지만 필자를 강사로 이끌어 주신 장석민 선생님, 왕필명 선생님, 이장우 선생님, 그리고 좋은 동료와 선생님들께 진심으로 감사의 마음을 전합니다. 또한 좋은 책이 나올 수 있도록 마감 날짜를 상습적으로 어기는 것도 기꺼이 이해하고 지원해 주신 〈사람in〉 출판사 박효상 사장님, 그리고 늘 합리적이고 창의적인 아이디어로 교재의 완성도를 높여 주신 양정희 편집자님께 깊은 감사의 마음을 전합니다.

대표 저자 **양영호**

차례

이 책의 구성과 특징 | HSK란? | HSK 5급이란? | HSK 5급 영역별 풀이법과 학습법

듣기

● 듣기 1부분 : 대화 듣고 질문에 답하기

출제 원리와 공략법　　　　　　　　　　18

1. 장소
기출문제 분석　　　　　　　　　　　　19
전략 학습 : 화제별 빈출 어휘　　　　　　21
실전 연습 문제　　　　　　　　　　　　32

2. 비즈니스
기출문제 분석　　　　　　　　　　　　33
전략 학습 : 화제별 빈출 어휘　　　　　　35
실전 연습 문제　　　　　　　　　　　　42

3. 주택 • 가정 • 일상
기출문제 분석　　　　　　　　　　　　43
전략 학습 : 화제별 빈출 어휘　　　　　　45
실전 연습 문제　　　　　　　　　　　　53

4. 전자 기기(컴퓨터 • 인터넷 • 핸드폰)
기출문제 분석　　　　　　　　　　　　54
전략 학습 : 화제별 빈출 어휘　　　　　　56
실전 연습 문제　　　　　　　　　　　　62

5. 여가 • 오락
기출문제 분석　　　　　　　　　　　　63
전략 학습 : 화제별 빈출 어휘　　　　　　65
실전 연습 문제　　　　　　　　　　　　72

6. 음식
기출문제 분석　　　　　　　　　　　　73
전략 학습 : 화제별 빈출 어휘　　　　　　75
실전 연습 문제　　　　　　　　　　　　83

7. 쇼핑
기출문제 분석　　　　　　　　　　　　84
전략 학습 : 화제별 빈출 어휘　　　　　　86
실전 연습 문제　　　　　　　　　　　　91

8. 건강
기출문제 분석　　　　　　　　　　　　92
전략 학습 : 화제별 빈출 어휘　　　　　　94
실전 연습 문제　　　　　　　　　　　102

9. 심리 • 태도
기출문제 분석　　　　　　　　　　　103
전략 학습 : 화제별 빈출 어휘　　　　　105
실전 연습 문제　　　　　　　　　　　112

10. 교육 • 의복 • 행사 • 날씨 • 직업
기출문제 분석　　　　　　　　　　　113
전략 학습 1 : 화제별 빈출 어휘　　　　115
전략 학습 2 : 화제별 빈출 어휘　　　　121
실전 연습 문제　　　　　　　　　　　127

● 듣기 2부분 : 단문 듣고 질문에 답하기

출제 원리와 공략법　　　　　　　　　128
기출문제 분석 1 : 이야기 지문　　　　　129
기출문제 분석 2 : 설명문 지문　　　　　132
전략 학습 1 : 문제 구성과 풀이법　　　　136
전략 학습 2 : '주체 찾기' 관련 빈출 선택지　138
실전 연습 문제　　　　　　　　　　　141

독해

● 독해 1부분 : 빈칸 채우기

출제 원리와 공략법	144
기출문제 분석 1 : 일화·우화	145
전략 학습 1 : 품사별 풀이법	148
기출문제 분석 2 : 설명문	152
전략 학습 2 : '주접 부대' 활용하기	156
전략 학습 3 : 5급 필수 어휘 우선 순위 685	162
단골 동사 142	162
단골 명사 311	166
단골 형용사 161	172
기타 73(부사, 양사, 개사, 접속사)	176
실전 연습 문제 1	178
실전 연습 문제 2	179
실전 연습 문제 3	180
실전 연습 문제 4	181

● 독해 2부분 : 단문 읽고 내용 일치 고르기

출제 원리와 공략법	182
기출문제 분석	183
전략 학습 1 : 주제 빨리 찾기	187
전략 학습 2 : 단골 오답 유형	193
전략 학습 3 : 단골 선택지	197
실전 연습 문제 1	201
실전 연습 문제 2	202
실전 연습 문제 3	203
실전 연습 문제 4	204
실전 연습 문제 5	205

● 독해 3부분 : 장문 읽고 질문에 답하기

출제 원리와 공략법	206
기출문제 분석	207
전략 학습 1 : 선별식 독해	211
전략 학습 2 : 유형별 풀이법	212
실전 연습 문제 1	224
실전 연습 문제 2	225
실전 연습 문제 3	226
실전 연습 문제 4	227
실전 연습 문제 5	228

쓰기

● 기초 어법 다지기 : 품사와 문장 성분　230
품사　232
문장 성분　234

● 쓰기 1부분 : 어순에 맞게 배열하기
출제 원리와 공략법　238

1. 형용사 술어문 • 주술 술어문
주요 내용　239
기출문제 분석　241
전략 학습 1 : 형용사 술어문과
　　　　　　주술술어문의 특징　242
전략 학습 2 : 난이도가 높은 형용사들　247
실전 연습 문제　253

2. 동사 술어문
주요 내용　254
기출문제 분석　255
전략 학습 : 동사 술어문의 특징　255
실전 연습 문제 1　270
실전 연습 문제 2　271

3. 把자문
주요 내용　272
기출문제 분석　273
전략 학습 : 把자문의 특징　274
실전 연습 문제　282

4. 被자문
주요 내용　283
기출문제 분석　284
전략 학습 : 被자문의 특징　285
실전 연습 문제　292

5. 존현문
주요 내용　293
기출문제 분석　294
전략 학습 : 존현문의 특징　295
실전 연습 문제　300

6. 부사
주요 내용　301
기출문제 분석　302
전략 학습 : 부사의 특징　302
실전 연습 문제 1　324
실전 연습 문제 2　325
실전 연습 문제 3　326

7. 개사(전치사)
주요 내용　327
기출문제 분석　328
전략 학습 : 개사의 특징　328
실전 연습 문제 1　338
실전 연습 문제 2　339

8. 부사어(부사, 형용사, 개사, 조동사)
주요 내용　340
기출문제 분석　341
전략 학습 : 부사어의 특징　342
실전 연습 문제 1　350
실전 연습 문제 2　351

9. 是자문 • 관형어
주요 내용　352
기출문제 분석　353
전략 학습 : 是자문과 관형어의 특징　353
실전 연습 문제 1　365
실전 연습 문제 2　366

10. 보어
주요 내용　367
기출문제 분석 : 정태보어　368
전략 학습 : 보어의 특징　369
실전 연습 문제　382

11. 기타 주요 출제 유형 모음

〈是~的〉 관련 문제   **383**
〈연동문〉 관련 문제   **389**
〈겸어문〉 관련 문제   **392**
〈有자문〉 관련 문제   **396**
〈비교문〉 관련 문제   **398**
〈帮〉 관련 문제   **403**
〈주어〉 관련 문제   **404**
〈了〉 관련 문제   **407**
실전 연습 문제   **411**

● 쓰기 2부분 : 80자 내외 작문하기

출제 원리와 공략법   **412**
기출문제 분석 1 : 99번 제시어 분석 작문   **414**
전략 학습 1 : 99번 제시어 분석 작문   **416**
기출문제 분석 2 : 100번 사진 분석 작문   **439**
전략 학습 2 : 100번 사진 분석 작문   **441**

▶ 주요 단어 직접 써 보기 훈련   **473**

실전 연습 문제 1   **480**
실전 연습 문제 2   **481**
실전 연습 문제 3   **482**
실전 연습 문제 4   **483**
실전 연습 문제 5   **484**

작문 통암기

테마별 모범 작문 통암기 33선   **486**

실전 모의고사

듣기   **500**
독해   **504**
쓰기   **514**

답안 카드 성적표 샘플

답안 카드   **518**
성적표 샘플   **520**

이 책의 구성과 특징

본책

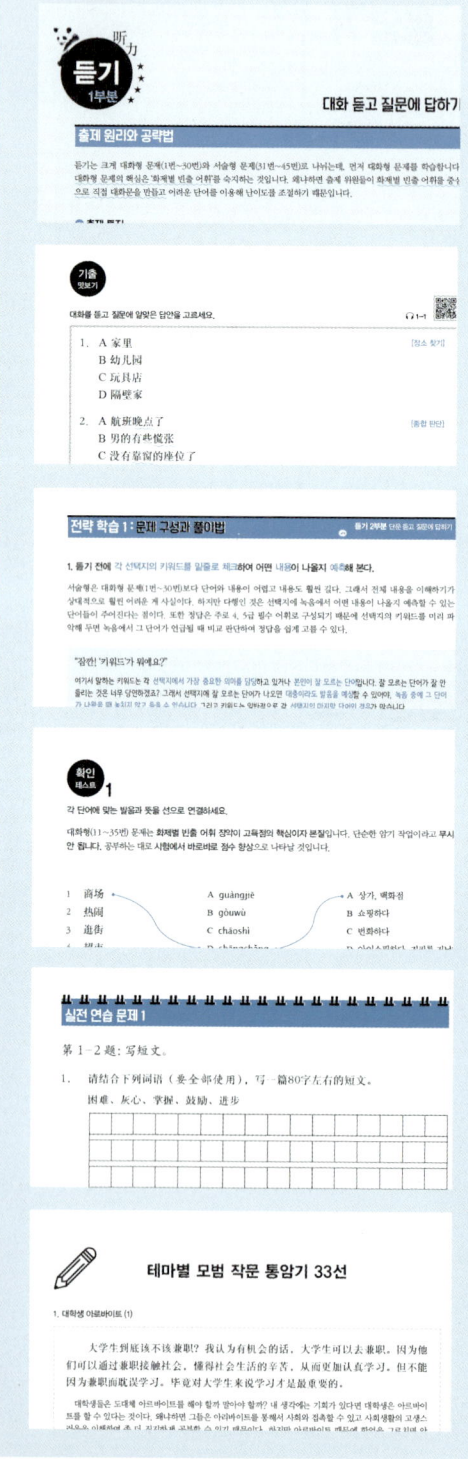

● **출제 원리와 공략법**

각 영역별 학습을 시작하기 전에 해당 영역 문제의 출제 원리를 이해하고 문제를 잘 풀기 위한 방법을 소개합니다. 학생들이 자주 하는 질문과 선생님이 알려 주는 해결책을 통해 1:1로 지도 받듯이 꼼꼼한 학습 방향을 제시합니다.

● **기출문제 분석**

기출문제를 풀어보며 문제 유형을 익히고 문제 풀이를 통해 풀이 감각을 익힙니다.

● **전략 학습**

학습해야 할 주요 내용을 제시합니다. 문제 풀이에 필요한 핵심 어휘, 핵심 어법, 주의사항 등을 소개하고, '꿀팁'을 통해 혼자서는 알기 어려운 알짜배기 풀이 스킬을 알려 줍니다.

● **단어 확인 테스트**

화제별로 정리된 빈출 단어를 발음과 뜻을 연결하며 놀이하듯 외울 수 있도록 하였습니다. 확 높아진 5급 어휘 장벽을 쉽고 빠르게 적응할 수 있도록 도와 줍니다.

● **실전 연습 문제**

앞에서 학습한 내용들을 토대로 직접 문제를 풀어 봄으로써 자신의 실력을 검증해 보고, 또한 이를 통해 실력을 향상시키도록 합니다.

● **작문 통암기**

〈쓰기 2부분〉에서 모범 작문으로 나온 문장들을 테마별로 모았습니다. 모범 작문 통암기를 통해 난이도가 높은 〈쓰기 2부분〉에 대비할 수 있습니다.

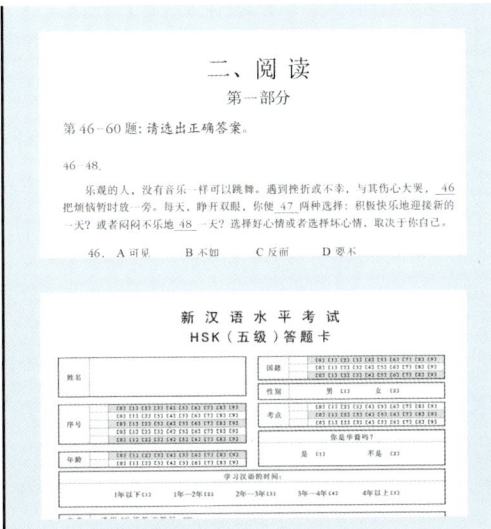

● **실전 모의고사**

실제 시험과 같은 형태로 구성된 모의고사를 풀어 보면서 마지막으로 자신의 실력을 다시 한 번 점검해 볼 수 있습니다. 실제 시험처럼 철저하게 시간을 지켜서 문제를 풀어 봅니다.

● **답안 카드, 성적표 샘플**

실전 모의고사를 풀 때는 실제 시험에서 사용되는 답안 카드 샘플 사용함으로써 시험에 대한 적응력을 높이도록 합니다.

해설집

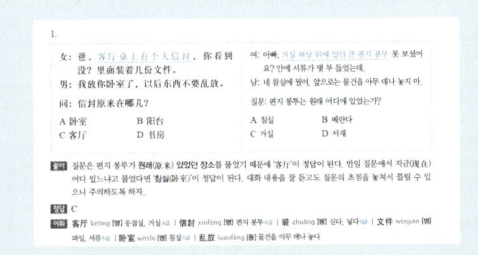

각 영역별 〈실전 연습 문제〉와 〈실전 모의고사〉에 대한 정답과 해석, 풀이를 별책으로 따로 모았습니다. 풀이를 보면서 문제 풀이 방식을 체계적으로 학습할 수 있습니다.

단어장

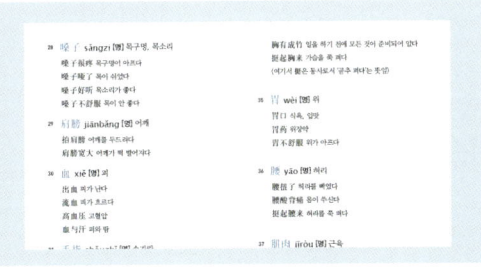

HSK 5급 필수 어휘 1300개를 모았습니다. 풍부한 예문, 빈출도 높은 호응구, 꿀팁과 어휘 비교로 효율적인 학습을 유도하고 있습니다.

〈차이나는 중국어 HSK 5급〉은 **본책** + **해설집** + **단어장** 총 세 권으로 구성되어 있습니다. 듣기 영역 문제 풀이에 필요한 녹음은 〈사람in〉 출판사 홈페이지(www.saramin.com)에서 MP3를 다운 받아 사용할 수 있습니다.

본책   해설집   단어장   MP3 다운

HSK란?

HSK는 한어수평고시(汉语水平考试) 한어 병음(Hànyǔ Shuǐpíng Kǎoshì)의 약자로, 제1언어가 중국어가 아닌 사람의 중국어 능력을 평가하기 위해 만들어진 중국 정부 유일의 국제 중국어 능력 표준화 고시입니다. 생활, 학습, 업무 등 실생활에서의 중국어 운용 능력을 중점적으로 평가하며, 중국 정부 기구인 중국국가한반(中国国家汉办)이 중국 교육부령에 의거, 출제·채점 및 성적표를 발급합니다.

HSK 시험 종류

HSK는 'HSK 1급~6급' 시험과 'HSKK 초급·중급·고급 회화' 시험으로 나뉘어 시행되며, 각각 독립적으로 실시되므로 해당 등급에 대해 개별적으로 응시할 수 있습니다. HSK는 HSK6급, HSK5급, HSK4급, HSK3급과 중국어 입문자를 위한 HSK2급, HSK1급으로 각각 실시됩니다.

HSK 시험 일정

1급~6급까지의 시험은 1달에 1번 꼴로 실시되며, HSK정기 시험과 관련된 모든 공지 사항은 HSK 한국사무국 홈페이지(www.hsk.or.kr)를 통하여 공지됩니다.

HSK 시험 방법

HSK 지필 시험(纸笔考试) : 종이 시험지와 답안 카드를 사용하여 진행하는 시험
HSK IBT 시험(网络考试) : 컴퓨터를 사용하여 진행하는 온라인 시험

HSK 용도

중국 대학(원) 입학·졸업 시 평가 기준
한국 대학(원) 입학·졸업 시 평가 기준
중국 정부 장학생 선발 기준
한국 특목고 입학 시 평가 기준
교양 중국어 학력 평가 기준
각급 업체 및 기관의 채용·승진을 위한 기준

HSK 유효 기간

시험일로부터 2년간 유효합니다.

HSK 성적 조회 및 성적표 발송

인터넷 성적 조회는 시험일로부터 1개월 후이며, HSK 성적표는 '시험일로부터 45일 이후' 발송됩니다. 성적표 수령 방법은 우편, 방문 두 가지입니다.

HSK 5급이란?

HSK 5급은 응시자의 중국어 응용 능력을 평가하는 시험입니다. 이 시험의 수준은 《국제 중국어 능력 기준》 5급과, 《유럽 공통 언어 참조 프레임(CEF)》 C1급에 해당합니다. HSK 5급에 합격한 응시자는 중국어 신문과 잡지를 읽을 수 있고, 중국어 영화 또는 TV프로그램을 감상할 수 있습니다. 또한 중국어로 비교적 완전한 연설을 진행할 수 있습니다.

응시 대상

HSK 5급은 매주 2~4시간씩 2년 이상(400시간 이상) 집중적으로 중국어를 학습하고, 2,500개의 상용 어휘와 관련 어법 지식을 마스터한 학습자를 대상으로 합니다.

문제 구성과 배점

HSK 5급은 총 100문제로 듣기, 독해, 쓰기 세 영역으로 나눕니다.

5급 HSK 문제 구성					시간	점수
응시자 개인 정보 기재					5분	/
听力 듣기	제1부분	20문항	45문항	대화 듣고 질문에 답하기	약 30분	100점
	제2부분	25문항		단문 듣고 질문에 답하기		
듣기 영역에 대한 답안 카드 마킹 시간					5분	/
阅读 독해	제1부분	15문항	45문항	빈칸 채우기	45분	100점
	제2부분	10문항		단문 읽고 내용 일치 고르기		
	제3부분	20문항		장문 읽고 질문에 답하기 (1지문당 4문제 정답 찾기)		
书写 쓰기	제1부분	8문항	10문항	어순에 맞게 배열하기	40분	40점
	제2부분	2문항		80자 내외 작문하기		60점
총 100문항					약 120분	300점

※ 듣기 녹음이 끝난 후에는 별도로 5분간의 답안 카드 마킹 시간이 있습니다. 이때는 규정상 독해로 넘어갈 수 없습니다.

※ 독해와 쓰기 부분에서는 듣기와는 달리 답안 마킹 시간이 따로 없습니다. 문제를 풀면서 틈틈이 답안 카드에 마킹을 해야 합니다. 간혹 문제 풀이에만 정신이 팔려 답안 카드를 작성할 시간이 부족할 때가 있으니 주의해야 합니다.

※ HSK 5급 성적표에는 듣기, 독해, 쓰기 세 영역의 점수와 총점이 기재됩니다. 총점 300점에서 본인의 총합 점수가 180점 이상이면 합격으로 간주되며, 230점 전후의 점수를 받는다면 6급에 도전할 수 있을 정도의 실력이 됩니다.

HSK 5급 영역별 풀이법과 학습법

듣기

	문제 유형	풀이법	평소 학습법
听力	제1, 2부분 대화 듣고 질문에 답하기 (대화형)	• 녹음이 나오기 전 선택지의 키워드 체크 후 대강의 내용 예측하기 • 종합 판단 혹은 들리는 단어 위주의 정답 선택하기	• 화제별 빈출 어휘 숙지하기 • 받아쓰기 연습하기
	제2부분 단문 듣고 질문에 답하기 (서술형)	• 녹음이 나오기 전 선택지 미리 체크 후 대강의 내용 예측하기 • 종합 판단 혹은 들리는 단어 위주의 정답 선택하기 • 힌트의 순차적인 배치 이해하기	• 주제와 중심 내용 듣기 • 종합 추리력 배양하기 • 받아쓰기 연습하기

독해

	문제 유형	풀이법	평소 학습법
阅读	제1부분 빈칸 채우기	• 호응 관계를 따져 정답 고르기 • 문맥과 주제를 고려하여 정답 고르기	• 5급 필수 어휘 우선 순위 685개 뜻 암기하기 • 호응구 위주의 단어 암기 • 평소 지문을 정독하고 호응구 정리하기
	제2부분 단문 읽고 내용 일치 고르기	• 주제 중심으로 정답 고르기 • 특정 단어를 활용한 선별식 독해로 신속하게 문제 풀기 • 상식을 배제하고 지문 속 근거를 가지고 정답 확정하기	• 평소에 주제나 중심 내용 찾기 훈련하기 • 선별식 독해를 결정하는 특정 단어 숙지하기 • 오답 선택지의 특징 이해하기
	제3부분 장문 읽고 질문에 답하기 (1지문 4문제 정답 찾기)	• 먼저 질문의 키워드 확정 후, 관련 내용을 지문에서 신속하게 찾기 • 특정 단어를 활용한 선별식 독해로 신속하게 풀기 • 마지막 단락에서 대강의 주제를 파악한 후 문제 풀기 • 힌트의 순차적 노출 특징 이해하기	• 마지막 단락의 해석을 통한 신속한 주제 파악과 속독 훈련하기 • 한 문장 한 문장 정독으로 이해력 높이기 • 문제 유형별 풀이 방법 습득하기

쓰기

	문제 유형	풀이법	평소 학습법
书写	제1부분 어순에 맞게 배열하기	• 〈술어 → 목적어/주어 → 기타〉 순서로 정리하기 • 동사나 형용사를 술어로 만들기 • 동사 뒤에는 목적어를 취하기 • 〈(관형어) + S + (부사어) + V + (보어) + (관형어) + O〉의 어순 따르기 ▶ S : 주어 / V : 술어 / O : 목적어	• 문장 유형별 출제 원리 이해하기 • 문장 통암기로 어감 배양하기 • 동목구 위주로 단어 암기하기 • 5급 필수 어휘 1300개 뜻 암기하기
	제2부분 80자 내외 작문하기	• 〈S + V + O〉 위주의 간단한 문형으로 작문하기 • 제시어의 뜻과 품사에 근거하여 문장 만들기 • 사진 속 메시지가 잘 드러나도록 작문하기 • 보편적이고 공감 가는 내용으로 작문하기	• 5급 필수 어휘 우선 순위 685개 뜻 암기하기 • 호응구 위주의 단어 암기하기 • 〈S + V + O〉 위주의 간단한 문장 만들기 연습하기 • 시험 전 〈테마별 모범 작문 통암기 33선 (p.486)〉 외우기

1부분   **대화 듣고 질문에 답하기**
    1. 장소
    2. 비즈니스
    3. 주택·가정·일상
    4. 전자 기기(컴퓨터·인터넷·핸드폰)
    5. 여가·오락
    6. 음식
    7. 쇼핑
    8. 건강
    9. 심리·태도
    10. 교육·의복·행사·날씨·직업

2부분   **단문 듣고 질문에 답하기**

대화 듣고 질문에 답하기

출제 원리와 공략법

듣기는 크게 대화형 문제(1번~30번)와 서술형 문제(31번~45번)로 나뉘는데, 먼저 대화형 문제를 학습합니다. 대화형 문제의 핵심은 '화제별 빈출 어휘'를 숙지하는 것입니다. 왜냐하면 출제 위원들이 화제별 빈출 어휘를 중심으로 직접 대화문을 만들고 어려운 단어를 이용해 난이도를 조절하기 때문입니다.

● 출제 특징

- **문항 구성** : 남녀가 대화를 한 번씩 주고받는 〈듣기 1부분〉에서 20문제(1번~20번), 대화를 두 번씩 주고받는 〈듣기 2부분〉에서 10문제(21번~30번), 총 30문제가 출제된다.
- **대화 내용** : 비즈니스, 일상생활, 의복, 건강, 교육, 음식, 교통, 날씨 등과 관련해서 나오며 '비즈니스' 관련 문제가 가장 많이 출제된다.
- **선택지(A, B, C, D)** : 5급 단어가 주를 이루며 정답이 되는 선택지도 주로 5급 단어로 이루어진다. 4급 이하의 쉬운 단어가 나오기도 한다.

● 3단계 풀이법

[1단계] 각 선택지의 키워드나 생소한 단어를 밑줄이나 동그라미로 체크하고 대략적인 내용을 예상해 본다.
[2단계] 최대한 집중해서 녹음 내용을 듣는다.
[3단계] 대화 내용 이해를 통해 정답을 선택하고, 이해하지 못한 것은 대화에서 언급된 단어가 있는 선택지를 정답으로 고른다.

선택지 미리 보기 **집중해서 듣기** **종합 판단 혹은 들리는 단어를 정답으로 선택**

● 학생들이 가장 많이 하는 질문

> "선생님, 녹음이 이해가 안 돼요. 어떻게 하죠?"
>
> 기본기가 약한 상태에서는 선택지의 단어를 미리 체크하여 최대한 대화 내용을 예측해야 합니다. 그래도 내용 이해가 안 된다면 녹음에서 나온 단어가 있는 선택지가 정답이 될 확률이 높습니다. 왜냐하면 5급 듣기에서는 5급 필수 어휘 위주로 대화 내용과 선택지가 구성되기 때문입니다. 따라서 화제별 빈출 어휘만 잘 숙지한다면 전체 내용이 이해되지 않아도 쉽게 답을 맞힐 수가 있습니다. 물론 대화 내용이 다 이해되면 가장 좋겠죠.

● 학습 전략

- 화제별 빈출 어휘 숙지
- 신속하게 선택지의 키워드 파악하기 연습
- 1일 20분 받아쓰기를 통한 듣기 실력 향상

 신속, 정확한 풀이

❶ 장소

기출문제 분석

듣기 1부분 대화 듣고 질문에 답하기

대화를 들려 주고 장소가 어디인지를 묻는 문제가 가장 많이 출제됩니다. 따라서 **각각의 장소**에서 나올 수 있는 **관련 단어**를 많이 숙지하는 것이 이번 학습의 포인트입니다. '**기차**', '**호텔**'과 관련해서 가장 많이 출제되기 때문에 특히 **꼼꼼**하게 암기하도록 합니다.

■ 자주 나오는 질문 유형

장소 찾기

[질문 형태] 他们最可能在哪儿? 그들은 어디에 있을 가능성이 가장 큰가?

[풀이 비법] 대부분 대화 중 **직접적으로 언급된 장소를 고르면 정답**이 되는 유형이다. 간혹 두 개의 장소를 언급한 뒤 그중 하나를 고르게 하는 경우, 혹은 장소 언급 없이 관련 단어를 통해 유추하게 하는 경우가 있다.

종합 판단

[질문 형태] 根据对话，可以知道什么? 대화에 근거하여 무엇을 알 수 있는가?

根据这段话，下列哪项正确? 대화에 근거하여 아래에서 옳은 것은?

[풀이 비법] 대화의 전반적인 내용을 이해했는지 묻는 유형으로, **선택지**(A, B, C, D)에 '**男的**', '**女的**', '**他们**' 등의 단어가 나오면 '**종합 일치 문제**'임을 알아야 한다. 선택지가 비교적 길고 다양한 단어가 등장하기 때문에 **각 선택지의 키워드를 신속하게 체크**하고 이를 통해서 대화의 전체적인 내용을 이해할 수 있어야 한다.

키워드(핵심어) : 각 선택지에서 **가장 중요한 의미를 담당**하고 있는 단어로, 주로 **끝부분**에 있다.

기출
맛보기

대화를 듣고 질문에 알맞은 답안을 고르세요.   🎧 1-1

1. A 家里   [장소 찾기]
   B 幼儿园
   C 玩具店
   D 隔壁家

2. A 航班晚点了   [종합 판단]
   B 男的有些慌张
   C 没有靠窗的座位了
   D 男的把登机牌丢了

1.

녹음
女: 女儿呢？从幼儿园接回来了吗？
男: 她姥姥刚把她接回来，现在正在卧室里玩儿呢。
问: 女儿现在在哪儿？
A 家里
B 幼儿园
C 玩具店
D 隔壁家

해석
여: 딸은요? 유치원에서 데리고 왔어요?
남: 외할머니가 방금 전에 데리고 와서 지금은 침실에서 놀고 있어요.
질문: 딸은 지금 어디에 있는가?
A 집안
B 유치원
C 완구점
D 옆집

풀이 '유치원(幼儿园)'에서 데리고 와서(接回来) 침실(卧室)에서 놀고 있다고 했으므로 지금은 집에(家里) 있는 것이다. '卧室'를 듣고 '家'를 생각해 낼 수 있어야 한다.

정답 A

어휘 幼儿园 yòu'éryuán [명] 유치원 5급 | 接回来 jiēhuílái 데리고 오다 | 姥姥 lǎolao [명] 외할머니 5급 | 卧室 wòshì [명] 침실 5급 | 玩具店 wánjùdiàn [명] 완구점, 장난감 가게 5급 | 隔壁 gébì [명] 옆집, 이웃 5급

2.

녹음
男: 请问，是在这儿办理登机牌吗？
女: 对，请出示您的机票和护照。
男: 好的。最好给我一个靠窗的座位。
女: 对不起，现在没有靠窗的座位了。
问: 根据对话，可以知道什么？
A 航班晚点了
B 男的有些慌张
C 没有靠窗的座位了
D 男的把登机牌丢了

해석
남: 실례합니다만 여기서 탑승권을 처리하나요?
여: 네, 비행기표와 여권을 제시해 주세요.
남: 네. 제게 창가쪽 자리를 주면 가장 좋겠어요.
여: 죄송합니다만, 지금은 창가쪽 좌석이 없습니다.
질문: 대화에 근거하여 알 수 있는 것은 무엇인가?
A 비행기가 연착했다
B 남자는 약간 당황했다
C 창가쪽 좌석이 없다
D 남자는 탑승권을 잃어버렸다

풀이 지금은 창가쪽 자리(靠窗的座位)가 없다고 했으므로 C가 정답이 된다. 이 문제는 '靠窗(창가의)'라는 단어를 들을 수 있는가가 관건이다.

정답 C

어휘 办理 bànlǐ [동] 처리하다 5급 | 登机牌 dēngjīpái [명] 탑승권 4급 | 出示 chūshì [동] 제시하다 5급 | 机票 jīpiào [명] 비행기표, 항공권 | 护照 hùzhào [명] 여권 3급 | 靠 kào [동] 기대다, 접근하다 5급 | 座位 zuòwèi [명] 좌석, 자리 4급 | 航班 hángbān [명] 운항편, 항공편 4급 | 晚点 wǎndiǎn [동] 연착하다, 규정 시간보다 늦다 | 慌张 huāngzhāng [형] 당황하다, 허둥대다 5급

전략 학습 : 화제별 빈출 어휘

듣기 1부분 대화 듣고 질문에 답하기

'장소' 관련 화제별 빈출 어휘는 **모든 화제를 전반적으로 다룹니다**. 그래서 다른 화제보다 **내용이 비교적 많은데요**. 모든 화제마다 이처럼 많은 것은 아니니까 너무 겁먹지 마세요. 또한 뒤로 가면 같은 **단어가 반복적으로 나오기 때문에 미리 전체적으로 한번 훑는다**고 생각하고 가벼운 마음으로 학습하세요

먼저 정리된 단어를 전체적으로 훑어보면서 **모르거나** 다소 **생소**한 단어는 **체크(☑)**를 해 둡니다. 다 훑어보고 나면 **다시 처음으로 돌아와** 체크된 생소한 단어들을 다시 확인합니다. 그리고 **확인 테스트 1, 2** 풀이를 통해서 **확실하게 자신의 것**으로 만듭니다.

■ 장소

1	□ 客厅	kètīng	거실
2	□ 阳台	yángtái	베란다
3	□ 卧室	wòshì	침실
4	□ 房间	fángjiān	방
5	□ 抽屉	chōuti	서랍
6	□ 厨房	chúfáng	부엌
7	□ 书房	shūfáng	서재
8	□ 厕所	cèsuǒ	화장실
9	□ 车库	chēkù	차고
10	□ 隔壁	gébì	옆집

꿀팁 '이웃'의 뜻도 있지만 주로 '옆집'의 뜻으로 쓴다. '이웃'의 뜻으로는 '邻居 línjū'를 쓴다.

11	□ 邮局	yóujú	우체국
12	□ 法院	fǎyuàn	법원
13	□ 大厦	dàshà	빌딩, 고층 건물
14	□ 操场	cāochǎng	운동장
15	□ 宿舍	sùshè	기숙사
16	□ 包间	bāojiān	(음식점의) 룸
17	□ 广场	guǎngchǎng	광장
18	□ 餐厅	cāntīng	식당
19	□ 酒吧	jiǔbā	(서양식) 술집, 바

꿀팁 酒店 jiǔdiàn 호텔

20	□ 胡同	hútòng	골목

21	☐ 公寓	gōngyù	아파트
22	☐ 郊区	jiāoqū	(도시의) 변두리
23	☐ 郊外	jiāowài	교외
24	☐ 附近	fùjìn	부근, 근처
25	☐ 周围	zhōuwéi	주위

26	☐ 中心	zhōngxīn	중심, 센터
27	☐ 宴会厅	yànhuìtīng	연회장
28	☐ 幼儿园	yòu'éryuán	유치원
29	☐ 洗手间	xǐshǒujiān	화장실
30	☐ 卫生间	wèishēngjiān	화장실

31	☐ 地下室	dìxiàshì	지하실
32	☐ 实验室	shíyànshì	실험실
33	☐ 健身房	jiànshēnfáng	헬스장
34	☐ 大使馆	dàshǐguǎn	대사관
35	☐ 候车室	hòuchēshì	(기차나 버스의) 대합실

36	☐ 候机室	hòujīshì	(공항의) 대합실
37	☐ 博物馆	bówùguǎn	박물관
38	☐ 玩具店	wánjùdiàn	완구점, 장난감 가게

■ **자동차·지하철**

| 39 | ☐ 加油站 | jiāyóuzhàn | 주유소 |
| 40 | ☐ 出租车 | chūzūchē | 택시(出租汽车) |

41	☐ 公交车	gōngjiāochē	버스(公共汽车)
42	☐ 摩托车	mótuōchē	오토바이
43	☐ 地铁	dìtiě	지하철
44	☐ 晕车	yùnchē	차멀미하다
45	☐ 驾照	jiàzhào	운전면허증

46	☐ 考驾照	kǎo jiàzhào	운전면허 시험을 보다
47	☐ 驾校	jiàxiào	운전면허 학원
48	☐ 驾驶	jiàshǐ	운전/조종/운항하다
49	☐ 酒后驾驶	jiǔhòu jiàshǐ	음주 운전하다
50	☐ 疲劳驾驶	píláo jiàshǐ	졸음 운전하다

꿀팁 우리말에서는 '졸음 운전'이라고 하지만, 중국어로는 '피곤한(疲劳) 상태에서 운전하다(驾驶)'라고 표현한다.

| 51 | ☐ 轮流驾驶 | lúnliú jiàshǐ | 교대로 운전하다 |

꿀팁 '轮流'는 '교대로 하다'는 뜻의 '5급 필수 어휘'이다.

52	☐ 超速行驶	chāosù xíngshǐ	과속 운전하다
53	☐ 掉头	diàotóu	유턴하다, 방향을 되돌리다
54	☐ 倒车	dǎochē	환승하다

꿀팁 倒车 dàochē 후진하다

| 55 | ☐ 闯红灯 | chuǎng hóngdēng | 신호 위반을 하다 |

꿀팁 闯 chuǎng 뛰어들다

56	☐ 罚款	fákuǎn	벌금(을 부과하다)
57	☐ 堵车	dǔchē	차가 막히다
58	☐ 拥挤	yōngjǐ	붐비다, 혼잡하다
59	☐ 赶不上	gǎnbushàng	(차 시간을) 따라잡을 수 없다
60	☐ 来不及	láibují	늦었다, 시간이 안 되다

61	☐ 汽油	qìyóu	휘발유, 가솔린
62	☐ 附近	fùjìn	부근, 근처
63	☐ 交通卡	jiāotōngkǎ	교통 카드
64	☐ 充钱	chōngqián	(교통 카드 등에) 요금을 충전시키다
65	☐ 服务区	fúwùqū	고속 도로 휴게소

66	☐ 路面很滑	lùmiàn hěn huá	길이 미끄럽다
67	☐ 高速公路	gāosù gōnglù	고속 도로
68	☐ 走高速	zǒu gāosù	고속 도로로 가다

■ 기차

69	☐ 列车	lièchē	열차
70	☐ 车厢	chēxiāng	(기차의) 객실
71	☐ 餐车	cānchē	(기차의) 식당칸
72	☐ 乘务员	chéngwùyuán	승무원
73	☐ 减速	jiǎnsù	감속하다, 속도를 줄이다
74	☐ 停靠	tíngkào	잠시 머물다, 정거하다
75	☐ 硬座	yìngzuò	(기차의) 일반 좌석
76	☐ 软座	ruǎnzuò	(기차의) 우등 좌석
77	☐ 硬卧	yìngwò	(기차의) 일반 침대석
78	☐ 软卧	ruǎnwò	(기차의) 우등 침대석
79	☐ 暴雨天气	bàoyǔ tiānqì	폭우 날씨
80	☐ 天气恶劣	tiānqì èliè	날씨가 열악하다/나쁘다

■ 공항·비행기

81	☐ 机场	jīchǎng	공항
82	☐ 航班	hángbān	(배나 비행기의) 운항편, 항공편
83	☐ 起飞	qǐfēi	이륙하다
84	☐ 降落	jiàngluò	착륙하다
85	☐ 晚点	wǎndiǎn	연착하다(≒延误)
86	☐ 延误	yánwù	지연되다
87	☐ 登机	dēngjī	탑승하다
88	☐ 登机牌	dēngjīpái	탑승권
89	☐ 往返机票	wǎngfǎn jīpiào	왕복 항공권
90	☐ 安检	ānjiǎn	(공항에서의) 안전 검사
91	☐ 改签	gǎiqiān	비행기표를 변경하다
92	☐ 取消	qǔxiāo	취소하다, (비행기가) 결항되다

93	☐ 改期	gǎiqī	날짜를 변경하다
94	☐ 订机票	dìng jīpiào	항공권을 예매하다
95	☐ 有(大)雾	yǒu (dà) wù	(짙은) 안개가 끼다

| 96 | ☐ 办理登机手续 | bànlǐ dēngjī shǒuxù | 탑승 수속을 하다 |

꿀팁 办理~手续 ~ 수속을 밟다

| 97 | ☐ 飞往北京的航班 | fēiwǎng Běijīng de hángbān | 베이징행 비행기 |

꿀팁 飞往~ ~로 비행하다

■ 호텔

| 98 | ☐ 宾馆 | bīnguǎn | 호텔 |
| 98 | ☐ 饭店 | fàndiàn | 호텔, 식당 |

꿀팁 '饭馆'은 '식당', '食堂'은 '학교나 회사 안의 구내 식당'을 뜻한다.

| 100 | ☐ 酒店 | jiǔdiàn | 호텔 |

꿀팁 '酒馆'은 '술집', '酒吧'는 '서양식 술집'이나 '바(bar)'를 뜻한다.

| 101 | ☐ 标准间 | biāozhǔnjiān | 일반실 |
| 102 | ☐ 商务间 | shāngwù | 비즈니스실 |

꿀팁 일반실(标准间)보다 더 고급스러운 방으로 업무상 편의를 돕는 테이블 등의 설비가 갖춰져 있다.

103	☐ 豪华间	háohuájiān	스위트룸
104	☐ (预)订房间	(yù) dìng fángjiān	호텔(방을) 예약하다
105	☐ 办理入住手续	bànlǐ rùzhù shǒuxù	숙박 수속을 하다

꿀팁 '入住'는 '아파트 등에 입주하다'는 뜻 외에 '호텔에 투숙하다'는 뜻도 있다.

106	☐ 登记信息	dēngjì xìnxī	정보를 등록하다
107	☐ 提供早餐	tígōng zǎocān	아침을 제공하다
108	☐ 退房	tuìfáng	(호텔에서) 체크아웃하다
109	☐ 套间	tàojiān	특실
110	☐ 入住	rùzhù	숙박하다

| 111 | ☐ 单人间 | dānrénjiān | 1인실 |
| 112 | ☐ 双人间 | shuāngrénjiān | 2인실, 더블·트윈 룸 |

■ 우체국

113	邮局	yóujú	우체국
114	信封	xìnfēng	편지 봉투
115	挂号信	guàhàoxìn	등기 우편
116	寄信	jìxìn	편지를 부치다
117	邮票	yóupiào	우표
118	包裹	bāoguǒ	소포, 보따리, 싸다, 포장하다
119	快递员	kuàidìyuán	배달원

꿀팁 快递 kuàidì 택배, 퀵배송

120	签收	qiānshōu	수령했음을 서명하다, 수취인 서명하다

■ 병원

121	挂号	guàhào	(병원에서) 등록하다, 접수하다, (편지를) 등기로 부치다
122	医生	yīshēng	의사
123	大夫	dàifu	의사
124	护士	hùshi	간호사
125	看病	kànbìng	(의사가) 진찰하다, (환자가) 진찰 받다
126	治疗	zhìliáo	치료하다
127	心脏	xīnzàng	심장
128	手术	shǒushù	수술
129	风险	fēngxiǎn	위험, 리스크
130	打针	dǎzhēn	주사를 맞다, 주사를 놓다
131	开药方	kāi yàofāng	처방전을 쓰다
132	探病	tànbìng	병문안하다

꿀팁 '병문안하다'는 '看望病人'이라고 표현하기도 한다.

133	传染	chuánrǎn	전염하다, 전염시키다, 옮다

■ 은행

134	银行	yínháng	은행
135	存钱	cúnqián	저금하다, 예금하다(=存款)
136	取钱	qǔqián	인출하다(=取款)
137	取款机	qǔkuǎnjī	현금 지급기
138	存折	cúnzhé	예금 통장, 저금 통장
139	账户	zhànghù	(통장의) 계좌
140	开账户	kāi zhànghù	통장을 개설하다
141	输入	shūrù	입력하다
142	密码	mìmǎ	비밀번호
143	资金	zījīn	자금
144	投资	tóuzī	투자하다
145	贷款	dàikuǎn	대출(하다)
146	利息	lìxī	이자
147	利率	lìlǜ	이율
148	汇率	huìlǜ	환율
149	汇款	huìkuǎn	송금하다
150	到账	dàozhàng	입금되다
151	支票	zhīpiào	수표
152	股票	gǔpiào	주식
153	理财	lǐcái	재태크하다, 재산을 관리하다
154	黄金	huángjīn	황금

확인 테스트 1

각 단어에 맞는 발음과 뜻을 선으로 연결하세요.

대화형(1~30번) 문제는 **화제별 빈출 어휘 장악이 고득점의 핵심이자 본질**입니다. 단순한 암기 작업이라고 **무시하면 안 됩니다**. 공부하는 대로 **시험에서 바로바로 점수 향상**으로 나타날 것입니다.

1	书房	A kètīng	A 화장실
2	厕所	B yángtái	B 베란다
3	隔壁	C shūfáng	C 서재
4	阳台	D gébì	D 거실
5	客厅	E cèsuǒ	E 옆집

6	宿舍	A chēkù	A 기숙사
7	候车室	B wánjùdiàn	B 빌딩
8	车库	C dàshà	C 차고
9	大厦	D sùshè	D 대합실
10	玩具店	E hòuchēshì	E 완구점

11	闯红灯	A yùnchē	A 운전면허증
12	堵车	B dǔchē	B 차가 막히다
13	驾驶	C jiàzhào	C 운전하다
14	晕车	D jiàshǐ	D 신호 위반을 하다
15	驾照	E chuǎng hóngdēng	E 차멀미하다

16	罚款	A fákuǎn	A 제 시간에 도착할 수 없다
17	赶不上	B yōngjǐ	B 고속 도로
18	高速公路	C huá	C 미끄럽다
19	滑	D gǎnbúshàng	D 벌금을 부과하다
20	拥挤	E gāosù gōnglù	E 붐비다

정답 01. CC 02. EA 03. DE 04. BB 05. AD 06. DA 07. ED 08. AC 09. CB 10. BE
11. ED 12. BB 13. DC 14. AE 15. CA 16. AD 17. DA 18. EB 19. CC 20. BE

21	餐车	A zǒu gāosù	A 연착하다
22	起飞	B chēxiāng	B 객실
23	晚点	C cānchē	C 고속 도로로 가다
24	车厢	D qǐfēi	D 식당칸
25	走高速	E wǎndiǎn	E 이륙하다

26	登机	A dēngjī	A 탑승하다
27	改签	B yǒuwù	B 탑승 수속을 하다
28	订机票	C gǎiqiān	C 안개 끼다
29	办理登机手续	D dìng jīpiào	D 비행기표를 예매하다
30	有雾	E bànlǐ dēngjī shǒuxù	E 비행기표를 변경하다

31	标准间	A bīnguǎn	A 체크아웃하다
32	豪华间	B rùzhù shǒuxù	B 호텔
33	入住手续	C biāozhǔnjiān	C 일반실
34	退房	D háohuájiān	D 투숙 수속
35	宾馆	E tuìfáng	E 스위트룸

36	挂号信	A yóujú	A 편지 봉투
37	包裹	B guàhàoxìn	B 우체국
38	信封	C bāoguǒ	C 편지를 부치다
39	寄信	D jìxìn	D 소포
40	邮局	E xìnfēng	E 등기 우편

41	药方	A guàhào	A 처방전
42	传染	B zhìliáo	B 전염시키다
43	治疗	C yàofāng	C 주사를 맞다
44	打针	D chuánrǎn	D (병원에서) 접수하다
45	挂号	E dǎzhēn	E 치료하다

정답 21. CD 22. DE 23. EA 24. BB 25. AC 26. AA 27. CE 28. DD 29. EB 30. BC
31. CC 32. DE 33. BD 34. EA 35. AB 36. BE 37. CD 38. EA 39. DC 40. AB
41. CA 42. DB 43. BE 44. EC 45. AD

46	贷款	A zhànghù	A 송금하다
47	利息	B dàikuǎn	B 비밀번호를 입력하다
48	汇款	C lìxī	C 계좌
49	输入密码	D huìkuǎn	D 대출(하다)
50	账户	E shūrù mìmǎ	E 이자

51	资金	A shāngwùjiān	A 투자하다
52	理财	B qiānshōu	B 비즈니스실
53	投资	C zījīn	C (소포를) 수령했음을 사인하다
54	商务间	D tóuzī	D 자금
55	签收	E lǐcái	E 재태크하다

56	酒后驾驶	A lúnliú jiàshǐ	A 교대로 운전하다
57	风险	B xīnzàng	B 심장
58	手术	C shǒushù	C 수술
59	心脏	D fēngxiǎn	D 위험, 리스크
60	轮流驾驶	E jiǔhòu jiàshǐ	E 음주 운전하다

정답 46. BD 47. CE 48. DA 49. EB 50. AC 51. CD 52. EE 53. DA 54. AB 55. BC
56. EE 57. DD 58. CC 59. BB 60. AA

녹음을 듣고 빈칸에 들어갈 알맞은 단어를 고르세요. 녹음은 두 번씩 들려 줍니다.   1-2

| 包裹 | 账户 | 登机 | 恶劣 | 驾照 | 疲劳驾驶 | 豪华间 |
| 走高速 | 挂号 | 拥挤 | 车厢 | 晚点 | 入住 | 软卧 |

1. 请问，餐车是几号_____？

2. 我今天忘了把_____带在身上。

3. 你把钱汇到我的中国银行_____。

4. 由于大雪，火车_____了两个钟头。

5. _____的危害并不比酒后驾驶差。

6. 她一定已经收到_____了，我是用挂号寄的。

7. 飞往上海的10点航班开始办理_____手续了吗？

8. _____的话，不到两个小时就可以到达目的地。

9. 这个医院的病人特别多，所以你最好在网上预约_____。

10. 有时航班会因为天气_____，如大雪、大雨、大雾等取消。

11. 今天是周五，现在马路上十分_____，我们还是坐地铁吧。

12. 中国的火车分为_____、硬卧、软座、硬座四个级别，票价依次递减。

13. 我们提前订好了一个标准间和_____，所以节省了办理_____手续的时间。

정답

1. **车厢**：실례지만 식당칸은 몇 호 객실이에요?
2. **驾照**：나는 오늘 운전면허증 챙기는 것을 깜빡했다.
3. **账户**：너는 돈을 나의 중국은행 계좌로 송금해 줘.
4. **晚点**：눈이 많이 와서 기차가 2시간 연착했다.
5. **疲劳驾驶**：졸음 운전의 위해는 결코 음주 운전보다 떨어지지 않는다.
6. **包裹**：그녀는 틀림없이 이미 소포를 받았을 거야. 내가 등기로 부쳤거든.
7. **登机**：상하이로 가는 10시 비행기는 탑승 수속을 하기 시작했나요?
8. **走高速**：고속 도로로 가면 두 시간이 안 되어서 목적지에 도착할 수 있다.
9. **挂号**：이 병원의 환자는 특히 많아서 너는 인터넷에서 예약 접수하는 게 제일 좋아.
10. **恶劣**：때로는 운항편은 날씨가 열악하면, 예를 들어 대설, 많은 비, 짙은 안개 등으로 취소될 수 있다.
11. **拥挤**：오늘은 금요일이야. 현재 도로는 매우 혼잡하니 우리는 지하철을 타는 게 좋겠어.
12. **软卧**：중국의 기차는 우등 침대석, 일반 침대석, 우등 좌석, 일반 좌석의 4개의 등급으로 나뉘고 표값은 차례로 줄어든다.
13. **豪华间, 入住**：우리들은 이미 일반실과 스위트룸을 예약해서, 투숙 수속하는 시간을 절약했다.

실전 연습 문제

第 1-4 题: 请选出正确答案。　　🎧 1-3

第一部分

1. A 卧室
   B 阳台
   C 客厅
   D 书房

2. A 宾馆
   B 宿舍
   C 幼儿园
   D 礼品店

第二部分

3. A 郊区
   B 市中心
   C 公司附近
   D 公园周围

4. A 设备坏了
   B 天气原因
   C 前方在修路
   D 停靠次数多

❷ 비즈니스

기출문제 분석
듣기 **1부분** 대화 듣고 질문에 답하기

'비즈니스'는 단일 화제 중 **가장 많이 출제(최다 7문제)**될 정도로 **가장 중요**합니다. **계약(合同), 면접(面试), 회의(会议), 업무(业务)** 처리 등 기업 활동과 관련한 전반적인 것들 모두 문제가 될 수 있습니다.

■ 자주 나오는 질문 유형

인물 일치 찾기

[질문 형태] 关于女的/男的，下列哪项正确? 여자/남자에 관해서 아래에서 옳은 것은?
[풀이 비법] 각 선택지의 **키워드**를 미리 체크한 후 대화 내용을 전반적으로 **이해**하고 내용상 일치하는 **선택지**를 정답으로 고른다.

논의 대상 찾기

[질문 형태] 他们在谈什么? 그들은 무엇에 대해서 이야기하고 있는가?
根据这段话，下列哪项正确? 대화에 근거하여 아래에서 옳은 것은?
[풀이 비법] 남녀가 무엇에 대해서 이야기를 나누고 있는지를 묻는 문제이다. **선택지**에 **명사(구)**가 나열된 문제는 일반적으로 '논의 대상 찾기' 문제이며, 힌트는 주로 **첫 문장**에 직접적으로 언급되므로 **첫 문장**을 놓치지 말자.

기출 맛보기

대화를 듣고 질문에 알맞은 답안을 고르세요. 1-4

1. A 月底轻松　　　　　　　　　　　　　　　　　　　　　　　[인물 일치 찾기]
   B 偶尔要加班
   C 对业务不熟
   D 觉得比较辛苦

2. A 公司效益　　　　　　　　　　　　　　　　　　　　　　　　[논의 대상 찾기]
   B 公司财产
   C 企业发展速度
   D 注册公司所需资金

1.

녹음

男: 上班快两个月了，业务都熟悉了吧?
女: 差不多了，比实习时强多了。
男: 平时加班多不多?
女: 不多，<u>就是月底偶尔会加几天</u>。

问: 关于女的，下列哪项正确?

A 月底轻松
B 偶尔要加班
C 对业务不熟
D 觉得比较辛苦

해석

남: 출근한 지 2개월이 되어 가네요. 업무는 익숙해졌어요?
여: 거의 다 됐습니다. 실습할 때보다 많이 좋아졌어요.
남: 평소에 초과 근무는 많아요?
여: 많지 않습니다. <u>단지 월말에 가끔 며칠 초과 근무를 하곤 해요.</u>

질문: 여자에 관해서 아래에서 옳은 것은?

A 월말에는 일이 수월하다
B 가끔 초과 근무를 한다
C 업무에 대해서 익숙하지 않다
D 비교적 힘들다고 느낀다

풀이 '月底偶尔会加几天'에서 B가 정답임을 알 수 있다.

정답 B

어휘 业务 yèwù [명] 업무 5급 | 熟悉 shúxī [형] 익숙하다 [동] 잘 알다 5급 | 实习 shíxí [명/동] 실습(하다), 인턴(하다) 5급 | 强 qiáng [형] 좋다, 강하다 | 偶尔 ǒu'ěr [부] 가끔 4급 | 加几天 jiā jǐ tiān 며칠 더하다 | 轻松 qīngsōng [형] (마음이) 홀가분하다, (일이) 수월하다, 쉽다 4급

2.

녹음

女: 您好，我想咨询一下，<u>注册一家公司需要多少资金?</u>
男: 这就要看公司的性质了。

问: 他们在谈什么?

A 公司效益
B 公司财产
C 企业发展速度
D 注册公司所需资金

해석

여: 안녕하세요. 뭐 좀 물어보고 싶은데요. <u>회사를 하나 등록하려면 얼마의 자금이 필요합니까?</u>
남: 이것은 회사의 성질에 따라 다릅니다.

질문: 그들은 무엇에 대해서 이야기하고 있는가?

A 회사의 효익
B 회사의 재산
C 기업의 발전 속도
D 회사 등록 시 필요한 자금

풀이 첫 문장에서 '注册公司', '需要多少资金' 등의 표현을 통해서 이들은 회사를 등록할 때 필요한 자금에 대해서 이야기(谈)하고 있음을 알 수 있다.

정답 D

어휘 咨询 zīxún [동] 자문하다, 의견을 구하다 5급 | 注册 zhùcè [동] 등록하다 5급 | 资金 zījīn [명] 자금 5급 | 性质 xìngzhì [명] 성질 5급 | 效益 xiàoyì [명] 효익, 효과 | 财产 cáichǎn [명] 재산 5급

전략 학습 : 화제별 빈출 어휘

듣기 1부분 대화 듣고 질문에 답하기

'비즈니스' 화제는 **직장**이나 **사업상**에서 쓸 수 있는 단어들입니다. 그래서 다소 **어려운 느낌**을 줍니다. 하지만 **단일 화제로는 가장 많이 출제**되니 꼼꼼하게 잘 학습하도록 하세요.

먼저 정리된 단어를 전체적으로 훑어보면서 **모르거나** 다소 **생소**한 단어는 **체크(☑)**를 해 둡니다. 다 훑어보고 나면 **다시 처음으로 돌아와** 체크된 생소한 단어들을 다시 확인합니다. 그리고 **확인 테스트 1, 2** 풀이를 통해서 확실하게 자신의 것으로 만듭니다.

■ 비즈니스

1	☐ 实习	shíxí	실습(하다), 인턴(하다)
2	☐ 面试	miànshì	면접(시험을 보다)
3	☐ 优势	yōushì	우세, 강점
4	☐ 突出	tūchū	뛰어나다, 부각시키다
5	☐ 公布	gōngbù	발표하다
6	☐ 入职	rùzhí	입사하다, 직무에 투입되다
7	☐ 退休	tuìxiū	퇴직하다
8	☐ 简历	jiǎnlì	이력서, 약력
9	☐ 经历	jīnglì	경험, 경력, 겪다
10	☐ 招聘	zhāopìn	모집하다, 채용하다
11	☐ 应聘	yìngpìn	지원하다
12	☐ 录取	lùqǔ	합격시키다, 뽑다
13	☐ 升职	shēngzhí	승진하다
14	☐ 辞退	cítuì	해고하다
15	☐ 失业	shīyè	실직하다
16	☐ 辞职	cízhí	사직하다
17	☐ 培训	péixùn	양성하다, 훈련하다, 교육하다

> **꿀팁** '培训班'과 '培训学校'는 '학원'이라는 뜻이고, '培养中心'은 '트레이닝 센터'의 뜻이다.

18	☐ 办理辞职手续	bànlǐ cízhí shǒuxù	사직 수속을 밟다
19	☐ 工作表现出色	gōngzuò biǎoxiàn chūsè	업무 성적이 뛰어나다, 일을 잘한다
20	☐ 单位	dānwèi	직장, 회사, 부서, 단위

21	☐ 主任	zhǔrèn	주임
22	☐ 员工	yuángōng	직원
23	☐ 老板	lǎobǎn	사장
24	☐ 王总	Wáng zǒng	왕 사장('王总经理'의 준말)
25	☐ 秘书	mìshū	비서

꿀팁 '刘秘书(류 비서)'처럼 앞에 성씨를 붙여서 출제된다.

| 26 | ☐ 会计 | kuàijì | 회계(원), 경리 |

꿀팁 '会 kuài' 발음에 주의.

27	☐ 推出	tuīchū	출시하다, 내놓다
28	☐ 新产品	xīnchǎnpǐn	신제품
29	☐ 宣传	xuānchuán	홍보하다
30	☐ 项目	xiàngmù	사업, 프로젝트, 종목

꿀팁 시험에는 '항목'이라는 뜻보다는 주로 '사업', '프로젝트'라는 뜻으로 나온다.

31	☐ 文件	wénjiàn	문서
32	☐ 总经理	zǒngjīnglǐ	총지배인, 사장
33	☐ 印名片	yìn míngpiàn	명함을 인쇄하다
34	☐ 员工宿舍	yuángōng sùshè	직원 숙소
35	☐ 批准	pīzhǔn	비준하다

36	☐ 批	pī	무리, 무더기, 비준하다
37	☐ 批下来	pīxiàlái	비준되다
38	☐ 设备	shèbèi	설비
39	☐ 谈判	tánpàn	협상하다
40	☐ 合同	hétong	계약서

41	☐ 签合同	qiān hétong	계약을 체결하다
42	☐ 签字	qiānzì	(계약서 등에) 사인하다
43	☐ 承担	chéngdān	책임지다, 맡다, 감당하다
44	☐ 咨询	zīxún	자문하다
45	☐ 负责	fùzé	책임지다, 맡다

46	☐	方案	fāng'àn	방안
47	☐	细节	xìjié	세부 사항, 사소한 일
48	☐	修改	xiūgǎi	수정하다, 고치다
49	☐	会议	huìyì	회의
50	☐	开会	kāihuì	회의를 열다, 회의를 하다, 회의에 참석하다

51	☐	周五	zhōuwǔ	금요일

꿀팁 '星期五'보다는 '周五'나 '礼拜五'로 시험에 나온다.

52	☐	取消	qǔxiāo	취소하다
53	☐	出席	chūxí	참석하다(≒参加)
54	☐	酒会	jiǔhuì	연회, 파티
55	☐	报告	bàogào	보고, 보고서, 보고하다

56	☐	联系	liánxì	연락하다, 관계되다
57	☐	传真	chuánzhēn	팩스
58	☐	请假	qǐngjià	(휴가 · 조퇴 · 외출 · 결근 · 결석 등의 허락을) 신청하다
59	☐	打工	dǎgōng	아르바이트하다, 일하다, 노동하다
60	☐	登记个人信息	dēngjì gèrén xìnxī	개인 정보를 기입하다

61	☐	会议手册	huìyì shǒucè	회의 수첩
62	☐	临时取消	línshí qǔxiāo	갑자기 취소하다
63	☐	临时有事	línshí yǒu shì	갑자기 일이 생겼다
64	☐	征求意见	zhēngqiú yìjiàn	널리 의견을 구하다
65	☐	收入	shōurù	수입

66	☐	涨工资	zhǎng gōngzī	임금이 오르다
67	☐	加薪	jiāxīn	임금이 오르다
68	☐	待遇	dàiyù	(급료 · 보수 · 권리 · 지위 등의) 대우
69	☐	福利	fúlì	(직장인들을 위한 숙식 · 의료 · 문화 등의) 후생 복지
70	☐	稳定	wěndìng	안정적이다

71	出差	chūchāi	출장 가다
72	加班	jiābān	초과 근무를 하다, 특근하다, 잔업하다
73	报到	bàodào	도착 보고를 하다

꿀팁 회사의 첫 출근, 학교의 신입생 입학식 등에서 자신이 왔음을 보고하는 행정 절차이다. '报道(보도하다)'와 혼동하지 않도록 주의해야 한다.

74	利润	lìrùn	이윤
75	资金	zījīn	자금
76	破产	pòchǎn	파산하다
77	配合	pèihé	협조하다, 호흡을 맞추다
78	调整	tiáozhěng	조정하다
79	安排	ānpái	안배하다
80	推辞	tuīcí	거절하다
81	上夜班	shàng yèbān	야근하다
82	按时完成	ànshí wánchéng	제시간에 완성하다
83	销售	xiāoshòu	판매하다
84	销量	xiāoliàng	판매량
85	推广	tuīguǎng	널리 확대하다, 널리 보급하다
86	订单	dìngdān	주문서, 주문명세서
87	成立	chénglì	(조직·기구 등을) 설립하다
88	注册	zhùcè	등록하다
89	生产	shēngchǎn	생산하다
90	规模	guīmó	규모
91	分析	fēnxī	분석하다
92	数据	shùjù	데이터, 통계 수치
93	程序	chéngxù	절차, 순서, 컴퓨터 프로그램
94	部门	bùmén	부, 부서, 부문
95	趋势	qūshì	추세

96	☐	人事部	rénshìbù	인사부
97	☐	研发部	yánfābù	연구개발부
98	☐	销售部	xiāoshòubù	판매부
99	☐	推广部	tuīguǎngbù	확대부
100	☐	市场营销	shìchǎng yíngxiāo	마케팅

| 101 | ☐ | 生产原料 | shēngchǎn yuánliào | 생산 원료 |
| 102 | ☐ | 营业执照 | yíngyè zhízhào | 영업 허가증 |

각 단어에 맞는 발음과 뜻을 선으로 연결하세요.

대화형(1~30번) 문제는 화제별 빈출 어휘 장악이 고득점의 핵심이자 본질입니다. 단순한 암기 작업이라고 **무시하면 안 됩니다.** 공부하는 대로 **시험에서 바로바로 점수 향상**으로 나타날 것입니다.

1	录取	A lùqǔ	A 비서
2	简历	B yuángōng	B 직원
3	秘书	C kuàijì	C 이력서
4	员工	D jiǎnlì	D 뽑다
5	会计	E mìshū	E 회계, 경리

6	项目	A bànlǐ shǒuxù	A 비준하다
7	谈判	B pīzhǔn	B 수속을 처리하다, 수속을 밟다
8	批准	C xiàngmù	C 사업, 프로젝트
9	办理~手续	D xuānchuán	D 홍보하다
10	宣传	E tánpàn	E 협상하다

11	销售	A chéngdān	A 판매하다
12	合同	B xiūgǎi	B 계약서
13	修改	C tuīguǎng	C 확대하다
14	承担	D xiāoshòu	D 맡다, 책임지다
15	推广	E hétong	E 수정하다

16	酒会	A lìrùn	A 이윤
17	破产	B rénshì	B 인사
18	利润	C jiǔhuì	C 도착 보고를 하다
19	报到	D pòchǎn	D 연회
20	人事	E bàodào	E 파산하다

정답 01. AD 02. DC 03. EA 04. BB 05. CE 06. CC 07. EE 08. BA 09. AB 10. DD
11. DA 12. EB 13. BE 14. AD 15. CC 16. CD 17. DE 18. AA 19. EC 20. BB

 **확인 테스트 2**

녹음을 듣고 빈칸에 들어갈 알맞은 단어를 고르세요. 녹음은 두 번씩 들려 줍니다.

销售 | 员工 | 手续 | 文件 | 王总 | 实习 | 投资
辞职 | 体现 | 配合 | 方案 | 批准 | 简历 | 设备

---

1. 我们的这个项目_____回报很高。

2. 我们现在需要招聘一些新_____了。

3. 你为什么想应聘我们公司的_____部门?

4. 我已经投了好几份_____，正在等消息。

5. 好久没看到你了，你已经开始_____了吗?

6. 管理者应该重视各个部门之间的整体_____。

7. 这是我的_____信，我现在去办理交接_____。

8. 这个_____中，我们产品的特点没有得到很好的_____。

9. 我们的申请已经得到_____了，下个月就会进一批新_____。

10. _____开会去了，要不这份_____先放我这儿，一会儿我帮你转交给他。

정답

1. 投资 : 우리들의 이 프로젝트는 투자 회수가 매우 높다.
2. 员工 : 우리들은 지금 몇 명의 새 직원을 뽑아야 한다.
3. 销售 : 당신은 왜 우리 회사의 판매 부서에 지원하려 합니까?
4. 简历 : 나는 이미 몇 부의 이력서를 넣었고 지금 소식을 기다리고 있다.
5. 实习 : 오랜만이야. 너 이미 실습(인턴)을 시작했지?
6. 配合 : 관리자는 각 부서 간의 전체적 협력(호흡 맞추기)을 중시해야 한다.
7. 辞职, 手续 : 이것은 저의 사직서입니다. 저는 지금 인수 인계 수속을 하러 갑니다.
8. 方案, 体现 : 이 방안에는 우리 제품의 특징이 잘 구현되지 않았다.
9. 批准, 设备 : 우리의 신청은 이미 비준을 얻어서 다음 달에 한 무더기의 신설비들이 들어 올 것이다.
10. 王总, 文件 : 왕 사장님은 회의 가셨습니다. 아니면 이 서류는 먼저 저한테 두시면 이따가 제가 그에게 전해 드리겠습니다.

실전 연습 문제

第 1-4 题：请选出正确答案。　　🎧 1-6

第一部分

1. A 生产原料
   B 投资金额
   C 运输费用
   D 产品价格

2. A 尽快入职
   B 加强训练
   C 相互配合
   D 遵守公司规定

第二部分

3. A 喝醉了
   B 在做演讲
   C 刚升为主任
   D 不能出席酒会

4. A 晚宴取消了
   B 周日召开会议
   C 订的包间小了
   D 有20人出席会议

③ 주택·가정·일상

기출문제 분석

듣기 1부분 대화 듣고 질문에 답하기

매회 1~2문제씩 꾸준히 출제되고 있으며, **주택 구매(买房)**, **인테리어(装修)**, 가정 안에서의 **일상적인 일** 등을 다루는 문제가 주로 출제됩니다. 집을 살 때 보는 조건들(위치, 집값, 교통, 환경 등)은 어떻게 표현되는지 알고, 집안의 **베란다(阳台)**, **침실(卧室)**, **거실(客厅)** 등의 **명칭을 정확하게 숙지**해야 합니다.

■ 자주 나오는 질문 유형

견해 일치 찾기

[질문 형태] 男的/女的觉得 + 인물 + 怎么样? 남자/여자는 '인물'에 대해서 어떻게 생각하는가?

[풀이 비법] 화자(말하는 사람)가 특정 인물에 대해서 어떤 견해를 가지고 있는지를 묻는다. 녹음이 나오기 전에 최대한 많이 선택지의 단어를 체크해 두는 것이 좋으며, 대화의 전반적인 내용을 이해하고 질문 포인트를 정확하게 짚어 낼 수 있어야 한다.

논의 대상 찾기

[질문 형태] 女的想问男的什么事? 남자는 여자에게 무슨 일을 물어보고 싶어 하는가?
男的/女的在找什么? 남자/여자는 무엇을 찾고 있는가?
他们在谈什么问题? 그들은 무슨 문제에 대해서 이야기하고 있는가?

[풀이 비법] **선택지가 명사(구)로 이루어졌다면** 그 문제는 '논의 대상 찾기' 문제이다. 대화 내용을 이해하지 못하더라도 **발음을 구별**하는 것만으로도 **맞힐 수 있는 것이 특징이다.** 따라서 **녹음이 나오기 전에 각 선택지 키워드의 발음**을 알고 있어야 한다.

기출 맛보기

대화를 듣고 질문에 알맞은 답안을 고르세요.

🎧 1-7

1. A 位置好   [견해 일치 찾기]
   B 非常安静
   C 交通不便
   D 设施不全

2. A 房子装修   [논의 대상 찾기]
   B 居住面积
   C 交通状况
   D 郊区房价

1.

녹음

女：这个小区后面有个幼儿园，附近还有大型超市，而且出门走几分钟就是地铁站。
男：<u>地理位置是不错</u>，可惜价格有点儿高，我再考虑一下。
问：男的觉得那个小区怎么样?
A 位置好
B 非常安静
C 交通不便
D 设施不全

해석

여: 이 주택 단지 뒤쪽에는 유치원이 있고, 근처에는 대형 슈퍼마켓도 있어요. 게다가 집을 나가서 몇 분 걸으면 바로 지하철역이에요.
남: <u>지리 위치는 괜찮은데</u>, 아쉽게도 가격이 좀 높아서 좀 더 생각해 봐야겠어요.
질문: 남자는 그 주택 단지를 어떻게 생각하는가?
A 위치가 좋다
B 매우 조용하다
C 교통이 불편하다
D 시설이 완전하지 않다

풀이 첫 문장에서 '위치가 좋다'는 것을 예측할 수 있는 내용들이 나오고, 결정적으로 남자의 말 '**地理位置是不错**'를 통해서 '지리 위치가 좋다'는 것을 알 수 있다.

정답 A

어휘 **小区** xiǎoqū [명] 주택 단지 | **幼儿园** yòu'éryuán [명] 유치원 5급 | **附近** fùjìn [명] 근처, 부근 4급 | **大型** dàxíng 대형의 5급 | **超市** chāoshì 슈퍼마켓 3급 | **地理位置** dìlǐ wèizhì 지리 위치 5급 | **可惜** kěxī [형] 섭섭하다, 안타깝다 4급 | **设施** shèshī [명] 시설 5급 | **不全** bùquán 완벽하지 않다

2.

녹음

男：买房子的事怎么样了?
女：我们在郊区买了一个三居室，100多平方米，就是离单位有点儿远。
男：交通方便就行，<u>开始装修了吗?</u>
女：还没，<u>我正想问你这个事呢</u>。
问：女的想问男的什么事?
A 房子装修
B 居住面积
C 交通状况
D 郊区房价

해석

남: 집 사는 일은 어떻게 됐어?
여: 교외에 있는 방 세 칸 짜리를 샀어. 100여m²인데 회사에서 좀 멀어.
남: 교통이 편리하면 되지. <u>인테리어는 시작했어?</u>
여: 아직. <u>마침 이 일에 대해서 네게 물어보려던 참이었어.</u>
질문: 여자는 남자에게 어떤 일을 물어보려 하는가?
A 집 인테리어
B 거주 면적
C 교통 상황
D 교외 집값

| 풀이 | 남자가 '인테리어(装修)를 시작했는지' 묻자, 여자가 이 일(装修)에 대해서 물어보려 했다고 했으므로 A가 정답이 된다. |

| 꿀팁 | 위 문제처럼 선택지가 만일 '**명사1** + **명사2**'의 명사구라면 '**명사2**'가 **키워드**가 된다. 위 문제의 경우 각각 '装修 zhuāngxiū', '面积 miànjī', '状况 zhuàngkuàng', '房价 fángjià'가 키워드가 된다. |

| 정답 | A |

| 어휘 | 郊区 jiāoqū [명] 교외 4급 | 三居室 sān jūshì 세 개의 방 | 平方米 píngfāngmǐ [명] 평방미터, m² 5급 | 离 lí [개] ~로부터 4급 | 装修 zhuāngxiū [동] 인테리어하다 5급 | 居住 jūzhù [명/동] 거주(하다) | 面积 miànjī [명] 면적 5급 | 状况 zhuàngkuàng [명] 상황 5급 | 房价 fángjià [명] 집값 |

전략 학습 : 화제별 빈출 어휘

듣기 1부분 대화 듣고 질문에 답하기

'주택·가정·일상' 관련 어휘는 **주택 구매, 가정에서의 생활**과 관련된 단어를 다룹니다. 일상에서 자주 쓰이는 단어들이기 때문에 회화에서도 활용도가 높습니다. 부담감을 내려놓고 편안하게 학습해 보세요.

먼저 정리된 단어를 전체적으로 훑어보면서 **모르**거나 다소 **생소**한 단어는 체크(☑)를 해 둡니다. 다 훑어보고 나면 **다시 처음으로 돌아와 체크된 생소한 단어들을 다시 확인**합니다. 그리고 **확인 테스트 1, 2 풀이**를 통해서 **확실하게 자신의 것으로 만듭**니다.

■ 주택 관련 명칭

1	☐ 公寓	gōngyù	아파트
2	☐ 单元	dānyuán	(아파트·빌딩 등의) 현관
3	☐ 房子	fángzi	집

꿀팁 '방'이라고 해석하지 않도록 주의하자. '房间'이 '방'을 의미한다.

| 4 | ☐ 屋子 | wūzi | 방 |
| 5 | ☐ 套 | tào | 채(집을 세는 양사) |

6	☐ 卧室	wòshì	침실
7	☐ 厨房	chúfáng	부엌, 주방
8	☐ 客厅	kètīng	거실
9	☐ 阳台	yángtái	베란다
10	☐ 书房	shūfáng	서재

11	☐ 地毯	dìtǎn	양탄자, 카펫
12	☐ 墙	qiáng	벽, 담
13	☐ 邻居	línjū	이웃 사람, 이웃집
14	☐ 隔壁	gébì	이웃집, 옆집

> **꿀팁** '隔壁'는 '옆집'의 뜻으로 장소를 나타내고, '邻居'는 '이웃'의 뜻으로 주로 사람을 가리킨다고 구별하자. 시험에는 서로 교환해서 정답으로 제시된다.

| 15 | ☐ 装修 | zhuāngxiū | 인테리어하다, 내부 공사하다 |

| 16 | ☐ 洗手间 | xǐshǒujiān | 화장실(≒厕所) |
| 17 | ☐ 卫生间 | wèishēngjiān | 화장실(≒厕所) |

■ 주택 구매

18	☐ 涨	zhǎng	(가격이) 오르다
19	☐ 小区	xiǎoqū	주택 단지
20	☐ 郊区	jiāoqū	(도시의) 외곽, 변두리

21	☐ 租房	zūfáng	세내다, 임대하다
22	☐ 房租	fángzū	집세, 임대료
23	☐ 中介	zhōngjiè	부동산 중개업자
24	☐ 房东	fángdōng	집주인
25	☐ 贷款	dàikuǎn	대출하다, 대출금

26	☐ 交通	jiāotōng	교통
27	☐ 地理	dìlǐ	지리
28	☐ 位置	wèizhi	위치
29	☐ 面积	miànjī	면적
30	☐ 到期	dàoqī	만기가 되다

31	☐ 光线	guāngxiàn	광선, 빛
32	☐ 合租	hézū	공동 임대하다
33	☐ 签合同	qiān hétong	계약에 사인하다
34	☐ 平方米	píngfāngmǐ	평방미터, 제곱미터

■ 집안 공간과 물건들

35	☐ 锅	guō	솥, 냄비
36	☐ 盆	pén	대야, 화분
37	☐ 铃	líng	벨
38	☐ 锁	suǒ	자물쇠, 잠그다
39	☐ 钥匙	yàoshi	열쇠
40	☐ 钟	zhōng	시계
41	☐ 家具	jiājù	가구
42	☐ 窗帘	chuānglián	커튼
43	☐ 窗户	chuānghu	창문
44	☐ 书架	shūjià	책꽂이
45	☐ 车库	chēkù	차고
46	☐ 地毯	dìtǎn	양탄자, 카펫
47	☐ 抽屉	chōuti	서랍
48	☐ 玻璃	bōli	유리
49	☐ 肥皂	féizào	비누
50	☐ 空调	kōngtiáo	에어컨
51	☐ 梳子	shūzi	빗
52	☐ 水壶	shuǐhú	주전자
53	☐ 火柴	huǒchái	성냥
54	☐ 剪刀	jiǎndāo	가위
55	☐ 胶水	jiāoshuǐ	풀(접착제)
56	☐ 被子	bèizi	이불
57	☐ 扇子	shànzi	부채
58	☐ 绳子	shéngzi	새끼, 밧줄
59	☐ 夹子	jiāzi	집게, 폴더
60	☐ 尺子	chǐzi	자

| 61 | ☐ 管子 | guǎnzi | 관, 호스, 파이프 |

> 꿀팁 自来水管 zìlái shuǐguǎn 수도관 | 煤气管 méiqìguǎn 가스관

62	☐ 工具	gōngjù	공구, 작업 도구
63	☐ 零件	língjiàn	부품
64	☐ 灰尘	huīchén	먼지
65	☐ 用途	yòngtú	용도

66	☐ 日历	rìlì	달력
67	☐ 下水道	xiàshuǐdào	하수도
68	☐ 日用品	rìyòngpǐn	일용품

■ 텔레비전

| 69 | ☐ 节目 | jiémù | (텔레비전) 프로그램 |
| 70 | ☐ 娱乐节目 | yúlè jiémù | 오락 프로그램 |

71	☐ 体育节目	tǐyù jiémù	스포츠 프로그램
72	☐ 访谈节目	fǎngtán jiémù	토크쇼 프로그램
73	☐ 频道	píndào	(텔레비전) 채널
74	☐ 换频道	huàn píndào	채널을 바꾸다
75	☐ 体育频道	tǐyù píndào	스포츠 채널

76	☐ 新闻频道	xīnwén píndào	뉴스 채널
77	☐ 连续剧	liánxùjù	연속극, 드라마
78	☐ 转播	zhuǎnbō	중계 방송하다

> 꿀팁 直播 zhíbō 생방송하다 | 重播 chóngbō 재방송하다

| 79 | ☐ 遥控器 | yáokòngqì | 리모콘 |

> 꿀팁 遥远: 요원하다, 멀다 + 控制: 제어하다 + 机器: 기기 ⇒ 遥控器

| 80 | ☐ 纪录片 | jìlùpiàn | 다큐멘터리 |

| 81 | ☐ 动画片 | dònghuàpiān | 애니매이션, 만화 영화 |
| 82 | ☐ 功夫片 | gōngfupiàn | 무술 영화 |

■ 기타

| 83 | ☐ 暗 | àn | 어둡다 |

| 84 | ☐ 亮 | liàng | 밝다 |
| 85 | ☐ 薄 | báo | 얇다 |

꿀팁 被子很薄 이불이 얇다

86	☐ 冲奶粉	chōng nǎifěn	분유를 타다
87	☐ 插	chā	꽂다, 삽입하다
88	☐ 摆	bǎi	놓다(≒放), 흔들다
89	☐ 棒	bàng	훌륭하다, 멋지다
90	☐ 浇	jiāo	물을 주다, 물을 대다

꿀팁 浇花 / 给花浇水 꽃에 물을 주다 | 烧 shāo 끓이다, 태우다

91	☐ 翻	fān	(찾기 위해) 뒤지다, 넘기다, 뒤집히다
92	☐ 烧开	shāokāi	(물을) 끓이다, (물이) 끓다
93	☐ 时差	shíchā	시차
94	☐ 搬家	bānjiā	이사하다
95	☐ 移民	yímín	이민하다

96	☐ 恭喜	gōngxǐ	축하하다(≒祝贺)
97	☐ 孝顺	xiàoshùn	효성스럽다, 효도하다
98	☐ 安装	ānzhuāng	설치하다
99	☐ 着火	zháohuǒ	불나다, 불붙다
100	☐ 舒适	shūshì	편안하다, 쾌적하다

꿀팁 '舒适'는 주로 '환경, 사물 등이 사람에게 편안한 느낌을 준다'는 것이고, '舒服'는 '사람의 몸이나 마음이 편안 하다'는 뜻이다. 하지만 이 둘을 비교하는 문제는 잘 나오지 않는다.

101	☐ 空闲	kòngxián	한가하다, 여가, 틈
102	☐ 实用	shíyòng	실용적이다
103	☐ 漏水	lòushuǐ	물이 새다
104	☐ 挂歪了	guà wāile	비뚤게 걸렸다
105	☐ 斜	xié	기울다, 비뚤다(≒歪)

| 106 | ☐ 糟糕 | zāogāo | 나쁘다, 좋지 않다, 아뿔싸, 아차 |
| 107 | ☐ 找人来修 | zhǎo rén lái xiū | 사람을 구해서 수리하다 |

각 단어에 맞는 발음과 뜻을 선으로 연결하세요.

대화형(1~30번) 문제는 **화제별 빈출 어휘 장악이 고득점의 핵심이자 본질**입니다. 단순한 암기 작업이라고 **무시하면 안 됩니다**. 공부하는 대로 **시험에서 바로바로 점수 향상**으로 나타날 것입니다.

1	屋子	A fángzi	A 거실
2	房子	B kètīng	B 옆집
3	卧室	C wūzi	C 집
4	客厅	D gébì	D 방
5	隔壁	E wòshì	E 침실

6	邻居	A yángtái	A 주택 단지
7	阳台	B xiǎoqū	B 베란다
8	装修	C línjū	C 화장실
9	卫生间	D wèishēngjiān	D 인테리어하다
10	小区	E zhuāngxiū	E 이웃

11	中介	A fángdōng	A 교외 지역
12	房东	B wèizhi	B 위치
13	贷款	C jiāoqū	C 집주인
14	郊区	D zhōngjiè	D 대출
15	位置	E dàikuǎn	E 부동산 중개업자

16	签合同	A shūjià	A 카펫
17	家具	B chōuti	B 계약에 서명하다
18	书架	C dìtǎn	C 책꽂이
19	地毯	D qiān hétong	D 가구
20	抽屉	E jiājù	E 서랍

정답 01. CD 02. AC 03. EE 04. BA 05. DB 06. CE 07. AB 08. ED 09. DC 10. BA
11. DE 12. AC 13. ED 14. CA 15. BB 16. DB 17. ED 18. AC 19. CA 20. BE

21	肥皂	A féizào	A 비누
22	灰尘	B huīchén	B 먼지
23	节目	C jiémù	C 채널
24	频道	D píndào	D 프로그램
25	动画片	E dònghuàpiān	E 애니메이션

26	摆	A bǎi	A 비뚤다
27	翻	B fān	B 뒤지다
28	歪	C shūshì	C 놓다
29	糟糕	D wāi	D 나쁘다
30	舒适	E zāogāo	E 편안하다

31	窗帘	A dìlǐ	A 이민하다
32	剪刀	B chuānglián	B 실용적이다
33	移民	C jiǎndāo	C 커튼
34	实用	D yímín	D 가위
35	地理	E shíyòng	E 지리

정답 21. AA 22. BB 23. CD 24. DC 25. EE 26. AC 27. BB 28. DA 29. ED 30. CE
31. BC 32. CD 33. DA 34. EB 35. AE

녹음을 듣고 빈칸에 들어갈 알맞은 단어를 고르세요. 녹음은 두 번씩 들려 줍니다.

光线 | 斜 | 阳台 | 窗帘 | 隔壁 | 装修 | 纪录片 | 歪
阳光 | 风俗 | 单元 | 淡 | 频道 | 套 | 搬 | 客厅 | 室内 | 照顾

1. 我看这幅画挂＿＿＿了，有点儿＿＿＿。

2. 你看那个女孩儿是不是咱们一＿＿＿的邻居？

3. 你看一下体育＿＿＿是不是在转播足球比赛？

4. 把这盆花搬到＿＿＿上去吧，放这里照不到＿＿＿。

5. 快要春天了，卧室的＿＿＿是不是要换＿＿＿一点儿的？

6. 听说你们买了一＿＿＿新房子，打算什么时候＿＿＿过去？

7. 这只兔子不是我的，是＿＿＿李阿姨家养的，让我帮忙＿＿＿两天。

8. 这套房子＿＿＿有点儿小，屋里的＿＿＿也不太好，还有其他房子吗？

9. 以后你家要是＿＿＿房子，一定请他来设计，因为他的专业是＿＿＿设计。

10. 我看了一个＿＿＿，它不但介绍了中国美食，还介绍各个地方的＿＿＿文化。

정답

1. 歪, 斜 : 나는 이 그림이 비뚤게 걸린 것 같아. 약간 기울었어.
2. 单元 : 저 여자아이는 우리 1동의 이웃 아냐?
3. 频道 : 스포츠 채널에서 축구 경기를 중계 방송하고 있는지 좀 봐 줘.
4. 阳台, 阳光 : 이 꽃을 베란다로 옮기자. 여기 두면 햇빛을 못 받아.
5. 窗帘, 淡 : 곧 봄이 와. 침실의 커튼을 좀 더 색이 연한 것으로 바꿔야 하지 않을까?
6. 套, 搬 : 너희들은 한 채의 새 집을 샀다고 하던데, 언제 이사 갈 계획이야?
7. 隔壁, 照顾 : 이 토끼는 내 것이 아니고 옆집 이씨 아주머니 댁에서 기르는 것인데, 나더러 며칠 돌봐 달라고 했어.
8. 客厅, 光线 : 이 집은 거실이 좀 작고 방안의 빛도 그다지 안 좋네요. 다른 방이 있어요?
9. 装修, 室内 : 나중에 네가 집을 인테리어하면 반드시 그를 불러 설계해. 왜냐하면 그의 전공이 실내 디자인이거든.
10. 纪录片, 风俗 : 나는 다큐멘터리를 하나 봤는데 그것은 중국의 맛있는 음식을 소개했을 뿐만 아니라 각 지방의 풍속 문화를 소개하기도 했다.

실전 연습 문제

第 1-4 题: 请选出正确答案。

第一部分

1. A 钟歪了
   B 表停了
   C 椅子脏了
   D 柜子坏了

2. A 花不用浇了
   B 要晒晒太阳
   C 水已经烧开了
   D 阳台该打扫了

3. A 窗帘该洗了
   B 卧室太暗了
   C 适合挂客厅
   D 那块儿布很贵

第二部分

4. A 房子面积小
   B 他们想租房
   C 他们签合同了
   D 那儿购物方便

❹ 전자 기기(컴퓨터 · 인터넷 · 핸드폰)

기출문제 분석

듣기 1부분 대화 듣고 질문에 답하기

매회 2~3문제가 **컴퓨터, 인터넷, 핸드폰** 등과 관련해서 출제됩니다. **전문적인 단어가 많이 등장**하기 때문에 내용 이해가 어려울 수 있는데요. 꼭 이해를 해야 다 풀 수 있는 것은 아닙니다. 왜냐하면 **대화 속 단어를 그대로 정답으로 제시**하는 경우가 많기 때문입니다. 그래서 **관련 어휘의 발음을 숙지**하면 **간단하게 풀 수** 있습니다.

■ 자주 나오는 질문 유형

조언 일치 찾기

[질문 형태] 男的建议女的怎么做? 남자는 여자에게 어떻게 하라고 권하는가?
[풀이 비법] 첫 번째 화자가 어떤 상황인지를 말하면 두 번째 화자가 어떻게 하라는 조언을 한다. 따라서 **두 번째 화자의 말에 결정적인 힌트**가 나온다.

종합 판단

[질문 형태] 根据对话，下列哪项正确? 대화에 따르면 아래에서 옳은 것은?
[풀이 비법] 질문에 '**根据对话**' 혹은 '**根据这段话**'가 들어가며, 대화의 **전반적인 이해**를 묻는다. '종합 판단' 유형은 대화 속의 주된 내용을 묻기 때문에 세부 내용을 근거로 종합적으로 이해할 수 있어야 한다.

기출 맛보기

대화를 듣고 질문에 알맞은 답안을 고르세요.

  🎧 1-10

1. A 重装系统　　　　　　　　　　　　　　　　　　　　　[조언 일치 찾기]
   B 再下载软件
   C 打开别的网站
   D 换别的浏览器

2. A 男的关机了　　　　　　　　　　　　　　　　　　　　　[종합 판단]
   B 充电器坏了
   C 电池型号不对
   D 手机还没充满电

1.

녹음
女：奇怪，我每次打开这个网站，页面都是不完整的。
男：你换个浏览器试试。
问：男的建议女的怎么做？

A 重装系统
B 再下载软件
C 打开别的网站
D 换别的浏览器

해석
여: 이상하게도 내가 매번 이 웹페이지를 열 때마다 화면이 온전하지가 않아.
남: 웹브라우저를 바꿔 봐.
질문: 남자는 여자에게 어떻게 하라고 권하는가?

A 다시 시스템을 설치한다
B 다시 소프트웨어를 다운 받는다
C 다른 사이트를 연다
D 다른 웹브라우저로 바꾼다

풀이 웹페이지가 잘 나오지 않는다고 하니, 남자가 '웹브라우저(浏览器)'를 바꿔 보라고 했으므로 D가 정답이 된다. 이 문제는 5급 필수 어휘인 '浏览'이라는 단어에서 파생된 '浏览器'라는 단어를 들을 수 있는가를 테스트하고 있다. 이처럼 대화형 문제에서는 대화 내용 이해도 중요하지만 **필수 어휘에 대한 장악**이 관건임을 알 수 있다.

정답 D

어휘 **网站** wǎngzhàn [명] 웹사이트 4급 | **页面** yèmiàn [명] 웹페이지 | **完整** wánzhěng [형] 온전하다 5급 | **浏览器** liúlǎnqì [명] 웹브라우저(※ 浏览: 훑어보다 5급) | **装** zhuāng [동] 설치하다, ~인 체하다 5급 | **系统** xìtǒng [명] 시스템, 체계 [형] 체계적이다 5급 | **下载** xiàzài [동] 다운로드하다 5급 | **软件** ruǎnjiàn [명] 소프트웨어 5급

2.

녹음
男：妈，你帮我看看手机充好电没？
女：充电器的灯还亮着，是没充好吗？
男：红灯亮着就是没充好，绿灯亮了就是充好了。
女：那现在还是红色的。
问：根据对话，下列哪项正确？

A 男的关机了
B 充电器坏了
C 电池型号不对
D 手机还没充满电

해석
남: 엄마, 핸드폰 충전이 다 됐는지 좀 봐 주세요.
여: 충전기 불이 아직 들어와 있는데 충전이 다 안 된 거야?
남: 빨간불이 들어와 있으면 충전이 다 안 된 거고, 파란불이면 충전이 다 된 거예요.
여: 그럼 아직 빨간불이야.
질문: 대화에 따르면 아래에서 옳은 것은?

A 남자는 핸드폰을 껐다
B 충전기는 고장 났다
C 건전지 사이즈가 안 맞다
D 핸드폰은 아직 충전이 다 안 됐다

풀이 아직 빨간불(还是红色的)이라고 했으므로 아직 충전이 덜 된 것이다. 따라서 D가 정답이다.

정답 D

어휘 **充好电** chōng hǎo diàn 충전이 다 됐다 | **充电器** chōngdiànqì [명] 충전기 5급 | **亮** liàng [형] 밝다 5급 | **关机** guānjī [동] 전원을 끄다, 핸드폰을 끄다 | **电池** diànchí [명] 전지, 배터리 5급 | **型号** xínghào [명] 사이즈, 모델, 타입

전략 학습 : 화제별 빈출 어휘

듣기 1부분 대화 듣고 질문에 답하기

'**전자 기기**' 관련 어휘는 **컴퓨터, 인터넷, 핸드폰**과 관련한 것들입니다. 다소 **전문적**이어서 어렵다고 느끼겠지만 실제로는 **일상생활 속에서 자주 쓰이는** 것들입니다. 그래서 평소 쓰던 단어를 중국어로 어떻게 표현하는지 **확인하는 재미**로 가벼운 마음으로 학습해 보세요.

먼저 정리된 단어를 전체적으로 훑어보면서 **모르**거나 다소 **생소**한 단어는 **체크(☑)**를 해 둡니다. 다 훑어보고 나면 **다시 처음으로 돌아와 체크된 생소한 단어들을 다시 확인**합니다. 그리고 **확인 테스트 1, 2** 풀이를 통해서 확실하게 자신의 것으로 만듭니다.

■ 컴퓨터 · 인터넷

1	☐	上网	shàngwǎng	인터넷을 하다, 인터넷에 들어가다
2	☐	注册	zhùcè	등록하다, (사이트에) 가입하다
3	☐	搜索	sōusuǒ	검색하다
4	☐	下载	xiàzài	다운로드하다
5	☐	安装	ānzhuāng	설치하다
6	☐	删除	shānchú	삭제하다
7	☐	升级	shēngjí	업그레이드하다
8	☐	输入	shūrù	입력하다
9	☐	复制	fùzhì	복제하다, 카피하다
10	☐	备份	bèifèn	백업하다
11	☐	重装	chóngzhuāng	재설치하다
12	☐	系统	xìtǒng	시스템, 체계
13	☐	软件	ruǎnjiàn	소프트웨어
14	☐	杀毒软件	shādú ruǎnjiàn	백신 프로그램
15	☐	病毒	bìngdú	바이러스
16	☐	中病毒	zhòng bìngdú	바이러스에 감염되다(=中毒)
17	☐	电子信箱	diànzǐ xìnxiāng	이메일 우편함, 메일 박스

꿀팁 '信箱'으로만 표현되기도 한다.

18	☐	电子邮件	diànzǐ yóujiàn	이메일
19	☐	发到邮箱里	fādào yóuxiānglǐ	이메일로 보내다
20	☐	密码	mìmǎ	비밀번호

21	☐	光盘	guāngpán	시디, CD
22	☐	硬盘	yìngpán	하드(디스크)
23	☐	移动硬盘	yídòng yìngpán	외장 하드, 이동식 하드디스크
24	☐	毛病	máobìng	고장, 병, 흠, 결점
25	☐	接触不良	jiēchù bùliáng	접촉 불량

26	☐	鼠标	shǔbiāo	마우스
27	☐	无线鼠标	wúxiàn shǔbiāo	무선 마우스
28	☐	键盘	jiànpán	키보드, 건반
29	☐	右键	yòujiàn	(마우스의) 오른쪽 바
30	☐	文件	wénjiàn	문서

31	☐	文件夹	wénjiànjiā	서류철, 파일 폴더
32	☐	设计	shèjì	설계하다, 디자인하다
33	☐	程序	chéngxù	(컴퓨터) 프로그램, 절차
34	☐	发给~	fāgěi	~에게 (문자나 이메일 등을) 보내다
35	☐	显示器	xiǎnshìqì	모니터

36	☐	网页	wǎngyè	인터넷 홈페이지
37	☐	网站	wǎngzhàn	웹사이트
38	☐	网名	wǎngmíng	아이디
39	☐	网民	wǎngmín	네티즌
40	☐	网址	wǎngzhǐ	인터넷 주소('网络地址'의 줄임말)

41	☐	浏览~网页/网站	liúlǎn~wǎngyè/wǎngzhàn	홈페이지/웹페이지를 훑어보다
42	☐	浏览器	liúlǎnqì	웹브라우저(browser)

꿀팁 '浏览'은 5급 필수 어휘로 '대충 훑어보다'의 뜻이며, '浏览器'는 여기서 파생된 단어이다.

43	☐	网络信号	wǎngluò xìnhào	인터넷 신호
44	☐	网络游戏	wǎngluò yóuxì	인터넷 게임
45	☐	设置密码	shèzhì mìmǎ	비밀번호를 설정하다

46	☐	用户	yònghù	사용자, 가입자

47	☐ 点击	diǎnjī	클릭하다
48	☐ 点击次数	diǎnjī cìshù	조회수
49	☐ 视频	shìpín	동영상

■ 핸드폰

| 50 | ☐ 手机 | shǒujī | 핸드폰 |

51	☐ 信号	xìnhào	신호
52	☐ 电池	diànchí	전지, 배터리
53	☐ 型号	xínghào	(배터리의) 모델, 사이즈
54	☐ 没电	méi diàn	배터리가 없다
55	☐ 充电	chōngdiàn	충전하다

56	☐ 充电器	chōngdiànqì	충전기
57	☐ 充值	chōngzhí	(요금을) 충전하다, 채워 넣다
58	☐ 关机	guānjī	핸드폰을 끄다, 기기를 끄다
59	☐ 占线	zhànxiàn	통화 중이다
60	☐ 联系不上	liánxì búshàng	연락이 안 된다

61	☐ 发短信	fā duǎnxìn	문자 메시지를 보내다
62	☐ 信号较弱	xìnhào jiào ruò	신호가 비교적 약하다
63	☐ 振动状态	zhèndòng zhuàngtài	진동 상태
64	☐ 免费	miǎnfèi	무료의
65	☐ 维修	wéixiū	수리하다

| 66 | ☐ 数码 | shùmǎ | 디지털 |

꿀팁 数据 shùjù 데이터, 통계 수치

| 67 | ☐ 费用 | fèiyòng | 비용 |
| 68 | ☐ 欠费 | qiànfèi | 요금 미납 |

꿀팁 '欠 qiàn'은 '빚지다'의 뜻으로 5급 필수 어휘이다.

| 69 | ☐ 数码相机 | shùmǎ xiàngjī | 디지털 카메라 |

각 단어에 맞는 발음과 뜻을 선으로 연결하세요.

대화형(1~30번) 문제는 **화제별 빈출 어휘 장악이 고득점의 핵심이자 본질입니다.** 단순한 암기 작업이라고 **무시하면 안 됩니다.** 공부하는 대로 **시험에서 바로바로 점수 향상**으로 나타날 것입니다.

1	复制	A xiàzài	A 등록하다, 가입하다
2	注册	B sōusuǒ	B 검색하다
3	搜索	C shānchú	C 삭제하다
4	下载	D zhùcè	D 다운로드하다
5	删除	E fùzhì	E 복제하다

6	安装	A zhòng bìngdú	A 시디, CD
7	软件	B guāngpán	B 이메일
8	中病毒	C ānzhuāng	C 설치하다
9	电子邮件	D ruǎnjiàn	D 바이러스에 감염되다
10	光盘	E diànzǐ yóujiàn	E 소프트웨어

11	用户	A diànchí	A 비밀번호
12	鼠标	B mìmǎ	B 전지, 배터리
13	程序	C yònghù	C 마우스
14	密码	D chéngxù	D 사용자, 가입자
15	电池	E shǔbiāo	E 프로그램, 절차

16	没电	A méidiàn	A 충전기
17	充电器	B shùmǎ	B 디지털
18	占线	C wéixiū	C 배터리가 없다
19	维修	D zhànxiàn	D 수리하다
20	数码	E chōngdiànqì	E 통화 중이다

정답 01. EE 02. DA 03. BB 04. AD 05. CC 06. CC 07. DE 08. AD 09. EB 10. BA
11. CD 12. EC 13. DE 14. BA 15. AB 16. AC 17. EA 18. DE 19. CD 20. BB

21	硬盘	A wénjiànjiā	A 훑어보다
22	文件夹	B qiànfèi	B 요금 미납
23	浏览	C xìnxiāng	C 하드(디스크)
24	信箱	D liúlǎn	D 문서 폴더
25	欠费	E yìngpán	E (이메일) 우편함

26	充值	A xìtǒng	A (배터리의) 모델, 사이즈
27	型号	B máobìng	B 고장, 병, 흠, 결점
28	系统	C jiànpán	C 키보드
29	毛病	D xínghào	D 시스템, 체계
30	键盘	E chōngzhí	E (요금을) 충전하다

31	电子信箱	A wúxiàn shǔbiāo	A 조회수
32	无线鼠标	B zhèndòng zhuàngtài	B 무선 마우스
33	设置密码	C shèzhì mìmǎ	C 이메일 우편함, 메일 박스
34	点击次数	D diànzǐ xìnxiāng	D 비밀번호를 설정하다
35	振动状态	E diǎnjī cìshù	E 진동 상태

정답 21. EC 22. AD 23. DA 24. CE 25. BB 26. EE 27. DA 28. AD 29. BB 30. CC
31. DC 32. AB 33. CD 34. EA 35. BE

 확인 테스트 2

녹음을 듣고 빈칸에 들어갈 알맞은 단어를 고르세요. 녹음은 두 번씩 들려 줍니다.

| 占线 | 信箱 | 密码 | 振动 | 下载 | 方便 | 病毒 | 软件 |
| 光盘 | 注册 | 删除 | 搜索 | 硬盘 | 网站 | 资料 | 鼠标 |

1. 这个＿＿＿＿不允许＿＿＿＿文件。

2. 我不小心把那个软件＿＿＿＿了。

3. 博物馆里要把手机调成＿＿＿＿状态。

4. 我给他打了好几次电话，但一直都＿＿＿＿。

5. 你在网上＿＿＿＿一下，说不定会有一些有关＿＿＿＿。

6. 没关系，我早就把这份文件保存在移动＿＿＿＿里了。

7. 如果你无法找回邮箱＿＿＿＿，那干脆重新＿＿＿＿一个吧。

8. 我的电脑不能放＿＿＿＿，能不能把它发到我的＿＿＿＿里。

9. 无线＿＿＿＿虽然贵一些，但效果确实很好，而且很＿＿＿＿。

10. 你最好先安装好杀毒＿＿＿＿，不然电脑可能会中各种各样的＿＿＿＿。

정답

1. **网站, 下载** : 이 사이트는 문서 다운로드를 허락하지 않는다.
2. **删除** : 나는 실수로 그 소프트웨어를 삭제해 버렸다.
3. **震动** : 박물관 안에서는 핸드폰을 진동 상태로 설정해야 한다.
4. **占线** : 나는 그에게 몇 번이나 전화를 했지만 계속 통화 중이었다.
5. **搜索, 资料** : 인터넷 상에서 검색해 보면, 아마 약간의 관련 자료가 있을 거야.
6. **硬盘** : 괜찮아. 나는 일찍이 이 문서를 외장하드에 저장해 두었어.
7. **密码, 注册** : 만일 이메일 우편함 비밀번호를 찾을 길이 없으면 아예 처음부터 다시 하나를 등록해.
8. **光盘, 信箱** : 내 컴퓨터는 시디를 넣을 수 없어, 그것을 내 이메일 우편함으로 보내 줄 수 없겠어?
9. **鼠标, 方便** : 무선 마우스는 비록 좀 더 비싸지만 효과는 확실히 좋아. 게다가 매우 편리해.
10. **软件, 病毒** : 너는 먼저 백신 프로그램을 설치하는 게 가장 좋아. 안 그러면 컴퓨터는 여러 가지 바이러스에 감염될 수 있어.

실전 연습 문제

第 1-4 题: 请选出正确答案。 🎧 1-12

第一部分

1.　A 浏览网页
　　B 上网订餐
　　C 上网挂号
　　D 排队买票

2.　A 摔坏了
　　B 中病毒了
　　C 硬盘坏了
　　D 显示器有问题

第二部分

3.　A 退货
　　B 补开发票
　　C 修改地址
　　D 咨询出版信息

4.　A 安装软件
　　B 填登记表
　　C 交报名费
　　D 修改照片大小

❺ 여가 · 오락

기출문제 분석   듣기 1부분 대화 듣고 질문에 답하기

여가 활동은 **여행, 사진, 낚시, TV, 장기** 등과 관련해서 **매회 2~3문제**가 출제됩니다. 특히 **사진, 낚시**에 관한 문제들이 **꾸준하게 나오고** 있으므로 특히 신경 써서 학습하도록 합니다.

■ 자주 나오는 질문 유형

인물 일치 찾기

[질문 형태] 关于男的/女的，可以知道什么? 남자/여자에 관해서 무엇을 알 수 있는가?
[풀이 비법] 각 **선택지의 키워드를 미리 체크**한 후 대화 내용을 전반적으로 이해하고 **내용상 일치하는 선택지**를 정답으로 고른다.

견해 일치 찾기

[질문 형태] 男的/女的觉得 + 인물 + 怎么样? 남자/여자는 '인물'에 대해서 어떻게 생각하는가?
[풀이 비법] **화자**(말하는 사람)가 특정 인물에 대해서 어떤 견해를 가지고 있는지를 묻는다. 녹음이 나오기 전에 최대한 많이 선택지의 키워드를 체크해 두는 것이 좋다. 대화의 전반적인 내용을 이해하고 질문 포인트를 정확히 짚어 낼 수 있어야 한다.

기출 맛보기

대화를 듣고 질문에 알맞은 답안을 고르세요. 🎧 1-13

1. A 上当了   [인물 일치 찾기]
   B 没钓到鱼
   C 受到称赞了
   D 想歇一会儿

2. A 为人诚恳   [견해 일치 찾기]
   B 摄影技术好
   C 工作效率高
   D 善于拍风景照

1.

녹음

女: 我在这儿都坐了快一个小时了，<u>一点儿收获都没有</u>。
男: 别急，<u>钓鱼要有耐心</u>，慢慢来。
问: 关于女的，可以知道什么？
A 上当了
B 没钓到鱼
C 受到称赞了
D 想歇一会儿

해석

여: 나는 여기 앉은 지 1시간이 다 돼 가는데 <u>아무런 수확이 없어</u>.
남: 조급해하지 마. <u>낚시는 인내심이 있어야 해</u>. 천천히 해 봐.
질문: 여자에 관해서 무엇을 알 수 있는가?
A 속았다
B 물고기를 낚지 못했다
C 칭찬을 받았다
D 잠깐 쉬고 싶다

풀이 여자가 **아무런 수확이 없다**(一点儿收获都没有)고 하니 남자가 낚시할 때는(钓鱼) 인내심을 가지라고 했으므로, 여자는 낚시를 하고 있는데 한 마리도 잡지 못했다는 것을 알 수 있다. '一点儿收获都没有'가 '没钓到鱼'로 바뀌었다.

정답 B

어휘 收获 shōuhuò [명/동] 수확(하다) 5급 | 急 jí [형] 급하다, 조급하다 | 钓鱼 diàoyú [명/동] 낚시(하다) 5급 | 耐心 nàixīn [명] 인내심 [형] 인내심 있다 4급 | 上当 shàngdàng [동] 속다 5급 | 称赞 chēngzàn [동] 칭찬하다 5급 | 歇 xiē [동] 쉬다(=休息) 5급

2.

녹음

男: 小高拍的这些照片您都看过了？
女: 看过了，<u>的确不错</u>。
男: <u>别看小高年轻，他可是我们店最好的摄影师</u>。
女: 那我的婚纱照就交给他吧。
问: 他们觉得小高怎么样？
A 为人诚恳
B 摄影技术好
C 工作效率高
D 善于拍风景照

해석

남: 샤오까오가 찍은 이 사진들 다 보셨어요?
여: 봤어요. <u>정말 좋아요</u>.
남: <u>비록 샤오까오는 어리지만 그는 정말이지 우리 가게에서 가장 훌륭한 사진작가입니다</u>.
여: 그럼 우리 결혼 사진도 그에게 맡겨야겠어요.
질문: 그들은 샤오까오를 어떻게 생각하는가?
A 인품이 진실하다
B 촬영 기술이 좋다
C 업무 효율이 높다
D 풍경 사진을 잘 찍는다

풀이 남자는 '가장 뛰어난 사진작가(是最好的摄影师)'라고 말하고, 여자는 '정말 좋아요(的确不出错)'라고 말하면서 그의 사진 기술을 칭찬하고 있으므로 B가 정답이 된다. **선택지의 키워드**(诚恳/摄影/效率/风景照)를 미리 체크했다면 평소에 잘 몰랐더라도 핵심 단어인 '摄影'을 듣고 올바른 정답을 고를 수 있다. B의 '工作效率(업무 효율)'라는 것은 걸린 시간에 비해 많은 업무 성과를 내는 것을 의미하므로 적절하지 않다.

정답 B

어휘 拍 pāi [동] (사진을) 찍다, (넓적한 것으로) 치다, 때리다 5급 | 的确 díquè [부] 확실히, 정말로(=确实) 5급 | 别看 biékàn 비록 ~이지만, ~은 보지 마라 | 可是 kěshì 정말로/확실히/정말 ~이다(어기부사 '可(정말)'가 '是'를 수식하는 형태) [접] 그러나 | 店 diàn [명] 가게, 점포 | 摄影师 shèyǐngshī [명] 사진작가, 사진사 5급 | 婚纱照 hūnshāzhào [명] 결혼 사진, 웨딩 사진 | 交给 jiāogěi ~에게 맡기다, ~에게 주다 | 为人 wéirén [명] 됨됨이, 사람됨, 인품 | 诚恳 chéngkěn [형] 진실하고 간절하다 5급 | 效率 xiàolǜ [명] 효율 5급 | 善于 shànyú [동] ~에 뛰어나다 | 风景照 fēngjǐngzhào 풍경 사진

전략 학습 : 화제별 빈출 어휘

듣기 1부분 대화 듣고 질문에 답하기

'여가・오락' 관련 어휘는 취미 생활과 관련된 것들입니다. 모두 친근한 단어들이어서 암기하는 데 부담이 적을 것입니다. 회화에서도 많이 활용되는 어휘들이니 관심을 갖고 학습하도록 합니다. 이제 '화제별 빈출 어휘' 내용이 절반까지 왔습니다. 5번만 더 하면 5급 주요 어휘를 전체적으로 훑게 됩니다. 조금만 더 힘을 내세요!
먼저 정리된 단어를 전체적으로 훑어보면서 모르거나 다소 생소한 단어는 체크(☑)를 해 둡니다. 다 훑어보고 나면 다시 처음으로 돌아와 체크된 생소한 단어들을 다시 확인합니다. 그리고 확인 테스트 1, 2 풀이를 통해서 확실하게 자신의 것으로 만듭니다.

■ 여행

1	☐ 旅行	lǚxíng	여행하다
2	☐ 旅游	lǚyóu	여행하다, 관광하다
3	☐ 旅行社	lǚxíngshè	여행사
4	☐ 旅行团	lǚxíngtuán	여행단
5	☐ 自助游	zìzhùyóu	자유 여행(여행사를 통하지 않고 개인적으로 자유롭게 하는 여행)

6	☐ 自驾旅游	zìjià lǚyóu	자가 운전 여행

꿀팁 '驾 jià'는 '운전하다'는 뜻으로, 5급 필수 어휘인 '驾驶 jiàshǐ'에서 나왔다.

7	护照	hùzhào	여권

꿀팁 驾照 jiàzhào 운전면허증 | 执照 zhízhào 허가증

8	☐ 签证	qiānzhèng	비자
9	☐ 初旬	chūxún	초순
10	☐ 中旬	zhōngxún	중순

11	☐ 下旬	xiàxún	하순
12	☐ 休年假	xiūniánjià	연차 휴가를 쓰다
13	☐ 装	zhuāng	담다, 넣다, ~인 체하다
14	☐ 箱子	xiāngzi	상자, 박스
15	☐ 行李箱	xínglǐxiāng	여행용 가방, 트렁크

> **꿀팁** '자동차 트렁크'는 '后备箱 hòubèixiāng'이라고 한다.

16	☐ 风景	fēngjǐng	풍경(≒景色)
17	☐ 景色	jǐngsè	경치(≒风景)
18	☐ 吸引	xīyǐn	끌어당기다, (사람을) 유치하다, 매료시키다
19	☐ 郊区	jiāoqū	교외
20	☐ 名胜古迹	míngshèng gǔjì	명승고적

21	☐ 西安	Xī'ān	서안
22	☐ 云南	Yúnnán	운남(성)
23	☐ 四川	Sìchuān	사천(성)
24	☐ 桂林	Guìlín	계림
25	☐ 颐和园	Yíhéyuán	이화원

26	☐ 内蒙古	Nèiměnggǔ	내몽골(네이멍구 자치구)
27	☐ 故宫	Gùgōng	고궁
28	☐ 西藏	Xīzàng	티베트
29	☐ 长城	Chángchéng	만리장성(万里长城)
30	☐ 兵马俑	bīngmǎyǒng	병마용

■ 사진

31	☐ 照片	zhàopiàn	사진
32	☐ 摄影	shèyǐng	촬영하다, 사진을 찍다(≒拍照)
33	☐ 拍照	pāizhào	사진을 찍다

> **꿀팁** 대화에서는 '摄影'이 나오고, 정답은 '拍照'로 나오는 식으로 출제된다.

| 34 | ☐ 合影 | héyǐng | 단체 사진, 함께 찍다 |
| 35 | ☐ 靠近 | kàojìn | 다가가다, 가까이 가다 |

36	☐ 毕业照	bìyèzhào	졸업 사진
37	☐ 婚纱照	hūnshāzhào	웨딩 사진
38	☐ 照相机	zhàoxiàngjī	사진기, 카메라
39	☐ 数码相机	shùmǎ xiàngjī	디지털 카메라

■ 텔레비전 · 영화

| 40 | ☐ 频道 | píndào | 채널 |

41	☐ 播放	bōfàng	재생하다, (음악 등을) 틀다, 방송하다
42	☐ 转播	zhuǎnbō	중계 방송하다
43	☐ 重播	chóngbō	재방송하다
44	☐ 嘉宾	jiābīn	손님, 게스트
45	☐ 电影	diànyǐng	영화

46	☐ 字幕	zìmù	자막
47	☐ 一致	yízhì	일치하다
48	☐ 主持人	zhǔchírén	사회자
49	☐ 电视剧	diànshìjù	드라마
50	☐ 遥控器	yáokòngqì	리모콘

51	☐ 纪录片	jìlùpiàn	다큐멘터리
52	☐ 动作片	dòngzuòpiàn	액션 영화
53	☐ 武术片	wǔshùpiàn	무술 영화
54	☐ 连续剧	liánxùjù	연속극, 드라마
55	☐ 动画片	dònghuàpiān	애니메이션, 만화 영화

| 56 | ☐ 功夫片 | gōngfupiàn | 무술 영화(≒武术片 wǔshùpiàn) |

■ 기타

| 57 | ☐ 业余 | yèyú | 여가 |

58	☐ 业余爱好	yèyú àihào	여가 취미
59	☐ 休闲娱乐	xiūxián yúlè	레저 오락
60	☐ 钓鱼	diàoyú	낚시하다

61	☐ 书法	shūfǎ	서예
62	☐ 滑冰	huábīng	스케이트를 타다
63	☐ 滑雪	huáxuě	스키를 타다
64	☐ 划船	huáchuán	(노 따위로) 배를 젓다
65	☐ 爬山	páshān	등산하다, 산을 오르다(≒登山)

66	☐ 象棋	xiàngqí	장기
67	☐ 围棋	wéiqí	바둑
68	☐ 下棋	xiàqí	장기나 바둑을 두다
69	☐ 输	shū	지다, 패배하다
70	☐ 赢	yíng	이기다, 승리하다

71	☐ 盘	pán	판(장기나 바둑의 시합을 세는 단위의 양사)
72	☐ 浇花	jiāohuā	꽃에 물을 주다
73	☐ 跳舞	tiàowǔ	춤 추다
74	☐ 聚会	jùhuì	모임, 모이다
75	☐ 安排	ānpái	안배하다

76	☐ 迷上	míshàng	~에 빠지다, ~에 반하다
77	☐ 养宠物	yǎng chǒngwù	애완동물을 기르다
78	☐ 博物馆	bówùguǎn	박물관
79	☐ 游乐场	yóulèchǎng	유원지, 놀이 동산
80	☐ 放长假	fàng chángjià	연휴를 맞다, 장기 휴무하다

각 단어에 맞는 발음과 뜻을 선으로 연결하세요.

대화형(1~30번) 문제는 **화제별 빈출 어휘 장악**이 고득점의 핵심이자 본질입니다. 단순한 암기 작업이라고 **무시하면 안 됩니다**. 공부하는 대로 **시험에서 바로바로 점수 향상**으로 나타날 것입니다.

1	行李箱	A jiāoqū	A 명승고적
2	风景	B xínglǐxiāng	B 트렁크
3	郊区	C míngshèng gǔjì	C 촬영하다
4	名胜古迹	D shèyǐng	D 교외
5	摄影	E fēngjǐng	E 풍경

6	合影	A héyǐng	A 단체 사진(을 찍다)
7	数码相机	B shùmǎ xiàngjī	B 디지털 카메라
8	播放	C bōfàng	C 자막
9	字幕	D yáokòngqì	D 리모콘
10	遥控器	E zìmù	E 재생하다, 틀다, 방송하다

11	纪录片	A gōngfupiàn	A 레저와 오락
12	动画片	B xiūxián yúlè	B 낚시하다
13	休闲娱乐	C diàoyú	C 다큐멘터리
14	钓鱼	D jìlùpiàn	D 무술 영화
15	功夫片	E dònghuàpiān	E 애니메이션

16	书法	A xiàngqí	A 서예
17	安排	B shūfǎ	B 장기
18	滑雪	C ānpái	C 애완동물
19	象棋	D chǒngwù	D 스키 타다
20	宠物	E huáxuě	E 안배하다

정답 01. BB 02. EE 03. AD 04. CA 05. DC 06. AA 07. BB 08. CE 09. EC 10. DD
11. DC 12. EE 13. BA 14. CB 15. AD 16. BA 17. CE 18. ED 19. AB 20. DC

21	靠近	A kàojìn	A 결혼 사진
22	休闲	B hūnshāzhào	B 레저
23	婚纱照	C yíng	C 물을 주다
24	浇	D xiūxián	D 다가가다
25	赢	E jiāo	E 이기다

26	嘉宾	A zhuāng	A 사회자
27	主持人	B xīyǐn	B 끌어당기다, 유치하다
28	频道	C píndào	C 귀빈, 손님
29	装	D jiābīn	D (텔레비전) 채널
30	吸引	E zhǔchírén	E 넣다, 담다, ~체하다

31	迷上	A liánxùjù	A 박물관
32	博物馆	B yèyú	B 연속극, 드라마
33	划船	C huáchuán	C 배를 젓다
34	连续剧	D míshàng	D 여가
35	业余	E bówùguǎn	E ~에 빠지다

정답 21. AD 22. DB 23. BA 24. EC 25. CE 26. DC 27. EA 28. CD 29. AE 30. BB
31. DE 32. EA 33. CC 34. AB 35. BD

녹음을 듣고 빈칸에 들어갈 알맞은 단어를 고르세요. 녹음은 두 번씩 들려 줍니다.

 1-14

摄影 | 郊区 | 频道 | 宠物 | 象棋 | 钓鱼
身份 | 合个影 | 护照 | 名胜古迹 | 播放

---

1. 他下_____总是赢我。

2. _____是他的主要娱乐。

3. 咱们在这儿_____留念吧。

4. 我太太在大学时代就热爱_____。

5. 现在是去_____漫游的最好季节。

6. 他把一张光盘放入光盘_____器里。

7. 他用遥控器快速浏览了各个_____。

8. _____往往可用来证明旅行者的_____。

9. 每到一个地方，他都要去看看当地的_____。

10. 我养过许多_____，比如狗、猫、蛇、热带鱼等。

정답

1. 象棋 : 그는 장기를 두면 늘 나를 이긴다.
2. 钓鱼 : 낚시는 그의 주요 오락거리이다.
3. 合个影 : 우리들 여기서 단체 사진을 찍어서 기념으로 남기자.
4. 摄影 : 나의 아내는 대학 시절부터 사진 촬영을 매우 좋아했다.
5. 郊区 : 지금은 교외로 나가서 유람하기에 가장 좋은 계절이다.
6. 播放 : 그는 시디 한 장을 시디 재생기에 넣었다.
7. 频道 : 그는 리모콘으로 각각의 채널을 훑어보았다.
8. 护照, 身份 : 여권은 종종 여행자의 신분을 증명할 수 있다.
9. 名胜古迹 : 가는 곳마다 그는 늘 현지의 명승고적을 둘러본다.
10. 宠物 : 나는 많은 애완동물을 길러 본 적이 있다. 예를 들어 개, 고양이, 뱀, 열대어 등.

실전 연습 문제

第 1-4 题：请选出正确答案。　　🎧 1-15

第二部分

1. A 纪录片
   B 功夫片
   C 体育节目
   D 访谈节目

第一部分

2. A 是导演
   B 爱好摄影
   C 明年退休
   D 迷上了写作

3. A 大箱子更结实
   B 原来的箱子破了
   C 东西太多装不下
   D 原来的箱子太重

4. A 女的赢不了他
   B 女的不够用功
   C 他可以教女的
   D 他最近比较忙

❻ 음식

기출문제 분석
듣기 1부분 대화 듣고 질문에 답하기

'음식' 화제는 **매회 1문제** 정도가 출제되며 **맛(味道), 신체 상태** 등이 많이 출제됩니다. **여러 가지 맛** '酸(시다)', '甜(달다)', '苦(쓰다)', '辣(맵다)', '咸(짜다)', '清淡(담백하다)'을 숙지하고, '零食(간식)', '辣椒(고추)', '烤鸭(오리 구이)' 등과 같은 **음식 이름**도 잘 기억해 두어야 합니다.

■ 자주 나오는 질문 유형

화자 의도 찾기

[질문 형태] 男的/女的是什么意思? 남자/여자의 말은 무슨 뜻인가?
[풀이 비법] 두 번째 화자가 한 말의 **의미**를 묻는다. 첫 번째 화자가 한 말은 **종종 함정**이기 때문에 주의해야 한다.

인물 일치 찾기

[질문 형태] 关于男的/女的，可以知道什么? 남자/여자에 관해서 무엇을 알 수 있는가?
[풀이 비법] 대화 내용을 전반적으로 이해하고 **내용상 일치하는 선택지**를 정답으로 고른다. 가능한 한 **선택지**를 미리 보고 생소하거나 어려운 단어는 동그라미나 밑줄을 쳐서 **미리 체크**해 두는 것이 중요하다.

기출
맛보기

대화를 듣고 질문에 알맞은 답안을 고르세요.

 1–16

1. A 胃不舒服
   B 菜不合胃口
   C 牙疼不方便吃
   D 太饱了吃不下
   [화자 의도 찾기]

2. A 价格昂贵
   B 正在搞活动
   C 只剩一套了
   D 是整套出售的
   [인물 일치 찾기]

1.

녹음

女: 看你没怎么动筷子, 菜不合你胃口?
男: 不是, <u>前几天刚拔了颗牙, 到现在吃东西还有点儿疼</u>。

问: 男的是什么意思?

A 胃不舒服
B 菜不合胃口
C 牙疼不方便吃
D 太饱了吃不下

해석

여: 너 젓가락질을 별로 안 하는 걸 보니 요리가 네 입에 안 맞는 모양이네.
남: 아니예요. <u>며칠 전에 이를 하나 뽑아서 지금까지도 음식을 먹으면 좀 아파요.</u>

질문: 남자의 말은 무슨 뜻인가?

A 위가 불편하다
B 요리가 입맛에 안 맞다
C 이가 아파서 먹기 불편하다
D 너무 배불러서 먹지 못한다

풀이 이를 빼서(拔牙) 음식 먹을 때 아프다고(有点儿疼) 했으므로 C가 정답이 된다. 대화에 '不合你胃口'는 함정이기 때문에 B를 고르지 않도록 주의하자.

정답 C

어휘 筷子 kuàizi [명] 젓가락 | 合~胃口 hé ~ wèikǒu ~ 입맛에 맞다 | 胃口 wèikǒu 식욕(=食欲) 입맛, 취향(=口味) 5급 | 拔 bá [동] 뽑다 | 颗 kē [양] 알갱이 모양을 셈 5급 | 牙 yá [명] 이(빨)

2.

녹음

男: 这个勺子单卖吗?
女: 不好意思, 先生, <u>这款餐具只能成套购买</u>。
男: 我很喜欢这个勺子的设计, 你们有类似的款式吗?
女: 这边有一款, 只是图案不同。

问: 关于那个餐具, 可以知道什么?

A 价格昂贵
B 正在搞活动
C 只剩一套了
D 是整套出售的

해석

남: 이 숟가락은 낱개로 팔아요?
여: 죄송합니다, 선생님. <u>이 세트의 식기는 세트로만 구매할 수 있습니다.</u>
남: 이 숟가락의 디자인이 매우 마음에 드는데 비슷한 디자인이 있습니까?
여: 이쪽에 하나가 있긴 한데 도안이 다릅니다.

질문: 그 식기에 관해서 알 수 있는 것은?

A 가격이 매우 비싸다
B 지금 행사 중이다
C 한 세트만 남았다
D 세트로만 판매한다

풀이 '成套购买'를 통해서 이 식기는 한 세트(整套)로 판매한다(出售)는 것을 알 수 있다.

정답 D

어휘 勺子 sháozi [명] 숟가락 5급 | 不好意思 bùhǎoyìsī [형] 미안해하다, 부끄럽다 | 款 kuǎn [양] 종류, 모양 | 餐具 cānjù [명] 식기 | 成套 chéngtào [동] 세트를 이루다 | 购买 gòumǎi [동] 구매하다 | 设计 shèjì [동] 설계하다 5급 | 类似 lèisì [형] 유사하다 6급 | 款式 kuǎnshì [명] 스타일 6급 | 图案 tú'àn [명] 도안, 그림 6급 | 昂贵 ángguì [형] 비싸다 6급 | 搞活动 gǎo huódòng (할인 등의) 행사를 하다 | 剩 shèng [동] 남다 4급 | 整套 zhěngtào 완전한 한 세트(벌) | 售出 shòuchū [동] 팔다

전략 학습 : 화제별 빈출 어휘

듣기 1부분 대화 듣고 질문에 답하기

'음식' 관련 어휘는 **중국의 음식 문화**와 관련 있습니다. 중국의 음식 문화도 이해하고 나중에 중국 여행을 가면 중국 식당에서 써먹어야지 하고 생각하면서 **재미있게 학습**해 보세요.

먼저 정리된 단어를 전체적으로 훑어보면서 **모르**거나 다소 **생소**한 단어는 **체크(☑)**를 해 둡니다. 다 훑어보고 나면 **다시 처음으로 돌아와 체크된 생소한 단어들을 다시 확인**합니다. 그리고 **확인 테스트 1, 2 풀이**를 통해서 **확실하게 자신의 것**으로 만듭니다.

■ 음식·요리

1	☐	粮食	liángshi	양식, 식량
2	☐	食物	shíwù	음식, 먹이
3	☐	当地	dāngdì	현지
4	☐	小吃	xiǎochī	간단한 음식, 간식
5	☐	特色	tèsè	특색
6	☐	馒头	mántou	만두, 찐빵
7	☐	包子	bāozi	(소가 든) 찐빵, 바오쯔
8	☐	饺子	jiǎozi	교자, 만두
9	☐	点心	diǎnxin	(떡·과자·빵·케이크 등과 같은) 간식(거리)
10	☐	零食	língshí	간식, 주전부리

11	☐	玉米	yùmǐ	옥수수
12	☐	花生	huāshēng	땅콩
13	☐	蔬菜	shūcài	채소
14	☐	黄瓜	huángguā	오이
15	☐	辣椒	làjiāo	고추

16	☐	土豆	tǔdòu	감자
17	☐	豆腐	dòufu	두부
18	☐	烤鸭	kǎoyā	오리구이
19	☐	香肠	xiāngcháng	소시지
20	☐	酱油	jiàngyóu	간장

21	☐	醋	cù	식초
22	☐	盐	yán	소금
23	☐	辣椒酱	làjiāojiàng	고추장
24	☐	海鲜	hǎixiān	해산물
25	☐	果实	guǒshí	과실

26	☐	桔子	júzi	귤
27	☐	桃	táo	복숭아

> 꿀팁 挑 tiāo : 고르다, 선택하다 | 逃 táo : 도망치다

28	☐	梨	lí	배
29	☐	冰激凌	bīngjilíng	아이스크림

> 꿀팁 '冰淇淋 bīngqílín'이라고도 한다.

30	☐	矿泉水	kuàngquánshuǐ	생수, 광천수

31	☐	月饼	yuèbǐng	월병
32	☐	水煮牛肉	shuǐzhǔ niúròu	매운 소고기 탕(중국 음식의 일종)
33	☐	西红柿炒鸡蛋	xīhóngshì chǎo jīdàn	토마토 계란 볶음
34	☐	排骨	páigǔ	갈비

> 꿀팁 '排骨'는 '배열된 뼈'라는 뜻이고, '排队'는 '줄을 서다'는 뜻이다.

35	□ 油炸食品	yóuzhá shípǐn	튀김, 튀긴 음식
36	□ 火锅	huǒguō	신선로, 중국식 샤브샤브

■ 소화

37	□ 消化	xiāohuà	소화시키다, 소화하다
38	□ 胃不舒服	wèi bù shūfu	위가 불편하다
39	□ 消化不良	xiāohuà bùliáng	소화 불량, 소화가 잘 안 되다
40	□ 胃口	wèikǒu	식욕, 입맛

41	□ 没有胃口	méiyǒu wèikǒu	식욕이 없다, 입맛이 없다
42	□ 不合胃口	bù hé wèikǒu	입맛에 맞지 않다
43	□ 嗓子不舒服	sǎngzi bù shūfu	목구멍이 아프다
44	□ 口味	kǒuwèi	입맛, 취향
45	□ 合口味	hé kǒuwèi	입맛에 맞다

■ 맛·요리법

46	□ 味道	wèidao	맛, 향기
47	□ 嫩	nèn	(음식이) 부드럽다, 연하다
48	□ 咸	xián	짜다

꿀팁 소금 : 盐 yán

49	□ 甜	tián	달다
50	□ 苦	kǔ	쓰다

52	□ 辣	là	맵다
53	□ 酸	suān	시다, 시큼하다

꿀팁 식초 : 醋 cù

54	□ 烫	tàng	뜨겁다, 화상을 입다
55	□ 醉	zuì	취하다

52	☐ 清淡	qīngdàn	(맛이) 담백하다
53	☐ 煮	zhǔ	삶다
54	☐ 炒	chǎo	볶다
55	☐ 油炸	yóuzhá	기름에 튀기다

■ 식당

| 56 | ☐ 酒吧 | jiǔbā | (서양식) 술집, 바(bar) |

꿀팁 酒店 jiǔdiàn 호텔

| 57 | ☐ 饭店 | fàndiàn | 호텔, 식당 |

꿀팁 '北京饭店'은 '북경반점'이 아니라 '북경 호텔'이다. 참고로 '饭馆 fànguǎn'은 '식당'이라는 뜻이다.

58	☐ 聚会	jùhuì	모임, 모이다
59	☐ 宴会	yànhuì	연회, 파티
60	☐ 餐厅	cāntīng	식당

61	☐ 点菜	diǎn cài	요리를 주문하다
62	☐ 特色菜	tèsè cài	특색 요리, (식당에서) 잘하는 요리
63	☐ 预订	yùdìng	예약하다
64	☐ 订餐	dìngcān	음식을 예약하다
65	☐ 浪费	làngfèi	낭비하다

| 66 | ☐ 结账 | jiézhàng | 결제하다(≒付款 fùkuǎn) |
| 67 | ☐ 买单 | mǎidān | (식당에서) 계산하다, 계산서 |

꿀팁 '买单'은 '음식'에서 쓰는 단어이지 '쇼핑'에서는 쓰지 않는다. '쇼핑'과 '음식' 모두 쓸 수 있는 것은 '结账', '付款'이다.

68	☐ 碗	wǎn	그릇
69	☐ 壶	hú	주전자
70	☐ 筷子	kuàizi	젓가락

71	☐ 勺子	sháozi	숟가락
72	☐ 餐桌	cānzhuō	식탁
73	☐ 订位子	dìng wèizi	자리를 예약하다
74	☐ 上菜速度	shàngcài sùdù	요리가 나오는 속도

■ 기타

| 75 | ☐ 牙齿 | yáchǐ | 치아, 이 |

76	☐ 血压	xuèyā	혈압
77	☐ 营养	yíngyǎng	영양
78	☐ 过敏	guòmǐn	알레르기 반응을 보이다, 과민하다
79	☐ 过期	guòqī	(음식의 유통) 기한이 지나다
80	☐ 保质期	bǎozhìqī	유통 기한, 품질 보증 기간

꿀팁 保修期 bǎoxiūqī 수리 보증 기간

| 81 | ☐ 生产日期 | shēngchǎn rìqī | 생산 날짜 |

각 단어에 맞는 발음과 뜻을 선으로 연결하세요.

대화형(1~30번) 문제는 화제별 빈출 어휘 장악이 고득점의 핵심이자 본질입니다. 단순한 암기 작업이라고 **무시하면 안 됩니다**. 공부하는 대로 **시험에서 바로바로** 점수 향상으로 나타날 것입니다.

1	嗓子	A shūcài	A 채소
2	零食	B tǔdòu	B 감자
3	蔬菜	C sǎngzi	C 목구멍
4	土豆	D dòufu	D 간식, 주전부리
5	豆腐	E língshí	E 두부

6	香肠	A hǎixiān	A 식초
7	海鲜	B cù	B 소금
8	酱油	C yán	C 해산물
9	醋	D jiàngyóu	D 소시지
10	盐	E xiāngcháng	E 간장

11	胃口	A bīngjilíng	A 위
12	冰激凌	B kuàngquánshuǐ	B 삶다
13	矿泉水	C zhǔ	C 식욕, 입맛
14	胃	D wèi	D 아이스크림
15	煮	E wèikǒu	E 생수, 광천수

16	消化	A xián	A 뜨겁다
17	嫩	B suān	B 짜다
18	咸	C nèn	C 소화시키다
19	酸	D xiāohuà	D 부드럽다
20	烫	E tàng	E 시큼하다

정답 01. CC 02. ED 03. AA 04. BB 05. DE 06. ED 07. AC 08. DE 09. BA 10. CB
11. EC 12. AD 13. BE 14. DA 15. CB 16. DC 17. CD 18. AB 19. BE 20. EA

21	清淡	A jùhuì	A 유통 기한
22	营养	B yànhuì	B 연회
23	宴会	C qīngdàn	C 모임, 모이다
24	聚会	D bǎozhìqī	D 담백하다
25	保质期	E yíngyǎng	E 영양

26	特色小吃	A shíwù	A 볶다
27	食物	B tèsè xiǎochī	B 배
28	炒	C táo	C 복숭아
29	梨	D lí	D 특색 먹거리
30	桃	E chǎo	E 음식, 먹이

31	勺子	A yóuzhá	A 결제하다
32	餐厅	B kǒuwèi	B 숟가락
33	结账	C cāntīng	C 식당
34	口味	D jiézhàng	D 입맛, 취향
35	油炸	E sháozi	E 기름에 튀기다

정답 21. CD 22. EE 23. BB 24. AC 25. DA 26. BD 27. AE 28. EA 29. DB 30. CC
31. EB 32. CC 33. DA 34. BD 35. AE

 **확인 테스트 2**

녹음을 듣고 빈칸에 들어갈 알맞은 단어를 고르세요. 녹음은 두 번씩 들려 줍니다.

> 清淡 | 特色菜 | 宴会 | 小吃 | 辣 | 油炸 | 胃
> 冰激凌 | 保质期 | 胃口 | 预订 | 过期 | 醋

1. 这种草莓＿＿＿＿是用新鲜水果做的。

2. 这是当地很有名的＿＿＿＿，大家都尝尝。

3. 往酱油里放点＿＿＿＿有点酸味，就更好吃。

4. 那个菜有些辣，你吃这个菜，这个＿＿＿＿一些。

5. 这些菜不合你的＿＿＿＿吗？为什么不多吃点儿啊？

6. 因为＿＿＿＿不舒服，现在我太＿＿＿＿的东西吃不了。

7. 少吃＿＿＿＿食品，那是垃圾食品，对健康没什么好处。

8. 我想点菜，你先给我们推荐几个你们这儿的＿＿＿＿吧。

9. 那盒月饼是六月份生产的，＿＿＿＿两个月，早＿＿＿＿了。

10. 长城饭店的大＿＿＿＿厅已经被别人＿＿＿＿了，现在还有两个小厅。

정답

1. **冰激凌** : 이 딸기 아이스크림은 신선한 과일로 만들었다.
2. **小吃** : 이것은 현지의 유명한 간식인데 모두들 맛 한번 보세요.
3. **醋** : 간장 안에 약간의 식초를 넣어 신맛이 있으면 더욱 맛있어.
4. **清淡** : 그 요리는 좀 매워. 너는 이 요리를 먹어 봐. 이게 좀 담백해.
5. **胃口** : 이 요리는 너의 입맛에 안 맞아? 왜 많이 안 먹어?
6. **胃, 辣** : 위가 불편해서 지금 난 너무 매운 음식은 못 먹어.
7. **油炸** : 튀긴 음식은 적게 먹어. 그건 정크 푸드야. 건강에 좋을 게 없어.
8. **特色菜** : 저는 주문하고 싶은데, 당신이 먼저 이곳의 특별 요리(주메뉴)를 몇 개 추천해 주세요.
9. **保质期, 过期** : 그 월병은 6월달에 생산한 건데 유통 기한이 2개월이라서 벌써 기한이 지났어.
10. **宴会, 预订** : 장성 호텔의 대연회실은 이미 다른 사람이 예약해서, 지금은 두 개의 작은 연회실만 있어요.

실전 연습 문제

第 1-4 题：请选出正确答案。 🎧 1-18

第一部分

1.   A 太酸了
         B 太咸了
         C 辣椒放少了
         D 土豆炒太久了

2.   A 很清淡
         B 太烫了
         C 不够辣
         D 不太新鲜

第二部分

3.   A 太辣了
         B 特别烫
         C 没放酱油
         D 需要加点儿醋

4.   A 不吃零食
         B 正在减肥
         C 今天不舒服
         D 不吃油炸食品

❼ 쇼핑

기출문제 분석
듣기 1부분 대화 듣고 질문에 답하기

'쇼핑' 화제는 **매회 1~2문제** 정도가 출제됩니다. 초기에는 주로 **결제(结账)**와 관련해서 많이 출제되었으나 최근에는 영수증(发票), 상품권(优惠券), 할인(打折, 优惠) 등과 관련해서 **비교적 난이도 있게 출제**되고 있습니다.

■ 자주 나오는 질문 유형

행위 유추

[질문 형태] 男的/女的要做什么? 남자/여자는 무엇을 하려 하는가?

[풀이 비법] 질문에 '做什么', '怎么做' 등이 들어가는 '행위 유추 문제'는 **선택지에 모두 동사가 들어간다**. '행위 유추 문제'는 결국 행위를 묻는 것이기 때문에 선택지에서 **동사에 초점**을 맞춰야 한다. '행위 유추 문제'는 일반적으로 **정답이 첫 문장에 나온다**는 것을 명심하자.

원인 유추

[질문 형태] 男的为什么没搬家? 남자는 왜 이사하지 않았는가?

[풀이 비법] 질문 속에 '为什么'가 들어가는 '원인 유추 문제'는 대화 속의 **어느 특정 단어에 현혹되지 말고** 대화 내용을 논리적으로 이해해야 한다. 이 유형은 일반적으로 **선택지가 긴데 선택지의 키워드를 먼저 파악함으로써** 대화 내용을 좀 더 종합적이고 구체적으로 이해할 수 있다.

대화를 듣고 질문에 알맞은 답안을 고르세요.

🎧 1-19

1. A 换钱   [행위 유추]
   B 退卡
   C 换零钱
   D 买吃的

2. A 过期了   [원인 유추]
   B 节假日不能用
   C 过了8月才能用
   D 没达到消费标准

1.

녹음

女: 有零钱吗？我想去楼下自动售货机那儿买包饼干。
男: 我抽屉里应该有几个硬币，你等一下，我找找。
问: 女的要做什么？
A 换钱
B 退卡
C 换零钱
D 买吃的

해석

여: 잔돈 있어? 아래층 자동판매기에 가서 과자 한 봉지 사려고 하는데.
남: 내 서랍 안에 몇 개의 동전이 있을 거야. 잠깐 기다려 봐. 내가 찾아볼게.
질문: 여자는 무엇을 하려고 하는가?
A 환전한다
B 카드를 취소한다
C 잔돈으로 바꾼다
D 먹을 것을 산다

풀이 여자는 과자를 사려고(买包饼干) 남자에게 잔돈(零钱)이 있냐고 물은 것이므로 여자는 먹을 것을 사려고(买吃的) 한다는 것을 알 수 있다. 이때 '零钱'이 대화에서 나왔다고 해서 C를 정답으로 고르지 않도록 주의하자.

꿀팁 '행위 유추문제'는 선택지에 모두 동사가 들어가는데, 위 문제에서는 각각 '换(바꾸다)', '退(물리다)', '换(바꾸다)', '买(사다)'가 들어가 있다. 이때 선택지의 명사(零钱)만 보고 동사(换)를 무시하고 정답을 고르면 위험하다. '행위 문제'는 결국 행위를 묻는 것이기 때문에 동사(买)에 초점을 맞춰야 한다.
따라서 '행위 유추 문제'를 풀 때는 첫째, 선택지의 동사를 보고 행위 문제임을 인식한다. 둘째, 대화 내용을 어느 정도 이해한다. 셋째, 선택지에서 명사만 보지 말고 앞의 행위(동사)도 고려하여 정답을 고른다. 또한 '행위 유추 문제'는 일반적으로 정답이 첫 문장에 나온다는 것을 명심하자.

정답 D

어휘 零钱 língqián [명] 잔돈 4급 | 楼下 lóuxià [명] 아래층, 건물 아래 | 自动售货机 zìdòng shòuhuòjī [명] 자동판매기 | 包 bāo [양] 봉지를 셈 3급 | 饼干 bǐnggān [명] 과자, 비스킷 4급 | 抽屉 chōuti [명] 서랍 5급 | 硬币 yìngbì [명] 동전

2.

녹음

女: 先生，您一共消费了240元，您付现金还是刷卡？
男: 我有一张满100减30的优惠券，能用吗？
女: 对不起，这张券的有效期到8月中旬，现在不能用了。
男: 好吧，我付现金。
问: 那张优惠券为什么不能用？
A 过期了
B 节假日不能用
C 过了8月才能用
D 没达到消费标准

해석

여: 손님, 손님께서는 총 240위안을 소비하셨는데, 현금으로 하시겠어요 아니면 카드로 결제하시겠어요?
남: 저에게 100위안어치를 사면 30위안을 할인해 주는 할인권이 있는데 사용할 수 있나요?
여: 죄송합니다. 이 할인권의 유효 기간은 8월 중순까지라서 지금은 사용할 수 없습니다.
남: 알겠습니다. 저는 현금으로 결제할게요.

질문: 그 할인권은 왜 쓸 수 없는가?

A 유효 기간이 지났다
B 명절과 휴일에는 쓸 수 없다
C 8월이 지나야 쓸 수 있다.
D 소비 기준에 도달하지 못했다

풀이 유효 기간(有效期)이 8월 중순(8月中旬)이며, **지금은 사용할 수 없다**(现在不能用了)는 것은 사용할 수 있는 기간이 이미 지났다는 것을 의미하므로 A가 정답이 된다. '过期'는 '기한이 지나다'는 뜻으로 '**음식의 유통 기간**'뿐만 아니라 '**할인권 등의 사용 기간**'에도 적용된다.

정답 A

어휘 一共 yígòng [부] 총, 모두 4급 | 消费 xiāofèi [동] 소비하다 5급 | 付 fù [동] 지불하다, 내다 | 现金 xiànjīn [명] 현금 5급 | 刷卡 shuākǎ [동] 카드로 하다 | 满100减30 mǎn 100 jiǎn 30 100위안어치 사면 30위안을 할인해 주다 | 优惠券 yōuhuìquàn [명] 할인권 5급 | 券 quàn [명] 권, 증서, 표 | 有效期 yǒuxiàoqī [명] 유효 기간 | 节假日 jiéjiàrì [명] 명절과 휴가 | 达到 dádào [동] 도달하다, 이르다 5급 (+ 추상명사 : 标准/目的/效果)

전략 학습 : 화제별 빈출 어휘

듣기 1부분 대화 듣고 질문에 답하기

'쇼핑' 관련 어휘는 평소 쇼핑할 때 쓰는 **한국어가 중국어로 어떻게 표현**되는지 확인하며 **재미있게 학습**할 수 있습니다. 이제 '화제별 빈출 어휘'가 **7번째**가 되었습니다. 2/3를 넘어 왔는데 앞으로 **3번만** 더 하면 **5급 주요 어휘를 전반적으로** 훑게 됩니다. 포기하지 말고 조금만 더 **파이팅** 하세요!
먼저 정리된 단어를 전체적으로 훑어보면서 **모르거나** 다소 **생소**한 단어는 **체크**(☑)를 해 둡니다. 다 훑어보고 나면 **다시 처음으로 돌아와 체크된 생소한 단어들을 다시 확인**합니다. 그리고 확인 테스트 1, 2 풀이를 통해서 **확실하게 자신의 것**으로 만듭니다.

■ 결제

1	☐ 打折	dǎzhé	할인하다
	꿀팁 拆 chāi 뜯다, 헐다		
2	☐ 降价	jiàngjià	가격을 낮추다, 할인하다
3	☐ 折扣	zhékòu	할인, 에누리
4	☐ 刷卡	shuākǎ	카드로 결제하다
5	☐ 付现金	fù xiànjīn	현금으로 지급하다
6	☐ 排队	páiduì	줄을 서다
7	☐ 结账	jiézhàng	결제하다(=付款)
8	☐ 付款	fùkuǎn	돈을 지불하다(=结账)
9	☐ 免费	miǎnfèi	무료의
10	☐ 收据	shōujù	영수증(≒发票)

11	☐ 零钱	língqián	잔돈
12	☐ 硬币	yìngbì	동전
13	☐ 找钱	zhǎoqián	돈을 거슬러 주다
14	☐ 开发票	kāi fāpiào	영수증을 끊다
15	☐ 支票	zhīpiào	수표

꿀팁 股票 gǔpiào 주식

16	☐ 服务台	fúwùtái	안내 데스크, 프런트 데스크
17	☐ 收银台	shōuyíntái	계산대
18	☐ 收款台	shōukuǎntái	계산대
19	☐ 打折优惠	dǎzhé yōuhuì	할인 혜택
20	☐ 打折商品	dǎzhé shāngpǐn	할인 상품

| 21 | ☐ 货到付款 | huòdào fùkuǎn | 착불(상품이 도착한 후 돈을 지불하다) |
| 22 | ☐ 享受9折优惠 | xiǎngshòu jiǔzhé yōuhuì | 10% 할인 혜택을 누리다 |

■ 상품

23	☐ 产品	chǎnpǐn	제품
24	☐ 订单	dìngdān	주문(서)
25	☐ 送货	sònghuò	상품을 배달하다

26	☐ 送货上门	sònghuò shàngmén	집까지 상품을 배달하다
27	☐ 退货	tuìhuò	반품하다
28	☐ 换货	huànhuò	물품을 교환하다
29	☐ 没货	méihuò	재고가 없다
30	☐ 补货	bǔhuò	재고를 보충하다

31	☐ 发货	fāhuò	출하하다, 화물을 발송하다
32	☐ 到货	dàohuò	상품이 도착하다
33	☐ 货架	huòjià	상품 진열대
34	☐ 服务	fúwù	서비스(하다)
35	☐ 质量	zhìliàng	품질

■ 행사

36	☐ 搞活动	gǎo huódòng	(할인 등의 판촉) 행사를 하다
37	☐ 优惠	yōuhuì	특혜의
38	☐ 优惠券	yōuhuìquàn	할인권, 쿠폰
39	☐ 代金券	dàijīnquàn	상품권
40	☐ 有效期	yǒuxiàoqī	(상품권·할인권·계약 등의) 유효 기간

41	☐ 过期	guòqī	(상품권·할인권 등의) 사용 기간이 지나다
42	☐ 抽奖	chōujiǎng	추첨하다, 당첨자를 뽑다
43	☐ 抽奖活动	chōujiǎng huódòng	경품 추첨 행사

■ 상점

| 44 | ☐ 超市 | chāoshì | 슈퍼마켓 |
| 45 | ☐ 商家 | shāngjiā | 상점, 가게, 판매측 |

46	☐ 商场	shāngchǎng	백화점, 쇼핑센터, 상가
47	☐ 销售	xiāoshòu	판매하다
48	☐ 销量	xiāoliàng	판매량
49	☐ 销售额	xiāoshòu'é	판매액
50	☐ 营业额	yíngyè'é	영업액

| 51 | ☐ 购物车 | gòuwùchē | 쇼핑 카트 |
| 52 | ☐ 自动售货机 | zìdòng shòuhuòjī | 자동판매기 |

■ 기타

53	☐ 逛街	guàngjiē	거리를 거닐며 구경하다, 아이쇼핑하다
54	☐ 购物	gòuwù	물건을 사다, 쇼핑하다
55	☐ 购买	gòumǎi	구매하다, 사다

56	☐ 消费	xiāofèi	소비하다
57	☐ 包裹	bāoguǒ	소포, 보따리
58	☐ 换季服装	huànjì fúzhuāng	환절기 옷
59	☐ 数码产品	shùmǎ chǎnpǐn	디지털 제품

각 단어에 맞는 발음과 뜻을 선으로 연결하세요.

대화형(1~30번) 문제는 **화제별 빈출 어휘 장악이 고득점의 핵심이자 본질**입니다. 단순한 암기 작업이라고 **무시하면 안 됩니다.** 공부하는 대로 **시험에서 바로바로 점수 향상**으로 나타날 것입니다.

1	现金	A dǎzhé	A 결제하다
2	结账	B shuākǎ	B 카드로 결제하다
3	刷卡	C xiànjīn	C 현금
4	排队	D páiduì	D 할인하다
5	打折	E jiézhàng	E 줄을 서다

6	优惠	A língqián	A 계산대
7	发票	B fāpiào	B 영수증
8	零钱	C shōukuǎntái	C 품질
9	质量	D yōuhuì	D 특혜
10	收款台	E zhìliàng	E 잔돈

11	货架	A tuìhuò	A 할인권
12	送货上门	B huòjià	B (할인) 행사 등을 하다
13	优惠券	C sònghuò shàngmén	C 반품하다
14	搞活动	D gǎo huódòng	D 집까지 상품을 배달하다
15	退货	E yōuhuìquàn	E 상품 진열대

16	商场	A chōujiǎng	A 판매하다
17	逛街	B xiāoshòu	B 소비하다
18	销售	C shāngchǎng	C 상가, 백화점
19	消费	D guàngjiē	D 추첨하다
20	抽奖	E xiāofèi	E 아이쇼핑하다

정답 01. CC   02. EA   03. BB   04. DE   05. AD   06. DD   07. BB   08. AE   09. EC   10. CA
        11. BE   12. CD   13. EA   14. DB   15. AC   16. CC   17. DE   18. BA   19. EB   20. AD

녹음을 듣고 빈칸에 들어갈 알맞은 단어를 고르세요. 녹음은 두 번씩 들려 줍니다.

销售额 | 退货 | 商店 | 信用卡 | 折扣 | 补货 | 收据 | 服务台 | 购物 | 订货
消费 | 地址 | 开发票 | 到货 | 结账 | 收款台 | 零钱 | 优惠 | 送货上门

---

1. 今年的_____很令人鼓舞。

2. 网上_____是当今很普遍的_____方式。

3. _____不用给我找，但请给我_____。

4. 请_____，小姐。我可以用_____吗?

5. 这家_____对付现金的顾客有减价_____。

6. 顾客能出示_____，我们才能给他_____。

7. 先生，这里是_____，请您到_____交钱。

8. 请您在这里写好您的_____，我们好_____。

9. 你是第一次_____，我们可以特地给你打2%的_____。

10. 你们能_____吗，如果我现在订这套衣服，要多久才能_____?

정답

1. **销售额** : 올해의 판매액은 매우 고무적이야.
2. **购物, 消费** : 인터넷 쇼핑은 현재 보편적인 소비 방식이다.
3. **零钱, 开发票** : 잔돈은 거슬러 줄 필요 없어요. 그러나 영수증은 끊어 주세요.
4. **结账, 信用卡** : 계산해 주세요, 아가씨. 제가 신용 카드를 쓸 수 있어요?
5. **商店, 优惠** : 이 상점은 현금을 지불하는 고객에게는 반값 할인이라는 혜택이 있습니다.
6. **收据, 退货** : 고객이 영수증을 제시할 수 있어야 저희는 그에게 반품해 드릴 수 있습니다.
7. **服务台, 收款台** : 선생님, 여기는 안내 데스크입니다. 계산대로 가서서 돈을 내 주세요.
8. **地址, 送货上门** : 여기에 당신의 주소를 적어 주세요. 우리가 집까지 배달하기 쉽도록요.
9. **订货, 折扣** : 당신은 처음으로 주문하는 거니까 우리는 특별히 당신에게 2%의 할인을 해 줄 수 있습니다.
10. **补货, 到货** : 당신들은 상품을 재입고 할 수 있습니까? 만일 지금 내가 이 옷을 주문한다면 얼마나 걸려야 상품이 도착합니까?

실전 연습 문제

第 1-4 题：请选出正确答案。 🎧 1-21

第一部分

1. A 去挂号
   B 歇会儿
   C 排队结账
   D 去车库取车

第二部分

2. A 先别结账
   B 尽快回家
   C 去排队买票
   D 多买些零食

3. A 需自己安装
   B 是抽奖得的
   C 可送货到家
   D 可优惠500元

4. A 购买新款服装
   B 交720元入会费
   C 来店购物超过9次
   D 一次性消费满800元

❽ 건강

기출문제 분석 듣기 1부분 대화 듣고 질문에 답하기

'건강' 관련 문제는 매회 1~2문제가 출제되며 특히 **감기 증상**(打喷嚏: 재채기하다, 着凉: 감기 걸리다), **신체 부위**(嗓子: 목구멍, 胃: 위), **운동**(滑雪) 등과 관련하여 많이 출제됩니다.

■ 자주 나오는 질문 유형

발생 사건 찾기
[질문 형태] **男的/女的怎么了?** 남자/여자에게 무슨 일이 생겼는가?
[풀이 비법] 남자 혹은 여자에게 **무슨 일이 있었는가**를 묻는 문제로, 질문에 '**怎么了**'가 들어간다. 대화를 잘 듣고 **어떤 사건이 발생했는가**를 들어야 한다. 미리 **선택지를 체크**해 두면 내용을 이해하는 데 큰 도움이 된다.

화자 의도 찾기
[질문 형태] **男的/女的是什么意思?** 남자/여자는 무슨 의미인가?
[풀이 비법] '화자 의도 찾기' 문제는 일반적으로 **두 번째 화자가 한 말의 의도**를 묻기 때문에 마지막 말의 의미를 정확하게 이해해야 한다. 대화에 나온 단어 말고 **새로운 단어로 정답**이 제시될 수도 있으므로, 무턱대고 들리는 단어만 듣고 고르지 말고 종합적으로 판단한 후 **정답을 고르도록 하자**.

 기출 맛보기

대화를 듣고 질문에 알맞은 답안을 고르세요. 🎧 1-22

1. A 过敏了   [발생 사건 찾기]
   B 肩膀疼
   C 腰扭伤了
   D 胃不舒服

2. A 她没空儿   [화자 의도 찾기]
   B 羡慕男的
   C 她会尽全力的
   D 推荐小黄参赛

1.

녹음

男: 听说你扭到腰了，医生怎么说？
女: 他说只要多休息，不做剧烈运动，很快就没事了。
男: 那下礼拜的运动会你还能参加吗？
女: 不能了，教练已经让小李代替我参赛了。
问: 女的怎么了？

A 过敏了
B 肩膀疼
C 腰扭伤了
D 胃不舒服

해석

남: 듣자 하니 너 허리를 삐었다면서, 의사는 뭐라고 해?
여: 많이 쉬고 극렬한 운동만 안 하면 금방 나을 거래.
남: 다음 주에 운동회는 참가할 수 있겠어?
여: 못 해. 감독이 이미 샤오리에게 나 대신 참가하라고 했어.

질문: 여자에게 무슨 일이 있는가?

A 알레르기 반응이 있다
B 어깨가 아프다
C 허리를 삐었다
D 위가 불편하다

풀이 첫 문장에 허리를 삐었다고(扭到腰) 나왔으므로 C가 정답이 된다. 문제의 핵심은 '扭(삐다)'를 묻는 것이 아니라, '腰(허리)'라는 5급 필수 어휘를 알고 있는가이다. 이를 틀리지 않기 위해서는 듣기 전에 **선택지의 각 신체 부위를 먼저 구분**하고 대화에서 어느 신체 부분을 이야기하는지만 체크하면 된다.

정답 C

어휘 扭 niǔ [동] 삐다, 접질리다 | 腰 yāo [명] 허리 5급 | 剧烈 jùliè [형] 극렬하다 6급 | 礼拜 lǐbài [명] 주 | 教练 jiàoliàn [명] 코치, 감독 5급 | 代替 dàitì [동] 대체하다, 대신하다 5급 | 参赛 cānsài [동] 시합에 참가하다 | 过敏 guòmǐn [동] 알레르기 반응을 보이다 [형] 과민하다 5급 | 肩膀 jiānbǎng [명] 어깨 5급 | 腰 yāo [명] 허리 5급 | 扭伤了 niǔshāngle [동] 삐었다, 접질렀다

2.

녹음

男: 下个月公司有乒乓球赛，你代表咱们部门参加吧。
女: 我只是业余水平，小黄的球技比我强多了，还是让他去吧。
问: 女的是什么意思？

A 她没空儿
B 羡慕男的
C 她会尽全力的
D 推荐小黄参赛

해석

남: 다음 달에 회사에서 탁구 대회가 있는데, 자네가 우리 부서를 대표해서 참가하게.
여: 저는 그냥 아마추어 수준밖에 안 돼요. 샤오황의 실력이 저보다 훨씬 뛰어나니까 그를 보내세요.

질문: 여자는 무슨 의미인가?

A 그녀는 시간이 없다
B 남자를 부러워한다
C 그녀는 최선을 다할 것이다
D 샤오황이 시합에 참가하도록 추천한다

풀이 샤오황의 실력이 뛰어나기(球技强多了) 때문에 **그를 보내자고**(让他去) 했으므로 여자는 샤오황을 **추천하고**(推荐) 있다. 대화에서 '推荐'은 나오지 않았지만 여자의 **전체 말을 통해서 '推荐'이라는 단어를 생각해 낼 수 있어야** 한다.

정답 D

어휘 代表 dàibiǎo [명/동] 대표자, 대표하다 5급 | 部门 bùmén [명] 부문, 부서 5급 | 业余 yèyú [명] 여가, 아마추어 5급 | 黄 huáng (성씨) 황 [형] 노랗다 | 球技 qiújì [명] 운동 기술 | 强多了 qiáng duō le 훨씬 낫다 | 还是~吧 háishì~ba 아무래도 ~하는 게 낫겠다, ~해 | 空儿 kòngr [명] 시간, 틈 | 羡慕 xiànmù [동] 부러워하다 4급 | 尽全力 jìn quánlì 전력/최선을 다하다 5급 | 推荐 tuījiàn [동] 추천하다 5급 | 参赛 cānsài [동] 시합에 참가하다

전략 학습 : 화제별 빈출 어휘
듣기 1부분 대화 듣고 질문에 답하기

'건강' 관련 어휘는 신체 부위, 신체 증상 등을 다룹니다. '건강' 관련 어휘는 〈쓰기 2부분〉 '80자 내외 작문하기'에도 **연동되어 출제되곤 합니다. 일석이조의 효과**를 거둘 수 있도록 꼼꼼하게 학습하세요.

먼저 정리된 단어를 전체적으로 훑어보면서 **모르**거나 다소 **생소**한 단어는 **체크(☑)**를 해 둡니다. 다 훑어보고 나면 **다시 처음으로 돌아와 체크된 생소한 단어들을 다시 확인**합니다. 그리고 **확인 테스트 1, 2 풀이를 통해서 확실하게 자신의 것으로 만듭니다.**

■ 신체

1	☐ 背	bèi	등
2	☐ 胃	wèi	위
3	☐ 肺	fèi	폐
4	☐ 腰	yāo	허리
5	☐ 胸	xiōng	가슴, 마음
6	☐ 脖子	bózi	목
7	☐ 嗓子	sǎngzi	목구멍, 목소리
8	☐ 发炎	fāyán	염증이 생기다
9	☐ 脑袋	nǎodai	머리, 지능
10	☐ 身材	shēncái	몸매

11	☐ 肩膀	jiānbǎng	어깨
12	☐ 胳膊	gēbo	팔
13	☐ 手指	shǒuzhǐ	손가락
14	☐ 眉毛	méimao	눈썹
15	☐ 肌肉	jīròu	근육

| 16 | ☐ 骨头 | gǔtou | 뼈 |

■ 건강

17	☐ 感冒	gǎnmào	감기에 걸리다(≒着凉)
18	☐ 着凉	zháoliáng	감기에 걸리다(≒感冒)
19	☐ 传染	chuánrǎn	전염되다, 전염시키다
20	☐ 咳嗽	késou	기침하다

21	☐ 发烧	fāshāo	열나다
22	☐ 打喷嚏	dǎ pēntì	재채기하다
23	☐ 晒黑	shàihēi	(피부 등이) 햇볕에 타다
24	☐ 过敏	guòmǐn	알레르기 반응을 보이다, 과민하다
25	☐ 失眠	shīmián	불면증에 걸리다, 잠을 못 이루다

| 26 | ☐ 熬夜 | áoyè | 밤을 새다 |
| 27 | ☐ 没精神 | méi jīngshen | 기운이 없다 |

꿀팁 이때 '精神'은 '정신'이 아니라 '기운', '생기'의 뜻이다.(≒没劲 méijìn)

28	☐ 烫	tàng	뜨겁다, 화상을 입다
29	☐ 烫伤	tàngshāng	화상을 입다
30	☐ 疼痛	téngtòng	통증

31	☐ 伤口	shāngkǒu	상처
32	☐ 痒	yǎng	가렵다
33	☐ 腰扭伤了	yāo niǔshāng le	허리를 삐었다
34	☐ 摔倒	shuāidǎo	넘어지다
35	☐ 严重	yánzhòng	심각하다, 심하다

| 36 | ☐ 不要紧 | búyào jǐn | 심각하지 않다, 괜찮다, 문제될 것이 없다 |

꿀팁 '긴장하지 마라'로 해석하지 않도록 하자.

37	☐ 虫子咬	chóngzi yǎo	벌레가 물다
38	☐ 不舒服	bù shūfu	(몸이나 어떤 신체 부위가) 불편하다
39	☐ 腰酸背痛	yāo suān bèi tòng	허리가 시큰거리고 등이 아프다, 몹시 지치다
40	☐ 肌肉拉伤了	jīròu lāshāng le	근육이 늘어나 다쳤다
41	☐ 挂号	guàhào	(병원에서) 접수하다
42	☐ 住院	zhùyuàn	입원하다
43	☐ 出院	chūyuàn	퇴원하다
44	☐ 看病	kànbìng	진찰하다, 진찰 받다
45	☐ 上药	shàngyào	약을 바르다
46	☐ 治疗	zhìliáo	치료하다
47	☐ 打针	dǎzhēn	주사 맞다
48	☐ 手术	shǒushù	수술
49	☐ 病情	bìngqíng	병세
50	☐ 稳定	wěndìng	안정적이다, 안정되다, 안정시키다
51	☐ 缓解	huǎnjiě	(고통·스트레스 등을) 완화시키다, 완화하다
52	☐ 伤口	shāngkǒu	상처
53	☐ 愈合	yùhé	아물다
54	☐ 恢复	huīfù	(건강을) 회복하다

■ 운동

55	☐ 滑雪	huáxuě	스키를 타다
56	☐ 滑冰	huábīng	스케이트를 타다
57	☐ 游泳	yóuyǒng	수영(하다)
58	☐ 射击	shèjī	사격하다
59	☐ 网球	wǎngqiú	테니스
60	☐ 武术	wǔshù	무술

61	□ 太极拳	tàijíquán	태극권
62	□ 乒乓球	pīngpāngqiú	탁구
63	□ 划船	huáchuán	배를 젓다
64	□ 教练	jiàoliàn	감독, 코치
65	□ 运动员	yùndòngyuán	운동선수
66	□ 俱乐部	jùlèbù	동호회, 클럽
67	□ 球技	qiújì	공을 다루는 기술
68	□ 球迷	qiúmí	축구팬
69	□ 配合	pèihé	호흡을 맞추다, 협조하다
70	□ 输赢	shūyíng	지고 이기다, 승패
71	□ 业余	yèyú	여가의, 아마추어의
72	□ 水平	shuǐpíng	수준, 실력
73	□ 实力	shílì	실력
74	□ 厉害	lìhai	(실력이) 대단하다, (증상이) 심하다
75	□ 冠军	guànjūn	챔피언
76	□ 比赛	bǐsài	시합(하다), 경기(하다)
77	□ 决赛	juésài	결승전
78	□ 操场	cāochǎng	운동장
79	□ 精彩	jīngcǎi	(경기가) 훌륭하다, 재미있다
80	□ 担任	dānrèn	(직무를) 맡다
81	□ 解说员	jiěshuōyuán	(운동) 해설자
82	□ 参与	cānyù	참여하다
83	□ 出席	chūxí	참석하다(=参加)
84	□ 开幕式	kāimùshì	개막식
85	□ 动作灵活	dòngzuò línghuó	동작이 민첩하다
86	□ 保持~状态	bǎochí~zhuàngtài	상태(컨디션)를 유지하다

■ 다이어트

87	□ 减肥	jiǎnféi	다이어트하다, 살을 빼다
88	□ 节食	jiéshí	음식을 줄이다
89	□ 肉	ròu	고기
90	□ 蔬菜	shūcài	채소
91	□ 苗条	miáotiao	날씬하다
92	□ 锻炼	duànliàn	단련하다, 운동하다
93	□ 健身房	jiànshēnfáng	헬스장
94	□ 营养均衡	yíngyǎng jūnhéng	영양이 균형 잡히다
95	□ 营养不良	yíngyǎng bùliáng	영양실조

각 단어에 맞는 발음과 뜻을 선으로 연결하세요.

대화형(1~30번) 문제는 **화제별 빈출 어휘 장악이 고득점의 핵심이자 본질**입니다. 단순한 암기 작업이라고 **무시하면 안 됩니다**. 공부하는 대로 **시험에서 바로바로 점수 향상**으로 나타날 것입니다.

1	打喷嚏	A zháoliáng	A 불면증에 걸리다
2	过敏	B chuánrǎn	B 알레르기 반응이 있다
3	着凉	C dǎ pēntì	C 재채기하다
4	失眠	D guòmǐn	D 감기 걸리다
5	传染	E shīmián	E 전염시키다

6	不要紧	A tàngshāng	A 괜찮다
7	手术	B búyào jǐn	B 화상을 입다
8	稳定	C guàhào	C 안정적이다
9	烫伤	D shǒushù	D (병원에서) 접수하다
10	挂号	E wěndìng	E 수술

11	治疗	A bìngqíng	A 병세
12	身材	B yǎng	B 가렵다
13	病情	C cāochǎng	C 운동장
14	痒	D zhìliáo	D 치료하다
15	操场	E shēncái	E 몸매

16	肩膀	A jiānbǎng	A 스키를 타다
17	射击	B huáxuě	B 코치
18	滑雪	C shèjī	C 무술
19	武术	D wǔshù	D 사격하다
20	教练	E jiàoliàn	E 어깨

정답 01. CC 02. DB 03. AD 04. EA 05. BE 06. BA 07. DE 08. EC 09. AB 10. CD
11. DD 12. EE 13. AA 14. BB 15. CC 16. AE 17. CD 18. BA 19. DC 20. EB

21	摔倒	A tàijíquán	A 호흡을 맞추다
22	冠军	B jùlèbù	B 동호회
23	配合	C pèihé	C 넘어지다
24	太极拳	D shuāidǎo	D 우승자
25	俱乐部	E guànjūn	E 태극권

26	开幕式	A juésài	A 개막식
27	出席	B jīngcǎi	B 다이어트하다
28	决赛	C kāimùshì	C 결승전
29	减肥	D chūxí	D 멋지다, 훌륭하다, 재미있다
30	精彩	E jiǎnféi	E 참석하다

31	灵活	A miáotiao	A 헬스장
32	营养	B jiànshēnfáng	B 날씬하다
33	苗条	C línghuó	C 영양
34	蔬菜	D yíngyǎng	D 민첩하다, 유연하다
35	健身房	E shūcài	E 채소

정답 21. DC 22. ED 23. CA 24. AE 25. BB 26. CA 27. DE 28. AC 29. EB 30. BD
31. CD 32. DC 33. AB 34. EE 35. BA

 확인 테스트 2

녹음을 듣고 빈칸에 들어갈 알맞은 단어를 고르세요. 녹음은 두 번씩 들려 줍니다. 🎧 1-23

配合	俱乐部	太极拳	烫伤	射击	武术	冠军
挂上号	过敏	滑雪	不要紧	摔倒	输赢	蔬菜
肩膀	恢复	苗条	晒黑	减肥	打喷嚏	背	稳定	着凉

1. 体育比赛_____并不重要，贵在参与。
2. _____时，很容易_____，要小心拉伤肌肉。
3. 他的病情已经_____下来，在逐渐_____健康。
4. 今天紫外线太强了，你擦一擦防晒霜吧，不然会_____的。
5. 我们足球_____的运动员们_____得很好，获得过几次_____。
6. A：你怎么了？一直_____，是不是_____了？

   B：我对花粉_____，一到春天就这样。
7. 昨天运动太激烈了，所以我觉得_____、脖子、_____、胳膊等哪儿都不舒服。
8. 我不小心被开水_____，去医院排了一个小时队才能_____，幸亏医生说我_____。
9. _____这项运动需要高度的精神集中，而_____却是动作很慢、放松全身才能得到效果的_____。
10. 为了拥有_____的身材，人们往往通过节食、只吃_____的方法来_____，但这并不健康。

정답

1. **输赢**：스포츠 경기에서 승패는 결코 중요하지 않다. 중요한 것은 참여에 있다.
2. **滑雪, 摔倒**：스키 탈 때는 넘어지기 쉽기 때문에 근육이 늘어나 다치는 것을 조심해야 한다.
3. **稳定, 恢复**：그의 병세는 이미 안정되어 점점 건강을 회복하고 있다.
4. **晒黑**：오늘 자외선이 너무 강하니까 너는 선크림을 좀 발라. 안 그러면 피부가 탈 거야.
5. **俱乐部, 配合, 冠军**：우리 축구 동호회의 운동 선수들은 호흡이 아주 좋아서 몇 번의 우승을 하였다.
6. **打喷嚏, 着凉, 过敏**：A: 왜 그래? 계속 재치기하고, 감기 걸린 거 아냐? B: 나는 꽃가루에 알레르기가 있어 봄만 되면 이래.
7. **背, 肩膀**：어제 운동은 너무 격렬했어. 그래서 등, 목, 어깨, 팔 등 다 아파.
8. **烫伤, 挂上号, 不要紧**：나는 실수로 뜨거운 물에 화상을 입었다. 병원에 가서 한 시간 동안 줄을 서고 나서야 접수할 수 있었다. 다행히도 의사 선생님은 심각하지 않다고 말했다.
9. **射击, 太极拳, 武术**：사격이라는 이 운동은 고도의 정신 집중을 필요로 한다. 하지만 태극권은 동작이 느리고 전신을 이완시켜야 효과를 볼 수 있는 무술이다.
10. **苗条, 蔬菜, 减肥**：날씬한 몸매를 가지기 위해 사람들은 종종 음식을 줄이고 채소만 먹는 방식으로 다이어트를 한다. 하지만 이것은 결코 건강하지 않다.

실전 연습 문제

第 1-4 题：请选出正确答案。

第二部分

1. A 着凉了
   B 发烧了
   C 咳嗽了
   D 打喷嚏了

第一部分

2. A 看开幕式
   B 在整理资料
   C 看足球决赛
   D 为采访做准备

3. A 伤口痒
   B 病情严重了
   C 正在动手术
   D 伤口碰到水了

第二部分

4. A 规模不大
   B 是第一届
   C 在操场上进行
   D 在举行闭幕式

❾ 심리·태도

기출문제 분석   듣기 1부분 대화 듣고 질문에 답하기

대화형 문제(1번~30번)는 '**화제별**'로 매회 1~4문제씩 출제된다는 것 알고 계시죠? 이 파트에서는 **모든 화제에 활용되는** '심리, 태도' 관련 단어들을 정리했습니다. 이들은 어떤 화제든지 응용될 수 있기 때문에 매우 꼼꼼하게 외워야 합니다.

■ 자주 나오는 질문 유형

인물 일치 찾기

[질문 형태] **关于女的/男的，下列哪项正确?** 여자/남자에 관해서 아래에서 옳은 것은?
[풀이 비법] 각 선택지의 키워드를 미리 체크한 후 **대화 내용을 전반적으로 이해**하고 **내용상 일치하는 선택지**를 정답으로 고른다.

견해 일치 찾기

[질문 형태] **男的/女的觉得 + 인물 + 怎么样?** 남자/여자는 '인물'에 대해서 어떻게 생각하는가?
[풀이 비법] **화자**(말하는 사람)가 특정 인물에 대해서 어떤 견해를 가지고 있는지를 묻는다. 녹음이 나오기 전에 최대한 많이 선택지의 **단어를 체크**해 두는 것이 좋으며, 대화의 **전반적인 내용을 이해**하고 **질문 포인트를 정확하게 짚어 낼 수 있어야** 한다.

기출
맛보기

대화를 듣고 질문에 알맞은 답안을 고르세요.   🎧 1-25

[인물 일치 찾기]
1. A 很幽默
   B 为人热情
   C 工作勤奋
   D 善于交际

[견해 일치 찾기]
2. A 很自信
   B 效率很高
   C 令人佩服
   D 不适合做生意

1.

녹음

男: 小李在你们出版社干得怎么样?
女: 他很勤奋，工作做得也很好，就是不善交际。

问: 关于小李，可以知道什么?

A 很幽默
B 为人热情
C 工作勤奋
D 善于交际

해석

남: 샤오리는 너희 출판사에서 일 잘하고 있어?
여: 그는 성실하고 일도 아주 잘하는데, 좀 사교적이지 못해.

질문: 샤오리에 관해서 알 수 있는 것은?

A 유머러스하다
B 됨됨이가 친절하다
C 일하는 게 부지런하다
D 교제를 잘한다

풀이 여자의 말에 따르면 '小李'는 **근면하고(勤奋)** 일을 잘하지만 교제에 능하지 못하다고(**不善交际**) 했으므로 C가 정답이 된다. 끝에 나온 '交际'만 듣고 D를 정답으로 고르지 않도록 주의하자.

정답 C

어휘 出版社 chūbǎnshè [명] 출판사 5급 | 善 shàn [동] ~을 잘하다 | 交际 jiāojì [동] 교제하다 5급 | 为人 wéirén [명] 됨됨이 [동] 처세하다 | 热情 rèqíng [형] 친절하다, 다정하다, 열정적이다 [명] 열정 3급 | 勤奋 qínfèn [형] 부지런하다 5급 | 善于 shànyú [동] ~에 능하다, ~을 잘하다 5급

2.

녹음

男: 听说了吗? 老张的企业规模正在不断扩大。他下一步准备开发北方市场呢。
女: 能把公司经营得这么好，真让人佩服。

问: 女的觉得老张怎么样?

A 很自信
B 效率很高
C 令人佩服
D 不适合做生意

해석

남: 들었어? 라오장의 기업 규모가 지금 계속 확대되고 있대. 그는 다음 단계로 북방 시장 개발을 준비한대.
여: 회사를 이렇게 잘 경영할 수 있다니, 정말 탄복스러워.

질문: 여자는 라오장에 대해서 어떻게 생각하는가?

A 자신감이 있다
B (업무) 효율이 높다
C 사람을 탄복케 한다
D 장사에 어울리지 않는다

풀이 회사를 잘 경영하여 **사람을 탄복하게 한다(让人佩服)**고 했으므로 C가 정답이 된다.

정답 C

어휘 规模 guīmó [명] 규모 5급 | 不断 búduàn [부] 끊임없이 [동] 끊임없다 5급 | 扩大 kuòdà [동] 확대하다 5급 | 下一步 xià yí bù 다음 단계 | 开发 kāifā [동] 개발하다 5급 | 经营 jīngyíng [동] 경영하다 5급 | 佩服 pèifú [동] 탄복하다 5급 | 自信 zìxìn [형] 자신 있다 [명] 자신감 4급 | 效率 xiàolǜ [명] 효율 5급 | 适合 shìhé [동] ~에 적합하다 4급 | 做生意 zuò shēngyi [동] 장사하다, 사업하다 4급

전략 학습 : 화제별 빈출 어휘

듣기 1부분 대화 듣고 질문에 답하기

'심리·태도' 관련 어휘는 5급 필수 어휘들이 많이 포함됩니다. 그래서 듣기의 모든 화제뿐만 아니라 독해의 선택지에도 매우 많이 출제됩니다. 따라서 어느 화제보다도 **확실하게 학습**해서 **5급 빈출 어휘 학습에 종지부**를 찍도록 해야 합니다.

먼저 정리된 단어를 전체적으로 훑어보면서 **모르거나 다소 생소**한 단어는 **체크(☑)**를 해 둡니다. 다 훑어보고 나면 **다시 처음으로 돌아와 체크된 생소한 단어들을 다시 확인**합니다. 그리고 확인 테스트 1, 2 풀이를 통해서 **확실하게 자신의 것**으로 만듭니다.

■ 심리

1	☐ 得意	déyì	득의하다
2	☐ 开心	kāixīn	즐겁다
3	☐ 不耐烦	bú nàifán	귀찮다, 성가시다
4	☐ 不好意思	bùhǎoyìsi	미안해하다, 부끄럽다(≒害羞)
5	☐ 害羞	hàixiū	부끄러워하다, 수줍어하다(≒不好意思)

6	☐ 惭愧	cánkuì	(실수나 부족함으로) 부끄러워하다

꿀팁 '害羞 hàixiū'는 성격상 부끄러워하는 것을 나타낸다.

7	☐ 自豪	zìháo	자랑스럽게 생각하다
8	☐ 骄傲	jiāo'ào	거만하다, 자랑스럽다, 자랑거리, 자랑

꿀팁 부정적인 뜻(거만하다)과 긍정적인 뜻(자랑스럽다)이 모두 있으며, 문맥에 따라서 판단한다.

9	☐ 抱歉	bàoqiàn	미안해하다

꿀팁 '道歉 dàoqiàn'은 '사과하다'라는 뜻으로, '사과하는 행위'를 나타낸다.

10	☐ 可惜	kěxī	아쉽다, 아깝다(≒遗憾)

11	☐ 遗憾	yíhàn	유감이다, 아쉬움(≒可惜)

꿀팁 '遗憾'은 '可惜'보다 의미가 더 깊고 무겁다.

12	☐ 操心	cāoxīn	신경 쓰다, 걱정하다
13	☐ 委屈	wěiqu	억울하다
14	☐ 慌张	huāngzhāng	당황하다, 허둥대다

■ 태도・성격

15	☐ 催	cuī	재촉하다
16	☐ 谦虚	qiānxū	겸손하다(≒虚心)
17	☐ 虚心	xūxīn	겸허하다(≒谦虚)

꿀팁 '虚心使人进步, 骄傲使人落后(겸손은 사람을 진보하게 하고, 교만은 사람을 낙후하게 한다)'는 중요한 속담이다.

18	☐ 谨慎	jǐnshèn	신중하다(≒小心)
19	☐ 犹豫	yóuyù	주저하다, 망설이다
20	☐ 勤奋	qínfèn	부지런하다, 근면하다

21	☐ 悲观	bēiguān	비관적이다
22	☐ 乐观	lèguān	낙관적이다
23	☐ 积极	jījí	적극적이다, 긍정적이다
24	☐ 消极	xiāojí	소극적이다, 부정적이다
25	☐ 欣赏	xīnshǎng	마음에 들어하다(≒喜欢), 감상하다

26	☐ 追求	zhuīqiú	추구하다
27	☐ 完美	wánměi	완벽하다
28	☐ 奋斗	fèndòu	(목적 달성을 위해) 분투하다
29	☐ 礼貌	lǐmào	예의(가 있다), 매너 (있다)
30	☐ 做人	zuòrén	됨됨이

31	☐ 重视	zhòngshì	중시하다
32	☐ 相处	xiāngchǔ	어울리다, 함께 지내다
33	☐ 鼓励	gǔlì	격려하다
34	☐ 支持	zhīchí	지지하다
35	☐ 尽力	jìnlì	최선을 다하다(≒尽全力)

36	☐ 善良	shànliáng	선량하다, 착하다
37	☐ 主动	zhǔdòng	주동적이다
38	☐ 活跃	huóyuè	성격이) 활발하다, (분위기가) 활기차다 [동] 활기차게 하다
39	☐ 活泼	huópo	활발하다, 활달하다(귀여운 느낌을 줌)

40	☐ 调皮	tiáopí	장난이 심하다, 장난스럽다(≒淘气)

41	☐ 淘气	táoqì	장난이 심하다(≒调皮)
42	☐ 无所谓	wúsuǒwèi	상관없다, 개의치 않다
43	☐ 无奈	wúnài	어찌 해 볼 도리가 없다, 방법이 없다
44	☐ 严肃	yánsù	엄숙하다(↔ 活跃 huóyuè)
45	☐ 佩服	pèifú	탄복하다

46	☐ 道歉	dàoqiàn	사과하다(사과하는 행위)

꿀팁 이때 '道'는 '말하다'는 뜻이며, '抱歉'은 미안해하다는 마음의 상태를 말한다.

47	☐ 配合	pèihé	호흡을 맞추다, 협조하다
48	☐ 精神	jīngshen	생기 있다, 활력 있다, 생기, 활력

꿀팁 'jīngshén'이 '정신'이고, 'jīngshen'은 '기운'의 뜻으로 '没有精神'은 '정신이 없다'가 아니라 '기운이 없다'는 뜻이다.

49	☐ 小气	xiǎoqi	인색하다, 속이 좁다(↔ 大方)
50	☐ 大方	dàfang	① 인색하지 않다(↔ 小气)
			② (언행이) 시원시원하다, 대범하다
			③ (옷차림이) 세련되다, 고상하다

51	☐ 狡猾	jiǎohuá	교활하다
52	☐ 灵活	línghuó	민첩하다, 융통성 있다
53	☐ 老实	lǎoshi	솔직하다, 얌전하다
54	☐ 丑	chǒu	추하다, 못생기다

꿀팁 臭 chòu 냄새가 지독하다

55	☐ 亲切	qīnqiè	친절하다, 친근하다

56	☐ 坦率	tǎnshuài	솔직하다
57	☐ 孝顺	xiàoshùn	효도하다, 효성스럽다
58	☐ 周到	zhōudào	주도면밀하다
59	☐ 片面	piànmiàn	단편적이다, 편협하다
60	☐ 全面	quánmiàn	전면적이다

61	☐ 自私	zìsī	이기적이다
62	☐ 糟糕	zāogāo	엉망이다, 나쁘다, 좋지 않다
63	☐ 干脆	gāncuì	시원스럽다, 아예, 차라리
64	☐ 珍惜	zhēnxī	소중히 여기다
65	☐ 怀疑	huáiyí	의심하다

66	☐ 放弃	fàngqì	포기하다(↔ 坚持)
67	☐ 坚持	jiānchí	견지하다(↔ 放弃)
68	☐ 体贴	tǐtiē	자상하게 돌보다

확인 테스트 1

각 단어에 맞는 발음과 뜻을 선으로 연결하세요.

대화형(1~30번) 문제는 화제별 빈출 어휘 장악이 고득점의 핵심이자 본질입니다. 단순한 암기 작업이라고 **무시하면 안 됩니다**. 공부하는 대로 **시험에서 바로바로 점수 향상**으로 나타날 것입니다.

1	骄傲	A déyì	A 미안해하다
2	自豪	B cánkuì	B 부끄럽다
3	得意	C zìháo	C 자랑스럽게 생각하다
4	抱歉	D jiāo'ào	D 거만하다, 자랑스럽다
5	惭愧	E bàoqiàn	E 득의하다

6	犹豫	A yíhàn	A 겸허하다
7	操心	B cāoxīn	B 신경 쓰다
8	谨慎	C xūxīn	C 주저하다
9	虚心	D jǐnshèn	D 유감이다
10	遗憾	E yóuyù	E 신중하다

11	勤奋	A qínfèn	A 근면하다
12	尽力	B xīnshǎng	B 전력을 다하다
13	相处	C zhuīqiú	C 함께 지내다
14	追求	D xiāngchǔ	D 추구하다
15	欣赏	E jìnlì	E 감상하다, 좋아하다

16	主动	A zhǔdòng	A 주동적이다
17	坦率	B tiáopí	B 솔직하다
18	精神	C zhēnxī	C 활력 있다, 생기 있다
19	珍惜	D jīngshen	D 소중히 여기다
20	调皮	E tǎnshuài	E 장난스럽다

정답 01. DD   02. CC   03. AE   04. EA   05. BB   06. EC   07. BB   08. DE   09. CA   10. AD
11. AA   12. EB   13. DC   14. CD   15. BE   16. AA   17. EB   18. DC   19. CD   20. BE

21	周到	A zhōudào	A 엉망이 되다, 좋지 않다
22	糟糕	B zìsī	B 주도면밀하다
23	小气	C zāogāo	C 인색하다, 속이 좁다
24	老实	D lǎoshi	D 이기적이다
25	自私	E xiǎoqi	E 솔직하다, 얌전하다

26	严肃	A bú nàifán	A 귀찮아하다
27	无所谓	B huāngzhāng	B 분투하다
28	不耐烦	C yánsù	C 상관없다
29	奋斗	D fèndòu	D 당황하다
30	慌张	E wúsuǒwèi	E 엄숙하다

31	全面	A wúnài	A 탄복하다, 감탄하다
32	小气	B xiǎoqi	B 전면적이다
33	佩服	C qīnqiè	C 어찌 해 볼 도리가 없다
34	无奈	D quánmiàn	D 친절하다, 친근하다
35	亲切	E pèifú	E 인색하다, 소심하다

정답 21. AB 22. CA 23. EC 24. DE 25. BD 26. CE 27. EC 28. AA 29. DB 30. BD
31. DB 32. BE 33. EA 34. AC 35. CD

녹음을 듣고 빈칸에 들어갈 알맞은 단어를 고르세요. 녹음은 두 번씩 들려 줍니다.

🎧 1-26

> 谨慎 ｜ 虚心 ｜ 惭愧 ｜ 放弃 ｜ 得意 ｜ 骄傲 ｜ 处理
> 坚持 ｜ 操心 ｜ 周到 ｜ 抱歉 ｜ 完美 ｜ 出色

1. 虚心使人进步，_____使人落后。

2. 他很_____，因为刚才自己说了假话。

3. 我对不能去参加你的生日宴会感到很_____。

4. 她对这次考试取得满分的成绩感到很_____。

5. 过于追求_____会给自己和周围人造成压力。

6. 她_____听取别人的指导，_____地完成了任务。

7. 妈妈，这事您不用_____了，我自己能够_____好。

8. 最近股市行情非常不稳定，你还是_____点儿为好。

9. 老师把作业安排得很_____，所以只要写完作业就能提高成绩。

10. "_____"并不一定总是能得到好结果，偶尔"_____"会是很好的选择。

정답

1. **骄傲**: 겸손은 사람을 진보하게 하고, 교만은 사람을 낙후하게 만든다.
2. **惭愧**: 그는 매우 부끄러웠다. 왜냐하면 방금 자신이 거짓말을 했기 때문이다.
3. **抱歉**: 나는 너의 생일 파티에 참가할 수 없는 것에 대해서 매우 미안하게 생각해.
4. **得意**: 그녀는 이번 시험에서 만점의 성적을 얻은 것에 대해서 매우 득의했다.
5. **完美**: 지나치게 완벽을 추구하는 것은 자신과 주위 사람들에게 스트레스를 초래할 수 있다.
6. **虚心, 出色**: 그녀는 겸허하게 다른 사람의 지도를 듣고 훌륭하게 임무를 완성했다.
7. **操心, 处理**: 엄마, 이 일은 신경 쓸 필요가 없어요. 저 혼자서 충분히 잘 처리할 수 있어요.
8. **谨慎**: 최근에 주식 시세가 매우 불안정하니까 너는 아무래도 좀 더 신중한 것이 좋겠어.
9. **周到**: 선생님은 숙제를 매우 주도면밀하게 안배해서 숙제만 완성하면 성적을 향상시킬 수 있다.
10. **坚持, 放弃**: '견지'가 결코 늘 좋은 결과만을 얻는 것은 아니다. 가끔 '포기'가 좋은 선택일 수도 있다.

실전 연습 문제

第 1-4 题: 请选出正确答案。　　🎧 1-27

第一部分

1. A 很幽默
   B 学历不高
   C 显得严肃
   D 为人谦虚

2. A 特别细心
   B 头脑灵活
   C 十分谦虚
   D 热情大方

3. A 犹豫不决
   B 比较负责
   C 非常干脆
   D 不能坚持到底

4. A 做事要谨慎
   B 道路越走越宽
   C 问题总会解决的
   D 看问题不能太片面

⑩ 교육·의복·행사·날씨·직업

기출문제 분석 듣기 1부분 대화 듣고 질문에 답하기

2~3회에 1문제씩 나오는 **기타 화제**를 모았습니다. '기타'라고 해서 무시하면 안 됩니다. 우리가 밥을 먹을 때 주메뉴가 있고 밑반찬이 있듯이 이곳에 등장하는 단어들은 **밑반찬에 해당**합니다. 골고루 먹어야 몸이 건강해지듯이 이 단어들을 잘 학습해 두어야 **기본이 튼튼한 듣기**가 됩니다. 특히 **교육** 관련 내용은 가장 많이 출제되므로 **꼼꼼하게 학습**하도록 합니다.

■ 자주 나오는 질문 유형

[견해 일치 찾기]

[질문 형태] **男的/女的觉得 + 대상 + 怎么样?** 남자는/여자는 '대상'에 대해서 어떻게 생각하는가?

[풀이 비법] 대화 속 물건이나 인물에 대한 화자의 견해를 묻는다. 어떤 부분이 문제로 나올지 알 수 없기 때문에 녹음이 나오기 전에 최대한 많이 선택지의 단어를 체크해 두는 것이 좋다. 대화의 전반적인 내용을 이해하고 질문에서 묻는 내용을 정확하게 짚어 낼 수 있어야 한다. 다행히, 질문은 주로 대화 속의 주된 화제에 대해서 묻기 때문에 **대화의 핵심 내용을 이해하고 기억**하면 된다.

[원인 찾기]

[질문 형태] **女的为什么睡不好觉?** 여자는 왜 잠을 잘 못 자는가?

[풀이 비법] '원인 문제'는 대화 속의 **특정 단어에 현혹되지 말고** 대화 내용을 **논리적으로 이해**해야 한다. 선택지가 길 경우 **선택지의 키워드를 먼저 파악**함으로써 대화의 내용을 좀 더 종합적이고 구체적으로 이해할 수 있다.

기출
맛보기

대화를 듣고 질문에 알맞은 답안을 고르세요.   1-28

1. A 十分流行 [견해 일치 찾기]
   B 不够时髦
   C 样式经典
   D 显得人成熟

2. A 失恋了 [원인 찾기]
   B 毕业条件严格
   C 工作压力太大
   D 担心论文写不完

1.

녹음

男：这个款式现在很流行，您穿着也挺合身的。
女：可我觉得这条裙子显得人太成熟，我穿着不太习惯。
问：女的觉得裙子怎么样？
A 十分流行
B 不够时髦
C 样式经典
D 显得人成熟

해석

남: 이 스타일은 지금 매우 유행이에요. 손님이 입으시니 몸에 아주 잘 맞으세요.
여: 그런데 이 치마는 너무 성숙해 보이는 것 같아요. 제가 입기엔 좀 어색해요.
질문: 여자는 치마가 어떠하다고 생각하는가?
A 매우 유행한다
B 그다지 세련되지 않다
C 디자인이 전형적이다
D 사람이 성숙해 보인다

풀이 여자는 이 치마를 입었을 때 **너무 성숙해 보인다**(显得人太成熟)고 했으므로 D가 정답이 된다. A의 '十分流行'은 남자의 말이므로 정답이 될 수 없다.

정답 D

어휘 款式 kuǎnshì [명] 디자인, 스타일 6급 | 流行 liúxíng [동] 유행하다 4급 | 合身 héshēn [동] 몸에 맞다 | 显得 xiǎnde [동] ~하게 보이다 5급 | 成熟 chéngshú [형] 성숙하다 5급 | 时髦 shímáo [형] 세련되다, 현대적이다 5급 | 样式 yàngshì [명] 디자인, 스타일 5급 | 经典 jīngdiǎn [형] 전형적이다 5급

2.

녹음

女：我最近总是失眠，睡不好觉。
男：是不是压力太大了？
女：可能是，月底就要交毕业论文了，可我还没写完呢。
男：还有半个月，你肯定能写完，忙完这个阶段就好了。
问：女的为什么睡不好觉？
A 失恋了
B 毕业条件严格
C 工作压力太大
D 担心论文写不完

해석

여: 나는 요즘 계속 불면증이어서 잠을 잘 못 자.
남: 스트레스가 너무 큰 거 아냐?
여: 아마도. 월말에 졸업 논문을 제출해야 하는데, 난 아직 다 못 썼거든.
남: 아직 반달이나 남았어. 넌 틀림없이 다 쓸 수 있을 거야. 바쁜 단계가 끝나면 좋아질 거야.
질문: 여자는 왜 잠을 잘 못 자는가?
A 실연했다
B 졸업 조건이 엄격하다
C 업무 스트레스가 너무 크다
D 논문을 다 못 쓸까 봐 걱정한다

풀이 최근에 여자는 **졸업 논문(毕业论文)을 기한 내에 못 쓸 것을 걱정**하고 있기 때문에 D가 정답이 된다. '毕业'라든가 '压力'만 듣고 B나 C를 정답으로 고르지 않도록 주의하자. 특히 스트레스가 큰 것은 맞지만 '업무 스트레스(工作压力)'가 아니라 '논문 스트레스'이기 때문에 C는 정답이 될 수 없다.

정답 D

어휘 失眠 shīmián [동] 잠을 이루지 못하다, 불면증에 걸리다 5급 | 睡不好觉 shuì bù hǎo jiào 잠을 못 자다 | 月底 yuèdǐ 월말 | 交 jiāo [동] 제출하다, 넘기다, 맡기다 4급 | 毕业 bìyè [동] 졸업하다 [명] 졸업 4급 | 论文 lùnwén 졸업 논문 5급 | 忙完 mángwán 바쁜 일을 끝내다 | 阶段 jiēduàn [명] 단계 5급 | 失恋 shīliàn [동] 실연하다

전략 학습 1 : 화제별 빈출 어휘

듣기 1부분 대화 듣고 질문에 답하기

자, 이제 **드디어 마지막 10번째**가 되었습니다. 2~3회에 1문제씩 나오는 **기타 화제**를 모았는데요. 그렇다고 절대 덜 중요하다는 것은 아닙니다. 특히 **교육**과 **의복** 관련 내용은 가장 **많이 출제**되므로 꼼꼼하게 학습하도록 합니다. 기타 화제 부분은 내용이 많아 2부분으로 나누었으니 마지막 단어까지 놓치지 말고 학습하세요.

먼저 정리된 단어를 전체적으로 훑어보면서 **모르**거나 다소 **생소**한 단어는 **체크(☑)**를 해 둡니다. 다 훑어보고 나면 **다시 처음으로 돌아와 체크된 생소한 단어들을 다시 확인**합니다. 그리고 확인 테스트 1, 2 풀이를 통해서 **확실하게 자신의 것**으로 만듭니다.

■ 교육·학업

1	☐ 橡皮	xiàngpí	지우개
2	☐ 报名	bàomíng	(시험·행사 등에) 접수하다, 등록하다
3	☐ 出版	chūbǎn	출판하다
4	☐ 针对	zhēnduì	겨냥하다, 조준하다
5	☐ 教材	jiàocái	교재
6	☐ 修改	xiūgǎi	수정하다
7	☐ 调整	tiáozhěng	(글의 구조나 방안 등을) 조정하다
8	☐ 发表	fābiǎo	발표하다
9	☐ 重新	chóngxīn	다시, 재차
10	☐ 结构	jiégòu	(글의) 구조

11	☐ 字数	zìshù	글자수
12	☐ 缩小	suōxiǎo	(문장 길이 등을) 축소하다, 줄이다
13	☐ 题目	tímù	(글의) 제목, 시험 문제
14	☐ 讲座	jiǎngzuò	강좌
15	☐ 演讲	yǎnjiǎng	강연(하다), 웅변하다

16	☐ 演讲比赛	yǎnjiǎng bǐsài	웅변 대회
17	☐ 教授	jiàoshòu	교수
18	☐ 导师	dǎoshī	지도 교수
19	☐ 硕士	shuòshì	석사
20	☐ 博士	bóshì	박사

21	☐ 宿舍	sùshè	기숙사
22	☐ 专业	zhuānyè	전공
23	☐ 本科生	běnkēshēng	본과생, 학부생
24	☐ 研究生	yánjiūshēng	대학원생

> **꿀팁** '硕士(석사)' 과정과 '博士(박사)' 과정이 있다.

| 25 | ☐ 高考 | gāokǎo | 가오카오, 중국의 대학 입학 시험 |

26	☐ 填志愿	tián zhìyuàn	지원서를 작성하다
27	☐ 初学者	chūxuézhě	초보자
28	☐ 毕业论文	bìyè lùnwén	졸업 논문
29	☐ 毕业典礼	bìyè diǎnlǐ	졸업식
30	☐ 实验报告	shíyàn bàogào	실험 보고서

■ 복장

31	☐ 服装	fúzhuāng	복장, 의류
32	☐ 服装设计师	fúzhuāng shèjìshī	의상 디자이너
33	☐ 西服	xīfú	양복
34	☐ 牛仔裤	niúzǎikù	청바지
35	☐ 连衣裙	liányīqún	원피스

| 36 | ☐ 穿着 | chuānzhuó | 옷차림 |

꿀팁 이 단어에서 '着'의 발음은 'zhuó'이다.

37	☐ 样式	yàngshì	스타일, 디자인, 양식
38	☐ 显得	xiǎnde	~하게 보이다(=看起来)
39	☐ 戴	dài	착용하다, 차다, 쓰다
40	☐ 领带	lǐngdài	넥타이

꿀팁 '넥타이를 매다'는 系领带 jì lǐngdài로 표현하다.

41	☐ 手套	shǒutào	장갑
42	☐ 围巾	wéijīn	목도리
43	☐ 戒指	jièzhi	반지
44	☐ 皮鞋	píxié	구두
45	☐ 袜子	wàzi	양말

46	☐ 帽子	màozi	모자
47	☐ 梳子	shūzi	빗
48	☐ 精神	jīngshen	생기(있다), 활기(차다), 정신(jīngshén)
49	☐ 成熟	chéngshú	성숙하다
50	☐ 薄	báo	얇다

51	☐ 肥	féi	헐렁하다
52	☐ 颜色	yánsè	색깔
53	☐ 掉色	diàosè	탈색되다, 색이 바래다
54	☐ 鲜艳	xiānyàn	화려하다, 산뜻하고 아름답다
55	☐ 时尚	shíshàng	시대적 유행, 시류

56	☐ 时髦	shímáo	세련되다
57	☐ 华丽	huálì	화려하다
58	☐ 休闲	xiūxián	캐주얼하다
59	☐ 大方	dàfang	(스타일이) 점잖다, 고상하다

꿀팁 '씀씀이가 인색하지 않다'는 의미도 있다.

| 60 | ☐ 结实 | jiēshi | 튼튼하다, 질기다 |

각 단어에 맞는 발음과 뜻을 선으로 연결하세요.

대화형(1~30번) 문제는 화제별 빈출 어휘 장악이 고득점의 핵심이자 본질입니다. 단순한 암기 작업이라고 **무시하면 안 됩니다**. 공부하는 대로 **시험에서 바로바로** 점수 향상으로 나타날 것입니다.

1	结构	A chūbǎn	A 다시
2	调整	B xiūgǎi	B 수정하다
3	重新	C tiáozhěng	C 출판하다
4	修改	D chóngxīn	D (글의) 구조
5	出版	E jiégòu	E 조정하다

6	宿舍	A tímù	A 제목, 시험 문제
7	硕士	B jiǎngzuò	B 강좌
8	讲座	C shuòshì	C 기숙사
9	题目	D bóshì	D 석사
10	博士	E sùshè	E 박사

11	教材	A běnkēshēng	A 보고서, 보고하다
12	毕业论文	B yánjiūshēng	B 졸업 논문
13	报告	C bìyè lùnwén	C 대학원생
14	研究生	D bàogào	D 본과생
15	本科生	E jiàocái	E 교재

16	系领带	A niúzǎikù	A 장갑
17	手套	B xiǎnde	B 넥타이를 매다
18	围巾	C jì lǐngdài	C ~하게 보이다
19	牛仔裤	D shǒutào	D 청바지
20	显得	E wéijīn	E 목도리

정답 01. ED 02. CE 03. DA 04. BB 05. AC 06. EC 07. CD 08. BB 09. AA 10. DE
11. EE 12. CB 13. DA 14. BC 15. AD 16. CB 17. DA 18. EE 19. AD 20. BC

21	精神	A jièzhi	A 얇다
22	戒指	B jīngshen	B 성숙하다
23	薄	C chéngshú	C 반지
24	成熟	D báo	D 활기차다
25	肥	E féi	E 헐렁하다

26	大方	A diàosè	A 튼튼하다
27	掉色	B xiānyàn	B 탈색되다
28	休闲	C xiūxián	C 캐주얼하다
29	结实	D dàfang	D 화려하다
30	鲜艳	E jiēshi	E (옷차림이) 고상하다

정답 21. BD 22. AC 23. DA 24. CB 25. EE 26. DE 27. AB 28. CC 29. EA 30. BD

 **확인 테스트 2**

녹음을 듣고 빈칸에 들어갈 알맞은 단어를 고르세요. 녹음은 두 번씩 들려 줍니다. 🎧 1-29

> 调整 | 本科生 | 报告 | 硕士 | 印 | 修改 | 讲座 | 橡皮
> 大方 | 休闲 | 戒指 | 结实 | 华丽 | 鲜艳

1. 这个宣传册_____得有点儿模糊。

2. _____开始前一小时就有同学纷纷进入会场。

3. 实验_____还没写出来，因为数据还没分析完。

4. 你的方案有些地方需要_____，结构也需要稍微_____一下。

5. 他明明拿了别人的_____却说："这又不是你的，是我买的。"

6. 进入那个单位，_____学历还不够，至少得有_____或者博士学历。

7. 我看见她穿着_____的衣服在大街上转。

8. 他送给妻子一枚_____，作为爱情之象征。

9. 他是一个著名的服装设计师，穿着很_____、时髦。

10. 妈妈给我买了一件美丽的裙子，它的颜色_____极了。

11. 这条牛仔裤很_____，我穿了好久，穿上显得很_____。

정답

1. **印** : 이 전단지는 인쇄된 것이 좀 흐릿하다.
2. **讲座** : 강좌가 시작하기 1시간 전에 동학들이 잇따라 회의장에 들어왔다.
3. **报告** : 실험 보고서가 아직 써지지 않았다. 왜냐하면 데이터가 아직 분석이 다 되지 않았기 때문이다.
4. **修改, 调整** : 너의 방안은 어떤 부분에서 수정이 필요하고 구조도 약간 조정을 해야 한다.
5. **橡皮** : 그는 분명히 다른 사람의 지우개를 가져가 놓고 오히려 말했다. "이건 네 것이 아냐, 내 것이야."
6. **本科生, 硕士** : 그 직장에 들어가려면 본과생 학력으로는 아직 충분치 않다. 적어도 석사 혹은 박사 학력을 가지고 있어야 한다.
7. **华丽** : 나는 그녀가 화려한 옷을 입고 거리에서 활보하고 있는 것을 보았다.
8. **戒指** : 그는 아내에게 한 개의 반지를 선물하여 사랑의 상징으로 삼았다.
9. **大方** : 그는 유명한 의상디자이너로, 옷차림이 고상하고 세련됐다.
10. **鲜艳** : 엄마는 나에게 예쁜 치마를 사 줬는데 치마의 색깔이 극히 화려하다.
11. **结实, 休闲** : 이 바지는 매우 튼튼하다. 내가 입은 지 오래됐는데, 입으면 매우 캐주얼하게 보인다.

전략 학습 2 : 화제별 빈출 어휘

듣기 1부분 대화 듣고 질문에 답하기

■ 행사 · 명절

61	□ 婚礼	hūnlǐ	결혼식
62	□ 婚纱照	hūnshāzhào	결혼 사진
63	□ 节假日	jiéjiàrì	명절과 휴일
64	□ 纪念日	jìniànrì	기념일
65	□ 春节	chūnjié	춘절, 설(음력 정월 초하루)
66	□ 元旦	yuándàn	원단, 설날, 정월 초하루(1월 1일)
67	□ 除夕(夜)	chúxī(yè)	섣달 그믐날(밤), 제야(음력 한해의 마지막 날)
68	□ 劳动节	láodòngjié	노동절(5월 1일)
69	□ 中秋节	zhōngqiūjié	중추절, 추석(음력 8월 15일)
70	□ 国庆节	guóqìngjié	국경절(10월 1일)
71	□ 情人节	qíngrénjié	밸런타인데이(2월 14일)
72	□ 儿童节	értóngjié	국제 어린이날(6월 1일)
73	□ 开幕式	kāimùshì	개막식
74	□ 闭幕式	bìmùshì	폐막식
75	□ 开业典礼	kānyè diǎnlǐ	개업식
76	□ 毕业典礼	bìyè diǎnlǐ	졸업식
77	□ 出席	chūxí	참석하다(≒参加)
78	□ 庆祝	qìngzhù	경축하다
79	□ 活动	huódòng	행사
80	□ 庆祝活动	qìngzhù huódòng	경축 행사
81	□ 志愿者	zhìyuànzhě	자원봉사자

꿀팁 '지원자'라는 뜻도 있지만 주로 '자원봉사자'로 쓰인다.

82	□ 生日	shēngrì	생일
83	□ 宴会	yànhuì	연회, 파티
84	□ 热闹	rènao	번화하다, 떠들썩하다
85	□ 豪华	háohuá	호화롭다

86	☐	气氛	qìfēn	분위기
87	☐	礼拜天	lǐbàitiān	일요일(=周日/星期天)

    꿀팁 시험에는 주로 '礼拜天'과 '周日'로 나온다.

88	☐	初旬	chūxún	초순(=上旬)
89	☐	中旬	zhōngxún	중순
90	☐	下旬	xiàxún	하순

91	☐	举办	jǔbàn	개최하다, 열다(≒举行)

    꿀팁 '개최'에 초점이 있다.

92	☐	举行	jǔxíng	거행하다(≒举办)

    꿀팁 '진행'에 초점이 있다.

93	☐	演出	yǎnchū	공연(하다)
94	☐	展览	zhǎnlǎn	전람(하다), 전람회
95	☐	邀请	yāoqǐng	초청하다, 초대하다

96	☐	放鞭炮	fàng biānpào	폭죽을 터뜨리다
97	☐	组织~活动	zǔzhī~huódòng	~ 행사를 조직하다

■ 날씨

98	☐	天气预报	tiānqì yùbào	일기 예보, 기상 예보
99	☐	降温	jiàngwēn	기온이 떨어지다, 날씨가 추워지다
100	☐	早晚温差	zǎowǎn wēnchā	일교차

101	☐	有降雨	yǒu jiàngyǔ	비가 오다

    꿀팁 일기 예보에서는 '下雨'로 쓰지 않고 '有雨'나 '有降雨'로 쓴다. '有雨'와 '有降雨'는 발음상 잘 들리지 않으니 주의하도록 한다.

102	☐	有雨	yǒuyǔ	비가 오다(下雨)
103	☐	有雪	yǒuxuě	눈이 오다(下雪/有降雪)
104	☐	有雾	yǒuwù	안개가 끼다
105	☐	雾散	wùsàn	안개가 걷히다

106	☐	刮风	guāfēng	바람이 불다
107	☐	雾很大	wù hěn dà	안개가 짙다

108	☐ 干燥	gānzào	건조하다
109	☐ 湿润	shīrùn	습윤하다
110	☐ 晴天	qíngtiān	맑은 날씨

111	☐ 阴天	yīntiān	흐린 날씨
112	☐ 雨天	yǔtiān	비 오는 날씨
113	☐ 雪天	xuětiān	눈 오는 날씨
114	☐ 彩虹	cǎihóng	무지개
115	☐ 估计	gūjì	추측하다, 예측하다

116	☐ 天气糟糕	tiānqì zāogāo	날씨가 나쁘다
117	☐ 天气恶劣	tiānqì èliè	날씨가 열악하다
118	☐ 带伞	dàisǎn	우산을 챙기다
119	☐ 雷阵雨	léizhènyǔ	천둥과 번개를 동반한 소나기
120	☐ 闪电	shǎndiàn	번개 치다

| 121 | ☐ 打雷 | dǎléi | 천둥 치다 |

■ 직업

122	☐ 工程师	gōngchéngshī	엔지니어, 기사
123	☐ 摄影师	shèyǐngshī	촬영 기사, 사진사
124	☐ 程序师	chéngxùshī	컴퓨터 프로그래머
125	☐ 设计师	shèjìshī	설계사, 디자이너

126	☐ 建筑师	jiànzhùshī	건축사
127	☐ 秘书	mìshū	비서
128	☐ 律师	lǜshī	변호사
129	☐ 教练	jiàoliàn	감독, 코치
130	☐ 会计	kuàijì	회계, 경리

꿀팁 이때 '会'의 발음은 'kuài'이다.

131	记者	jìzhě	기자
132	编辑	biānjí	편집자, 편집인
133	出版商	chūbǎnshāng	출판업자

각 단어에 맞는 발음과 뜻을 선으로 연결하세요.

대화형(1~30번) 문제는 화제별 빈출 어휘 장악이 고득점의 핵심이자 본질입니다. 단순한 암기 작업이라고 **무시하면 안 됩니다.** 공부하는 대로 **시험에서 바로바로** 점수 향상으로 나타날 것입니다.

1	豪华	A	hūnlǐ	A	호화롭다
2	元旦	B	háohuá	B	설날, 원단(1월 1일)
3	除夕	C	jìniànrì	C	제야, 섣달 그믐날밤
4	婚礼	D	chúxī	D	기념일
5	纪念日	E	yuándàn	E	결혼식

6	志愿者	A	yànhuì	A	개막식
7	中旬	B	zhōngxún	B	자원봉사자
8	礼拜天	C	kāimùshì	C	일요일
9	开幕式	D	zhìyuànzhě	D	연회
10	宴会	E	lǐbàitiān	E	중순

11	有降雨	A	jiàngwēn	A	건조하다
12	降温	B	yǒu jiàngyǔ	B	습윤하다
13	干燥	C	yǒu wù	C	안개가 끼다
14	湿润	D	gānzào	D	비가 오다
15	有雾	E	shīrùn	E	기온이 떨어지다

16	雷阵雨	A	èliè	A	천둥 치다
17	闪电	B	cǎihóng	B	(날씨 등이) 열악하다
18	恶劣	C	léizhènyǔ	C	번개 치다
19	打雷	D	shǎndiàn	D	천둥과 번개를 동반한 소나기
20	彩虹	E	dǎléi	E	무지개

정답 01. BA 02. EB 03. DC 04. AE 05. CD 06. DB 07. BE 08. EC 09. CA 10. AD
11. BD 12. AE 13. DA 14. EB 15. CC 16. CD 17. DC 18. AB 19. EA 20. BE

21	会计	A mìshū	A 비서
22	律师	B kuàijì	B 변호사
23	教练	C jiàoliàn	C 감독, 코치
24	编辑	D biānjí	D 회계, 경리
25	秘书	E lǜshī	E 편집자

26	工程师	A shèyǐngshī	A 건축사
27	摄影师	B chéngxùshī	B 설계사, 디자이너
28	程序师	C shèjìshī	C 컴퓨터 프로그래머
29	设计师	D gōngchéngshī	D 엔지니어, 기사
30	建筑师	E jiànzhùshī	E 촬영 기사, 사진사

정답 21. BD 22. EB 23. CC 24. DE 25. AA 26. DD 27. AE 28. BC 29. CB 30. EA

녹음을 듣고 빈칸에 들어갈 알맞은 단어를 고르세요. 녹음은 두 번씩 들려 줍니다. 🎧 1-30

> 热闹 ｜ 志愿者 ｜ 纪念日 ｜ 除夕夜 ｜ 庆祝 ｜ 展览 ｜ 婚礼 ｜ 元旦
> 糟糕 ｜ 湿润 ｜ 雷阵雨 ｜ 彩虹 ｜ 有雨 ｜ 干燥 ｜ 降温 ｜ 未来 ｜ 气氛

1. 博物馆_____了许多历史文物。

2. _____那天，各班都举行了_____活动。

3. 我猜爸爸妈妈的结婚_____大概是这个月中旬。

4. 太可惜了，这个礼拜天得参加一个_____活动，不能参加他的_____。

5. _____，家家户户门上都贴着对联，挂着红灯笼，显示出一派_____的_____。

6. 下了一场雨后，幸运的话可以看到_____。

7. 屋子里太_____，有没有好办法_____点儿？

8. 这里的天气不是_____就是有大雾，真_____。

9. _____两天北方将会出现大范围大风_____天气。

10. 天气预报说，今天有_____，你还是别出去了。

정답

1. **展览** : 박물관은 많은 역사 문물을 전람(전시)했다.
2. **元旦, 庆祝** : 설날(원단)에, 각 반에서는 경축 행사를 열었다.
3. **纪念日** : 내 추측으로 아빠 엄마의 결혼기념일은 대략 이번 달 중순이다.
4. **志愿者, 婚礼** : 너무 안타까워. 이번 일요일에 자원봉사자 활동에 참가해야 해서 그의 결혼식에 참가할 수 없어.
5. **除夕夜, 热闹, 气氛** : 제야에는 집집마다 대련을 붙이고 홍등을 걸어 떠들썩한 분위기를 나타내 보인다.
6. **彩虹** : 한 차례 비가 온 후에는 운이 좋으면 무지개를 볼 수 있다.
7. **干燥, 湿润** : 방 안이 너무 건조해. 좀 습윤하게 할 방법이 없을까?
8. **有雨, 糟糕** : 이곳의 날씨는 비가 오는 것이 아니면, 짙은 안개가 끼니까 정말 안 좋아.
9. **未来, 降温** : 향후 며칠간 북방은 대범위의 강풍과 기온 하락의 날씨가 나타날 것이다.
10. **雷阵雨** : 일기 예보에서 말하길, 오늘은 천둥 번개를 동반한 소나기가 온대. 너는 외출하지 않는게 좋겠어.

실전 연습 문제

第 1-4 题: 请选出正确答案。 🎧 1-31

第一部分

1. A 太薄了
   B 颜色艳
   C 质量差
   D 样子一般

2. A 字数不够
   B 得注意题目
   C 基本没问题
   D 要大改提纲

第二部分

3. A 看展览
   B 听讲座
   C 去欧洲玩儿
   D 参加艺术节活动

第一部分

4. A 在读博士
   B 是个律师
   C 目前在经商
   D 读过法律专业

5. A 提前挂号
   B 带身份证
   C 18号有考试
   D 抓紧时间报名

6. A 快结婚了
   B 没收到邀请
   C 在拍婚纱照
   D 不能参加朋友的婚礼

듣기 2부분

단문 듣고 질문에 답하기

출제 원리와 공략법

단문을 듣고 질문에 답하는 〈듣기 2부분〉의 '서술형 문제'는 학생들이 정말 많은 부담을 갖고 있는 부분인 만큼 '기술적 풀이'가 매우 중요합니다. 다소 어려운 단어와 내용이 한꺼번에 쭉 이어서 나오기 때문에 빠른 정보 처리를 요하는 문제입니다. 따라서 100% 다 이해하고 문제를 푸는 것이 아니라 필요한 것만 골라서 들을 수 있는 '요령'을 터득해야 합니다. 서술형 문제의 '출제 원리'와 그에 맞는 '기술적 풀이' 학습을 시작합니다.

● 출제 특징

- **문항 구성** : 31번~45번, '2문제-3문제-3문제-3문제-2문제-2문제' 순으로 **6개**의 지문에 **15문제**가 출제된다.
- **지문의 종류** : 교훈을 전하는 **이야기형**과 정보를 전달하는 **설명형**이 있다.
- **선택지(A, B, C, D)** : 정답은 대부분 녹음에서 나온 단어로 제시되기 때문에 **선택지를 미리 체크**하는 것이 중요하다.

● 3단계 풀이법

[1단계] 각 선택지의 키워드나 생소한 단어에 밑줄로 체크하고 대략적인 내용을 예상해 본다.
[2단계] 최대한 듣기에 집중하고 여유가 있을 때 선택지를 잠깐씩 보면서 대조한다.
[3단계] 이해를 통해 정답을 고르거나 녹음에서 언급된 단어가 있는 선택지를 정답으로 고른다.

| 선택지 미리 보기 | → | 집중해서 듣기 혹은 잠깐씩 선택지 보기 | → | 종합 판단 혹은 들리는 단어를 정답으로 고르기 |

● 학생들이 가장 많이 하는 질문

"선생님, 서술형은 너무 길고 띄엄띄엄 단어만 들리고 뭔 말인지 하나도 모르겠어요. 어떻게 하죠?"

첫째, 서술형은 100% 이해를 통한 풀이는 불가능하므로 각 선택지의 키워드를 미리 체크함으로써 내용을 예측해 보고 녹음에서 나온 단어가 들어가 있는 선택지를 정답으로 고릅니다. 둘째, 요령은 근본적인 해결책이 아닙니다. 이 교재로 공부하는 기간 동안 받아쓰기 훈련을 하면 듣기 실력 향상은 물론이고 중국어의 어순 특징 이해, 필수 어휘 암기 효과까지 있을 것입니다.

필자 역시도 선배들에게 받아쓰기를 추천 받았고 그렇게 공부해 본 결과 더딘 과정이지만 학습 효과는 확실히 놀라웠습니다. 안 들렸던 문장이 반복 청취를 통해 하나하나 들리기 시작했을 때 성취감도 상당했습니다. 하루 20분씩, 딱 한 달만 해 보세요. 한 문장을 반복해서 들으며 그 문장을 완성해 가는데, 모르는 단어거나 평소 아는 단어지만 쓰지 못할 때, 발음에 근거해 사전에서 찾아서 쓰도록 합니다. 받아쓰기는 테스트를 하려는 것이 아니라 일종의 단련 과정임을 잊지 말고, 반복해서 듣고 사전을 찾아 자신의 것으로 만드세요.

● 학습 전략

- 화제별 빈출 어휘 숙지
- 신속하게 선택지의 키워드 파악하기 연습
- 1일 20분 받아쓰기를 통한 듣기 실력 향상

 신속 정확한 풀이

기출문제 분석 1 : 이야기 지문

듣기 2부분 단문 듣고 질문에 답하기

〈이야기 지문〉이란 인물(혹은 동물)이 있고 그 주인공이 어떤 사건을 겪는 줄거리가 있는 형식을 말합니다. 〈이야기 지문〉에서는 어떤 문제가 나오고, 어떻게 정답을 찾아야 하는지 아래 글을 간단하게 읽어 본 후 기출문제를 풀어 보도록 합니다.

■ 자주 나오는 질문 유형

세부 일치
[질문 형태] 세부 일치 유형은 주로 **첫 번째 문제**로 나오며 이야기 내용에 따라 다양한 질문이 나올 수 있다.
[풀이 비법] **앞부분에 힌트**가 나오므로 녹음이 나오기 전 각 선택지의 키워드를 체크해야 한다. 혹시 이해가 되지 않았다면 녹음에서 언급된 단어가 있는 선택지를 정답으로 고르도록 한다.

주제 이해
[질문 형태] **这段话主要想告诉我们什么?** 이 글이 주로 우리에게 말하고자 하는 것은 무엇인가?
[풀이 비법] 이야기가 끝나면 대부분 **마지막에 교훈을 정리**해 준다. 그 부분(마지막 부분)에서 정답에 들어갈 키워드가 언급되기 때문에 선택지 중 그 키워드가 있는 것이 정답이다. 따라서 마지막 부분을 잘 듣도록 해야 한다. '세부 일치' 유형과 마찬가지로 이해를 하지 못했다면 녹음에서 언급된 단어가 있는 선택지를 정답으로 고르면 된다.

기출
맛보기

단문을 듣고 질문에 알맞은 답안을 고르세요.

🎧 2-1

1. A 看着模糊
   B 观察更仔细
   C 能闻到香味儿
   D 无法从整体上欣赏

   [세부 일치]

2. A 距离产生美
   B 要追求完美
   C 生活离不开艺术
   D 要学会取长补短

   [주제 이해]

녹음

第 1-2 题是根据下面一段话:

一位画家在讲如何欣赏一幅画时谈道: "创作者在作品完成后总要把它挂起来，然后退后几步，站在一个合适的位置来欣赏。1 <u>因为只有这样才能感受到作品的整体美</u>。这在欣赏油画时更明显。太近了，看到的只是一块块颜料的堆积，太远了，又看不清。只有距离适当才能看到一幅完美的艺术作品。"

人是大自然最杰出的作品。2 <u>那么你在欣赏别人的时候，是不是也应该退后几步，留出一点儿距离呢?</u>

해석

1~2번 문제는 아래 내용을 따르세요.

한 화가가 그림을 어떻게 감상해야 하는가에 대해서 강의하고 있을 때 말했다. "창작자는 작품이 완성된 후 늘 그것을 걸어 놓고 몇 걸음 뒤로 물러나 적절한 위치에 서서 감상해야 합니다. 1 <u>왜냐하면 이렇게 해야만 작품의 전체미를 감상할 수 있기 때문입니다.</u> 이것은 유화를 감상할 때 더욱 분명합니다. 너무 가까우면 보이는 것은 그저 염료의 덩어리들뿐이고 너무 멀면 또 잘 보이지 않죠. 오직 거리가 적당해야만 한 폭의 완벽한 예술 작품을 감상할 수 있습니다."

인간은 대자연의 가장 걸출한 작품이다. 2 <u>그러면 당신이 다른 사람을 볼 때도 몇 걸음 물러나서 약간의 거리를 남겨 둬야 하지 않을까요?</u>

어휘
如何 rúhé [대] 어떠하다, 어떻게 (≒怎么/怎么样)
欣赏 xīnshǎng [동] 감상하다, 마음에 들어하다 5급
幅 fú [양] 폭 5급
创作 chuàngzuò [동] 창작하다 6급
退后 tuìhòu [동] 뒤로 물러나다
位置 wèizhi [명] 위치 5급
感受 gǎnshòu [동] 느끼다 [명] 느낌, 인상 5급
整体 zhěngtǐ [명] 전체 5급
油画 yóuhuà [명] 유화

明显 míngxiǎn [형] 분명하다, 뚜렷하다 5급
颜料 yánliào [명] 물감
堆积 duījī [동] 쌓여 있다, 퇴적하다 6급
适当 shìdàng [형] 적당하다, 적절하다
完美 wánměi [형] 완벽하다 5급
杰出 jiéchū [형] 걸출하다 6급
作品 zuòpǐn [명] 작품, 창작품 5급
留出 liúchū [동] 남겨 두다

1.

欣赏油画时离得太近会怎么样?

A 看着模糊
B 观察更仔细
C 能闻到香味儿
D 无法从整体上欣赏

유화를 감상할 때 너무 가까우면 어떻게 되는가?

A 보기에 흐릿하다
B 관찰이 더욱 자세하다
C 향기를 맡을 수 있다
D 전체적으로 감상할 수 없다

풀이 본문에 따르면 그림을 감상할 때 **너무 멀면 흐릿하고(看不清), 너무 가까우면 전체적인 아름다움(整体美)을 감상할 수 없다**고 했으므로 D가 정답이 된다.

정답 D

어휘 模糊 móhu [형] 모호하다, 흐릿하다 5급 | 观察 guānchá [동] 관찰하다 5급 | 仔细 zǐxì [형] 자세하다 4급 | 闻 wén [동] 냄새를 맡다, 듣다 5급 | 香味儿 xiāngwèir [명] 향수 | 无法 wúfǎ [부] ~할 수 없다 | 整体 zhěngtǐ [명] 전체 5급 | 欣赏 xīnshǎng [동] 감상하다, 마음에 들어하다, 좋아하다 5급

> 꿀팁 각 선택지의 키워드는 '模糊', '仔细', '香味儿', '整体'임을 파악할 수 있어야 한다. 이들 중에서 유일하게 '**整体**'만 **녹음에서 언급**되었으므로 바로 **정답으로 연결**되었다. 물론 녹음을 들었을 때 '흐릿한(模糊)', '자세한(仔细)' 등의 단어로 표현될 것 같은 느낌이 들긴 하지만 질문에 맞는 내용의 대답은 아니므로 정답이 될 수 없다.

2.

这段话主要想告诉我们什么?	이 글이 주로 우리에게 말하고자 하는 것은 무엇인가?
A 距离产生美	A 거리가 아름다움을 만들어 낸다
B 要追求完美	B 완벽을 추구해야 한다
C 生活离不开艺术	C 생활은 예술을 떠날 수 없다
D 要学会取长补短	D 장점을 취하고 단점을 보완할 줄 알아야 한다

> 풀이 그림을 감상할 때 적당한 거리(距离适当)를 유지해야 하는 것처럼 **사람을 볼 때도 약간의 거리를 두고 봐야 한**다고 했다. **약간의 거리가 대상의 좋은 점(아름다움)을 보게 한다**는 것이므로 A가 정답이 된다. 친구 관계에서도 너무 가까이 자주 있다 보면 다투고 감정이 상할 때가 많이 생기는 것처럼, 어느 정도의 거리를 두는 것이 오히려 좋은 관계를 더 오래 지속할 수 있다는 교훈이 담겨 있다. 참고로 '距离产生美'는 중국인의 주요 관념 중 하나이다.

> 정답 A

> 어휘 **产生** chǎnshēng [동] 생기다, 발생하다, 발생시키다 5급 | **完美** wánměi [형] 완벽하다 5급 | **离不开** líbukāi 떠날 수 없다, 벗어날 수 없다 | **艺术** yìshù [명] 예술, 기술 4급 | **取长补短** qǔ cháng bǔ duǎn [성] 장점을 취하고 단점을 보완하다

> 꿀팁 선택지에 '要'가 있는 것으로 보아 **주제 찾기 문제**이고 첫 번째 문제(1번)가 세부적인 내용을 묻는 문제임을 예상할 수 있다. 각각의 키워드 중에서 **두 번이나 직접적으로 언급된** '**距离**'가 있는 A가 정답이 된다. 설령 **내용이 함축적**이고 **난해하**다 하더라도 **선택지의 키워드만 미리 파악해 놓고 가장 많이 나온 단어가 있는 선택지를 정답으로 고른다면 정답률이 매우 높다**는 것을 기억하자. 녹음 내용이 이해가 되지 않을 때 가장 효과적인 풀이법이다.

기출문제 분석 2 : 설명문 지문

듣기 2부분 단문 듣고 질문에 답하기

〈설명문 지문〉에서는 **어떤 정보를 중국어로 설명**했을 때, **중심 내용과 주요 세부 내용을 얼마나 잘 파악했는지**를 묻습니다. 전문적인 내용이기 때문에 100% 이해한다는 생각보다는 각 **선택지의 키워드**를 미리 **파악하여 들리는 단어를 중심으로 정답을 골라야** 합니다.

■ 자주 나오는 질문 유형

세부 일치

[질문 형태] 세부 일치 유형은 주로 **첫 번째 문제**로 나오며 이야기 내용에 따라 다양한 질문이 나올 수 있다.
[풀이 비법] **앞부분에 힌트**가 나오므로 **녹음이 나오기 전 각 선택지의 키워드를 체크**해야 한다. 혹시 **이해가 되지 않았다면 녹음에서 언급된 단어가 있는 선택지를 정답**으로 고른다.

제목 찾기

[질문 형태] 这段话主要谈什么? 이 글이 주로 말하는 것은 무엇인가?
[풀이 비법] 마지막 문제로 나오며, '주제 이해' 유형과는 달리 **'제목 찾기' 유형은 힌트가 일반적으로 앞부분에 나온다**는 것을 기억하자.

단문을 듣고 질문에 알맞은 답안을 고르세요.

 2-2

1. A 语气生硬   [세부 일치]
   B 很有礼貌
   C 易被拒绝
   D 考虑全面

2. A 利润少了   [세부 일치]
   B 客人少了
   C 销售额大增
   D 商品供不应求

3. A 怎样做好管理   [제목 찾기]
   B 如何挑选饮料
   C 服务态度对销售的影响
   D 语言技巧在营销中的作用

> 꿀팁
>
> 어떤 문제의 **선택지의 길이가 평균보다 많이 길 경우, 주로 C, D 중에 정답**이 있다는 것을 기억하자(예: 3번 문제). 듣기는 독해처럼 눈으로 보며 일일이 대조할 수 있는 것이 아니기 때문에 기본적으로 선택지가 너무 길어서는 안 된다. 하지만 몇몇 문제에서 **선택지가 평균보다 지나치게 길다면 꼭 D까지 길게 써야 하는 이유가 있을 것이며 이는 C나 D가 정답**이 될 가능성이 크다는 것을 의미한다.

녹음

第 1-3 题是根据下面一段话：

　　3 <u>有时将谈判的语言技巧恰当地运用到营销中去，可能会带来营业额的高增长</u>。某商场休息室里销售咖啡和牛奶，刚开始服务员总是问顾客："先生，喝咖啡吗？"或者是："先生，喝牛奶吗？"其销售业绩平平。后来，他们换了一种问法："先生，喝咖啡还是牛奶？"结果，2 <u>销售额大增</u>。这是为什么？原因就在于问话时的语言技巧。1 <u>第一种问法容易得到否定的回答</u>，而后一种选择式问法在大多数情况下，顾客总会选择其中一种。

해석

1~3번 문제는 아래 내용을 따르세요.

　　3 때로는 협상의 언어 기술을 마케팅에 적절하게 응용하면 영업액의 고성장을 가져올 수 있다. 어떤 매장의 휴게실에서 커피와 우유를 판매하고 있었는데, 처음에는 종업원이 고객에게 늘 이렇게 물었다. "선생님, 커피 마시겠어요?" 혹은 "선생님, 우유 마시겠어요?" 그 판매액은 그저 그랬다. 후에 그들은 묻는 법을 바꿨다. "선생님 커피 드시겠어요, 우유 드시겠어요?" 결과적으로 **2** <u>판매액이 크게 증가했다</u>. 이것은 왜 그런가? 원인은 물을 때의 언어 기술에 있다. **1** <u>첫 번째 묻는 방법은 부정적인 대답을 얻기 쉽고</u>, 뒤의 선택식 묻기는 대다수의 상황에서 고객은 그중 하나를 선택할 것이기 때문이다.

어휘

谈判 tánpàn [명/동] 협상(하다) 5급
技巧 jìqiǎo [명] 기교, 기술, 테크닉 6급
恰当 qiàdàng [형] 적절하다, 알맞다
运用 yùnyòng [동] 응용하다, 활용하다 5급
运用到~中去 ~에/~로 응용하다
营销 yíngxiāo [명/동] 마케팅(하다), 판매하다
营业额 yíngyè'é [명] 영업액
商场 shāngchǎng [명] 백화점, 쇼핑 센터, 상가
销售 xiāoshòu [명/동] 판매(하다) 5급

刚开始 gāng kāishǐ 처음에
业绩 yèjì [명] 업적, 실적
平平 píngpíng 보통이다
问法 wènfǎ [명] 물어보는 방법
结果 jiéguǒ [접] 결과적으로 [명] 결과
大增 dàzēng 크게 증가하다
在于 zàiyú [동] ~에 달려 있다, ~에 있다 5급
否定 fǒudìng [동] 부정하다 5급
其中 qízhōng 그중

1.

关于第一种问法，可以知道什么? 첫 번째 묻기법에 관해서 무엇을 알 수 있는가?
A 语气生硬 A 어투가 딱딱하다
B 很有礼貌 B 매우 예의 있다
C 易被拒绝 C 쉽게 거절 당한다
D 考虑全面 D 생각하는 것이 전면적이다

풀이 부정적인 대답을 얻기 쉽다(容易得到否定的回答)는 것은 거절 당하기 쉽다는 뜻이기 때문에 C가 정답이 된다.

정답 C

어휘 生硬 shēngyìng [형] (말투나 태도가) 딱딱하다 | 全面 quánmiàn [형] 전면적이다 5급

꿀팁 각 선택지의 키워드는 '生硬(딱딱하다)', '礼貌(예의)', '拒绝(거절하다)', '全面(전면적이다)'이다. 이 문제는 **녹음에 없는 단어를 이용해 정답으로 제시**했다. 이는 **다른 표현으로 했을 때 같은 의미인지 이해할 수 있는지**를 확인하는 다소 난이도 높은 문제이다. 또한 **첫 번째 문제임에도 힌트가 후반부에 나오는 예외적인 문제**이다.

2.

服务员改变问法后，情况有什么变化? 종업원이 묻는 법을 바꾼 후, 상황은 어떤 변화가 있었는가?
A 利润少了 A 이윤이 줄어들었다
B 客人少了 B 손님이 줄었다
C 销售额大增 C 판매액이 크게 증가했다
D 商品供不应求 D 상품의 공급이 수요를 따라가지 못한다

풀이 묻는 방법을 선택식으로 바꾼 후 **영업액이 크게 증가했다고(营业额大增)** 했으므로 C가 정답이 된다.

정답 C

어휘 利润 lìrùn [명] 이윤 5급 | 供不应求 gōng bú yìng qiú [성] 수요 초과, 공급이 수요를 따라가지 못하다

꿀팁 각 **선택지의 키워드**를 보고 이번 지문은 **판매(销售)나 영업(营业) 관련 내용**임을 예측해 볼 수 있고, **이에 맞는 배경 지식을 동원해 녹음을 듣는다. 녹음에 나온 표현 그대로 정답**이 되었는데, 어려운 내용을 묻는 문제의 정답은 일반적으로 **녹음 속 단어나 표현을 되도록 그대로 이용**한다.

3.
─────────────────────────────────────

这段话主要谈什么?	이 글이 주로 말하는 것은 무엇인가?
A 怎样做好管理	A 어떻게 하면 관리를 잘하는가
B 如何挑选饮料	B 음료는 어떻게 선택하는가
C 服务态度对销售的影响	C 서비스 태도가 판매에 미치는 영향
D 语言技巧在营销中的作用	D 마케팅에 있어서 언어 기술의 작용

풀이 도입 부분에 언어의 기술(语言技巧)을 마케팅(营销)에 활용하면 영업액을 크게 증가시킨다고 했고, 또 소개된 일화 역시 말을 어떻게 하느냐에 따라 결과가 달라진다는 점을 이야기하고 있으므로 '**语言技巧**'가 꼭 들어간 **D**가 정답이 된다.

정답 D

어휘 如何 rúhé [대] 어떻게, 어떠하다 5급 | 挑选 tiāoxuǎn [동] 고르다, 선택하다 5급 | 饮料 yǐnliào [명] 음료 3급

꿀팁 선택지의 '**怎样**', '**如何**', '**~的 + 명사(~的影响/~的作用)**'를 보고 이 문제는 제목 찾기 유형의 문제임을 알 수 있다. 따라서 각 선택지의 키워드를 체크하고 첫 문장이나 도입부에 어느 키워드(管理, 挑选饮料, 服务态度, 语言技巧)가 나오는지 집중해서 듣는다. 내용이 전문적이거나 난해한 지문은 녹음에서 나온 단어가 있는 선택지가 그대로 정답이 되는 경우가 많으므로, 들리는 단어가 있는 선택지를 정답으로 고른다. 특히 이번처럼 선택지의 길이가 길 경우 A, B보다는 C, D의 선택지를 먼저 체크하는 것이 좋다.

전략 학습 1 : 문제 구성과 풀이법

듣기 2부분 단문 듣고 질문에 답하기

1. 듣기 전에 각 선택지의 키워드를 밑줄로 체크하여 어떤 내용이 나올지 예측해 본다.

서술형은 대화형 문제(1번~30번)보다 단어와 내용이 어렵고 내용도 훨씬 길다. 그래서 전체 내용을 이해하기가 상대적으로 훨씬 어려운 게 사실이다. 하지만 다행인 것은 선택지에 녹음에서 어떤 내용이 나올지 예측할 수 있는 단어들이 주어진다는 점이다. 또한 정답은 주로 4, 5급 필수 어휘로 구성되기 때문에 선택지의 키워드를 미리 파악해 두면 녹음에서 그 단어가 언급될 때 비교 판단하여 정답을 쉽게 고를 수 있다.

> **"잠깐! '키워드'가 뭐예요?"**
>
> 여기서 말하는 키워드는 각 선택지에서 가장 중요한 의미를 담당하고 있거나 본인이 잘 모르는 단어입니다. 잘 모르는 단어가 잘 안 들리는 것은 너무 당연하겠죠? 그래서 선택지에 잘 모르는 단어가 나오면 대충이라도 발음을 예상할 수 있어야, 녹음 중에 그 단어가 나왔을 때 놓치지 않고 들을 수 있습니다. 그리고 키워드는 일반적으로 각 선택지의 마지막 단어인 경우가 많습니다.

예시

키워드 체크

A 看着模糊
B 观察更仔细
C 能闻到香味儿
D 无法从整体上欣赏

⇨

머릿속에 떠오르는 생각

[예측 1] : '模糊(모호하다)', '观察(관찰하다)', '仔细(꼼꼼하다)'? 뭘 보거나 관찰한다는 내용인 것 같은데?

[예측 2] : 어, 이 단어(整体)는 내가 잘 모르는 단어네. 발음이 생소하니까 밑줄이나 동그라미로 체크하고 발음이 조금이라도 익숙해지도록 작은 소리로 한번 읽어 보자.

[예측 3] : '欣赏(감상하다)'을 보니 역시 이 지문은 작품 감상에 관한 것이겠구나.

2. 일반적으로 힌트는 이야기 전개에 맞춰 순차적으로 제공된다.

쉽게 말해서 하나의 녹음에 3개의 문제가 나온다면, 첫 번째 문제는 녹음 부분의 1/3 지점에서, 두 번째 문제는 2/3 지점에서, 세 번째 문제는 3/3 지점에서 힌트가 나온다는 뜻이다. 이 순서가 지켜지지 않을 때도 있지만 대개는 이 원칙을 따른다.

3. 질문 유형은 크게 '세부 내용 일치'와 '주제·제목 찾기' 문제로 나뉜다.

'세부 내용 일치' 문제는 녹음 내용에 따라 다양하게 나올 수 있는데 주로 원인, 심리, 대상 일치 등의 문제가 있다. 인과 관계나 등장인물의 심리 변화, 줄거리의 주요 전환점 등을 잘 잡아낼 수 있어야 하며, '因为', '所以', '但是', '其实', '最', '特别' 등의 단어에 특히 주의하여 들어야 한다. '주제·제목 찾기' 문제는 마지막 문제(두 번째나 세 번째)로 나오며 중심 내용을 잘 파악했는지를 묻는다.

4. 마지막 문제로 나오는 '주제 찾기 문제'는 맺음말 부분에 키워드가 나온다.

선택지에 '要~'가 들어간다면 그 문제는 '주제 찾기 문제'이고 녹음 내용은 이야기형임을 알 수 있다. 정답은 이야기가 모두 끝나고 마지막에 정리해 주면서 드러난다.

예시

키워드 체크

A 距离产生美
B 要追求完美
C 生活离不开艺术
D 要学会取长补短

머릿속에서 본능적으로 순식간에 진행되는 사고(思考)

[생각]: 키워드는 각각 '距离', '完美', '艺术', '取长补短'이구나.
[예측]: '要'가 있으니까 이 문제는 '주제 찾기 문제'이고 따라서 이 듣기 지문은 인물과 줄거리가 있는 교훈 전달 목적의 이야기이구나.

5. 마지막 문제로 나오는 '제목 찾기 문제'는 도입부에 키워드가 나온다.

선택지에 '怎样', '如何', '~的 + 명사'의 형태로 나와 있으면 '제목 찾기 문제'이고, 녹음 내용은 정보 전달의 설명문 지문임을 알 수 있다.

예시

키워드 체크

A 怎样做好管理
B 如何挑选饮料
C 服务态度对销售的影响
D 语言技巧在营销中的作用

머릿속에서 본능적으로 순식간에 진행되는 사고(思考)

[예측]: '怎样', '如何', '~的影响', '~的作用'이 있는 것으로 보아 이 녹음 내용은 정보 전달을 목적어로 하는 설명문이고, 이 문제는 제목을 묻는 문제겠네. 그러니까 이 문제의 힌트는 앞부분에 나올 테니까 놓치지 말아야지.
[생각 1]: 키워드는 각각 '管理', '饮料', '服务态度', '语言技巧'구나.
[생각 2]: 선택지의 길이가 평균보다 지나치게 길 때는 C나 D가 정답이 된다고 했으니까 녹음이 나오기 전에 일단 C와 D를 미리 체크해야겠다.

전략 학습 2 : '주제 찾기' 관련 빈출 선택지

듣기 2부분 단문 듣고 질문에 답하기

지문의 내용과 관계없이 자주 등장하는 빈출 선택지를 모았습니다. 익숙하게 학습해 두면 처음 보는 선택지를 해석하느라 낭비되는 시간을 크게 줄일 수 있습니다. 이렇게 아낀 시간을 이용해 **다른 선택지를 좀 더 정확하고 여유 있게 봄**으로써 결과적으로 정답률을 크게 높일 수 있습니다.

아래에 소개된 빈출 선택지는 **정답**이었던 것도 있고 **오답**이었던 것도 있습니다. **주의할 점**은 기계적으로 해석만 하지 말고 각 선택지에 어떤 교훈과 메시지가 있는지 공감할 수 있어야 합니다. 그렇게 해야 **시험에서 실제 녹음을 들을 때 신속하고 정확하게 부합 여부를 판단**할 수 있습니다.

- ☐ 要谨慎　　　　　　신중해야 한다
- ☐ 要乐观　　　　　　긍정적이어야 한다
- ☐ 要知足　　　　　　만족할 줄 알아야 한다
- ☐ 不要悲观　　　　　비관적이지 마라
- ☐ 要学会配合　　　　협조할 줄 알아야 한다

- ☐ 做人要虚心　　　　사람은 겸손해야 한다
- ☐ 要学会拒绝　　　　거절할 줄 알아야 한다
- ☐ 要学会放弃　　　　포기할 줄 알아야 한다
- ☐ 要勤奋工作　　　　부지런하게 일해야 한다
- ☐ 要勇于实践　　　　용감하게 실천해야 한다

- ☐ 要乐于助人　　　　남을 즐거이 도와야 한다
- ☐ 要珍惜时间　　　　시간을 소중히 여겨야 한다
- ☐ 要虚心好学　　　　겸허하고 배우기를 좋아해야 한다
- ☐ 做事要主动　　　　일을 할 때는 주동적이어야 한다
- ☐ 要善于观察　　　　관찰을 잘 해야 한다
  　　　　　　　　　　(타인이나 사물의 장단점을 잘 찾아낼 수 있어야 한다)

- ☐ 困境是暂时的　　　곤경은 잠시일 뿐이다
- ☐ 不要不懂装懂　　　모르면서 아는 척하지 마라
- ☐ 做事不能犹豫　　　일을 할 때는 주저하지 마라
- ☐ 别急于下结论　　　성급하게 결론을 내리지 마라
- ☐ 不要害怕冒险　　　모험을 두려워해서는 안 된다

☐	要有怀疑精神	의심하는 정신을 가져야 한다
☐	遇事不要慌张	일을 만났을 때 당황하지 마라
☐	骄傲使人落后	교만은 사람을 퇴보하게 만든다
☐	不要害怕犯错	실수하는 것을 두려워하지 마라
☐	看问题要全面	문제를 볼 때는 전면적이어야 한다

☐	坚持才能胜利	계속해야만 비로소 승리할 수 있다
☐	人生需要敌人	인생은 적이 필요하다(경쟁자가 있어야 본인도 발전한다.)
☐	困难只是暂时的	어려움은 잠시일 뿐이다
☐	失败是成功之母	실패는 성공의 어머니다
☐	成功离不开努力	성공은 노력을 떠날 수 없다

☐	要学会把握机会	기회를 잡을 줄 알아야 한다
☐	要懂得享受人生	인생을 즐길 줄 알아야 한다
☐	不要轻易说放弃	쉽게 포기한다고 말하지 마라
☐	要积极改正错误	적극적으로 잘못을 고쳐야 한다

☐	要勇敢面对困难	용감하게 어려움과 맞서야 한다
☐	面对问题要冷静	문제를 만났을 때 냉정해야 한다
☐	要客观评价自己	자신을 객관적으로 평가해야 한다
☐	面对危险要冷静	위험을 만났을 때는 냉정해야 한다
☐	要勇于承担责任	용감하게 책임을 져야 한다
☐	要敢于承担责任	용감하게 책임을 질 줄 알아야 한다

☐	要学会称赞别人	다른 사람을 칭찬할 줄 알아야 한다
☐	做事要讲究方法	일을 할 때는 방법을 중요시 해야 한다
☐	要不断完善自己	끊임없이 자신을 완벽하게 가꾸어야 한다
☐	眼见不一定为实	눈으로 보는 것이 꼭 진실인 것은 아니다
☐	做事要分清主次	일을 할 때는 주객(우선 순위)을 분명히 해야 한다

☐ 要善于总结经验　　　　　경험을 잘 정리해야 한다
　　　　　　　　　　　　　(실제 경험을 통해서 교훈을 얻을 줄 알아야 한다)

☐ 成长离不开朋友　　　　　성장은 친구를 떠날 수 없다
　　　　　　　　　　　　　(성장하기 위해서는 친구가 꼭 필요하다)

☐ 要不断挑战自己　　　　　끊임없이 자신에게 도전해야 한다
　　　　　　　　　　　　　(자신에게 버거운 어려운 일에 도전할 줄 알아야 한다)

☐ 方向比努力重要　　　　　방향은 노력보다 더 중요하다
　　　　　　　　　　　　　(방향이 잘못됐다면 아무리 노력해도 목표에 이를 수 없다)

☐ 批评要讲究方法　　　　　비판할 때 방법을 중시해야 한다
　　　　　　　　　　　　　(비판할 때 상대방이 마음 상하지 않게 방법적으로 신중해야 한다)

☐ 表扬比批评更有效　　　　칭찬은 비판보다 더 효과적이다
☐ 不要过分追求完美　　　　지나치게 완벽함을 추구하지 마라
☐ 成功要靠自己争取　　　　성공은 자신의 힘으로 쟁취해야 한다
☐ 要保持向上的心态　　　　발전하려는 마음가짐을 유지해야 한다
☐ 要坚持正确的方向　　　　옳은 방향을 견지해야 한다(방향이 옳아야 노력이 의미가 있다)

☐ 方向比速度更重要　　　　방향은 속도보다 더 중요하다
　　　　　　　　　　　　　(빨리 하는 것보다 먼저 정확한 방향을 잡는 것이 더 중요하다)

☐ 要避免犯同样的错误　　　같은 실수를 하지 말아야 한다
☐ 制定目标要符合实际　　　목표를 정할 때 실제에 부합해야 한다(현실적인 목표를 세워야 한다)
☐ 要善于发现对方的优点　　상대방의 장점 발견을 잘 해야 한다
☐ 要学会换角度考虑问题　　각도를 바꿔서 문제를 고려할 줄 알아야 한다

실전 연습 문제

第 1-7 题：请选出正确答案。  2-3

1. A 怕他摔倒
   B 时间来得及
   C 有助于消化
   D 等父亲送他

2. A 孩子经常会说错话
   B 孩子要懂得心疼父母
   C 母亲总是不理解孩子
   D 母亲觉得孩子永远需要关心

3. A 立即逃跑
   B 躲在石头后
   C 用翅膀挡住自己
   D 把头埋进沙子里

4. A 逃避
   B 犹豫
   C 冷静
   D 谨慎

5. A 要虚心好学
   B 动物也会害羞
   C 困境是暂时的
   D 要勇敢面对困难

6. A 待遇差
   B 失业了
   C 干得多得到的少
   D 组长总是批评他

7. A 要把握机会
   B 要善于总结经验
   C 努力比抱怨更重要
   D 表扬比批评更有效

독해

1부분   빈칸 채우기

2부분   단문 읽고 내용 일치 고르기

3부분   장문 읽고 질문에 답하기

독해 1부분

빈칸 채우기

출제 원리와 공략법

빈칸 채우기 문제인 〈독해 1부분〉은 독해 영역에서 난이도가 가장 높습니다. 지문의 해석, A, B, C, D 제시어의 뜻 이해, 기술적인 풀이, 이 3박자가 합쳐져야 고득점을 받을 수 있기 때문입니다. 이에 본서에서는 기본적이고 중요한 것부터 차근차근 알기 쉽게 설명해 놓았습니다. 가장 효과적인 방법으로 〈독해 1부분〉을 정복해 보세요.

○ 출제 특징

- **문항 구성** : 46번~60번, 총 4개의 지문에 15문제가 출제된다. 빈칸에 들어갈 알맞은 단어와 문장을 찾아야 한다.
- **지문의 종류**
  일화·우화 : 교훈 전달을 목적으로 하며 대화와 줄거리가 있다.
  설명문 : 정보 전달을 목적으로 하며 문장이 길고 해석이 비교적 어렵다.
- **선택지(A, B, C, D)** : 대부분 5급 필수 어휘(4급 단어도 간혹 등장)가 출제된다. 3개 문제는 문장을 고르는 문제이다.

○ 2단계 풀이법

[1단계] **뜻과 호응 관계로 풀기** : 난이도가 낮은 문제로 동사는 목적어와, 형용사는 피수식어와 의미상 호응 관계를 고려하여 선택한다. 단순하게 뜻만 알아도 풀이가 가능하다.

[2단계] **어휘 용법과 문맥 이해로 풀기** : 단어의 뜻만으로 부족할 경우 각 단어의 용법상 특징을 이해하고 있어야 하며 빈칸 앞뒤로 문맥의 흐름이나 주제를 고려해야 풀 수 있다.

○ 학생들이 가장 많이 하는 질문

"선생님, A, B, C, D의 단어 뜻도 모르겠고 지문 해석도 어려워요. 어떻게 하죠?"

단어를 모르면 외우면 되고, 해석이 어려우면 정독(한 문장 한 문장 정확하게 해석하기)을 하면 됩니다. 하지만 단어를 무턱대고 아무거나 외우면 안 됩니다. 철저하게 5급 1300 필수 어휘로 외워야 합니다. 이것이 버거우면 본 교재에 나와 있는 '5급 필수 어휘 우선 순위 685'만 외워도 쉽게 풀 수 있습니다. 물론 가장 이상적인 것은 1300 단어의 뜻을 몽땅 외우는 것입니다.

또 한 가지 기억할 것은 전체 독해 중 〈1부분〉의 난이도가 가장 높기 때문에 〈1부분〉을 먼저 풀면서 시간을 너무 뺏겨 〈2, 3부분〉의 문제를 제대로 풀지 못하면 안 된다는 것입니다. 따라서 독해는 2부분 → 3부분 → 1부분 혹은 1부분 절반 → 2부분 → 3부분 → 1부분 나머지 순서로 푸는 것이 좋습니다.

○ 학습 전략

- 5급 필수 어휘 우선 순위 685 단어의 뜻 이해
- 필수 어휘를 호응구로 암기
- 문장 정독(정확한 해석)을 통한 개별 어휘의 용법 이해

기출문제 분석 1 : 일화·우화

독해 1부분 빈칸 채우기

〈일화·우화〉 지문은 **인물 간의 관계**나 **사건의 전개**를 이해하면서 읽어 나갑니다. 한 문제 이상은 **주제를 파악**해야 풀 수 있으므로, 어떤 교훈을 전하려고 하는지 이해하도록 노력합니다.

빈칸에 들어갈 알맞은 내용을 고르세요.

1-4.

　　一位英明的国王 __1__ 选拔法官,有三个人毛遂自荐:一个是贵族,一个是曾经陪伴国王南征北战的武士,还有一个是普通的教师。

　　国王领着他们来到池塘边,池塘上漂浮着几个橙子。国王问贵族:"池塘里一共漂着几个橙子?"贵族走到近前数了数,回答:"一共是6个,陛下。" __2__ ,又问了武士同样的问题。武士甚至没有走近,就 __3__ 说:"我也看到6个,陛下!"国王仍旧没有说话,又转向教师。教师并没有急于回答,他脱掉鞋子,径直走进池塘里,把橙子拿了出来。"陛下,一共是三个橙子。因为它们都被从中间切开了。"国王非常高兴, __4__ 道:"只有你才是合适的人选。只有你知道不能轻易地下结论,因为我们看到的并不都是事情的真相。"

1. A 公开　　B 豪华　　C 激烈　　D 悠久
2. A 贵族很得意　　　　　B 国王没有表态
   C 国王连连点头　　　　D 大家哈哈大笑
3. A 直接　　B 正式　　C 紧急　　D 明显
4. A 命令　　B 答应　　C 欣赏　　D 称赞

어휘 되도록 혼자 힘으로 풀어 보고 해석이 너무 힘들면 아래 단어를 참고하여 풀어 보세요.

英明 yīngmíng [형] 영명하다, 지혜롭고 총명하다 6급
选拔 xuǎnbá [동] 선발하다 6급
法官 fǎguān [명] 법관
毛遂自荐 Máosuí zìjiàn [성] 모수(毛遂)가 자천(自荐)하다, 스스로 자신을 추천하다
贵族 guìzú [명] 귀족 6급
曾经 céngjīng [부] 일찍이 5급
南征北战 nán zhēng běi zhàn [성] 여기저기 많이 전쟁을 일으키다
武士 wǔshì [명] 무사
普通 pǔtōng [형] 평범하다, 보통의
领 lǐng [동] 이끌다, 수령하다
池塘 chítáng [명] 못 5급
漂浮 piāofú [동] 떠다니다
橙子 chéngzi [명] 오렌지

漂 piāo (물이나 액체 위에) 뜨다, 이리저리 떠다니다, 표류하다
近前 jìnqián [명] 곁, 옆, 근처
数 shǔ [동] 수를 세다, 헤아리다 / Shù [명] 숫자
陛下 bìxià [명] 폐하
仍旧 réngjiù [부] 여전히
转向 zhuǎnxiàng ~로 (방향을) 돌리다
急于 jíyú ~에 급급해하다
脱掉 tuōdiào [동] 벗어 버리다
径直 jìngzhí [부] 곧장, 바로
切开 qiēkāi [동] 자르다
人选 rénxuǎn [명] 인선, 적임자
轻易 qīngyì [형] 수월하다, 함부로 하다 5급
结论 jiélùn [명] 결론 5급
真相 zhēnxiàng [명] 진상 6급

해석

한 영명한 국왕이 법관을 1 공개적으로 선발하는데 세 명이 자신을 추천하였다. 한 명은 귀족이고, 한 명은 일찍이 국왕을 수행하여 남과 북으로 전쟁을 치뤘던 무사이고, 또 한 명은 평범한 교사였다.

국왕은 그들을 데리고 못가로 왔다. 못 위에는 몇 개의 오렌지가 떠 있었다. 국왕이 귀족에게 물었다. "연못 속에는 총 몇 개의 오렌지가 떠 있는가?" 귀족이 가까이 가서 한번 세어 보고 대답했다. "총 6개입니다, 폐하." 2 국왕은 태도를 표명하지 않고 또 무사에게 똑같은 문제를 물었다. 무사는 심지어 가까이 가지도 않고 3 바로 말했다. "저 역시 6개를 보았습니다, 폐하!" 국왕은 여전히 말을 하지 않고 교사에게 몸을 돌렸다. 교사는 결코 대답을 서두르지 않고 신발을 벗고 곧장 못 속으로 걸어 들어가 오렌지를 꺼내었다. "폐하, 총 3개입니다. 그것들은 중간에서 잘렸기 때문입니다." 국왕은 매우 기뻐서 4 칭찬하며 말했다. "오직 당신만이 적합한 인선이요. 오직 당신만이 경솔하게 결론을 내려서는 안 된다는 것을 알고 있었네. 왜냐하면 우리가 보는 것이 결코 모두 사건의 진상은 아니기 때문이네."

1. A 공개적이다   B 호화롭다   C 치열하다   D 유구하다
2. A 귀족은 매우 득의했다   B 국왕은 태도를 표명하지 않았다
   C 국왕은 연신 고개를 끄덕였다   D 모두가 하하 크게 웃었다
3. A 직접적인   B 정식적인   C 긴급한   D 분명한
4. A 명령하다   B 허락하다   C 감상하다   D 칭찬하다

1.

풀이 [해석으로 풀기] : 빈칸은 '选拔(선발하다)'를 수식하고 있다. 선택지 중 의미상으로 '선발하다'를 수식할 수 있는 것은 '公开(공개적이다, 공개하다)'가 유일하므로 A가 정답이 된다.

정답 A

어휘 A 公开 gōngkāi [형] 공개적이다 [동] 공개하다 5급   B 豪华 háohuá [형] 호화롭다 5급
C 激烈 jīliè [형] 치열하다 5급   D 悠久 yōujiǔ [형] 유구하다(아득하게 오래다) 5급

2.

풀이 [문맥 이해로 풀기] : 문장 고르기 문제는 **빈칸 앞뒤로 어떤 내용이 있는가를 파악**하는 것이 중요하다. 뒷절에는 주어가 없으므로 **빈칸의 주어가 뒷절의 주어가 될 수 있는 것**이 정답이 된다. 뒷절에는 '무사에게 질문을 했다' 이므로 **주어는 '국왕'**임을 알 수 있고 따라서 **정답은 B와 C**로 좁혀진다. 빈칸이 속한 문장 안에서 정답이 나오지 않을 때는 **앞쪽 문장이나 뒤쪽 문장으로 좀 더 확대하여 문맥을 파악**해야 한다. 뒤쪽 문장 중에 '国王仍旧没有说话'에서 '仍旧'는 '여전히'라는 뜻이므로 앞의 **빈칸 문장 역시 '말을 하지 않은 것'과 비슷한 상황**이어야 한다. 따라서 '**태도를 표명하지 않았다**'는 뜻인 B가 정답이 된다.

> 힌트 1 : 앞절의 주어가 뒷절의 주어가 될 수 있어야 한다.
>
> 贵族走到近前数了数，回答： "一共是6个，陛下。" 国王没有表态，(国王)又问了武士同样的问题。武士甚至没有走近，就 3 说： "我也看到6个，陛下！" 国王仍旧没有说话,
>
> 힌트 2 : '仍旧(여전히)'를 통해서 빈칸 문장도 말을 하지 않았다는 식의 내용이어야 한다.

정답 B

어휘 得意 déyì [형] 득의하다 4급 | 表态 biǎotài [동] 의사를 표시하다 | 连连 liánlián [부] 연이어, 연신 | 点头 diǎntóu [동] 고개를 끄덕이다 | D 哈哈 hāhā [의성] 하하

3.

풀이 [문맥 이해로 풀기] : 빈칸 앞절에서 무사가 '가까이 가 보지도 않고 대답했다'는 것은 **시간적으로 비교적 빨리**, 혹은 **성급하게 결론을 내려 대답**했다는 것을 암시한다. 따라서 **빈칸은 심사숙고 없이 바로 행동하는 것**을 나타내는 **直接**(직접, 바로)가 정답이 된다. '정식적으로(正式) 말했다'나 '분명하게(明显) 말했다'는 모두 앞부분의 '가까이 가 보지 않고 대답했다'는 상황을 정확하게 나타내지 못하기 때문에 정답이 될 수 없다.

정답 A

어휘 A 直接 zhíjiē [부] 직접, 바로 [형] 직접적이다 4급   B 正式 zhèngshì [형] 정식의, 정식적이다 5급
C 紧急 jǐnjí [형] 긴급하다 5급   D 明显 míngxiǎn [형] 분명하다, 뚜렷하다 5급

4.

풀이 [문맥 이해로 풀기] : 뒤의 내용은 '**직접 가까이 가서 확인해 보는 신중함을 칭찬**'하는 내용이다. 따라서 '**칭찬하며 말했다**'라고 하는 것이 가장 알맞다. '答应'은 어떤 **요청**이나 **요구를 들어 준다**는 뜻이다. 하지만 지문에서 국왕은 어떤 요청을 받고 하는 것이 아니라, 자신이 진행하는 일종의 **면접 형식을 통해서 적절한 사람을 고르는 일(인선)**을 하고 있는 것이기 때문에 '答应'은 정답이 될 수 없다.

정답 D

어휘 A 命令 mìnglìng [동] 명령하다 5급   B 答应 dāying [동] 동의하다, 허락하다 5급
C 欣赏 xīnshǎng [동] 감상하다, 마음에 들어하다(≒喜欢)   D 称赞 chēngzàn [동] 칭찬하다 5급

전략 학습 1 : 품사별 풀이법

독해 1부분 빈칸 채우기

빈칸 채우기 문제는 **첫째,** 빈칸 앞뒤로 호응하는 단어와의 의미 관계를 따져서 풀 수 있는 문제가 있고, **둘째,** 힌트의 범위를 좀 더 확대하여 주제나 문맥을 고려해야 풀 수 있는 문제가 있습니다. 이 파트에서는 **앞뒤 단어의 호응 관계로만 풀 수 있는 '품사별 풀이법'**을 학습합니다. 참고로 아래 소개된 풀이법이 〈독해 1부분〉의 전체 풀이법은 아니며, 필요할 경우 전체 문맥을 고려해야 풀 수 있다는 점을 염두에 두어야 합니다.

■ 동사 문제

> 1. 뒤(혹은 앞쪽)의 목적어와 호응 관계를 따져라.

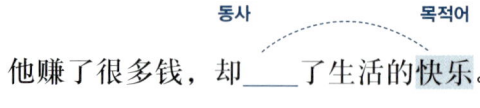

他赚了很多钱，却____了生活的快乐。

A 导致　　B 缩短　　C 抓紧　　D 失去
　dǎozhì　　suōduǎn　　zhuājǐn　　shīqù

그는 많은 돈을 벌었지만, 생활의 즐거움을 잃었다.

A 초래하다　　B 단축하다　　C 꽉 쥐다　　D 잃어버리다

> 2. 뒤에 목적어가 없을 때는 멀리 떨어져 있는 의미상 목적어를 찾아서 호응 관계를 따진다.

当遇到了压力时，比较明智的办法是采取积极的态度来面对。实在____不了的时候，也可以通过看看书、听听音乐等方式，让心情慢慢放松下来。

A 担任　　B 承认　　C 对待　　D 承受
　dānrèn　　chéngrèn　　duìdài　　chéngshòu

스트레스를 만났을 때 비교적 현명한 방법은 적극적인 태도를 취하여 마주하는 것이다. 정말로 (스트레스를) 감당할 수 없을 땐 책을 본다든가 음악을 듣는 등의 방식을 통해서 기분이 천천히 풀어지게 할 수 있다.

A 맡다　　B 인정하다　　C 대하다　　D 감당하다

■ **명사 문제**

> 1. 앞의 동사와 호응 관계를 따져라.

情侣们往往为了一些琐事吵架，冷战，然后疯狂地思念＿＿＿，最后和好。

A 个人　　　B 双方　　　C 对手　　　D 对方
　gèrén　　　 shuāngfāng　 duìshǒu　　 duìfāng

연인들은 종종 약간의 사소한 일로 싸우고 냉전으로 있다가, 미친 듯이 상대방을 그리워하고 결국은 화해한다.

A 개인　　　B 쌍방　　　C 적수　　　D 상대방

> 2. 앞 수식어의 의미를 따져라.

我们店的售货员一定会以令顾客满意的＿＿＿来解决退货问题。

A 方式　　　B 理论　　　C 证据　　　D 规则
　fāngshì　　 lǐlùn　　　 zhèngjù　　 guīzé

우리 가게의 판매원은 틀림없이 고객을 만족케 하는 방식으로 반품 문제를 해결할 것이다.

A 방식　　　B 이론　　　C 증거　　　D 규칙

■ **형용사 문제**

> 1. 뒤의 피수식어(명사)와의 호응 관계를 따져라.

村民们感到非常失望，因为他们以为神能给自己带来一些＿＿＿的东西，但神却让他们做毫无意义的事。

A 周到　　　B 宝贵　　　C 悠久　　　D 发达
　zhōudào　　 bǎoguì　　 yōujiǔ　　　 fādá

마을 주민들은 매우 실망했다. 왜냐하면 그들은 신이 자신들에게 귀중한 것을 가져다줄 줄 알았는데 신은 오히려 그들에게 아무런 의미가 없는 일을 시켰기 때문이다.

A 주도면밀하다　　B 소중하다　　C 유구하다　　D 발달하다

> 2. 빈칸이 술어 자리라면 앞의 주어와 호응 관계를 따져라.

桔子是秋季常见的美味水果，它不仅色彩＿＿＿、酸甜可口，而且营养十分丰富。

A 光滑　　B 舒适　　C 整齐　　D 鲜艳
　guānghuá　shūshì　zhěngqí　xiānyàn

귤은 가을철에 흔한 맛있는 과일로, 그것은 색깔이 선명하고 달콤새콤하며, 게다가 영양이 매우 풍부하다.

A 반들반들하다　B 편안하다　C 가지런하다　D 선명하고 아름답다

> 3. 뒤에 있는 피수식어(형용사, 동사)와의 의미상 호응 관계를 따져라.

※ 2음절 형용사는 종종 '地' 없이 단독으로 동사나 형용사를 수식할 수 있다.

如果接到一个＿＿＿不合理的退货要求，作为一个售货员，你会如何处理？

A 临时　　B 多余　　C 明显　　D 必要
　línshí　duōyú　míngxiǎn　bìyào

만일 명백히 불합리한 반품 요구를 받으면, 판매원으로서 당신은 어떻게 처리할 겁니까？

A 임시의　B 여분의/쓸데없는　C 분명한/명백한　D 필요한

1. 深呼吸对稳定_____有一定的帮助。
   A 情绪　　B 情景　　C 语气　　D 感想

2. 高超的个人技术与巧妙的集体战术使得足球运动_____了一种令人不可抗拒的魅力。
   A 成长　　B 产生　　C 导致　　D 成立

3. 冬天的傍晚，远远地，他就望见他家的小窗里透出_____、柔和的灯光。
   A 孝顺　　B 灵活　　C 经典　　D 温暖

정답

1. A

심호흡은 정서를 안정시키는 데 일정한 도움이 있다.

A 情绪 qíngxù [명] 정서, 마음　　B 情景 qíngjǐng [명] 정경, 광경
C 语气 yǔqì [명] 어기, 말투　　D 感想 gǎnxiǎng [명] 감상, 느낌

2. B

뛰어난 개인기와 절묘한 집단 전술이 축구 운동으로 하여금 거부할 수 없는 매력이 생기게 하였다.

A 成长 chéngzhǎng [동] 성장하다　　B 产生 chǎnshēng [동] 생기다, 발생시키다
C 导致 dǎozhì [동] 초래하다　　D 成立 chénglì [동] 성립되다, 설립하다

3. D

겨울의 저녁 무렵, 저 멀리 그는 그의 집 작은 창문에서 따뜻하고 부드러운 불빛이 내비치는 것을 보았다.

A 孝顺 xiàoshùn [형] 효성스럽다 [동] 효도하다　　B 灵活 línghuó [형] 민첩하다, 유연하다
C 经典 jīngdiǎn [형] 전형적이다　　D 温暖 wēnnuǎn [형] 따뜻하다

기출문제 분석 2 : 설명문

독해 1부분 빈칸 채우기

〈설명문〉은 **전문 용어가 등장**하고 문장이 길기 때문에 해석이 어렵습니다. 그렇다고 모든 문제가 전체를 완벽하게 해석해야 풀 수 있는 것은 아닙니다. 빈칸 앞뒤 단어의 호응 관계만 따져도 쉽게 답이 나오는 문제들이 있으니, 시간이 걸리더라도 포기하지 말고 다음 페이지의 **단어 정리를 참조**하여 '기출 맛보기' 문제를 풀어 보세요.

빈칸에 들어갈 알맞은 내용을 고르세요.

5-8. (난이도 최상)

> "概念车"是一种在设想和现实之间的产物，可以为新型汽车的研发提供可靠的科学依据。概念车_5_分为两种，一种是真正能跑的汽车，另一种是设计概念模型。第一种比较接近于大量生产，其先进技术已步入试验阶段，并_6_走向实用化，5年左右可成为公司的新产品。第二种汽车虽是更为超前的设计，_7_，只是未来发展的研究设想。展示概念汽车是世界各大汽车公司表现其科技实力和设计观念的最重要的_8_，因而概念车也是艺术性最强、最具吸引力的汽车。"

5. A 彻底　　B 通常　　C 公开　　D 始终

6. A 自动　　B 逐步　　C 反复　　D 连续

7. A 即使投入更多的资金　　　B 尽管现在还没投入生产
   C 但是仍然需要不断地完善　D 但因环境、科技水平等原因

8. A 规则　　B 方案　　C 方式　　D 中心

어휘

概念 gàiniàn [명] 개념 5급 (概念汽车: 콘셉트카, 미래형 자동차)
设想 shèxiǎng [동] 가상하다, 상상하다 6급
产物 chǎnwù [명] 산물
可靠 kěkào [형] 믿을 만하다 5급
依据 yījù [명/동] 의거(하다) 6급
分为 fēnwéi ~로 나누다
模型 móxíng [명] 모형
接近 jiējìn [동] 접근하다 [형] 비슷하다 5급
试验阶段 shìyàn jiēduàn 실험 단계 5급

走向~ zǒuxiàng ~로 나아가다
实用化 shíyònghuà 실용화하다 5급
超前 chāoqián [형] 현재 수준 이상의
设计 shèjì [명/동] 설계(하다), 디자인(하다) 5급
表现 biǎoxiàn [동] 표현하다, 활약하다 [명] 성적, 태도, 활약 5급
实力 shílì [명] 실력 6급
科技 kējì [명] 과학 기술(科学技术의 줄임말)
最具吸引力 zuìjù xīyǐnlì 가장 흡인력이 있다

해석

'콘셉트카'는 일종의 가상과 현실 사이의 산물로, 신형 자동차의 연구 개발을 위해 믿을 만한 과학적 근거를 제공할 수 있다. 콘셉트카는 5 통상 두 종류로 나뉘는데, 일종은 진짜로 달릴 수 있는 자동차이고, 다른 하나는 설계 개념 모형이다. 첫 번째는 비교적 대량 생산에 근접해 있으며, 그 선진 기술은 이미 시험 단계로 접어들었고 6 점차 실용화로 나아가고 있어, 5년 전후로 회사의 신제품이 될 수 있다. 두 번째는 비록 더욱 앞선 설계이지만 7 환경과 과학 기술 수준 등의 원인 때문에 단지 미래 발전의 연구 가상일 뿐이다. 콘셉트카를 전시하는 것은 세계 각 자동차 회사가 그들의 과학 기술 실력과 설계 관념을 표현하는 가장 중요한 8 방식이기 때문에, 콘셉트카는 예술성이 가장 강하고 가장 흡인력 있는 자동차이기도 하다.

5. A 철저하게   B 통상   C 공개하다   D 시종
6. A 자동의   B 점차   C 반복적으로 D 연속하다
7. A 설령 더 많은 자금을 투입하더라도   B 비록 현재는 생산에 투입되진 않았지만
   C 하지만 여전히 부단히 개선해야 한다   D 하지만 환경과 과학 기술 수준 등의 원인 때문에
8. A 규칙   B 방안   C 방식   D 중심

◐ 다시 한번 정리하는 〈독해 1부분〉 풀이법

핵심 정리

1. **동사**는 **목적어**와 호응 관계를, **부사**는 뒤의 **동사**나 **형용사**와 의미상 호응 관계를 따진다.
2. 그래도 풀리지 않을 경우 **앞뒤 문맥에 맞는 단어를 선택**한다.
3. **긴 문장**에서는 **문장 성분**(주어, 술어, 목적어) **구분**이 중요하다.

5.

풀이 [해석으로 풀기] : '分为 fēnwéi'는 '~로 나누다'는 뜻이다. 어떤 대상을 총괄해서 몇 개로 나누었을 때 앞에 '通常'을 써서 '**통상/일반적으로 ~으로 나뉜다**'로 표현한다.

정답 B

어휘
A 彻底 chèdǐ [형] 철저하다
B 通常 tōngcháng [부] 통상적으로, 일반적으로 [형] 일반적이다
C 公开 gōngkāi [동] 공개하다 [형] 공개적이다
D 始终 shǐzhōng [부] 시종, 줄곧, 처음부터 끝까지

6.

풀이 [해석으로 풀기] : 빈칸 문장의 주어는 '其先进技术'이고 술어 부분은 '走向实用化'이다. **상용화로 나아간다는** 것은 **단계적으로 진행**되는 것이라고 할 수 있기 때문에 '**逐步**(점차, 단계적으로)'이 가장 적합하다.

> 주어가 생략됨　　부사 + 동사
> 其先进技术已步入试验阶段，(其先进技术) 并 <u>逐步</u> 走向实用化，
> 　　　　　　　　　　　(그 선진 기술은)　점차　실용화로 나아가고 있다
>
> ▶ 〈S + V₁…，并 + V₂…〉(S가 V₁하고 **그리고** V₂하다)의 문형에서, '并'은 **동목구를 연결하는 접속사**이다.

정답 B

어휘
A 自动 zìdòng [형] 자동의
B 逐步 zhúbù [부] 점차
C 反复 fǎnfù [부] 반복적으로 [동] 반복하다
D 连续 liánxù [동] 연속하다

7.

풀이 **[접속사와 문맥으로 풀기]** : 빈칸 앞절에 '虽(然)~' 절이 있으므로 빈칸에는 '但/可~'의 전환 절이 온다. 따라서 C와 D만 남게 된다. 빈칸의 문장과 뒷절(只是~设想)과의 의미 관계를 따져 봐야 한다. 뒷절에는 '단지 미래 발전의 연구 가상일 뿐'이라고 했으므로 **빈칸은 '콘셉트카'가 아직은 '가상'일 수밖에 없는 현실적 한계에 관한 내용**이면 좋다. 따라서 D가 정답이 된다.

(행태상) 체크 1   (의미상) 체크 2

第二种汽车**虽**是更为超前的设计， 7 **但**因环境、科技水平等原因，只是未来发展的研究设想。

비록 ~이지만   하지만~ 환경과 과학 기술의 수준 때문에, 단지 가상일 뿐

정답 D

8.

풀이 **[문장 성분 분석으로 풀기]** : 빈칸 문장은 〈是자문〉이기 때문에 결국 '콘셉트카를 전시하는 것은 ___이다'로 해석되고, 중간에 있는 '자동차 회사들이 그들의 실력을 표현하는'이 빈칸을 수식하고 있다.(아래 그림 참조) '**展示概念汽车**(콘셉트카를 전시하는 것)'는 '**실력을 표현하는**' 일종의 **방식**이기 때문에 C가 정답이 된다.

콘셉트카를 전시하는 것은 / ~이다 세계 각국의 자동차 회사들이 그들의 과학 기술력과 설계 관념을 표현하는 / 가장 중요한 / 방식

展示概念汽车 是 世界各大汽车公司表现其科技实力和设计观念的 最重要的 8 方式，
     S   V   O
콘셉트카를 전시하는 것은 ~ 방식이다
展示概念汽车 是 ~ 方式

정답 C

어휘 A 规则 guīzé [명] 규칙   B 方案 fāng'àn [명] 방안
       C 方式 fāngshì [명] 방식   D 中心 zhōngxīn [명] 중심, 센터

전략 학습 2 : '주접 부대' 활용하기

독해 1부분 빈칸 채우기

'주접 부대'란 주어, 접속사, 부사, 대명사를 줄인 말입니다.

두 문장 이상 합쳐진 문장을 복문이라고 하는데 복문은 문장이 깁니다. 길면 중간중간에 쉼표(,)가 들어가고 **앞절과 뒷절 간의 의미가 긴밀하게 연결**되어 있는데요. 이런 긴 문장에서 어느 한 절을 비워 두고 묻는 것이 바로 **문장 고르기 문제**입니다.

따라서 복문에서 절과 절이 쉼표로 끊어지면서 **주어가 어떻게 바뀌고, 어떤 접속사와 부사가 쓰였으며, 또 대명사는 없는지를 확인하는 것**이 문장 고르기에 있어서 매우 중요합니다.

■ '주접 부대'의 이해와 적용

아래 3개의 절로 이루어진 복문에서 절과 절 사이에 주어, 접속사, 부사, 대명사 등이 **어떤 역할**을 하는지 살펴보자.

	주어		부사	대명사		
(1)절	↑	(2)절	↑	↑	(3)절	→ 세 개의 절로 이루어진 복문

真奇怪，我从来没来过丽江，却对这里有一种很熟悉的感觉。
참 이상해, 나는 리장에 와 본 적이 없는데, 오히려 여기에 익숙한 느낌이 들어.

(1)절 : **이상하다**(奇怪)고 했으므로 뒤에는 왜 이상하게 느끼는지 이유가 나올 것이다.

(2)절 : **주어**는 '我'이다. 뒷절에 주어가 없으므로 **뒷절에서도 '我'가 쭉 주어 역할**을 한다.

(3)절 : ① 주어가 없으므로 앞절의 주어였던 '我'가 그대로 주어가 된다.

真奇怪，我从来没来过丽江，(我)却对这里有一种很熟悉的感觉。

② **부사** '却'가 앞절과 뒷절이 의미상 **역접 관계**인 것을 암시한다. 즉, '丽江'에 와 본 적인 없는데 익숙한 느낌이 있으니 '却(오히려)'가 들어간 것이다. 만약 '却' 대신에 '就'가 들어간다면 의미상 맞지 않기 때문에 '就'를 쓰면 안 된다.

真奇怪，我从来没来过丽江，却对这里有一种很熟悉的感觉。
真奇怪，我从来没来过丽江，就对这里有一种很熟悉的感觉。

③ 부사(却) 대신 **접속사**를 써야 한다면 '而且'를 쓸까 '但是'를 쓸까? 당연히 '但是'를 써야 한다. 이처럼 **접속사(但是)**와 **부사(却)**는 앞절과 뒷절의 의미상 관계를 설정해 주는 역할을 하기 때문에 '접부'는 아무렇게나 써서는 안 되는 것이다.

真奇怪，我从来没来过丽江，但是对这里有一种很熟悉的感觉。
真奇怪，我从来没来过丽江，而且对这里有一种很熟悉的感觉。

④ **대명사** '这里'는 앞에 나온 '丽江'을 대신 받는다. 이처럼 대명사는 앞에 나온 구체적인 대상을 다시 언급할 때 대신해서 쓰는 품사이다. 따라서 **대명사(这里)**가 있다면 앞쪽에는 그 대명사가 무엇을 가리키는지(丽江) 분명히 언급되어야 한다. 문제를 풀 때 대명사를 보면 구체적으로 무엇을 가리키는지 앞부분에서 확인할 수 있어야 한다.

真奇怪，我从来没来过丽江，却对这里有一种很熟悉的感觉。

■ 접부 활용을 위한 심층 분석

접속사와 부사는 앞절과 뒷절 혹은 앞 문장과 뒷 문장의 논리적인 관계를 설정해 주는 역할을 한다.

문장 고르기 문제에서 이 **접속사의 고정 격식이 결정적인 힌트**가 될 때가 종종 있는데, 예를 들어 '酒后开车无论对自己还是对其他人，都是极其危险的。'(음주 운전은 자신에게든 타인에게든 모두 극히 위험하다.) 문장에서 '无论'과 '都'는 자주 짝꿍으로 함께 쓰기 때문에 앞절과 뒷절이 서로 잘 어울리는 관계이다. 이런 식으로 '无论'이 나오면 뒷절에는 '都'가 따라오고, '虽然'을 쓰면 뒤에 '但是'나 '却'가 따라오는 식의 특징을 활용하면 **4개 중 2개는 오답으로 제외**시킬 수 있게 된다.

아래에서는 **고정 격식을 이용한 오답 제거 및 정답 확정의 과정**을 살펴보자. 그리고 **상용 접속사 고정 격식 암기**를 통해 문장 고르기 풀이에 적극적으로 활용할 수 있도록 노력하자.

一只小狗问它的妈妈："妈妈，幸福在哪里？"狗妈妈回答说："幸福就在你的尾巴上。"于是小狗就每天追着它的尾巴跑，可是总也抓不着，它生气地跑去问妈妈："为什么我总是抓不住幸福呢？"狗妈妈笑着回答："只要你一直不停地往前走，__47__。

47． A 才不会感到疲劳　　　　B 才会抓住很多鱼
　　 C 就可以跑得越来越远　　D 幸福就会一直跟在你的后面

한 마리의 강아지가 엄마에게 물었다. "엄마, 행복은 어디 있어요?" 엄마개는 대답했다. "행복은 바로 네 꼬리 위에 있단다." 그래서 강아지는 매일 자신의 꼬리를 쫓아 달렸다. 그러나 늘 잡지 못했다. 강아지는 화를 내며 엄마에게 뛰어가 물었다. "왜 난 늘 행복을 잡지 못할까요?" 엄마는 웃으며 말했다. "네가 계속 멈추지 않고 앞으로 가기만 하면 행복은 곧 계속 너의 뒤를 따라다닐 거야."

7. A 비로소 피곤하게 느끼지 않을 거야　　B 곧 더 많은 물고기를 잡을 수 있을 거야
　 C 곧 더 멀리 뛰어갈 수 있어　　　　　　D 행복은 곧 계속 너의 뒤를 따라다닐 거야

> **풀이** [접속사 고정 격식 활용 과정] : 47번 앞절에는 '只要' 접속사가 쓰였기 때문에 뒷절(빈칸)에는 '就'가 있을 것이다. 왜냐하면 '只要 A, 就 B'는 '단지 A이기만 하면 곧 B하다'의 뜻으로 일종의 고정 격식이기 때문이다. '只要'는 '就'와 함께 쓴다는 것을 알게 되면 '才'가 들어간 A와 B는 정답에서 제외시킬 수 있고(참고로 '才' 앞절에는 '只有'가 와서 호응함), 남은 C와 D 중에서 의미를 고려하여 정답을 더 쉽게 고를 수 있게 된다.

■ 상용 접속사 고정 격식

아래 접속사들이 어떤 단어와 함께 짝지어 쓰이는지를 암기해야 한다. 가장 쉽고 정확한 예문으로 제시되었으므로 예문 해석을 통해서 의미적으로 이해한 후, 이어서 짝꿍을 암기하도록 하자.

고정 격식	예문
既 A 也/又/还 B A이면서 또한 B이기도 하다	他既没有车也没有房子。 그는 차도 없고 집도 없다.
只有 A 才 B 오직 A해야만 비로소 B하다	我们公司只有星期天才休息。 우리 회사는 오직 일요일에만 비로소 쉰다.
只要 A 就/便 B (단지) A하기만 하면 B이다	只要你开心，我就行了。 너만 즐거우면 나는 괜찮아.
即使/哪怕 A 也 B 설령 A일지라도 B이다	即使失败了，也没关系。 설령 실패한다 해도 괜찮아.
	哪怕会死，我也要去。 설령 죽는다 해도 나는 갈 거야.
虽然/尽管 A，但/然而/却 B 비록 A이지만, 하지만 B이다	尽管这次比赛失败了，但他并没有失望。 비록 이번 경기에서 실패했지만, 하지만 그는 결코 실망하지 않았다.
	虽然是冬天，却很温暖。 비록 겨울이지만 (오히려) 따뜻하다.

▶ 뒷절에 주어가 있을 경우 '但/然而'은 접속사이기 때문에 주어 앞에 오고, '却'는 부사이기 때문에 주어 뒤에 온다. 둘 다 함께 써도 되고 주어는 하나만 써도 된다.

如果/要是/假如 A， 那么 + (S) + 就/便/将/会 B 만약 A하면, 그러면 (S)는 B할 수 있다	要是再便宜一点儿就更好了。 만일 좀 더 싸면 더 좋겠어.
	如果你不好好吃饭，那么你就不会长高。 만일 밥을 잘 먹지 않으면 그러면 너는 키가 크지 않을 것이다.
	假如你们答应这个条件，我们就可以合作。 만일 당신들이 이 조건에 동의한다면 우리는 곧 합작을 할 수 있습니다.

▶ 주어(S)가 있을 경우 '那么'는 주어(S) 앞에, '就', '将', '会' 등은 주어(S) 뒤에 온다.

不管/无论 A，都 B A에 관계없이 모두 B하다	不管结果怎么样，我都会努力去做。 결과가 어떻든 나는 모두 열심히 할 것이다. 无论如何，我一定要参加这次比赛。 어찌됐든 나는 꼭 이번 시합에 참가할 것이다.

▶ '不管' 대신에 '无论', '不论' 등도 올 수 있고, '都' 대신 '总', '一定'이 올 수도 있다.

既然 A，(那/那么)就 B 기왕 A라면 (그러면) 곧 B이다	既然你决定了，那我就尊重你的选择。 기왕 네가 결정했으니 그러면 나는 네 선택을 존중할게.

▶ 뒷절에 주어가 있을 경우 '那'는 **접속사**이기 때문에 **주어 앞**에 오고, '就'는 **부사**이기 때문에 **주어 뒤**에 온다. 둘 다 함께 쓰거나 **하나만** 써도 된다.

不但/不仅 A，而且/也/还 B A일 뿐만 아니라 게다가 B이다	他不但会说英语，而且还会说汉语。 그는 영어를 할 수 있을 뿐만 아니라 중국어도 할 수 있다. 天气非常不好，不但下雨，还刮风。 날씨가 매우 좋지 않아, 비가 올 뿐 아니라 바람까지 분다.

▶ '雨不但没停，反而越下越大了。(비가 그치지 않았을 뿐만 아니라 오히려 갈수록 많이 내렸다.)'처럼, '不但/不仅' 뒤에 **부정부사(不/没/非)**가 올 경우, 뒷절에는 '**反而(오히려)**'과 호응할 수 있다.

호응 관계를 고려하여 빈칸에 들어갈 알맞은 단어를 고르세요.

也 | 就 | 假如 | 不仅 | 既然 | 才 | 都 | 却 | 尽管 | 就

1. 他＿＿＿很聪明，而且还很用功。

2. 他既没来过，＿＿＿没打过电话。

3. ＿＿＿我考不上研究生，我就去找工作。

4. 如果他是你真正的朋友，＿＿＿一定会帮助你的。

5. 话虽不多，道理＿＿＿很深刻。

6. ＿＿＿已经买了，就不必后悔了。

7. 只有在特殊情况下，＿＿＿能用这笔钱。

8. ＿＿＿他身体不好，但是仍然坚持工作。

9. 不管有多大困难，我＿＿＿要坚持下去。

10. 我只要打电话通知他，他＿＿＿把东西送来。

정답

1. **不仅** : 그는 똑똑할 뿐만 아니라 게다가 매우 열심히 한다.
2. **也** : 그는 온 적도 없고 전화도 한 적이 없다.
3. **假如** : 만일 대학원 시험에 합격하지 못하면 나는 바로 직장을 구할 거야.
4. **就** : 만일 그가 너의 진정한 친구라면, 그러면 틀림없이 너를 도와줄 거야.
5. **却** : 말은 비록 많지 않지만 도리는 오히려 매우 깊다.
6. **既然** : 기왕 이미 산 거 후회하지 마라.
7. **才** : 오직 특별한 상황에서만 비로소 이 돈을 쓸 수 있다.
8. **尽管** : 비록 그의 몸이 좋지 않지만 하지만 여전히 계속 일을 한다.
9. **都** : 얼마나 큰 어려움이 있든지 나는 모두 계속해 나가겠다.
10. **就** : 내가 전화해서 그에게 알려 주기만 하면 그는 바로 물건을 보내 준다.

■ 고급 접속사

고정 격식	예문
之所以A，是因为/是由于B A한 것은 B때문이다	他之所以成绩出色，是因为一直都很用功。 그가 성적이 뛰어난 것은 줄곧 열심히 공부했기 때문이다.
一旦A，就/便B 일단 A하기만 하면 B하다 (가정 관계)	他一旦下了决心，就会认真去做。 그는 일단 결심했다 하면 열심히 할 것이다.
幸亏A，不然/否则B 다행히 A했기에 망정이지 그렇지 않으면 B이다	幸亏你提醒我，不然我就吃亏了。 네가 나를 일깨워 줘서 망정이지 그렇지 않았으면 손해를 봤을 거다.
(与其)A，不如B A하느니 B만 못하다(둘 다 마음에 들지 않는 상황에서 그나마 나은 B를 선택한다)	与其在这儿继续等车，不如慢慢走回去。 여기서 계속 차를 기다리느니 천천히 걸어 돌아가는 게 낫겠다.
A~，何况B A(조차) ~한데 하물며 B야 더 말할 것도 없다	坐汽车都来不及，何况步行呢? 차를 타도 늦는데 하물며 걸어가서야.
除非A，否则/不然 + (S) + B (오직) A해야만 한다. 그렇지 않으면 B이다	除非现在出发，否则不能准时到达目的地。 오직 지금 출발해야만 한다. 그렇지 않으면 제시간에 목적지에 도착할 수 없다. → 지금 출발하지 않으면 제시간에 목적지에 도착할 수 없다.
除非 A, (S) + 才 + B(≒只有A才B) (오직) A해야만 비로소 B하다	除非他来，问题才能解决。 그가 와야만 문제가 해결될 수 있다.

출제 확률 비교적 낮음

확인 테스트

호응 관계를 고려하여 빈칸에 들어갈 알맞은 단어를 고르세요.

> 一旦 | 不然 | 不如

1. 与其说是鼓励，_____说是责备。

2. 幸亏你提醒了我，_____我就忘了。

3. 买了保险，_____发生意外事故，就可以获得补偿。

정답
1. 不如 : 격려라고 하기보다는 책망이라고 하는 게 낫다.
2. 不然 : 다행히 네가 일깨워 줬으니 망정이지, 그렇지 않았다면 나는 잊어버렸을 거야.
3. 一旦 : 보험에 가입하면, 일단 의외의 사고가 발생하면 곧 보상을 받을 수 있다.

전략 학습 3 : 5급 필수 어휘 우선 순위 685

독해 1부분 빈칸 채우기

〈독해 1부분〉 풀이에서 가장 중요한 것은 **A, B, C, D 제시어의 뜻**을 아는 것이고, 둘째는 **단어와 단어의 호응**, 즉 '호응구(搭配)'를 많이 외우는 것이고, 셋째는 각 제시어의 구체적인 용법과 문맥이나 주제를 고려하는 것입니다. 하지만 5급 필수 어휘는 1300개인데 이를 한꺼번에 외우기는 상당히 버거운 일입니다. 그래서 **1300개 중에서 가장 많이 빈출되는 685개**를 '동사-명사-형용사-기타' 순으로 정리했습니다. 이 685개는 반드시 외우도록 하세요.

단골 동사 142

1 安慰 ānwèi 위로하다

2 摆 bǎi 흔들다, 놓다(≒放)

3 保持 bǎochí 유지하다

4 保存 bǎocún 보존하다, 저장하다

5 包括 bāokuò 포함하다

6 保留 bǎoliú 보존하다, 간직하다, 보류하다
   꿀팁 주로 '보존하다' 혹은 '간직하다'로 해석한다.

7 抱怨 bàoyuàn 원망하다, 불평하다

8 把握 bǎwò 잡다, 파악하다
   꿀팁 명사로 '자신', '믿음'의 뜻이 있어 '有把握'는 '자신이 있다'의 뜻이 된다.

9 表达 biǎodá 표현하다

10 避免 bìmiǎn 피하다
   꿀팁 '避免' 뒤에는 주로 부정적인 것이 온다.

11 采访 cǎifǎng 취재하다, 인터뷰하다

12 采取 cǎiqǔ 취하다, 채택하다

13 插 chā 꽂다, 삽입하다

14 拆 chāi 헐다, 해체하다
   꿀팁 '打折(할인)'의 '折 zhé'와 혼동에 주의하자.

15 产生 chǎnshēng 생기다, 발생시키다, 발생하다
   꿀팁 '生产(생산하다)'과 혼동하지 말자.

16 称 chēng ~라고 부르다, 무게를 재다

17 承担 chéngdān 맡다, 책임지다

18 成立 chénglì (회사를) 세우다, 설립하다, (이론·주장 등이) 성립되다
   꿀팁 '성립하다'보다 주로 '조직이나 기구를 세우다'는 뜻으로 쓴다.

19 承认 chéngrèn 인정하다
   꿀팁 '승인하다'로 해석하지 않도록 주의하자.

20 承受 chéngshòu 받다, 감당하다

21 称赞 chēngzàn 칭찬하다

22 吃亏 chīkuī 손해 보다

23 冲 chōng 돌진하다, 물에 풀다, 물로 씻어 내다

24 充满 chōngmǎn ~으로 가득하다
   꿀팁 항상 목적어를 동반하며, 추상명사와 물질명사를 모두 목적어로 갖는다.(예 : 充满幸福)

25 创造 chuàngzào 창조하다, 만들다
   꿀팁 추상명사가 목적어로 오며, '创作(창작하다)'와 혼동하지 않도록 주의하자.

26 处理 chǔlǐ 처리하다

27 刺激 cìjī 자극하다
   꿀팁 '[형] 자극적이다', '[명] 자극'의 용법도 있다.

28 从事 cóngshì 종사하다
   꿀팁 '从事~活动(활동에 종사하다)'도 호응이 가능하다.

29 催 cuī 재촉하다

30 促进 cùjìn 촉진시키다

31 存在 cúnzài 존재하다

32 达到 dádào 도달하다, 이르다
   꿀팁 '达到'의 목적어는 반드시 추상명사가 오며, 장소 목적어로 오는 '到达'와 구별해야 한다.

33 挡 dǎng 막다, 가리다

34 打交道 dǎ jiāodào 교제하다, 왕래하다
   꿀팁 사물과 호응도 가능하다.(예 : 我是司机，必须和车打交道。나는 기사라서 반드시 차와 함께 해야 한다.)

35 呆 dāi 머물다 [형] 멍하다, 멍청하다

36 耽误 dānwu 일을 그르치다, 시기를 놓치다, 시간을 허비하다

37 到达 dàodá 도착하다
   꿀팁 '到达' 뒤에는 항상 장소가 목적어로 오며, 추상명사와 호응하는 '达到'와 구별해야 한다.

38 导致 dǎozhì 초래하다
   꿀팁 목적어는 항상 부정적인 것이 온다.

39 打听 dǎting 물어보다, 알아보다(≒调查/了解)

40 答应 dāying 동의하다, 허락하다, 응낙하다
   꿀팁 '대답하다'로 이해하지 말고 '동의하다'로 기억해야 하며, 동의어로는 '同意', '允许'가 있다.

41 等于 děngyú ~과 같다

42 度过 dùguò (시간을) 보내다

43 发挥 fāhuī 발휘하다

44 翻 fān 뒤집다, 뒤지다, 넘어가다

45 妨碍 fáng'ài 방해하다

46 分析 fēnxī 분석하다

47 盖 gài 덮다 [명] 뚜껑, 덮개

48 改进 gǎijìn 개선하다
   꿀팁 과거의 것을 바꾸어 한 단계 더 진보하게 만든다.

49 改善 gǎishàn 개선하다
   꿀팁 원래의 상황을 바꾸어 더 완벽하게 만든다.

50 改正 gǎizhèng 고치다, 개정하다

51 感受 gǎnshòu 느끼다, (영향 등을) 받다 [명] 느낌, 인상

52 沟通 gōutōng 소통하다

53 观察 guānchá 관찰하다

54 滚 gǔn 구르다, 저리 가, 꺼져(질책의 의미 내포)

55 怀念 huáiniàn 그리워하다(≒想念)

56 缓解 huǎnjiě 완화시키다

57 恢复 huīfù 회복하다

58 灰心 huīxīn 낙담하다, 실망하다

59 忽视 hūshì 소홀히하다

60 捡 jiǎn 줍다, 고르다

61 讲究 jiǎngjiū 중요시하다, 따지다
   꿀팁 '강구하다'라고 해석하지 않도록 하자.

62 建立 jiànlì 세우다, 맺다, 만들다
   꿀팁 목적어로는 주로 '추상명사'가 온다.

63 接待 jiēdài 접대하다

64 节省 jiéshěng 아끼다, 절약하다(≒节约 ↔ 浪费)

65 具备 jùbèi 구비하다, 갖추다

66 砍 kǎn (도끼 등으로) 찍다, 패다
67 控制 kòngzhì 통제하다, 제어하다
68 克服 kèfú 극복하다
69 可见 kějiàn ~임을 알 수 있다
    꿀팁 주로 끝부분에서 결론을 나타낸다.
70 看不起 kànbuqǐ 깔보다(=瞧不起)
71 夸 kuā 칭찬하다
    꿀팁 '吃亏 chīkuī'는 '손해 보다'는 뜻이다.
72 拦 lán 막다
73 连续 liánxù 연속하다
74 流传 liúchuán 대대로 전해 오다
    꿀팁 부모님으로부터 '유전하다'는 '遗传 yíchuán'을 쓴다.
75 录取 lùqǔ 뽑다, 합격시키다
    꿀팁 '녹취하다'로는 거의 쓰지 않는다.
76 满足 mǎnzú 만족하다, 만족시키다
    꿀팁 '满意'는 '要求'를 목적어로 취할 수 없다.
77 面对 miànduì 직면하다, 대면하다, 직시하다, 맞서다
78 面临 miànlín 직면하다
79 模仿 mófǎng 모방하다
80 拍 pāi 치다
81 派 pài 파견하다
82 配合 pèihé 협조하다, 협력하다, 호흡을 맞추다
    꿀팁 '배합하다'는 뜻도 있지만 거의 쓰지 않는다.
83 培训 péixùn 양성하다, 훈련시키다
84 培养 péiyǎng 기르다, 배양하다
    꿀팁 주로 '기르다'로 해석하는 게 좋다.
85 碰 pèng 우연히 만나다, 부딪히다

86 强调 qiángdiào 강조하다
87 请求 qǐngqiú 부탁하다, 요청하다
88 劝 quàn 권하다
89 缺乏 quēfá 부족하다
90 忍不住 rěnbúzhù 참지 못하다
91 晒 shài 햇볕을 쬐다, 햇볕에 말리다
92 删除 shānchú 삭제하다
93 上当 shàngdàng 속다
94 善于 shànyú ~에 뛰어나다, ~을 잘하다
    꿀팁 반드시 목적어를 취하며 주로 '동목구'를 목적어로 취한다.
95 舍不得 shěbude 아까워하다, 아쉬워하다
96 失去 shīqù 잃다
97 实现 shíxiàn 실현하다, 이루다
98 收获 shōuhuò 수확하다
    꿀팁 [명] 수확, 소득 : '수확'의 뜻일 때 꼭 농작물의 수확만을 의미하는 것이 아니라 '경험', '깨달음', '지식' 등 추상적인 것도 포함한다.
99 说服 shuōfú 설득하다
100 属于 shǔyú ~에 속하다, ~의 것이다
101 思考 sīkǎo 사고하다, 생각하다
102 锁 suǒ 자물쇠를 잠그다, 채우다 [명] 자물쇠
103 逃 táo 도망치다
    꿀팁 한자에 주의하자. '桃 táo'는 '복숭아'이다.
104 逃避 táobì 도피하다
105 疼爱 téng'ài 매우 귀여워하다, 매우 사랑하다
    꿀팁 '아프다'라고 해석하지 말자.
106 挑战 tiǎozhàn 도전하다

107 **体会** tǐhuì 경험하여 알다, 깨닫다, 이해하다
　　꿀팁 '체험하다'로 해석하지 않도록 주의하자!

108 **体现** tǐxiàn 구현하다, 체현하다

109 **突出** tūchū 부각시키다 [형] 뛰어나다

110 **推荐** tuījiàn 추천하다

111 **位于** wèiyú ~에 위치하다

112 **闻** wén 듣다, 냄새를 맡다
　　꿀팁 '듣다'뿐만 아니라 '냄새를 맡다'는 뜻도 있다.

113 **稳定** wěndìng 안정시키다 [형] 안정적이다

114 **显得** xiǎnde ~하게 보이다

115 **相处** xiāngchǔ 함께 지내다, 알고 지내다

116 **想念** xiǎngniàn 그리워하다

117 **消失** xiāoshī 사라지다
　　꿀팁 주로 'A 消失了'로 쓰이며 '消失了A'는 잘 쓰지 않는다.

118 **歇** xiē 쉬다(=休息)

119 **欣赏** xīnshǎng 감상하다, 좋아하다
　　꿀팁 '欣赏 + 사람'은 '감상하다'가 아니라 '좋아하다'는 뜻이다.

120 **吸取** xīqǔ 흡수하다, 얻다

121 **吸收** xīshōu 흡수하다

122 **寻找** xúnzhǎo 찾다

123 **摇** yáo 흔들다

124 **应用** yìngyòng 응용하다, 이용하다

125 **运用** yùnyòng 운용하다, 활용하다

126 **在乎** zàihu 신경 쓰다
　　꿀팁 주로 부정형 '不在乎'로 쓴다.

127 **赞成** zànchéng 찬성하다

128 **造成** zàochéng 초래하다
　　꿀팁 '조성하다'는 뜻도 있지만 주로 '초래하다'는 뜻으로 쓰여 부정적인 단어가 목적어로 온다.

129 **摘** zhāi (식물의 꽃·열매·잎을) 꺾다, 따다

130 **占** zhàn 차지하다, 점하다

131 **掌握** zhǎngwò 장악하다, 마스터하다, 주관하다

132 **针对** zhēnduì 겨냥하다, 조준하다

133 **睁** zhēng 눈을 크게 뜨다

134 **挣** zhèng 노력하여 돈을 벌다(≒赚 zhuàn)
　　비교 睁 zhēng 눈을 크게 뜨다

135 **征求** zhēngqiú (의견 등을) 구하다

136 **争取** zhēngqǔ 쟁취하다, ~하려고 노력하다
　　꿀팁 뒤에 동사가 올 때는 '~하려고 노력하다'의 뜻이다.

137 **珍惜** zhēnxī 소중히 여기다

138 **抓** zhuā 잡다

139 **装** zhuāng 싣다, 담다, ~인 체하다

140 **撞** zhuàng 충돌하다, 부딪히다

141 **追求** zhuīqiú 추구하다

142 **作为** zuòwéi ~로 삼다, ~로 여기다, ~로서

단골 명사 311

1 爱心 àixīn 사랑하는 마음
2 傍晚 bàngwǎn 저녁 무렵
3 包裹 bāoguǒ 소포, 보따리
4 背 bèi (신체) 등
5 背景 bèijǐng 배경
6 本领 běnlǐng 능력, 재주(≒能力)
7 本质 běnzhì 본질
8 鞭炮 biānpào 폭죽
9 表面 biǎomiàn 표면
10 表情 biǎoqíng 표정
11 标志 biāozhì 표지, 상징, 트레이드 마크
12 比例 bǐlì 비율, 비중
13 博物馆 bówùguǎn 박물관
14 步骤 bùzhòu 절차, 순서
15 财产 cáichǎn 재산
16 差距 chājù 차이
17 常识 chángshí 상식
18 产品 chǎnpǐn 제품
19 叉子 chāzi 포크
20 程度 chéngdù 정도
21 成分 chéngfèn 성분
22 成果 chéngguǒ 성과
23 成就 chéngjiù 성취, 업적 [동] 이루다, 성취하다
24 程序 chéngxù 순서, 절차, (컴퓨터) 프로그램

25 成语 chéngyǔ 성어
26 翅膀 chìbǎng 날개
27 宠物 chǒngwù 애완동물
28 抽屉 chōuti 서랍
29 传说 chuánshuō 전설
30 传统 chuántǒng 전통 [형] 전통적이다
31 出口 chūkǒu 수출, 출구
32 词汇 cíhuì 어휘
33 从前 cóngqián 종전, 옛날
34 措施 cuòshī 조치
35 代表 dàibiǎo 대표(자) [동] 대표하다
36 待遇 dàiyù 대우
37 当地 dāngdì 현지
38 单位 dānwèi 회사, 부서, 단위
39 胆小鬼 dǎnxiǎoguǐ 겁쟁이
40 道德 dàodé 도덕
41 道理 dàolǐ 도리, 이치
42 岛屿 dǎoyǔ 섬
43 大厦 dàshà 빌딩
44 地理 dìlǐ 지리
45 地区 dìqū 지역
46 敌人 dírén 적
47 地毯 dìtǎn 양탄자, 카펫
48 地位 dìwèi 지위

49	地震 dìzhèn 지진
50	洞 dòng 구멍
51	对方 duìfāng 상대방
52	对手 duìshǒu 적수, 라이벌
53	对象 duìxiàng 대상, 배우자
54	方式 fāngshì 방식
55	范围 fànwéi 범위
56	废话 fèihuà 쓸데없는 말
57	肥皂 féizào 비누
58	风格 fēnggé 풍격, 스타일
59	风景 fēngjǐng 풍경
60	风俗 fēngsú 풍속
61	风险 fēngxiǎn 위험, 리스크
62	妇女 fùnǚ 부녀자
63	改革 gǎigé 개혁
64	概念 gàiniàn 개념
65	感受 gǎnshòu 느낌, 인상 [동] 느끼다
66	感想 gǎnxiǎng 감상, 느낌, 소감
67	隔壁 gébì 옆집

꿀팁 '이웃'이라는 뜻도 있지만 거의 대부분 '옆집'의 뜻으로 쓴다. '이웃'은 '邻居'로 나타낸다.

68	个人 gèrén 개인
69	个性 gèxìng 개성
70	工具 gōngjù 공구, 도구, 수단
71	功能 gōngnéng 기능
72	公寓 gōngyù 아파트
73	公元 gōngyuán 기원
74	拐弯 guǎiwān 모퉁이, 커브를 돌다
75	观点 guāndiǎn 관점
76	广场 guǎngchǎng 광장
77	光盘 guāngpán 시디, CD
78	冠军 guànjūn 챔피언, 우승자
79	观念 guānniàn 관념
80	古代 gǔdài 고대
81	古典 gǔdiǎn 고전
82	姑姑 gūgu 고모
83	规矩 guīju 규정, 규율 [형] 단정하고 모범적이다
84	规律 guīlǜ 법칙, 규칙 [형] 규칙적이다

꿀팁 '규율'이라고 해석하지 않는다. '规律'는 사람이 정해 놓은 '규정'이나 '규율'이 아니라 사물이 변화 발전하는 자연스러운 '법칙'을 의미한다.

85	规模 guīmó 규모
86	柜台 guìtái 계산대, 카운터, 진열대
87	规则 guīzé 규칙, 법규
88	姑娘 gūniang 아가씨
89	锅 guō 솥, 냄비
90	国庆节 guóqìngjié 국경절(10월 1일)

꿀팁 '十一'라고도 한다.

91	果实 guǒshí 과실
92	股票 gǔpiào 주식
93	骨头 gǔtou 뼈
94	海关 hǎiguān 세관
95	海鲜 hǎixiān 해산물

#	단어	병음	뜻
96	行业	hángyè	업종, 업계
97	和平	hépíng	평화
98	合同	hétong	계약서
99	核心	héxīn	핵심
100	后果	hòuguǒ	후과, 나쁜 결과
101	猴子	hóuzi	원숭이
102	壶	hú	주전자
103	黄金	huángjīn	황금
104	幻想	huànxiǎng	환상, 상상
105	话题	huàtí	화제
106	蝴蝶	húdié	나비
107	灰尘	huīchén	먼지
108	婚礼	hūnlǐ	결혼식
109	婚姻	hūnyīn	혼인
110	伙伴	huǒbàn	파트너, 친구, 동료
111	火柴	huǒchái	성냥
112	胡同	hútòng	골목
113	肩膀	jiānbǎng	어깨
114	剪刀	jiǎndāo	가위
115	简历	jiǎnlì	이력서, 약력
116	兼职	jiānzhí	겸직
117	建筑	jiànzhù	건축(물)
118	角度	jiǎodù	각도, 시각
119	教练	jiàoliàn	감독, 코치
120	胶水	jiāoshuǐ	풀(접착제)
121	教训	jiàoxùn	교훈 [동] 타이르다
122	家务	jiāwù	집안일(≒家务活儿)
123	家乡	jiāxiāng	고향
124	价值	jiàzhí	가치
125	阶段	jiēduàn	단계
126	结构	jiégòu	구조
127	借口	jièkǒu	핑계, 구실
128	结论	jiélùn	결론
129	戒指	jièzhi	반지
130	纪录	jìlù	기록
131	经典	jīngdiǎn	경전
132	精力	jīnglì	힘, 에너지
133	精神	jīngshen	힘, 활력, 생기, 정신
134	进口	jìnkǒu	수입
135	肌肉	jīròu	근육
136	集体	jítǐ	집체, 단체
137	决赛	juésài	결승전
138	角色	juésè	역할, 배역
139	决心	juéxīn	결심, 결심하다
140	俱乐部	jùlèbù	클럽, 구락부, 동호회
141	课程	kèchéng	교육 과정, 교과목
142	空间	kōngjiān	공간
143	空闲	kòngxián	여가, 짬, 틈
144	老百姓	lǎobǎixìng	서민
145	老板	lǎobǎn	사장
146	老婆	lǎopo	아내
147	老鼠	lǎoshǔ	쥐

148 类型 lèixíng 유형

149 梨 lí (과일) 배

150 粮食 liángshi 식량, 양식

151 力量 lìliàng 힘, 역량, 능력

152 理论 lǐlùn 이론
   비교 利润 lìrùn 이윤

153 领导 lǐngdǎo 지도자, 지도하다

154 零件 língjiàn 부속품, 부품

155 领域 lǐngyù 영역, 분야

156 利润 lìrùn 이윤

157 利益 lìyì 이익

158 理由 lǐyóu 이유

159 逻辑 luójì 논리

160 毛病 máobìng (사람의) 흠, 단점, 나쁜 버릇, 병, (기계 등의) 고장

161 矛盾 máodùn 모순, 갈등 [형] 모순적이다

162 魅力 mèilì 매력

163 媒体 méitǐ 대중 매체, 매스 미디어

164 梦想 mèngxiǎng 꿈, 몽상, 이상

165 面积 miànjī 면적

166 秘密 mìmì 비밀

167 命令 mìnglìng 명령

168 名牌 míngpái 유명 상표

169 名片 míngpiàn 명함

170 命运 mìngyùn 운명

171 目标 mùbiāo 목표

172 目前 mùqián 현재, 지금

173 能源 néngyuán 에너지

174 年纪 niánjì 나이, 연령

175 频道 píndào 채널

176 枪 qiāng 총

177 墙 qiáng 벽

178 前途 qiántú 전도, 앞길

179 启发 qǐfā 일깨움, 깨달음

180 气氛 qìfēn 분위기

181 奇迹 qíjì 기적

182 期间 qījiān 기간

183 情景 qíngjǐng 광경, 장면

184 请求 qǐngqiú 부탁, 요청 [동] 부탁하다

185 情绪 qíngxù 정서, 마음

186 球迷 qiúmí 축구 팬

187 权利 quánlì 권리

188 权力 quánlì 권력

189 趋势 qūshì 추세

190 人才 réncái 인재

191 人口 rénkǒu 인구

192 人生 rénshēng 인생

193 任务 rènwù 임무

194 日程 rìchéng 일정

195 日期 rìqī 날짜, 기일

196 日子 rìzi 날, 나날, 생활

197 色彩 sècǎi 색채, 색깔

198 沙漠 shāmò 사막

199 沙滩 shātān 백사장

200 蛇 shé 뱀

201 设备 shèbèi 설비

202 身材 shēncái 몸매

203 身份 shēnfèn 신분

204 绳子 shéngzi 새끼, 밧줄

205 设施 shèshī 시설

206 时代 shídài 시대, 시절

207 实话 shíhuà 솔직한 말

208 时刻 shíkè 때, 시각 [부] 자주, 항상, 시시때때로

209 时期 shíqī 시기

210 时尚 shíshàng (시대적) 유행

211 事实 shìshí 사실

212 食物 shíwù (사람의) 음식(물), (동물의) 먹이

213 事物 shìwù 사물

214 手工 shǒugōng 수공

215 收获 shōuhuò 수확

216 寿命 shòumìng 수명

217 手续 shǒuxù 수속

218 双方 shuāngfāng 쌍방

219 数据 shùjù 데이터

220 数码 shùmǎ 디지털

221 梳子 shūzi 빗

222 丝绸 sīchóu 비단, 실크

223 思想 sīxiǎng 사상, 생각

224 损失 sǔnshī 손실

225 桃 táo 복숭아
꿀팁 逃 táo 도망치다 | 挑 tiāo 고르다, 선택하다

226 特色 tèsè 특색

227 特征 tèzhēng 특징

228 天空 tiānkōng 하늘

229 挑战 tiǎozhàn 도전

230 兔子 tùzi 토끼

231 网络 wǎngluò 인터넷, 네트워크

232 玩具 wánjù 완구, 장난감

233 尾巴 wěiba 꼬리

234 危害 wēihài 위해, 해로움

235 围巾 wéijīn 목도리

236 胃口 wèikǒu 식욕, 입맛

237 未来 wèilái 미래
꿀팁 먼 미래뿐만 아니라 하루나 이틀 등 가까운 미래도 포함한다.

238 微笑 wēixiào 미소 [동] 미소 짓다

239 位置 wèizhi 위치

240 文明 wénmíng 문명 [형] 교양 있다

241 物质 wùzhì 물질

242 屋子 wūzi 방
비교 '房子'는 '집'을 뜻한다.

243 现代 xiàndài 현대

244 香肠 xiāngcháng 소시지

245 项链 xiàngliàn 목걸이

246 项目 xiàngmù 사업, 프로젝트, (운동) 종목, 항목

247 象棋 xiàngqí 장기
248 现实 xiànshí 현실
249 现象 xiànxiàng 현상
250 限制 xiànzhì 제한, 한계
251 效率 xiàolǜ 효율
252 细节 xìjié 세부 내용, 사소한 일
253 形式 xíngshì 형식
254 形势 xíngshì 형세
255 行为 xíngwéi 행위
256 形象 xíngxiàng 이미지, 캐릭터 [형] 형상적이다
257 幸运 xìngyùn 행운 [형] 운이 좋다
258 形状 xíngzhuàng 형상, 겉모습
259 信号 xìnhào 신호
260 心理 xīnlǐ 심리
261 心脏 xīnzàng 심장
262 系统 xìtǒng 체계, 시스템, 계통 [형] 체계적이다
263 学历 xuélì 학력
264 学问 xuéwen 학문, 학식
265 牙齿 yáchǐ 치아, 이빨
266 样式 yàngshì 양식, 스타일
267 腰 yāo 허리
268 业务 yèwù 업무
269 一辈子 yíbèizi 한평생
270 以来 yǐlái 이래, 동안
271 营养 yíngyǎng 영양
272 影子 yǐngzi 그림자, (비치는) 모습

273 因素 yīnsù 요소
274 意外 yìwài 의외의 사고 [형] 의외의
275 疑问 yíwèn 의문
276 义务 yìwù 의무
277 意义 yìyì 의의, 의미
278 勇气 yǒngqì 용기
279 用途 yòngtú 용도
280 优势 yōushì 우세, 강점
281 员工 yuángōng 직원
282 愿望 yuànwàng 희망, 소원, 바람
283 原则 yuánzé 원칙
284 娱乐 yúlè 오락
285 运气 yùnqi 운
286 语气 yǔqì 어투, 말투
287 灾害 zāihài 재해
288 长辈 zhǎngbèi 어른, 손윗사람
289 整个 zhěnggè 전체, 전~
290 证据 zhèngjù 증거
291 整体 zhěngtǐ 전체
292 哲学 zhéxué 철학
293 制度 zhìdù 제도
294 秩序 zhìxù 질서
295 志愿者 zhìyuànzhě 자원봉사자
296 执照 zhízhào 허가증
297 种类 zhǒnglèi 종류
298 状况 zhuàngkuàng 상황

299 状态 zhuàngtài 상태

300 装修 zhuāngxiū 인테리어

301 专家 zhuānjiā 전문가

302 竹子 zhúzi 대나무

303 资格 zīgé 자격

304 资金 zījīn 자금

305 资料 zīliào 자료

306 字幕 zìmù 자막

307 姿势 zīshì 자세, 포즈

308 自由 zìyóu 자유 [형] 자유롭다

309 资源 zīyuán 자원

310 总统 zǒngtǒng 대통령

311 作品 zuòpǐn 작품

단골 형용사 161

1 暗 àn 어둡다

2 薄 báo 얇다

3 宝贵 bǎoguì 귀중하다, 소중하다

4 悲观 bēiguān 비관적이다

5 不耐烦 búnàifán 귀찮아하다, 성가시다

6 不要紧 búyàojǐn 괜찮다, 심각하지 않다
   꿀팁 '긴장하지 마'로 해석하지 않도록 주의하자.

7 不足 bùzú 부족하다

8 惭愧 cánkuì (자신의 잘못이나 능력 부족으로) 부끄럽다

9 吵 chǎo 시끄럽다

10 潮湿 cháoshī 습하다

11 彻底 chèdǐ 철저하다

12 诚恳 chéngkěn 진실하고 간절하다

13 成熟 chéngshú 성숙하다, (열매 등이) 익다, (기술, 시장 등이) 성숙하다, 무르익다

14 充分 chōngfèn 충분하다

15 重复 chóngfù 중복되다 [동] 되풀이하다

16 丑 chǒu 추하다, 못생기다

17 臭 chòu (냄새가) 지독하다, 역겹다

18 出色 chūsè 매우 뛰어나다

19 匆忙 cōngmáng 몹시 바쁘다

20 大方 dàfang 인색하지 않다, (언행이) 시원시원하다, (옷차림이) 고상하다, 점잖다

21 淡 dàn 엷다, 연하다

22 单纯 dānchún 단순하다

23 单调 dāndiào 단조롭다

24 倒霉 dǎoméi 운이 없다

25 地道 dìdao 정통의, 오리지널의

26 逗 dòu 웃기다 [동] 놀리다, 자아내다

27 多余 duōyú 여분의, 쓸데없는, 불필요한

28 独特 dútè 독특하다

29 恶劣 èliè 열악하다, 아주 나쁘다

30 发达 fādá 발달하다

31 繁荣 fánróng 번영하다 [동] 번영시키다

32 干脆 gāncuì 시원스럽다 [부] 아예, 차라리

33 公平 gōngpíng 공평하다

34 乖 guāi 착하다, 얌전하다, 말을 잘 듣다

35 广大 guǎngdà (사람이) 많다, (면적이) 광대하다, 넓다
   [비교] 扩大 kuòdà 확대하다

36 广泛 guǎngfàn 광범(위)하다

37 光滑 guānghuá (물체의 표면이) 매끌매끌하다, 반들반들하다

38 固定 gùdìng 고정되다 [동] 고정시키다

39 过敏 guòmǐn 과민하다, 예민하다 [동] 알레르기 반응을 보이다

40 豪华 háohuá 호화롭다

41 好客 hàokè 손님 접대를 좋아하다

42 合理 hélǐ 합리적이다

43 滑 huá 미끄럽다 [동] 미끄러지다

44 慌张 huāngzhāng 당황하다, 허둥대다

45 活跃 huóyuè 활기차다, 활동적이다 [동] 활기차게 하다

46 糊涂 hútu 어리석다, 멍청하다, 애매하다

47 艰巨 jiānjù 어렵고 힘들다, 막중하다

48 坚决 jiānjué (태도·행동 등이) 단호하다, 결연하다

49 艰苦 jiānkǔ (생활이) 어렵고 고달프다

50 坚强 jiānqiáng 굳세다, 꿋꿋하다

51 狡猾 jiǎohuá 교활하다

52 结实 jiēshi (사물이) 견실하다, (사람이) 튼튼하다, 건강하다

53 激烈 jīliè 치열하다

54 寂寞 jìmò 적적하다, 외롭다

55 经典 jīngdiǎn 전형적이고 영향력이 크다 [명] 권위 있는 저작

56 紧急 jǐnjí 긴급하다

57 谨慎 jǐnshèn 신중하다

58 巨大 jùdà 거대하다
   [꿀팁] 물질명사뿐만 아니라 추상명사(变化, 压力, 影响, 贡献)도 수식 가능하다.

59 均匀 jūnyún 균등하다, 고르다

60 具体 jùtǐ 구체적이다

61 开放 kāifàng 개방적이다 [동] 개방하다

62 客观 kèguān 객관적이다

63 可靠 kěkào 믿을 만하다, 믿음직스럽다

64 刻苦 kèkǔ 몹시 애를 쓰다

65 可怕 kěpà 두렵다, 무섭다

66 宽 kuān 넓다

67 烂 làn 흐물흐물하다, 썩다

68 老实 lǎoshi 성실하다, 솔직하다, 얌전하다

69 乐观 lèguān 긍정적이다, 낙관적이다

70 冷淡 lěngdàn 냉담하다, 쌀쌀하다, 차갑다

71 亮 liàng 밝다, 소리가 크고 맑다

72 良好 liánghǎo 양호하다, 좋다

#	단어	#	단어
73	了不起 liǎobuqǐ 대단하다	99	全面 quánmiàn 전면적이다
74	灵活 línghuó 민첩하다, 융통성 있다	100	热烈 rèliè 열렬하다
75	落后 luòhòu 낙후되다, 뒤처지다	101	软弱 ruǎnruò 연약하다
76	矛盾 máodùn 모순되다 [명] 갈등	102	傻 shǎ 어리석다, 멍청하다
77	苗条 miáotiao 날씬하다	103	善良 shànliáng 선량하다, 착하다
78	敏感 mǐngǎn 민감하다	104	生动 shēngdòng 생동적이다
79	明确 míngquè 명확하다 [동] 명확하게 하다	105	深刻 shēnkè (인상이) 깊다
80	明显 míngxiǎn 분명하다	106	神秘 shénmì 신비롭다
81	密切 mìqiè 밀접하다	107	时髦 shímáo 세련되다, 현대적이다, 유행이다
82	模糊 móhu 모호하다, 희미하다, 흐릿하다	108	湿润 shīrùn 습윤하다, 축축하다
83	陌生 mòshēng 낯설다	109	实用 shíyòng 실용적이다
84	嫩 nèn 부드럽다, 여리다	110	熟练 shúliàn 숙련되어 있다, 능숙하다
85	能干 nénggàn 능력 있다	111	舒适 shūshì 편안하다, 쾌적하다
86	浓 nóng 진하다	112	烫 tàng 뜨겁다 [동] 화상을 입다
87	片面 piànmiàn 단편적이다, 일방적이다, 편협하다	113	坦率 tǎnshuài 솔직하다
88	疲劳 píláo 피로하다	114	淘气 táoqì 장난이 심하다
89	平衡 pínghéng 균형이 맞다, 균형 잡히다	115	特殊 tèshū 특수하다
90	平静 píngjìng 조용하다, 고요하다, 평온하다	116	天真 tiānzhēn 천진하다
91	迫切 pòqiè 절박하다, 절실하다	117	调皮 tiáopí 장난이 심하다, 짓궂다(≒淘气)
92	浅 qiǎn 얕다	118	痛苦 tòngkǔ 고통스럽다
93	强烈 qiángliè 강렬하다	119	痛快 tòngkuài 통쾌하다, 시원시원하다
94	谦虚 qiānxū 겸허하다, 겸손하다	120	透明 tòumíng 투명하다
95	巧妙 qiǎomiào 절묘하다	121	投入 tóurù 몰입하다, 몰두하다 [동] 투입하다
96	勤奋 qínfèn 근면하다	122	突出 tūchū 뛰어나다, 두드러지다 [동] 부각시키다
97	清淡 qīngdàn 담백하다, 진하지 않다	123	歪 wāi 비뚤다, 옳지 않다
98	亲切 qīnqiè 친절하다, 친근하다, 다정하다	124	完美 wánměi 완벽하다

125 完善 wánshàn 완벽하다 [동] 완벽하게 하다

126 完整 wánzhěng 온전하다

127 伟大 wěidà 위대하다

128 委屈 wěiqu 억울하다 [동] 억울하게 하다

129 稳定 wěndìng 안정적이다 [동] 안정시키다

130 文明 wénmíng 문명적이다 [명] 문명

131 温暖 wēnnuǎn 따뜻하다

132 温柔 wēnróu 온유하다, 부드럽고 상냥하다

133 相当 xiāngdāng 비슷하다, 상당하다 [부] 상당히, 꽤

134 相似 xiāngsì 비슷하다

135 鲜艳 xiānyàn 화려하다, 선명하고 아름답다

136 消极 xiāojí 소극적이다, 부정적이다

137 小气 xiǎoqi 인색하다, 속이 좁다

138 孝顺 xiàoshùn 효성스럽다 [동] 효도하다

139 斜 xié 비스듬하다, 기울다

140 痒 yǎng 가렵다, ~하고 싶어 못 견디다, 근질근질하다

141 严肃 yánsù 엄숙하다

142 硬 yìng 딱딱하다, 단단하다, 강경하다

143 意外 yìwài 의외의 [명] 의외의 사고

144 一致 yízhì 일치하다

145 用功 yònggōng 열심이다, 공부에 힘쓰다

146 拥挤 yōngjǐ 붐비다, 혼잡하다

147 悠久 yōujiǔ 유구하다

148 有利 yǒulì 유리하다, 유익하다, 이롭다

149 优美 yōuměi 아름답다, 우아하고 아름답다

150 犹豫 yóuyù 주저하다, 망설이다

151 圆 yuán 둥글다

152 晕 yūn 어지럽다 [동] 기절하다

153 糟糕 zāogāo 형편없다, 나쁘다 [감탄사] 아뿔싸

154 窄 zhǎi (장소가) 좁다, (마음이) 좁다

155 整齐 zhěngqí 가지런하다, 고르다, 정연하다

156 周到 zhōudào 주도 면밀하다

157 专心 zhuānxīn 전심전력하다, 몰두하다, 전념하다

158 主观 zhǔguān 주관적이다

159 自豪 zìháo 긍지를 느끼다, 자랑스럽게 생각하다

160 自觉 zìjué 자발적이다 [동] 자각하다

161 自私 zìsī 이기적이다

기타 73 (부사, 양사, 개사, 접속사)

① 부사

1. **毕竟** bìjìng 결국은, 어쨌든
   > 꿀팁 '필경'이라고 해석하지 않도록 주의하자.

2. **便** biàn 곧, 바로(≒就)

3. **尽快** jǐnkuài 되도록 빨리, 가능한 한 빨리

4. **尽量** jǐnliàng 최대한, 가능한 한

5. **不断** búduàn 끊임없이, 계속해서

6. **的确** díquè 정말로, 확실히

7. **或许** huòxǔ 어쩌면, 아마도(=也许)

8. **反而** fǎn'ér 오히려

9. **反正** fǎnzhèng 어쨌든

10. **陆续** lùxù 잇따라

11. **纷纷** fēnfēn 잇따라 [형] (말·눈·비·꽃·낙엽등이) 분분하다, 어지럽게 날리다
    > 비교 '纷纷'은 형용사이기도 하기 때문에 '议论纷纷'이라고 표현할 수 있지만 '议论陆续'라고는 표현할 수 없다.

12. **格外** géwài 유달리, 매우
    > 비교 相当 상당히 | 极其 극히

13. **极其** jíqí 극히

14. **一再** yízài 수차, 거듭해서(≒再三)

15. **何必** hébì 하필, 구태여(~할 필요가 있겠는가)

16. **何况** hékuàng 하물며 (~은 더 말할 나위가 없다)

17. **简直** jiǎnzhí 그야말로(과장의 어기)

18. **居然** jūrán 뜻밖에(≒竟然)

19. **忽然** hūrán 갑자기, 홀연히

20. **果然** guǒrán 과연, 예상한 대로

21. **依然** yīrán 여전히(≒仍然)

22. **难怪** nánguài 어쩐지(≒怪不得)

23. **绝对** juéduì 절대로

24. **立即** lìjí 즉각, 바로

25. **立刻** lìkè 즉각, 바로

26. **连忙** liánmáng 황급히, 서둘러

27. **悄悄** qiāoqiāo 은밀히, 살며시

28. **亲自** qīnzì 직접

29. **是否** shìfǒu ~인지 아닌지(≒是不是)

30. **似乎** sìhū 마치 (~인 것 같다)(≒好像/仿佛)

31. **仿佛** fǎngfú 마치 (~인 것 같다)(≒好像/似乎)
    [동] 비슷하다

32. **万一** wànyī 만일 (~한다면)

33. **未必** wèibì 반드시 ~인 것은 아니다(≒不一定/不见得)

34. **幸亏** xìngkuī 다행히

35. **一旦** yídàn 일단 ~한다면
    > 꿀팁 '一旦'을 쓰면 뒷절에는 일반적으로 '就'가 따라온다.

36. **再三** zàisān 재삼, 여러 번(≒一再)

37. **逐步** zhúbù 점차, 한 걸음 한 걸음

38. **逐渐** zhújiàn 점점, 점차
    > 비교 '逐步'는 단계별로 계획적으로 변하는 것에 초점이 있고, '逐渐'은 서서히 자연스럽게 변하는 것에 초점이 있다.

39. **总算** zǒngsuàn 마침내(=终于)

40. **怪不得** guàibude 어쩐지(≒难怪)

41 说不定 shuōbúdìng 아마(≠不一定 : 반드시 ~인 것은 아니다)

42 从此 cóngcǐ 이때부터

② 양사

43 堆 duī 물건의 무더기 [동] 쌓다

44 吨 dūn 톤(1000kg)

45 幅 fú 폭(그림을 세는 단위)

46 根 gēn 가늘고 긴 것을 세는 단위 [명] 뿌리

47 届 jiè 정기적인 회의나 운동회

48 颗 kē 둥글고 작은 알맹이 모양과 같은 것을 세는 단위
꿀팁 '一颗快乐的心(즐거운 마음)', '一颗童心(하나의 동심)'처럼 마음(心)도 셀 수 있음을 주의해야 한다.

49 克 kè 그램, g

50 盆 pén 화분 [명] 대야, 화분
비교 盒 hé 통, 갑, 상자

51 批 pī 무리, 무더기를 셈 [동] 허가하다

52 匹 pǐ 말 등의 가축을 셈

53 片 piàn 편평하고 얇은 모양의 것에 쓰임
꿀팁 '片'은 '경치, 소리' 등이 가득함을 나타낼 때도 쓴다.

54 圈 quān 바퀴 [명] 범위, 구역, 원, 동그라미

55 首 shǒu 수, 편, 곡(시·노래 등을 세는 단위) [명] 머리, 우두머리, 시작, 처음

56 阵 zhèn 차례, 번(갑작스럽고 일시적인 현상에 씀)

57 支 zhī 대오, 노래, 막대 모양의 물건 등을 셈

③ 개사

58 朝 cháo ~를 향하여

59 趁 chèn (기회·시기·상황 등을) 틈타, ~을 이용하다

60 凭 píng ~에 근거하여

61 作为 zuòwéi ~로서 [동] ~로 삼다

④ 접속사

62 此外 cǐwài 그 밖에

63 从而 cóng'ér 그리하여

64 假如 jiǎrú 만일(≒如果/要是)

65 可见 kějiàn ~임을 알 수 있다

66 哪怕 nǎpà 설령 ~일지라도(≒即使)
꿀팁 뒷절에는 일반적으로 '也'가 따라와서 호응한다. → 即使~也~

67 不然 bùrán 그렇지 않다면(≒否则)
꿀팁 '幸亏~不然~'은 자주 쓰는 고정 격식이다.

68 以及 yǐjí 그리고, 및
꿀팁 '以及'는 명사(구), 절 등을 연결할 수 있다.

69 因而 yīn'ér 그래서(≒因此/所以)

70 与其 yǔqí ~하기보다는
꿀팁 '与其 A 不如 B(A하기보다는 B가 낫다)'는 중요한 고정 격식이다.

71 则 zé 오히려, 그러나
꿀팁 '则'는 대비나 역접을 나타낸다.

72 至于 zhìyú ~에 관해서는, ~로 말하자면 [동] ~의 정도에 이르다

73 总之 zǒngzhī 총괄하자면, 한마디로 말하면, 요컨대

실전 연습 문제 1

많은 문제를 풀어 봐야 실질적인 학습 효과를 유발해 자신의 중국어 실력을 향상시킬 수 있습니다. 그러나 단순히 빨리 풀고 답을 맞춰 본다고 결코 실력이 향상되지는 않습니다. **관건**은 **자신의 힘으로** 문제를 해결해야 얻어지는 **사고력의 증강**인데요, 이를 위해서는 아래의 올바른 풀이법이 필요합니다.

[1단계] 시간 안에 풀기
단어 정리를 보지 말고 1문제당 1분의 풀이 시간으로 실전처럼 푼다. (3문제 → 3분)

[2단계] 시간 제한 없이 혼자 힘으로 생각하기 (정답 확인하지 않기)
시간이 부족해 지나쳤던 부분의 해석을 시도해 보고 차근차근 따져 본다. (실질적 학습 효과 유발 1)

[3단계] 정리된 어휘 확인이나 사전 활용을 통해 최종 답안 확정
해설집에 있는 어휘 정리를 참고하거나 사전을 찾아 스스로 최종 답안을 확정한다. (실질적 학습 효과 유발 2)

第 1-15 题: 请选出正确答案。

1-3.

　　常言道:"人贵有自知之明。"只有 _1_ 了解自己，才能为自己的生活与工作做一个恰当的规划，才不 _2_ 走弯路和歪路。想获得成功，首先要有自知之明。自知，就是要认识自己、了解自己。把自知称之为"明"，可见自知是一个人智慧的 _3_ 。而自知之明之所以"贵"，则说明人是多么地不容易自知。

1.　A 真正　　B 大概　　C 充满　　D 明显

2.　A 寻找　　B 作为　　C 在乎　　D 至于

3.　A 推广　　B 体现　　C 控制　　D 改正

실전 연습 문제 2

4-7.

　　小明小时候喜欢画马。一天，他画了一幅骑马上坡的画儿，正得意时，父亲对他说："马上的人坐得太直了。人骑马上坡时，身体要向前倾斜，_4_ 人跟马都容易翻倒。"不久，他又画了一幅骑马下坡的画儿，父亲看了还是摇摇头，说："这次马上的人身体向前倾斜得太厉害了。骑马下坡时，人要坐直，如果人也跟着马向前倾斜，很容易滑下去。"

　　受到批评后，他有些 _5_ 地说："都是骑马，怎么又有这么多规矩？"父亲说："_6_ ，不然人很容易从马上摔下来。这和处世是一个道理：上坡好比人生得意时，要谦虚谨慎，身体应该向前倾斜；下坡好比人生失意时，要勇敢 _7_ ，身体要坐得挺、坐得直。"

4. A 总之　　B 尽管　　C 否则　　D 哪怕

5. A 不得不　B 了不起　C 不得了　D 不耐烦

6. A 骑马要讲究方法　　　B 骑马没有丝毫乐趣
　 C 不是人人都会骑马　　D 虽然马是温顺的动物

7. A 珍惜　　B 面对　　C 争取　　D 指导

8-11.

　　如果你从事的工作是自己不喜欢的，可能会对你 _8_ 压力，长期下来会使你感到十分疲劳，还容易得病。专家们的研究 _9_ ，长期在高度压力下工作的人，有一半可能经常头疼、感冒、消化不良，还有可能得肺炎。30%的人一上班就出现头疼、背疼、胃疼的病症，一到周末，这些病症就奇迹般地 _10_ 了，但是星期一上班后，这些病症又 _11_ 出现。

8.　A 造成　　B 承受　　C 承担　　D 传播

9.　A 表现　　B 表明　　C 报告　　D 报道

10.　A 产生　　B 过期　　C 恢复　　D 消失

11.　A 迟早　　B 相当　　C 重新　　D 赶紧

실전 연습 문제 4

12-15.

　　孔子的一位学生在煮粥时，发现有脏东西掉进锅里去了。他连忙用汤匙把它捞起来，正想倒掉时，__12__想到，一粥一饭都来之不易啊。于是便把它吃了。刚好孔子走进厨房，__13__，便教训了那位负责煮食的学生。经过解释，大家才恍然大悟。孔子感慨地说："我亲眼看见的事情也不确实，何况是道听途说呢？"

　　现实生活中，我们常常根据自己所看到的__14__轻易做出判断，并以为那是唯一的__15__。但我们一定要记住：眼见不一定为实。

12. A 不然　　B 忽然　　C 果然　　D 必然

13. A 以为他在偷食　　　　　B 认为他不太会做饭
　　C 以为他在吃上很讲究　　D 认为他太浪费食物了

14. A 现象　　B 表现　　C 角度　　D 反应

15. A 真实　　B 实话　　C 光明　　D 价值

독해 2부분

단문 읽고 내용 일치 고르기

출제 원리와 공략법

〈듣기 2부분〉은 독해에서 상대적으로 가장 쉽습니다. 이유는 해석해야 하는 지문이 비교적 짧고 정답에는 일정한 패턴이 있기 때문입니다. 그래서 〈듣기 2부분〉은 '선별식 독해'를 통한 '기술적 풀이'가 중요합니다. 본서에서는 어느 책에서도 찾아볼 수 없는 가장 효과적인 풀이법을 소개합니다.

◐ 출제 특징

- **문항 구성** : 61번~70번. 지문의 내용과 일치하는 선택지를 고르는 문제로 10문제가 출제된다.
- **지문의 종류**
  교훈 전달 지문 : 표현이 함축적이며 주제가 정답인 경우가 많다.
  정보 전달 지문 : 전문 용어, 지명, 인명 등 어려운 단어가 등장하며 세부 내용 일치나 주제가 정답이 된다.
- **선택지(A B C D)** : 선택지가 길고 해석이 어렵다. 정답은 지문에 나왔던 단어를 이용하기도 하고, 다른 단어로 표현되기도 한다.

◐ 2단계 풀이법

[1단계] 지문 절반까지 해석한 후(보통 1줄 반) 선택지 A, B의 내용 일치 여부를 확인한다.

[2단계] 나머지 지문을 읽고 C, D 내용 일치 여부를 확인한다.

> **꼭 지키세요!** 처음에는 최대한 어휘 정리를 참고하지 말고 풀어 보도록 합니다. 정답을 확인하기 전 더 이상 혼자 힘으로 안 될 때는 어휘를 참고해서 마지막으로 한번 더 생각해 보도록 합니다. 이렇게 2단계로 풀도록 하는 것은 고민하는 기회를 한 번 더 가짐으로써 자신의 풀이법을 점검하고, 해석력과 어휘력을 높이기 위함입니다. 각 1문제당 제한 시간은 1분입니다.

◐ 학생들이 가장 많이 하는 질문

"선생님, 독해 2부분이 가장 쉽다고 하는데 몇 개 틀려도 돼요?"

고득점자는 0~1문제, 일반 학생은 2문제입니다. 많이 틀리면 3문제. 이마저도 어렵다면 미안하지만 이 친구는 5급 합격의 수준이 아닙니다. 2부분은 독해 영역에서 가장 쉽기 때문에 이 부분에서 시간을 줄일 수 있도록 노력해야 합니다. 한 문장이라도 정확하게 이해하면 바로 정답을 찾을 수 있는 것이 〈독해 2부분〉의 특징이기 때문에, 가장 중요한 문장을 찾아내는 안목과 그것을 통해 정답으로 연결할 수 있는 능력을 기르는 것이 중요합니다. 이를 위해서 어느 책에서도 시도하지 않은 '선별식 독해' 풀이법을 소개합니다. 이를 통해서 좀 더 효율적으로 해석하고 정답을 찾을 수 있게 될 것입니다.

◐ 학습 전략

- 5급 필수 어휘 위주의 단어 암기
- 선별식 독해로 주제와 주요 내용 신속 파악
- 빈출 선택지 숙지

 시간 단축 풀이 실현

기출문제 분석

독해 2부분 단문 읽고 내용 일치 고르기

아래 3개의 기출문제를 풀어 볼텐데요. 세 문제를 한꺼번에 풀기에 부담스럽겠지만 이들은 〈독해 2부분〉의 정답 유형을 모두 **포함**하고 있습니다. 가장 중요한 것은 글의 **주제**를 파악하는 것이며, 정답은 **지문에 등장한 단어로도** 표현될 수 있고 또한 **전혀 다른 단어를 이용해 표현**될 수도 있습니다. 문제를 풀어 본 후에는 풀이를 통해서 〈독해 2부분〉의 **정답 유형**과 그 **특징**을 이해하여 가장 효과적인 풀이법을 익히도록 합니다.

지문의 내용과 일치하는 것을 고르세요.

1. 人人都希望成就一番大事业，却很少有人对小事感兴趣，但"一屋不扫，何以扫天下？"大成就往往是由小成绩累积而成的，"扫天下"局面的出现往往离不开"扫一屋"。如果连"一屋"都扫不好，"扫天下"就更无从说起了。

    A 做事要细心
    B 要多与人合作
    C 要养成良好的卫生习惯
    D 做好小事是成就大事业的基础

2. 《本草纲目》是明代李时珍写的一本医药学著作。书中记录了1892种药物，而且对每一种药物的产地、形态、栽培及功用等都进行了叙述。此外，书中还记载了古代医家和民间流传的药方11096个，并附有1160幅图片。该书现已被翻译成多种语言在国外流传。

    A《本草纲目》由多人合作完成
    B《本草纲目》只有文字没图片
    C《本草纲目》记载了很多动物
    D《本草纲目》记录了药物的功用

3. 水球运动虽然被称做"水中的足球"，但实际上，在水球运动中，脚起的作用很小。水球和足球的相同之处在于：它们所用的球大小相同，目的也都是将球攻入对方的球门，都需要快速、准确地传球。

    A 水球运动讲究配合
    B 水球运动历史很悠久
    C 水球运动不是很流行
    D 水球运动用的球比足球小

■ 풀이 및 유형 분석 : 정답 패턴 3가지

〈독해 2부분〉은 정답 패턴을 이해한다면 가장 쉽게 시간을 줄일 수 있는 부분이다. 아래 풀이를 통해서 어떤 부분이 중요 내용이며 또 정답이 어떻게 표현되는지 그 변화를 이해하도록 하자. 정답 패턴에는 어떤 것이 있는지 이해한 다음 문제를 풀어 보면 확실하게 더 빨리 풀 수 있음을 알게 될 것이다.

1. 주제형 정답

주제가 정답이 되는 유형으로, 독자에게 무슨 말을 전하고 싶은지(주제)를 파악하면서 지문을 읽어 나간다. 교훈적이거나 함축적인 내용이 많기 때문에 해석을 대충하게 되는 면이 있다. 하지만 첫 문장만으로도 주제 추론이 가능한 경우가 많기 때문에 첫 문장을 잘 이해하도록 한다.

예제

人人都希望成就一番大事业，却很少有人对小事感兴趣，但"一屋不扫，何以扫天下？"大成就往往是由小成绩累积而成的，"扫天下"局面的出现往往离不开"扫一屋"。如果连"一屋"都扫不好，"扫天下"就更无从说起了。

A 做事要细心
B 要多与人合作
C 要养成良好的卫生习惯
D 做好小事是成就大事业的基础

해석

사람들은 모두 큰 사업을 이루고 싶어 하지만, 매우 적은 사람만이 작은 일에 흥미를 느낀다. 하지만 '방 하나도 청소하지 못하면서 어떻게 천하를 청소할 수 있겠는가?' 큰 성취는 종종 작은 성적이 축적되어 이루어지는데 '천하를 청소한다'는 국면의 출현은 종종 '하나의 방을 청소하는 것'으로부터 떠날 수 없다. 만일 '하나의 방'도 잘 청소하지 못한다면 '천하를 청소하는 것'은 더욱 말할 수 없는 것이다.

A 일을 할 때는 세심해야 한다
B 다른 사람과 많이 협력해야 한다
C 좋은 위생 습관을 길러야 한다
D 작은 일을 잘 해내는 것은 큰 사업을 이루는 기초이다

분석 '적은 사람만이 작은 일에 흥미를 느낀다'라고 한 것은 작은 일에 관심을 갖는 사람이 적다는 것에 대한 안타까움을 나타낸 것이다. 이 한 문장만으로도 작가의 의도를 추측(오히려 작은 일을 소중히 여겨야 한다는 것)해 볼 수 있다. D는 작은 일이 큰 일을 이루는 기초라고 했으므로 작은 일의 중요성을 주장하고 있다. 따라서 정답이 된다.

정답 D

어휘
成就 chéngjiù [명] 성취, 업적 [동] 이루다 5급
番 fān [양] 번(비교적 긴 시간과 노력이 들어가는 일에 씀)
事业 shìyè [명] 사업 6급
屋 wū [명] 방, 집 5급
何以 héyǐ [부] 어찌하여, 무엇으로써(=为什么)
累积 lěijī [동] 축적하다, 쌓다
由 yóu [개] ~가(동작의 주체를 이끌어 냄) 4급

局面 júmiàn [명] 국면, 상황 6급
离不开 líbukāi 떠날 수 없다
无从 wúcóng [부] ~할 길이 없다 6급
合作 hézuò [동] 합작하다, 협력하다 5급
卫生 wèishēng [명] 위생 5급
基础 jīchǔ [명] 기초 4급

2. 세부 일치형 정답

지문 속 **세부 내용**이 **정답**이 되는 유형으로, 중국의 **특정 지역**, **역사 인물**이나 **문물** 등에 대해서 **사실적으로 서술**하는 지문이 출제된다. 이런 지문은 **개별 정보들이 나열**되는 경우가 많기 때문에 '**지문 절반 해석 → A, B 대조, 나머지 해석 → C, D 대조**'의 방식으로 문제를 푸는 것이 좋다. 정답은 주로 **지문 속 단어를 활용해 제시**되며, 지문 속 단어들을 **앞뒤 순서를 바꿔서** 해석이 다소 어렵게 제시되는 경우도 있다.

예제

《本草纲目》是明代李时珍写的一本医药学著作。书中记录了1892种药物，而且对每一种药物的产地、形态、栽培及功用等都进行了叙述。此外，书中还记载了古代医家和民间流传的药方11096个，并附有1160幅图片。该书现已被翻译成多种语言在国外流传。

A《本草纲目》由多人合作完成
B《本草纲目》只有文字没图片
C《本草纲目》记载了很多动物
D《本草纲目》记录了药物的功用

해석

《본초강목》은 명대 이시진이 쓴 의약학 저작이다. 책에는 1892종의 약물을 기록했으며 게다가 모든 약물의 산지, 형태, 재배 및 효능 등에 대해서 서술했다. 그 밖에 책에는 고대 의가와 민간에서 전해 내려오는 11096개의 처방전을 기록했으며 1160폭의 그림도 덧붙였다. 이 책은 현재 여러 언어로 번역되어 국외에 전해지고 있다.

A 《본초강목》은 여러 사람이 함께 완성했다
B 《본초강목》은 문자만 있고 그림은 없다
C 《본초강목》은 많은 동물을 기록했다
D 《본초강목》은 약물의 효능을 기록했다

분석 지문에서 등장한 '功用'의 단어를 그대로 써서 정답을 제시했다. 이 문제처럼 **같은 단어(《本草纲目》)로 시작하는 선택지들은 달라지는 뒷부분만 신경 쓰면 된다. 먼저 각각의 선택지에서 키워드를 체크한 후 지문을 해석**하는 것이 더 효과적이다.

정답 D

어휘
著作 zhùzuò [명] 저서, 저작 [동] 저작하다 6급
记录 jìlù [동] 기록하다 5급
产地 chǎndì [명] 생산지
形态 xíngtài [명] 형태 6급
栽培 zāipéi [동] 재배하다 6급
及 jí [접] 및, 그리고
功用 gōngyòng [명] 기능, 작용
叙述 xùshù [동] 서술하다 5급
此外 cǐwài [접] 이 밖에 5급

记载 jìzǎi [동] 기록하다 6급
药方 yàofāng [명] 처방
附有 fùyǒu [동] 부가적으로 덧붙이다
幅 fú [명] 폭(그림을 셈) 5급
该 gāi [대명] 이(=这/此)
流传 liúchuán [동] 대대로 전해 오다, 널리 퍼지다 5급
由~完成 yóu~wánchéng ~이 완성하다(由는 '~가', '~이'의 뜻으로 행위의 주체를 나타냄)

3. 종합 추론형 정답

> 가장 어려운 유형으로 **지문에 없는 단어를 써서 정답으로 제시**된다. 따라서 지문의 중심 내용(주제)을 정확하게 이해한 상태에서 다른 단어로 표현했을 때 그것이 결국 같은 의미인지를 판단할 수 있어야 한다. 지문 속 단어로만 표현된 선택지만 찾지 말고 주제와 관련된 내용의 선택지를 골라야 한다.

예제

水球运动虽然被称做"水中的足球"，但实际上，在水球运动中，脚起的作用很小。水球和足球的相同之处在于：它们所用的球大小相同，目的也都是将球攻入对方的球门，<u>都需要快速、准确地传球</u>。

A 水球运动讲究配合
B 水球运动历史很悠久
C 水球运动不是很流行
D 水球运动用的球比足球小

해석

수구 운동은 비록 '수중 축구'라고 불리지만 실제로는 수구 운동에서 발이 하는 역할은 매우 작다. 수구와 축구의 같은 점은, 그것들이 이용하는 공의 크기가 같고 목적 또한 공을 상대방의 골문으로 넣는 것으로 <u>모두가 빠르고 정확한 패스를 필요로 한다</u>는 데에 있다.

A 수구 운동은 선수 간 호흡을 중시한다
B 수구 운동은 역사가 유구하다
C 수구 운동은 유행하지 않는다
D 수구 운동이 이용하는 공은 축구공보다 작다

분석 빠르고 정확하게 패스하는 것(快速、准确地传球)은 일종의 팀워크를 의미하는 것으로, 이것은 '配合(호흡을 맞추다)'를 중시한다고 볼 수 있다. 따라서 A가 정답이 되는 것이다. '快速, 准确地传球 → 讲究配合'처럼 지문에 등장하지 않지만 지문 내용을 정확하게 이해하는 바탕 위에서 **다른 단어로 같은 의미를 전달하는지**를 판단할 수 있어야 한다. 따라서 맹목적으로 **지문 속 단어가 있는 선택지만 고르지 않도록** 주의하자.

정답 A

어휘
被称做 bèi chēng zuò ~라고 불리다
实际 shíjì [형] 실제의, 실제적이다, 현실적이다 4급
起作用 qǐ zuòyòng 작용을 하다
相同之处 xiāngtóng zhī chù 같은 점
在于 zàiyú [동] ~에 달려 있다, ~에 있다 5급
大小 dàxiǎo [명] 크기
目的 mùdì [명] 목적 4급
将 jiāng [개] ~을(=把) [부] 장차, 곧 4급

攻入 gōngrù [동] (골을) 넣다
球门 qiúmén [명] 골문
准确 zhǔnquè [형] 정확하다 4급
传球 chuánqiú [동] 패스하다
讲究 jiǎngjiū [동] 중시하다, 따지다 5급
配合 pèihé [동] 호흡을 맞추다, 협조하다 5급
悠久 yōujiǔ [형] 유구하다 5급
流行 liúxíng [형] 유행하다 [동] 유행하다, 성행하다 4급

전략 학습 1 : 주제 빨리 찾기

독해 2부분 단문 읽고 내용 일치 고르기

독해에서 그나마 가장 쉬운 부분이 2부분입니다. 이 파트에서는 ① 주제 빨리 찾기 → ② 단골 오답 유형 파악 → ③ 단골 선택지 암기의 순으로 학습합니다. 그리고 이를 통해 최대한 틀리지 않기와 최대한 신속하게 풀기라는 두 마리 토끼를 잡을 것입니다.

■ 주제(중심 문장) 빨리 찾는 방법 : 선별식 독해

〈독해 2부분〉은 주제를 빨리 찾아내는 것이 가장 중요하다. 첫 문장이 주제 문장인 경우가 많은데, 첫 문장은 단어나 해석이 어려워 이해 없이 그냥 넘어가는 경우가 많다. 하지만 첫 문장이 주제인 경우가 많다는 점을 인식하고 해석하도록 노력해야 한다. 또한 특정 단어를 통해 주제 혹은 중요 내용을 이끌기도 하는데 아래 표현 뒤에 오는 문장이 중심 내용이라는 것을 기억해야 한다. 바로 이들 문장을 우선적으로 정확하게 해석해 내는 '선별식 독해'를 통해서 시간을 절약할 수 있다.

정도부사	· 最 가장 ★ · 更 더욱 · 十分 매우 · 非常 매우 · 特別 특별히/매우 · 关键 관건의/매우 중요하다	+ 중요 내용	정도부사를 써서 중요함을 강조한다.
인과 관계	· 因为/由于~ ~때문에 ★ · 因此 따라서 ★ · 所以 그래서 ★ · 从而 그리하여 · 可见 ~임을 알 수 있다	+ 중요 내용	원인과 결과(인과)의 내용은 가장 많이 문제로 연결된다.
전환 관계	· 但是/可是/不过/然而 그러나 ★ · 其实 사실은 ★ · 实际上 실제로는 · 事实上 사실적으로 · 却 오히려	+ 중요 내용	'그러나', '사실은' 등의 전환 관계는 뒷 내용이 진짜 전달하고자 하는 중심 내용임을 암시한다.
조사 연구 전문가	· 调查显示 조사에 따르면 ★ · 研究表明 연구에 따르면 ★ · 专家认为 전문가가 생각하기를 · ~发现 ~가 발견하기를	+ 중요 내용	주장을 뒷받침하기 위해 전문가의 의견이나 조사·연구 등을 근거로 제시한다.
거짓 정보를 이끔	· 有些人认为 일부 사람들이 생각하기를 · 很多人认为 많은 사람들이 생각하기를 · 人们常说 사람들이 자주 말하길	+ 거짓 정보	이들 표현을 쓰면서 먼저 거짓 정보를 제시한 후 뒤에서 그것을 뒤집는 내용(중심 내용)을 제시한다.

■ 선별식 독해의 적용

> 특정 단어를 활용한 풀이법이 실제 문제 풀이에서 어떻게 적용되는지 살펴보도록 한다. 아래 문제에서 전체적인 해석을 하면서 중심 내용이 어디에 있는지 찾아본다. 또 중요 내용을 이끄는 특정 단어는 어디에 있는지 또 그 부분이 어떻게 정답으로 연결되는지 이해하도록 한다.

1.

예제

很多父母在教育孩子时往往都有自己的许多主张，而且都非常有道理。但是在实际生活中，他们又往往不能按照那些主张去做，他们的理由很简单：工作太忙，实在没有时间。

A 小孩子有很多想法
B 教育孩子其实很简单
C 许多家长没时间教育孩子
D 许多父母不知道该怎么教育孩子

해석

많은 부모들은 아이를 교육할 때 종종 자신만의 많은 주장을 가지고 있고 게다가 모두 일리가 있다. 하지만 실제 생활에서 그들은 종종 그 주장대로 할 수 없을 때가 있는데 이유는 간단하다. 일이 너무 바쁘고 정말 시간이 없기 때문이다.

A 아이는 많은 생각이 있다
B 아이를 교육하는 것은 사실은 간단하다
C 많은 학부모는 아이를 교육할 시간이 없다
D 많은 부모들은 어떻게 아이를 교육해야 하는지 모른다

분석 〈A. 但是/可是/然而/不过/其实 B〉로 나올 때 중심 내용은 A가 아니라 B가 된다. '但是' 이후의 내용이 부모가 아이를 교육할 시간이 없다는 내용이므로 C가 정답이 된다.

정답 C

어휘
主张 zhǔzhāng [명/동] 주장(하다) 5급
道理 dàolǐ [명] 도리, 이치 5급
实际 shíjì [형] 실제적이다 4급
按照 ànzhào [개] ~에 따라서 4급
理由 lǐyóu [명] 이유 5급
实在 shízai [부] 정말로, 참으로 4급

2.

예제

长期以来，鲨鱼一直被电影、电视和书籍描写为海洋中的可怕杀手，它凶猛、恐怖，威胁着海洋中一切生物的生命。难道鲨鱼真的那么可怕吗？科学家发现，地球上大约有370多种鲨鱼，大部分鲨鱼对人类有益无害。只有少数鲨鱼，如"大白鲨"，才会伤害人类。

해석

오랫동안 상어는 줄곧 영화, TV와 책에서 바다의 무서운 킬러로 묘사되었는데, 사납고 공포스러워 바닷속 모든 생물의 생명을 위협했다. 설마 상어는 정말 그렇게 무서운 존재인가? 과학자는 발견하기를, 지구상에는 대략 370여 종의 상어가 있는데 대부분의 상어는 인간에게 유익무해하다고 한다. 단지 소수 상어, 예를 들어 '백상어'만이 인간을 해칠 수 있다고 한다.

A 鲨鱼不会伤害人类
B 地球上有上千种鲨鱼
C 大部分鲨鱼对人类有害
D 鲨鱼没有人们想像的那么可怕

A 상어는 인간을 해치지 않을 것이다
B 지구상에는 천 종에 이르는 상어가 있다
C 대부분 상어는 인간에게 유해하다
D 상어는 사람들이 생각하는 것만큼 무섭지 않다

분석 전문가나 조사, 연구 등이 발견했다(**科学家发现/专家发现/调查发现/研究表明**)는 것은 **주장을 뒷받침**하기 위해 **확실한 근거를 제시**하는 것이기 때문에 뒤의 문장이 중심 내용이 된다. 대부분의 상어는 인간에게 해가 없다고 했으므로 D가 정답이 된다.

정답 D

어휘
长期 chángqī [명] 장기간
以来 yǐlái [명] 동안, 이래 5급
鲨鱼 shāyú [명] 상어
书籍 shūjí [명] 서적 6급
描写 miáoxiě [동] 묘사하다 5급
海洋 hǎiyáng [명] 바다, 해양 4급
可怕 kěpà [형] 무섭다 5급
杀手 shāshǒu [명] 살수, 킬러
凶猛 xiōngměng [형] 용맹하다, 사납다
恐怖 kǒngbù [형] 공포스럽다 6급

威胁 wēixié [동] 위협하다 5급
生物 shēngwù [명] 생물 6급
生命 shēngmìng [명] 생명 4급
难道 nándào [부] 설마 ~란 말인가? 4급
大约 dàyuē [부] 대략 4급
有益 yǒuyì [형] 유익하다
无害 wúhài [형] 무해하다
伤害 shānghài [동] (몸을) 상하게 하다, (정신·감정 등을) 상하게 하다 5급
人类 rénlèi [명] 인류 5급

3.

예제

新鲜的豆腐经过冷冻后，会产生一种酸性物质，这种物质能够分解人体内积存的脂肪，从而起到减肥的作用。而且冻豆腐虽然经过了冷冻，但营养成分并没有被破坏。所以，多吃冻豆腐，对于减肥的人是很有益处的。

A 冻豆腐营养价值低
B 多吃冻豆腐利于减肥
C 儿童不宜多吃冻豆腐
D 冻豆腐不能长久保存

해석

신선한 두부는 냉동을 거친 후 일종의 산성 물질이 생기는데 이 물질은 인체 내에 축적된 지방을 분해하여 다이어트 작용을 할 수 있다. 게다가 냉두부는 비록 냉동을 거쳤지만 영양 성분은 결코 파괴되지 않았다. 그래서 냉두부를 많이 먹으면 다이어트하는 사람에게 많은 도움이 된다.

A 냉두부는 영양 가치가 낮다
B 냉두부를 많이 먹는 것은 다이어트에 유리하다
C 아동은 냉두부를 많이 먹으면 안 된다
D 냉두부는 오랫동안 보존할 수 없다

분석 '所以'는 **결론을 내릴 때 쓰는 접속사**이기 때문에, 그 문장은 그 글의 **주제**이거나 **중심 내용**이 된다. 먼저 지문 전체를 훑어보면서 '所以'가 있는 문장을 통해 주제가 파악되었다면 선택지와의 대조를 통해서 바로 정답을 선택하여 시간을 절약할 수 있다. 하지만 '세부 내용 일치' 정답 유형도 있으므로 '所以'가 있는 문장이라고 해서 반드시 정답으로 연결되는 것은 아니다.

정답 B

어휘	
豆腐 dòufu [명] 두부 5급	起到~作用 qǐdào~zuòyòng ~한 작용을 하다
经过 jīngguò [동] (과정을) 거치다, 경과하다 3급	营养 yíngyǎng [명] 영양 5급
冷冻 lěngdòng [동] 냉동시키다	成分 chéngfèn [명] 성분 5급
产生 chǎnshēng [동] 생기다, 발생시키다 5급	破坏 pòhuài [동] 파괴하다 5급
酸性 suānxìng [명] 산성	益处 yìchù [명] 이로움
物质 wùzhì [명] 물질 5급	价值 jiàzhí [명] 가치 5급
分解 fēnjiě [동] 분해하다 6급	利于 lìyú [동] ~에 이롭다
人体 réntǐ [명] 인체	不宜 bùyí [동] 적당하지 않다
积存 jīcún [동] 축적하다	长久 chángjiǔ [형] 장구하다, 매우 오래다
脂肪 zhīfáng [명] 지방 5급	保存 bǎocún [동] 보존하다, 저장하다 5급
从而 cóng'ér [접] 그리하여 5급	

4.

예제

说到健康食品，大家通常都会想到蔬菜、水果，而把肉类看做健康的敌人。其实，很多肉类对人体健康有很重要的作用。至今，很多国家并没有规定什么才是健康食品。因此，现在市场上所谓的健康食品其实没有统一的标准。

A 饮食要规律
B 肉类不是健康食品
C 蔬菜水果营养成分少
D 健康食品没有统一标准

해석

건강 식품을 말하면 사람들은 일반적으로 채소, 과일을 떠올리고 고기는 건강의 적이라고 생각한다. 사실, 많은 육류는 인체 건강에 아주 중요한 역할을 한다. 지금까지 많은 국가는 무엇이 건강 식품인지 규정하지 않고 있다. 따라서 현재 시장에 있는 소위 건강 식품은 사실은 통일된 기준이 없는 것이다.

A 음식을 먹고 마시는 것은 규칙적이어야 한다
B 육류는 건강 식품이 아니다
C 채소와 과일은 영양 성분이 적다
D 건강 식품은 통일된 기준이 없다

분석 '其实'는 '但是'와 함께 대표적으로 **전환**을 나타낸다. **뒷부분이 중심 내용**임을 알 수 있고, 또한 마지막에 '其实'가 한 번 더 나옴으로써 **건강 식품은 통일된 기준이 없다는 것이 강조**된다. 이런 류의 단어로는 '事实上(사실상)', '实际上(실제로는)' 등도 있음을 기억하자.

정답 D

어휘	
食品 shípǐn [명] 식품	所谓 suǒwèi [형] 소위, 이른바
通常 tōngcháng [형] 통상적이다, 일반적이다 5급	统一 tǒngyī [형] 통일되다 [동] 통일시키다 5급
蔬菜 shūcài [명] 채소 5급	标准 biāozhǔn [명] 표준, 기준 [형] 표준적이다 4급
敌人 dírén [명] 적 5급	规律 guīlǜ [명] 법칙, 규칙 [형] 규칙적이다 5급
至今 zhìjīn [부] 지금까지 5급	营养 yíngyǎng [명] 영양 5급
规定 guīdìng [명/동] 규정(하다) 4급	成分 chéngfèn [명] 성분 5급

5.

예제	해석
人们常常跟别人谈上几分钟，就可以猜出对方的职业，比如："您看起来像位老师。""您是位工程师吧？"这些话在日常生活中经常可以听到。这种判断通常是根据一个人说话时所表现出来的职业特点做出的。 A 不要议论别人 B 工程师很受人们尊敬 C 聊天儿可以增进感情 D 谈话反映一个人的职业特点	사람들은 자주 다른 사람과 몇 분 얘기를 해 보면 바로 상대방의 직업을 알아맞힐 수 있는데 예를 들어, "당신은 선생님 같아 보입니다." "당신은 엔지니어군요?"처럼 이런 말들은 일상생활에서 자주 들을 수 있다. 이런 판단은 통상 한 개인이 말할 때 표현되는 직업 특징에 근거해서 나오는 것이다. A 남에 대해서 왈가왈부하지 마라 B 엔지니어는 사람들의 존경을 받는다 C 이야기를 나누는 것은 정을 돈독하게 할 수 있다 D 대화는 개인의 직업 특징을 반영한다

분석 첫 문장이 주제 문장임을 알 수 있는 이유는, 뒤에 나오는 '比如' 뒤에는 주제를 뒷받침하는 예시가 나오기 때문이다. '대화를 해 보면 상대의 직업을 알 수 있다'는 것은 '그 사람의 말이 직업을 반영한다'는 의미이다. '比如'가 나오면 앞 문장이 바로 주제 문장임을 기억하자.

정답 D

어휘
猜 cāi [동] 추측하다 4급
职业 zhíyè [명] 직업 4급
像 xiàng [동] ~ 같다 3급
工程师 gōngchéngshī [명] 기사, 엔지니어 5급
判断 pànduàn [동] 판단하다 4급
通常 tōngcháng [형] 통상적이다, 일반적이다 5급

表现 biǎoxiàn [동] 표현하다, 활약하다 [명] 태도, 실적, 활약 5급
特点 tèdiǎn [명] 특징 4급
议论 yìlùn [동] 왈가왈부하다 5급
尊敬 zūnjìng [동] 존경하다 5급
增进 zēngjìn [동] 증진시키다
反映 fǎnyìng [동] 반영하다 5급

> 很多人认为事先做计划会很浪费时间，事实上，提前做好计划可以减少工作所用的总时间。行动之前先进行头脑热身，构想好要做之事的每个细节，梳理清楚思路，这样当我们行动时，便会得心应手。
>
> A 细节决定成败
> B 考虑问题要周到
> C 行动离不开理论的指导
> D 事先做好计划可提高工作效率

해석 많은 사람들이 사전에 계획을 세우는 것은 시간을 낭비할 수 있다고 생각하지만 사실상 미리 계획을 잘 세우면 일을 할 때 사용되는 총 시간을 줄일 수 있다. 행동하기 전에 두뇌 준비 운동을 하고 할 일의 모든 세부 사항을 잘 구상하고 사고의 방향을 잘 정리하면, 우리가 행동할 때 마음먹은 대로 될 수 있다.

　A 세부 사항이 승패를 결정한다
　B 문제를 고려할 때는 주도면밀해야 한다
　C 행동 전에는 이론의 지도를 떠날 수 없다
　D 사전에 계획을 잘 세우면 업무 효율을 높일 수 있다

풀이 '事实上(사실상)'이 이 문장의 중요 내용임을 암시하고 있다. '업무 시간을 줄인다'는 것은 곧 **효율적으로 일을 한다**는 뜻이므로 D가 정답이 된다.

정답 D

어휘
事先 shìxiān [명] 사전 5급
浪费 làngfèi [동] 낭비하다 4급
提前 tíqián [동] 시간을 앞당기다 4급
头脑 tóunǎo [명] 머리, 두뇌
热身 rèshēn [동] 워밍업하다, 준비 운동하다
构想 gòuxiǎng [동] 구상하다
细节 xìjié [명] 세부 사항, 사소한 일 5급
梳理 shūlǐ [동] 빗질하다, 정리하다
思路 sīlù [명] 사고의 방향
这样 zhèyàng [대명] 이렇게, 이렇게 하다

当~时 dāng~shí ~할 때(발생 시점을 나타냄)
便 biàn [부] 곧(=就) 5급
得心应手 dé xīn yìng shǒu [성] 마음먹은 대로 되다, 순조롭게 되다
成败 chéngbài [명] 승패
周到 zhōudào [형] 주도면밀하다 5급
离不开 líbukāi 떠날 수 없다, 벗어날 수 없다
指导 zhǐdǎo [동] 지도하다 5급
效率 xiàolǜ [명] 효율 5급

전략 학습 2 : 단골 오답 유형

독해 2부분 단문 읽고 내용 일치 고르기

정답을 잘 찾아내는 것도 중요하지만 **매력적인 오답을 피할 줄 아는 것도 매우 중요**합니다. 아래 단골 오답 유형을 파악함으로써 함정에 빠지지 않도록 합니다.

■ 고정 관념을 이용한 오답

예제

放弃是一种人生态度，懂得放弃的人往往会得到更多。有时候，放弃了一棵小树，你可能得到整个森林；放弃了一滴水，你可能得到整个海洋。所以，不要害怕失去，失去之后，也许你会得到更多。

A 不要浪费水资源
B 我们要懂得珍惜
C 不要随便就说放弃
D 放弃有时不一定是坏事

해석

포기는 일종의 인생의 태도이며, 포기할 줄 아는 사람은 종종 더 많은 것을 얻는다. 때로는 나무를 포기하면 당신은 숲 전체를 얻을 수 있다. 한 방울의 물을 포기하면 당신은 바다 전체를 얻을 수도 있다. 따라서 잃는 것을 두려워하지 마라, 잃은 후에 아마도 당신은 더 많은 것을 얻을 것이다.

A 수자원을 낭비하지 마라 (한 방울의 물을 포기하면 바다를 얻는다는 것은 포기할 줄 알아야 한다는 의미)
B 우리는 소중히 여길 줄 알아야 한다 (주제는 '소중함을 알아라'가 아니라 '포기할 줄 알아라'임)
C 포기한다는 말을 함부로 하지 마라 (상식을 이용한 오답)
D 포기는 때로는 꼭 나쁜 일인 것만은 아니다 (정답)

분석 첫 문장에서 '포기할 줄 아는(懂得放弃) 사람이 더 많은 것을 얻는다'고 했으므로 이 지문은 '포기할 줄 알아야 한다'는 것이 주제임을 알 수 있다. D의 '포기가 꼭 나쁜 일은 것은 아니다'는 '때로는 포기해도 괜찮다'는 내용이므로 지문과 일치한다.

정답 D

오답 분석 C : 일단 지문의 키워드인 '放弃'가 C에 나왔고, 또 '끝까지 포기하면 안 된다'는 긍정적인 메시지가 우리의 고정 관념으로 박혀 있기 때문에 습관적으로 C를 고른다. 〈독해 2부분〉에서는 본문의 주제와 상관 없이 **고정 관념이나 보편적 가치관에 근거한 내용을 선택지에 제시하여 오답으로 유도하는 경우가 많다**. 하지만 정답은 반드시 본문에 근거가 있어야 한다. 따라서 **고정관념으로 섣불리 판단하지 않도록** 각별히 주의하자.

꿀팁 '不一定'은 '꼭 ~인 것은 아니다'는 뜻으로 '그럴 수도 있고 아닐 수도 있다'는 것을 나타낸다. 선택지에 자주 사용되는 단어이므로 꼭 기억해야 하며 같은 단어로는 '未必', '不见得'가 있다.

어휘
放弃 fàngqì [동] 포기하다 4급
懂得 dǒngdé [동] 이해하다, 알다
整个 zhěnggè [명] 전체 5급
滴 dī [양] 물방울을 셈 5급
失去 shīqù [동] 잃다 5급
也许 yěxǔ [부] 아마도 4급

浪费 làngfèi [동] 낭비하다 5급
资源 zīyuán [명] 자원 5급
珍惜 zhēnxī [동] 소중히 여기다 5급
不一定 bùyídìng [부] 반드시 ~한 것은 아니다 4급 (=未必/不见得)

■ 숫자를 이용한 오답

예제

张衡是中国东汉时期著名的科学家。他观测记录了2500颗恒星，并发明了世界上第一台能较准确预测地震的仪器——地动仪。此外，他还有哲学、文学等著作32篇，有历史学家称赞他为世上罕见的"全面发展的人物"。

A 张衡著有32篇哲学著作
B 地动仪主要用于观测星星
C 张衡在科学方面成就突出
D 历史学家对张衡评价不高

해석

장형은 중국 동한 시기의 유명한 과학자이다. 그는 2500개의 항성을 관측하여 기록했고, 세계 최초로 정확하게 지진을 예측할 수 있는 기기인 '후풍지동의'를 발명했다. 그 밖에 그는 철학과 문학 등 32편의 저작이 있다. 어떤 역사학자는 그를 세상에 보기 드문 '전면적으로 발전한 인물'이라고 칭찬했다.

A 장형은 32편의 철학 저작이 있다 (숫자를 이용한 오답)
B 후풍지동의는 주로 별을 관측하는 데 사용되었다
C 장형은 과학 방면에서 성과가 두드러졌다 (정답)
D 역사학자의 장형에 대한 평가가 높지 않다

분석 첫 문장에서 **유명한 과학자**라고 말하고 뒤의 문장에서 **구체적인 업적**을 설명했으므로 C가 정답이 된다. 지문에 없는 '**成就突出**(업적이 뛰어나다)'라는 표현을 씀으로써 **정답을 찾기 어렵게** 만들었다.

정답 C

오답 분석
A : 학생들이 가장 쉽게 함정에 빠지는 오답 유형이 바로 **숫자를 이용**한 것이다. '32篇'은 본문에 나온 것은 맞지만, 이것은 '哲学'과 '文学' 등을 포함한 작품 수인데 A에서는 철학 작품(哲学著作)으로만 나왔으므로 오답이 되는 것이다. 특히, 〈독해 2부분〉에서는 숫자가 있는 선택지는 오답일 가능성이 높다는 것을 기억하자.

꿀팁
숫자뿐만 아니라 **극단적인 의미**를 담고 있는 단어 '**最**', '**都**', '**总**', **제한적인 의미**를 담고 있는 '**只**', '**才**' 등이 있는 선택지도 오답인 경우가 많음을 기억하자. 그래서 본인이 생각하는 답에 위에서 말한 단어가 있다면 다시 한 번 더 신중하게 점검하고 정답을 고를 수 있도록 하자.

어휘
观测 guāncè [동] 관측하다
记录 jìlù [동] 기록하다 5급
颗 kē [양] 알갱이 모양을 셈 5급
恒星 héngxīng [명] 항성
地震 dìzhèn [명] 지진 5급
仪器 yíqì [명] 측정 기기
地动仪 dìdòngyí [명] 후풍지동의

哲学 zhéxué [명] 철학 5급
著作 zhùzuò [명] 저작, 작품 6급
称赞 chēngzàn [동] 칭찬하다 5급
罕见 hǎnjiàn [형] 보기 드물다 6급
成就 chéngjiù [명] 성취, 업적 5급
突出 tūchū [형] 뛰어나다, 두드러지다 [동] 부각시키다 5급

꿀팁

'、' (모점)에 대하여

'、' (모점)은 **단어나 구의 병렬 관계**를 나타내고 '**和**'와 **비슷**한 역할을 하지만 쉼표(,)와는 다르다.

· 这个项目的负责人是小王, 小李、小张没有责任。 이 사업의 책임자는 샤오왕이고, 샤오리와 샤오장은 책임이 없다.
· 他的这句话代表了一种积极、勇敢的精神。 그의 이 말은 일종의 긍정적이고 용감한 정신을 나타냈다.

■ 지문 속 단어를 이용한 오답

예제

他面试时，怎样才能表现出色呢? 首先，多带几份简历，考官可能不只一个，提前做好准备显得你很细心。其次，注意身体语言，学会使用眼神交流。最后，注意给对方留下良好的最初印象和最后印象。

A 面试过程很复杂
B 面试前要准备充分
C 面试时通常有两名考官
D 面试完记得将简历带走

해석

면접을 볼 때 어떻게 해야 좋은 성적을 받을 수 있을까? 먼저, 여러 부의 이력서를 챙겨야 하는데 면접관은 한 명이 아니기 때문에 미리 준비를 잘 하면 꼼꼼하게 보일 수 있다. 두 번째, 신체 언어에 주의해서 눈빛으로 교류하는 법을 배워야 한다. 마지막으로, 상대방에게 좋은 첫인상과 마지막 인상을 남기도록 해야 한다.

A 면접 과정은 복잡하다 (면접 시의 주의사항이 나열되었다고 면접 과정이 복잡하다는 것을 의미하는 것은 아님)
B 면접 전에는 충분히 준비해야 한다 (정답)
C 면접 때는 일반적으로 두 명의 면접관이 있다 (관련 내용 없음)
D 면접을 마치면 이력서를 가지고 가야 한다 (지문 속 단어를 이용한 오답)

분석 이 문제는 **전체적인 해석을 통한 종합 추론으로 정답을 골라야 한다**. **첫 문장에서 문제 제기를 한 다음 뒤에서는** '首先~', '其次~', '最后~' 형식으로 해결책을 제시하고 있다. 종합해 보면 면접 전에는 **많은 준비를 해야 한다**는 것을 의미하므로 B가 정답이 된다.

정답 B

오답 분석 D : 지문의 '多带几份简历' 부분과 D의 '简历', '带走' 등 같은 단어가 많다는 것을 보고 오답으로 고를 수 있다. 하지만 내용을 보면 D는 '면접이 끝난 후(面试完)'에 그렇게 해야 한다고 말하고 있는데 **지문에서는 면접 전에 이력서를 충분히 챙길 것을 주문하고 있으므로 내용이 일치하지 않는다**. 이처럼 우리는 **지문 속 단어가 많이 등장하는 선택지를 보는 순간** 감정적으로 끌려 단어의 유사성만으로 정답을 고르는 경향이 있다. 따라서 **모든 선택지를 냉정하게 해석하고 동시에 본능적으로 끌리는 선택지 외에 다른 선택지가 정답이 될 가능성은 없는지 모든 가능성을 열어 놓아야 한다**. 최종적으로 두 개가 후보로 남았을 때 각 선택지의 어떤 내용이 지문과 **일치하지 않는지 찾아내고** 정답을 골라야 한다.

어휘
表现 biǎoxiàn [동] 표현하다 [명] 성적, 태도 5급
出色 chūsè [형] 뛰어나다 5급
简历 jiǎnlì [명] 이력서 5급
考官 kǎoguān [명] 면접관
提前 tíqián [동] (시간을) 앞당기다 4급
显得 xiǎnde [동] ~하게 보인다 5급

细心 xìxīn [형] 세심하다, 꼼꼼하다
眼神 yǎnshén [명] 눈빛 6급
充分 chōngfèn [형] 충분하다 5급
通常 tōngcháng [형] 보통이다 [명] 평상시(=一般) 5급
将 jiāng [개] ~을, ~를

> 《清明上河图》是中国十大传世名画之一，画宽24.8厘米，长528.7厘米，是北宋画家张择端的画作，现存于北京故宫博物院。作品以长卷形式将复杂的景物纳入到统一的画卷中，记录了北宋都城汴京清明时节的日常社会生活，具有极高的历史价值。
>
> A 这幅画有500多米长
> B 这幅画是世界上最长的画
> C 这幅画画的是汴京的景象
> D 这幅画记录了皇帝的生活

해석 《청명상하도》는 중국의 10대 명화 중 하나로, 폭은 24.8센티미터, 길이는 528.7센티미터이며 북송 화가 장택단의 작품으로 현재 베이징 고궁 박물원에 있다. 작품은 긴 두루마리 형식으로 복잡한 경물을 통일된 화폭에 담아 북송 도성 변경의 청명 시절의 일상 사회 생활을 기록하였으며 매우 높은 역사적 가치를 지니고 있다.

A 이 그림은 500여 미터 길이가 된다
B 이 그림은 세계에서 가장 긴 그림이다
C 이 그림이 그린 것은 변경의 광경이다
D 이 그림은 황제의 생활을 기록했다

풀이 복잡한 경물을 그림 속에 넣었다는 부분에서 이 그림은 변경이라는 지역의 모습을 그렸다는 것을 알 수 있다. '景象(광경)'이라는 것은 눈앞에 나타난 사건이나 사물의 모습이라는 뜻으로 자연의 풍경뿐만 아니라 다리나 건물, 사람들의 생활 모습도 포함된다.

정답 C

오답분석 A, B : '500'이라는 숫자는 같지만 지문은 '厘米(센티미터)', A는 '米(미터)'로 단위가 다르다. 또한, B처럼 세계에서 가장(最) 길다는 내용도 없으므로 답이 될 수 없다.

꿀팁 〈독해 2부분〉에서는 '숫자', '극단적(最/都/总)'이거나, '제한적(只/才)'인 단어가 들어가면 오답일 가능성이 크다는 것을 명심하고 이것이 정답으로 생각될 때는 그만큼 신중해야 한다.

어휘
厘米 límǐ [양] 센티미터 5급
现存于 xiàncún yú ~에 현존하다
长卷 chángjuàn [명] 가로로 긴 서화, 긴 두루마리
纳入 nàrù [동] 집어넣다
以~形式 yǐ~xíngshì ~한 형식으로 5급
景物 jǐngwù [명] 경물(경치와 사물)
画卷 huàjuàn [명] 두루마리 그림
记录 jìlù [명/동] 기록(하다) 5급

都城 dūchéng [명] 수도, 도성
汴京 Biànjīng [지명] 변경
清明 qīngmíng [명] 청명(절), (24절기의 하나, 양력 4월 4일이나 5일 혹은 6일)
时节 shíjié [명] 시절, 때
日常 rìcháng [명] 일상
景象 jǐngxiàng [명] 광경, 정경
具有~价值 jùyǒu~ jiàzhí ~한 가치를 가지고 있다 5급

전략 학습 3 : 단골 선택지

독해 2부분 단문 읽고 내용 일치 고르기

지문 이해 이상으로 중요한 것이 **선택지의 빠르고 정확한 해석**입니다. 지문은 이해했지만 **선택지를 잘못 해석해서 틀리는 경우가 종종 있기 때문**입니다. 아래는 〈독해 2부분〉에서 **가장 많이 출제되었던 선택지를 정리**한 것입니다. 정답이었던 문장도 있고 오답이었던 문장도 있습니다. **색깔로 표시된 부분을 중심**으로 암기해서 단어가 조금씩 바뀌는 **다른 선택지에도 적용**시킬 수 있도록 합니다.

■ 의미상 꼭 알아 두어야 할 단골 선택지

1	要学会取舍	취사 선택할 줄 알아야 한다
2	细节决定成败	작은 부분이 승패를 결정 짓는다
3	黄山四季如春	황산은 사계절이 봄 같다
4	骄傲使人落后	교만은 사람을 낙후하게 한다
5	要充分利用资源	자원을 충분히 이용해야 한다

6	秋季黄山游客最多	가을에 황산을 찾는 관광객이 가장 많다
7	婚姻中要懂得付出	결혼 생활에서 희생할 줄 알아야 한다
8	不要过分追求完美	지나치게 완벽을 추구하지 마라
9	峨眉山的历史悠久	어메이산의 역사는 유구하다
10	过程比结果更重要	과정이 결과보다 더 중요하다

11	要学会合理分配时间	시간을 합리적으로 분배할 줄 알아야 한다
12	付出不见得一定有收获	투자한다고 꼭 수확이 있는 것은 아니다
13	要学会控制自己的情绪	자신의 감정을 조절할 줄 알아야 한다

■ 형태상 꼭 알아 두어야 할 선택지

1	命运取决于选择	운명은 선택에 달려 있다
2	练武有益于身心健康	무술 연마는 심신 건강에 유익하다
3	紧张不利于集中精力	긴장은 정신을 집중하는 데 불리하다
4	喝下午茶有助于补充能量	오후의 차를 마시면 에너지를 보충하는 데 도움이 된다

5	少林寺建于唐朝	소림사는 당 왕조 때에 지어졌다
6	筒车发明于唐代	관개용 수레(筒车)는 당대에 발명되었다
7	茶馆文化始于唐代	찻집 문화는 당대부터 시작되었다
8	这座建筑始建于唐朝	이 건물은 당나라 때부터 짓기 시작했다
9	日升昌创办于明朝	일승창은 명 왕조 때에 창립되었다
10	矛盾总是先产生于内部	모순은 항상 먼저 내부에서 생긴다
11	天池位于天山脚下	천지는 톈산 기슭에 위치해 있다
12	菊花属于喜阴植物	국화는 양지 식물에 속한다
13	年平均气温低于零度	연평균 기온은 0도보다 낮다
14	今年的降雨量高于平均水平	올해의 강우량은 평균 수준보다 높다
15	皮鞋的光泽来自(于)光线的反射	구두의 광택은 빛의 반사로부터 온다
16	他善于经商	그는 장사에 뛰어나다
17	要善于抓住身边的机会	가까이에 있는 기회 잡는 것을 잘 해야 한다
18	他擅长作诗	그는 시 짓기에 뛰어나다 (擅长 ≒ 善于)
19	车轮颜色与季节无关	자동차 바퀴 색깔은 계절과 무관하다
20	很多文学作品与月亮有关	많은 문학 작품은 달과 관계가 있다
21	人的性格与环境密切相关	사람의 성격은 환경과 밀접하게 상관이 있다
22	葡萄不易保存	포도는 보존하기가 쉽지 않다
23	愤怒时不要轻易作决定	분노할 때 함부로 결정을 내리지 마라
24	大米不宜反复淘洗	쌀을 반복해서 씻는 것은 적절치 않다
25	儿童不宜多吃冻豆腐	아동은 냉두부를 많이 먹으면 좋지 않다
26	钱多不一定就幸福	돈이 많다고 꼭 행복한 것은 아니다 (不一定 = 未必 = 不见得)

27	想得多未必是好事	생각이 많은 게 꼭 좋은 것은 아니다
28	选择多不见得好	선택이 많다고 꼭 좋은 것은 아니다
29	做事要细心	일을 할 때는 세심해야 한다
30	选人要谨慎	사람을 선택할 때는 신중해야 한다
31	做事情要细致认真	일을 할 때는 세밀하고 꼼꼼해야 한다
32	要懂得吸取经验教训	경험과 교훈을 얻을 줄 알아야 한다

33	仙人掌对环境要求很高	선인장은 환경에 대해 요구가 매우 높다 (환경을 많이 가린다)
34	练武对强身健体作用不大	무술 연마는 신체 단련에 작용이 크지 않다 (효과가 별로 없다)

35	火箭目前无法送上月球	로켓은 현재 달에 보낼 수 없다
36	这不是无法实现的梦想	이것은 이룰 수 없는 꿈이 아니다

37	现代人离不开手机	현대인은 핸드폰을 떠날 수 없다
38	成功离不开个人努力	성공은 개인의 노력을 떠날 수 없다

39	二胡在中国很受欢迎	얼후는 중국에서 많은 환영을 받는다
40	保龄球很受年轻人欢迎	볼링은 젊은이의 환영을 받는다
41	巧克力更受年轻人喜爱	초콜릿은 더욱 젊은이들의 사랑을 받는다
42	故宫还未全面对外开放	고궁은 아직 전면적으로 대외 개방하지 않았다
43	心理疾病很常见	심리 질병은 매우 흔하다
44	这种装饰品很少见	이런 장식품은 매우 드물다

45	这种昆虫的数量有限	이런 곤충의 수량은 유한하다

46	这种昆虫以植物为食	이런 곤충은 식물을 먹이로 삼는다
47	学习应该以学习为主	학생은 공부를 위주로 해야 한다

48	这种花多为紫红色	이런 꽃은 주로 적갈색이다 (为 wéi [동] ~이다)

> 有氧运动是指以增强人体吸入、输送与使用氧气为目的的耐久性运动。它的特点是强度低、有节奏、不中断，且持续时间较长。有氧运动如步行、骑自行车等，能有效地改善心、肺功能，调节心理和精神状态。
>
> A 有氧运动强度大
> B 有氧运动效果不佳
> C 有氧运动有益身心健康
> D 有氧运动宜在傍晚进行

해석 유산소 운동은 인체가 산소를 흡수, 수송, 사용하는 것을 강화시키는 것을 목적으로 하는 내구성 운동(비교적 장시간 참으면서 하는 운동)을 의미한다. 그것의 특징은 강도가 낮고 리듬이 있으며 중단하지 않고 게다가 지속 시간이 비교적 길다. <u>유산소 운동</u>은 걷기, 자전거 타기 등이 있는데 <u>심장과 폐 기능을 효과적으로 개선하고 심리와 정신 상태를 조절할 수 있다.</u>

A 유산소 운동은 강도가 크다
B 유산소 운동은 효과가 좋지 않다
C 유산소 운동은 심신 건강에 좋다
D 유산소 운동은 저녁 무렵에 하면 안 된다

풀이 심장(心)과 폐(肺)의 기능 강화와 심리(心理) 조절 효과가 있다고 한 것은 심신(몸과 마음)에 유익하다고 할 수 있으므로 C가 정답이 된다.

정답 C

꿀팁 유산소 운동에 관한 지문으로 단어와 해석이 비교적 어렵다. **명심할 것은 전문적이고 어려운 내용일수록 정답은 지문의 표현과 거의 유사하게 표현되거나 해석이 상대적으로 쉬운 부분에서 힌트를 찾을 수 있다는 것이다.**

어휘
有氧运动 yǒuyǎng yùndòng 유산소 운동
是指 shì zhǐ ~을 가리키다, ~을 의미하다
增强 zēngqiáng [동] 증강하다, 강화하다
人体 réntǐ [명] 인체
吸入 xīrù [동] 흡수하다
输送 shūsòng [동] 수송하다, 보내다
氧气 yǎngqì [명] 산소 6급
以A为B yǐ A wéi B A를 B로 삼다
耐久性 nàijiǔxìng [명] 내구성
节奏 jiézòu [명] 리듬, 박자 6급
中断 zhōngduàn [동] 중단하다 6급
且 qiě [접] 게다가, 또한
持续 chíxù [동] 지속하다 5급

步行 bùxíng [동] 보행하다
改善 gǎishàn [동] 개선하다 5급
心 xīn [명] 마음, 심장
肺 fèi [명] 폐 6급
功能 gōngnéng [명] 기능 5급
调节 tiáojié [동] 조절하다 6급
心理 xīnlǐ [명] 심리, 마음 상태 5급
精神 jīngshén [명] 정신, 기운, 생기 5급
状态 zhuàngtài [명] 상태 5급
佳 jiā [형] 좋다, 훌륭하다
有益 yǒuyì [동] 유익하다, 도움이 되다
宜 yí [동] ~하기에 알맞다, ~해야 한다(↔ 不宜)
傍晚 bàngwǎn [명] 저녁 무렵 5급

실전 연습 문제 1

第 1-10 题: 请选出正与试题内容一致的一项。

1. 如今，手机已经成为人与人之间保持紧密联系的必备工具，现代人认为用手机联系可以大幅度降低和人沟通的成本，并且可以扩大人际交往圈；孩子用手机和父母联系的话，可以减少父母的担心，能保证父母随时随地了解孩子的有关信息。

    A 手机的功能越来越多
    B 常玩手机降低学习效率
    C 手机是很重要的沟通工具
    D 手机减少父母对孩子的照顾

2. "春运"，即春节运输，是中国在农历春节前后发生的一种大规模的高交通运输压力的现象。以春节为中心，共40天左右，由国家发改委统一发布，国家铁路局、交通部、民航总局按此进行专门运输安排的全国性交通运输高峰叫做春运。

    A "春运"有两个含义
    B "春运"车票供不应求
    C "春运"期间有特别的交通安排
    D "春运"是指元旦前后的40天左右

실전 연습 문제 2

3. 适量饮茶对人体有益，但过多饮用浓茶可能出现"茶醉"。这是其中的咖啡碱和氟化物所引起的。有些人连喝几杯浓茶后，会出现感觉过敏、失眠、头痛、恶心、站立不稳、手足颤抖、工作效率下降等现象。实际上这是过量的咖啡碱所起的作用。

    A 小孩子不宜喝茶
    B 过多饮用浓茶有害
    C 饮茶会使工作效率下降
    D "茶醉"是皮肤过敏引起的

4. 学习不一定只在学生时代，学习是更好地生活的开始。无论是选一门不算学分的课，还是向同事学习某些嗜好或兴趣，甚至边开车边听外语，试着从不同方向找出兴趣，生命会更开阔。

    A 学习有最佳时期
    B 兴趣是最好的老师
    C 随时随地都可以学习
    D 方向错了永远达不到目的

실전 연습 문제 3

5. 居住在云南剑川的白族，很善于把自己的丰富感情寓于各种饮食之中。比如，男女成婚时，宴席上一定要吃"白合菜"，以表示"百年好合"。家中若是来了客人，如果是男宾，主人要摆出花生米，因花生米的两瓣是紧密相连的，这就表示"亲如兄弟"。

   A 白族美食多含情
   B 白族厨师感情丰富
   C 白族宴席上男宾更多
   D 白族吃花生米希望婚姻稳定

6. "酸葡萄"心理是指把那些自己想要却得不到的东西说成是不好的的一种心理状态，这种方法能起到自我安慰的作用。比如，别人有一样好东西，你很想要，但实际上你不可能得到。这时不妨利用"酸葡萄"心理，说那样东西的"坏话"，来压制自己不能被满足的需求。

   A 承认失败并不可怕
   B 不要去追求自己得不到的东西
   C "酸葡萄"心理是一种心理疾病
   D "酸葡萄"心理能帮人获得心理平衡

실전 연습 문제 4

7. 有时候，试着改变你本来的风格，并不是否定或者不尊重自己，反而可能会对你有利。比如，在参加宴会时，性格活泼的人偶尔表现得安静些，别人可能更愿意与你交流。而性格害羞的人，偶尔大方一些，不仅能交到更多朋友，还能让自己更有信心。

   A 性格害羞的人喜欢购物
   B 朋友多的人通常更自信
   C 性格活泼的人更需要朋友
   D 可以考虑偶尔改变一下风格

8. 中国幅员辽阔，气候复杂。南方多雨水，空气潮湿，温和、湿润的气候有利于人放松精神，因此南方人多具理性色彩，头脑冷静。而北方冬季漫长，空气干燥，多风沙，导致北方人喜喝烈酒，容易急躁，性格开朗直爽，动作粗犷，敢说敢做。

   A 中国北方人说话干脆
   B 中国北方人头脑灵活
   C 中国南方的气候复杂
   D 中国南方人喜欢喝烈酒

실전 연습 문제 5

9. 朋友、熟人之间适当开玩笑，可以活跃气氛、融洽关系，增进友谊。但开玩笑要看对象。俗话说："人上一百，形形色色。"人的性格不同，开玩笑也应有区别。和宽容大度的人开点儿玩笑，或许可以调节气氛，和异性、刚认识的人开玩笑，则要适可而止。

    A 开玩笑要大方一些
    B 刚认识的人不宜开玩笑
    C 开玩笑要注意对方的特点
    D 在严肃的气氛里不要开玩笑

10. 刘半农是中国著名的文学家、语言学家。1920年他创作了一首题为《教我如何不想她》的小诗，后经赵元任谱成歌曲，在国内传唱开来，流传至今。这首诗中第一次用"她"字来指代女性，后来"她"字得到人们的普遍认可，被收入词典。

    A 赵元任发明了"她"字
    B 赵元任认为男女应该平等
    C 用"她"字指代女性始于刘半农
    D 将"她"收入词典是为了纪念刘半农

독해 3부분

장문 읽고 질문에 답하기

출제 원리와 공략법

하나의 긴 지문을 읽고 4문제씩 풀어야 하는 〈듣기 3부분〉은 '시간 관리'가 관건입니다. 근본적인 해결책은 '딱 보면 이해할 수 있는' 독해력을 키우는 것이겠지만 단기간에 시험에 합격해야 하는 상황에서는 어려운 일입니다. 그래서 '선별식 독해'와 '출제 원리 이해'를 통해서 가장 효과적인 풀이 방법을 익히도록 합니다.

● 출제 특징

- **문항 구성** : 71번~90번. 5개의 지문에 각각 4문제씩 나와 총 20문제가 출제된다.
- **지문의 종류** :
  일화 · 우화 지문 : 등장인물과 줄거리가 있으며 교훈 전달을 목적으로 한다. 마지막 문제(4번째 문제)는 종종 주제를 물어본다.
  정보 전달 지문 : 전문 용어 등 다소 어려운 단어가 등장하며 유용한 정보 전달을 목적으로 한다. 마지막 문제(4번째 문제)는 종종 제목을 물어본다.
- **정답 힌트에 관하여** : 〈3부분〉 풀이의 관건은 '정확한 속독'이다. 이를 위해서는 필요한 부분만 신속하게 찾아낼 수 있는 '안목'이 필요한데, 다행히 일반적으로 아래와 같은 특징이 있다.
  ① 각 문제의 힌트는 지문에서 순차적으로 노출된다.
  ② 첫 번째 문제는 대개 첫 단락 안에 힌트가 주어진다.
  ③ 마지막 문제는 주로 마지막 단락에 힌트가 나온다.
  ④ 인과 관계, 전환 관계, 정도부사 위주의 선별식 독해로 더 쉽고 더 빠르게 풀 수 있다.

● 3단계 풀이법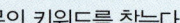

[1단계] 질문의 키워드를 찾는다.
[2단계] 질문의 키워드나 관련 내용을 본문에서 신속하게 찾는다.
[3단계] 앞뒤 문맥이나 주제를 고려하여 정답 선택한다.

● 학생들이 가장 많이 하는 질문

"선생님, 문제를 풀 때는 느낌이 좋은데 왜 채점해 보면 점수가 안 좋죠?"

간단합니다. 이해를 하지 않고 '숨은 그림 찾기식'으로 지문 속 단어가 있는 선택지 위주로 정답을 골랐기 때문입니다. 아무리 속독이 중요하다지만 글의 '전반적인 흐름'과 '중요 부분의 이해' 없이 단지 선택지의 단어가 본문에 등장한다는 이유만으로 그 선택지를 정답으로 골라서는 안 됩니다. 왜냐하면 모든 문제의 선택지는 형태적 유사어를 제시하여 오답으로 유인하는 함정이 있기 때문입니다. 따라서 해석 없는 '숨은 그림 찾기'식의 풀이법은 매우 위험합니다.

● 학습 전략

- 5급 필수 어휘 위주의 단어 암기
- 한 문제당 1분의 제한 시간 안에 풀기 연습
- 정답 확인 후 한 문장씩 정독으로 깊이 있는 해석
- 특정 단어를 통한 주요 부분 골라내기 연습

 정확한 속독으로 시간 안에 풀기

기출문제 분석

독해 3부분 장문 읽고 질문에 답하기

아래 문제를 풀어 봄으로써 문제 유형을 익히고, 힌트가 어느 위치에 있고 또 어떤 문장에서 중요 내용을 담고 있는지 확인해 보세요.

지문을 읽고 질문에 알맞은 답안을 고르세요.

1-4.

　　有位画家，他的作品经常被刊登在国际知名的报刊杂志上，他举办过十几次个人画展，作品也屡次获得国际大奖，当有人问他是如何取得这样的成就时，那位画家讲了这样一件事情：

　　小时候，他的兴趣非常广泛，也很要强。摄影、游泳、打网球，必须样样第一才行，但这当然是不可能的。于是，他心灰意冷，学习成绩一落千丈。父亲知道后，找来一个漏斗和一些豆子种子，让他把手放在漏斗下面接着，然后拿起一粒种子投进漏斗，种子顺着漏斗滑到了他的手里。父亲投了十几次，他的手中也就有了十几粒种子。接着，父亲又抓起满满的一把豆粒放到漏斗里，豆粒相互挤着，竟一粒也没有掉下来。父亲对他说："做事情就像往漏斗中投豆粒一样。假如你每天都能做好一件事，那你每天都会有一粒种子的收获和快乐。可是，当你把所有的事情都挤到一块儿来做，那你连一粒种子也收获不到。"

　　每个人都渴望成功，不过，"一口吃不成胖子"，成功需要一步一步来。如果你想同时完成很多事情，同时实现很多愿望，事事都想做，事事都去做，那成功很可能将离你而去，成功对你而言，将可能只是美梦一场。

1. 关于那位画家，可以知道：
   A 爱吃豆腐　　　　　　　B 事业很成功
   C 学习成绩一直很优秀　　D 小时候就举办过画展

2. 第2段的"心灰意冷"，最可能是什么意思？
   A 失望难过　　　　　　B 情绪激动
   C 沉默不语　　　　　　D 感到惭愧

3. 父亲把满满一把豆粒放到漏斗里时：
   A 漏斗掉在了地上　　　B 豆粒被挤碎了
   C 豆粒排列很有规律　　D 没有一粒豆子掉下来

4. 上文主要想告诉我们什么？
   A 兴趣要从小培养　　　B 要善于听取他人意见
   C 成功需要远大的目标　D 应先集中精力做好一件事

어휘
刊登 kāndēng [동] (신문·잡지 등에) 싣다, 게재하다 6급
报刊 bàokān [명] 신문과 간행물 6급
作品 zuòpǐn [명] 작품 5급
屡次 lǚcì [부] 여러 번 6급
获得 huòdé [동] 얻다, 획득하다 4급
大奖 dàjiǎng [명] 대상
当~时 dāng~shí ~할 때
广泛 guǎngfàn [형] 광범하다 5급
要强 yàoqiáng [형] 승부욕이 강하다
摄影 shèyǐng [동] 사진을 찍다 5급
样样 yàngyàng [대] 여러 가지, 모든 것
于是 yúshì [접] 그래서, 그리하여 4급
心灰意冷 xīn huī yì lěng [성] 의기소침하다
一落千丈 yí luò qiān zhàng [성] 급격히 떨어지다
漏斗 lòudǒu [명] 깔때기
豆子 dòuzi [명] 콩
种子 zhǒngzi [명] 씨앗 6급
粒 lì [양] 알 [명] 알갱이 6급
投 tóu [동] 던지다

顺着 shùnzhe ~에 따르다
滑 huá [동] 미끄러지다 [형] 미끄럽다 5급
接着 jiēzhe [부] 이어서 [동] 받다 4급
抓 zhuā [동] 잡다 5급
挤 jǐ [동] 빽빽이 들어차다(拥挤: 붐비다 5급)
竟 jìng [부] 뜻밖에(=竟然 4급)
像~一样 xiàng~yíyàng ~처럼, ~과 같이
假如 jiǎrú [접] 만일 ~라면 5급
收获 shōuhuò [동] 수확하다 [명] 수확 5급
一块儿 yíkuàir [명] 한곳 [부] 함께
连~也 lián~yě ~조차도
渴望 kěwàng [동] 갈망하다 6급
一口成不了胖子 yì kǒu chī bù chéng pàngzi 한 입에 뚱보가 될 수 없다
实现 shíxiàn [동] 실현하다 5급
愿望 yuànwàng [명] 희망, 바람 5급
对~而言 duì~ér yán ~에게 있어서
美梦一场 měi mèng yì chǎng 한 차례 단꿈

입체 풀이

　　有位画家，他的作品经常被刊登在国际知名的报刊杂志上，他举办过十几次个人画展，1 作品也屡次获得国际大奖，当有人问他是如何取得这样的成就时，那位画家讲了这样一件事情：

　　小时候，他的兴趣非常广泛，也很要强。2 摄影、游泳、打网球，必须样样第一才行，但这当然是不可能的。于是，他心灰意冷，学习成绩一落千丈。父亲知道后，找来一个漏斗和一些豆子种子，让他把手放在漏斗下面接着，然后拿起一粒种子投进漏斗，种子顺着漏斗滑到了他的手里。父亲投了十几次，他的手中也就有了十几粒种子。接着，3 亲又抓起满满的一把豆粒放到漏斗里面，豆粒相互挤着，竟一粒也没有掉下来。父亲对他说："做事情就像往漏斗中投豆粒一样。4 假如你每天都能做好一件事，那你每天都会有一粒种子的收获和快乐。可是，当你把所有的事情都挤到一块儿来做，那你连一粒种子也收获不到。"

　　4 每个人都渴望成功，不过，"一口吃不成胖子"，成功需要一步一步来。如果你想同时完成很多事情，同时实现很多愿望，事事都想做，事事都去做，那成功很可能将离你而去，成功对你而言，将可能只是美梦一场。

> 첫 번째 문제의 힌트는 첫 단락에

> 힌트 1 전환(但/可/其实/事实上…) 부분에서 중요 내용 등장.
> 힌트 2 사실 + 于是(그래서) + 행동

> 3번 문제 질문 키워드
> 힌트 '의외의 상황'를 나타내는 단어 (竟/竟然/居然/没想到/谁知/出乎意料…)에서 중요 내용 등장.

> 마지막 문제의 힌트는 마지막 단락에 있으며, 키워드는 '成功'이지만 깔때기에 콩알이 빠지는 것처럼 하나하나 진행하는 것이 중요하다.

1. 关于那位画家，可以知道：
   A 爱吃豆腐　　　　　B 事业很成功
   C 学习成绩一直很优秀　D 小时候就举办过画展

   분석 그림 전시회(画展)도 열고 성취를 얻었다(取得成就)고 했으므로 B가 정답이다.

   오답분석 C : 학업 성적 관련 언급이 없다.
   D : 사진전 개최는 어릴 때가 아니다.

   유형 대상 일치
   첫 번째 문제의 힌트는 첫 단락에 있다.

2. 第2段的"心灰意冷"，最可能是什么意思?
   A 失望难过　　　　　B 情绪激动
   C 沉默不语　　　　　D 感到惭愧

   분석 모든 분야에서 일등(样样第一)하고자 하나 현실적으로 불가능하므로(不可能) 느낄 수 있는 감정은 '失望难过'이다.

   유형 어의 추론
   어의 추론 문제는 앞뒤 문맥의 이해를 통해 논리적 추론으로 풀어야 한다.

3. 父亲把满满一把豆粒放到漏斗里时：
   A 漏斗掉在了地上　　B 豆粒被挤碎了
   C 豆粒排列很有规律　D 没有一粒豆子掉下来

   분석 한 알도 떨어지지 않았으므로 D가 정답이다.

   유형 세부 내용 일치
   질문의 키워드를 선정한 후 본문을 속독하면서 똑같은 키워드나 유의어를 찾아내는 것이 관건이다.

4. 上文主要想告诉我们什么?
 A 兴趣要从小培养　　B 要善于听取他人意见
 C 成功需要远大的目标　D 应先集中精力做好一件事

키워드 告诉

유형 주제 이해
주제는 주로 끝 단락에 나오지만, 주제 정리 단락이 없을 경우, 이야기의 전체 줄거리에 근거하여 추론해 내야 한다. 이때 반복 출현하는 키워드를 중심으로 주제를 파악하는 것이 효과적이다.

분석 한 발 한 발 한다는 것(一步一步来)은, 이것저것 일을 벌이지 말고 힘을 집중시켜(集中精力) 하나씩 해 나가다 보면(做好一件事) 성공하게 된다는 뜻이므로 D가 정답이다.

오답분석 C : '成功'이 들어 있다고 덥석 정답으로 고르지 말자. C의 핵심 내용은 '원대한 목표'로 이는 '성공은 한 걸음 한 걸음 나아가는 것'이라는 주제와 맞지 않다.

해석
　한 화가가 있었는데 그의 작품은 자주 국제적으로 유명한 신문과 간행물에 실렸다. **1**그는 십여 차례 개인 그림 전시회를 열었고 작품은 여러 번 국제 대상을 차지했다. 누군가 그에게 어떻게 해서 이런 성취를 얻게 되었느냐고 물으면 그는 이런 일을 이야기해 주었다.
　어릴 때 그의 취미는 광범위하고 승부욕이 강했다. 사진 촬영, 수영, 농구하기 등 반드시 **2**모든 것에 1등을 해야 했는데, 이것은 당연히 불가능했다. 그래서 그는 의기소침해졌으며 학업 성적은 급격히 떨어졌다. 아버지가 안 후 깔때기 하나와 약간의 콩을 가져와서 그에게 손을 깔때기 아래에 갖다 대게 한 다음 몇 알의 콩알을 깔때기 안에 넣었고, 콩알은 깔때기를 따라 그의 손으로 미끄러져 내려왔다. 아버지는 십수 번을 넣었고 그의 손에는 십여 개의 알이 생겼다. 이어서 **3**아버지가 한 웅큼 꽉 채워서 콩알을 깔때기 안으로 넣었을 때 콩알들은 서로 끼어서 뜻밖에도 한 알도 떨어지지 않았다. 아버지가 그에게 말했다. "일을 할 때도 바로 깔때기 안에 던져진 콩알과 같다. 만일 네가 **4**매일 한 가지 일을 잘 해낼 수 있으면 너는 매일 한 개의 수확과 즐거움을 가지게 될 것이야. 그러나 네가 모든 일을 한꺼번에 모아서 하면 한 알도 얻지 못할 것이야."
　4모든 사람들은 성공을 갈망하지만 그러나 '한 입에 배가 부를 수는 없는 법'이며, 성공은 한 발 한 발 나아가야 한다. 만일 당신이 동시에 많은 일들을 완성하려 하고 동시에 많은 바람을 실현시키려 하고, 하는 모든 일을 하고 싶어 하고 모든 일을 하려 한다면 성공은 아마도 당신으로부터 멀어질 것이고 성공은 당신에게 있어서 단지 한 차례 단꿈에 지나지 않을 것이다.

1. 화가에 관해서 알 수 있는 것은 :
 A 두부 먹는 것을 좋아한다　　　　B 사업이 매우 성공적이다
 C 학업 성적이 줄곧 우수했다　　　D 어릴 때 그림 전시회를 열었다

2. 두 번째 단락의 '心灰意冷'은 무슨 뜻일 가능성이 가장 큰가?
 A 실망하고 괴로워하다　　　　　　B 마음이 흥분되다
 C 침묵하며 말이 없다　　　　　　　D 부끄러움을 느낀다

3. 아버지가 한 웅큼의 콩알을 깔때기에 넣었을 때 :
 A 깔때기가 땅에 떨어졌다　　　　　B 콩알이 서로 엉켜 부서졌다
 C 콩알의 배열이 아주 규칙적이다　　D 한 알의 콩알도 떨어지지 않았다

4. 윗글이 주로 우리에게 말하고자 하는 것은 무엇인가?
 A 흥미는 어릴 때부터 길러 주어야 한다　　B 타인의 의견을 잘 들어야 한다
 C 성공은 원대한 목표가 있어야 한다　　　　D 먼저 힘을 집중시켜 한 가지 일을 잘 해내야 한다

전략 학습 1 : 선별식 독해

독해 3부분 장문 읽고 질문에 답하기

■ '선별식 독해'를 위해 꼭 알아야 할 중요한 사실들 ☆

〈독해 3부분〉은 어떻게 하면 질문에서 원하는 내용을 지문에서 최대한 신속하게 찾을 수 있는가가 관건입니다. 지문이 길기 때문에 일일이 해석하면서 문제를 푼다면 절반도 못 풀고 독해 시간이 종료될 것입니다. 따라서 '선별식 독해'가 필요합니다. 아래 몇 가지 원칙은 선별식 독해를 위해서 꼭 알아야 할 기본적인 내용이므로 읽어 보고 이해하도록 합니다.

> (1) **질문 키워드 체크 → 지문 해석** : 질문의 키워드를 선정하고 A, B, C, D는 보지 않고 바로 지문을 해석해서 관련 내용을 찾는다.
> (2) **질문 / 선택지 키워드 체크 → 지문 해석** : 대상 일치 문제(关于~, 可以知道什么?)와 종합 일치 문제(根据上文, 下列哪项正确?)는 질문과 선택지의 키워드를 먼저 체크하고 지문에서 관련 내용을 찾는다.
> (3) **첫 단락은 비교적 정확하게 이해** : 첫 번째 문제의 힌트는 주로 첫 단락(혹은 비교적 앞부분)에 있고 또 글 전체를 속독하기 위해서는 첫 단락에서 인물과 시공간적 배경에 대한 이해가 있어야 한다.
> (4) **네 번째 질문의 힌트는 마지막 단락에** : 네 번째 문제는 주제나 제목을 묻는 문제로 종종 마지막 단락에서 결정적 힌트를 찾을 수 있다.
> (5) **정답 표현 방식** : 정답은 지문 속 어휘로 나오기도 하고, 다른 유의어로 표현되기도 한다.
> (6) **어의 추론 문제** : 어의 추론 문제는 형태적 유사성에 속지 말고, 앞뒤 문맥 이해를 통한 합리적 추론으로 찾는다.

■ '선별식 독해'에 필요한 특정 어휘 ☆

〈독해 3부분〉은 한 **지문당 4문제**가 나오며 **4분** 정도가 소요됩니다. 이런 상황에서 글 전체를 모두 읽고 시간 안에 문제를 풀기란 매우 어려운 일입니다, 다행인 것은 **중요 내용이 나올 때 특정 어휘를 쓰는 경향**이 있습니다. 그래서 **일부 문제들은** 특정 어휘를 중심으로 해석하면 **쉽고 빠르게 풀 수가 있습니다**.

> 인과 : **因为/因/为/由于** ~때문에, **所以/因此/因而/于是/从而** 그래서, 그리하여, **可见** ~임을 알 수 있다
> 전환 : **可是/但是/然而/不过** 그러나, **其实** 사실은, **却** 오히려, **事实上** 사실상, **实际上** 실제로는
> 정도 : **最**, **非常**, **特别**, **格外** 유달리, **尤其是/特别是** 특히
> 의외 : **竟/竟然/居然** 뜻밖에, **没想到/谁知/不料** 생각지도 못하게, **突然/忽然** 갑자기
> 기타 : **原来** 알고 보니, **为了** ~을 위해서, **总之** 정리하자면, **重要** 중요하다, **关键** 관건

주의! '특정 어휘로 풀기'는 하나의 풀이법에 불과합니다. 다시 말해 모든 문제를 위의 방식으로 풀게 되면 함정에 빠질 수 있습니다. 따라서 어느 정도 글의 흐름, 줄거리, 주제 등을 이해하면서 이들 특정 단어를 활용해 신속하게 풀어야 하는 것이지, 기본적인 내용 이해 없이 같은 단어 찾기식의 기계적인 비교를 통한 풀이는 매우 위험할 수 있습니다. 이를 위해서는 평소에 단어 암기와 정독(정확한 해석)을 통한 내공 쌓기를 게을리해서는 안 됩니다.

전략 학습 2 : 유형별 풀이법

독해 3부분 장문 읽고 질문에 답하기

■ 원인 문제

'为什么'가 들어가는 질문으로, 사람의 언행이나 현상이 왜 그렇게 됐는지를 묻는다. 지문 속의 **인과 관련 접속사**(为了, 因为, 所以, 于是…)들을 통해서 관련 부분을 신속하게 찾을 수 있다.

- 他为什么放弃了写作? 그는 왜 글쓰기를 포기했는가?
- 科学家为什么提出要玩游戏? 과학자는 왜 게임을 하자고 제안했는가?
- 为什么女性的年龄越大,职场幸福感越强? 왜 여성의 나이가 많으면 직장에서 행복감이 강한가?

> **풀이법** 질문에서 키워드를 찾은 후 지문을 속독하면서 **동일한 어휘**나 관련 있는 부분을 찾아서 신속하게 푼다. 인과 관계에 주의하고 내용을 읽어 나갈 때 진행되는 상황에 대해 '왜?'라는 의문을 가지고 읽어 나간다. 특히 '为了', '因为', '所以', '于是' 등의 단어가 나오는 부분은 **문제로 출제**되기 때문에 주의해서 본다.

예제

有个人很穷, 一个富人想帮他致富, 便送给他一头牛, 嘱咐他好好开荒, 等到春天就给他送种子, 这样到了秋天就能脱离贫穷。

穷人满怀希望地开始奋斗。可没过几天, 牛要吃草, 人要吃饭, 日子反而比过去还艰难。于是他想, 不如把牛卖了买几只羊, 先吃一只, 剩下的留着生小羊, 长大了可以卖更多的钱。

……(생략)

1. 穷人为什么把牛卖了? **키워드**

   A 要招待客人
   B 有人高价购买
   C 生活越来越艰苦
   D 牛不认真干活儿

해석

어떤 가난한 사람이 있었는데 한 부자가 그를 도와 부자가 되게 하려고 그에게 소 한 마리를 선물하면서 잘 개간하라고 당부하였다. 봄이 되면 그에게 씨앗을 주어 가을이 되면 가난을 벗어날 수 있다고 했다.

가난뱅이는 희망을 가득 안고 열심히 살기 시작했다. 하지만 며칠 지나지 않아 소는 풀을 먹어야 하고 사람은 밥을 먹어야 했기에 생활이 오히려 과거보다 더 어려워졌다. 그래서 그는 생각하기를, 소를 팔아 양 몇 마리를 산 후, 먼저 한 마리는 잡아먹고 남은 양은 남겨 뒀다가 새끼 양을 낳게 해서 다 자라면 더 비싸게 팔 수 있겠다고 생각했다.

……(생략)

가난뱅이는 왜 소를 팔았는가?

A 손님을 접대하려고
B 누군가가 고가로 사려고 해서
C 생활이 갈수록 고달퍼서
D 소가 열심히 일을 하지 않아서

분석 질문의 키워드인 '把牛卖了'를 그대로 지문에서 찾을 수 있다. '于是' 앞에는 어떤 사실이 나오고 '于是' 뒤에는 그에 따르는 행동이 나온다. 따라서 '**사실(원인) + 于是 + 행동(결과)**'이 성립된다. '艰难(힘들다)'과 '艰苦(어렵고 고달프다)'가 유의어라는 것과 '把牛卖了'와 '于是'를 이용해서 보다 신속하게 정답을 찾아낼 수 있어야 한다.

정답 C

어휘
- 富人 fùrén [명] 부자
- 致富 zhìfù [동] 부유해지다
- 便 biàn [부] 곧(≒就) 5급
- 头 tóu [양] 마리(가축을 셈)
- 嘱咐 zhǔfù [동] 당부하다 6급
- 开荒 kāihuāng [동] 황무지를 개간하다
- 种子 zhǒngzi [명] 종자, 씨앗 6급
- 脱离 tuōlí [동] 벗어나다 6급
- 贫穷 pínqióng [형] 가난하다
- 满怀希望 mǎnhuái xīwàng 희망을 가득 안다
- 奋斗 fèndòu [동] 분투하다 5급
- 日子 rìzi [명] 생활, 날 5급
- 反而 fǎn'ér [부] 오히려 5급
- 艰难 jiānnán [형] 힘들다 6급
- 于是 yúshì [접] 그래서 4급
- 剩 shèng [동] 남다 4급
- 招待 zhāodài [동] 접대하다 5급
- 购买 gòumǎi [동] 구매하다
- 艰苦 jiānkǔ [형] 어렵고 고달프다 5급
- 干活儿 gànhuór [동] 일을 하다

■ 대상 일치 문제

'关于~'로 시작하는 이 질문은 주로 **첫 번째나 두 번째 질문**으로 나오며, 지문 속에 등장하는 **인물, 실험, 사물, 동식물**과 관련하여 **일치하는 선택지**를 고르는 문제이다.

- 那些苹果: 그 사과들은:
- 学骑自行车，作者: 자전거를 배울 때 작자는:
- 关于小丽，下列哪项正确? 샤오리에 관해 아래에서 옳은 것은?
- 关于那个实验，可以知道什么? 그 실험에 관해서 무엇을 알 수 있는가?

> **풀이법** 정답은 지문 속에 등장하는 단어나 표현을 이용해 만들기도 하지만 또 많은 경우에는 **지문 속에 없는 단어를 이용해 제시**하기도 한다. 따라서 **지문 속 단어나 표현이 들어갔다고 해서 맹목적으로 그 선택지를 고르지 않도록 하자**. 또한 대상 일치 문제는 다른 유형과는 달리 **선택지의 키워드를 먼저 체크**하고 거기에 맞게 지문을 해석하는 것이 더 효과적이다.

예제

　　有一位青年去求职，应聘几家单位都被拒之门外，感到十分沮丧。最后，他抱着一线希望又去一家公司应聘。在此之前，他先去打听了该公司老总的历史。通过了解，发现这个公司老总以前也有与自己相似的经历。他如获珍宝，在应聘时，他就与老总畅谈自己的求职经历，以及自己怀才不遇的愤慨。果然，<u>这一席话博得了老总的赏识和同情，最终他被录用为业务经理</u>。

……(생략)

해석

　　한 청년이 구직을 하는데 몇몇 회사에 지원했지만 모두 거절 당해서 매우 낙담해 있었다. 마지막으로 그는 일말의 희망을 안고 또 한 회사에 지원했다. 그 전에 그는 먼저 이 회사 사장의 과거에 대해서 알아보았다. 조사를 통해 그는 이 회사의 사장이 이전에 자신과 비슷한 경험을 가지고 있다는 것을 알게 되었다. 그는 보물을 얻은 것 같아 지원할 때 사장과 자신의 구직 경험, 그리고 자신에게 재능은 있는데 기회를 만나지 못한 분개에 대해 허심탄회하게 이야기했다. 과연 <u>이 말은 사장의 인정과 동정을 얻어 냈고 결국 그는 업무 관리자로 채용되었다</u>.

……(생략)

2. 关于那位青年，可以知道什么? 이 청년에 관해서 알 수 있는 것은?
   A 刚刚大学毕业 A 막 대학을 졸업했다
   B 做过心理咨询师 B 심리 상담사를 한 적이 있다
   C 公司老总很欣赏他 C 회사 사장이 그를 매우 마음에 들어 한다
   D 与公司老总是校友 D 회사 사장과 학교 친구이다

분석 이 단락의 중심 내용은 '취업난을 겪고 있는 한 청년이 사장의 과거를 조사하여 성공적으로 면접을 보고 채용되었다는 것'이다. A와 B는 지문에 언급된 바 없고 또한 이 단락의 중심 내용도 아니다. 오직 C와 D만이 청년과 사장과의 관계를 나타내고 있는데 D의 '校友'는 지문에 없기 때문에 정답이 될 수 없다. C의 '欣赏'은 '감상하다'는 뜻 외에 '마음에 들어 하다'는 뜻이 있기 때문에 정답으로 가장 알맞다. '赏识', '同情', '被录用为业务经理' 등의 표현을 보고 '欣赏'이라는 단어로 연결시킬 수 있어야 한다.

정답 C

어휘
求职 qiúzhí [동] 구직하다
应聘 yìngpìn [동] (회사나 부서 등에) 지원하다 4급
单位 dānwèi [명] 회사, 단위 5급
拒之门外 jù zhī mén wài [성] 들어오지 못하게 하다
沮丧 jǔsàng [형] 낙담하다 6급
抱 bào [동] 안다 5급
此 cǐ [대] 이(≒这)
打听 dǎtīng [동] 알아보다, 물어보다 5급
该 gāi [대] 이(≒这)
老总 lǎozǒng [명] 사장
相似 xiāngsì [형] 비슷하다 5급
经历 jīnglì [명] 경험, 경력 [동] 겪다, 경험하다 4급
如获珍宝 rú huò zhēn bǎo [성] 보배를 얻은 것 같다
畅谈 chàngtán [동] 터놓고 이야기하다
以及 yǐjí [접] 및, 그리고 5급

怀才不遇 huái cái bú yù [성] 재능과 학문이 있으면서도 펼칠 기회를 만나지 못하다
愤慨 fènkǎi [동] 분개하다
果然 guǒrán [부] 과연, 예상한 대로 5급
席 xí [양] 자리, 차례, 바탕(연회석(술자리)·대화(담화) 등을 세는 단위)
博得 bódé [동] (인정·동정 등을) 얻다
赏识 shǎngshí [동] 높이 평가하다
同情 tóngqíng [동] 동정하다 4급
录用 lùyòng [동] 채용하다 6급
业务 yèwù [명] 업무 5급
业务经理 yèwù jīnglǐ [명] 업무 관리자
心理咨询师 xīnlǐ zīxúnshī [명] 심리 상담사 5급
欣赏 xīnshǎng [동] 감상하다, 마음에 들어 하다, 좋아하다 5급
校友 xiàoyǒu [명] 교우

■ 세부 내용 일치 문제

내용에 따라 질문의 내용이 다 다르다. 이야기의 **전반적인 흐름** 속에서도 중간중간에 **중요한 전환점**이나 **예상 밖의 상황**이 출현하는 부분에서 문제가 많이 나온다.

- **文件袋里装的是什么？** 서류 봉투 안에 들어 있는 것은 무엇인가?
- **骆驼和羊在争论什么？** 낙타와 양은 무엇에 대해 논쟁하고 있는가?
- **孩子们看见天上的乌龟后：** 아이들이 하늘에 있는 거북을 본 후:
- **小丽给文哥打电话时，李洋：** 샤오리가 원 형에게 전화를 걸었을 때 리양은:

> **풀이법** 일단 질문에서 '키워드'를 선택하고 지문을 속독하면서 '똑같거나 의미상·형태상 유사한 단어'를 찾아내어 그 부분을 근거로 정답을 찾는다. 지문에서 질문 키워드를 찾을 때, 키워드와 완전 같은 단어만 찾지 말고 어느 정도는 해석하면서 **관련 내용이 나오면** 정확하게 해석을 해야 한다.

예제

一个渔夫贪图省事，织的网只有一张桌子那么大，他出海一整天也没有捕到一条鱼。晚上他垂头丧气地回到家，<u>邻居见状，对他说："你织的网太小了，哪能捕到鱼？你得把网织得大一点儿。"</u>

渔夫听从了**邻居的建议**，把网织得和邻居的网一样大。他带着大网出海捕鱼，一天下来捕到了很多鱼。

……(생략)

3. **邻居建议**渔夫怎么做？ **질문의 키워드**

　A 换条船
　B 织一张大网
　C 早点儿出海
　D 把网织得结实点儿

해석

한 어부가 있었는데 고생을 덜 하려고 했다. 그가 짠 그물은 단지 탁자 크기만 하여 그가 바다로 나가 하루 종일 일해도 생선 한 마리도 잡을 수 없었다. 저녁에 그는 풀이 죽어 집에 돌아왔는데 <u>이웃이 이것을 보고 그에게 말했다. "당신이 짠 그물은 너무 작아서 어디 물고기나 잡겠어요? 그물을 좀 크게 만들어 보세요."</u>

어부는 **이웃의 건의**에 따라 그물을 이웃의 그물과 같은 크기로 만들었다. 그는 큰 그물을 가지고 바다로 나가 물고기를 잡았고 하루가 지나자 많은 물고기를 잡을 수 있었다.

……(생략)

이웃은 어부에게 어떻게 하라고 권했는가?

　A 배를 바꾼다
　B 하나의 큰 그물을 만든다
　C 좀 일찍 바다로 나간다
　D 그물을 좀 더 튼튼하게 만든다

분석 질문에서 키워드가 '邻居建议'임을 알 수 있고 이것을 **지문에서 그대로(邻居的建议) 찾을 수 있다.** 이 부분을 근거로 해서 위로 거슬러 올라가면 이웃이 건의한 내용을 확인할 수 있고 바로 B가 정답이 됨을 알 수 있다.

정답 B

어휘
渔夫 yúfū [명] 어부
贪图 tāntú [동] 탐내다
省事 shěngshì [동] 수고를 덜다
织网 zhīwǎng 그물을 짜다
捕 bǔ [동] 잡다

垂头丧气 chuí tóu sàng qì [성] 의기소침하다, 낙담하다
邻居 línjū [명] 이웃 3급
见状 jiànzhuàng [동] 상황을 보다
听从 tīngcóng [동] 따르다
下来 xiàlái [동] (일정 기간이) 지나다

■ 어의 추론 문제

주로 성어, 속담, 관용어 등 6급 이상의 단어나 문구의 의미를 묻는 문제로 난이도가 가장 높다. 지문에서 질문 어휘에는 밑줄이 그어져 있기 때문에 쉽게 찾을 수 있다. 밑줄 친 부분은 어려운 어휘나 표현이지만 전체적인 흐름(문맥)을 파악하고 있는지와 5급 단어나 상대적으로 쉬운 어휘로 그 의미를 표현해 낼 수 있는지 묻는 문제이다.

- 文中"关系特铁"的意思最可能是： 본문에서 '关系特铁'은 ~일 가능성이 가장 크다:
- 第6段中的"茁壮"最可能是什么意思？ 여섯 째 단락에서 '茁壮'은 아마도 무슨 의미이겠는가?

> **풀이법** 운 좋게 지문 속 밑줄 친 단어가 자신이 외운 단어라면 더할 나위 없이 좋겠지만 그런 일은 잘 발생하지 않는다. 따라서 중요한 것은 **앞뒤 단어나 문장의 해석을 통해 문맥을 이해하는 것**이다. 정답으로 생각하는 선택지를 넣었을 때 **앞뒤 문맥에 맞아야** 한다. 막연하게 **어떤 선택지의 단어가 느낌이 좋다**거나, 제시어의 일부 글자와 같은 글자가 있다는 이유만으로 고르지 않도록 주의하자.

예제

……(생략)

当这位老人拿着赏金走出宫殿时，一位大臣(힌트 1)不解地问他："真是不可思议！您对梦的解释其实同第一位老人是一样的，(힌트 2)为什么他被惩罚了，而您却得到了金币呢？"老人语重心长地说："很简单，不同的表达方式所产生的效果往往有很大的差异。"

……(생략)

4. 画线词语"不可思议"是什么意思？
 A 没办法思考
 B 让人难以理解
 C 感觉非常矛盾
 D 不要背后议论人

해석

……(생략)

이 노인이 상금을 가지고 궁전을 나왔을 때 한 대신이 (힌트 1) 이해할 수 없어 그에게 물었다. "정말 불가사의하군! 당신의 꿈에 대한 풀이가 사실은 첫 번째 노인이랑 같은데 (힌트 2) 왜 그는 벌을 받고 당신은 금화를 받았습니까?" 노인은 의미심장하게 말했다. "아주 간단해요. 다른 표현 방식이 만들어 내는 효과는 종종 큰 차이가 있지요."

……(생략)

밑줄 친 '不可思议'는 무슨 뜻인가?
 A 생각할 방법이 없다
 B 사람으로 하여금 이해할 수 없게 한다
 C 매우 모순적이라고 느낀다
 D 뒤에서 남 이야기를 하다

분석 밑줄 친 부분은 한 대신이 하는 말이다. 묻는 말 앞의 '不解地问'을 통해서 대신이 어떤 상황에 대해서 이해하지 못함을 알 수 있다. 뒤에 '为什么~'라는 표현이 있기 때문에 '이해할 수 없는' 상황임을 유추할 수 있고 따라서 B가 정답으로 가장 알맞다.

정답 B

어휘
赏金 shǎngjīn [명] 상금
宫殿 gōngdiàn [명] 궁전
大臣 dàchén [명] 대신
不解 bùjiě [동] 이해하지 못하다
不可思议 bù kě sī yì [성] 불가사의하다, 이해할 수 없다 6급
同 tóng [개] ~와(≒和/跟/与) [형] 같다

惩罚 chéngfá [명/동] 징벌(하다) 6급
金币 jīnbì [명] 금화
语重心长 yǔ zhòng xīn cháng [성] 의미심장하다
表达 biǎodá [동] 표현하다 5급
产生 chǎnshēng [동] 생기다, 발생하다, 발생시키다 5급
差异 chāyì [명] 차이

■ 종합 일치 문제

세 번째나 **네 번째**로 나오는 종합 일치 문제는 전반적인 내용 이해를 묻는 문제이다. 점검해야 하는 부분이 넓기 때문에 **난이도**가 **비교적 높은 편**이다. 하지만 **앞의 문제들을 풀어내려가다 보면** 자연스럽게 정답이 나오는 경우가 적지 않다.

- 根据上文，可以知道什么? 윗글에 근거하여 무엇을 알 수 있는가?
- 根据上文，下列哪项正确? 윗글에 근거하여 아래에서 옳은 것은?
- 根据第4段，可以知道什么? 네 번째 단락에 근거하여 무엇을 알 수 있는가?

> **풀이법** 너무 구체적인 내용보다는 **사건의 진상(真相), 결말, 주제** 등과 관련하여 **포괄적인 내용이 정답**이 되는 경우가 많다. 이 문제가 주로 **세네 번째**로 나오기 때문에 **정답 힌트** 또한 **3/4이나 4/4 지점**에 있다.

예제

　　大家一定坐过出租车。那么，今天你出门请再乘一次出租车，做一个试验：上车后，你不要讲话。司机如果问你："去哪里？"你就说："你自己看着办吧！"

　　你信不信，开了几十年出租车的老司机，这个时候也没有任何办法把车开走。为什么？因为司机只是知道怎样选择最佳路线把你送到"你想去的地方"。他知道怎样做，他知道方法、手段和技巧，并且把它做好。至于把车往哪里开？至于你想去的地方，司机并不知道；只有你知道你想去的地方，(힌트1)所以，如果连你都不知道你想去哪里，你就无法告诉司机开车的方向和目的地。司机当然就不知道往哪里开。

　　这个小故事，告诉我们一个哲理：(힌트2)目的，永远在技巧和方法前面。一个人如果一开始就不知道他要去的目的地在哪里，他就永远到不了他想去的地方。

5. 根据上文，下列哪项正确? (4문제 중 3번째 문제)

　　A 上车后要系好安全带
　　B 不要随便和陌生人说话
　　C 首先要知道自己想做什么
　　D 乘客最好不要和司机交谈

해석

　　모두 틀림없이 택시를 타 본 적이 있을 것이다. 그러면 오늘 나가서 다시 한 번 택시를 타고 한 가지 실험을 해 보자. 차에 올라탄 후 당신은 말을 하지 마라. 운전기사가 당신에게 "어디 가세요?"라고 물어보면, 당신은 "알아서 가 주세요!"라고 말해 보자.

　　당신은 믿겠습니까? 수십년간 택시를 몰아온 노기사도 이때는 운전을 해 나갈 어떤 방법도 없다는 것을. 왜일까? 운전기사는 가장 좋은 노선을 골라 '당신이 가고 싶은 곳'으로 데려다주는 방법만 알기 때문이다. 그는 어떻게 하는지 알고, 방법, 수단, 기술을 알고 있고 게다가 그것을 잘 해낼 수 있다. 차를 어디로 몰아야 할지에 관해서는? 당신이 가고 싶은 장소에 대해서는? 운전기사는 결코 알지 못한다. 오직 당신만이 당신이 가고 싶은 곳을 알고 있을 뿐이다. (힌트1) 그래서 당신조차 어디로 가야 할지 모른다면 당신은 운전기사에게 운전할 방향과 목적지를 알려 줄 수가 없다. 운전기사는 당연히 어디로 차를 몰아야 할지 모르는 것이다.

　　이 이야기는 우리에게 한 가지 이치를 알려 준다. (힌트2) 목적은 영원히 기교와 방법보다 앞에 있다는 것을. 한 사람이 만일 처음부터 그가 가고자 하는 목적지가 어딘지 모른다면 그는 영원히 그가 가고 싶은 곳에 이를 수 없다.

윗글에 근거하여 아래에서 옳은 것은?

　　A 차를 탄 후 안전띠를 잘 매야 한다
　　B 낯선 사람과 함부로 얘기하지 마라
　　C 먼저 자신이 무엇을 하고 싶은지 알아야 한다
　　D 승객은 운전기사와 얘기를 하지 않는 것이 가장 좋다

분석 세 번째 문제니까 힌트도 3/4과 4/4 지점에 나왔으며 또한 주제와 관련된 내용이 정답이 됨을 알 수 있다.

정답 C

어휘
乘 chéng [동] (교통수단·가축 등에) 타다, 곱하다 6급
试验 shìyàn [명/동] 실험(하다), 시험(하다) 6급
司机 sījī [명] 운전기사
看着办 kànzhe bàn 알아서 처리하다
选择 xuǎnzé [동] 선택하다 3급
佳 jiā [형] 좋다
手段 shǒuduàn [명] 수단
技巧 jìqiǎo [명] 기술, 기교 6급
并且 bìngqiě [접] 게다가 4급
往 wǎng [개] ~을 향하여 2급

至于 zhìyú [접] ~에 관해서는(화제 전환) [동] ~에 이르다 5급
连~都 lián~dōu ~조차도
目的地 mùdìdì [명] 목적지 4급
故事 gùshi [명] 이야기 3급
哲理 zhélǐ [명] 철리, 철학적 이치
一开始 yì kāishǐ 처음, 애당초
系 jì [동] 매다 xì [명] 전공, 과 5급
陌生人 mòshēngrén [명] 낯선 사람
交谈 jiāotán [동] 이야기를 나누다

■ 주제·제목 찾기 문제

네 번째 문제로 나오며, 지문 속 이야기의 **주제**나 **중심 내용**을 **이해**했는지 확인하는 유형이다. 주제 문제는 '主要想告诉'가 나오고, 제목 문제는 '标题'가 나온다.

· 上文主要谈的是什么? 윗글이 주로 말하는 것은 무엇인가? **(제목 찾기)**
· 最适合做上文标题的是什么? 본문에 가장 적합한 제목은 무엇인가? **(제목 찾기)**
· 上文主要想告诉我们什么? 윗글이 주로 우리에게 말하고자 하는 것은 무엇인가? **(주제 찾기)**
· 这个故事主要想告诉我们什么? 이 이야기가 주로 우리에게 말하고자 하는 것은 무엇인가? **(주제 찾기)**

풀이법 가장 중요한 것은 글의 **전체 줄거리를 이해**하는 것이고, 두 번째는 **첫 단락**(특히 제목 문제)과 **마지막 단락**(특히 주제 문제)을 **적극적으로 활용**하는 것이다. **주의할 점은 첫째**, 지문 내용에 상관 없이 **선택지 자체가 주는 호감도나 선호도를 가지고 그것을 정답으로 고르지 말아야** 한다. 매력적인 오답일수록 상식적이고 좋은 내용으로 꾸며진다는 것을 기억하자. 반드시 그 **선택지의 내용이 지문의 이야기와 통하는지** 확인해야 한다. **둘째, 마지막 단락에서 반복적으로 등장하는 단어**가 선택지에 나온다고 해서 **기계적으로 그것을 정답으로 고르면 안 된다.** 오히려 **전체 주제나 교훈을 고려하여 정답을 골라야 한다.**

예제 1 **주제 찾기**

……(생략)

　　任何时候都要讲真话, 但说出真相也要选择适当的方式。真理就像一块儿宝石, 如果拿起来扔到别人的脸上, 就可能造成伤害。但是, 如果加上精美的包装, 诚心诚意地奉上, 对方必定会欣然接受。

6. 这个故事主要想告诉我们什么?
  A 做人要有原则
  B 说真话的人更可靠
  C 说话要注意表达方式
  D 不要太在乎别人的看法

해석

……(생략)

어떤 때라도 진심을 말해야 하지만 진상을 말할 때도 적당한 방식을 선택해야 한다. 진리는 하나의 보석과 같아서 만일 들어서 다른 사람의 얼굴 앞에 던지면 부상을 초래할 수 있다. 하지만 만일 정교한 포장을 더하고 정성을 다해 준다면 상대방은 틀림없이 흔쾌히 받아 줄 것이다.

이 이야기가 주로 우리에게 말하고자 하는 것은 무엇인가?
A 처신에는 원칙이 있어야 한다
B 진실을 말하는 사람은 더 믿을 만하다 (오답)
C 말을 할 때 표현 방식에 주의해야 한다 (정답)
D 다른 사람의 견해에 너무 신경 쓰지 마라

분석 밑줄 친 문장만으로도 주제가 **표현 방식의 중요성**이라는 것을 알 수 있다. 지문 속에는 C의 '表达(표현하다)' 단어가 지문에서는 나오지 않지만 대신 '讲(말하다)'이 '表达(표현하다)'로 대체된 것이란 점을 알 수 있어야 한다. B처럼 **지문 속 단어(真话)를 선택지에 씀으로써 오답(B)으로 유인**한다. 이때 단순히 지문 속 단어가 있다고 해서 정답으로 고르지 말고 **반드시 전체 내용 파악을 통해서** 독자들에게 전하고자 하는 주제를 정답으로 골라야 한다.

정답 C

어휘
真话 zhēnhuà [명] 참말, 진실한 말
真相 zhēnxiàng [명] 진상, 실상 6급
适当 shìdàng [형] 적당하다 5급
方式 fāngshì [명] 방식 5급
真理 zhēnlǐ [명] 진리 6급
宝石 bǎoshí [명] 보석
扔 rēng [동] 버리다, 던지다 4급
造成 zàochéng [동] 초래하다, 조성하다 5급
伤害 shānghài [동] 몸을 상하게 하다, (정신·감정 등에) 상처를 주다 [명] 상처
加上 jiāshàng [동] 더하다
精美 jīngměi [형] 정교하다, 아름답다

包装 bāozhuāng [동] 포장하다 6급
诚心诚意 chéng xīn chéng yì [성] 성심성의
奉 fèng [동] 드리다, 바치다
对方 duìfāng [명] 상대방 5급
必定 bìdìng [부] 기필코, 반드시
欣然 xīnrán [부] 흔쾌히
接受 jiēshòu [동] 받아들이다 4급
做人 zuòrén [동] 처신하다, 인간이 되다
原则 yuánzé [명] 원칙 5급
可靠 kěkào [형] 믿을 만하다 5급
表达 biǎodá [동] 표현하다 5급
在乎 zàihu [동] 신경 쓰다, 개의하다 5급

예제 2 제목 찾기

해석

실수(错误)로 회사에 큰 손실(损失)을 입힌 한 직원이 있었는데, 이사장(董事长)은 그를 해고하지(开除) 않고 용서하고(原谅) 계속 신뢰(信任)를 줌으로써 결국 회사에 큰 공헌을 하게 되었다(立下了汗马功劳)는 내용

[마지막 단락]

"只有一个方法，可以使过去的错误成为有价值和建设性的经历，那就是冷静地分析我们的过去的错误。因错误而获益，然后忘记错误。"董事长说："我们允许下属出错，如果那个人在犯过几次错误之后变得'茁壮'了，在公司看来是很有价值的。"

7. 最适合做上文标题的是什么？
A 虚心使人进步
B 信任是最好的原谅
C 在竞争中取得胜利
D 做个有价值的员工

"오직 하나의 방법만이 과거의 잘못으로 하여금 가치 있고 건설성 있는 경험이 되게 할 수 있다. 그것은 바로 냉정하게 우리의 과거 잘못을 분석하는 것이다. 잘못 때문에 이익을 얻고 그런 후에 잘못을 잊는 것이다." 이사장은 말했다. "우리는 부하 직원이 실수하는 것을 허락한다. 만일 그 사람이 몇 번의 잘못을 한 후 '튼튼하게' 변한다면 회사 입장에서는 매우 가치 있는 일이다."

윗글의 제목으로 가장 알맞은 것은?
A 겸손함은 사람을 진보하게 한다
B 신임은 가장 좋은 용서이다
C 경쟁에서 승리하기
D 가치 있는 직원 되기 (매력적인 오답)

분석 마지막 단락만 보지 말고 **전체 이야기의 줄거리를 이해**한다면 '믿음', '용서' 등이 **키워드**라는 것을 알 수 있고 따라서 B를 정답으로 골라야 한다. 한편 '价值'를 반복적으로 노출시키면서 오답(D)으로 유인하고 있음을 주의해야 한다. 매력적인 오답에 빠지지 않으려면 역시 **단어(价值)에 매몰되지 말고 내용으로 접근**해야 한다.

정답 B

어휘
价值 jiàzhí [명] 가치 5급
建设 jiànshè [동] 건설하다, 창립하다 5급
经历 jīnglì [동] 겪다, 경험하다 [명] 경험 4급
分析 fēnxī [동] 분석하다 5급
因 A 而 B yīn A ér B A 때문에 B하다
获益 huòyì [동] 이익을 얻다
忘记 wàngjì [동] 잊다
董事长 dǒngshìzhǎng [명] 이사장, 회장, 대표이사
允许 yǔnxǔ [동] 허락하다 4급

下属 xiàshǔ [명] 부하 직원 6급
出错 chūcuò [동] 실수하다
犯 fàn [동] 저지르다, 범하다
茁壮 zhuózhuàng [형] 튼튼하다
虚心 xūxīn [형] 겸허하다, 겸손하다 5급
进步 jìnbù [동] 진보하다 5급
原谅 yuánliàng [동] 용서하다 4급
胜利 shènglì [명/동] 승리(하다) 5급
员工 yuángōng [명] 직원 5급

아래 문제는 실제로 출제되었던 문제의 일부를 발췌한 것이다. 위에서 말한 '특정 어휘 풀이법(선별식 독해)'으로 풀어 보고 이런 문제 유형의 특징을 이해해 보도록 하자.

从前，有个叫公孙仪的人，非常善于弹琴。……(생략)

一次，公孙仪在弹琴时，看见有几头牛在不远处吃草，不由得突发奇想："我的琴声，听了的人都说好，牛会不会也觉得好呢？"于是，公孙仪就坐到牛旁边，弹了起来。

……(생략)

公孙仪想了想，又重新弹了一曲。这一次曲调变了，音不成音、调不成调，听上去实在不怎么样，像是一群蚊子扇动翅膀发出的"嗡嗡"声，中间似乎还夹杂着小牛"哞哞"的叫声。这回牛总算有了反应，纷纷竖起耳朵、甩着尾巴听了起来。琴声最终引起了牛的注意，<u>是因为</u>这个声音接近它所熟悉的东西。

后来，人们就用"对牛弹琴"这个成语来比喻有些人说话不看对象，对外行人说内行话，白白浪费了时间。

중요 내용을 이끄는 특정 어휘

1. 为什么公孙仪弹第二支曲子时才引起了牛的注意？
   A 牛正好饿了　　　　　　B 他换了一把琴
   C 牛听得更清楚了　　　　D 琴声像牛熟悉的声音

해석

옛날에 공손의라 불리는 사람이 있었는데 거문고를 매우 잘 탔다. ……(생략)

한 번은 공손의가 거문고를 탈 때 몇 마리의 소가 멀지 않은 곳에서 풀을 뜯고 있는 것을 보고 자기도 모르게 기발한 생각이 떠올랐다. "나의 거문고 소리를 들은 사람은 모두 훌륭하다고 말하는데 소도 좋다고 여길까?" 그래서 공손의는 소 옆에 앉아서 거문고를 타기 시작했다.

……(생략)

공손의는 생각하더니 다시 한 곡을 연주했다. 이번은 곡이 변하여 음이 음이 아니며 곡조가 곡조가 아니어서 듣기에 정말 별로였다. 마치 모기떼가 날개를 퍼덕일 때 나는 '엥엥' 소리 같았고 중간에 송아지의 '음메음메' 하는 우는 소리가 끼어 있는 것 같았다. 이번에 소는 마침내 반응을 보였고 잇따라 귀를 세우고 꼬리를 흔들며 듣기 시작했다. 거문고 소리가 결국 소의 주의를 끌었는데 그 소리가 소가 익숙한 것에 근접했기 때문이다.

후에 사람들은 '对牛弹琴'이라는 이 성어를 이용해 어떤 사람들이 말을 할 때 대상을 보지 않고 비전문가에게 전문가의 말을 하는 것처럼 쓸데없이 시간을 낭비하는 것을 비유했다.

1. 왜 공손의가 두 번째 곡을 연주했을 때 비로소 소의 주의를 끌었는가?
   A 소가 마침 배가 고파서　　　　B 그가 거문고를 바꾸어서
   C 소가 더 잘 들을 수 있어서　　D 거문고 소리가 소가 익숙한 소리와 비슷해서

풀이 위 문제는 원래 세 번째 질문이다. 따라서 지문 속 힌트는 약 3/4 지점에 있을 것임을 짐작해 볼 수 있다. 질문의 키워드는 '第二支曲子'와 '引起主意'가 될 수 있는데 '引起主意'를 지문에서(밑에서 세 번째 줄) 쉽게 찾을 수 있고 또한 '因为'는 문제가 출제되는 특정 어휘에 속하기 때문에 지문 속 관련 내용을 쉽게 찾을 수 있다. 결국 '是因为这个声音接近它所熟悉的东西' 부분을 통해서 D가 정답임을 알 수 있다.

정답 D

어휘
从前 cóngqián [명] 이전 5급
公孙仪 Gōngsūnyí [인명] 공손의
善于 shànyú [동] ~에 뛰어나다 5급
弹琴 tánqín [동] 연주하다
不由得 bùyóude [부] 저도 모르게 6급
突发奇想 tū fā qí xiǎng [성] 문득 기발한 생각이 떠오르다
群 qún [양] 무리를 셈 5급
蚊子 wénzi [명] 모기
扇动 shāndòng [동] 부치다, 흔들다
翅膀 chìbǎng [명] 날개 5급
嗡嗡 wēngwēng [의성] 윙윙

似乎 sìhū [부] 마치(=好像/仿佛) 5급
夹杂 jiāzá [동] 혼합하다, 뒤섞다 6급
哞哞 mōumōu [의성] 음매
叫声 jiàoshēng [명] 우는 소리
总算 zǒngsuàn [부] 마침내(=终于) 5급
纷纷 fēnfēn [부] 잇따라 [형] 분분하다(议论纷纷: 의견이 분분하다) 5급
竖 shù [동] 세우다 6급
甩 shuǎi [동] 흔들다, 뿌리치다 5급
最终 zuìzhōng [형] 최후의 [명] 최후, 최종
接近 jiējìn [동] 접근하다, 가까이 가다 [형] 비슷하다 5급

확인 테스트 2

　　齐白石是中国著名的书画大师。一天，诗人艾青前来拜访已经88岁高龄的齐白石，还带来一幅画，请他鉴别真伪。齐白石拿出放大镜，仔细看了看，对艾青说："我用刚创作的两幅画跟你换这幅，行吗？"

　　艾青听后，赶紧收起画，笑着应道："您就是拿20幅，我也不跟您换。"齐白石见换画无望，不禁叹了一口气说："我年轻时画画多认真呀，现在退步了。"(原来)，艾青带来的这幅画正是齐白石几十年前的作品。

　　艾青走后，齐白石一直愁眉不展。一天夜里，他儿子起来上厕所，看到书房的灯还亮着，走进一看，发现齐白石正坐在书桌前，一笔一划地描红。

　　……(생략)

→ 중요 내용을 이끄는 특정 어휘

2. 艾青拿来的那幅画：
　A 是齐白石画的　　　　B 是他自己的作品
　C 是中国古代名画　　　D 齐白石认为是假的

해석

제백석은 중국의 유명한 서화 대가이다. 어느 날 시인 애청(艾青)이 이미 88세의 고령인 제백석(齐白石)를 방문하면서 한 폭의 그림을 가져와 그에게 진위를 감별해 달라고 부탁했다. 제백석은 돋보기를 꺼내 자세히 보고 나서 애청에게 말했다. "내가 방금 창작해 낸 두 폭의 그림을 당신의 이 그림과 바꾸려고 하는데 괜찮겠소?"

애청은 듣고 나서 서둘러 그림을 거두어들이며 웃으며 말했다. "당신께서 20폭을 내놓는다고 하더라도 저는 당신과 바꾸지 않을 겁니다." 제백석은 그림 바꾸기가 가망이 없다는 것을 보고 탄식을 금치 못하며 말했다. "내가 젊었을 때 얼마나 열심히 그림을 그렸던가. 지금은 퇴보했어." 알고 보니, 애청이 가져온 이 그림은 바로 제백석의 수십 년 전 작품이었던 것이다.

애청이 떠난 후 제백석은 줄곧 수심이 가득한 얼굴을 하고 있었다. 어느 날 밤 그의 아들이 일어나 화장실에 갔는데 서재의 불이 여전히 켜져 있는 것을 보고 들어가 보니 제백석이 책상 앞에 정좌하여 한 획 한 획 모사하고 있는 것을 발견했다.

2. 애청이 가져온 그 그림은:
A 제백석의 작품이다
B 그 자신의 작품이다
C 중국 고대의 명화이다
D 제백석은 가짜라고 생각한다

풀이 우리는 몇몇 **특정 어휘**(因为, 所以, 原来, 居然 등등)를 통해서 **필요한 정보를 신속하게 찾을 수 있다**고 배웠다. 위 문제는 실제 시험에서 **첫 번째 문제**로 등장했다. 그렇다면 일반적으로 첫 단락(齐白石……你这幅画，行吗？) 안에 힌트가 나올 것임을 예상할 수 있다. 하지만 이 문제는 **둘째 단락**의 '**原来**(원래, 알고 보니)' **부분에서 정답을 찾을 수 있다.** 지문의 처음부터 **대략적인 이해를 하면서** 읽어나가다가 특정 어휘인 '**原来**'를 보고 중요한 내용이 있겠다고 생각하면서 **결정적 힌트를 찾아야** 하는 것이다.

정답 A

어휘
诗人 shīrén [명] 시인
拜访 bàifǎng [동] 예방하다, 방문하다 6급
幅 fú [양] 폭 5급
鉴别 jiànbié [동] 감별하다 6급
真伪 zhēnwěi [명] 진위, 진짜와 가짜
放大镜 fàngdàjìng [명] 돋보기
仔细 zǐxì [형] 자세하다, 꼼꼼하다 4급
创作 chuàngzuò [명/동] 창작(하다) 6급
赶紧 gǎnjǐn [부] 서둘러, 황급히 5급
应道 yīngdào 대응하여 말하다

无望 wúwàng 희망이 없다
不禁 bùjīn [부] 저도 모르게, 저절로 6급
叹气 tànqì [동] 탄식하다 6급
退步 tuìbù [명/동] 퇴보(하다) 5급
原来 yuánlái [부] 알고 보니 [형] 원래의 4급
愁眉不展 chóu méi bù zhǎn [성] 근심으로 찌푸린 양 미간이 펴지지 않다, 수심에 잠겨 고뇌하는 모습
厕所 cèsuǒ [명] 변소, 뒷간 4급
一笔一划 yì bǐ yì huá 한 획씩 쓰다/그리다
描红 miáohóng [동] 모사하다, 덧쓰기를 하다

실전 연습 문제 1

第 1-20 题: 请选出正确答案。

1-4.

西汉时候，有个农民的孩子，叫匡衡。他小时候很想读书，可是因为家里穷，没钱上学。后来，他跟一个亲戚学认字，才有了看书的能力。

匡衡买不起书，只好借书来读。那个时候，书是非常贵重的，有书的人不肯轻易借给别人。匡衡就在农忙的时节，给有钱的人家打短工，不要工钱，只求人家借书给他看过了几年，匡衡长大了，成了家里的主要劳动力。他一天到晚在地里干活，只有中午歇晌的时候，才有工夫看一点书，所以一卷书常常要十天半月才能够读完。匡衡很着急，心里想：白天种庄稼，没有时间看书，我可以多利用一些晚上的时间来看书。可是匡衡家里很穷，买不起点灯的油，怎么办呢？

有一天晚上，匡衡躺在床上背白天读过的书。背着背着，突然看到东边的墙壁上透过来一线亮光。他站起来，走到墙壁边一看，原来从壁缝里透过来的是邻居的灯光。于是，匡衡想了一个办法：他拿了一把小刀，把墙缝挖大了一些。这样，透过来的光亮也大了，他就凑着透进来的灯光，读起书来。

匡衡就是这样刻苦地学习，后来成了一个很有学问的人。

1. 小时候，匡衡：
   A 兴趣广泛　　　　　　　B 是亲戚教他识字的
   C 抱怨自己家里很穷　　　D 不想轻易把书借给别人

2. 匡衡长大后为什么着急？
   A 家里太穷了　　　　　　B 工钱不够养家
   C 几乎没工夫看书　　　　D 白天干活晚上读书

3. 为了借邻居的灯光，匡衡是怎么做的？
   A 使墙缝变大了　　　　　B 在月亮下面读书
   C 请求邻居借给自己油灯　D 尽量靠近邻居家的墙壁

4. 根据上文，下列哪项正确？
   A 匡衡开始并没用功　　　B 匡衡从小就勤奋好学
   C 艰苦的条件使人更奋斗　D 读书方法决定人的命运

실전 연습 문제 2

5-8.

有一次，众多兔子聚集在一起，为自己的胆小无能而难过，悲叹自己的生活中充满了危险和恐惧。

它们越谈越伤心，就好像已经有许多不幸发生在自己身上。到了这种地步，负面的想像便无止境地涌现出来。它们怨叹自己天生不幸，既没有力气和翅膀，也没有锋利的牙齿，日子只能在东怕西怕中度过，就连想要抛开一切大睡一觉，也有什么都听得见的长耳朵的阻扰，赤红的眼睛也就变得更加鲜红了。

它们觉得自己的这种生活是毫无意义的，这又成了它们自我厌恶的根源。它们都觉得，与其一生<u>心惊胆战</u>，还不如一死了之好。

于是，它们一致决定从山崖上跳下去了结自己的生命，结束一切烦恼。于是它们一齐奔向山崖，想要投河自尽。这时，一些青蛙正围在湖边蹲着，听到急促的脚步声，如临大敌，立刻跳到深水里逃命去了。

这是兔子们每次到池塘边都会看到的情景，但是今天，有一只兔子突然明白了什么，它大声地说："快停下来，我们不必吓得去寻死觅活了，因为我们现在可以看见，你们看，还有比我们更胆小的动物呢！"

这么一说，兔子们的心情奇妙地豁然开朗起来了，好像有一股勇气喷涌而出，于是它们欢天喜地回家去了。

5. 兔子聚集在一起做什么?
   A 抱怨自身的条件　　　　　　B 商量如何避免不幸
   C 寻找克服缺点的办法　　　　D 批评恶劣的生存环境

6. 文中"心惊胆战"的意思最可能是:
   A 十分犹豫　　　　　　　　　B 非常谨慎
   C 格外害怕　　　　　　　　　D 充满挑战

7. 有一只兔子明白了什么?
   A 青蛙挺勇敢的　　　　　　　B 自己不是最糟糕的
   C 逃避不能解决问题　　　　　D 从崖上跳下去很可怕

8. 最适合做上文标题的是:
   A 兔子的梦想　　　　　　　　B 胆小无能的兔子
   C 命运是可以改变的　　　　　D 小动物的生存技能

실전 연습 문제 3

9-12.

要想在工作中超过别人，赢得领导的欣赏，能和同事们和睦相处，可以有好几种方法：赞美他人，赞成他人的意见，帮助他人做事等等。其中赞美他人是最有效的。赞美他人能使你很快、很容易就受到上级和同事的欢迎，与他们建立良好的人际关系，帮助你在事业上取得成功。

在办公室里，一般人往往容易注意别人的缺点而忽略了别人的优点及长处。因此发现别人的优点并给予真诚的赞美，就成为办公室难得的美德。无论对象是你的领导、同事，还是你的下级或客户，没有人会因为你的赞美而生气发怒，他们一定会心存感激并从心里喜欢你。

巧妙地运用赞美技巧，让你的上级欣赏你，让你的同事帮助你，让你的工作能够顺利完成，让你办公室里充满和谐的气氛，同时又不失去自己做人的尊严，事业的成功也就离你不远了。

有一句话我们应该牢记在心："只有赞美别人的人，才是真正值得赞美的人。"

9. 在工作中赞美别人，你会：
    A 获得真正的朋友　　　　　B 丰富自己的经历
    C 与他们相处得更好　　　　D 学会样才能说服别人

10. 根据这段话，在办公室里人们往往：
    A 在背后议论上级　　　　　B 与同事产生矛盾
    C 对不真诚的赞美很高兴　　D 不善于发现别人的优点

11. 根据这段话，怎样才能让领导欣赏你？
    A 适当运用赞美　　　　　　B 敢于承认错误
    C 不反对领导的意见　　　　D 微笑面对每一项工作

12. 这段话主要谈什么？
    A 真正的赞美　　　　　　　B 巧妙说话的好处
    C 工作中赞美的好处　　　　D 如何才能得到领导的信任

실전 연습 문제 4

13-16.

有一所中学老师给他的学生上过一堂难忘的课。

这位老师发现，许多学生总是在交完考卷后内心充满焦虑，考试完后积极地"对答案"，查看自己哪道题做错了，并常常为自己的做错了的题目感到不安，从而影响接下来其他科目的考试，甚至是影响了接下来的学习。

一天，老师在实验室里为同学们讲化学试验。他把一瓶牛奶放在试验台的边缘，很容易碰掉。所有的学生都没有注意到这瓶牛奶。在试验过程中，一位学生碰了牛奶瓶，瓶子落在地上，碎了。正当学生为打碎瓶子而不知所措的时候，老师对着全体学生大声说了一句："不要为打翻的牛奶哭泣！"

然后他把全体学生都叫到周围，让他们看着地上破碎的瓶子和淌了一地的牛奶，并一字一句地说："你们仔细看一看，我希望你们永远记住这个道理。牛奶已经淌光，瓶子已经碎了，不论你怎样后悔和抱怨，都没有办法再让瓶子复原。你们要是事先想一想，加以预防，把瓶子放到安全的地方，这瓶牛奶还可以保存下来，可是现在晚了，我们现在所能够做的，就是把它忘记，然后注意接下来要做的事情。"

也许你会认为不为打翻的牛奶杯而哭泣是陈词滥调。的确，这句话很普通，甚至是有些老生常谈。但不能不承认，这句话所包含的智慧经过了无数人的验证，但现实生活中，很多人常常忘记这句话。

13. 老师发现，学生们考试完后：
    A 情绪不稳定　　　　　　　B 后悔没复习好
    C 不安地等待结果　　　　　D 准备接下来的考试

14. 第2段中的"不知所措"可能是什么意思？
    A 不知该怎么做　　　　　　B 感到任务十分艰巨
    C 对自己的前途没有信心　　D 不理解老师所做的行为

15. 老师让学生们把打翻的牛奶怎么处理？
    A 忘掉它　　　　　　　　　B 想办法复原
    C 赶快收拾玻璃碎块　　　　D 把它放到安全的地方

16. 这段话主要想告诉我们什么？
    A 细节决定成败　　　　　　B 要善于分析原因
    C 不要为过去的事难过　　　D 机会总给有准备的人

실전 연습 문제 5

17-20.

　　在日常生活中，谁都有不小心打碎东西的时候，但极少有人会去研究这些碎片中的学问。有位物理学家却从花瓶的碎片中发现了这样一个规律：将打碎后的物体碎片按重量级的数量分类，不同的重量级间会表现出统一的倍数关系。例如，被打碎的花瓶，最大的碎片与次大的碎片重量比是16:1，次大的与第三大的碎片间的重量比也是16:1，以此类推。这就是著名的"碎花瓶理论"。

　　物理学家进一步研究发现，不同形状的物体，这个重量比是不同的。对于花瓶或茶杯状的物体，这个倍数约为16，棒状物体约为11，球状物体则约为40。更重要的是，这个倍数与物体的材料无关，即使是一块儿冻豆腐摔碎了，也会遵循这个规律。

　　由此可知，只要有同一物体的部分碎片就能求出这个倍数，从而可以推测出物体破碎前的大概形状。目前，"碎花瓶理论"在恢复文物原貌、推测陨石形状等工作中有特别的用处，它给这些原来全凭经验和想象的工作提供了理论依据。

17. 根据第1段，最大的花瓶碎片：
　　A 数量最多　　　　　　　B 用处不大
　　C 形状最特别　　　　　　D 重量是第二大的16倍

18. 第2段中，举"冻豆腐"的例子是为了说明：
　　A 食物碎片很难统计　　　B 重量比不受材料影响
　　C 碎片形状和重量比有关　D 重量比与温度有一定关系

19. 关于碎花瓶理论，下列哪项正确？
　　A 缺少理论支持　　　　　B 对实验室条件要求高
　　C 很多人提出反对意见　　D 球状物体重量比约为40:1

20. 第3段主要介绍的是碎花瓶理论的：
　　A 应用价值　　　　　　　B 实验步骤
　　C 历史背景　　　　　　　D 理论依据

1부분 **어순에 맞게 배열하기**

1. 형용사 술어문 · 주술 술어문
2. 동사 술어문
3. 把자문
4. 被자문
5. 존현문
6. 부사
7. 개사(전치사)
8. 부사어(부사, 형용사, 개사, 조동사)
9. 是자문 · 관형어
10. 보어
11. 기타 주요 출제 유형 모음

2부분 **80자 내외 작문하기**

기초 어법 다지기 : 품사와 문장 성분

중국어를 잘하기 위해서는 최소한의 용어 구분이 필요합니다. 바로 '품사'와 '문장 성분'입니다. 문법이라고 하면 겁부터 먹는 분들이 있는데요. 이곳에는 꼭 필요한 것만 가장 쉽게 설명해 놓았습니다. 시험을 코앞에 두고 있다면, '핵심 정리'와 '꿀팁' 위주로만 보아도 실질적인 효과를 볼 수 있습니다. 자, 그럼 탄탄한 중국어 실력을 위해서 출발합니다.

아직도 '품사'와 '문장 성분'이 구별이 안 되나요?

■ 품사란?

품사(词类)란 단어의 성별을 의미합니다. 사람은 남자와 여자가 있듯이 중국어는 명사, 동사, 형용사, 부사, 전치사 등이 있습니다.(총 12개) 품사란 정해진 것이기 때문에 다른 품사로 변하지 않습니다. 다만 '给([동사] 주다, [개사] ~에게)'처럼 두 개 이상의 품사를 겸할 수는 있습니다.

■ 문장 성분이란?

문장 성분이란 단어가 문장 안에서 맡은 역할(성분)입니다. 문장 성분에는 주어, 술어, 목적어, 부사어, 관형어, 보어 6개가 있습니다.

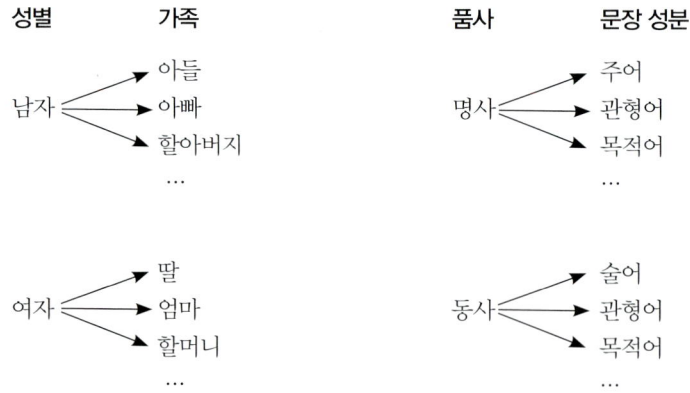

- 春节到了。 춘절이 되었다. **(주어)**
- 我在北京过春节。 나는 베이징에서 춘절을 보낸다. **(목적어)**
- 春节期间举行各种活动。 춘절 기간에는 각종 행사를 연다. **(관형어)**

▶ 위 문장들에서 명사 '春节'는 각각 주어, 목적어, 관형어 등으로 쓰였다. 이처럼 단어의 **품사는 바뀌지 않지만 문장 성분은 문장에 따라 바뀔 수 있다.**

핵심 정리

한 단어는 어떤 문장에서 사용되느냐에 따라 주어도 될 수 있고, 술어도 될 수 있고 목적어, 관형어, 보어, 부사어 등이 될 수 있다. 명심할 것은 **품사란 개별 단어의 성별(~사)**이며, 문장 성분이란 문장 안에서 하는 역할(~어)이라는 점이다. 일반적으로 문장 성분의 순서는 아래와 같다. **주어, 술어, 목적어는 주요 성분**이고 **부사어, 관형어, 보어는 부가 성분**이다. 한 문장의 구조를 이해할 때는 주어, 술어, 목적어를 중심으로 한 3개의 덩어리로 인식해야 한다.

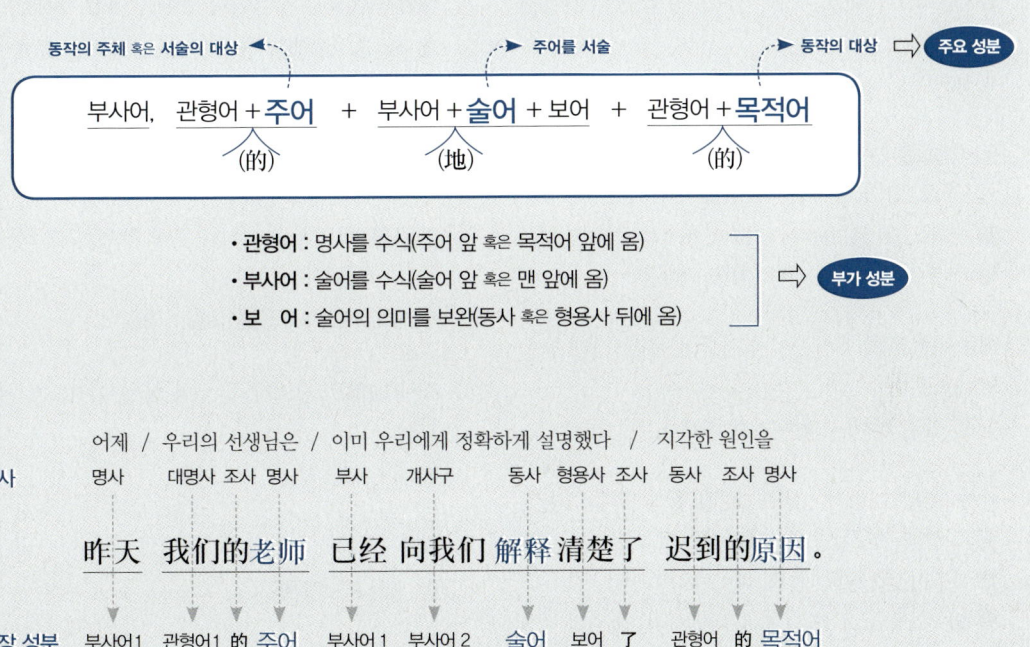

품사

■ 품사의 종류

주요 품사

1. **명사(名词)** : 사람, 사물, 시간, 장소 등의 명칭을 나타낸다.
   老师 선생님, 桌子 탁자, 明天 내일, 上面 위쪽

2. **동사(动词)** : 사람이나 사물의 동작, 행위, 심리 활동, 존재, 발전, 변화, 소실 등을 나타낸다
   跑 달리다, 研究 연구하다, 喜欢 좋아하다, 有 있다, 提高 향상되다, 长 자라다, 消失 사라지다

3. **형용사(形容词)** : 사람이나 사물의 성질, 상태 등을 나타낸다
   容易 쉽다, 聪明 똑똑하다, 快 빠르다, 冷 춥다

4. **부사(副词)** : 동작·상태·성질 등의 범위, 시간, 정도, 부정, 어기, 정태 등을 나타낸다.
   都 모두, 已经 이미, 非常 매우, 不 아니다, 简直 그야말로, 亲自 직접

5. **개사/전치사(介词)** : 명사, 대명사, 명사성 단어와 결합하여 방향, 대상 등을 나타낸다.
   在 ~에서, 给 ~에게, 向 ~를 향하여, 从 ~부터, 关于 ~에 관하여

6. **접속사(连词)** : 단어, 구, 문장 등을 연결한다.
   和 ~와, 并 그리고, 以及 및, 但是 그러나, 虽然 비록, 因为 왜냐하면

기타 품사

7. **대명사(代词)** : 사람이나 사물을 대신 가리킨다.
   他 그, 这 이, 那样 그렇게, 这么 이렇게, 哪儿 어디

8. **수사(数词)** : 숫자, 순서 등을 나타낸다.
   六, 六十, 六百, 第一, 第二

9. **양사(量词)** : 사람, 사물, 동작 행위, 시간 등의 단위를 나타낸다.
   个, 张, 幅, 厘米, 遍, 趟

10. **조사(助词)** : 단어나 구 뒤에 붙어서 어법적 역할을 한다.
    的, 得, 地, 着, 了, 过, 吗

11. **감탄사(叹词)** : 감탄, 외침, 대답 등을 나타낸다.
    啊, 嗯, 哼, 哎呀

12. **의성어(拟声词)** : 사람이나 사물의 소리를 나타낸다.
    哈哈 하하, 呼呼 휙휙, 哗哗 콸콸

핵심 정리

문제를 풀기 위해 구별해야 할 품사는 6개이며, 간단하게 아래와 같이 구분하는 것이 좋다.

(1) 명사 → **명칭**
(2) 동사 → **움직임**
(3) 형용사 → **성질/상태**
(4) 부사 → **동사나 형용사를 수식**
(5) 개사 → **명사와 결합**
(6) 접속사 → **연결**

> **꿀팁** 동사와 형용사의 구별법 ★
>
> (1) 동사는 목적어를 동반할 수 있지만 형용사는 목적어가 올 수 없다.
>   打扫了房间 (○) | 干净了房间 (×)
>
> (2) 형용사는 정도부사의 수식을 받지만 행위동사는 정도부사의 수식을 받지 않는다.
>   很快 (○) | 很跑 (×)
>
>   예외 : 심리동사, 조동사, 有 등 일부 동사는 정도부사의 수식을 받을 수도 있다.
>   很喜欢, 很会做菜, 很有耐心, 很浪费时间
>
> (3) 동사는 진행형(~하고 있다)과 청유형(~하자)이 되지만 형용사는 할 수 없다.
>   달리다(跑 : 동사) → 달리고 있다 (○)
>   빠르다(快 : 형용사) → 빠르고 있다 (×) | 빠르자 (×)

■ 품사 주의사항

1. 동사와 형용사는 명사처럼 쓸 수 있다.

일부 동사는 문장 안에서 **명사로 쓸** 수 있다. '聪明(똑똑하다)'과 '笑(웃다)'는 각각 형용사와 동사지만 아래 문장에서는 명사의 기능을 하고 있다.

我很佩服他的聪明。 나는 그의 똑똑함에 탄복한다.

笑也是一种很好的健身运动。 웃음도 일종의 좋은 건강 운동이다.

2. 일부 형용사는 동사를 겸하기도 하며, 동사가 될 때는 '~하게 하다'의 '사역' 의미가 들어간다.

他的工作经验很丰富。 그의 업무 경험은 매우 풍부하다. (형용사)

旅行可以丰富我们的经历。 여행은 우리의 경험을 풍부하게 할 수 있다. (동사)

> **꿀팁** 형용사이면서 동사인 단어
>
> 方便 편리하다, 편리하게 하다   丰富 풍부하다, 풍부하게 하다
> 稳定 안정적이다, 안정시키다   明确 명확하다, 명확하게 하다
> 突出 뛰어나다, 부각시키다   活跃 활발하다, 활발하게 하다
> 完善 완벽하다, 완벽하게 하다   繁荣 번영하다, 번영시키다

문장 성분

'주어는 명사이고, 술어는 동사이다' 식의 **고정 관념**이 있습니다. 결론부터 말하면 **문장 성분과 품사는 필연적 관계가 없습니다.** 아래 예문들을 통해서 잘못된 **고정 관념에서 벗어나**도록 하세요.

■ 주어(主语)

서술의 대상으로서, '**누가**', '**무엇이**'에 해당하며 일반적으로 **문장 앞쪽**에 온다.

① 今天很冷。 오늘은 매우 춥다.

② 他们要去爬山。 그들은 등산을 가려 한다.

③ 那个问题已经解决了。 그 문제는 이미 해결되었다.

> **꿀팁 1** 주어를 행위자(②)라고만 생각하기 쉬운데, 동작의 대상(③)도 주어가 될 수 있다.
> 정확하게 말하자면 주어란, 서술의 대상이다. 그래서 주어는 **품사의 제한이 없으며**(④, ⑤), **각종구**(⑥), **절-짧은 문장**(⑦), **시간**(⑧)이나 **장소**(⑨)를 나타내는 말도 **주어가 될 수 있다.** 또한 해석에 있어서도 주어라고 해서 늘 '~가, ~이'로만 해석되는 것이 아니다.

④ 年轻有很多好处。 젊음은 많은 장점이 있다.   주어 : 年轻(형용사)

⑤ 他的 死 重于泰山。 그의 죽음은 태산보다도 무겁다   주어 : 死(동사)

⑥ 改变一个人很困难。 한 사람을 바꾸는 것은 매우 어렵다.   주어 : 改变一个人(동목구)

⑦ 我们明天去比较合适。 우리는 내일 가는 것이 적절하다.   주어 : 我们明天去(절)

⑧ 春节期间举行各种活动。 춘절 기간에 각종 행사가 열린다.   주어 : 春节期间(시간)

⑨ 我家附近新开了一家大型超市。 집 근처에 대형 슈퍼가 새로 생겼다.   주어 : 我家附近(장소)

> **꿀팁 2** 명령형, 청유형 등의 문장은 주어가 없을 때가 있다.
> 실제 문제에서는 '**把~**', '**请~**', '**别~**', '**不要~**', '**应该~**' 등으로 시작하거나 '**~吧**'로 끝나는 주어가 없는 문장도 출제된다. 그래서 문제를 풀 때 **무조건 주어부터 정하는 것은 좋지 않다.**
>
> • 把衣服拿到院子里吧。 이불을 뜰로 가져가.
> • 别把毛巾扔在沙发上。 수건을 소파에 던져 놓지 마.
> • 请帮我预订往返机票。 나를 위해 왕복 비행기표를 예매해 줘.
> • 应该培养孩子独立思考的习惯。 아이가 독립적으로 사고하는 습관을 길러 주어야 한다.

■ 술어(谓语)

주어를 설명하는 성분으로 주어 뒤쪽에 오며, 주로 **동사**나 **형용사**가 술어가 된다. '**어떠하다**' 혹은 '**(무엇을) 하다**'에 해당하는 부분이다.

今天很冷。 오늘은 매우 춥다.

他们要去爬山。 그들은 등산을 가려 한다.

那个问题已经解决了。 그 문제는 이미 해결되었다.

> **꿀팁 1** 주로 **동사**나 **형용사**가 술어가 되지만 시험에서는 **주술구**가 술어로 출제되기도 한다.
> - 他个子很高。 그는 키가 크다.   　　他 : 주어 | 个子很高 : 술어(주술구)
> - 我心情不好。 나는 기분이 안 좋다. 　　我 : 주어 | 心情不好 : 술어(주술구)

> **꿀팁 2** 술어 앞에는 **부사어**가 오고 뒤에는 **보어**나 **목적어**가 올 수 있다.
> - 我只吃了一个苹果。 나는 단지 한 개의 사과만을 먹었다.　　只 : 부사어 | 吃 : 술어 | 苹果 : 목적어
> - 那你在家休息几天吧。 그럼 너는 집에서 며칠 쉬어.　　在家 : 부사어 | 休息 : 술어 | 几天 : 보어

■ 목적어(宾语)

동사의 지배를 받거나 **동사와 관련된 대상**으로 **동사 뒤쪽**에 위치한다.

他喝牛奶。 그는 우유를 마신다.

他的办法取得了很好的效果。 그의 방법은 매우 좋은 효과를 거두었다.

> **꿀팁 1** 목적어는 동사 뒤에 오는 성분이기 때문에 형용사 뒤에는 목적어가 오지 않는다.
> - 打扫了房间 (○)　|　干净了房间 (×) → 房间很干净 (○)
>   　동사　　　　　　　형용사

> **꿀팁 2** **명사**뿐만 아니라 **동사(구)**, **형용사(구)**, **개사구**, **주술구** 등도 **목적어**가 될 수 있다.
> - 我打算去旅游。 나는 여행 갈 계획이다.　　　　　　　　　(동사구)
> - 他觉得很奇怪。 그는 이상하게 느꼈다.　　　　　　　　　(형용사구)
> - 我这次来是为了你。 내가 이번에 온 것은 널 위해서다.　　(개사구)
> - 我相信你一定能成功。 나는 네가 반드시 성공할 수 있다고 믿는다.　(주술구)

> **꿀팁 3** 목적어라고 해서 모두 '~을, ~를, ~에게'로만 해석되는 것은 아니다. **중국어의 목적어** 중에는 '**행위자 목적어**'라는 것이 있는데 **동작 행위의 주체**이기 때문에 '**~이, ~가**'로 해석된다.
> - 外面在下雨。 밖에 비가온다.　　　　　　　　해석은 '비가'이지만 문장 성분은 목적어이다.
> - 家里来了一位客人。 집에 한 분의 손님이 오셨다.　해석은 '손님이'이지만 문장 성분은 목적어이다.
> - 桌子上摆着一瓶矿泉水。 탁자 위에 한 병의 생수가 놓여 있다.　해석은 '생수가'이지만 문장 성분은 목적어이다.

■ 관형어(定语)

명사나 **명사성 성분**을 **수식**하며 주로 **주어와 목적어 앞**에 온다. 구조조사 '**的**'로 **연결**되는 경우가 많다.

他的办法取得了很好的效果。 그의 방법은 매우 좋은 효과를 거두었다.

> **꿀팁** 형용사뿐만 아니라 **명사**, **동사(구)**, **개사구** 등도 관형어가 될 수 있다.
> - 明天的会议取消了。 내일의 회의가 취소되었다. (명사)
> - 我借的书都很有意思。 내가 빌린 책은 모두 아주 재미있다. (동사구)
> - 他对工作的态度很认真。 그의 일에 대한 태도는 매우 진지하다. (개사구)

■ 부사어(状语)

동사나 **형용사**를 **수식**하며 **술어 앞**이나 **문장 맨 앞**에 온다. 형용사나 동사가 부사어가 될 경우 종종 구조조사 '**地**'로 연결된다.

树上的叶子已经掉光了。 나무 위의 잎이 이미 떨어지고 없다.

下个月，我去中国旅游。 다음 달에 나는 중국으로 여행 간다.

> **꿀팁** 부사뿐만이 아니라 **명사**, **형용사**, **동사**, **개사구** 등도 부사어가 될 수 있다.
> - 我们明天出发。 우리는 내일 출발한다. (명사)
> - 他仔细地检查了。 그녀는 꼼꼼히 검사했다. (형용사)
> - 妈妈很担心地说了。 엄마는 매우 걱정스럽게 말했다. (동사)
> - 小张向领导报告了这个结果。 샤오장은 상사에게 이 결과를 보고했다. (개사구)

■ 보어(补语)

동사나 **형용사** 뒤에서 그 **의미를 보완**하는 성분이다.

他们表演得很精彩。 그들의 연기는 매우 훌륭했다. (정태보어)

树上的叶子已经掉光了。 나무 위의 잎은 이미 모두 떨어지고 없다. (결과보어)

> **꿀팁** 보어는 항상 **동사**나 **형용사 뒤**에 오며 **명사 뒤에 오지 않는다**.
> - 吃饭完了 (×) → 吃完饭了 (○)
> - 睡觉得很晚 (×) → 睡得很晚 (○)
> ※ '睡觉'는 이합동사로 '睡(자다)'만 순수한 동사이며 '觉(잠)'는 명사이다.

> **핵심 정리**
>
> 문장은 **주어, 술어, 목적어**를 중심으로 **뼈대가 구성**되고 관형어, 부사어, 보어 등이 붙으면서 **긴 문장**으로 만들어진다. **문장 구조 분석**이라는 것은 **주어, 술어, 목적어를 구분해 내는 작업**이라고 할 수 있다. 문장 구조 분석을 통해서 정확한 해석과 이해가 이루어진다.
>
> ```
>                    (的)              (地)              (的)
> (부사어), 관형어 + 주어  +  부사어 + 술어 + (보어)  +  관형어 + 목적어
> ```
>
> 当时,　　小王的姥姥　　　很痛快地答应了　　邻居的请求。
> 당시에,　샤오왕의 외할머니는　　흔쾌히 들어 주었다　　이웃의 부탁을

■ 〈쓰기 1부분〉 문제 풀이 시 가장 먼저 할 일 : 제시어 개수를 줄여라!

제시어의 형태와 뜻을 고려하여 아래와 같이 제시어의 개수를 줄일 수 있어야 더 쉽게 문제를 풀 수 있다.

> 很痛快地　　　邻居的　　姥姥　　请求　　答应了
> 매우 흔쾌하게　　이웃의　　외할머니　부탁(하다)　동의했다

→ 姥姥很痛快地答应了邻居的请求。
　　외할머니는 흔쾌히 이웃의 부탁을 들어 주었다.

(1) 〈~ + 的〉 형태의 제시어는 **N**(명사)과 결합시킨다. → 邻居的请求(이웃의 부탁)

(2) 〈~ + 地〉 형태의 제시어는 **V**(동사)와 결합시킨다. → 很痛快地答应了(흔쾌하게 동의했다)

(3) 〈~ + 了〉 형태 또는 〈**V**(동사)〉 제시어는 뒤에 의미상 어울리는 **O**(목적어)를 놓는다. → 答应了~请求(부탁을 들어 주었다)

쓰기 1부분

어순에 맞게 배열하기

출제 원리와 공략법

〈쓰기 1부분〉은 여러 제시어를 하나의 온전한 문장이 되도록 어순에 맞게 배열하는 문제입니다. 〈쓰기 1부분〉을 잘하기 위해서는 제시어의 뜻을 아는 것과 핵심 어법에 대한 이해가 필요합니다. 자, 그럼 아래 출제 특징과 그 풀이법을 살펴봅니다.

● 출제 특징

- **문항 구성** : 8문제(91번~98번)
- **문제 유형** : 4~6개의 제시어들을 어법상 올바른 하나의 문장이 되도록 배열한다.
- **제시어 특징** : 4~6개의 제시어 중 2~3개가 5급 필수 어휘이다. 따라서 5급 필수 어휘를 뜻만이라도 알고 있어야 한다. (별책 단어장을 활용해서 외우도록 하자.)

● 3단계 풀이법

[1단계] 술어 정리 : 동사나 형용사를 찾아서 술어를 만든다.
[2단계] 주어와 목적어 정리 : 술어가 동사일 경우 뒤에 목적어를 만들고, 적당한 주어를 정한다.
[3단계] 기타 정리 : 나머지 단어들을 의미와 어법에 맞게 부사어, 관형어, 보어로 정리한다.
※ 주의 : 처음부터 품사로만 따지지 말고, 먼저 대략적인 의미 윤곽을 파악한 후 어법적인 접근을 시도한다.

술어 → **목적어, 주어** → **기타**

● 학생들이 가장 많이 하는 질문

"선생님, 명사니 동사니 주어니 술어니 하는 용어와 딱딱한 어법을 굳이 알아야 할까요?"

"네, 알아야 합니다. 그래야 흔들리지 않고 문제를 맞힐 수 있습니다. 〈쓰기 1부분〉을 풀다 보면 어떤 문제는 쉽게 맞히는데 또 어떤 문제는 알쏭달쏭하다가 결국은 틀리게 되는 경험을 하셨을 겁니다. 그것이 다 어법 이론에 대한 이해가 부족하기 때문입니다. 처음에는 낯설고 헷갈려서 하기 싫겠지만 일단 어법을 익혀 두면 중국어를 더 체계적이고 재미있게 공부할 수 있습니다. 더 직접적인 이유로는 출제 위원들이 중국어 문법의 특징을 이해하고 문제를 풀도록 출제하기 때문입니다. 또한 어법 용어와 이론을 배워 두면 독해를 더욱 빠르고 정확하게 할 수 있고, 또 중국어 작문을 할 때 어법적 오류를 크게 줄일 수 있습니다.
본 교재는 꼭 필요한 핵심 어법과 그에 딱 맞는 엄선된 예문들로만 구성하여 가장 효과적이고 실질적인 어법 공부가 되도록 하였습니다. 자, 그럼 재미있는 중국어 어법 속으로 떠나 볼까요?"

● 학습 전략

- 5급 필수 어휘 1300 단어 뜻 암기
- 유형에 따른 어법 이론 학습
- 틀린 문장 통암기로 같은 문제 틀리지 않기

 신속 정확한 풀이

❶ 형용사 술어문·주술 술어문

주요 내용

■ 〈형용사 술어문〉이란?

형용사가 술어인 문장을 가리킨다.

他设计的 / 方案 / 非常出色。 그가 설계한 방안은 매우 뛰어나다.

어순   관형어(的) + S + 술어(정도부사 + A)

※ '方案'이 주어이고, '出色'가 술어인 문장이다. 이때 술어인 '出色'는 형용사이므로 이런 문장을 〈형용사 술어문〉이라고 한다.

■ 〈형용사 술어문〉 문제의 풀이 순서

[1단계] 술어 찾기 : 정도부사와 형용사(A)를 결합시켜 술어를 만든다.

他设计的   方案   非常出色。
관형어   的   S   술어(정도부사 + A)

[2단계] 주어 찾기 : 술어의 서술 대상을 주어(S)로 정한다.

他设计的   方案   非常出色。
관형어   的   S   술어(정도부사 + A)

[3단계] 기타 정리 : 나머지 제시어들은 관형어나 부사어로 정리한다.

他设计的   方案   非常出色。
관형어   的   S   술어(정도부사 + A)

■ 출제 포인트

- 어떤 제시어가 형용사인지를 묻는다.
- 정도부사와 형용사를 결합시킬 수 있는지를 묻는다.

주요 내용

■ 〈주술 술어문〉이란?

주술구가 술어인 문장을 가리킨다.

那个地方 / 风景 / 很美。 그곳은 풍경이 매우 아름답다.

어순	대주어 + 소주어 + 술어(정도부사 + A)
	술어(주술구)

※ '那个地方'이 대주어이고, '风景很美'가 술어인 문장이다. 이때 술어인 '风景很美'는 주술구이므로 이런 문장을 〈주술 술어문〉이라고 한다.
※ 〈형용사 술어문〉과 달리 〈주술 술어문〉은 2개의 주어(대주어, 소주어)가 있다.
※ '주술구 술어'는 주로 '주어 + 정도부사 + 형용사'의 형식을 취한다.

■ 〈주술 술어문〉 문제의 풀이 순서

[1단계] 술어 찾기 : 정도부사와 형용사(A)를 결합시켜 술어를 만든다.

那个地方　　风景　　很美。
대주어　　　소주어　술어(정도부사 + A)

[2단계] 소주어 찾기 : 술어의 대상을 술어 바로 앞에 놓아 소주어를 만든다.

那个地方　　风景　　很美。
대주어　　　소주어　술어(정도부사 + A)

[3단계] 대주어 찾기 : 소주어보다 범위가 큰 것이 대주어이고 이를 문장 맨 앞에 놓는다.

那个地方　　风景　　很美。
대주어　　　소주어　술어(정도부사 + A)

■ 출제 포인트

- 어떤 제시어가 형용사인지를 묻는다.
- 주어가 2개로 해석되는 문장을 만들 수 있는지를 묻는다.

기출문제 분석

쓰기 1부분 어순에 맞게 배열하기

〈형용사 술어문〉 문제는 **매회 1문제**는 꼭 나오는 문제입니다. 몇 가지 주의 사항만 숙지하고 **형용사의 뜻만 안다면** 쉽게 풀 수 있습니다. 그래서 5급 필수 형용사를 암기하는 것이 가장 중요합니다. 3~4회에 걸쳐 한 문제씩 등장하는 〈주술 술어문〉은 〈형용사 술어문〉과 비슷한 면이 있지만 **차이점이 존재**하는데, 그 **차이점을 반드시 이해**해야 합니다.

어순에 맞게 배열하여 문장을 완성하세요.

1. 弱 手机信号 电梯里的 比较

2. 驾驶 酒后 很大 危害

1.

풀이
[1단계] 술어 찾기 : 형용사 '弱'와 정도부사 '比较'를 결합하여 술어를 만든다. → 比较弱
[2단계] 주어 찾기 : '比较弱'의 주어로 가장 알맞은 것은 '信号(신호)'이다. → 手机信号比较弱
[3단계] 기타 정리 : 나머지는 '手机'를 수식하는 관형어가 된다. → 电梯里的手机信号比较弱。

정답 电梯里的手机信号比较弱。 엘리베이터 안의 핸드폰 신호는 비교적 약하다.

어휘 信号 xìnhào [명] 신호 5급 | 电梯 diàntī [명] 엘리베이터 3급 | 弱 ruò [형] 약하다 5급 | 比较 bǐjiào [부] 비교적 [동] 비교하다 3급

2.

풀이
[1단계] 술어 찾기 : 형용사가 술어가 되므로 '很大'가 술어가 된다. → 很大
[2단계] 주어 찾기 : 술어 '很大(크다)'의 주어로는 '危害(위해/해)'가 알맞다. → 危害很大
[3단계] 기타 정리 : 나머지 '酒后驾驶'는 '음주 운전'이라는 뜻으로 한 단어처럼 쓰이므로 자연스럽게 대주어가 된다. → 酒后驾驶危害很大。

정답 酒后驾驶危害很大。 음주 운전은 위해가 크다.

어휘 驾驶 jiàshǐ [동] 운전하다 5급 | 危害 wēihài [명] 위해, 해 [동] 해를 끼치다 5급

꿀팁 여기서 '酒后驾驶'는 한 단어처럼 쓰인다. 비슷한 예로는 '疲劳驾驶(피로 운전, 졸음 운전)'가 있다.

전략 학습 1 : <형용사 술어문>과 <주술 술어문>의 특징

쓰기 1부분 어순에 맞게 배열하기

■ 형용사 술어문(形容词谓语句)이란?

형용사가 술어가 되는 문장을 의미한다.

┌──▶ 형용사

这里的　风景　非常　美丽。 이곳의 풍경은 매우 아름답다.
관형어　　주어　　부사어　술어

◐ 형용사 술어문의 특징

1. 형용사 앞에 일반적으로 '是'를 쓰지 않는다.	这里的风景~~是~~非常美丽。
2. 형용사 앞에 일반적으로 정도부사가 온다.	这里的风景**非常**美丽。
3. 형용사 뒤에는 목적어가 올 수 없기 때문에 형용사로 끝이 난다.	服务员非常热情~~我们~~。 → 服务员**对我们**非常热情。 종업원은 우리에게 매우 친절하다.
4. 주어 앞에 종종 긴 관형어가 붙는다.	**那个穿西服的**小伙子很帅。 저 정장을 입은 젊은이는 매우 멋있다.

岛上的　丰富　煤炭　十分

풀이 **[1단계]** 정도부사 '十分'은 형용사 '丰富'를 수식한다.
　　→ 十分丰富

　　[2단계] 형용사 '丰富'를 제외하고 다른 동사나 형용사가 없으므로 '丰富'가 술어가 되는 <형용사 술어문>임을 알 수 있다. 따라서 '岛上的煤炭'이 주어로 온다.
　　→ 岛上的煤炭十分丰富。

정답 岛上的煤炭十分丰富。 섬에 있는 석탄은 매우 풍부하다.

어휘 岛 dǎo [명] 섬 5급 | 丰富 fēngfù [형] 풍부하다 4급 | 煤炭 méitàn [명] 석탄 5급 | 十分 shífēn [부] 매우 4급

■ 주술 술어문(主谓谓语句)이란?

주술구가 술어가 되는 문장을 의미한다. 주술 술어문은 '~은/는 ~이/가 어떠하다'는 식으로 해석되어 **주어가 2개** 나오는 것이 가장 큰 특징이다. 이때 대주어와 소주어 사이에 '**的**'를 넣으면 형용사 술어문이 되는 경우가 많다.

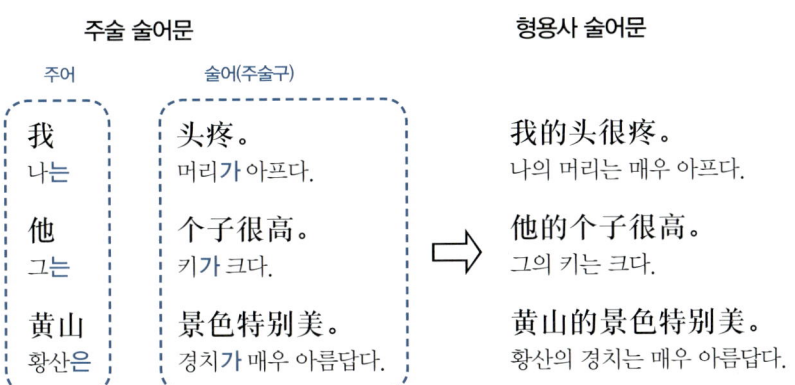

● 주술 술어문의 특징

1. 2개의 주어가 있다. (대주어, 소주어)	他(대주어) 个子(소주어) 很高。 黄山(대주어) 景色(소주어) 特别美。
2. 형용사 앞에는 (정도)부사가 오는 경우가 많다.	他性格**很**好。 黄山景色**特别**美。
3. 소주어는 의미상 대주어에 소속된 경우가 많다. (빈출 유형)	他性格很好。 그는 성격이 좋다. (他 > 性格 : 그의 성격) 黄山景色特别美。 황산은 경치가 매우 아름답다. (黄山 > 景色 : 황산의 경치)
4. 대주어는 의미상 술어의 목적어인 경우가 있다. (드물게 출제됨)	屋子我们收拾干净了。 방은 우리가 깨끗하게 청소했다. (屋子 : 대주어이면서 '收拾'의 의미상 목적어)

실전 적용하기

他的　反应速度　快　身体　格外

풀이 **[1단계]** 정도부사 '格外(유달리)'는 형용사 '快'를 수식한다. → 格外快

[2단계] '他的'는 명사를 수식해야 하므로 의미상 '身体'가 오는 것이 알맞고, '그의 몸의 반응 속도'이므로 '他的身体'는 대주어, '反应速度'는 소주어가 된다. → 他的身体反应速度格外快。

정답 他的身体反应速度格外快。 그의 신체는 반응 속도가 유달리 빠르다.

어휘 反应 fǎnyìng [명/동] 반응(하다) 5급 | 速度 sùdù [명] 속도 4급 | 格外 géwài [부] 유달리, 매우 5급

■ 부사의 위치

● 정도부사와 정도부사의 역할을 하는 단어들

정도부사는 〈형용사 술어문〉이나 〈주술 술어문〉 문제 풀이에서 중요한 역할을 하는 경우가 많다. 정도부사의 가장 중요한 역할은 형용사를 수식하는 것이다. 아래 정도부사들을 잘 익혀 두자.

정도부사

> 很 매우 | 更 더욱 | 有些/有点儿 약간 | 相当 상당히 | 挺~的 꽤, 제법 | 十分 매우 | 非常 매우
> 格外 유달리 | 特别 특히 | 太 너무 | 太~了 너무 | 极其 극히 | 不够 충분히 ~하지 않다

+ 형용사

他的观点有些片面。 그의 관점은 약간 단편적이다.

他的工作表现相当不错。 그의 업무 실력은 상당히 괜찮다.

他的设计风格特别独特。 그의 디자인 스타일은 매우 독특하다.

● 정도부사 앞에 오는 부사들

'정도부사 + 형용사'의 형태에서 그 앞에 또 다른 부사가 와서 〈일반부사 + {정도부사 + 형용사}〉의 어순을 이룰 때가 있다. 정도부사는 뒤의 피수식어와 의미상 비교적 긴밀하기 때문에 잘 떨어지지 않아 결국 일반부사(정도부사를 제외한 나머지 부사)는 앞쪽으로 밀리게 된다.

일반 부사

> 真/确实/的确 확실히, 정말로 | 简直 그야말로 | 竟然/居然 뜻밖에
> 始终 시종, 늘 | 仍然/依然 여전히 | 至今 지금까지

+ 정도부사 + 형용사

他的态度始终很冷淡。 그의 태도는 시종 냉정하다.

这个小伙子简直太骄傲了。 이 젊은이는 그야말로 너무 교만하다.

这个家具的设计者的确很了不起。 이 가구의 설계자는 정말로 대단하다.

> 球迷　真　那些　疯狂

풀이 **[1단계]** 부사 '真'은 형용사 '疯狂(미친 듯이 날뛰다)'을 수식한다.
→ 真疯狂

[2단계] '疯狂' 이외에 다른 형용사나 동사가 없으므로 이 문장은 〈형용사 술어문〉임을 알 수 있고, '那些球迷'가 주어 자리에 온다.
→ 那些球迷真疯狂。

정답 那些球迷真疯狂。 그 축구 팬들은 정말 미쳤어.

어휘 球迷 qiúmí [명] 축구 팬 5급 | 疯狂 fēngkuáng [형] 미친 듯이 날뛰다(비유) 5급

■ 난이도 최상급 문제

〈주술 술어문〉이라는 것을 모르면 원칙 없이 문제를 풀게 되고 그러면 오답을 쓰기 쉽다. 따라서 '주술구'가 술어가 되는 〈주술 술어문〉이 문제로 나올 수 있다는 생각을 늘 가지고 있어야 한다. 아래 문제를 풀어 보면서 난이도 높은 문제의 풀이법을 익혀 두자.

> 1. 熬夜对　伤害　身体　极大
>
> 2. 很多　那里　可参考的　资料

1.

풀이 **[1단계]** '对' 뒤에는 '身体'가 와서 개사구를 이루어야 한다.
→ 熬夜对身体

[2단계] '极大伤害'라고 하면 '극히 큰 상해'의 뜻으로 결국 명사구가 되어 버린다. 그러면 이 문장은 술어가 없게 된다. 하지만 '伤害极大'로 쓰면 '상해가 극히 크다'의 뜻으로 주술구가 된다. 주술구는 술어가 되어 〈주술술어문〉을 이룰 수 있다.
→ 熬夜对身体伤害极大。

熬夜 / 对身体 / 伤害极大。 밤샘은 / 신체에 / 상해가 극히 크다
주어   부사어(개사구)   술어(주술구)

정답 熬夜对身体伤害极大。 밤샘은 신체에 상해가 극히 크다.

오답분석 熬夜对身体极大伤害。
'极大'가 동사 '伤害'를 수식할 때는 '地'를 써서 '极大地伤害'로 써야 한다. 이런 오답이 안 나오게 하려면 **처음부터 '주술구'가 술어가 될 수 있다는 생각**을 하고 '**伤害极大** 상해가 크다(**주술구**)'로 시도해 볼 수 있어야 한다. 그리고 위의 문장처럼 **주술구 앞에는 개사구(对身体)가 부사어로 들어갈 수 있다.**

어휘 熬夜 áoyè [동] 밤새다 5급 | 伤害 shānghài [동] 상하게 하다 [명] 상해 5급

2.

풀이 **[1단계]** 일반적으로 '的' 뒤에는 명사가 와야 하므로 '可参考的(참고할 만한)' 뒤에는 '资料'가 오는 것이 알맞다.
→ 可参考的资料

[2단계] 동사는 없고 유일하게 '多'가 형용사이므로 '多'가 술어가 되어야 한다. 따라서 이 문장은 〈형용사 술어문〉이 되어야 한다. '那里'와 '可参考的'는 '资料'를 수식하는 관형어가 된다.
→ 那里可参考的资料很多。

那里 可参考的 资料 很多
관형어1 관형어2   주어   술어

정답 那里可参考的资料很多。 그곳에는 참고할 만한 자료가 많다.

오답분석 那里很多可参考的资料。 그곳의 많은 참고할 자료
이것은 '어떠하다'는 술어가 없기 때문에 문장이라 할 수 없다. 이런 오답이 생기는 이유는 **처음부터 '很多'가 술어가 될 거라고 생각하지 않았기 때문이다**. 형용사(多)가 술어가 되면 형용사로 끝나야 한다는 개념이 없으면 언제든지 이와 같은 오답이 나올 수 있다.

어휘 参考 cānkǎo [동] 참고하다 5급 | 资料 zīliào [명] 자료 5급

전략 학습 2 : 난이도 높은 형용사들

쓰기 1부분 어순에 맞게 배열하기

아래 형용사는 꼭 〈형용사 술어문〉에만 출제되는 것이 아니라 **전 유형에 걸쳐서 나올 수 있는 단어들이니 충실하게 외워 두세요.** 쓰면서 외우기보다는 **눈으로 보거나 큰 소리로 읽으면서 '뜻 암기'** 위주로 학습하도록 하세요.

- ☐ 薄 báo 얇다
- ☐ 宝贵 bǎoguì 소중하다, 귀중하다
- ☐ 悲观 bēiguān 비관적이다
- ☐ 不足 bùzú 부족하다 [동] ~에 이르지 못하다
- ☐ 惭愧 cánkuì (자신의 실수나 부족함으로) 부끄러워하다

  꿀팁 성격상 '수줍어하다'의 뜻인 '害羞'와 구별하자.

- ☐ 潮湿 cháoshī 습하다
- ☐ 彻底 chèdǐ 철저하다
- ☐ 成熟 chéngshú 성숙하다
- ☐ 充分 chōngfèn 충분하다
- ☐ 重复 chóngfù 중복되다 [동] 반복하다

- ☐ 丑 chǒu 추하다, 못생기다
- ☐ 臭 chòu 냄새가 구리다
- ☐ 出色 chūsè 뛰어나다
- ☐ 粗糙 cūcāo (일하는 데 있어) 서투르다, 조잡하다
- ☐ 大方 dàfang 인색하지 않다, 대범하다, 옷차림이 점잖다

  꿀팁 주로 '인색하지 않다'의 뜻으로 쓰인다.

- ☐ 淡 dàn (맛이) 약하다, 싱겁다, (색깔이) 연하다
- ☐ 单纯 dānchún 단순하다
- ☐ 单调 dāndiào 단조롭다
- ☐ 倒霉 dǎoméi 운이 없다, 재수 없다
- ☐ 地道 dìdao 정통이다, 오리지널이다

- ☐ 逗 dòu 우습다, 재미있다 [동] 놀리다
- ☐ 独特 dútè 독특하다

☐	恶劣	èliè	열악하다, 아주 나쁘다
☐	发达	fādá	발달하다
☐	繁荣	fánróng	번영하다

☐	干脆	gāncuì	(언행이) 시원스럽다 [부] 아예, 차라리
☐	公平	gōngpíng	공평하다
☐	乖	guāi	착하다, 얌전하다
☐	光滑	guānghuá	매끌매끌하다, 반들반들하다
☐	固定	gùdìng	고정되다

☐	过敏	guòmǐn	과민하다, 알레르기 반응을 보이다
☐	豪华	háohuá	호화롭다
☐	好客	hàokè	손님 접대를 좋아하다
☐	合理	hélǐ	합리적이다
☐	滑	huá	미끄럽다 [동] 미끄러지다

☐	慌张	huāngzhāng	당황하다
☐	活跃	huóyuè	활기차다 [동] 활기차게 하다
☐	糊涂	hútu	멍청하다, 애매하다, 뒤죽박죽이다
☐	艰巨	jiānjù	어렵고 힘들다
☐	坚决	jiānjué	결연하다, 단호하다

☐	艰苦	jiānkǔ	가난하고 고생스럽다
☐	坚强	jiānqiáng	굳세다, 꿋꿋하다
☐	狡猾	jiǎohuá	교활하다
☐	结实	jiēshi	튼튼하다, 견고하다
☐	广大	guǎngdà	(사람 수가) 많다, (면적이) 넓다

꿀팁 주로 '사람 수가 많다'의 뜻으로 쓰인다.

☐	广泛	guǎngfàn	광범위하다
☐	了不起	liǎobuqǐ	대단하다
☐	灵活	línghuó	신속하다, 유연하다

☐	落后	luòhòu	낙후되다, 뒤처지다
☐	矛盾	máodùn	모순적이다

☐	苗条	miáotiao	날씬하다
☐	敏感	mǐngǎn	민감하다
☐	明确	míngquè	명확하다 [동] 명확하게 하다
☐	明显	míngxiǎn	뚜렷하다, 분명하다
☐	密切	mìqiè	밀접하다

☐	模糊	móhu	흐릿하다
☐	陌生	mòshēng	낯설다
☐	嫩	nèn	부드럽다, 연하다, 여리다
☐	能干	nénggàn	유능하다
☐	浓	nóng	진하다

☐	片面	piànmiàn	단편적이다
☐	疲劳	píláo	피로하다
☐	平静	píngjìng	(마음·환경 등이) 평온하다, 고요하다
☐	迫切	pòqiè	절박하다, 절실하다
☐	浅	qiǎn	얕다

☐	强烈	qiángliè	강렬하다
☐	谦虚	qiānxū	겸손하다
☐	巧妙	qiǎomiào	절묘하다, 교묘하다

꿀팁 주로 '절묘하다'로 해석하며 긍정적인 의미로 쓴다.

☐	勤奋	qínfèn	부지런하다

☐	清淡	qīngdàn	(음식이) 담백하다
☐	亲切	qīnqiè	친절하다

꿀팁 '친근하다'의 뜻도 있다.

☐	全面	quánmiàn	전면적이다, (영양이) 골고루 있다
☐	热烈	rèliè	열렬하다, 뜨겁다
☐	软	ruǎn	(물체의 속성이) 부드럽다

☐	弱	ruò	약하다
☐	傻	shǎ	멍청하다
☐	善良	shànliáng	선량하다, 착하다
☐	生动	shēngdòng	생동적이다
☐	深刻	shēnkè	(인상·영향·이치 등이) 깊다

꿀팁 '심각하다'로 해석하지 않도록 주의하자.

☐	神秘	shénmì	신비롭다
☐	时髦	shímáo	세련되다, 현대적이다, 유행이다
☐	湿润	shīrùn	촉촉하다, 습윤하다
☐	实用	shíyòng	실용적이다
☐	熟练	shúliàn	숙련되다

☐	舒适	shūshì	편안하다, 쾌적하다
☐	烫	tàng	뜨겁다 [동] 데다, 화상 입다
☐	坦率	tǎnshuài	솔직하다
☐	淘气	táoqì	장난스럽다
☐	天真	tiānzhēn	천진하다

☐	调皮	tiáopí	장난스럽다(≒淘气)
☐	痛苦	tòngkǔ	고통스럽다
☐	透明	tòumíng	투명하다
☐	突出	tūchū	두드러지다, 뛰어나다 [동] 부각시키다
☐	歪	wāi	비뚤다, 비스듬하다

☐	完美	wánměi	완벽하다
☐	完善	wánshàn	완전하다, 완벽하다
☐	完整	wánzhěng	온전하다, 완전하다
☐	伟大	wěidà	위대하다
☐	委屈	wěiqu	억울하다 [동] 억울하게 하다

☐	稳定	wěndìng	안정적이다 [동] 안정시키다
☐	温暖	wēnnuǎn	따뜻하다
☐	温柔	wēnróu	온유하다, 부드럽고 상냥하다
☐	相当	xiāngdāng	비슷하다, 상당하다

꿀팁 정도부사로 '상당히', '꽤'의 뜻도 있다.

☐	相似	xiāngsì	비슷하다, 유사하다

☐	现实	xiànshí	현실적이다
☐	鲜艳	xiānyàn	화려하다, 산뜻하고 아름답다
☐	消极	xiāojí	소극적이다, 부정적이다

꿀팁 '부정적이다'의 뜻도 있다.

☐	小气	xiǎoqi	인색하다, 쩨쩨하다, 옹졸하다

꿀팁 주로 '인색하다'의 뜻으로 출제된다.

☐	孝顺	xiàoshùn	효성스럽다 [동] 효도하다
☐	斜	xié	기울다, 비뚤다
☐	幸运	xìngyùn	행운이다, 운이 좋다
☐	痒	yǎng	가렵다
☐	严肃	yánsù	엄숙하다

☐	硬	yìng	딱딱하다
☐	意外	yìwài	의외이다

꿀팁 명사로 '의외의 사고'라는 뜻도 있다.

☐	一致	yízhì	일치하다
☐	用功	yònggōng	열심이다

☐	拥挤	yōngjǐ	붐비다, 혼잡하다
☐	悠久	yōujiǔ	유구하다
☐	优美	yōuměi	아름답다

각 단어에 맞는 뜻을 찾아 선으로 연결하세요.

01. 薄	A 인색하지 않다	15. 勤奋	A 부지런하다
02. 成熟	B 시원스럽다	16. 全面	B 멍청하다
03. 淘气	C 얇다	17. 傻	C 실용적이다
04. 臭	D 냄새가 구리다	18. 善良	D 선량하다
05. 大方	E 반들반들하다	19. 实用	E 전면적이다
06. 干脆	F 장난스럽다	20. 舒适	F 장난스럽다
07. 光滑	G 성숙하다	21. 调皮	G 편안하다

08. 慌张	A 단호하다	22. 完美	A 가렵다
09. 滑	B 낯설다	23. 氧	B 완벽하다
10. 完整	C 당황하다	24. 硬	C 유구하다
11. 坚决	D 부드럽다	25. 悠久	D 딱딱하다
12. 敏感	E 온전하다	26. 优美	E 아름답다
13. 陌生	F 민감하다	27. 拥挤	F 열심이다
14. 嫩	G 미끄럽다	28. 用功	G 붐비다

정답 01. C 02. G 03. F 04. D 05. A 06. B 07. E 08. C 09. G 10. E
11. A 12. F 13. B 14. D 15. A 16. E 17. B 18. D 19. C 20. G
21. F 22. B 23. A 24. D 25. C 26. E 27. G 28. F

실전 연습 문제

第1-8题: 完成句子。

1.　很　疲劳　危险　驾驶

2.　拥挤　胡同　十分　这条

3.　有些　道歉　多余　这种

4.　气氛　非常　宴会的　活跃

5.　对身体　很大　吸烟　危害

6.　极其　李太太的　迫切　愿望

7.　简直　了　这个小孩子　淘气　太

8.　任务　相当　老板安排给　员工们的　艰巨

❷ 동사 술어문

주요 내용

■ 〈동사 술어문〉이란?

동사가 술어인 문장을 가리킨다.

细心的 / 他 / 及时 / **发现了** / 合同里的 / 错误。 세심한 그는 바로 계약서 안의 오류를 발견했다.

| 어순 | S + 부사어 + V + 관형어 + O |

※ 동사(V)인 '发现'이 술어가 되었고 '错误'가 목적어(O)로 왔다.

■ 〈동사 술어문〉 문제의 풀이 순서

[1단계] 동사와 목적어 정리 : 제시어 중 동사(V)가 있다면 그 뒤에 알맞은 의미의 목적어(O)를 놓는다.

细心的	他	及时	**发现了**	合同里的	**错误** 。
관형어	S	부사어	V	관형어	O

[2단계] 주어 정리 : 동사 술어에 어울리는 적합한 주어(S)를 찾는다.

细心的	**他**	及时	发现了	合同里的	错误 。
관형어	S	부사어	V	관형어	O

[3단계] 기타 정리 : 나머지는 주어(S), 동사(V), 목적어(O) 앞에 적당한 의미의 수식어로 위치시킨다.

细心的	他	**及时**	发现了	**合同里的**	错误 。
관형어	S	부사어	V	관형어	O

■ 출제 포인트

- 동사 뒤에 적당한 의미의 목적어를 넣을 수 있는가?
- 상용 동목 호응구를 잘 알고 있는가?

기출문제 분석

쓰기 **1부분** 어순에 맞게 배열하기

〈동사 술어문〉은 많게는 5문제까지 나온 적이 있을 정도로 **매우 중요한 내용**입니다. 물론 **관형어**나 **부사어** 등 **다른 어법 내용**과 관련되어 있기도 합니다. 하지만 풀이의 핵심은 동사 뒤에 목적어를 위치시키는 것이기 때문에 동사와 어울리는 목적어 즉, **동목 호응구를 많이 익히는 것**이 중요합니다.

어순에 맞게 배열하여 문장을 완성하세요.

> 受到了 志愿者们 热烈的 欢迎

풀이 **[1단계]** 동사 '受到(받다)'는 '欢迎(환영)'을 목적어로 갖는다.
→ 受到了···欢迎
[2단계] 의미상 '志愿者们'이 주어가 되고, '热烈的'는 '欢迎'을 수식한다.
→ 志愿者们受到了热烈的欢迎。

정답 志愿者们受到了热烈的欢迎。 자원봉사자들은 뜨거운 환영을 받았다.

어휘 志愿者 zhìyuànzhě [명] 자원봉사자, 지원자 5급 | 热烈 rèliè [형] 열렬하다, 뜨겁다 5급

전략 학습 : 〈동사 술어문〉의 특징

쓰기 **1부분** 어순에 맞게 배열하기

■ 동사 술어문(动词谓语句)이란?

동사가 술어가 되는 문장으로 사람(혹은 사물)의 **동작 행위, 심리 활동, 발전 변화** 등을 서술하는 문장이다. 중국어에서 큰 비중을 차지한다.

	동사	목적어	
哥哥 在	打扫	房间。 형이 방을 청소하고 있다.	(**동작 행위**를 서술)
妈妈 很	后悔	那件事。 엄마는 그 일을 매우 후회한다.	(**심리 활동**을 서술)
我的汉语水平	提高	了。 나의 중국어 실력이 향상됐다.	(**발전 변화**를 서술)

○ 〈동사 술어문〉 풀이에서 가장 중요한 포인트

제시어에 **동사**가 있으면 그 뒤에 적당한 의미의 **목적어**를 넣는 습관이 중요하다. 그리고 남는 제시어는 주어의 관형어나 부사어로 위치시킨다.

(1) 〈~ + 的〉 형태의 제시어는 N(명사)과 결합시킨다. → 大家的好评(모두의 호평)

(2) 〈~ + 地〉 형태의 제시어는 V(동사)와 결합시킨다. → 积极地推广(적극적으로 확대하다)

(3) 〈~ + 了〉 형태 또는 〈V(동사)〉 제시어는 뒤에 의미상 어울리는 O(목적어)를 놓는다. → 获得了~好评(호평을 얻었다)

```
어순 : 관형어 + 주어  +  부사어 + 동사  +  관형어 + 목적어
              (的)              (地)              (的)
```

他的表演 / 获得了 / 大家的 / 好评。 그의 공연은 모두의 호평을 받았다.
관형어 + 주어   V   관형어   O

世界各国 / 都 / 在 / 积极地 / 推广 / 新能源汽车。
              부사어   V   O
세계 각국이 모두 적극적으로 신에너지 자동차를 확대하고 있다.

■ 동사 술어문의 특징

핵심 정리

1. 뒤에 목적어를 동반할 수 있다.

2. 목적어라고 해서 꼭 명사만 되는 것이 아니다. 동사(구), 형용사(구), 주술구 등도 동사의 목적어가 된다. ★

3. 목적어 앞에 종종 관형어가 붙는다.

4. 일부 동사는 이중 목적어를 동반할 수 있다.

1. 뒤에 목적어를 동반할 수 있다.

　　동사　목적어
我买了两本小说。 나는 두 권의 소설책을 샀다.

他从事出版工作。 그는 출판 업무에 종사하고 있다.

爷爷很高兴地答应了孙子的要求。 할아버지는 흔쾌히 손자의 요구를 들어 주었다.

请在　办理入住　手续　前台

풀이 **[1단계]** '办理(수속을 밟다)'는 주로 '手续(수속)'를 목적어로 갖고, '手续'는 '入住'와 결합하여 명사구(투숙 수속)가 된다.
→ 办理入住手续 (办理~手续 ~ 수속을 하다)
[2단계] '在' 뒤에는 장소나 시간이 와야 하므로 '前台(프런트 데스크)'가 온다.
→ 请在前台办理入住手续。

정답 请在前台办理入住手续。 프런트 데스크에서 투숙 수속을 해 주세요.

어휘 办理 bànlǐ [동] 처리하다, (수속을) 밟다 5급 | 入住 rùzhù [동] (호텔 등에서) 숙박하다 | 手续 shǒuxù [명] 수속 5급 | 前台 qiántái [명] 프런트 데스크

2. 목적어라고 해서 꼭 명사만 되는 것이 아니다. 동사(구), 형용사(구), 주술구 등도 동사의 목적어가 된다. ★

　　동사　목적어
她感到很高兴。 그녀는 매우 기뻤다.　　　　　　　　　　　　　　　(목적어 : 형용사)

我决定去中国留学。 나는 중국에 유학 가는 것을 결정했다.　　　　　(목적어 : 동사구)

你的妈妈显得很年轻。 너의 엄마는 매우 젊어 보인다.　　　　　　　(목적어 : 형용사구)

我才发现父亲十分关心我。　　　　　　　　　　　　　　　　　　(목적어 : 주술구)
나는 그제서야 아버지가 나에게 관심이 많다는 것을 알게 됐다.

동사(구), 형용사(구), 주술구 등을 목적어로 취하는 동사들 : 시험에 꼭 나오니 외워 두자.

邀请 + 명사/대명사/주술구 ~을 초대하다 ~하라고 초청하다	这次宴会邀请了很多明星。 이번 연회는 많은 스타들을 초대했다. [명사] 我想邀请他们参加宴会。 나는 그들을 연회에 참가하도록 초청하고 싶다. [주술구]
答应 + 명사/동사구/주술구 ~하기로 동의하다	他答应再也不喝酒。 그는 다시는 술을 마시지 않겠다고 약속했다. [동사구] 爸爸答应我星期天去学弹钢琴。 아빠는 내가 일요일에 피아노 배우러 가는 것을 동의하셨다. [주술구]
显得 + 형용사구/동사구 ~하게 보이다	主持人显得很紧张。 사회자는 긴장되어 보였다. [형용사구] 小伙子显得很有礼貌。 젊은이는 예의가 있어 보인다. [동사구]
导致 + 명사/주술구 ~을 초래하다	营养不良会导致各种疾病。 영양 실조는 각종 질병을 초래할 수 있다. [명사] 大雪导致蔬菜价格上涨。 대설이 채소 가격 상승을 초래했다. [주술구]
善于 + 동사구 ~에 능하다 / ~을 잘하다	他很善于画画儿。 그는 그림을 그리는 데에 능하다./그는 그림을 잘 그린다. [동사구]
决定 + 명사/동사구 ~을 결정하다 ~할 것을 결정하다	父母不能决定孩子的未来。 부모가 아이의 미래를 결정할 수 없다. [명사] 老板决定取消今天的会议。 사장은 오늘 회의를 취소하기로 결정했다. [동사구]
学会 + 명사/동사구 ~을 배워서 알다 ~을 할 수 있게 되다	你必须学会这个技术。 너는 반드시 이 기술을 배워야 한다. [명사] 我们要学会控制自己的情绪。 우리는 자신의 감정을 조절할 줄 알아야 한다. [동사구]
舍不得 + 명사/동사구/주술구 ~를 아까워하다/아쉬워하다/ 섭섭해하다	马上要回国了，我舍不得这里的一切。 곧 귀국하려니 난 이곳의 모든 것이 아쉽다. [명사구] 我们都舍不得他走。 우리는 그가 가는 것이 섭섭하다. [주술구] 她舍不得离开这个公司。 그녀는 이 회사를 떠나기가 아쉬웠다. [동사구]
需要 + 명사/동사구 ~를 필요로 하다 ~할 필요가 있다	任何人都需要朋友。 어떤 사람이든 모두 친구가 필요하다. [명사] 这个病人还需要休息一个星期。 이 환자는 일주일을 더 쉬어야 합니다. [동사구]
有助于 + 명사/동사구 ~에 도움이 되다	宁静的音乐有助于睡眠。 조용한 음악은 수면에 도움이 된다. [명사] 这种面部运动有助于保持皮肤健康。 이런 얼굴 운동은 피부 건강을 유지하는 데 도움이 된다. [동사구]
有利于 + 명사/동사구 ~에 유리하다/좋다	适度的运动有利于恢复健康。 적당한 운동은 건강을 회복하는 데 좋다. [동사구]

```
1. 开幕式   出席   他   答应

2. 疲劳   有利于   缓解   喝茶

3. 表情   显得   姑姑的   有些无奈
```

1.

풀이 **[1단계]** 동사 '出席(참석하다)'는 '开幕式(개막식)'를 목적어로 갖는다.
→ 出席开幕式

[2단계] 주어는 '他'가 되고, '答应(동의하다)'은 '出席开幕式(개막식에 참석하다)'를 목적어로 갖는 술어가 된다.
→ 他答应出席开幕式。

정답 他答应出席开幕式。 그는 개막식에 참석하기로 동의했다.

어휘 开幕式 kāimùshì [명] 개막식 5급 | 出席 chūxí [동] 참석하다 5급 | 答应 dāying [동] 동의하다 5급

꿀팁 우리말의 '개막식 출석에 동의했다'는 식의 표현 때문에 '他答应开幕式出席。'로 해서는 안 된다. '出席'는 동사이기 때문에 '开幕式'를 목적어로 가져야 한다.

2.

풀이 **[1단계]** 동사 '缓解(완화시키다)'는 '疲劳(피로)'를 목적어로 갖는다.
→ 缓解疲劳

[2단계] '有利于(~에 좋다)'는 '동목구'를 목적어로 취하기 때문에 뒤에는 '缓解疲劳'가 오고, 의미상 '喝茶(차를 마시다)'가 주어가 된다.
→ 喝茶有利于缓解压力。

정답 喝茶有利于缓解压力。 차를 마시면 스트레스를 완화시키는 데에 좋다.

어휘 疲劳 píláo [형] 피로하다 5급 | 有利于 yǒulìyú ~에 유리하다 5급 | 缓解 huǎnjiě [동] 완화시키다 5급

3.

풀이 **[1단계]** '显得' 뒤에는 '형용사'가 목적어로 오므로 '有些无奈(약간 어쩔 수 없다)'가 온다.
→ 显得有些无奈

　　[2단계] '姑姑的'는 '表情'을 수식하고(姑姑的表情) 이는 주어 자리에 온다.
→ 姑姑的表情显得有些无奈。

정답 姑姑的表情显得有些无奈。 고모의 표정은 약간 어쩔 수 없어 보였다.

어휘 表情 biǎoqíng [명] 표정 5급 | 显得 xiǎnde [동] ~하게 보이다 5급 | 姑姑 gūgu [명] 고모 5급 | 无奈 wúnài [형] 어쩔 수 없다 5급

3. 목적어 앞에 종종 관형어가 붙는다.

豆腐具有很高的营养价值。 두부는 매우 높은 영양 가치를 가지고 있다.

这次旅游给我留下了很深刻的印象。 이번 여행은 나에게 깊은 인상을 남겼다.

| 功能　有　醋　帮助　消化的 |

풀이 **[1단계]** 제시어 중 '有'가 있을 때는 대개 〈주어 + 有 + … + 的 + 명사〉의 어순을 이룬다. 전체 그림을 봤을 때 주어는 '醋(식초)', 목적어는 '功能(기능)'이 알맞다.
→ 醋…有…功能

　　[2단계] '帮助'는 '消化'를 목적어로 가져 '소화를 돕는다'는 의미가 되고, 이 동목구는 '功能'을 수식한다.
→ 醋有帮助消化的功能。

정답 醋有帮助消化的功能。 식초는 소화를 돕는 기능이 있다.

어휘 功能 gōngnéng [명] 기능, 효능 5급 | 醋 cù [명] 식초 5급 | 消化 xiāohuà [동] 소화하다 5급

꿀팁 '소화의 기능을 돕는다'라고 해석하지 말자. '有'가 술어이기 때문에 '~의 기능을 가지고 있다'라고 해석해야 한다. 동목구 (帮助消化) 전체가 '功能'을 수식하고 있다.

4. 일부 동사는 이중 목적어를 동반할 수 있다.

이중 목적어는 간접 목적어(사람)와 직접목적어(사물)로 구성된다. 이중 목적어를 동반하는 동사는 어떤 것이 있는지 예문을 통해서 익히도록 하자.

> 他送了我 一本 书。 그는 나에게 한 권의 책을 선물했다.
>   (사람) (사물)

这句话给了我很大的信心。 이 말은 나에게 큰 자신감을 주었다.

我想问你一个问题。 나 너에게 한 가지를 물어보고 싶어.

小王欠了好几个朋友大量的钱。 샤오왕은 여러 친구들에게 많은 돈을 빚졌다.

张老师教我们汉语。 장 선생님은 우리들에게 중국어를 가르친다.

你告诉我你的电话号码。 너 나에게 너의 전화번호를 알려 줘.

我报告大家一个好消息。 제가 여러분들에게 한 가지 좋은 소식을 알려 줄게요.

班长通知大家后天开全校运动会。 반장이 모두에게 모레 전교 운동회를 연다고 통지했다.

难怪大家都叫他胆小鬼。 어쩐지 모두가 그를 보고 겁쟁이라고 하더라니.

▶ 이중 목적어를 동반할 수 있는 동사들

- 送 (~에게 ~을) 선물하다
- 给 (~에게 ~을) 주다
- 问 (~에게 ~을) 묻다
- 欠 qiàn (~에게 ~을) 빚지다
- 教 (~에게 ~을) 가르치다
- 借 (~에게 ~을) 빌리다
- 告诉 (~에게 ~을) 알려 주다
- 报告 (~에게 ~을) 보고하다
- 通知 (~에게 ~을) 통지하다
- 叫 (~을 ~라고) 부르다

> 1. 舍不得　我儿子特别　姥姥　离开他的
> 2. 明确的答案　无法　给你　我目前

1.

풀이 **[1단계]** '他的(그의)' 뒤에는 '姥姥(외할머니)'가 붙어서 '离开~姥姥(외할머니를 떠나다)'의 동목구를 이룬다.
→ 离开他的姥姥
[2단계] 동사 '舍不得(아쉬워하다)'는 명사뿐만 아니라 **동사구도 목적어로 취할 수 있다.** 따라서 '舍不得' 뒤에는 '离开~姥姥'가 목적어로 온다.
→ 舍不得离开他的姥姥
[3단계] '我儿子'는 주어가 되고, '特别'는 '舍不得'를 수식하여 '特别舍不得(매우 아쉬워한다)'가 된다.
→ 我儿子特别舍不得离开他的姥姥。

정답 我儿子特别舍不得离开他的姥姥。 나의 아들은 그의 외할머니를 떠나는 것을 매우 아쉬워했다.

어휘 舍不得 shěbude [동] 섭섭해하다, 아쉬워하다 5급 | 姥姥 lǎolao [명] 외할머니 5급

2.

풀이 **[1단계]** '给'는 '~에게 ~을 주다'의 뜻으로 이중 목적어를 동반할 수 있는 동사이다. '你'라는 간접 목적어가 왔으므로 뒤에는 '明确的答案(명확한 답안)'이 직접 목적어로 온다.
→ 给你明确的答案
[2단계] '我'가 주어가 되므로 '我目前'은 맨 앞에 오고, '无法'는 부사이므로 동사 '给' 앞에 온다.
→ 我目前无法给你明确的答案。

정답 我目前无法给你明确的答案。 나는 지금 너에게 명확한 답을 줄 수 없다.

어휘 明确 míngquè [형] 명확하다 [동] 명확하게 하다 5급 | 答案 dá'àn [명] 답안 5급 | 无法 wúfǎ [부] ~할 수 없다 | 目前 mùqián [명] 현재, 지금

■ 역대 기출 동목 호응구

자주 출제되는 호응구이니 특별히 잘 기억하도록 하자.

1	把握~机会	기회를 잡다
2	留下~印象	인상을 남기다
3	征求~意见	의견을 구하다
4	评价~他人	타인을 평가하다
5	赔偿~损失	손실을 배상하다
6	邀请~明星	스타를 초대하다
7	记录~情景	상황을 기록하다
8	代表~观点	관점을 대표하다
9	赞成~观点	관점에 찬성하다
10	经营~酒吧	술집을 경영하다
11	撕~合同	계약서를 찢다
12	撕~发票	영수증을 찢다
13	爱惜~设施	시설을 아끼다
14	递~剪刀	가위를 건네주다
15	逃避~现实	현실을 도피하다
16	遵守~规则	규칙을 준수하다
17	遵守~原则	원칙을 준수하다
18	推荐~股票	주식을 추천하다
19	推荐~人才	인재를 추천하다
20	引起~关注	관심을 불러일으키다

21	观察~事物	사물을 관찰하다
22	购买~设备	설비를 구매하다
23	接待~顾客	고객을 접대하다
24	飘起~雪花	눈꽃이 흩날리다
25	举行~活动	행사를 거행하다
26	承受~压力	스트레스를 받다
27	登记~信息	정보를 기입하다
28	输入~密码	비밀번호를 입력하다
29	承担~风险/工作/费用/责任	위험(리스크)/일/비용/책임을 감당하다
30	办理~手续	수속을 밟다/수속을 하다
31	满足~要求	요구를 만족시키다(만족하다 ×)
32	出示~身份证	신분증을 제시하다
33	摇~尾巴	꼬리를 흔들다
34	做~调整/调查/准备	조정/조사/준비를 하다
35	具备~资格/能力	자격/능력을 갖추다
36	确认~数量/日期	수량/날짜를 확인하다
37	创造~记录/奇迹	기록/기적을 창조하다
38	否定~观点/自己	관점/자신을 부정하다
39	保留~习惯/风俗	습관/풍속을 간직하다
40	取消~会议/活动	회의/활동을 취소하다
41	遵守~规则/制度	규칙/제도를 준수하다
42	面临~调整/破产/风险	조정/파산/위험에 직면하다
43	造成~损失/压力	손실/스트레스를 초래하다
44	预订~机票/座位	비행기표/좌석을 예약하다
45	针对~老人/问题	노인을 겨냥하다(노인을 대상으로 하다)/문제를 겨냥하다

46	主持~开幕式/节目	개막식/프로그램에 사회를 보다
47	缺乏~说服力/自信	설득력/자신감이 부족하다
48	受~欢迎/喜欢/启发	환영/좋아함/깨달음을 받다
49	占~地方/便宜/优势	장소/부당한 이득/우세를 점하다
50	围绕~主题/项目/问题	주제/사업/문제를 둘러싸다

51	从事~行业/工作/活动	업종/일/활동에 종사하다
52	控制~情绪/规模/平衡	정서/규모/균형을 조절하다
53	存在~问题/风险/现象	문제/위험/현상이 존재한다
54	克服~问题/困难/缺点	문제/어려움/단점을 극복하다
55	流传~传说/风俗/故事	전설/풍속/이야기가 전해 오다

56	具有~价值/作用/功能	가치/작용/기능을 지니고 있다
57	缩短~距离/时间/寿命	거리/시간/수명을 단축시키다
58	缓解~情绪/压力/疲劳	정서/스트레스/피로를 완화시키다
59	删除~数据/文件/软件	데이터/문서/프로그램을 삭제하다
60	出席~开幕式/宴会/讨论会	개막식/연회/토론회에 참석하다

61	获得~批准/好评/冠军/成功	비준/호평/우승/성공을 얻다
62	培养~习惯/责任心/观念/能力	습관/책임감/관념/능력을 기르다
63	掌握~技术/知识/语言/信息/命运	기술/지식/언어/정보/운명을 장악하다
64	进行~报道/改进/调整/调查/研究	보도/개선/조정/조사/연구를 진행하다
65	保持~年轻/安静/平衡/微笑/关系	젊음/정숙/균형/미소/관계를 유지하다

66	促进~交流/消化/发展/食欲/合作	교류/소화/발전/식욕/합작을 촉진시키다

> 一定的　承担　投资必须　风险

풀이 **[1단계]** 동사 '承担(책임지다, 감당하다)'은 '风险(위험, 리스크)'을 목적어로 갖는 것이 알맞다. 또한 '必须(반드시)'는 부사이므로 동사(承担)를 수식하도록 그 앞에 와야 한다.
→ 投资必须承担…风险

[2단계] '一定的(일정한)'는 '风险(위험, 리스크)'을 수식한다. '一定'은 부사로 '반드시'의 뜻 말고도 **형용사**로서 '일정한, 어느 정도의'라는 뜻이 있다.
→ 投资必须承担一定的风险。

정답 投资必须承担一定的风险。 투자는 반드시 일정한 위험을 감수해야 한다.

어휘 一定 yídìng [부] 반드시 [형] 일정한 3급 | 承担 chéngdān [동] 맡다, 책임지다, 감당하다 5급 | 投资 tóuzī [동] 투자하다 5급 | 风险 fēngxiǎn [명] 위험, 리스크 5급

■ 특수 문제

〈동사 술어문〉의 가장 전형적인 어순은 〈S + V + 관형어 + O〉이지만 이 형식을 벗어나는 몇몇 유형들이 있다. 아래 기출문제 풀이를 통해서 다양한 문제에 적응할 수 있도록 하자.

> **핵심 정리**
>
> 1. 동작의 대상(의미상 목적어)이 주어로 온다.
>
> 2. 동사가 2개(혹은 그 이상) 나온다.
>
> 3. 명령문에서는 주어가 없다.

1. 동작의 대상(의미상 목적어)이 주어로 온다.

〈동사 술어문〉 문제에서 **가장 중요한 것은 동사** 뒤에 적당한 의미의 **목적어를 넣는 것**이다. 하지만 **목적어가 주어 자리에 올 경우**도 있다. 이런 문제는 대개 문제 자체에서 동작의 대상(목적어)이 **주어 자리에 오게끔** 제시어가 구성되기 때문에, 우리는 **동작의 대상(목적어)도 주어 자리에 올 수 있다**는 것만 명심하면 된다.

> 没有　决赛的　确定　时间还

풀이 [1단계] 동사 '确定(확정하다)'의 의미상 목적어는 '时间(시간)'이 알맞지만 뒤에 '还'가 붙어 있기 때문에 '确定' 뒤에 올 수 없다. 대신 '还没有'는 '아직 ~하지 않았다'이기 때문에 '时间还'는 '没有' 앞에 온다.
→ 时间还没有

[2단계] '确定'은 '没有' 뒤에 오고 '决赛的'는 '时间'을 수식한다.
→ 决赛的时间还没有确定。

정답 决赛的时间还没有确定。 결승전의 시간은 아직 확정되지 않았다.

어휘 决赛 juésài [명] 결승전 5급 | 确定 quèdìng [동] 확정하다, 확신하다 5급 | 酒会 jiǔhuì [명] 연회 5급

꿀팁 동작의 대상(时间)이 주어로 올 수 있다.

2. 동사가 2개(혹은 그 이상)가 나온다.

동사와 그 목적어는 대개 **한 쌍**으로 나오지만 간혹 두 쌍이 나올 수도 있다. 이때는 **침착하게 각각의 동사가 어떤 제시어와 동목 관계를 이루는지 생각**하면서 전체 문장을 완성시켜야 한다. 또한 제시어들을 조합해 보면서 **어떤 동사는 명사로도 쓸 수 있음**을 주의해야 한다.

> 1. 采访　的　接受媒体　他决定
> 2. 100多人　酒会的　嘉宾　出席　有

1.

풀이 **[1단계]** 제시어 구성으로 보았을 때 '他'가 주어가 될 것임을 예상할 수 있다.
→ 他决定

[2단계] '接受媒体'만으로는 의미(매체를 받아들이다)가 불완전하므로 뒤에 다른 단어가 더 와야 함을 알 수 있다. 동사 '采访(취재하다. 인터뷰하다)'은 명사(취재, 인터뷰)처럼 쓸 수 있으므로 중간에 '的'가 들어가 '媒体'와 결합하여 '媒体的采访(매체의 취재)'이 된다. 이것은 다시 '接受' 뒤에 목적어로 온다.
→ 他决定接受媒体的采访。

정답 他决定接受媒体的采访。 그는 매체의 취재를 받아들이기로 결정했다.

2.

풀이 **[1단계]** 동사 '出席(참석하다)' 뒤에 의미상 '酒会(연회)'가 목적어로 알맞다. '出席酒会的'는 '的' 때문에 '嘉宾(손님)'을 수식하는 것이 알맞다.
→ 出席酒会的嘉宾(연회에 참석하는 귀빈)

[2단계] '有' 뒤에는 수량사가 목적어로 올 수 있기 때문에 '100多人'이 목적어로 온다.
→ 出席酒会的嘉宾有100多人。

정답 出席酒会的嘉宾有100多人。 연회에 참석한 손님은 100여 명이 있다.

오답분석 有100多人嘉宾出席酒会的。
'人'과 '嘉宾'은 모두 '사람'을 가리키는 말이기 때문에 함께 쓸 수 없다. 이런 오답을 쓰지 않으려면 두 가지를 명심해야 한다. 첫째, 동사 뒤에 적절한 의미의 단어를 목적어로 놓는다. 둘째, 주어 앞에 길게 관형어가 붙을 수 있다. 예) 出席酒会的嘉宾 연회에 참석하는 손님

어휘 嘉宾 jiābīn [명] 손님, 게스트 5급 | 出席 chūxí [동] 참석하다 5급

3. 명령문에서는 주어가 없다.

일반적으로 주어는 있어야 하지만, **명령**이나 **청유**를 나타내는 '要', '不要', '应该', '请' 등으로 **시작하는 문장들은** 주어가 없는 경우가 대부분이다. 풀이를 할 때 주어부터 선정하지 말고 '동사 + 목적어'를 먼저 정하면 나머지는 순조롭게 풀린다.

答应他的   不要   轻易   请求

풀이 **[1단계]** '不要'가 있기 때문에 주어 없이 '不要~'로 시작할 가능성이 크다. 그렇다면 먼저 '동사 + 목적어'를 만들도록 한다. '答应(동의하다)' 뒤에는 의미상 '他的请求(그의 부탁)'가 목적어로 오는 것이 알맞다.
→ 不要…答应他的请求
[2단계] '轻易(함부로, 쉽게)'는 '答应(概括)'의 방식을 나타내기 때문에 바로 그 앞에 와야 한다.
→ 不要轻易答应他的请求。

정답 不要轻易答应他的请求。 그의 부탁을 쉽게 들어 주지 마.

어휘 **答应** dāying [동] 동의하다, 허락하다 5급 | **轻易** qīngyì [부] 쉽사리, 함부로 [형] 수월하다 5급 | **请求** qǐngqiú [명] 부탁 [동] 부탁하다 5급

실전 연습 문제 1

第 1-8 题 : 完成句子。

1. 很善于　与人　他　打交道

2. 具有　小麦　营养价值　很高的

3. 本月　开幕式将于　举行　中旬

4. 谈判的成功　极大的　给了他　鼓舞

5. 责任心　养宠物　培养　孩子的　能

6. 孩子的　自信心　称赞　有助于　提升

7. 做好　充分的　投资前应　市场调查

8. 导致了　的　该地粮食产量　这场大雨　下降

실전 연습 문제 2

第1-8题：完成句子。

1. 显得　这个小伙子　精神　很

2. 他　自信　承认自己　缺乏

3. 否定别人的　不要　轻易　观点

4. 有利于　缓解　深呼吸　紧张情绪

5. 注意　查杀病毒　要　下载软件时

6. 围绕　这个主题　讨论会将　展开

7. 办理时间　护照的　这　大大　缩短了

8. 眼睛　导致　疲劳　易　长时间使用电脑

❸ 把자문

주요 내용

■ 〈把자문〉이란?

개사구(把 + N)가 동사(V)를 수식하는(부사어) 문장을 가리키며, '목적어를 어떻게 처리하다'는 의미가 있기 때문에 〈처치문〉으로 불리기도 한다.

他 / 终于 / 把房间 / 打扫 干净了。 그는 마침내 방을 깨끗이 청소했다.

어순	S (행위자) + (부사)/(조동사) + 把 + 처치 대상 + V + 기타 성분
	부사어

■ 〈把자문〉 문제의 풀이 순서

[1단계] 동사와 처치 대상 찾기 : 동사(V)를 찾고 동작의 대상을 '把' 뒤에 위치시킨다.

他　　终于　　把房间　　打扫　　干净了。
S(행위자)　부사　　把 + 처치 대상　　V　　기타 성분

[2단계] 주어와 기타 성분 정리 : 동작 행위자(S)를 '把' 앞에 놓고 동사(V) 뒤에 기타 성분을 넣는다.

他　　终于　　把房间　　打扫　　干净了。
S(행위자)　부사　　把 + 처치 대상　　V　　기타 성분

[3단계] 나머지 정리 : 부사와 조동사는 '把' 앞에 위치시킨다.

他　　终于　　把房间　　打扫　　干净了。
S(행위자)　부사　　把 + 처치 대상　　V　　기타 성분

■ 출제 포인트

- 〈把자문〉에서 주어(행위자)와 목적어(처치 대상)를 잘 구분할 수 있는지를 묻는다.
- 동사 뒤에 기타 성분을 놓을 수 있는지를 묻는다.
- 부사와 조동사를 '把' 앞에 놓을 수 있는지를 묻는다.

기출문제 분석

쓰기 1부분 어순에 맞게 배열하기

중국어에서 목적어는 주로 동사 뒤에 옵니다. 하지만 '**처치성**'을 강조할 때는 **목적어를 동사 앞에 위치시키는데** 이 때 '**把**'나 '**将**'이 들어갑니다. 그래서 〈把자문〉을 〈처치문〉이라고 하기도 합니다. 〈把자문〉 문제는 2~3회에 1회꼴로 출제되며 몇 가지 특징만 기억하면 쉽게 풀 수 있습니다.

어순에 맞게 배열하여 문장을 완성하세요.

```
1. 我不小心   水壶   打翻了   把

2. 围巾   递给   我   请   把
```

1.

풀이 [1단계] '打翻(엎지르다)'이 동사이므로 그 대상은 '水壶(물주전자)'이다.
→ 把水壶打翻了
[2단계] '엎지른(打翻)' 동작의 주체는 '我'이다.
→ 我把水壶打翻了。

정답 我不小心把水壶打翻了。 나는 실수로 물주전자를 엎질렀다.

어휘 水壶 shuǐhú [명] (물) 주전자 | 翻 fān [동] 뒤집다, 뒤지다 5급

2.

풀이 [1단계] '递(건네다)'가 동사이므로, 그 대상은 '围巾(목도리)'이다.
→ 把围巾递给
[2단계] '请' 청유문에서는 동작의 주체가 종종 생략되며 '请'이 맨 앞에 온다.
→ 请把围巾递给
[3단계] '放在~' 뒤에 반드시 장소를 나타내는 말이 와야 하는 것처럼, '递给'의 '给' 뒤에는 반드시 전달 받는 사람이 와야 하므로 '我'가 그 뒤에 온다.
→ 请把围巾递给我。

정답 请把围巾递给我。 목도리를 저에게 건네주세요.

어휘 围巾 wéijīn [명] 목도리 5급 | 递 dì [동] 건네다, 넘겨주다 5급

전략 학습 : 〈把자문〉의 특징

쓰기 1부분 어순에 맞게 배열하기

■ 〈把자문〉의 어순

〈把자문〉은 '把개사구'가 동사를 수식하는 부사어가 되는 문장으로, 대상에 어떤 동작을 가하여 **어떤 결과나 영향을 발생시킨다**는 문장이다. 대상을 **처치한다**는 내용이 들어가기 때문에 〈처치문〉이라고도 한다.

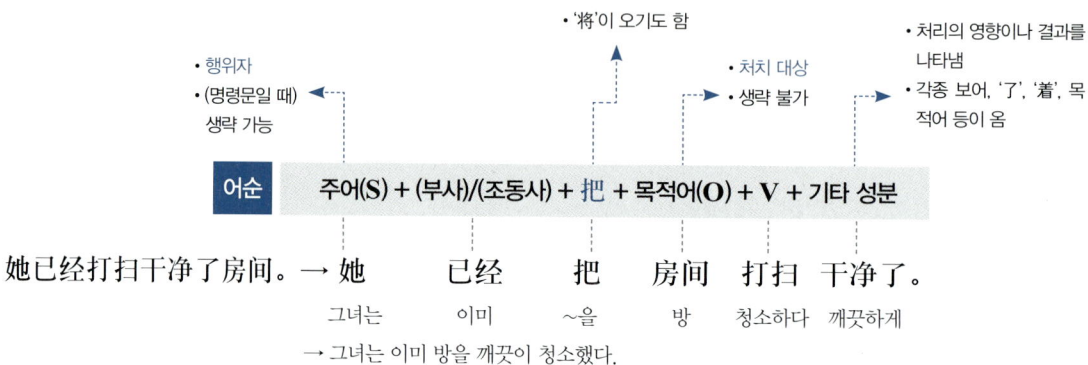

■ 〈把자문〉 풀이 시 주의사항

핵심 정리

1. 주어(S)와 처치 대상(O)의 위치를 혼동하지 않는다.

2. 부사와 조동사는 '把' 앞에 온다.

3. 주어가 없는 〈把자문〉이 출제된다.

1. 주어(S)와 처치 대상(O)의 위치를 혼동하지 않는다.

사람이라고 무조건 주어에 놓지 않도록 하고, 먼저 동사를 찾고 그 동사의 행위자를 주어 자리에, 처치 대상은 '把' 뒤 목적어 자리에 놓는다.

美丽的风景把游客们吸引住了。 아름다운 풍경이 관광객들을 매료시켰다. (○)

游客们把美丽的风景吸引住了。 관광객들은 아름다운 풍경을 매료시켰다. (×)

> 这家企业　录取　小王　把　了

풀이 **[1단계]** 동사는 '录取(합격시키다)'이므로 그 행위자(S)는 '这家企业(이 기업)'이다.
→ 这家企业…把…录取

[2단계] '합격시키다'의 대상(O)은 '小王'이고, '了'는 기타 성분으로 동사(录取) 뒤에 온다.
→ 这家企业把小王录取了。

정답 这家企业把小王录取了。 이 기업은 샤오왕을 뽑았다.

어휘 企业 qǐyè [명] 기업 5급 | 录取 lùqǔ [동] 합격시키다, 뽑다 5급

2. 부사와 조동사는 '把' 앞에 온다.

조동사(能, 会, 得, 应该…)와 부사(没, 没有, 又, 再, 始终, 一直, 曾经, 已经…) 등은 일반적으로 '把' 앞에 온다.

我没把今天的课※预习好。 나는 오늘 수업을 잘 예습하지 않았다.

我们得把这件事情※调查清楚。 우리는 이 일을 확실하게 조사해야 한다.

> 应该　删除掉　那句多余的话　把　你

풀이 **[1단계]** 동사(V)는 '删除(삭제하다)'이고, 동작의 대상(O)은 '那句多余的话(그 쓸데없는 말)'가 된다.
→ 把那句多余的话删除掉

[2단계] 주어는 '你'이고, 조동사 '应该'는 '把' 앞에 온다.
→ 你应该把那句多余的话删除掉。

정답 你应该把那句多余的话删除掉。 너는 마땅히 그 쓸데없는 말을 삭제해야 한다.

어휘 删除 shānchú [동] 삭제하다 5급 | 多余 duōyú [형] 여분의, 쓸데없는 5급

3. 주어가 없는 〈把자문〉이 출제된다.

(1) 주어 없이 '请', '不要', '别'로 시작하거나, 바로 '把'나 '将'으로 시작하는 문장이 출제될 수도 있다.

请将手机调成振动状态。 핸드폰을 진동 상태로 설정해 주세요.

(2) 어떤 일을 시킬 경우 '대상을 어떻게 처리하라'는 것이기 때문에 종종 〈把자문〉을 이용하게 되고, 처음부터 '把'로 시작되거나, 끝에는 명령이나 청유를 나타내는 어기조사 '吧'가 붙을 수 있다.

把被子拿到阳台上晒一晒吧。 이불을 베란다로 가져가서 좀 말려라.

(3) 무조건 주어부터 넣으려는 습관을 버리고, 주어가 없는 문장이 문제로 나올 수 있다는 것을 기억하자.

실전
적용하기

送给　幼儿园　吧　这些玩具　把

풀이 [1단계] 동작(送: 보내다)의 대상(O)은 '玩具'이다.
→ 把这些玩具送给

[2단계] '送给' 뒤에는 '给' 때문에 보내지는 대상이 반드시 와야 하므로 '幼儿园'이 오고, '吧'는 명령 어기조사로 문장 끝에 온다.
→ 把这些玩具送给幼儿园吧。

정답 把这些玩具送给幼儿园吧。 이 장난감들을 유치원에 보내자.

꿀팁 〈把자문〉 문제는 이처럼 주어 없이 바로 '把'로 시작할 수 있고, 또한 '请'이나 '别' 등으로도 시작할 수 있음을 기억하자. '送给'에서 '给'는 '주다'가 아니고 '~에게'의 뜻이다.

■ 난이도 최상급 문형

〈把자문〉 문제에서 **오답률**이 가장 높은 형태는 **주어(S)**와 **처치 대상(O)**을 혼동한 경우이다. 그 다음으로는 **동사(V)** 뒤에 오는 기타 성분의 형태가 익숙하지 않아서 틀리는 경우이다. 다양한 기타 성분과 관련한 난이도 높은 문제를 살펴보자.

① **어순**　S + 把 + O + V + <u>在/到/给</u> + N
　　　　　　　　　　　　　　기타 성분

他把书放**在**桌子上。 그는 책을 탁자에 올려 놓았다. (N : 이동 장소)

你把被子搬**到**阳台上吧。 너는 이불을 베란다로 옮겨라. (N : 이동 장소)

我把自己的电脑送**给**朋友了。 나는 내 컴퓨터를 친구에게 주었다. (N : 전달 대상)

▶ 'O'는 이동되는 사물을, 'N'은 이동 장소(시간)나 전달 받는 사람이 온다.
▶ 'V + 在', 'V + 到', 'V + 给'는 **하나의 독립된 동사처럼 역할**을 하기 때문에 바로 **뒤에 '了'가 붙을 수 있다.** 하지만 뒤에 명사(N)가 와야 하는 것은 변함이 없다.

| 把　手套　幼儿园　女儿　忘在了 |

풀이 **[1단계]** 동사(忘: 잊다)의 행위자는 '女儿', 동작의 대상은 '手套'이다.
　→ 女儿把手套忘在了
[2단계] '忘在了' 뒤에는 '在' 때문에 장소(幼儿园: 유치원)가 와야 한다.
　→ 女儿把手套忘在了幼儿园。

정답 女儿把手套忘在了幼儿园。 딸이 장갑을 유치원에 놓고 왔다.

어휘 手套 shǒutào [명] 장갑 5급 | 幼儿园 yòu'éryuán [명] 유치원 5급 | 忘 wàng [동] 잊다

꿀팁 '了'가 단독으로 제시되었을 경우, '了'는 문장 끝에 오는 것이 좋다. → 女儿把手套忘在幼儿园了。
'…忘在了幼儿园。'으로 쓰면 뒤에 어떤 내용이 더 따라와야 하는 어감이 있지만 '…忘在幼儿园了。'로 쓰면 이 문장 자체만으로도 완전한 느낌을 주기 때문이다.

| 你 | 哪个盘 | 把电影 | 准备 | 下载到 |

풀이 **[1단계]** '把电影' 뒤에는 동사가 와야 하므로 '下载到'가 온다.
→ 把电影下载到

[2단계] 다운로드하는 행위자인 '你'가 주어가 된다. 'V + 到' 뒤에는 '도달 지점'이 와야 하므로 '下载到~' 뒤에는 '哪个盘'이 온다.
→ 你把电影下载到哪个盘

[3단계] '准备(~할 계획이다)'는 조동사의 역할을 하므로 '把' 앞에 온다.
→ 你准备把电影下载到哪个盘?

정답 你准备把电影下载到哪个盘? 너는 영화를 어느 디스크에 다운로드하려고 하니?

어휘 盘 pán [양] 판(바둑이나 장기의 시합을 세는 단위), 하드 디스크 | 下载 xiàzài [동] 다운로드하다 5급

②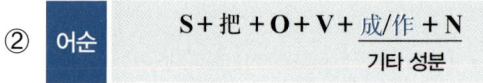

他把这本书翻译成中文了。 그는 이 책을 중국어로 번역했다.

他已经把这儿当成/作自己的家了。 그는 이미 이곳을 자신의 집으로 생각한다.

▶ 주로 '翻译成(~으로 번역하다)', '打扮成(~으로 꾸미다)', '当成/作(~으로 여기다/~으로 삼다)' 등으로 쓰인다.

| 普通老百姓 自己 富人把 打扮成了 |

풀이 **[1단계]** 동사 '打扮成'의 대상(O)은 '自己'가 되고, '富人(부자)'은 주어가 된다.
→ 富人把自己打扮成了
[2단계] '成'은 동사 뒤에서 '~으로'라고 해석되고 그 뒤에는 변화된 대상이 나와야 한다. 따라서 '打扮成' 뒤에는 '普通老百姓'이 온다.
→ 富人把自己打扮成了普通老百姓。

정답 富人把自己打扮成了普通老百姓。 부자는 자신을 평범한 서민으로 꾸몄다.

어휘 打扮 dǎban [동] 꾸미다, 단장하다 5급 | 老百姓 lǎobǎixìng [명] 서민 5급

③ 기타 문형

어순	S + 把 + O + V + <u>결과보어/방향보어/정태보어/목적어</u>
	기타 성분

妈妈把我叫醒了。 엄마가 나를 불러 깨웠다. **(V + 결과보어)**

他已经把包裹取回去了。 그는 이미 소포를 찾아 돌아갔다. **(V + 방향보어)**

小孩子委屈得哭了起来。 아이는 억울해서 울기 시작했다. **(V + 得 + 정태보어)**

他马上把消息告诉了大家。 그는 바로 소식을 모두에게 알렸다. **(V + 목적어)**

어순	S + 把 + O + V + <u>(一)V/一下/동량사/了/着</u>
	기타 성분

快把你的脚洗(一)洗吧！ 빨리 네 발을 좀 씻어! **(V (一) V : 동사 중첩)**

我先把情况介绍一下。 내가 먼저 상황을 좀 소개할게요. **(V + 一下)**

老师把小王骂了一顿。 선생님은 샤오왕을 한 차례 꾸짖었다. **(V + 동량사)**

我把保险柜的密码忘了。 나는 금고의 비밀번호를 잊어버렸다. **(V + 了)**

夏天睡觉时，我常常把窗户开着。 여름에 잠잘 때 나는 자주 문을 열어 놓는다. **(V + 着)**

아래 〈把자문〉에서 기타 성분을 찾아보세요.

1. 请您把帽子摘下来。

2. 小王把自己的卧室打扫得很干净。

3. 你把这篇文章看一下。

4. 她把书架搬到外边了。

5. 你把试卷再检查一遍。

아래 문장에서 제시어가 들어갈 알맞은 위치를 고르세요.

6. 我 A 把电话 B 号码 C 留给他。　　　　　　没

7. 他 A 把衣服 B 挂 C 这儿了。　　　　　　在

8. 他 A 把自己的女朋友 B 介绍 C 大家了。　　给

9. 我把基本的知识 A 掌握 B 好 C 。　　　　了

10. 他 A 把地 B 拖 C 干净了。　　　　　　刚刚

11. 每个员工 A 把当天的任务 B 完成 C 。　　必须

12. A 舅舅的话 B 把 C 弄糊涂了。　　　　　他

13. 我 A 把照片 B 发给 C 朋友。　　　　　要

정답

1. 下来(방향보어) : 모자를 벗어 주세요.
2. 很干净(정태보어) : 샤오왕은 자신의 침실을 깨끗하게 청소했다.
3. 一下(수량사) : 너 이 글을 한 번 봐 봐.
4. 到外边(개사구) : 그녀는 책꽂이를 밖으로 옮겼다.
5. 一遍(수량사) : 너는 시험지를 다시 한 번 검사해 봐.
6. A : 나는 전화번호를 그에게 남겨 주지 않았다.
7. C : 그는 옷을 여기에 걸었다.
8. C : 그는 자신의 여자 친구를 모두에게 소개했다.
9. C : 나는 기본적인 지식을 잘 장악했다(습득했다).
10. A : 그는 막 바닥을 깨끗이 닦았다.
11. A : 모든 직원은 반드시 당일의 임무를 완성해야 한다.
12. C : 외삼촌의 말은 그를 헷갈리게 했다.
13. A : 나는 사진을 친구에게 발송하려 한다.

실전 연습 문제

第1-8题：完成句子。

1. 这花盆　阳台上　吧　搬到　把

2. 项链　锁在了　把　妈妈　抽屉里

3. 一下　请　报道内容　简单概括　把

4. 没有　说出去　把秘密　老板　始终

5. 删除　了　文件　电脑里的　他　把

6. 不愉快的心情　传染给　不要　把　别人

7. 他们　时间　把　5月中旬　聚会　定在

8. 这种花　作为　繁华的象征　把　中国人

❹ 被자문

주요 내용

■ 〈被자문〉이란?

〈被자문〉은 '被개사구'가 동사를 수식하는 부사어가 되는 문장으로, '어떤 대상이 어떤 동작에 의해 어떤 결과가 생기거나 영향을 받았다'는 문장이다. 〈피동문〉이라고도 한다.

那个演员 / 已经 / 被人们 / 忘记了。 그 배우는 이미 사람들에게 잊어졌다.

어순	S(동작 대상) + (부사) (조동사) + 被 + 행위자 + V + 기타 성분
	부사어

■ 〈被자문〉 문제의 풀이 순서

[1단계] 동사와 주어 정리 : 동사(V)를 찾고, 그 동작 대상을 주어(S)에 위치시킨다.

那个演员	已经	被人们	忘记	了。
S(동작 대상)	부사	被 + 행위자	V	기타 성분

[2단계] 행위자 정리 : 동작의 주체(행위자)를 '被' 뒤에 놓는다.

那个演员	已经	被人们	忘记	了。
S(동작 대상)	부사	被 + 행위자	V	기타 성분

[3단계] 기타 정리 : 나머지 중에서 동사(V) 뒤에 기타 성분을 정리하고, 부사와 조동사는 '被' 앞에 위치시킨다.

那个演员	已经	被人们	忘记	了。
S(동작 대상)	부사	被 + 행위자	V	기타 성분

■ 〈把자문〉과 〈被자문〉의 어순 비교

那个演员 已经 被人们 忘记了。 그 배우는 이미 사람들에게 잊어졌다.

人们 已经 把那个演员 忘记了。 사람들은 이미 그 배우를 잊었다.

■ 출제 포인트

- 〈被자문〉에서 주어(동작 대상)와 목적어(행위자)를 잘 구분할 수 있는가?
- 동사 뒤에 기타 성분을 놓을 수 있는가?
- 부사와 조동사를 被 앞에 놓을 수 있는가?

기출문제 분석

쓰기 1부분 어순에 맞게 배열하기

〈被자문〉 역시 2~3회에 1회꼴로 출제되는데 〈把자문〉과 함께 나오기도 합니다. 〈被자문〉은 〈把자문〉의 반대라고 생각하면 쉽습니다.

어순에 맞게 배열하여 문장을 완성하세요.

> 1. 我　被　摔坏了　数码相机
>
> 2. 有些数据　删除　已经　了　被

1.

풀이 **[1단계]** '摔坏(떨어져 망가지다)' 당하는 대상(S)은 '数码相机'이다.
→ 数码相机…被…摔坏了

[2단계] '摔坏'하게 한 행위자(O) '我'는 '被' 뒤에 온다.
→ 数码相机被我摔坏了.

정답 数码相机被我摔坏了。 디지털 카메라는 나에 의해 떨어져 망가졌다.

어휘 摔 shuāi [동] 떨어져 부서지다, 넘어지다 | 数码相机 shùmǎ xiàngjī 디지털 카메라 5급

꿀팁 사람(我)이라고 해서 무조건 주어 자리에 놓지 않도록 주의하자.
→ 我被数码相机摔坏了。(×)

2.

풀이 **[1단계]** '删除(삭제하다)'의 대상(S)은 '有些数据(약간의 데이터)'이다.
→ 有些数据…被…删除

[2단계] '删除'의 행위자(O)는 사람일 텐데 제시어 중에 사람이 없으므로 행위자가 생략되었다.
→ 有些数据…被删除

[3단계] '了'는 동사 뒤에 기타 성분으로 오고, '已经'은 부사이므로 '被' 앞에 온다.
→ 有些数据已经被删除了.

정답 有些数据已经被删除了。 일부 데이터가 이미 삭제되었다.

어휘 数据 shùjù [명] 데이터 5급 | 删除 shānchú [동] 삭제하다 5급

전략 학습 : <被자문>의 특징

쓰기 1부분 어순에 맞게 배열하기

■ <被자문>의 어순

<被자문>은 '被개사구'가 동사를 수식하는 부사어가 되는 문장으로, 대상이 **어떤 동작에 의해 어떤 결과가 생기거나 영향을 받았다**는 문장이다. <피동문>이라고도 한다.

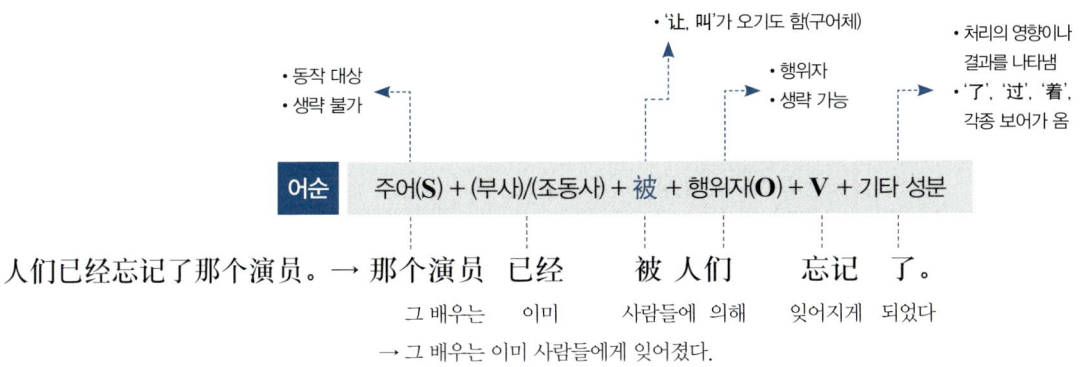

■ <被자문> 풀이 시 주의사항

핵심 정리

1. 주어(S)와 행위자(O)의 위치를 혼동하지 않는다.

2. 부사와 조동사는 '被' 앞에 온다.

3. '被' 뒤에 '행위자'가 생략되어 바로 동사가 올 수도 있다.

1. 주어(S)와 행위자(O)의 위치를 혼동하지 않는다.

사람이라고 무조건 주어에 놓지 않도록 주의하고, 반드시 먼저 동사를 찾고 그 **동작의 대상을 주어 자리에**, 행위자를 '被' 뒤에 목적어 자리에 놓는다.

这棵树被大风刮倒了。 이 나무는 강풍에 의해 쓰러졌다. (O)

大风被这棵树刮倒了。 강풍은 이 나무에 의해 쓰러졌다. (×)

被　玻璃杯　摔坏　我　了

풀이 **[1단계]** 동사 '摔坏(떨어져 깨지다)'의 대상은 물건이므로 '玻璃杯'가 주어가 된다.
→ 玻璃杯…被…摔坏

[2단계] 동작(摔坏)의 주체는 사람이므로 '我'가 '被' 뒤에 오고, '了'는 기타 성분으로 온다.
→ 玻璃杯被我摔坏了。

정답 玻璃杯被我摔坏了。 유리컵은 나에 의해 떨어져 깨졌다.

어휘 玻璃杯 bōlibēi [명] 유리컵 | 摔坏 shuāihuài [동] 깨지다, 부서지다

2. 부사와 조동사는 '被' 앞에 온다.

특히 '又', '没(有)', '已经', '终于', '曾经' 등의 부사는 '被' 앞에 온다.

贷款申请已经被批准了。 대출 신청은 이미 비준되었다.

预订　5号桌　已经　了　被　别人

풀이 **[1단계]** 동사는 '预订(예약하다)'이므로 그 대상인 '5号桌(5번 테이블)'는 주어가 된다.
→ 5号桌…被…预订

[2단계] '예약'의 행위자는 사람이기 때문에 '别人'이 '被' 뒤에 오며, '已经'은 부사이므로 '被' 앞에, '了'는 기타 성분으로 '预订' 뒤에 온다.
→ 5号桌已经被别人预订了。

정답 5号桌已经被别人预订了。 5번 테이블은 이미 다른 사람에 의해 예약되었다.

어휘 预订 yùdìng [동] 예약하다 5급 | 号桌 hào zhuō ~번 테이블

3. '被' 뒤에 '행위자'가 생략되어 바로 동사가 올 수도 있다.

那个演员已经被(人们)忘记了。 그 배우는 이미 (사람들에게) 잊혔다.
→ 那个演员已经被忘记了。 그 배우는 이미 잊혔다.

| 路 | 称为 | 丝绸之路 | 这条 | 被 |

풀이 **[1단계]** '这条'는 '路'를 수식하여 '这条路'가 된다. '被称为~'는 '~라고 불리다'는 뜻이다.
→ 这条路被称为

[2단계] '丝绸之路'는 '被称为' 뒤에 온다.
→ 这条路被称为丝绸之路。

정답 这条路被称为丝绸之路。 이 길은 실크로드라고 불린다.

어휘 被称为 bèi chēngwéi ~라고 불리다 5급 | 丝绸 sīchóu [명] 비단, 실크 5급 | 之 zhī [조] ~의, ~는(≒的)

■ 다양한 〈被자문〉

〈被자문〉은 주어가 당한다는 내용이기 때문에 일반적으로 동사 뒤에는 당한 결과나 영향을 나타내는 기타 성분이 나와야 한다.

핵심 정리

① S + 被 + O + V + 각종 보어/목적어 ★

② S + 被 + O + V + 동태조사(了/着/过)

③ S + 부사 + 被 + O + V + 기타 성분

④ S＋被＋O＋所＋V＋ (기타 성분 없음)

⑤ S＋被＋O＋(给)＋V＋기타 성분 (시험에 잘 안 나옴)

⑥ S＋叫/让/给＋행위자＋V＋기타 성분

⑦ S＋被＋행위자＋V＋成＋N

① **어순**　　S＋被＋O＋V＋각종 보어/목적어 ★

玩具车被爸爸弄坏了。 장난감 자동차는 아빠에 의해 망가졌다. **(결과보어)**

弟弟被哥哥打了一顿。 동생은 형에게 한 대 맞았다. **(동량보어)**

孩子被爸爸抱出去了。 아이는 아빠에 의해 안겨 나갔다. **(방향보어)**

我被那个电影感动得哭了。 나는 그 영화에 감동되어 울었다. **(정태보어)**

我的电脑被张工程师修好了。 내 컴퓨터는 장 기사에 의해 수리되었다. **(결과보어)**

这条路已经被堵了两个小时了。 이 길은 이미 두 시간째 막혀 있다. **(시량보어)**

他把自己的名字写在黑板上了。 그는 자신의 이름을 칠판에 적었다. **(개사구보어)**

美丽的风景被他用摄像机拍下来了。 아름다운 풍경이 그에 의해 카메라로 촬영되었다. **(방향보어)**

病人被送进了医院。 환자는 병원으로 보내졌다. **(장소목적어)**

倒了　撞　垃圾桶　被小狗

풀이 **[1단계]** 동사 '撞(부딪히다)'의 대상은 '쓰레기통'이므로 '垃圾桶'이 주어가 된다.
→ 垃圾桶…被小狗撞
[2단계] '倒(쓰러지다)'는 '撞(충돌하다)'의 결과보어이므로 기타 성분이 된다.
→ 垃圾桶被小狗撞倒了。

정답 垃圾桶被小狗撞倒了。 쓰레기통은 강아지에 의해 부딪혀 쓰러졌다.

어휘 倒 dǎo [동] 넘어지다, 쓰러지다 | 撞 zhuàng [동] 충돌하다 5급 | 垃圾桶 lājītǒng [명] 쓰레기통 4급

② **어순** S + 被 + O + V + 동태조사(了/着/过)

她轻易地被骗了。 그녀는 쉽게 속았다. **(了)**
他一直被关着。 그는 줄곧 갇혀 있다. **(着)**
他从来没被老师批评过。 그는 지금까지 선생님에게 꾸중 들은 적이 없다. **(过)**

③ **어순** S + 부사 + 被 + O + V + 기타 성분

我的小秘密终于被他发现了。 나의 작은 비밀이 마침내 그에게 들켜 버렸다.

▶ 〈把자문〉과 마찬가지로 '부사'는 '被' 앞에 온다.

④ **어순** S + 被 + O + 所 + V + (기타 성분 없음)

他的工作被机器人所取代。 그의 일은 로봇에 의해 대체되었다.

▶ '被'와 '所'를 동시에 사용함으로써 '**피동성**'을 강조하며, 동사 뒤에 기타 성분이 오지 않는다. 주로 **문어체**에 쓴다.

⑤ **어순**   S + 被 + O + (给) + V + 기타 성분

我的钱包被人给偷走了。 나의 지갑은 어떤 사람에 의해 도둑맞았다.

我的钱包给偷走了。 내 지갑이 도둑맞았다.

▶ '被'와 '给'를 동시에 씀으로써 **'피동성'을 강조**하며 '给'를 생략해도 의미상 차이는 없다. '给' 단독으로 피동을 나타낼 수 있다.

⑥ **어순**   S + 叫/让/给 + 행위자 + V + 기타 성분

他又被经理批评了一顿。 그는 또 한바탕 부장에게 꾸지람을 들었다.

他又叫经理批评了一顿。 **(经理 생략 불가)**

他又让经理批评了一顿。 **(经理 생략 불가)**

他又给经理批评了一顿。 **(经理 생략 불가)**

▶ '叫/让/给' 피동문은 주로 구어체에서 쓰며, **행위자는 생략될 수 없다.**

▶ '叫'는 사역동사로 '시키다', 본동사로서 '부르다'의 의미가 있으며, '让'은 사역동사로 '시키다'는 의미도 있으며, '给'는 본동사로 '주다', 개사로는 '~에게'의 뜻도 있다.

⑦ **어순**   S + 被 + 행위자 + V + 成 + N

他的诗被改成了流行音乐。 그의 시는 대중가요로 변했다.

没想到，我被他们看成了胆小鬼。 생각지도 못하게 나는 그들에 의해 겁쟁이로 보여졌다.

▶ '成 + N'이 기타 성분으로 오는 형식인데 주로 '被~看成', '被~改成' 등의 형식으로 쓰인다.

▶ '成' 뒤에는 반드시 명사(N)가 따라와야 한다.

아래 문장에서 제시어가 들어갈 알맞은 위치를 고르세요.

1. 他 A 被电视剧的情节 B 感动 C 。　　　　　所

2. 这些困难 A 被 B 大家 C 克服了。　　　　　终于

3. 她 A 隔壁刺耳的音乐声 B 吵醒 C 了。　　　叫

4. 那个包子 A 一下子就 B 他给 C 吃光了。　　让

5. 那本书 A 被 B 别人 C 借走了。　　　　　　已经

6. 他的钱 A 很可能 B 被 C 偷去了。　　　　　小偷

7. 那个东西 A 没有 B 被人 C 拿走。　　　　　还

8. 那个坏人 A 被 B 警察 C 抓到。　　　　　　没有

9. 他没有 A 被 B 吓倒 C 。　　　　　　　　　困难

정답

1. B : 그는 드라마의 줄거리에 감동했다.
2. A : 이 어려움들은 마침내 사람들에게 극복되었다.
3. A : 그녀는 옆집의 귀에 거슬리는 음악 소리에 시끄러워 깼다.
4. B : 그 바오쯔는 순식간에 그에 의해 다 먹어졌다.
5. A : 그 책은 이미 다른 사람에 의해 빌려가졌다.
6. C : 그의 돈은 도둑에 의해 도둑 맞았을 가능성이 매우 크다.
7. A : 그 물건은 아직 (누군가에 의해) 가져가지지 않았다.
8. A : 그 나쁜 사람은 경찰에게 잡히지 않았다.
9. B : 그는 어려움에 놀라 쓰러지지 않았다.

실전 연습 문제

第1-8题: 完成句子。

1. 困难　吓倒　没　被　我

2. 被　合同　了　撕　他不小心

3. 贷款　了　已经被　申请　批准

4. 数据　了　删掉　被　马工程师

5. 连续三年　优秀主持人　他　被评为

6. 送进了　受伤的人　被　医院　救护车

7. 吓　这个情景　了　都被　呆　人们

8. 被学术界　承认　他的研究成果　已经　所

❺ 존현문

주요 내용

■ 〈존현문〉이란?

어떤 **장소**(혹은 **시간**)에 사람이나 사물이 **존재, 출현, 소실(사라짐)**됨을 나타내는 문장이다.

墙上 / 挂着 / 一幅 / 山水画。 벽에 한 폭의 산수화가 걸려 있다.
  S   V   관형어   O
 장소   존재/출현   존재/출현의 주체

■ 〈존현문〉 문제의 풀이 순서

제시어 중에서 ① **장소를 나타내는 단어**와 ② **'존재'나 '출현'을 나타내는 동사**가 있다면 〈존현문〉 문제임을 인식하고 출발해야 한다.

[1단계] 주어 정리 : 장소나 시간을 나타내는 단어를 주어(S)에 놓는다.

墙上   挂着   一幅   山水画。
 S   V(着)   관형어   O

[2단계] 술어와 목적어 정리 : 존재나 출현을 나타내는 동사(V)를 술어 자리에 놓고 존재나 출현의 대상을 목적어(O)로 놓는다.

墙上   挂着   一幅   山水画。
 S   V(着)   관형어   O

[3단계] 기타 정리 : 나머지 제시어는 의미에 따라 목적어(O) 앞의 관형어나 동사(V) 앞의 부사어로 위치시킨다.

墙上   挂着   一幅   山水画。
 S   V(着)   관형어   O

■ 출제 포인트

- 〈존현문〉이라는 것을 알고 있는가?
- 장소를 나타내는 단어와 존재나 출현을 의미하는 단어를 알아볼 수 있는가?

기출문제 분석

쓰기 1부분 어순에 맞게 배열하기

〈존현문〉은 2~3회에 걸쳐 1문제씩 출제됩니다. 사실 〈존현문〉은 매우 **간단한 문형**입니다. 그래서 **쉬운 문제도 있**지만, 〈존현문〉이라는 것을 모르면 절대 맞힐 수 없게 출제되기도 합니다. 바꿔 말하면 〈존현문〉은 기본 어순만 이해하면 절대 틀릴 수가 없는 문제입니다. 〈존현문〉의 정의와 특징을 이해하도록 합니다.

어순에 맞게 배열하여 문장을 완성하세요.

搬来   隔壁   小伙子   一个

풀이 [1단계] 〈존현문〉에서는 장소가 주어로 온다. '隔壁'는 '이웃'이라는 뜻보다는 **장소를 나타내는** '옆집'의 의미로 더 자주 쓰인다. '搬来'는 '이사 오다'는 뜻이므로 **'출현'의 의미**가 있다. 따라서 '隔壁'가 주어가 되고, '搬来'가 술어가 된다.
→ 隔壁搬来

[2단계] '小伙子'가 목적어로 오고 '一个'는 '小伙子'를 수식한다.
→ 隔壁搬来一个小伙子。

정답 隔壁搬来一个小伙子。 옆집에 한 젊은이가 이사 왔다.

어휘 隔壁 gébì [명] 옆집 5급 | 搬 bān [동] 옮기다 3급 | 小伙子 xiǎohuǒzi [명] 젊은이, 총각 5급

오답 분석 一个小伙子搬来隔壁。
'搬来'는 'V + 방향보어(来/去)'이다. 중국어 문법에서 만일 'V + 来/去' 뒤에 장소 목적어가 올 때는 〈V + 장소목적어 + 来/去〉의 어순을 따른다. '回去家'가 아니라 '回家去'라고 해야 하는 것처럼 말이다. 따라서 문법대로라면 '搬隔壁来'라고 해야 하지만 이것도 존재하지 않는 표현이다. 굳이 '隔壁'를 뒤쪽으로 쓰겠다면 도달 지점을 이끄는 보어 '到'를 써서 '搬到隔壁来'라고 해야 한다.(→ 一个小伙子搬到隔壁来。) 꼭 명심할 것은 위 문제는 장소를 나타내는 단어(隔壁)와 출현의 의미를 가진 '搬来'를 보고 〈존현문〉임을 깨닫고 존현문 어순에 따라 배열해야 한다는 것이다.

전략 학습 : <존현문>의 특징

쓰기 1부분 어순에 맞게 배열하기

■ <존현문>의 어순

주어라고 하면 보통 사람이나 사물을 떠올리는데, <존현문>은 '장소'를 나타내는 단어가 주어로 온다는 것을 꼭 명심하자.

| 어순 | S(장소) + V(존재/출현) + 관형어 + O(존재/출현의 주체) |

墙上贴着一张中国全图。 벽에 한 장의 중국 전도가 붙어 있다. (**존재**)

我家附近新开了一家超市。 우리 집 근처에 한 슈퍼가 생겼다. (**출현**)

邻居家昨天死了一条狗。 옆집에 어제 개 한 마리가 죽었다. (**소실**)

▶ 참고로 위 문장들에서 주어와 목적어를 바꾸면 아래와 같은 형태로 바뀐다.

一张中国地图挂着墙上。(×)   →   一张中国地图挂在墙上。(○)

一家超市新开了我家附近。(×)   →   一家超市开在了我家附近。(○)

昨天邻居家一条狗死了。(×)   →   昨天邻居家的一条狗死了。(○)

■ 다양한 <존현문>

<존현문>은 두 가지 조건을 충족시켜야 한다. 첫째, 장소(혹은 시간)를 나타내는 단어가 있을 것, 둘째, 존재, 출현, 소실 등의 의미를 가진 동사가 있어야 한다는 것이다. 존현문 문제를 틀리는 경우는 대부분 존현문 문제를 보고 존현문이라는 인식 없이 풀기 때문에 벌어진다. 따라서 아래 예문들을 통해서 <존현문>의 특징을 익히도록 하자.

会场上已经坐满了人。 회의장에 이미 사람들이 가득 앉았다. (**존재**)

沙发上坐着一只小猫。 소파에 고양이 한 마리가 앉아 있다. (**존재**)

外面传来一阵动听的歌声。 밖에서 한 차례 듣기 좋은 노랫소리가 들려 왔다. (**출현**)

火车站前是一个宽阔的广场。 기차역 앞에는 한 넓은 광장이 있다. (**존재**)

> 老人　年纪的　一位上　隔壁　住着

풀이 **[1단계]** 장소를 나타내는 '隔壁(옆집)'가 있고 존재를 나타내는 '住着(살고 있다)'가 있으니 이 문제는 〈존현문〉 문제임을 알 수 있다.

[2단계] 〈존현문〉 어순에 따라 장소인 '隔壁'가 주어로 오고, '住着'가 술어로 그 뒤에 온다.
→ 隔壁住着

[3단계] '上年纪'는 '나이가 지긋하다'는 뜻의 한 단어이므로 '一位上年纪的'가 되고, '老人'을 수식하여 동사 (住着) 뒤에 목적어로 온다.
→ 隔壁住着一位上年纪的老人。

정답 隔壁住着一位上年纪的老人。 옆집에는 나이가 지긋한 한 노인이 살고 있다.

어휘 隔壁 gébì [명] 옆집 5급 | 上年纪 shàngniánji 나이가 지긋하다, 연로하다 5급

■ 〈존현문〉 문제 풀이 시 주의 사항

핵심 정리

1. 주어 자리에는 '처소사(장소)가 단독'으로 오기도 하지만 '명사 + 방위사(上/中/下/里/前/后)'의 형태로 오기도 한다.

2. 술어는 '동사 단독'으로 오기도 하지만 종종 '着', '满'이나 '방향보어(起来)'가 붙으면서 존재나 출현의 의미를 갖게 된다.

3. 일반적으로 장소 앞에는 '在'나 '从'을 쓰지 않는다.

4. '有'는 존현문이 되지만, '在'는 장소를 나타내는 말이 뒤에 오기 때문에 〈존현문〉이 될 수 없다. 위치를 혼동하지 않도록 주의하자.

> 1. 주어 자리에는 '처소사(장소)가 단독'으로 오기도 하지만 '명사 + 방위사(上/中/下/里/前/后)'의 형태로 오기도 한다.

▶ 〈존현문〉에서 주어로 오는 형태

- 처소사

  隔壁 옆집 / 墙角 벽 모퉁이 / 门口 문 앞 …

- 명사 + 방위사

  桌子上 탁자 위에 / 院子里 정원 안에 / 头发上 머리 위에 / 脸上 얼굴에 / 墙上 벽에

  会场上 회의장에 / 天空中 하늘에 / 屋子里 방 안에 / 胡同里 골목에

  抽屉里 서랍 안에 / 眼里 눈에 / 博物馆前面 박물관 앞쪽에 …

| 阵阵　响起来　观众席上　掌声 |

풀이 [1단계] 장소(观众席上)가 있고 동사(响起来: 소리나다)가 출현의 의미를 가지기 때문에, 이 문제는 〈존현문〉 문제이다.
　　[2단계] 장소를 나타내는 '观众席上'이 주어로 오고, '响起来'가 술어로, '掌声(박수 소리)'이 목적어로 온다.
　　→ 观众席上…响起来…掌声
　　[3단계] '阵阵'은 '阵'의 중첩형이다. '阵'은 명량사(명사를 세는 단위)이기 때문에 명사(掌声) 앞에 와야 한다.
　　→ 观众席上响起来阵阵掌声。

정답 观众席上响起来阵阵掌声。 관중석에서 간간이 박수 소리가 났다.

어휘 阵 zhèn [양] 차례, 바탕(갑작스럽고 짧게 일어나는 현상) 5급 | 响 xiǎng [동] 소리가 나다 4급 | 观众席 guānzhòngxí [명] 관중석 4급 | 掌声 zhǎngshēng [명] 박수 소리

꿀팁 이 문장은 해석상 '간간이 박수 소리가 났다'로 해석되어 '간간이'가 마치 '소리나다'를 수식하는 것 같지만 이것은 한국어로 해석했을 때 부드럽게 하기 위해서 나온 결과이다. 하지만 '阵'은 명량사이기 때문에 동사 앞에 올 수 없고 명사 앞에 와야 한다. '我买了一件衣服.'라고 하지 '我一件买了衣服.'라고 할 수 없는 것과 같다.

2. 술어는 '동사 단독'으로 오기도 하지만 종종 '着', '满'이나 '방향보어(起来)'가 붙으면서 존재나 출현의 의미를 갖게 된다.

- V 단독

  有 있다 / 是 이다 / 来 오다 / 开 (가게 등을) 열다 / 落 떨어지다 / 产生 생기다 / 发生 발생하다

- V + 着

  放着 놓여 있다 / 停着 멈춰 있다 / 挂着 걸려 있다 / 摆着 놓여 있다 / 装着 담겨 있다 /
  坐着 앉아 있다 / 堆着 쌓여 있다 / 插着 꽂혀 / 保留着 간직하고 있다 / 保存着 보관하고 있다

- V + 满

  坐满 가득 앉았다 / 摆满 가득 놓였다 / 装满 가득 담겼다 / 挤满 가득 들어찼다 / 挂满 가득 걸렸다

- V + 방향보어

  响起来 소리 나다 / 开过来 운전해 다가오다 / 飘起 흩날리다 / 搬来 이사 오다 / 走来 걸어오다

- 기타

  新增了 새로 늘어나다 / 新开了 새로 생겼다

실전
적용하기

新增了　运动设施　许多　操场上

풀이 [1단계] 장소를 나타내는 '操场上'이 있고, '新增了'는 '새로 늘어났다'는 뜻이므로 '출현'을 나타낸다. 따라서 '장소'와 '출현'의 단어가 있기 때문에 이 문장은 〈존현문〉이다.
[2단계] 〈존현문〉의 어순에 따라 '操场上'이 주어로, '新增了'가 술어로 온다.
→ 操场上…新增了
[3단계] '许多'는 '运动设施'를 수식하고 이 전체는 동사(新增了) 뒤에 목적어로 온다.
→ 操场上新增了许多运动设施。

정답 操场上新增了许多运动设施。 운동장에 많은 운동 기구들이 새로 생겼다.

어휘 设施 shèshī [명] 시설 5급 | 许多 xǔduō [형] 매우 많다 | 操场 cāochǎng [명] 운동장 5급

3. 일반적으로 장소 앞에는 '在'나 '从'을 쓰지 않는다.

~~在~~桌子上有很多书。(×) → 桌子上有很多书。(O)

~~从~~前边来了一个人。(×) → 前边来了一个人。(O)

4. '有'는 존현문이 되지만, '在'는 장소를 나타내는 말이 뒤에 오기 때문에 존현문이 될 수 없다. 위치를 혼동하지 않도록 주의하자.

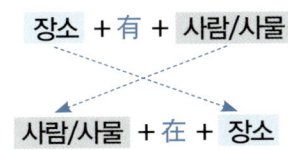

教室里有老师。 교실 안에 선생님이 있다. (O) | 老师有教室里。(×)

老师在教室里。 선생님은 교실 안에 있다. (O) | 教室里在老师。(×)

抽屉　充电器　不在　里

풀이 **[1단계]** 제시어 중 다른 동사가 없기 때문에 '在(~에 있다)'가 동사가 된다. '在' 뒤에는 장소가 와야 하기 때문에 '抽屉里(서랍 속)'가 '在' 뒤에 온다.
→ 不在抽屉里

[2단계] '充电器(충전기)'는 주어로 온다.
→ 充电器不在抽屉里。

정답 充电器不在抽屉里。 충전기는 서랍 안에 있지 않다.

어휘 抽屉 chōuti [명] 서랍 5급 | 充电器 chōngdiànqì [명] 충전기 5급

꿀팁 '在'는 '~에 있다'는 뜻이지만 〈존현문〉이 될 수 없다. 왜냐하면 장소는 '在' 뒤에 와야 하기 때문이다. 〈주어 + 在 + 장소〉의 어순이 됨을 기억하자.

실전 연습 문제

第1-8题: 完成句子。

1.　一辆　停着　门口　摩托车

2.　住着　屋子　老太太　一位　里

3.　河边　是　沙滩　一片白色的

4.　插着　一朵　头上　小姑娘　花

5.　天空中　彩虹　出现在　一道

6.　一个　有　姥姥家门口　小池塘

7.　突然　雪花　傍晚时天空中　飘起了

8.　古老的建筑　里面　有　那条胡同　许多

❻ 부사

주요 내용

■ 〈부사〉란?

부사는 동작(혹은 성질)의 시간, 범위, 정도, 빈도, 긍정(혹은 부정), 어기, 정황 등을 나타내는 단어 부류이다. 간단하게 말해서 **동사나 형용사를 수식하는 품사 중 하나이다.**

你 / 一定 / 要 / 向他 / 解释 / 迟到的原因。 너는 반드시 그에게 지각한 원인을 설명해야 한다.

| 어순 | S + 부사 + 조동사 + 개사구 + V + O |

■ 〈부사〉 문제의 풀이 순서

[1단계] 술어와 목적어 정리 : 동사(V)나 형용사(A)를 술어로 삼고, 동사(V)라면 뒤에 목적어(O)를 놓는다.

你　一定　要　向他　**解释**　迟到的　**原因**。
S　　부사　조동사　개사구　V　관형어　O

[2단계] 부사어 정리 : 부사, 조동사, 개사구가 있다면 일반적으로 '부 + 조 + 개' 순으로 동사(V) 앞에 놓는다.

你　**一定　要　向他**　解释　迟到的　原因。
S　부사　조동사　개사구　V　관형어　O

[3단계] 주어와 기타 정리 : 주어(S)를 정하고 나머지를 의미에 맞게 위치시킨다.

你　一定　要　向他　解释　**迟到的**　原因。
S　부사　조동사　개사구　V　관형어　O

■ 출제 포인트

- 부사의 일반적 위치를 묻는다.
- 일부 부사의 특정 위치를 묻는다.
- 부사와 다른 품사와의 어순을 묻는다.

기출문제 분석

쓰기 1부분 어순에 맞게 배열하기

<부사>의 존재 이유는 동사나 형용사를 수식하는 것입니다. 시험에서는 5급 부사 단어를 제시하여 뜻을 모르게 해서 난이도를 높입니다. 혹은 부사의 일반적 특징을 벗어난 약간 다른 용법을 가진 부사를 제시함으로써 틀리게 유도합니다. 따라서 **5급 부사에는 어떤 것이 있고, 또 주의해야 할 부사는 무엇이며, 그 용법은 무엇인지 이해**하도록 해야 합니다. 복잡한 내용이 다소 있지만 쉬운 것부터 차근차근 설명해 놓았으므로 잘 학습하도록 합니다.

어순에 맞게 배열하여 문장을 완성하세요.

> 有些　生产日期　模糊　袋子上的

풀이　[1단계] '袋子上的(봉지 위의)'는 '生产日期(생산 날짜)'를 수식하는 것이 알맞다.
→ 袋子上的生产日期

[2단계] 형용사 '模糊(흐릿하다)'는 술어가 되는 것이 알맞고, '有些(약간)'는 부사이므로 형용사(模糊)를 수식하도록 한다.
→ 袋子上的生产日期有些模糊。

정답　袋子上的生产日期有些模糊。 봉지 위의 생산 날짜가 약간 흐릿하다.

어휘　有些 yǒuxiē [부] 약간, 조금 | 生产 shēngchǎn [동] 생산하다 5급 | 日期 rìqī [명] 날짜 5급 | 模糊 móhu [형] 흐릿하다 5급 | 袋子 dàizi [명] 봉지

전략 학습 : <부사>의 특징

쓰기 1부분 어순에 맞게 배열하기

부사는 동작(혹은 성질)의 시간, 범위, 정도, 빈도, 긍정(혹은 부정), 어기, 정황 등을 나타내는 단어들입니다. 간단하게 말해서 **동사나 형용사를 수식하는 품사**의 하나입니다. 부사의 일반적 위치, 빈출 부사의 용법, 부사끼리의 어순, 부사와 다른 품사와의 어순 관계 등을 학습합니다. 학습량이 다소 많지만 중요한 내용이므로 꼼꼼하게 학습하도록 합니다.

■ 먼저 제시어 개수를 줄여라!

제시어의 형태와 뜻을 고려하여 아래와 같이 제시어의 개수를 줄일 수 있어야 더 쉽게 풀 수 있다.

(1) 〈~ + 的〉 형태의 제시어는 N(명사)과 결합시킨다. → 邻居的请求(이웃의 부탁)

(2) 〈~ + 地〉 형태의 제시어는 V(동사)와 결합시킨다. → 很痛快地答应了(흔쾌하게 동의했다)

(3) 〈~ + 了〉 형태 또는 〈V(동사)〉 제시어는 뒤에 의미상 어울리는 O(목적어)를 놓는다. → 答应了~请求(부탁을 들어 주었다)

■ 〈부사〉의 위치

부사는 일반적으로 주어 뒤, 술어(동사/형용사) 앞쪽에 온다.

| 어순 | S + 부사 + 술어(동사/형용사) |

我们都决定了。(O) | 都我们决定了。(×)

他们已经走了。(O) | 已经他们走了。(×)

▶ 일부 부사(其实/原来/幸亏…)는 주어 앞에도 올 수 있다.

三个姑姑   有   总共   他

풀이 [1단계] 동사 '有' 뒤에 목적어로 '三个姑姑'가 오고, '他'가 주어가 된다.
→ 他…有…三个姑姑
[2단계] '总共'은 부사이므로 동사(有) 앞에 온다. 해석상으로 판단하여 '三个姑姑' 앞에 놓지 않도록 주의하자.
→ 他总共有三个姑姑。

정답 他总共有三个姑姑。 그는 총 3명의 고모가 있다.

어휘 姑姑 gūgu [명] 고모 5급 | 总共 zǒnggòng [부] 총, 모두 5급

■ 〈부사〉와 다른 품사와의 어순

1. 부조개 + V

'부사' 외에 '개사구'나 '조동사'도 동사를 수식하는데, 이들이 함께 나왔을 때는 일반적으로 〈부사 + 조동사 + 개사구 + V〉 어순을 따른다. 실제 시험에서 이들이 모두 한꺼번에 나오는 경우는 없고, 많게는 두 개 정도가 동시에 나올 수 있다.

어순 S + 부사 + 조동사 + 개사구 + V + ~

我终于可以实现我的愿望了。 나는 마침내 나의 바람을 실현할 수 있게 되었다. (부사 + 조동사 + V)

他曾经在外贸公司工作过。 나는 일찍이 대외 무역회사에서 일한 적이 있다. (부사 + 개사구 + V)

你竟然跟这种人打交道。 네가 뜻밖에도 이런 사람과 왕래를 하다니. (부사 + 조동사 + 개사구 + V)

꿀팁 〈부사 + 조동사 + 개사구 + V〉에서 앞 글자만 따서 '부조개' 혹은 '보조개'라고 하면 기억하기 쉽다.

| 为 | 他在 | 事情 | 发愁 | 实验报告的 |

풀이 [1단계] '实验报告的(실험 보고서의)'는 '事情(일)'을 수식하는 것이 알맞다.
→ 实验报告的事情

[2단계] 개사 '为'는 '~위하여' 뜻 외에 '~때문에'라는 뜻도 있다. 따라서 '实验报告的事情'과 개사구를 이루어 '실험 보고서의 일 때문에'라는 뜻이 된다. 개사구 뒤에는 동사가 오므로 '发愁(걱정하다)'가 그 뒤에 온다.
→ 为实验报告的事情发愁

[3단계] '他'가 주어이므로 '他在'는 맨 앞에 온다. 이때 '在'는 부사로서 '진행'을 나타낸다.
→ 他在为实验报告的事情发愁。

정답 他在为实验报告的事情发愁。 그는 실험 보고서 일 때문에 걱정하고 있다.

어휘 发愁 fāchóu [동] 근심하다, 걱정하다 5급 | 实验 shíyàn [명] 실험 [동] 실험하다 5급 | 报告 bàogào [동] 보고하다 [명] 보고, 보고서 5급

> **꿀팁** 고정 격식 〈为 + N + 发愁〉: N 때문에 걱정하다
>
> 〈为 + N + 发愁〉는 자주 쓰이는 고정 격식으로 예문을 통해 잘 기억해 두도록 하자.
>
> 妈妈为姐姐发愁。 엄마는 언니를 걱정한다.
> 父母为孩子的事发愁。 부모는 아이 일 때문에 걱정한다.
> 他在为今后的生活发愁。 그는 앞으로의 생활 때문에 걱정하고 있다.

2. 조 + 부 + V

드물지만 〈부사 + 조동사 + 개사구〉 어순에 어긋나 〈조 + 부 + V〉일 때가 있다. 이유는 부사가 의미적으로 매우 긴밀하게 동사를 수식하기 때문에 바로 그 앞에 와야 하기 때문이다. 이렇게 조동사 뒤에 오는 부사로는 주로 '立即', '尽快', '尽量', '轻易', '逐步', '随便', '一起' 등이 있다. 하지만 실제 출제는 잘 되지 않는다.

어순 조동사 + 부사 + V

这位病人得立即得到治疗。 이 환자는 즉각 치료를 받아야 한다.

子女应该经常陪父母聊天。 자녀는 마땅히 자주 부모님을 모시고 대화해야 한다.

```
轻易   自己   不要   否定
```

풀이 [1단계] 먼저 동사 '否定(부정하다)'의 목적어를 찾는데 '自己(자신)'가 알맞다. 이때 대부분 주어를 먼저 찾으려는 습관 때문에 '自己'를 주어로 생각하여 맨 앞에 놓곤 하는데 문제 풀이 시 주어는 비교적 나중에 정해야 함을 기억하자. 그리고 '要'는 조동사이므로 '不要'는 동사(否定) 앞쪽에 와야 한다.
→ 不要…否定自己

[2단계] 부사 '轻易(함부로)'는 동사의 의미를 직접적으로 제한하는 수식어이기 때문에, 조동사 뒤, 동사 바로 앞에 오는 부사이다.
→ 不要轻易否定自己。

> 不要　　否定自己。 자신을 부정하는 것을 하지 마라.
> 不要轻易否定自己。 자신을 함부로 부정하는 행위를 하지 마라.

정답 不要轻易否定自己。 자신을 함부로 부정하지 마라.

어휘 轻易 qīngyì [부] 쉽게, 함부로 [형] 쉽다, 수월하다 5급 | 否定 fǒudìng [동] 부정하다 5급

■ 주어 앞에 오기도 하는 〈부사〉 '难道', '难怪', '幸亏', '毕竟'

말의 느낌을 나타내는 어기부사는 주어 앞에도 올 수 있다. 시험에서는 처음부터 '부사 + 주어'의 형태로 제시되는 경우가 많다.

어순 难道/难怪/幸亏/毕竟 + S + ~

难道你否认事实吗? 설마 너 사실을 부인하는 거야?

难怪昨天他没来上课, 原来他感冒了。 어쩐지 어제 그가 수업에 안 왔더라니, 알고 보니 감기에 걸렸구나.

幸亏银行贷款批下来了。 다행히 은행 대출이 허가되었다.

毕竟他不是故意伤害你。 어쨌든 그는 일부러 너에게 상처 준 것은 아니야.

错误　发现了　幸亏他　及时　合同里的

풀이 **[1단계]** 의미적으로 '合同里的(계약서의)'는 '错误(오류)'를 수식한다. 동사 '发现' 뒤에는 '合同里的错误(계약서상의 오류)'를 목적어로 갖는 것이 알맞다.
→ 发现了合同里的错误

[2단계] '幸亏(다행히)'는 주어 앞에도 올 수 있는 부사이므로 '幸亏他'로 제시되었다. '及时'는 부사이므로 동사를 수식할 수 있도록 '发现' 앞에 놓는다.
→ 幸亏他及时发现了合同里的错误。

정답 幸亏他及时发现了合同里的错误。 다행히 그가 제때에 계약서 안의 오류를 발견했다.

어휘 错误 cuòwù [명] 잘못, 오류 [형] 잘못되다, 틀리다 4급 | 幸亏 xìngkuī [부] 다행히 5급 | 及时 jíshí [부] 즉시, 바로, 제때에 [형] 시기적절하다 4급 | 合同 hétong [명] 계약서 5급

■ 빈출 부사

1. 범위부사 '都' ★

'모두', '다'의 뜻으로 앞에는 복수 대상(하나가 아닌 여러 개의 대상)이 나와야 한다. 따라서 '都' 앞에는 주로 '의문대사'나 '任何', '每', '一切', '所有' 등과 같은 단어가 온다. 특히 〈到处都是 + N〉은 '도처에 다 N이다'의 뜻으로 자주 쓰는 고정 격식이므로 잘 기억하도록 하자.

어순 S(복수 대상) + 都 + V/A

大家都同意。 모두가 다 동의한다.

这些事都办好了。 이 일들은 모두 잘 처리되었다.

路边到处都是垃圾。 길가에는 온통 쓰레기다.

任何问题都能解决好。 어떤 문제도 다 해결할 수 있다.

什么时候都可以来找我。 언제든지 다 나를 찾아와.

每个孩子都长得很结实。 모든 아이들이 다 튼튼하게 자랐다.

一切费用都由公司承担。 일체의 비용은 모두 회사가 책임진다.

所有产品都要经过质量检查。 모든 제품은 다 품질 검사를 거쳐야 한다.

실전 적용하기

都 文字说明 每幅 配有 画

풀이 [1단계] '幅(폭)'는 그림을 세는 양사이므로 '画(그림)'를 수식하고, '配有(맞춰져 있다)'는 동사이므로 술어가 될 것이다.
→ 每幅画…配有

[2단계] '文字说明(문자 설명)'은 '配有'의 목적어로 오는 것이 알맞고, 범위부사 '都'는 복수를 나타내는 주어 (每幅画) 뒤, 동사(配有) 앞에 위치한다.
→ 每幅画都配有文字说明。

정답 每幅画都配有文字说明。 그림마다 모두 문자 설명이 곁들여져 있다.

어휘 文字 wénzì [명] 문자 5급 | 说明 shuōmíng [동] 설명하다 4급 | 幅 fú [양] 폭 5급 | 配有 pèiyǒu [동] 배치되어 있다, 달려 있다

● '都'의 기타 용법

① 连~ 都 ~ : ~조차도 ~하다 (강조 구문) ★

她连饭都没吃就走了。 그는 밥조차도 안 먹고 가 버렸다.

② 一点儿都不 + V/A : 조금도 ~하지 않다 (고정 격식) ★

我一点儿都不觉得奇怪。 나는 조금도 이상하다고 생각하지 않는다.

③ 단수 S + 都~些什么 : (주어가 단수이지만 뒤에 오는 '什么' 때문에 쓴다.)

老师刚才都说了些什么? 선생님이 방금 무슨 말들을 하셨어?

④ 无论如何都~ : 어찌되었든 간에, 무슨 일이 있어도 (고정 격식) ★

无论如何都要按时完成任务。 어찌되었든 간에 제시간에 임무를 완성해야 한다.

⑤ 都 : 심지어(≒甚至)

真抱歉, 我都忘了你的名字了。 정말 미안해요. 내가 당신 이름까지 잊어버렸어요.

```
牛仔裤   都   不结实   这条   一点儿
```

풀이 [1단계] '条'는 바지를 세는 양사이므로 '这条'는 '牛仔裤'를 수식한다.
→ 这条牛仔裤

[2단계] 〈一点儿都不 + V/A〉는 하나의 고정 격식으로 '조금도 ~하지 않다'의 뜻이다.
→ 这条牛仔裤一点儿都不结实。

정답 这条牛仔裤一点儿都不结实。 이 청바지는 조금도 튼튼하지 않다.

어휘 牛仔裤 niúzǎikù [명] 청바지 | 结实 jiēshi [형] 튼튼하다, 질기다

2. 정도부사 '有些/有点儿', '比较', '特别', '相当', '很', '十分'

정도부사는 주로 **형용사**(高/快/干净…)나 **심리동사**(喜欢/羡慕/讨厌…)를 **수식한다**. 하지만 **행위동사**(去/说明/活动…)는 거의 **수식하지 않는다**. 따라서 **정도부사**가 단독으로 제시되었을 경우 먼저 **형용사 앞에 놓도록** 해야 한다.

정도부사 + 형용사	身体有些/有点儿不舒服。 몸이 약간 아프다.
	这个问题比较复杂。 이 문제는 비교적 복잡하다.
	今晚的月亮特别圆。 오늘 밤 달은 매우 둥글다.
	这个孩子相当淘气。 이 아이는 상당히 장난이 심하다.
	他是一个很周到的人。 그는 매우 주도면밀한 사람이다.
	听到这个消息我十分高兴。 이 소식을 듣고 나는 매우 기뻤다.
정도부사 + 심리동사	弟弟特别喜欢滑雪。 동생은 스키 타는 것을 매우 좋아한다.
~~정도부사~~ + 행위동사	这就~~很~~说明了问题的严重性。 이것은 문제의 심각성을 ~~매우~~ 설명했다.
	(→ 充分)　　　　　　　　　　　　　　　　　　　　　(→ 충분히)

정도부사는 행위동사와는 거의 호응할 수 없다. 하지만 일부 동사들은 정도부사와 호응할 수 있다. 특히 '很'은 〈很有 + 추상명사〉의 형태로 자주 쓰이는 중요한 표현임으로 잘 기억하도록 하자.

很受欢迎 매우 환영 받다

很受启发 매우 깨달음을 얻다

更花时间 시간이 더 걸린다

很节省时间 매우 시간을 절약한다

小王很有魅力。 샤오왕은 매우 매력 있다. (魅力 : 추상명사)

他的话很有道理。 그의 말은 매우 일리가 있다. (道理 : 추상명사)

```
1. 相当  进行得  顺利  今天的手术
2. 很有  舅舅对  古典文学  研究
```

1.

풀이 **[1단계]** 정도부사 '相当(상당히)'은 형용사 '顺利(순조롭다)'를 수식하고, 이는 '得' 뒤에 정태보어로 온다.
→ 进行得相当顺利

[2단계] 제시어 구성으로 봤을 때 '今天的手术(오늘의 수술)'가 주어가 되고 술어는 동사인 '进行'이 된다.
→ 今天的手术进行得相当顺利。

정답 今天的手术进行得相当顺利。 오늘 수술은 상당히 순조롭게 진행되었다.

어휘 相当 xiāngdāng [부] 상당히 [형] 상당하다, 비슷하다 5급 | 顺利 shùnlì [형] 순조롭다 4급 | 手术 shǒushù [명] 수술 [동] 수술하다 5급

2.

풀이 **[1단계]** 고정 격식 〈很有 + 추상명사〉를 적용시킨다면 '很有研究'는 '조예가 깊다'의 뜻이다.
→ 很有研究

[2단계] '对' 뒤에는 명사가 와서 개사구를 이뤄야 하므로 '古典文学(고전 문학)'가 오는 것이 좋다. 결국 〈对 + N + 很有研究〉는 'N에 대해서 매우 조예가 깊다'는 고정 격식이 된다.
→ 舅舅对古典文学很有研究。

정답 舅舅对古典文学很有研究。 외삼촌은 고전 문학에 대해서 매우 조예가 깊다.

어휘 舅舅 jiùjiu [명] 외삼촌 5급 | 古典 gǔdiǎn [형] 고전적 5급 | 文学 wénxué [명] 문학 5급 | 研究 yánjiū [동] 연구하다 [명] 연구 4급

○ '比较, 特别, 相当'의 또 다른 뜻

'比较'는 동사로 '비교하다', '特别'는 형용사로 '특별하다', '相当'은 형용사로 '비슷하다'는 뜻도 있다.

这两件衣服我比较了半天。 이 두 옷은 내가 한참을 비교했다. (比较: [동] 비교하다)

他的想法特别特别。 그의 생각은 매우 특별하다. (特别 1 : [부] 매우, 特别 2 : [형] 특별하다)

结婚要找一个条件相当的人。 결혼은 조건이 비슷한 사람을 찾아야 한다. (相当 : [형] 비슷하다)
他收到相当于三个月工资的奖金。 그는 3개월 월급에 맞먹는 보너스를 받았다. (相当于~ : ~과 비슷하다)

3. 뜻을 몰라서 틀리는 '格外, 极其, 尽量, 毕竟, 未必(≒不一定, 不见得), 曾经, 简直'

아래 예문을 통해서 각 단어의 의미를 기억하자.

今天外面格外冷。 오늘 밖이 유난히 춥다.
发言者极其紧张。 발언자가 극히 긴장했다.
他的话毕竟是事实。 그의 말은 어쨌든 사실이다.
我们要尽量帮助别人。 우리는 최대한 남을 도와야 한다. (조동사 + 尽量 + 동사)
失败不一定是件坏事。 실패가 꼭 나쁜 일인 것은 아니다. (不一定 = 未必 = 不见得)
我们曾经讨论过这个问题。 우리는 일찍이 이 문제를 토론한 적이 있다.
这次胜利简直就是一个奇迹。 이번 승리는 그야말로 하나의 기적이다. (简直(就) + V)

| 世界冠军　未必　获得　这次他　能 |

풀이 [1단계] 동사 '获得(획득하다, 얻다)'는 '世界冠军(세계 챔피언)'을 목적어로 취한다. 조동사 '能'은 동사 앞쪽에 온다.
→ 能…获得世界冠军
[2단계] '他'가 주어이기 때문에 '这次他'는 맨 앞에 온다. '未必'는 부사이기 때문에 조동사(能) 앞에 온다.
→ 这次他未必能获得世界冠军。

정답 这次他未必能获得世界冠军。 이번에 그가 꼭 세계 챔피언을 할 수 있는 것은 아니다.

어휘 冠军 guànjūn [명] 챔피언, 우승자, 1등 5급 | 未必 wèibì [부] 반드시 ~인 것은 아니다 5급 | 获得 huòdé [동] 얻다, 획득하다 4급

4. 시간 부사 '(正)在'

'~하고 있다'의 뜻으로 **진행**을 나타내는 '(正)在'의 품사는 **부사**이다. 이때 '(正)在'는 **동사 앞쪽**에 오는데 이때 '~地' 형식의 수식어가 있다면 아래와 같은 어순을 취한다.

어순 S + 正在/在 + (~地) + V + ~

雨在不停地下着。 비가 그치지 않고 내리고 있다. (시간부사)

他一直在经营一家酒吧。 그는 줄곧 한 술집을 경영하고 있다. (시간부사)

---

1. 报道这件事情   都   各大媒体   在

2. 寻找   积极地   正在   新能源   科学家

1.

풀이 **[1단계]** '都'는 앞에 복수 주어가 나와야 하므로 '各大媒体(각 대형 매체)' 뒤에 온다.
→ 各大媒体都
[2단계] 진행을 나타내는 '在'는 동사인 '报道(보도하다)' 앞에 온다.
→ 各大媒体都在报道这件事情。

정답 各大媒体都在报道这件事情。 각 대형 매체들이 모두 이 사건을 보도하고 있다.

어휘 报道 bàodào [명/동] 보도(하다) 5급 | 媒体 méitǐ [명] 매체, 매스 미디어 5급

2.

풀이 **[1단계]** 동사 '寻找(찾다)'를 수식하는 제시어는 '积极地(적극적으로)', '正在(~하고 있다)'가 있다. '积极地'는 동작(寻找)을 직접적으로 묘사하고 있기 때문에 '正在'보다 동사(寻找)에 더 가까이 온다.
→ 正在积极地寻找
[2단계] '寻找'의 목적어로는 '新能源(신에너지)'이 알맞고, '科学家(과학자)'는 주어가 된다.
→ 科学家正在积极地寻找新能源。

정답 科学家正在积极地寻找新能源。 과학자는 지금 적극적으로 신에너지를 찾고 있다.

어휘 寻找 xúnzhǎo [동] 찾다 5급 | 积极 jījí [형] 적극적이다, 긍정적이다 4급 | 能源 néngyuán [명] 에너지 5급

▶ '在'는 '~에서(개사)'와 '~에 있다(동사)'의 용법도 있다. 따라서 실제 시험에서 '在'가 제시어로 나왔을 경우, 부사인지 아니면 개사나 동사인지 품사 구분을 정확하게 해야 틀리지 않는다.

文件在桌子上。 문서는 탁자 위에 있다. **(동사)**

火车在下午三点到达。 기차는 오후 3시에 도착한다. **(개사)**

老师在黑板上写了一些生词。 선생님은 칠판에 약간의 새 단어를 썼다. **(개사)**

| 1. 销售部门　工作　在　他 |
| 2. 钥匙　保险柜的　右边的抽屉里　在 |

1.

풀이 **[1단계]** '在(~에서)'는 개사로 뒤에 장소를 취할 때가 있다. 따라서 '在' 뒤에 '销售部门(판매 부서)'이 온다.
→ 在销售部门
[2단계] 개사구(在销售部门) 뒤에는 동사가 오므로 '工作(일하다)'가 오고, '他'는 주어가 된다.
→ 他在销售部门工作。

정답 他在销售部门工作。 그는 판매부에서 일을 한다.

어휘 销售 xiāoshòu [동] 판매하다 5급 | 部门 bùmén [명] 부서, 부문 5급 | 工作 gōngzuò [동] 일하다 [명] 직장 1급

2.

풀이 **[1단계]** '在'는 동사로 '~에 있다'는 뜻도 있다. 이때에도 역시 뒤에는 장소를 나타내는 단어가 와야 한다. 따라서 '在' 뒤에는 '右边的抽屉里(오른쪽 서랍 안)'가 온다.
→ 在右边的抽屉里
[2단계] '保险柜的'는 '钥匙'를 수식하고, 이 전체는 주어가 된다.
→ 保险柜的钥匙在右边的抽屉里。

정답 保险柜的钥匙在右边的抽屉里。 금고 열쇠는 오른쪽의 서랍 안에 있다.

어휘 钥匙 yàoshi [명] 열쇠 4급 | 保险柜 bǎoxiǎnguì [명] 금고 5급 | 抽屉 chōuti [명] 열쇠 5급

꿀팁 제시어 중 **장소**나 **시간**을 나타내는 말이 있으면 '在'는 거의 '~에서' 혹은 '~에 있다'의 용법으로 쓰인다. 그런 단어가 없다면 '~하고 있다'는 뜻으로 진행을 나타낸다.

5. 시간 부사 '将'

'将'은 '장차, 곧'의 의미로 **시간부사**이다. 동작이나 상황이 곧 일어날 것임을 나타낸다. 개사구와 함께 있다면 '将'은 부사이므로 개사구보다 앞에 온다.

어순 将 + (개사구) + V

飞机将起飞。 비행기가 곧 이륙하겠습니다. (부사)

他的婚礼将在这里举行。 그의 결혼식은 장차 이곳에서 거행될 것이다. (부사)

| 展览将 | 持续至 | 此次 | 4月中旬 |

풀이 [1단계] 부사 '将(장차)'은 동사(持续)를 수식한다.
→ 展览将持续至

[2단계] '此次(이번)'는 '展览(전람회)'을 수식하고, 〈V + 至 + 도달 지점〉은 '~까지 V하다'는 뜻으로 뒤에는 시점이 올 수 있다. 이때 '至'는 '~까지'의 뜻으로 '到'와 같다. 따라서 '持续至~'는 '~까지 지속하다'의 뜻이고 뒤에는 시점을 의미하는 '4月中旬(4월 중순)'이 온다.
→ 此次展览将持续至4月中旬。

정답 此次展览将持续至4月中旬。 이번 전람회는 장차 4월 중순까지 지속될 것이다.

어휘 展览 zhǎnlǎn [동] 전람하다 5급 | 持续 chíxù [동] 지속하다 5급 | 中旬 zhōngxún [명] 중순 5급

● '将'의 개사 용법(=把)

'将'은 '~을'의 뜻으로 개사의 용법도 있으며, 〈将 + N + V〉의 어순으로 쓴다.

他将药方交给了我。 그는 처방전을 나에게 주었다. (개사)

请将行李放在桌子上。 짐을 탁자 위에 올려 주세요. (개사)

꿀팁 '将'이 제시어로 나왔을 경우, 제시어들을 보고 **대략적인 해석을 했을 때 미래 시제일 경우**에 '将'은 '**장차**'의 뜻이고, **명사와 결합해서 개사구가 적합**하면 '**~을**'이 된다.

■ 〈부사〉의 분류

쉽지만 **자주 출제**되거나 **중요한 부사**들만 정리했다. '已经'은 '시간부사', '十分'은 '정도부사' 식으로 부사의 분류까지 외울 필요는 없다. 단지 '**의미 이해**'를 통해서 **자연스럽게 구분**되게 하는 것이 좋다. '★가 표시된 단어'와 '▶ 설명' 위주로 보면 효율적으로 학습할 수 있다.

◎ 시간 관련 부사

단어	뜻	예문
已经 yǐjīng ★	이미	他已经结婚了。 그는 이미 결혼했다. ▶ 줄여서 '已'라고 하기도 한다.
曾经 ★ céngjīng	일찍이	他曾经当过医生。 그는 일찍이 의사였던 적이 있다. ▶ 줄여서 '曾'이라고 하기도 한다. 과거의 경험을 나타내며 지금은 더 이상 그렇지 않다는 뜻을 내포한다.
正 zhèng	마침	我们正讨论(着)呢。 우리는 마침 토론하고 있다. ▶ 동작(혹은 상태)이 지속 중임을 나타낸다. 일반적으로 〈正 + V/A + 着呢〉의 형식으로 쓴다.
在 zài ★	~하고 있다	他仍然在写他的那本书。 그는 여전히 그의 그 책을 쓰고 있다. ▶ 진행되는 행위(혹은 상태)를 강조한다.
正在 ★ zhèngzài	지금 ~하고 있다 마침 ~하고 있다	他正在打电话。 그는 지금 전화하고 있다. ▶ 시간과 행위(혹은 상태)를 모두 강조한다.
将 jiāng ★	장차	飞机将于十五分钟后降落在机场。 비행기는 장차 15분 후에 공항에 착륙할 것이다. ▶ '将'은 '于'와 결합하여 〈将于 + 시간 + V〉나 〈将在 + 시간 + V〉의 형식으로 출제되며 '장차 언제에 V할 것이다'로 해석한다.
立刻 lìkè ★	즉각, 바로	老师一走进教室，大家立刻安静了下来。 선생님이 교실로 들어오자 모두가 바로 조용해졌다.
重新 chóngxīn	다시	我得重新写论文。 나는 논문을 다시 써야 한다.
随时 suíshí ★	수시로 언제나	有什么不懂的问题，可以随时来问我。 이해 안 되는 문제가 있으면 언제든지 나에게 물어봐도 된다.

단어	뜻	예문
从来 cónglái	여태껏	他从来不吸烟。 그는 여태껏 담배를 피운 적이 없다.
		▶ 고정 격식 〈从来 + 不/没~〉 (여태껏 ~한 적이 없다)로 많이 쓰인다.
从未 ★ cóngwèi	지금껏 ~한 적이 없다	小王从未坐过飞机。 샤오왕은 지금껏 비행기를 탄 적이 없다.
		▶ 고정 격식 〈从未 + V + 过〉 (여지껏 ~한 적이 없다)로 많이 쓰인다.
永远 yǒngyuǎn	영원히	这件事我永远忘不了了。 이 일은 내가 영원히 잊을 수 없다.
始终 ★ shǐzhōng	시종, 줄곧	我始终认为他没有错。 나는 줄곧 그는 잘못이 없다고 생각해 왔다.

범위 관련 부사

단어	뜻	예문
只 zhǐ	단지	世上无难事，只怕有心人。 세상에 어려운 일은 없다. 단지 결심이 굳은 사람만이 두려울 뿐.
仅仅 jǐnjǐn	단지	我仅仅学过一年汉语。 난 단지 중국어를 1년 공부했다.
光 guāng	단지	光说不做 말만 하고 행동하지 않다
都 dōu ★	모두, 다	北京每天都要接待很多游客。 베이징은 매일 모두 많은 관광객을 맞이한다.
		▶ '都' 앞에는 '所有~', '每~', '任何~', '一切~', '多个~', '他们', 'A 和 B' 등처럼 **복수 대상**이 온다.
(一)共 (yí)gòng	총	参加演讲比赛的学生一共有100多人。 웅변 대회에 참가하는 학생은 총 100여 명이 있다.
		▶ '一共' 뒤쪽에는 항상 **수량사**가 온다.
总共 ★ zǒnggòng	총, 모두	一天总共花了二百五十元。 하루에 총 250위안을 썼다.
		▶ '一共'처럼 '总共' 역시 뒤쪽에는 항상 **수량사**가 온다.
一起 yìqǐ 一块儿 yíkuàir	함께	我一直跟父母一起/一块儿生活。 나는 줄곧 부모님과 함께 살고 있다.
一律 yílǜ ★	일률적으로 모두	本店商品一律定价销售。 본 가게의 상품은 일률적으로 정가에 판매합니다.

◯ 정도 관련 부사

단어	뜻	예문
很 hěn ★	매우	身体很舒服。 몸이 아주 편하다.
更 gèng	더(욱)	最近更忙了。 최근에 더 바빠졌다.
挺 tǐng	매우	房间挺干净的。 방이 매우 깨끗하다. ▶ 어기조사 '的'와 함께 쓸 수 있다. → 〈挺+형+(的)〉
太 tài	너무	最近工作太多了。 최근에 일이 너무 많다. ▶ 어기조사 '了'와 함께 쓸 수 있다. → 〈太+형+(了)〉
稍微 shāowēi	약간	现在心情稍微平静了一些。 지금은 기분이 조금 평온해졌다.
有些 yǒuxiē ★ 有点儿 yǒudiǎnr ★	조금, 약간	汤有些淡。 국이 약간 싱겁다. 这种皮鞋有点儿贵。 이런 구두는 조금 비싸다.
相当 ★ xiāngdāng	상당히, 꽤	他是一个相当严格的人。 그는 상당히 엄격한 사람이다. ▶ '相当'은 형용사로 '비슷하다', '상당하다'는 뜻도 있다. 他们俩的水平相当。 그들 둘의 실력은 비슷하다.
十分 shífēn ★	매우	他是一个十分了不起的企业家。 그는 매우 대단한 기업가이다.
非常 fēicháng	매우	他是一个非常谨慎的人。 그는 매우 신중한 사람이다.
格外 géwài ★	유달리	今天格外冷。 오늘은 유난히 춥다.
极其 jíqí ★	극히	这种工作极其辛苦。 이런 일은 극히 힘들다.

◯ 빈도 관련 부사

단어	뜻	예문
偶尔 ǒu'ěr ★	가끔	他偶尔去国外旅游。 그는 가끔 외국으로 여행을 간다.
往往 ★ wǎngwǎng	종종, 왕왕	他往往夜里失眠。 그는 종종 밤에 잠을 못 잔다.
通常 ★ tōngcháng	통상적으로 일반적으로 (≒一般)	我们通常八点上课。 우리는 통상적으로 8시에 수업을 시작한다. ▶ '通常'은 주어 앞에도 올 수 있다. 通常我们八点上课。 통상적으로 우리는 8시에 수업을 시작한다.

단어	뜻	예문
再三 zàisān ★	재삼, 여러 번	他再三表示感谢。 그는 여러 번 감사함을 표시했다.
不断 búduàn ★	부단히 끊임없이	生活水平不断提高。 생활 수준이 끊임없이 향상되고 있다.
反复 fǎnfù ★	반복적으로	她买东西时反复比较。 그녀는 물건을 살 때 반복해서 비교한다.

● 긍정·부정 관련 부사

단어	뜻	예문
不 bù	않다, 아니다	我不紧张。 난 긴장되지 않아. 我不去。 난 안 가.
没(有) méi(yǒu)	~하지 않았다	我没去。 난 가지 않았다.
一定 yídìng ★	반드시 (의무·의지를 나타냄) 틀림없이 (=肯定) (추측을 나타냄)	我一定去。 난 반드시 갈게. 她一定是有什么事了。 그녀는 틀림없이 무슨 일이 있을 것이다. ▶ '一定'은 형용사로 '일정한', '어느 정도의'라는 뜻도 있다. 她心情不好跟这次考试有一定的关系。 그녀가 기분이 좋지 않은 것은 이번 시험과 일정한 관계가 있다.
肯定 kěndìng	틀림없이	他们肯定遇到了麻烦。 그들은 틀림없이 곤경에 처한 것 같다. ▶ '肯定'은 동사로 '확신하다', '인정하다'의 뜻도 있다. 我敢肯定，他们还得输。 나는 그들이 또 질 것이라고 확신한다. 每个人都希望得到别人的肯定。 모든 사람은 다 다른 사람의 인정을 받고 싶어 한다.
是否 shìfǒu ★	~인지 아닌지	你是否赞成他的意见？ 너는 그의 의견에 찬성해 안해?
确实 quèshí 的确 díquè	확실히 정말로	这部电影确实/的确很精彩。 이 영화는 정말로 훌륭해. 确实/的确如此。 정말로 그래.
别 bié	~하지 마라	别看这种电影。 이런 영화 보지 마.
勿 wù ★	~하지 마시오 ~하지 마세요	参观展品请勿动手。 참관 전시품에 손대지 마십시오.
未 wèi	~하지 않았다	从未 ~한 적이 없다(=从来没有)	未必 꼭 ~인 것은 아니다 未婚 미혼	未成年 미성년	未来 미래
非 fēi	아니다	事实并非如此。 사실은 결코 이렇지 않다. 非工作人员 비직원	非卖品 비매품

어기 관련 부사

단어	뜻	예문
可 kě	정말로 절대로	你可不是我的对手。 너는 절대로 나의 적수가 아니야.
也许 yěxǔ 或许 huòxǔ ★	아마도 어쩌면	驾照也许在抽屉里。 운전 면허증은 아마도 서랍 안에 있을 것이다. 你或许是对的。 네가 어쩌면 옳을 수도 있어.
大约 dàyuē	아마, 대략	他大约是参观书画展去了。 그는 아마도 서화전을 보러 갔을 것이다. 他大约三十岁。 그는 대략 30세이다.
简直 jiǎnzhí ★	그야말로	这幅山水画简直跟真的一样。 이 산수화는 그야말로 진짜와 같다.
难道 nándào	설마 (~란 말인가?)	难道我犯了什么大错吗? 설마 내가 무슨 큰 잘못이라도 저질렀다는 말인가요?
到底 dàodǐ 究竟 jiūjìng	도대체	我究竟/到底犯了什么错误? 내가 도대체 무슨 잘못을 했단 말인가?
难怪 nánguài	어쩐지	难怪这么冷，原来昨天下雪了。 어쩐지 이렇게 춥더라니, 알고 보니 어제 눈이 왔었구나.
果然 guǒrán ★	과연	换了新设备，产量果然大增。 새 설비로 교체했더니 생산량이 과연 크게 증가했다.
竟然 jìngrán 居然 jūrán ★	뜻밖에	他竟然把这次机会放弃了。 그는 뜻밖에도 이 기회를 포기했다. 没想到居然在这儿碰见你。 생각지도 못하게 내가 뜻밖에도 여기서 널 마주치다니.
毕竟 bìjìng ★	결국은 어쨌든 그래도	她毕竟是外国留学生，对中国的了解不是很深。 그녀는 결국 외국 유학생이다 보니 중국에 대한 이해가 매우 깊진 않다. ▶ '毕竟'은 주로 주어 뒤에 쓰지만, 때로는 주어 앞에도 올 수 있다. 毕竟她是外国留学生，对中国的了解不是很深。
反正 fǎnzhèng	어쨌든	不管你们去不去，反正我不去。 너희들이 가든 안 가든 어쨌든 나는 안 가.
恐怕 kǒngpà	아마도	这样做，效果恐怕不好。 이렇게 하면 효과가 아마 좋지 않을 것이다.
实在 shízài	정말로 참으로	这种说法实在太夸张了。 이런 말은 정말 너무 과장되었다.
幸亏 ★ xìngkuī	다행히	幸亏你提醒了我，要不我就忘了带钥匙。 다행히 네가 일깨워 줬기에 망정이지, 아니었으면 난 열쇠를 챙기지 않았을 거야. ▶ '幸亏'는 부사이기 때문에 주어 뒤에 올 수 있지만, **주어 앞에 오는 경우가 더 많다.**

단어	뜻	예문
只好 zhǐhǎo	어쩔 수 없이	我只好一个人去了。 나는 어쩔 수 없이 혼자 갔다.
终于 zhōngyú 总算 zǒngsuàn ★	마침내, 결국	大雨终于/总算停了。 큰 비가 마침내 그쳤다.
几乎 jīhū	거의	最近几乎没见过他。 최근에 거의 그를 못 봤다.
差点儿 chàdiǎnr	하마터면	我差点儿被发现。 난 하마터면 들킬 뻔했다.

❍ 태도 관련 부사(정태부사 : 情态副词)

단어	뜻	예문
顺便 shùnbiàn	하는 김에	路过商店，我顺便买了点儿东西。 상점을 지나는 김에 물건을 좀 샀다.
故意 gùyì ★	고의로	我从未故意伤害过任何人。 나는 여지껏 고의로 사람에게 상처를 준 적이 없다.
尽量 jǐnliàng ★	되도록 최대한	我们要尽量帮助别人。 우리는 최대한 남을 도와야 한다.
尽快 jìnkuài	되도록 빨리	请您尽快办理这个业务。 이 업무를 최대한 빨리 처리해 주세요.
按时 ànshí	제때에 정각에	我们必须按时完成这个任务。 우리는 반드시 제때에 이 임무를 완성해야 한다.
互相 hùxiāng	서로	以后我们常常互相合作吧。 앞으로 우리 자주 서로 협력합시다.
共同 gòngtóng	함께 공동으로	能源是全世界共同关心的问题。 에너지는 전 세계가 공동으로 관심을 갖는 문제이다.
亲自 qīnzì ★	직접	你最好亲自去一趟。 가장 좋기로는 네가 직접 한 번 갔다 오는 거야.
忽然 hūrán ★	갑자기	我忽然想起来忘了锁门了。 나는 갑자기 문 잠그는 것을 잊어버린 사실이 생각났다.
仍然 réngrán 依然 yīrán ★	여전히	当今世界，战争的危险依然存在。 현재 세계는 전쟁의 위험이 아직도 존재한다.
逐渐 zhújiàn 逐步 zhúbù ★	점점 점차	他的汉语水平正在逐渐提高。 그의 중국어 실력이 점점 향상되고 있다. 我的成绩正在逐步提升。 나의 성적이 지금 점차 오르고 있다.
纷纷 fēnfēn ★	잇따라	大家纷纷举手要求发言。 모두가 잇따라 손을 들어 발언을 요구했다.

陆续 ★ lùxù	연이어 잇따라	公司陆续推出了三四种新产品。 회사는 잇따라 3, 4개의 신제품을 출시했다. ▶ '纷纷'과 '陆续'의 차이 (1) 둘 다 '잇따라'라고 해석되는 것은 같지만, '纷纷'은 순서 없이 동시 다발적이지만, '陆续'는 차례대로 발생함을 나타낸다. 代表们纷纷/陆续到了会场。 대표들이 잇따라 회의장에 도착했다. 小动物们见了老虎，吓得纷纷逃跑了。 작은 동물들이 호랑이를 보고는 놀라서 잇따라 도망쳤다. (2) '纷纷'은 형용사로 '분분하다'는 뜻도 있다. 议论纷纷 (의견이 분분하다 O) ǀ 落叶纷纷 (낙엽이 흩날리다 O) 议论陆续 (X)
赶紧 gǎnjǐn 赶快 gǎnkuài	서둘러 황급히	他病得很厉害，得赶紧/赶快送医院。 그는 많이 아파서 서둘러 병원에 보내야 한다.
连忙 ★ liánmáng	얼른, 급히	我不小心踩了别人一下，就连忙道歉。 실수로 다른 사람을 밟아서 얼른 사과했다.
干脆 gāncuì ★	아예, 차라리	时间已经晚了，干脆就不去了。 시간이 이미 늦어서 차라리 안 갈래.
轻易 qīngyì ★	쉽게, 함부로	不要轻易放弃。 쉽게 포기하지 마라.

◎ 부사끼리의 어순

1. 일반적으로 '부정부사'는 다른 부사 뒤에 온다.

   我 从来 没有 去过中国。 나는 여태껏 중국에 가 본 적이 없다.
       시간   부정

   她 简直 不 知道怎么回事。 그녀는 그야말로 어떻게 된 영문인지 알 수 없었다.
      어기 부정

2. 일반적으로 '어기부사'는 주어와 가장 가까이 붙고, '정태부사'는 동사 가까이에 온다.

   어순   S + 어기부사 + 기타부사 + 정태부사 + V

   他 也许 已经 顺便 去了，你别着急。 그는 아마도 이미 하는 김에 갔을 거니까 조급해하지 마.
      어기   시간   정태

   ▶ 정태부사(情态副词): 陆续, 亲自, 逐步, 逐渐, 互相…

> 嘉宾　进入会场　已　陆续

풀이 [1단계] 제시어 구성으로 보았을 때 '嘉宾(귀빈)'은 주어가 되기에 알맞고, '进入(진입하다)'는 술어, '会场(회의장)'은 목적어가 된다.
→ 嘉宾…进入会场

[2단계] 부사 '陆续(연이어)'는 동작의 상태를 묘사하는 정태부사이다. 정태부사는 시간부사(已经)보다 동사 가까이에 붙기 때문에 '陆续'는 '进入' 바로 앞에 오고, '已'는 '陆续' 앞에 온다.
→ 嘉宾已陆续进入会场。

정답 嘉宾已陆续进入会场。 귀빈들이 이미 연이어 회의장에 들어왔다.

어휘 嘉宾 jiābīn [명] 귀빈, 내빈, 귀한 손님 5급 | 进入 jìnrù [동] 진입하다, 들다 | 会场 huìchǎng [명] 회의장 | 陆续 lùxù [부] 연이어, 잇따라 5급

단어에 해당하는 뜻을 선으로 연결하세요.

1	必然	A 오히려		11	分别	A 전혀, 아예
2	毕竟	B 조만간		12	纷纷	B 아마
3	不断	C 결국은, 어쨌든		13	干脆	C 유달리
4	曾经	D 확실히, 정말로		14	赶紧	D 어쩐지
5	迟早	E 반복적으로		15	或许	E 잇따라
6	的确	F 마치 ~인 것 같다		16	根本	F 서둘러
7	反而	G 어쨌든		17	格外	G 아예, 차라리
8	反复	H 일찍이		18	怪不得	H 과연
9	仿佛	I 필연적으로		19	果然	I 구태여 ~할 필요가 있는가
10	反正	J 부단히, 끊임없이		20	何必	J 각각, 따로따로

21	立即	A 황급히		31	赶快	A 함부로, 쉽게
22	忽然	B 뜻밖에		32	立刻	B 즉시
23	简直	C 그야말로		33	临时	C 우연히
24	基本	D 거의, 대체로		34	陆续	D 갑자기, 잠시
25	急忙	E 아마		35	难怪	E 직접
26	尽快	F 극히		36	偶然	F 시시각각으로, 항상
27	极其	G 즉각		37	轻易	G 잇따라
28	绝对	H 갑자기		38	亲自	H 황급히
29	居然	I 절대로		39	时刻	I 어쩐지
30	说不定	J 되도록 빨리		40	始终	J 시종일관, 줄곧

41	连忙	A 상당히		51	一律	A 도대체
42	一再	B 언제든지		52	依然	B 여전히
43	似乎	C 마치 (~인 것 같다)		53	究竟	C 일률적으로, 모두
44	随时	D 점차		54	一致	D 마침내
45	随手	E 거듭, 재삼		55	再三	E 지금까지
46	逐步	F ~하지 마라		56	至今	F 꼭 ~인 것은 아니다
47	勿	G 다행히		57	未必	G 점점
48	相当	H 닥치는 대로		58	逐渐	H 총, 모두
49	相对	I 황급히		59	总共	I 재삼, 여러 번
50	幸亏	J 상대적으로		60	总算	J 일치하여

정답 01. I 02. C 03. J 04. H 05. B 06. D 07. A 08. E 09. F 10. G
11. J 12. E 13. G 14. F 15. B 16. A 17. C 18. D 19. H 20. I
21. G 22. H 23. C 24. D 25. A 26. J 27. F 28. I 29. B 30. E
31. H 32. B 33. D 34. G 35. I 36. C 37. A 38. E 39. F 40. J
41. I 42. E 43. C 44. B 45. H 46. D 47. F 48. A 49. J 50. G
51. C 52. B 53. A 54. J 55. I 56. E 57. F 58. G 59. H 60. D

실전 연습 문제 1

第 1-8 题: 完成句子。

1. 改善　生活　依然　没有

2. 犹豫　刘秘书　有些　显得

3. 陆续　嘉宾们　走进了　宴会厅

4. 他的　你们　是否　观点　赞成

5. 上涨　在　原材料的　一直　价格

6. 没有　根本　省钱的　他们　观念

7. 不打　他连　个招呼　就走了　都

8. 应该　每个人　规则　都　遵守交通

실전 연습 문제 2

第1-8题：完成句子。

1. 非　人员　请勿入内　工作

2. 缺乏　了　太　你平时　锻炼

3. 正在　律师　双方的意见　征求

4. 打断别人　不要　谈话　的　随便

5. 大雾　要　天气总算　了　结束

6. 有失败的　随时　实验　都　可能

7. 非常伟大　的　是　他似乎　工程师

8. 都　到处　名胜古迹　这座城市　是

실전 연습 문제 3

第1-8题：完成句子。

1.　衣柜　占　太　新买的　地方

2.　下个月　他们　中旬　开始培训　将于

3.　语气　她　不耐烦　说话的　有些

4.　都对　报道　多家媒体　这件事　进行了

5.　李教授在　有　心理学方面　很　成就

6.　曾经　比赛中　他　在全国象棋　获得冠军

7.　自己的角度　别人　总是　他　去判断　从

8.　安排了工作　向五个部门的　总经理　分别　主任

❼ 개사(전치사)

주요 내용

■ 〈개사〉란?

개사는 **명사, 대명사, 명사성구와 결합**하여(개사구) **술어(동사나 형용사)의 의미를 제한**하는 단어이다.

您 / 在这儿 / 登记 / 一下 / 个人信息。 당신은 여기에 개인 정보를 좀 등록해 주세요.

| 어순 | S + 개사구 + V + 보어 + O |

■ 〈개사〉 문제의 풀이 순서

[1단계] 개사구 정리 : 개사구가 있다면 바로 동사(V)나 형용사(A) 앞에 위치시키고, 개사만 있다면 뒤에 적당한 의미의 명사와 결합한 후 동사나 형용사 앞에 위치시킨다.

您　　在这儿　　登记　　一下　　个人信息。
S　　개사구　　V　　보어　　O

[2단계] 주어와 목적어 정리 : 술어가 동사(V)라면 뒤에 적당한 의미의 보어와 목적어(O)를 정리한다.

您　　在这儿　　登记　　一下　　个人信息。
S　　개사구　　V　　보어　　O

[3단계] 기타 정리 : 나머지는 의미에 맞게 보어나 부사어로 위치시킨다.

※ 개사구가 보어나 관형어가 될 경우는 〈전략 학습〉에서 살펴봅니다.

■ 출제 포인트

- 개사를 명사와 결합시켜 개사구를 만들 수 있는지를 묻는다.
- 개사구를 동사나 형용사 앞에 위치시킬 수 있는지를 묻는다.
- 개사구를 동사 뒤에 보어로 놓을 수 있는지를 묻는다.

기출문제 분석

쓰기 1부분 어순에 맞게 배열하기

〈개사〉의 가장 중요한 기능은 **개사구**를 이루어 뒤에 오는 **동사나 형용사를 수식**하는 것입니다. 이것은 부사와 거의 같습니다. 그래서 〈**개사 + N + V/A**〉의 어순인 경우가 많습니다. 따라서 제시어 중에서 〈개사〉가 있다면 우선 '개사 + N'으로 결합한 후 뒤에는 동사나 형용사를 놓아야 합니다. 또한 개사는 명사를 수식하는 **관형어**, 동사 뒤에 오는 **보어**의 기능도 있습니다.

어순에 맞게 배열하여 문장을 완성하세요.

> 球迷　他对　亲切　十分

풀이 **[1단계]** '对(~에 대하여)'는 **개사**이므로 뒤에는 적당한 의미의 **명사**가 와서 개사구를 이뤄야 한다. '球迷(축구팬)'와 결합하는 것이 가장 알맞다.
→ 他对球迷

[2단계] 개사구 뒤에는 동사나 형용사가 온다고 했으므로 '对球迷' 뒤에는 형용사인 '亲切(친절하다)'가 오는 것이 알맞다.
→ 他对球迷…亲切

[3단계] 정도부사 '十分'은 형용사를 수식하므로 '亲切' 앞에 온다.
→ 他对球迷十分亲切。

정답 他对球迷十分亲切。 그는 축구 팬들에게 매우 친절하다.

어휘 球迷 qiúmí [명] 축구 팬 5급 | 亲切 qīnqiè [형] 친절하다, 친근하다 5급 | 十分 shífēn [부] 매우 4급

전략 학습 : 〈개사〉의 특징

쓰기 1부분 어순에 맞게 배열하기

〈개사〉는 명사, 대명사, 명사성구 등과 결합하여(개사구) 술어(동사나 형용사)의 의미를 제한하는 단어입니다. 〈개사〉의 용법에서 가장 중요한 것은 〈개사〉는 반드시 일단 명사와 결합하여 구를 이뤄야 한다는 것입니다. 그런 후에 동사나 형용사 앞에서 **부사어**가 되거나, **동사 뒤에 보어**로 오기도 하고 **명사를 수식하는 관형어**가 되기도 합니다.

■ 〈개사〉의 3가지 기능

핵심 정리

1. 개사의 '부사어' 기능 : 동사나 형용사 앞에 온다.
   我对这个乐器感兴趣。 나는 이 악기에 대해서 흥미를 느낀다.

2. 개사의 '보어' 기능 : 동사 뒤에 온다.
   我把那本书放在你的桌子上了。 나는 그 책을 네 책상에 올려 놨었어.

3. 개사의 '관형어' 기능 : 명사 앞에 온다.
   人类对月球的研究是很久的。 인류의 달에 대한 연구는 매우 오래되었다.

1. 개사의 '부사어' 기능 : 동사나 형용사 앞에 온다.

개사는 개사구(개사 + N)를 이루어 동사나 형용사 앞에서 제한성 수식을 하는 부사어가 된다. 제시어 중에서 개사는 적당한 의미의 명사와 결합시켜 **개사구를 만든 다음 동사나 형용사 앞에 위치시킨다.** 만일 부사나 조동사도 있다면 일반적으로 〈부사 + 조동사 + 개사구 + 동사/형용사〉의 어순을 따른다.

어순 주어 + 부사어(개사구) + 술어(동사/형용사)

她　从北京　来。　그녀는 베이징에서 온다.
　　　　　　　　　오긴 오는데 '베이징에서' 온다.

弟弟　比哥哥　高。　동생은 형보다 크다.
　　　　　　　　　　(키가) 크긴 큰데 '형보다' 크다.

```
1. 为   今后的生活   发愁   他在
2. 本次服务   评价   对   请您   进行
```

1.

풀이 **[1단계]** '为'는 개사로 '~을 위하여', '~ 때문에'라는 뜻을 가지고 있다. 개사이므로 명사(구)(今后的生活)와 결합해야 한다.
→ 为今后的生活

[2단계] 개사의 제1기능이 동사나 형용사를 수식하는 것이므로, '为今后的生活'는 '发愁(근심하다)' 앞에 와야 한다. 또한 '他'는 주어가 된다.
→ 他在为今后的生活发愁。

정답 他在为今后的生活发愁。 그는 앞으로의 생활 때문에 걱정하고 있다.

어휘 发愁 fāchóu [동] 걱정하다, 근심하다 5급 | 为 wèi [개] ~ 때문에, ~을 위하여 3급 | 在 zài [개] ~에 [동] ~에 있다 1급

2.

풀이 **[1단계]** '对'는 '本次服务(이번 서비스)'와 결합하여 개사구를 이뤄야 한다. 그리고 뒤에는 동사인 '进行(진행하다)'이 온다.
→ 对本次服务进行

[2단계] 동사 '进行' 뒤에는 '评价(평가)'를 목적어로 갖는 것이 알맞다. 청유를 나타내는 '请您'은 일반적으로 문장 맨 앞에 온다.
→ 请您对本次服务进行评价。

정답 请您对本次服务进行评价。 이번 서비스에 대해서 평가를 진행해 주세요.

어휘 服务 fúwù [동] 서비스하다, 봉사하다 | 评价 píngjià [동] 평가하다 [명] 평가 5급 | 进行 jìnxíng [동] 진행하다 4급

2. 개사의 '보어' 기능 : 동사 뒤에 온다.

개사는 개사구(개사 + N)를 이루어 동사나 형용사 뒤에서 보어가 될 수 있다. 모든 개사가 다 보어가 될 수 있는 것은 아니며 아래 개사들이 보어가 된다. 실제 개사구의 보어 기능 문제에서는 '**在, 于, 给, 到**'가 **가장 많이 출제**된다.

| 어순 | S + V + 개사구 보어 |

照片 / 放 / 在桌子上 / 了。   사진은 탁자 위에 놓았다.
　　　　　사진이 놓여져서 탁자 위에 있게 됨 (**放在** : ~에 놓다 / **在桌子上** : 개사구 보어)

我 / 把作业 / 交 / 给老师 / 了。 나는 숙제를 선생님에게 제출했다.
　　　　숙제를 제출하여 선생님에게 있게 함 (**交给** : ~에게 제출하다 / **给老师** : 개사구 보어)

最近 / 我 / 搬 / 到学校附近 / 了。 최근에 나는 학교 근처로 이사했다.
　　　　이사하여 학교 근처로 이동함. (**搬到** : ~로 옮기다 / **到学校附近** : 개사구 보어)

> **꿀팁** 〈在 + N + V〉와 〈V + 在 + N〉의 차이
> 〈在 + N + V〉: 동작이 발생할 때의 장소나 시간을 나타낼 때 '在'는 일반적으로 동사(V) 앞에 **부사어**로 온다.
> • 父亲在北京工作。 아버지는 베이징에서 일하신다.
> 〈V + 在 + N〉: 동작이 발생한 후 주어나 목적어가 어떤 장소로 이동되었을 때 '在'는 동사(V) 뒤에 개사구 보어로 온다. '了'는 문장 끝에 넣을 수도 있고 '在' 뒤에 넣을 수도 있다.
> • 我把那本书放在你的桌子上了。 나는 그 책을 네 책상 위에 올려 놨어.
> • 我把那本书放在了你的桌子上。

他来自北京。 그는 베이징에서 왔다. (**来自** : ~에서 오다 / **自北京** : 개사구 보어)

火车开往北京。 열차는 베이징으로 간다. (**开往** : ~로 출발하다 / **往北京** : 개사구 보어)

他出生于12月份。 그는 12월달에 태어났다. (**出生于** : ~에 태어나다 / **于12月份** : 개사구 보어)

风筝高高地飞向天空。 연이 높이높이 하늘로 날아 오른다. (**飞向** : ~로 날다 / **向天空** : 개사구 보어)

학습할 때 '来自~', '交给~' 등은 하나의 동사로 인식하고, '오다', '제출하다'가 아니라 '~에서 오다', '~에게 제출하다'처럼 개사(自, 给)의 뜻까지 포함하여 암기해야 문제를 잘 풀 수 있다.

| 天空中　彩虹　出现在　一道 |

풀이 [1단계] '出现在(~에 출현하다)'는 '出现(동사) + 在(개사)'의 결합형으로 '在' 때문에 그 뒤에는 장소를 나타내는 말이 와서 개사구를 이룬다. '天空中(하늘 중)'이 장소의 의미이므로 뒤에 온다.
→ 出现在天空中

[2단계] '一道(한 개)'는 수량구이므로 '彩虹(무지개)'을 수식하고, 이 전체는 주어로서 맨 앞에 온다.
→ 一道彩虹出现在天空中。

정답 一道彩虹出现在天空中。 하나의 무지개가 하늘에 나타났다.

어휘 天空 tiānkōng [명] 하늘, 공중 5급 | 彩虹 cǎihóng [명] 무지개 5급 | 出现 chūxiàn [동] 출현하다, 나타나다 5급 | 道 dào [양] 줄기, 가닥, 갈래(강·하천과 가늘고 긴 모양을 세는 단위)

3. 개사의 '관형어' 기능 : 명사 앞에 온다.

개사는 개사구(개사 + N)를 이루어 명사를 수식하는 관형어가 될 수 있다. 이때 반드시 구조조사 '的'를 써야 하며, 주로 '对'와 '关于'가 출제된다.

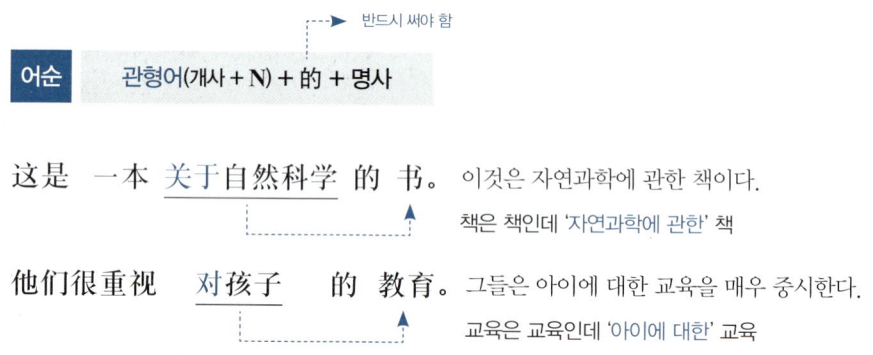

실전 적용하기

```
书   心理学   我读了几本   关于   的
```

풀이 **[1단계]** '关于'는 개사이기 때문에 일단 **명사성 단어와 결합**해야 하므로 '心理学(심리학)'와 결합한다.
→ 关于心理学

[2단계] 개사의 제2기능은 **명사를 수식하는 관형어**가 되는 것이다. 따라서 '关于心理学'가 '书'를 수식하는데 이때 '的'가 들어간다. 자연스레 '我读了几本'은 맨 앞에 온다.
→ 我读了几本关于心理学的书。

정답 我读了几本关于心理学的书。 나는 몇 권의 심리학에 관한 책을 읽었다.

어휘 心理学 xīnlǐxué [명] 심리학 5급 | 关于 guānyú [개] ~에 관하여 3급 | 本 běn [양] 권 1급

■ 상용 개사

한꺼번에 많은 개사들을 정리하는 것은 쉽지 않다. 먼저 아래 정리된 것들을 가볍게 **아는 것과 모르는 것으로 구분**해 보자. 그리고 **별표**로 표시된 것과 **꿀팁**, **고정 격식** 등과 같은 주의할 부분에서 좀 더 집중해서 보도록 노력하자. 평소 학습하면서 모르는 개사가 나올 때 한 번쯤 찾아보면서 익히는 것도 좋은 방법이다. 무엇보다 가장 중요한 것은 **개사는 반드시 개사구를 이루고 이 개사구를 의미 덩어리로 인식하여 마치 띄어쓰기가 있는 것처럼 느낄 수 있어야 한다는 것**이다. 그리고 개사구 뒤에는 동사나 형용사가 와서 개사구가 이를 수식한다는 사실을 잊지 말자.

○ 시간 관련 개사

从 ~부터

我决定从明天开始减肥。 나는 내일부터 다이어트 하기로 결정했다.

离 ~로부터

离春节只有两天。 춘절로부터 단지 이틀 남았다.

★ 于 ~에(≒在)

飞机将于10分钟后降落。 비행기는 10분 후에 착륙할 것이다.

꿀팁 고정 격식 〈将于 + 시간/장소 + V〉

★ 在 ~에

大会在明年五月举行。 총회는 내년 5월에 개최된다.

★ 趁 ~를 틈타, ~을 이용하여

趁周末好好儿放松一下。 주말을 이용해 실컷 기분 전환하다.

自从 ~부터

自从三月底以后，天气逐渐暖和了。 3월 말부터 날씨가 조금씩 따뜻해졌다.

○ 장소 관련 개사

从 ~에서

从天津到北京 톈진에서 베이징까지

★ 由 ~로부터(≒从)

这个航班由北京出发。 이번 비행기는 베이징에서 출발한다.

★ 在 ~에(서)

老王在北京住了三年了。 라오왕은 베이징에서 3년째 살고 있다.

★ 于 ~에

哈密瓜产于新疆。 하미과는 신장에서 난다.

★ 朝 ~를 향하여, ~쪽으로

朝这个方向走。 이 방향으로 가다.

往 ~로

这个航班飞往青岛。 이번 비행기는 칭다오로 비행한다.

꿀팁 고정 격식 〈飞往 + 장소〉: (비행기가) ~로 비행하다

离 ~로부터

我家离这儿不远。 우리 집은 여기서 멀지 않다.

◐ 대상 관련 개사

★ 对 ~에 대해(≒对于)

老师对学生们很关心。 선생님은 학생들에 대해서 매우 관심 있다.

对于 ~에 대하여(≒对)

我对于写作很感兴趣。 나는 글짓기에 대해서 매우 흥미 있다.

★ 关于 ~에 관하여

这是一项关于市场开发的方案。 이것은 시장 개발에 관한 방안이다.

꿀팁 고정 격식 : 〈수량구 + 关于 + 명사(구) + 的 + 명사〉

★ 给 ~에게

手机会给健康带来危害。 핸드폰은 건강에 해로움을 가져올 수 있다.

向 ~에게, ~을 향하여

你应该向他道歉。 너는 그에게 사과해야 한다.

★ 为 ~를 위하여

我为你准备了一个礼物。 나는 너를 위해 선물을 하나 준비했어.

★ 于 ~에, ~로부터

经常散步有利于健康。 자주 산보하는 것은 건강에 유리하다.

> 꿀팁 고정 격식 : 善于~ ~에 능하다 | 有利于~ ~에 유리하다 | 有助于~ ~에 도움이 되다 | 毕业于~ ~를 졸업하다 | 取材于~ ~에서 소재를 취하다

和 ~와

我和这事没关系。 나는 이 일과 관계가 없다.

跟 ~와, ~에게(≒对), ~로부터

我跟你一起去。 내가 너랑 같이 갈게.
你尽快跟他联系一下。 너 빨리 그에게 연락해 봐.
这本书你跟谁借的？ 너는 이 책을 누구에게서 빌렸니?

与 ~와(≒跟)

目前的情况与过去不同。 지금의 상황은 과거와 다르다.

同 ~과('같다'는 뜻이 아님을 주의)

我同这件事无关。 나는 이 일과 무관하다.

★ 被 ~에 의해

他被大家批评了一顿。 그는 사람들에게 한바탕 꾸지람을 들었다.

叫 ~에 의하여(≒被)

小张叫老师批评了几句。 샤오장은 선생님에게 꾸지람을 몇 마디 들었다.

让 ~에 의해(당하다) [구어체]

活儿都让他们干完了。 일은 그들에 의해 모두 마쳐졌다.(일은 그들이 다 마쳤다.)

★ 把 ~을

你把房间收拾一下。 넌 방을 좀 치워.

★ 将 ~을(≒把)

将客人请到家里来。 손님을 집으로 초대해.

替 ~을 위하여, ~ 때문에

大家都替你高兴。 모두들 너를 위해 기뻐한다.

★ 比 ~보다

身体比过去结实了。 몸이 예전보다 튼튼해졌다.

꿀팁 어려운 '于' 관련 빈출 고정 격식

개사 관련 문제 중 가장 많이 출제되고 또 가장 어려운 것이 '于'이다. 아래 용법들은 시험에 한 번씩은 출제가 되었고 또 앞으로도 얼마든지 나올 수 있기 때문에 꼼꼼하게 익혀 두도록 하자.

1. 고정 격식 〈将于 + 시간/장소 + V〉: 장차 ~에 V할 것이다
- 会谈将于明天开始。 회담이 내일부터 시작할 것이다. (于≒在)

2. 뒤에 시간이 오는 경우 : ~부터/~에 …하다
- 始建于~ ~부터 짓기 시작하다
- 建成于~ ~에 완공되다
- 始于~ ~부터 시작되다
- 出生于~ ~에 태어나다

3. 뒤에 대상이 오는 경우 : ~에 …하다
- 毕业于~ ~를 졸업하다
- 善于~ ~에 능하다
- 等于~ ~과 같다
- 有助于~ ~에 도움이 되다
- 相当于~ ~에 상당하다, ~과 비슷하다
- 位于~ ~에 위치하다(뒤에는 장소가 옴)

4. 〈형용사 + 于~〉: ~보다 …하다
- 多于~ ~보다 많다
- 少于~ ~보다 적다
- 高于~ ~보다 높다
- 低于~ ~보다 낮다

5. 기타
- 目的在于~ 목적은 ~에 있다
- 原因在于~ 원인은 ~에 있다
- 关键在于~ 관건은 ~에 있다

🔵 근거 관련 개사

按 ~에 따라
我们必须按时完成这项工作。 우리는 반드시 이 일을 제때에 완성해야 한다.

★ 按照 ~에 따라서
这项工程已经按照计划完成。 이 공사는 이미 계획에 따라 완성했다.

★ 凭 ~에 의거하여(≒靠)
他凭自己的努力考上了大学。 그는 자신의 노력으로 대학에 합격했다.

★ 靠 ~에 의지하여(≒凭)
幸福是要靠自己的努力争取的。 행복은 자신의 노력으로 쟁취해야 한다.

★ 以 ~(으)로
以高标准来要求自己 높은 기준으로 자신에게 요구하다

> **꿀팁** 고정 격식 : 以~态度 ~의 태도로 | 以~精神 ~의 정신으로 | 以~身份 ~의 신분으로 | 以~速度 ~의 속도로 | 以~形式 ~의 형식으로 | 以~方式 ~의 방식으로

★ 为 ~때문에(원인)
大家都为这次胜利而高兴。 모두가 이번 승리로 기뻐한다.

🔵 기타

为了 ~을 위하여(목적)
为了学习武术他来到了中国。 무술을 배우기 위해 그는 중국에 왔다.
我学汉语是为了当翻译。 내가 중국어를 배우는 것은 통역가가 되기 위해서이다.

> **꿀팁** 고정 격식 : 〈A + 是为了 + B〉 A한 것은 B하기 위함이다(为了가 뒤에 오면 반드시 '是'를 붙여 '是为了'의 형태로 써야 함)

★ 由 ~가, ~이(행위의 주체를 이끎)
开幕式由小王主持。 개막식은 샤오왕이 사회를 본다.

★ 连 ~조차도(강조)
她害羞得连脖子都红了。 그녀는 부끄러워 목까지 빨개졌다.

> **꿀팁** 고정 격식 : 〈连 + 강조 내용 + 都/也~〉: ~조차도 ~하다

실전 연습 문제 1

第1-8题: 完成句子。

1. 很有 这句话 启发 对我

2. 轻易向 低头 绝不会 我 困难

3. 对生命 酒后驾驶 是 不负责任 的表现

4. 对学生 程老师 太严格了 要求   的

5. 健身房了 把 落在 车钥匙 我好像

6. 老朋友的身份 对你说 以 我 几句话

7. 而感到 自己的工作 自豪 我们都 为

8. 问卷 这是 一份关于   的 数码产品使用情况

실전 연습 문제 2

第1-8题：完成句子。

1. 这项技术　下来的　是从　流传　古代

2. 主持下礼拜的　公司决定　由你　开幕式

3. 优势　对方　在这场　占　谈判中

4. 诗歌　在文学研究　包含　的范围之内

5. 这个柜子　都　里　日用品　放在

6. 录取通知书　寄　考生手中　已经陆续　到了

7. 博物馆　那座市　位于　中心

8. 物理学院　毕业于　他　北京大学

⑧ 부사어(부사, 형용사, 개사, 조동사)

주요 내용

■ 〈부사어〉란?

부사어란 **동사나 형용사를 수식하는 성분**으로, 주로 **부사, 형용사, 개사구, 조동사** 등이 부사어가 된다.

我 / 正 / 想 / 向你 / 咨询 / 这件事呢。 나는 마침 너에게 이 일에 대해서 물어보고 싶었어.

어순	S + 부사 + 조동사 + 개사구 + V + O
	부사어

※ 이 어순은 일반적인 어순이며 절대적인 어순은 아닙니다. 변칙 어순들은 뒤에서 학습합니다.

■ 〈부사어〉 문제의 풀이 순서

[1단계] 술어와 목적어 정리 : 술어가 될 동사(V)나 형용사(A)를 찾고, 동사라면 뒤에 알맞은 의미의 목적어(O)를 놓는다.

我　正　想　向你　咨询　这件事呢。
S　　부사 + 조동사 + 개사구　　V　　　O

[2단계] 주어 정리 : 술어의 의미를 고려하여 주어(S)를 정한다.

我　正　想　向你　咨询　这件事呢。
S　　부사 + 조동사 + 개사구　　V　　O

[3단계] 부사어 정리 : 의미상 동사를 수식하기에 알맞은 단어들을 부사어 어순에 맞게 배열한다.

我　正　想　向你　咨询　这件事呢。
S　　부사 + 조동사 + 개사구　　V　　O

■ 출제 포인트

- 여러 품사의 부사어 어순을 묻는다.
- 어떤 단어가 부사어가 되는지 묻는다.

기출문제 분석

쓰기 1부분 어순에 맞게 배열하기

〈부사어〉는 거의 모든 문제 풀이에 직간접적으로 영향을 줍니다. 특히, **부사어 어순의 특징**을 이해해야만 풀 수 있는 문제가 2문제 이상은 출제됩니다. 여기서는 **부사어의 종류와 어순**을 학습하도록 하는데요. 특히 **부사, 조동사, 개사구** 등이 **동시에 나왔을 때 어순**이 어떻게 정리가 되는지 주의해서 학습해야 합니다.

어순에 맞게 배열하여 문장을 완성하세요.

1. 流下了　委屈地　她　眼泪
2. 解决问题　从根本上　逃避　不能

1.

풀이 [1단계] 동사와 목적어를 찾는다.
→ 流下了…眼泪

[2단계] '~地'는 동사(流) 앞에 놓고, '她'가 주어가 된다.
→ 她委屈地流下了眼泪。

정답 她委屈地流下了眼泪。 그녀는 억울하게 눈물을 흘렸다.

어휘 流 liú [동] 흐르다 | 委屈 wěiqu [형] 억울하다 [동] 억울하게 하다 5급 | 眼泪 yǎnlèi [명] 눈물

2.

풀이 [1단계] '解决问题'가 그대로 동목구가 된다.
→ 解决问题

[2단계] 여러 개의 부사어가 있을 때는 일반적으로 〈부사 + 조동사 + 개사구 + V〉의 어순으로 정리한다. '从根本上'은 '从'이 들어간 개사구이다. '不能'은 '부사 + 조동사'이므로 '不能从根本上'이 '解决' 앞에 온다.
→ 不能从根本上解决问题

[3단계] 남은 단어가 '逃避'이고, 이 문장은 '도망친다고 문제가 해결되는 것은 아니다' 정도의 의미이므로 '逃避'가 주어가 된다.
→ 逃避不能从根本上解决问题。

정답 逃避不能从根本上解决问题。 도피는 문제를 근본적으로 해결할 수 없다.

어휘 根本 gēnběn [명] 근본 [형] 근본적이다 [부] 전혀, 아예, 근본적으로 5급 | 逃避 táobì [동] 도피하다 5급

꿀팁 위 문장의 '逃避'처럼, 명사만 주어가 되는 것이 아니라 **동사도 주어가 될 수 있다.**

전략 학습 : <부사어>의 특징

쓰기 1부분 어순에 맞게 배열하기

부사어란 문장 안에서 **동사나 형용사를 수식하는 성분**을 가리키며, 주로 **부사, 형용사, 개사구, 조동사**가 부사어가 됩니다. 먼저 전체적으로 **부사어의 어순을 정리**하고 세분화시켜 **부사, 개사구, 형용사, 조동사** 등을 학습합니다.

■ 부사어의 위치

부사어란 동사나 형용사를 수식하는 것이기 때문에 주로 **술어**(동사/형용사) **앞**에 온다. 하지만 일부 부사어는 **문장 맨 앞**(혹은 주어 앞)에 오기도 한다.

| 어순 | S + 부사어(地) + V + (O) |

他清楚地写下了自己的名字。 그는 또렷하게 자신의 이름을 썼다.

▶ 구조조사 '地 de'는 앞 동사나 형용사가 뒤의 동사나 형용사를 수식할 때 쓸 수 있는 **구조조사**로서, **부사어의 상징**이라고 할 수 있다.
愉快地工作 즐겁게 일하다 │ 担心地说 걱정스럽게 말하다

| 어순 | 부사어 + S + V + (O) |

关于这个问题，我们下次再讨论吧。 이 문제에 관해서는 우리 다음에 토론합시다.

■ 부사어의 종류와 그 특징

시험에 자주 나오는 부사어로는 **부사, 형용사, 개사구, 조동사** 등이 있는데 차례대로 살펴보자.

1. '부사' 부사어

부사는 '地' 없이 단독으로 **동사나 형용사를 수식**할 수 있는 것이 특징이다. 빈출 부사의 종류와 그 의미, 그리고 피수식어인 **5급 동사**와 **형용사**를 많이 아는 것이 필요하다.

| 어순 | 부사 + V/A |

她十分紧张。 그녀는 매우 긴장했다.

我曾经听过李教授的课。 나는 일찍이 이 교수님의 수업을 들은 적이 있다.

大家纷纷提出了自己的意见。 모두가 잇따라 자신의 의견을 제시했다.

已经　点心　了　过期　这些

풀이 **[1단계]** '这些'는 명사(点心: 간식)를 수식한다.
→ 这些点心

[2단계] 부사 '已经'은 동사(过期: 기한이 지나다)를 수식하고, '了'는 끝에 온다.
→ 这些点心已经过期了。

정답 这些点心已经过期了。 이 간식들은 이미 유통 기한이 지났다.

어휘 点心 diǎnxin (떡·과자·빵·케이크 등과 같은) 간식(거리) 5급 | 过期 guòqī [동] 기한을 넘기다 5급

2. '형용사' 부사어

형용사가 동사를 수식할 때는 일반적으로 구조조사 '地'와 함께 쓴다. 하지만 일부 2음절 형용사는 '地' 없이 동사를 수식할 수 있다. '地'를 따로 분리시킨 문제는 출제되지 않기 때문에 언제 '地'를 써야 할지를 고민할 필요는 없다. 따라서 만약 ① 〈형용사 + 地〉 제시어가 있다면 동사 앞에 놓으면 되고, ② 형용사 뒤에 '地'가 없더라도 그 형용사가 의미상으로 동사를 수식하기에 알맞다면 단독으로 동사를 수식할 수 있음을 주의하자.

어순　형용사(地) + V

他痛快地答应了。 그는 흔쾌히 동의했다.

姑娘委屈地流下了眼泪。 아가씨는 억울한 듯 눈물을 흘렸다.

这件事彻底改变了我的想法。 이 일은 나의 생각을 철저하게 바꾸어 놓았다.

```
1. 出示  证件  请您  主动
2. 这张照片  记录  当时的  生动地  情景
```

1.

풀이 **[1단계]** 동사 '出示(출시하다)' 뒤에는 '证件(증명서)'이 목적어로 온다. 또한 부탁을 표현하는 '请您'은 맨 앞에 온다.
→ 请您…出示…证件

[2단계] 형용사(主动: 주동적이다) 뒤에 '地'가 없더라도 의미상으로 동사(出示)를 수식하기에 알맞다면 단독으로 수식할 수 있다.
→ 请您主动出示证件。

정답 请您主动出示证件。 주동적으로 증명서를 제시해 주세요.

어휘 出示 chūshì [동] 제출하다 5급 | 证件 zhèngjiàn [명] (신분증·학생증 등의) 증명서 5급 | 主动 zhǔdòng [형] 주동적이다 5급

2.

풀이 **[1단계]** '当时的'는 '情景(정경)'을 수식하는 것이 알맞다.
→ 当时的情景

[2단계] 동사 '记录(기록하다)'는 '当时的情景'을 목적어로 갖고 '这张照片'은 주어가 된다.
→ 这张照片…记录…当时的情景。

[3단계] '生动地(생동적으로)'는 동사(记录)를 수식한다.
→ 这张照片生动地记录当时的情景。

정답 这张照片生动地记录当时的情景。 이 사진은 당시의 상황을 생동적으로 기록하고 있다.

어휘 记录 jìlù [동] 기록하다 5급 | 当时 dāngshí [명] 당시 | 生动 shēngdòng [형] 생동적이다 5급 | 情景 qíngjǐng [명] 광경, 장면 5급

꿀팁 구조조사 '的'와 '地'

구조조사 '的'는 명사를 수식할 때 쓰며, '地'는 동사를 수식할 때 쓴다. 각각 관형어와 부사어의 상징이라고 말할 수 있다.

他非常详细地介绍了那里的情况。 그는 매우 상세하게 그곳의 상황을 소개했다.
　　　　 地 + 동사　　 的 + 명사

3. '개사구' 부사어

개사의 제1기능은 **개사구**를 이루어 **동사**(혹은 형용사)를 **수식**하는 **부사어**가 되는 것이다. 개사를 보면 **명사와 결합**시켜 개사구를 만든 다음 **동사**(혹은 형용사) 앞에 놓아 문제를 풀도록 한다.

어순   개사구 + V/A

我对这件事很好奇。 나는 이번 일에 대해서 매우 호기심이 있다.

妈妈为儿子做了很多菜。 엄마는 아들을 위해서 많은 음식을 했다.

小狗朝主人摇了摇尾巴。 강아지가 주인을 향해 꼬리를 흔들었다.

他比我优秀。 그는 나보다 우수하다.

실전 적용하기

银行对　又　调整　做了　利率

풀이 [1단계] '对' 뒤에는 명사가 와서 개사구를 이뤄야 한다. 제시어 중에서 명사인 '利率(이율)'가 오는 것이 알맞다.
→ 银行对利率

[2단계] 개사구 뒤에는 동사가 와야 하므로 '做'가 오고 그 뒤에 '调整'이 목적어로 온다.
→ 银行对利率…做了…调整

[3단계] 부사 '又'는 개사구 앞에 와야 하지만 이미 제시어 자체에서 '银行对' 형태로 제시되었기 때문에 어쩔 수 없이 동사(做) 앞에 와야 한다.
→ 银行对利率又做了调整。

정답 银行对利率又做了调整。 은행은 이율에 대해서 또 조정을 했다.

어휘 银行 yínháng [명] 은행 3급 | 调整 tiáozhěng [동] 조정하다 5급 | 利率 lìlǜ [명] 환율 5급

4. '조동사' 부사어

조동사 부사어 문제는 **제시어 중 동사를 찾아내는 것이 중요**한데 그러려면 **다양한 5급 동사**를 익혀야 한다. 또한 조동사와 다른 부사어와 함께 제시되어 그 어순을 정리하도록 요구하는 문제가 나온다. 이때 **〈부사 + 조동사 + 개사구 + V〉**의 순으로 정리하는 것이 좋다.

어순	조동사 + V/A

他会帮助我们。 그는 우리를 도와줄 것이다.

遇到问题应该冷静。 문제를 만나면 냉정해야 한다.

我可以翻译这类文章。 나는 이런 글을 번역할 수 있다.

出席今晚的　我　宴会　能

풀이 [1단계] 동사 '出席(참석하다)' 뒤에 오는 목적어로 '今晚的'만으로는 부족하므로 뒤에는 '宴会(연회)'가 오는 것이 알맞다.
→ 出席今晚的宴会

[2단계] '我'는 주어가 되고, 조동사 '能'은 동사(出席)를 수식하므로 '出席' 앞에 와야 한다.
→ 我能出席今晚的宴会。

정답 我能出席今晚的宴会。 나는 오늘 저녁의 연회에 참석할 수 있다.

어휘 出席 chūxí [동] 참석하다 5급 | 宴会 yànhuì [명] 연회 5급

■ 2개의 부사어가 제시되었을 때의 어순

품사별 어순은 일반적으로 〈부사 + 조동사 + 개사구 + V〉이다. 하지만 실제 시험에서 이들이 모두 한꺼번에 나오는 경우는 없고 두 개 정도가 동시에 나올 수 있다. 그중에서 가장 많이 나오는 형태가 〈**부사 + 조동사 + V**〉, 〈**조동사 + 개사구 + V**〉 혹은 〈**부사 + 개사구 + V**〉이다.

어순	S + 부사 + 조동사 + 개사구 + V

你 / 一定 / 要 / 向他 / 道歉。 너는 반드시 그에게 사과해야 한다.
S 　부사 + 조동사 + 개사구 　V

他 / 曾经 / 在外贸公司 / 工作过。 나는 일찍이 대외 무역 회사에서 일한 적이 있다.
S 　 부사 　+ 　개사구 　　　V

我 / 终于 / 可以 / 实现 / 我的愿望了。 나는 마침내 나의 바람을 실현할 수 있게 되었다.
S 　부사 + 조동사 　V

衣服颜色 / 会 / 对心理 / 产生 / 影响。 옷 색깔은 심리에 영향을 줄 수 있다.
　　S 　　 조동사 + 개사구 　V

> 꿀팁 〈부사 + 조동사 + 개사구 + V〉에서 앞 글자만 따서 '**부조개**' 혹은 '**보조개**'라고 하면 기억하기 쉽다.

실전 적용하기

1. 那家　他已经　从　辞职了　报社

2. 为我们　乐观的态度　能　带来好运

1.

풀이 **[1단계]** '那家'는 '报社(신문사)'를 수식하고, '从(~로부터)'은 '那家报社'와 결합하여 개사구가 된다.
→ 从那家报社(그 신문사로부터)

[2단계] 개사구(从那家报社) 뒤에는 동사가 오기 때문에 '辞职了'가 온다. '他'는 주어이므로 맨 앞에 온다.
→ 他已经从那家报社辞职了。

정답 他已经从那家报社辞职了。 그는 이미 그 신문사에서 사직했다.

어휘 辞职 cízhí [동] 사직하다 5급 | 报社 bàoshè [명] 신문사 5급

2.

풀이 **[1단계]** 개사구는 동사 앞에 오므로 '为我们'은 동사 '带来' 앞에 온다.
→ 为我们带来好运

[2단계] 조동사와 개사구가 동시에 동사를 수식할 경우, 일반적으로 조동사가 더 앞에 오므로 '能'은 '为我们' 앞에 온다. '乐观的态度(긍정적 태도)'는 주어가 된다.
→ 乐观的态度能为我们带来好运。

정답 乐观的态度能为我们带来好运。 낙관적인 태도는 우리에게 행운을 가져다줄 수 있다.

어휘 乐观 lèguān [형] 낙관적이다, 긍정적이다 5급 | 好运 hǎoyùn [명] 행운 [형] 운이 좋다 5급

■ 부사어의 예외적 어순

많지는 않지만 예외가 있다. **부사는 주로 조동사 앞에 오지만 때로는 조동사 뒤에 올 때도 있다.** 이때는 **부사의 의미가 동사의 의미를 직접적으로 제한**하기 때문이다. 조동사 뒤에 오는 부사로는 '立即, 尽量, 尽快, 逐步, 轻易, 随便' 등이 있다. 출제 빈도가 매우 낮다.

어순 조동사 + 부사 + V

你得赶快找房子。 너는 서둘러 집을 구해야 해.
▶ '해야 한다(得)' + '빨리 집을 구하는 것(尽快找房子)'의 결합으로 이해하자.

不要轻易说放弃。 함부로 포기라는 말을 하지 마라.
▶ '하면 안 된다(不要)' + '쉽게 포기라고 말하는 것(轻易说放弃)'의 결합으로 이해하자.

你们应该尽快办理登机手续。 당신들은 가능한 빨리 탑승 수속을 해야 합니다.
▶ '마땅히 해야 한다(应该)' + '최대한 빨리 처리하는 것(尽快办理)'의 결합으로 이해하자.

得 采取 立即 措施 我们

풀이 **[1단계]** 동사 '采取(취하다)'는 '措施(조치)'를 목적어로 취하고, '我们'은 주어가 된다. 또한 조동사 '得'는 동사(采取) 앞에 온다.
→ 我们…得…采取措施

[2단계] '立即(즉각)'는 부사이기 때문에 조동사(得) 앞에 올 수 있다. 하지만 '즉각'이라는 의미가 행동(采取措施: 조치를 취하다)을 직접적이고 강하게 제한하기 때문에 동사(采取) 바로 앞에 와야 한다.
→ 我们得立即采取措施。

정답 我们得立即采取措施。 우리는 즉각 조치를 취해야 한다.

어휘 采取 cǎiqǔ [동] 취하다, 채택하다 5급 | 立即 lìjí [부] 즉각, 바로 5급 | 措施 cuòshī [명] 조치 5급

실전 연습 문제 1

第 1-8 题: 完成句子。

1. 请　勿在　抽烟　车厢里

2. 跟这种人　他　打交道　竟然

3. 尽快　办理登机　请您　手续

4. 这个方案　还　修改　进一步　需

5. 发愁　你　还在　为　吗　投资的事

6. 员工的批评　接受　管理者　虚心　要

7. 充分　应聘者　突出　要　自己的优势

8. 会　比赛结果　必然　这种行为　影响到

실전 연습 문제 2

第1-8题：完成句子。

1. 兴奋地　尾巴　着　小狗　摇

2. 为　不要　自己的错误　找借口

3. 未在　签字　还　双方　合同上

4. 平衡　靠　许多动物　控制　尾巴

5. 改变自己　轻易　不要　目标　的

6. 能　我们很期待　合作　贵公司　与

7. 老人　这种产品　是专门　为　设计的

8. 诚恳地　我们　每位顾客　一直在　对待

❾ 是자문·관형어

주요 내용

■ 〈是자문〉이란?

'是'가 술어인 문장을 〈是자문〉이라고 한다. 'S는 ~한 O이다'로 해석되며 **목적어(O)를 수식하는 관형어**의 어순이 중요하다.

这是一部出色的讽刺小说。 이것은 한 편의 뛰어난 풍자 소설이다.

■ 〈관형어〉란?

관형어는 문장 안에서 **명사를 수식하는 성분**을 가리킨다. 관형어는 **주어와 목적어 앞**에 위치하고, 주로 형용사, 동사, 명사, 개사구 등이 관형어가 되며, '的'의 용법이 중요하다.

| 这 | 是 | 一部 | 出色的 | 讽刺 | 小说。| 이것은 한 편의 뛰어난 풍자 소설이다.
| S | V | 관형어1 | 관형어2 | 관형어3 | O |

■ 〈是자문〉·〈관형어〉 문제의 풀이 순서

[1단계] 제시어 개수 줄이기 : '~的' 형태의 제시어는 뒤에 적당한 명사와 결합시킨다. 또는 의미상 결합이 가능하다면 '제시어1 + 제시어2'의 직접 결합으로 '명사구'를 만들어 전체 제시어 개수를 줄인다.

这　的确　是　一部　出色的　讽刺　小说。

[2단계] 주어와 목적어 정리 : 'S는 ~한 O이다'라고 해석했을 때 자연스러운 문장이 되도록 주어(S)와 목적어(O)를 정한다.

| 这 | 的确 | 是 | 一部 | 出色的 | 讽刺 | 小说。|
| S | 부사어 | V | 관형어1 | 관형어2 | 관형어3 | O |

[3단계] 관형어와 부사어 정리 : 나머지 제시어들은 의미에 맞게 목적어 앞에 관형어로 배치하거나, 동사(是) 앞에 부사어로 놓는다.

| 这 | 的确 | 是 | 一部 | 出色的 | 讽刺 | 小说。|
| S | 부사어 | V | 관형어1 | 관형어2 | 관형어3 | O |

■ 출제 포인트

- 〈是자문〉의 기본 어순을 묻는다.
- 여러 품사가 동시에 있을 때 관형어 어순을 묻는다.
- 구조조사 '的'의 쓰임을 묻는다.

기출문제 분석

쓰기 1부분 어순에 맞게 배열하기

관형어는 부사어처럼 거의 모든 문제에 직간접적으로 영향을 줍니다. 그리고 2문제 이상은 관형어 어순 특징을 이해해야만 풀 수 있습니다. 관형어의 어순, 구조조사 '的'의 용법, 그리고 〈是자문〉을 함께 학습하도록 합니다.

어순에 맞게 배열하여 문장을 완성하세요.

> 著名　艺术家　的　她是　剪纸

풀이 [1단계] 제시어 구성으로 보았을 때 '她'가 주어가 되고, '是'가 술어인 〈是자문〉임을 예상해 볼 수 있다.
→ 她是

[2단계] 'S는 ~한 O이다'로 해석되는 〈是자문〉이라면 목적어(O)로는 '艺术家(예술가)'가 알맞다.
→ 她是…艺术家

[3단계] 형용사 '著名(저명한)'과 명사 '剪纸(전지: 가위 오리기)'는 '艺术家(예술가)'를 수식하는 것이 알맞다. '著名'은 형용사이기 때문에 '的'를 써서 명사를 수식하는 것이 좋겠고(著名的 + N), '剪纸'는 직업을 나타낼 수 있는 뜻이기 때문에 '的' 없이 피수식어 바로 앞에서 수식할 수 있다. 따라서 이들 셋의 어순은 '著名的剪纸艺术家'가 알맞다.
→ 她是著名的剪纸艺术家。

정답 她是著名的剪纸艺术家。　그녀는 유명한 전지 예술가이다.

어휘 著名 zhùmíng [형] 유명하다, 저명하다 4급 | 艺术家 yìshùjiā [명] 예술가 | 剪纸 jiǎnzhǐ [명] 전지(일종의 민간 공예로 각종 사람·사물의 형상을 종이로 오리는 것)

전략 학습 : 〈是자문〉과 〈관형어〉의 특징

쓰기 1부분 어순에 맞게 배열하기

〈是자문〉에서 관형어 어순은 빼놓을 수 없는 중요한 내용이다. 〈是자문〉의 특징과 〈관형어〉의 일반적인 어순을 함께 학습하도록 하자.

■ 〈是자문〉이란?

〈是자문〉이란 '是'가 술어인 문장이다.

> **어순**　S + 是 + 관형어 + O

六十分钟是一小时。 60분은 1시간이다.
▶ 주어와 목적어가 같음을 나타낸다. (六十分钟 = 一小时)

西红柿是一种蔬菜。 토마토는 일종의 채소이다.
▶ 소속 관계를 나타낸다. (西红柿 ⊂ 蔬菜)

我最喜欢吃的菜是炸酱面。 내가 가장 좋아하는 음식은 자장면이다.
▶ '주부(我最喜欢吃的菜)'가 길 수도 있다.

※ '주부'란 한 문장을 딱 두 부분으로 나누었을 때 주어와 그 앞부분(관형어 + 주어)을 '주부'라고 하고, 그 뒤 술어를 포함한 남은 부분(부사어 + 술어 + 목적어)을 '술부'라고 한다.

<u>教我汉语的老师</u> / <u>很严格</u>。 내게 중국어를 가르치는 선생님은 매우 엄격하시다.
　　주부　　　　 술부

```
蔬菜   土豆   一种   是   也
```

풀이 **[1단계]** '是'가 술어인 〈是자문〉이다. 따라서 주어(S)와 목적어(O)를 잘 놓아야 한다. '蔬菜'와 '土豆' 중에서 감자(土豆)는 채소(蔬菜)에 포함되므로(土豆 ⊂ 蔬菜) '土豆'가 주어(S)가 되고 '蔬菜'가 목적어(O)가 된다.
→ 土豆…是…蔬菜

[2단계] '也'는 부사이므로 동사(是) 앞에 오고 '一种'은 '蔬菜'를 수식한다.
→ 土豆也是一种蔬菜。

정답 土豆也是一种蔬菜。 감자도 일종의 채소이다.

■ 〈是자문〉 주의사항

1. 주어와 목적어를 혼동하지 않는다.

S와 O가 'S = O'의 등식이 성립될 때는 S와 O의 위치를 바꿀 수 있다. 하지만 모든 〈是자문〉이 다 바뀔 수 있는 것은 아니다.

上海是中国最大的城市。 상하이는 중국의 가장 큰 도시다. (O)

中国最大的城市是上海。 중국의 가장 큰 도시는 상하이다. (O)

아래 문장은 S와 O의 위치를 바꿀 수 없다. 왜냐하면 '이 회사의 직원'이 '그' 한 명밖에 없는 것이 아니기 때문이다. 즉, **A가 B에 포함될 때는(A⊂B) 자리를 바꾸면 안 된다.** 따라서 A와 B의 자리를 한 번씩 바꿔 보면서 알맞은 의미의 문장이 되도록 하는 것이 좋다.

他是这个公司的职员。 그는 이 회사의 직원이다. (O)

这个公司的职员是他。 이 회사의 직원은 그이다. (×)

〈是자문〉의 주어는 주로 명사나 대명사 등 짧은 단어가 된다. 하지만 때로는 **긴 관형어를 동반하거나 하나의 절이 주어**인 문장도 있다.

<u>一家人一起出去散散步</u>，是一件很幸福的事情。 한 가족이 함께 나가서 산보하는 것은
　　　하나의 절이 주어가 됨　　　　　　　　　　　　 하나의 행복한 일이다.

| 如何控制　学问　情绪是　自己的　一门 |

풀이 **[1단계]** '自己的'는 '情绪(정서)'를 수식하고, '一门'은 '学问(학문)'을 수식하는 것이 알맞다.
　　→ 自己的情绪是…一门学问

　　[2단계] 동사는 목적어를 취할 수 있으므로 '控制(제어하다)' 뒤에는 의미상 '情绪(정서)'가 목적어로 오는 것이 알맞다.
　　→ 如何控制自己的情绪是…一门学问

[3단계] '如何控制自己的情绪'와 '一门学问' 중 어느 것을 주어로 삼을 것인가가 중요한 문제이다. 'A是一门学问'이라는 문장 형식이 있다. 이는 'A는 하나의 학문이다'는 뜻이며 A는 학문처럼 체계적으로 배워야 할 대상임을 나타낸다. 따라서 '如何控制自己的情绪'가 주어가 된다. 의미는 '자신의 감정을 어떻게 제어하는가'라는 문제는 하나의 학문처럼 그 안에 숨은 법칙을 이해하고 체계적으로 배워야 하는 대상이라는 뜻이다.
→ 如何控制自己的情绪是一门学问。

정답 如何控制自己的情绪是一门学问。 자신의 감정을 어떻게 조절하는가는 하나의 학문이다.

어휘 如何 rúhé [대] 어떠하다, 어떻게 5급 | 控制 kòngzhì [동] 제어하다 5급 | 学问 xuéwen [명] 학문, 학식 5급 | 情绪 qíngxù [명] 정서, 마음 5급

> **꿀팁**
> 〈S是一门学问〉의 다양한 예문
> 이 문형에서 명사뿐만 아니라 동목구 등도 주어(S)가 될 수 있다. 아래의 예문들을 해석해 보고 어떤 내용일 때 'S是一门学问'의 형식으로 쓰는지 이해하도록 하자.
> - 说话是一门学问。 말하기는 하나의 학문이다.
> - 与人相处是一门学问。 남과 어울리는 것은 하나의 학문이다.
> - 如何说服别人是一门学问。 어떻게 남을 설득할 것인가는 하나의 학문이다.

2. 목적어 앞에 오는 관형어 어순에 주의하자.

〈是자문〉 문제에서 종종 **부각되는 것이 목적어 앞에 오는 관형어 어순**이다. 일반적으로 관형어 어순은 〈수량구 + 개동형 + 的 + 명사〉와 〈소지수양 + 개동형 + 的 + 명사〉가 있다.

① 1단계 : 수량구 + 개/동/형 + 的 + 피수식어(N)

'개동형'이란 '개사구', '동사(구)', '형용사(구)'를 의미한다. '개동형' 3개가 동시에 나오는 경우는 거의 없으며, 대부분 하나씩 등장하거나 많게는 2개 정도가 나온다.

어순 수량구 + 개사구/동사구/형용사구 + 的 + 피수식어(N)

他失去了 <u>对学习</u> 的热情。 그는 공부에 대한 열정을 잃었다.
　　　　　개사구 ＋ 的 ＋ N

这是 <u>一个 十分重要</u> 的问题。 이것은 하나의 매우 중요한 문제이다.
　　　수량구 ＋ 형용사구 ＋ 的 ＋ N

这是 <u>一个</u> <u>没有任何意义</u> 的目标。 이것은 하나의 아무런 의미가 없는 목표이다.
　　　수량구　＋　　동사구　　＋ 的 + N

母亲有 <u>一位</u> <u>在大城市</u> <u>经营饭店</u> 的朋友。 어머니는 대도시에서 식당을 경영하고 있는 한 친구가 있다.
　　　수량구 ＋ 개사구 ＋ 동사구 ＋ 的 + N

> **꿀팁** '일반적으로 '수량구'는 '개사구, 동사구, 형용사구'보다 더 앞에 온다는 점을 기억하자. 암기할 때 '수량구 + 개똥형'이라고 기억하면 쉽다.

실전 적용하기

心理测试　这是　青少年　一项针对　的

풀이 [1단계] 동사 '针对(겨냥하다)'는 '青少年'을 목적어로 취하는 것이 알맞다.
→ 这是…一项针对青少年

[2단계] '一项'과 '针对青少年'은 '心理测试(심리 테스트)'를 수식하는 것이 알맞다. 이때 '针对青少年(청소년을 겨냥하다)'은 **동목구**이기 때문에 **명사를 수식하려면 구조조사 '的'**가 필요하다.
→ 这是一项针对青少年<u>的心理测试</u>。

정답 这是一项针对青少年的心理测试。 이것은 하나의 청소년을 겨냥한 심리 테스트이다.

어휘 心理 xīnlǐ [명] 심리 5급 | 测试 cèshì [동] 실험하다, 테스트하다 | 针对 zhēnduì [동] 겨냥하다, 조준하다 5급

② 2단계 : 소지수양 + 주개동형 + 的 + 피수식어(N)

1단계에서 '**소유·소속**'과 '**지시대사**'가 **추가**된 형태이다. '**소유·소속**'은 명사나 대명사로 **피수식어(명사)**가 소속된 곳이나 사람을 가리킨다. '**지시대사**'로는 주로 '这'나 '那'가 온다.

어순	소유/지시대사/수량구 ＋ 주술구 + 的/개사구/동사구/형용사구 ＋ 的 + 피수식어(N)
	제1그룹　　　　　　　　　제2그룹

他是 <u>我</u> <u>最好</u> 的 朋友。 그는 나의 가장 좋은 친구이다.
　　소유 + 형용사구 + 的 + N

父母 对我 的 影响很大。 부모님의 나에 대한 영향은 매우 크다.
소유 + 개사구 + 的 + N

上海是 中国 最大 的 城市。 상하이는 중국의 가장 큰 도시이다.
　　　소속 + 형용사구 + 的 + N

▶ '중국에서 가장 큰'이 아닌 '중국의 가장 큰'으로 쓰기 때문에 '在中国'라고 하지 않았다.

老师 那 种 牺牲自我 的 精神值得我们学习。 선생님의 그런 자신을 희생하는 정신은
소유 + 지시대사 + 양사 + 동목구 + 的 + N　　　　　　우리가 배울 만한다.

> **꿀팁** 일반적으로 '소유' 뒤에 '的'가 오지 않음을 주의해야 한다. 이것은 피수식어(명사) 앞에 있는 '的'가 최종적으로 마무리를 하고 또 읽었을 때 반복이나 어색함을 피하기 위해서이다. 암기할 때는 **'소지수양은 개똥형을 좋아한다'**라고 기억하면 쉽게 외울 수 있다.

```
这是  岛屿  面积最大  的  亚洲
```

풀이 [1단계] 제시어 구성으로 보았을 때 결국 이 문장은 '이것은 ~한 섬이다'로 해석이 되는 문장이어야 한다. 따라서 목적어는 '岛屿(섬)'가 알맞다.
→ 这是…岛屿

[2단계] '面积最大'는 **주술구**이기 때문에 **명사**(岛屿: 섬)를 **수식하려면 '的'가 필요**하다.
→ 这是…面积最大的…岛屿

[3단계] '亚洲(아시아)'는 이 섬(岛屿)의 **소속**을 나타내므로 **관형어 어순에서 맨 앞**에 온다. 따라서 '面积最大' 앞에 온다.
→ 这是亚洲面积最大的岛屿。

정답 这是亚洲面积最大的岛屿。 이것은 아시아에서 가장 큰 섬이다.

어휘 岛屿 dǎoyǔ [명] 섬, 도서 5급 | 面积 miànjī [명] 면적 5급 | 亚洲 Yàzhōu [명] 아시아 4급

> **꿀팁**
> **'소지수양' + '개동형'의 예외 → 개동형 + 지수양**
> 때로는 '지수양'이 '개동형' 뒤에 올 때도 있다. 만일 시험에 나온다면 처음부터 이 형태로 제시되기 때문에 그대로 따라서 배열하면 된다. 지금까지는 이런 문제가 출제된 적이 없다.
> • 刚才看病的那个医生不是他。 방금 진찰했던 그 의사는 그가 아니다.
> • 竹子是中国文人比较喜欢的一种植物。 대나무는 중국 문인들이 비교적 좋아하는 일종의 식물이다.

■ 〈是자문〉의 기타 특징

① 시제 표시는 '了', '过', '着' 등으로 나타내지 않으며, 필요할 경우 **시간을 나타내는 단어**를 쓴다.

　　这所房子是~~了~~他的。(×) → 这所房子<u>以前</u>是他的。(○) 이 집은 과거에는 그의 것이었다.

　　这里是~~过~~一个小池塘。(×) → 这里<u>曾经</u>是一个小池塘。(○) 이곳은 한때는 작은 못이었다.

② 〈是~了〉는 **변화가 발생**했음을 나타내며, '了'는 어기조사로 문장 끝에 온다.

　　这个房间<u>是</u>你的<u>了</u>。 이 방은 네 것이 되었다. **(이전에는 아니었음)**

　　从此，你不再<u>是</u>我的朋友<u>了</u>。 이 후로 너는 더 이상 내 친구가 아니다.

③ 〈장소 + 是 + (관형어) + 명사〉의 형식으로 **존현문**이 될 수도 있다.

　　他的书房里都是书。 그의 서재에는 모두 책이다. **(존재를 나타냄)**

到处　儿子的卧室里　玩具　是　都

풀이 **[1단계]** 장소를 나타내는 단어(~里)와 '是'가 있으면 〈존현문〉을 이룰 수 있는데 〈존현문〉 어순에 따라 **장소를 나타내는 말이 주어**로 온다. 또한 〈존현문〉에서 '존재 대상'이 목적어로 오므로 '玩具(장난감)'가 끝에 온다.
　　→ 儿子的卧室里…是…玩具

[2단계] '都'는 앞에 있는 복수 대상(여러 개의 것)을 묶어 주는 역할을 하므로 '到处' 뒤에 온다. 또한 '到处都'는 부사들의 결합이므로 동사 '是' 앞에 온다.
　　→ 儿子的卧室里<u>到处都</u>是玩具。

정답 儿子的卧室里到处都是玩具。 아들의 침실에는 여기저기 모두 장난감이다.

어휘 到处 dàochù [명] 도처, 여기저기 4급 | 卧室 wòshì [명] 침실 5급 | 玩具 wánjù [명] 장난감 5급

■ '的'와 관형어

구조조사 '的'는 **관형어와 중심어**(피수식어)를 연결해 주는 **관형어의 상징**이라고 할 수 있다. 일반적으로 '**각종 구**'가 **명사를 수식할 때는 '的'를 써야** 하는데 대표적으로 아래와 같다. 또한 사용 불가의 경우와 생략 가능한 경우는 어떤 것이 있는지 알아 두도록 하자.

◯ 일반적으로 '的'를 쓰는 경우

① 동사/동목구 + 的 + 명사 ★	今年毕业的大学生 올해 졸업한 대학생 (**毕业** : 동사) 一个有经验的人 한 경험이 있는 사람 (**有经验** : 동목구)
② 2음절 형용사(구) + 的 + 명사	热情的态度 열정적인 태도 (**热情** : 형용사) 最好的老师 가장 좋은 선생님 (**最好** : 형용사구)
③ 개사구 + 的 + 명사	对人生的态度 인생에 대한 태도 (**对人生** : 개사구) 关于中国历史的书 중국 역사에 관한 책 (**关于中国历史** : 개사구)
④ 주술구 + 的 + 명사 ★	我认识的人很多。 내가 알고 있는 사람은 많다. (**我认识** : 주술구) 他提出的问题很难解决。 그가 제기한 문제는 해결하기 어렵다. (**他提出** : 주술구)
⑤ (소속이나 소유 관계를 나타내는) 명사/대명사 + 的 + 명사	我的书 나의 책 ('**书**'가 나의 것임) 当地的风俗 현지의 풍속 ('**风俗**'는 현지의 것임) ▶ 예외 : 소유 관형어와 형용사 관형어가 함께 있고 '的'가 있다면 앞쪽에 오는 소유 관형어 뒤에는 '的'를 생략할 수 있다. 他是我最好的朋友。 그는 나의 가장 좋은 친구이다.

◯ '的'의 '사용 불가'와 '생략 가능'

	'的' 사용 불가
수량구 대명사 성질명사 ★ 재료명사 ★ } + ~~的~~ + 명사	一个人　　两张票　　三把雨伞 那天　　　这裤子　　什么事情 火车司机 기차 기관사　　汉语老师 중국어 선생님 纸盒子 종이 상자　　木头桌子 나무 의자

	'的' 생략 가능
친족 관계 복수대명사 } + (的) + 집단명사	我(的)妈妈 나의 엄마 (**妈妈** : 가족) 你们(的)学校 너희 학교 (**学校** : 집단명사) 他们(的)公司 그들 회사 (**公司** : 집단명사)

| 我度过的　一个生日　最有　这是　意义的 |

풀이 **[1단계]** 우선 전체적인 제시어 개수를 줄여야 한다. '最有~(가장 ~이 있다)'는 뒤에 추상명사가 온다. 따라서 추상명사인 '意义(의미)'가 '最有' 뒤에 온다. → 最有意义的

[2단계] '我度过(내가 시간을 보내다)'는 '주술구'이다. 주술구와 동사구(最有意义)가 동시에 있을 때는 주술구가 앞에 온다. → 这是我度过的最有意义的一个生日。

정답 这是我度过的最有意义的一个生日。 이것은 내가 보낸 가장 의미 있는 한 번의 생일이다.

어휘 度过 dùguò [동] (시간을) 보내다 5급 | 意义 yìyi [명] 의의. 의미 5급

아래에서 '的'가 들어갈 위치를 고르세요.

1. 他　A　职业是心理　B　医生。
2. 我们　A　学校有三万多　B　学生。
3. 我们　A　汉语　B　老师非常热情。
4. 颐和园是一个　A　美丽　B　公园。
5. 他是我大学　A　时代最好　B　朋友。
6. 我骑　A　这辆　B　自行车是借来的。
7. 最近我看了一些关于国际　A　问题　B　材料。
8. 那边　A　戴眼镜　B　人，是我　C　姐姐，不是她　D　姐姐。

정답

01. A : 그의 직업은 심리 의사(정신과 의사)이다.
02. A : 우리 학교는 3만여 학생이 있다.
03. A : 우리의 중국어 선생님은 매우 친절하다.
04. B : 이화원은 하나의 아름다운 공원이다.
05. B : 그는 나의 대학 시절에 가장 좋은 친구였다.
06. A : 내가 타는 이 자전거는 빌려 온 것이다.
07. B : 최근에 나는 국제 문제에 관한 약간의 자료를 보았다.
08. B : 저기 안경을 낀 사람은 내 누나(언니)이지 그녀의 누나(언니)가 아니다.

■ '的' 없는 명사구

'生活水平(생활 수준), 工作经验(업무 경험)'처럼 제시어와 제시어가 결합할 때 중간에 '的' 없이 바로 결합하는 경우가 있다. 두 제시어의 결합 중, 특히 앞 수식어가 성질을 나타낼 때 두 단어는 고정 격식처럼 '的' 없이 연결될 수 있다. 비교적 개수가 많지만 대부분 필수 어휘로 구성되어 있기 때문에 하나씩 살펴보면서 필수 어휘를 외우는 효과도 갖도록 하자.

#	단어	뜻	#	단어	뜻
1	移民手续	이민 수속	18	装修风格	인테리어 분위기
2	辞职手续	사직 수속	19	电视节目	텔레비전 프로그램
3	入职手续	입사 수속	20	娱乐节目	오락 프로그램
4	入住手续	숙박 수속	21	演讲比赛	웅변 대회
5	登机手续	탑승 수속	22	模特比赛	모델 대회
6	贷款手续	대출 수속	23	会议程序	회의 순서
7	天气状况	날씨 상황	24	会议记录	회의 기록
8	消费状况	소비 상황	25	特色小吃	특색 먹거리
9	身体状况	신체 상황	26	优秀人才	우수 인재
10	经营状况	경영 상황	27	工作人员	스태프, 사무 요원
11	交通状况	교통 상황	28	个人信息	개인 정보
12	广告方案	광고 방안	29	营养价值	영양 가치
13	销售方案	판매 방안	30	古典文学	고전 문학
14	设计方案	설계 방안	31	酒后驾驶	음주 운전
15	公司待遇	회사 대우	32	疲劳驾驶	피로 운전(졸음 운전)
16	公司规模	회사 규모	33	电池寿命	배터리 수명
17	语言风格	언어 풍격	34	手机信号	핸드폰 신호

35	运动设施	운동 시설(운동 기구)
36	治疗效果	치료 효과
37	杀毒软件	백신 프로그램
38	成长经历	성장 경력(자라면서 겪은 일들)
39	共同话题	공통 화제
40	往返机票	왕복 항공권
41	员工宿舍	직원 기숙사
42	自驾旅游	자가 운전 여행
43	网络游戏	인터넷 게임
44	网络信号	인터넷 신호
45	送货速度	배달 속도
46	服务质量	서비스의 질
47	服务态度	서비스 태도
48	运输费用	운수 비용
49	生产原料	생산 원료
50	产品价格	제품 가격
51	优惠活动	경품 증정 및 할인 행사
52	庆祝活动	경축 행사
53	网球决赛	테니스 결승전
54	窗帘颜色	커튼 색깔
55	地理位置	지리 위치
56	毕业论文	졸업 논문
57	文章结构	문장 구조
58	研究范围	연구 범위
59	标点错误	구두점 오류
60	实验报告	실험 보고서
61	租房合同	주택 임대 계약
62	服装设计	의류 디자인
63	招聘计划	채용 계획
64	工作计划	업무 계획
65	宣传材料	홍보 자료
66	聚会地点	모임 장소
67	考试成绩	시험 성적
68	广告宣传	광고 홍보
69	营业执照	영업 허가증
70	法律专业	법률 전공
71	摄影技术	촬영 기술
72	面试结果	면접 결과
73	房子装修	주택 인테리어
74	赔偿资金	배상 자금
75	蜂蜜用途	꿀의 용도
76	面试时间	면접 시간
77	房屋中介	주택 중개인(부동산 중개업자)
78	报社编辑	신문사 편집인

79	民族乐器 민족 악기		85	银行汇率 은행 환율	
80	发展前途 발전 전망		86	贷款申请 대출 신청	
81	专业训练 전문 훈련		87	存款利息 저금 이자	
82	比赛规则 시합 규칙		88	象棋辅导班 바둑 학원	
83	地理老师 지리 선생님		89	夏令营活动 하계 캠프 활동	
84	课程安排 과목 안배		90	注册会计师 공인 회계사	

> 一点儿　神话　色彩　带有　这部电影

풀이 [1단계] 성질이나 재료를 나타낼 수 있는 명사는 '的' 없이 다른 명사를 수식할 수 있다. 따라서 '神话(신화)'가 '色彩(색채)'를 수식하면 '신화 색채', 즉 '신화적 색채'의 뜻으로 '神话'는 성질을 나타내기 때문에 '的' 없이 결합이 가능하다.
→ 神话色彩

[2단계] '一点儿(약간, 조금)'은 형용사 뒤에 오기도 하지만(예: 便宜一点儿) 명사를 수식할 수도 있다. 따라서 '一点儿'은 '神话色彩'를 수식한다.
→ 一点儿神话色彩

[3단계] '这部电影'은 주어가 되고 '带有'는 술어가 된다.
→ 这部电影带有一点儿神话色彩。

정답 这部电影带有一点儿神话色彩。 이 영화는 약간의 신화적 색채를 지니고 있다.

어휘 一点儿 yìdiǎnr [양] 조금, 약간 | 神话 shénhuà [명] 신화 5급 | 色彩 sècǎi [명] 색채 5급

실전 연습 문제 1: <是자문>

第1-8题: 完成句子。

1. 昆虫　蜜蜂　有益的　是一种

2. 一个民族　语言是　传统文化　的

3. 这在　医学领域　奇迹　是　个

4. 是我　业余　摄影　太太的　爱好

5. 一件没有　丝毫　事　这是　意义的

6. 中国的　一种传统　是　武术　太极拳

7. 合理分配　关键之一　是成功的　资源

8. 人生中最　一步　都是　每次面试　关键的

실전 연습 문제 2 : <관형어>

第1-8题: 完成句子。

1. 春节　营业　期间　本店照常

2. 令人佩服　她　把握　对角色　的

3. 做　心脏手术　的风险　一定　有

4. 参加其他优惠　打折商品　活动　不再

5. 不　平衡　人口　该国的　分布

6. 传说　当地　很多关于　流传着　龙的

7. 人才　那所学校　培养了　一大批　优秀

8. 她承受　难以想象　压力　的　大家　着

❿ 보어

주요 내용

■ 〈보어〉란?

보어란 **술어**(동사, 형용사) 뒤에서 **의미를 보완**해 주는 **성분**을 가리킨다.

妈妈 / 手术后 / 恢复得 / 很好。 엄마는 수술 후 회복되는 것이 아주 좋다.

> **어순** S + (부사어) + V/A + 得 + 정태보어(정도부사 + A)

■ 〈보어〉 문제의 풀이 순서

제시어에 '得'가 있다면 정태보어 문제일 수 있음을 **인식**해야 한다.

[1단계] 주어와 술어 정리 : 주어(S)와 술어가 될 만한 단어를 고른다.

妈妈　手术后　恢复得　很好。
S　　(부사어)　V/A + 得　정태보어(정도부사 + A)

[2단계] 술어 뒤 보어 정리 : 술어 뒤에 '得'와 함께 '정도부사 + 형용사(A)'로 보어를 만든다.

妈妈　手术后　恢复得　很好。
S　　(부사어)　V/A + 得　정태보어(정도부사 + A)

[3단계] 기타 정리 : 기타 제시어는 의미에 따라 적절한 위치에 놓는다.

妈妈　手术后　恢复得　很好。
S　　(부사어)　V/A + 得　정태보어(정도부사 + A)

■ 출제 포인트

- 보어를 이끄는 구조조사 '得'의 용법을 아는지 묻는다.
- 술어 뒤에 보어를 놓을 수 있는지 묻는다.
- 부사와 형용사를 결합하여 보어로 놓을 수 있는지 묻는다.

기출문제 분석 : <정태보어>

쓰기 1부분 어순에 맞게 배열하기

<보어>는 평균 2~3회에 한 번꼴로 출제가 되는데, **구조조사 '得 de'가 들어가는 '정태보어'가 주를 이룹니다.** 난이도는 낮아서 기본 어순만 익혀도 쉽게 풀 수 있습니다. 또 **개사구 보어**가 있는데요. 이 문제는 출제 빈도가 높진 않지만 **난이도가 높습니다.** 따라서 **정태보어를 중심으로 학습**하면서 다소 까다로운 **개사구 보어, 방향보어** 등을 **학습**하도록 합니다.

어순에 맞게 배열하여 문장을 완성하세요.

> 方案   很详细   设计   得

풀이 **[1단계]** '得' 뒤에 '很详细'를 넣고, 동사 '设计(설계하다)'는 '得' 앞에 온다.
→ 设计得很详细(설계된 것이 매우 상세하다)

[2단계] '方案'은 주어가 된다.
→ 方案设计得很详细。

정답 方案设计得很详细。 방안이 설계된 것이 매우 상세하다. → 방안이 매우 상세하게 설계되었다.

어휘 方案 fāng'àn [명] 방안 5급 | 详细 xiángxì [형] 상세하다 4급 | 设计 shèjì [명/동] 설계(하다), 디자인(하다) 5급

꿀팁 동작의 대상(方案)도 주어가 될 수 있다. 이때 동사(设计)는 피동으로 해석된다. 동작의 대상인 '方案'이 주어로 오고, '设计'는 '被'가 없지만 피동(~하게 되다)으로 해석된다.
- 问题已经解决了。 문제는 이미 해결되었다.

전략 학습 : <보어>의 특징

쓰기 1부분 어순에 맞게 배열하기

<보어>란 술어(동사, 형용사) 뒤에서 의미를 보완해 주는 성분을 가리킵니다. 결과보어, 정도보어, 정태보어(상태보어), 방향보어, 수량보어, 가능보어, 개사구 보어 등이 있는데, 시험에는 주로 **정태보어**가 가장 많이 출제되고, 방향보어, 수량보어, 개사구 보어도 종종 출제됩니다.

핵심 정리

1. 他喝醉了。 그는 술을 마셔 취했다. (결과보어)

2. 大家都高兴极了。 모두가 극히 기뻐했다. (정도보어)

3. 她激动得流下了眼泪。 그녀는 감동해서 눈물을 흘렸다. (정태보어) ★

4. 树上的叶子落下来了。 나무 위의 잎이 떨어졌다. (복합 방향보어) ★

5. 他在中国住了十年。 그는 중국에서 10년을 살았다. (시량보어) ★

6. 虽然你赢不了她，但我赢得了。 비록 너는 그녀를 이길 수 없지만, 나는 이길 수 있어. (가능보어)

7. 你别把这事放在心上。 너는 이 일을 마음에 담아 두지 마. (개사구 보어) ★

■ 결과보어 : 동작이나 상태의 결과를 나타낸다.

他喝醉了。 그는 술을 마셔 취했다. (결과보어)
▶ 술을 마셔서 그 결과로 취한 것을 나타낸다. 술을 마셨지만 취하지 않을 수도 있다.

■ 정도보어 : 술어가 도달한 정도를 나타낸다.

大家都高兴极了。 모두가 극히 기뻐했다. (정도보어)

● 주요 형식

① '得'가 없는 형식 : V/A + 极了★ / 死了 / 坏了 / 透了

② '得'가 들어가는 형식 : V/A + 得很 / 得多★ / 得厉害★ / 得不得了★ / 得慌 / 得要命

▶ 정도보어는 시험에 잘 출제되지 않으니 '~极了, ~得多, ~得厉害, ~得不得了' 정도만 기억하자.

他年纪比我大得多。 그의 나이는 나보다 훨씬 많다.

这里周末车堵得厉害。 이곳은 주말이면 차가 대단히 막힌다.

她简直高兴得不得了。 그녀는 그야말로 좋아서 어쩔 줄 모른다

1. 干渴 嗓子 不得了 得

2. 比实际年龄 她看起来 得多 成熟

1.

풀이 **[1단계]** '不得了'는 '得' 뒤에 와서 정도보어가 된다.
→ 得不得了
[2단계] 정도보어(得不得了)는 동사나 형용사(干渴: 갈증이 나다) 뒤에 온다.
→ 干渴得不得了
[3단계] '嗓子(목구멍)'가 주어가 된다.
→ 嗓子干渴得不得了。

정답 嗓子干渴得不得了。 목이 바짝바짝 탄다.

어휘 干渴 gānkě [형] 갈증이 나다, 목마르다 | 嗓子 sǎngzi [명] 목구멍 5급 | 不得了 bùdéliǎo [형] (정도가) 심하다, 큰일 났다 5급

2.

풀이 **[1단계]** 의미상 '她看起来'가 맨 앞에 오는 것이 좋다.
→ 她看起来
[2단계] 개사구(比 + N) 뒤에는 동사나 형용사가 오므로 '成熟(성숙하다)'는 '比实际年龄' 뒤에 온다.
→ 她看起来…比实际年龄成熟
[3단계] '~得多(훨씬)'는 정도보어이므로 형용사(成熟) 뒤에 온다.
→ 她看起来比实际年龄成熟得多。

정답 她看起来比实际年龄成熟得多。 그녀는 실제 나이보다 훨씬 성숙해 보인다.

어휘 实际 shíjì [형] 실제적이다 [명] 실제 4급 | 成熟 chéngshú [형] 성숙하다 5급

■ **정태보어** : 구조조사 '得'와 함께 동작 결과의 상태를 나타낸다.

她激动得流下了眼泪。 그녀는 감동해서 눈물을 흘렸다.
▶ 정태보어는 앞 **동작**이나 **그 결과**에 대해서 **묘사**나 **설명**을 나타낸다.

○ 주요 형식

① 술어(동사/형용사) + 得 + 보어(부사 + 형용사) ★

今天我起得很早。 오늘 나는 매우 일찍 일어났다.
这句话说得有些过分。 이 말은 좀 심했다.
他汉语说得相当不错。 그는 중국어를 상당히 잘한다.

② 술어(동사/형용사) + 得 + 보어(각종구/형용사 중첩)

他跑得满头大汗。 그는 달리느라 얼굴이 땀투성이가 되었다.
我看书看得忘了吃饭。 나는 책 보느라고 밥 먹는 것을 잊어버렸다.
我困得眼睛都睁不开了。 나는 졸려서 눈을 뜰 수가 없었다.
她把房间收拾得整整齐齐的。 그녀는 방을 매우 깔끔하게 정돈했다.

▶ 정태보어의 핵심은 '得' 뒤에 보어를 놓는 것이다. '流下了眼泪', '满头大汗', '忘了吃饭', '眼睛都睁不开了'처럼 **다양한 형태**가 정태보어로 올 수 있다. 하지만 **시험에 출제**되는 것은 '很早', '有些过分', '相当不错'처럼 〈정도부사 + 형용사〉인 경우가 많다.

○ 주의

보어의 상징인 '得'를 부사어의 상징인 '地'와 혼동하지 말아야 한다. '地'는 앞의 동사나 형용사가 뒤의 동사를 수식할 때 필요한 구조조사이다.

她很满意地笑了。 그는 매우 만족한 듯 웃었다. → 她很满意得笑了。(×)
他很小心地开车。 그는 매우 조심스럽게 운전한다. → 他很小心得开车。(×)

> **꿀팁** 가장 중요한 것은 제시어로 '得'가 나온다면 **조동사(~해야 한다)**인지 아니면 **보어를 이끄는 구조조사**인지 판단하는 것인데, 만일 '得'가 있고 '**정도부사**'와 '**형용사**'가 있다면 이때 '得'는 **보어를 이끄는 구조조사**이다. 이때는 과감하게 〈V/A + 得 + 정도부사 + 형용사〉의 어순으로 배열하면 문제가 쉽게 풀린다.

```
1.  项目    相当    顺利    进行得
2.  得   很活跃   他在   表现   学校
3.  终于等   不耐烦   她   了   得
```

1.

풀이 **[1단계]** '进行得' 뒤에는 '정도부사 + 형용사'가 온다. 이때 '相当'은 '상당히'라는 뜻의 부사이다.
→ 进行得相当顺利

[2단계] '项目'는 주어가 된다.
→ 项目进行得相当顺利。

정답 项目进行得相当顺利。 사업이 진행되는 것이 매우 순조롭다.(사업이 매우 순조롭게 진행되었다.)

어휘 项目 xiàngmù [명] 사업, 프로젝트 5급 | 相当 xiāngdāng [부] 상당히 [형] 비슷하다, 상당하다 5급 | 顺利 shùnlì [형] 순조롭다 4급 | 进行 jìnxíng [동] 진행하다 4급

꿀팁 '相当'은 형용사로서 '상당하다', '비슷하다'는 의미도 있다.
- 两个人的水平相当。두 사람의 실력은 비슷하다.

2.

풀이 **[1단계]** '在' 뒤에는 장소가 나오므로 '学校'가 온다.
→ 他在学校

[2단계] 〈동사/형용사 + 得 + 정도부사 + 형용사〉의 어순에 따라 '得' 앞뒤로 '表现(행동하다)'과 '很活跃(매우 활달하다)'가 온다.
→ 他在学校表现得很活跃。

정답 他在学校表现得很活跃。 그는 학교에서 행동하는 것이 매우 활달하다.

어휘 活跃 huóyuè [형] 활동적이다, 활기차다 [동] 활발하게 하다 5급 | 表现 biǎoxiàn [동] 표현하다, 나타내다 [명] 태도, 행동, 활약, 성적 5급

꿀팁 **개사(전치사)의 제1기능**
개사는 **개사구**(개사 + 명사)를 이루어 **동사나 형용사 앞에서** 이를 **수식**한다.(부사어)
我休息。나는 쉰다. → 我在家休息。나는 집에서 쉰다.
이때 '在家'를 '我' 앞에 쓰지 않는다.

3.

풀이 [1단계] '她'는 주어가 된다. '得'는 '等' 뒤에 와서 보어를 이끈다.
→ 她终于等得

[2단계] 기다림의 정도를 나타낼 만한 내용으로(보어) '不耐烦(신경질 나다, 성가시다, 못 참다)'이 오는 것이 알맞다. '了'는 문장 끝에 와서 '사태의 변화'를 나타낸다
→ 她终于等得不耐烦了。

정답 她终于等得不耐烦了。그녀는 마침내 기다리다 신경질이 났다.

어휘 终于 zhōngyú [부] 마침내 3급 | 不耐烦 búnàifán [형] 귀찮다, 성가시다, 못 참다 5급

■ **방향보어** : 동사 뒤에서 동작의 방향을 보충 설명한다.

她向山上跑去。그녀는 산으로 뛰어갔다. **(단순 방향보어)**

一条狗向我跑来。한 마리의 개가 나를 향해 뛰어왔다. **(단순 방향보어)**

树上的叶子落下来了。나무 위의 잎이 떨어졌다. **(복합 방향보어)**

你把墙上的那幅画摘下来给我吧。벽에 있는 그림을 떼내어 나에게 줘. **(복합 방향보어)**

▶ 'V + 来/去'와 같은 단순 방향보어와 'V + 起来/出来/下去/下来…' 등과 같은 복합 방향보어가 있다. 시험에는 주로 복합 방향보어가 나오는데 그중에서 아래 색깔 표시된 단어가 출제 가능성이 높다.

단순 방향보어	来	去	上	下	进	出	回	过	起	开	到
복합 방향보어			上来	下来	进来	出来	回来	过来	起来	开来	到…来
			上去	下去	进去	出去	回去	过去		开去	到…去

꿀팁 제시어 중에 '起来, 出来, 下来…' 등이 있다면 이것을 복합 방향보어로서 동사나 형용사 뒤에 위치시킬 수 있어야 한다.

```
逐渐   下来   姥姥的   稳定   病情
```

풀이 **[1단계]** '姥姥的(외할머니의)'는 '病情(병세)'을 수식한다.
→ 姥姥的病情

[2단계] '逐渐(점점)'은 부사이므로 동사(稳定: 안정되다)를 수식하고, '下来'는 복합 방향보어로서 동사나 형용사 뒤에서 '안정', '고정' 등으로의 상태 변화를 나타낸다. 따라서 '下来'는 '稳定' 뒤에 온다.
→ 姥姥的病情逐渐稳定下来。

정답 姥姥的病情逐渐稳定下来。 외할머니의 병세가 점점 안정되었다.

어휘 逐渐 zhújiàn [부] 점점 5급 | 姥姥 lǎolao [명] 외할머니 5급 | 稳定 wěndìng [형] 안정적이다 [동] 안정되다, 안정시키다 5급 | 病情 bìngqíng [명] 병세

복합 방향보어(复合趋向补语)

출제 빈도는 낮은 편이지만 중국어에서 매우 광범위하게 쓰이며 중요한 기능을 하기 때문에 가장 중요한 것들만 정리하고 넘어가자.

● 복합 방향보어의 의미상 특징
'从讲台走下来(강단에서 내려오다)'에서 방향보어 '下来'는 **위에서 아래로 내려오는 방향**을 나타낸다. 하지만 '坚持下来(견지해 오다)'에서 '下来'는 위에서 아래로의 방향의 의미는 없고 과거에서 현재로의 **지속**을 나타낸다. 이처럼 방향 외에 다른 의미를 나타낼 때가 있는데 이것을 복합 방향보어의 '**파생 용법**'이라고 한다.

● 주요 형식
- 긍정 형식 : ⟨V + 방향보어⟩

  学下去, 想起来, 听出来

- 부정 형식 : ⟨V + 不 + 방향보어⟩

  想不起来 생각이 안 나다 | 劝不过来 말릴 수 없다 | 忙不过来 다 처리할 수 없다

- 목적어 동반 시 : ⟨V + 복합 방향보어 + O⟩, ⟨V + 방향보어1 + O + 방향보어2⟩

  想出来一个好注意 좋은 방법을 생각해 내다 | 下起雨来 비가 오기 시작하다

- '了'와 결합 형식 : ⟨V + 了 + 복합 방향보어⟩, ⟨V + 복합 방향보어 + 了⟩

  笑了起来 | 坚持下来了

주요 복합 방향보어

V + 下去   미래로의 지속

学习汉语我要坚持下去。 중국어 공부를 나는 계속해 나가려 한다.
明年，我还想继续在这儿学下去。 내년에도 나는 계속 여기서 공부하고 싶다.

V + 下来   고정·확정·분리·과거에서 지금까지로의 지속

我把那儿的风景照了下来。 나는 그곳의 풍경을 사진으로 찍어 뒀다. **(고정)**
所有参加长跑的人都坚持下来了。 오래달리기에 참가한 모든 사람들은 다 버텨 냈다. **(지속)**
这是从古代流传下来的一个故事。 이것은 고대로부터 전해져 내려오는 이야기다. **(지속)**
那个项目批下来了。 그 사업은 비준되었다. **(확정)**
他从本子上撕下来一张纸。 그는 노트에서 한 장의 종이를 찢어 냈다. **(분리)**

V + 起来   시작 후 지속, 기억 회복

她委屈得哭了起来。 그녀는 억울해서 울기 시작했다. **(시작 후 지속)**
听了他说的笑话后，大家都笑了起来。 그의 재밌는 이야기를 듣고 모두가 웃기 시작했다. **(시작 후 지속)**
刚才还是晴天，突然下起雨来。 방금 전까지만 해도 맑은 날씨였는데 갑자기 비가 오기 시작했다. **(시작 후 지속)**

> **꿀팁** '起来'가 '시작 후 지속'을 나타낼 때 목적어는 주로 〈V + 起 + O + 来〉 어순을 따른다.

想起来了，我的钥匙忘在宿舍了。 생각났어, 내 열쇠는 기숙사에 놓고 왔어. **(기억 회복)**
我好像认识她，但是想不起来他的名字了。 나는 그를 아는 것 같은데 그의 이름이 생각 안 나. **(기억 회복)**

V + 出来   식별, (無에서 有로의) 생성

你能听出来这首歌是谁唱的吗？ 너는 이 노래를 누가 불렀는지 듣고 알 수 있어? **(식별)**
我看出来了，这是王老师写的字。 나 알아보겠어, 이것은 왕 선생님이 쓴 글씨야. **(식별)**
我想出来一个好主意！ 나 좋은 방법이 생각났어! **(생성)**
毕业论文终于都写出来了。 졸업 논문을 마침내 다 써 냈다. **(생성)**
这篇课文他都背出来了。 이 과를 그는 모두 암기해 냈다. **(생성)**

> **꿀팁** '想起来'는 기존에 있던 **기억을 회복**하는 것이고 '想出来'는 **없던 것을 새롭게 생각해 내는 것**을 가리킨다. 그래서 '좋은 방법이 생각났다!'는 '我想起来一个好主意!'가 아니라 我想出来一个好主意!'가 된다.

V + 过来　긍정적 상태로의 전환, 감당 여부, 과거에서 현재로의 변화

经过医生的抢救，他终于醒过来了。 의사의 응급 구조로 그는 마침내 깨어났다. **(긍정 상태로의 변화)**
工作太多，我一个人根本忙不过来。 업무가 너무 많아서 나는 도저히 다 감당할 수 없다. **(감당 여부)**
他真固执，简直劝不过来。 그는 정말 고집이 세서 도저히 말릴 수가 없어. **(감당 여부)**
原来历史就是这样发展过来的。 알고 보니 역사란 바로 이렇게 발전되어 왔구나. **(변화)**

V + 过去　부정적인 상태로의 전환

他倒在地上，假装晕了过去。 그는 땅에 쓰러져 기절한 척했다.

> **꿀팁**　'晕了过去'처럼 **동사와 복합 방향보어 사이에는 '了'가 들어갈 수도 있다.** → 〈V + **了** + 방향보어1 + 방향보어2〉

> **꿀팁**　복합 방향보어 문제는 제시어에서 '下去, 下来, 起来, 过来' 등의 단어가 있다면 이것이 **복합 방향보어임을 인지하고 동사 제시어 바로 뒤에 붙여야** 한다. 제시어가 처음부터 〈V + 了 + 복합 방향보어〉의 형태로 나올 수도 있다.

확인 테스트

밑줄에 들어갈 단어를 고르세요.

1. 他说明年还要在这个学校学_____。
   A 起来　　B 出来　　C 下来　　D 下去　　E 过来

2. 他的电话号码是多少，我想不_____了。
   A 起来　　B 出来　　C 下来　　D 下去　　E 过来

3. 你听_____了没有，这是谁在说话？
   A 起来　　B 出来　　C 下来　　D 下去　　E 过来

4. 人太多，我数不_____。
   A 起来   B 出来   C 下来   D 下去   E 过来

5. 我已经把他的地址在本子上记_____了。
   A 起来   B 出来   C 下来   D 下去   E 过来

정답

01. D : 그는 내년에도 이 학교에서 공부해 나갈 거라고 말했다. **(지속)**
02. A : 그의 전화번호가 무엇인지 나는 생각이 안 난다. **(연상)**
03. B : 너는 들어서 알아낼 수 있겠어? 이것은 누가 말하고 있는 거야? **(식별)**
04. E : 사람이 나무 많아서 내가 다 셀 수가 없다. **(감당)**
05. C : 나는 이미 그의 주소를 노트에 적어 놓았다. **(고정)**

실전 적용하기

```
哭了   委屈得   那个小姑娘   起来
```

풀이 [1단계] '哭'와 '起来'가 결합하면(哭起来) '울기 시작하다'는 의미가 되고 중간에 '了'가 들어갈 수도 있다. '委屈得' 뒤에는 보어가 와야 하므로 '哭了起来'가 오는 것이 알맞다.
→ 委屈得哭了起来

[2단계] '那个小姑娘'이 주어가 된다.
→ 那个小姑娘委屈得哭了起来。

정답 那个小姑娘委屈得哭了起来。 그 아가씨는 억울해서 울기 시작했다.

어휘 委屈 wěiqu [형] 억울하다 [동] 억울하게 하다 5급　姑娘 gūniang [명] 아가씨 5급

■ **수량보어 :** 동사 뒤에서 동작이나 변화와 관련한 수량을 나타낸다.

他在中国住了十年。 그는 중국에서 10년을 살았다. **(시량보어)** ★

▶ 수량보어에는 동작의 횟수를 나타내는 **동량보어**, 동작이나 상태의 지속 시간을 나타내는 **시량보어**, 비교문에서 쓰는 **비교 수량보어**가 있다. 이때 **수량사는 동사 뒤쪽에 놓는 것이 가장 중요하다.**

你晚上能出来一趟吗？ 너 저녁에 한 번 나올 수 있어? **(동량보어)**

他比我大两岁。 그는 나보다 두 살이 더 많다. **(비교 수량보어)**

○ 보어와 목적어 간의 어순 관계 ★

① 일반 어순 : 〈**V + 수량보어 + O**(일반 사물, 추상명사)〉

我想用一下你的电话，可以吗？ 내가 너의 전화를 한 번 쓰고 싶은데 괜찮겠어?

> **꿀팁** '一下'는 동사 뒤, 목적어 앞에 위치한다.
> 양사 '**一下**'는 **동사 뒤에 보어**로 와서 가볍게 '한번 ~해 보다'는 것을 나타낸다. 이때 목적어가 있어도 '一下'를 무조건 끝에 놓으려는 경향이 있다. 하지만 **목적어는 '一下' 뒤에 와서 〈V + 一下 + O〉**의 어순이 된다.
> 예외적으로 **목적어가 인칭 대명사**(我/她/他们…)라면 〈**V + 인칭대명사 + 一下**〉의 어순을 따른다. 하지만 이 어순은 시험에 잘 출제되지 않는다. 예) 你等我一下。 너 잠깐 나 기다려 줘.

② 목적어가 인칭대명사일 경우 : 〈**V + O**(인칭대명사) **+ 수량보어**〉

你等我一下。 너 나 좀 기다려.

③ 목적어가 장소나 사람을 가리키는 경우 : 〈**V + 수량보어 + O**〉, 〈**V + O + 수량보어**〉

你把这个消息告诉一下张老师。 너는 이 소식을 장 선생님께 알려 줘.
你把这个消息告诉张老师一下。
春节前后，我想回一趟老家。 춘절 전후로 나는 고향에 한 번 다녀오고 싶다.
春节前后，我想回老家一趟。

> **꿀팁** 수량사는 일반적으로 동사 뒤에 보어로 온다.
>
> 수량보어를 우리말 어순처럼 '수량사 + 동사'로 하지 않도록 주의하자.
> - 나는 한 시간을 기다렸다. 我<u>一个小时</u>等了。(×) → 我等了<u>一个小时</u>。(O)
> - 이 영화는 나는 두 번 보았다. 这个电影我<u>两遍</u>看过了。(×) → 这个电影我看过<u>两遍</u>了。(O)

```
1. 上调了   贷款利率   3%   此次

2. 涨了   近一倍   价格   丝绸的
```

1.

풀이 **[1단계]** '此次'는 '这次'와 같은 의미로 '贷款利息'를 수식한다.
　　→ 此次贷款利率 (이번 대출 이율)

[2단계] 3%는 상향 조정된 양을 나타내는 보어로 와야 하기 때문에 동사 '上调' 뒤에 온다.
　　→ 此次贷款利率上调了3%。

정답 此次贷款利率上调了3%。 이번 대출 이율이 3% 올랐다.

어휘 上调 shàngtiáo [동] 상향 조정하다 | 贷款 dàikuǎn [동] 대출하다 [명] 대출(금) 5급 | 利率 lìlǜ [명] 이율 5급 | 此 cǐ [대] 이(=这)

2.

풀이 **[1단계]** '丝绸的'는 '价格'를 수식한다.
　　→ 丝绸的价格

[2단계] '近一倍'는 동사(涨) 뒤에 보어로 온다.
　　→ 丝绸的价格涨了近一倍。

정답 丝绸的价格涨了近一倍。 비단 가격이 거의 한 배가 올랐다.

어휘 涨 zhǎng [동] (수위나 물가 등이) 오르다 5급 | 倍 bèi [명] 배, 곱절 4급 | 价格 jiàgé [명] 가격 4급 | 丝绸 sīchóu [명] 비단, 실크 5급

실전 적용하기 2

> 日期　一下　请您　会议　确认

풀이 [1단계] '会议'와 '日期'는 바로 결합하여 '会议日期(회의 날짜)'가 된다. '会议日期'는 '确认(확인하다)' 뒤에 목적어로 오고 '一下'는 그 중간에 온다.
→ 确认一下会议日期

[2단계] '请您'은 문장 맨 앞에 온다.
→ 请您确认一下会议日期。

정답 请您确认一下会议日期。 회의 날짜를 한번 확인해 주세요.

어휘 日期 rìqī [명] 날짜 5급 | 确认 quèrèn [동] 확인하다, 확신하다 5급

꿀팁 〈请您 + V + 一下 + (O)〉는 '한번/ 잠깐 ~해 주세요'라는 의미로 부탁할 때 쓰는 표현이다.

■ **가능보어** : 주·객관적 조건에서 어떤 상황이 발생할 수 있는지 없는지를 나타낸다.

虽然你赢不了她，但我赢得了。 비록 너는 그녀를 이길 수 없지만 나는 이길 수 있어. **(가능보어)**

▶ 가능보어는 구조상 결과보어와 방향보어와 밀접한 관계가 있다.

① **得/不 + 결과보어/방향보어**

你听懂了吗? 我听不懂汉语。 너는 (들어서) 이해했어? 나는 중국어를 못 알아들어.

这个箱子太重了，我拿不起来。 이 상자는 너무 무거워, 내가 못 들겠어.

② **得/不 + 了(liǎo)**

这么多的饭菜你能吃得了吗? 이렇게 많은 음식을 너는 다 먹을 수 있어?

我嗓子很疼，所以吃不了辣的。 나는 목이 아파서 매운 것을 못 먹어.

■ **개사구 보어** : 개사구(개사 + N)가 동사 뒤에 와서 동작 후 이르게 되는 처소(장소), 시간, 대상 등을 나타낸다. ☆

你别把这事放在心上。 너는 이 일을 마음에 담아 두지 마. **(개사구 보어)** ★

▶ 개사구 보어는 〈개사〉편에서 상세하게 설명했고 학습했습니다. 여기서는 주요 예문들만 다시 살펴봅니다.

他来自北京。 그는 베이징에서 왔다. **(来自 : ~에서 오다 | 自北京 : 개사구 보어)**

他出生于12月份。 그는 12월달에 태어났다. **(出生于 : ~에 태어나다 | 于12月份 : 개사구 보어)**

风筝高高地飞向天空。 연이 높이높이 하늘로 날아오른다. **(飞向 : ~로 날다 | 向天空 : 개사구 보어)**

我把作业交给老师了。 나는 숙제를 선생님에게 제출했다. **(交给 : ~에게 제출하다 | 给老师 : 개사구 보어)**

最近我搬到学校附近了。 최근에 난 학교 근처로 이사했다. **(搬到 : ~로 옮기다 | 到学校附近 : 개사구 보어)**

실전 연습 문제

第1-8题: 完成句子。

1.　登记　个人信息　一下　请您　在这儿

2.　格外仔细　观察　得　他

3.　身体　结实　锻炼得　很　小王

4.　两次长城　去过　今年我　总共

5.　坚强　变得　他慢慢　起来

6.　过去　几乎晕了　兴奋得　他

7.　晒得　睁不开　了　眼睛都　太阳

8.　撕　一张纸　她　下来　从本子上

⓫ 기타 주요 출제 유형 모음

앞에서 나오지 않았던 **기타 주요 출제 유형**을 정리했습니다. 각 유형별로 대표 **어순**을 소개하고 그에 필요한 **핵심 어법**을 정리했습니다. 간략하게라도 **꼭 알아야 하는 유형**이니 소홀히하지 말고 꼼꼼하게 학습하도록 합니다.

◆ 순서

1. 〈是~的 구문〉 관련 문제
2. 〈연동문〉 관련 문제
3. 〈겸어문〉 관련 문제
4. 〈有자문〉 관련 문제
5. 〈비교문〉 관련 문제
6. 〈帮〉 관련 문제
7. 〈주어〉 관련 문제
8. 〈了〉 관련 문제

■ 〈是~的〉 관련 문제

풀이 비법 1

어순 S + 是 + 강조 내용 + V + 的

〈是~的〉 구문은 이미 일어난 동작(동사)의 시간, 장소, 방식(줄여서 '시장방') 등을 **강조**하는 구문이다. 제시어에 '是'와 '的'가 있다면 〈是~的〉 구문이 아닐까 의심하면서 '是'는 주어 뒤에, '的'는 문장 맨 끝에 오게 만드는 것이 **가장 중요**하다.

我 是 昨天 回来 的 。
 S 是 강조 내용 V 的

나는 어제 돌아왔다.

돌아온 시간을 강조하는 문장이다.

1. 강조 내용은 동사(V) 앞에 온다.
2. 강조 내용 앞에는 '是'가 오고 문장 끝은 '的'로 끝난다.
3. '是'는 '~이다'가 아니라 강조 내용을 이끄는 역할을 하며 생략이 가능하다.
4. '的'는 '的자구(~하는 것)'가 아니라 이미 발생했음(了)을 나타낸다.

他是从北京来的。 그는 베이징에서 왔다. **(장소 강조)**

他是坐飞机来的。 그는 비행기를 타고 왔다. **(방식 강조)**

你是跟谁打架的? 너는 누구랑 싸웠니? **(대상 강조)**

这件事是小王告诉我的。 이 일은 샤오왕이 나에게 알려 줬다. **(행위자 강조)**

어순에 맞게 배열하여 문장을 완성하세요.

退休　的　父亲是　去年

풀이 **[1단계]** '의미상 '去年'이 '退休'를 수식하기에 알맞다.
→ 去年退休(작년에 퇴직했다)
[2단계] '是'와 '的'가 있으므로 〈是~的〉 구문임을 의심해 볼 수 있다. 따라서 '的'는 문장 끝에 오고 '父亲'이 주어가 된다.
→ 父亲是去年退休的。

정답 父亲是去年退休的。 아버지는 작년에 퇴직하셨다. **(시간 강조)**

어휘 退休 tuìxiū [동] 퇴직하다 5급

1. 的　在街上　老师　我是　碰见

2. 姥姥　这个手工　制作的　是　艺品

3. 老人　这种手机　是专门　为　设计的

4. 这项技术　下来的　是从　流传　古代

1.

풀이 **[1단계]** 개사구인 '在街上(거리에서)'은 동사(碰见) 앞에 온다.
→ 在街上碰见(거리에서 마주치다)
[2단계] '我是'는 맨 앞에 오고, '老师'는 '碰见'의 목적어이므로 동사 뒤에 온다.
→ 我是在街上碰见老师的。

정답 我是在街上碰见老师的。 나는 길거리에서 선생님을 마주쳤다.

어휘 碰见 pèngjiàn [동] 우연히 만나다 5급

꿀팁 〈是~的〉 구문은 과거 동작의 시간, 장소, 방식 등을 강조하는 구문으로, **동사 앞의 내용이 강조 대상**이다. 위 문장에서는 장소(在街上)가 강조되었다.

2.

풀이 **[1단계]** '手工(수공의)'과 '艺品'이 결합하여 한 단어(手工艺品: 수공예품)가 된다.
→ 这个手工艺品
[2단계] '姥姥'는 '制作' 앞에 와서 주술구가 된다.
→ 姥姥制作的(할머니가 제작했다)
[3단계] 이 문장은 결국 '이 수공예품은 외할머니가 만들었다'는 것으로 행위(制作)의 주체(姥姥)를 강조하는 〈是~的〉 구문이므로 '是'는 주어(这个手工艺品) 뒤에 온다.
→ 这个手工艺品是姥姥制作的。

정답 这个手工艺品是姥姥制作的。 이 수공예품은 외할머니가 만들었다.

어휘 姥姥 lǎolao [명] 외할머니 5급 | 手工 shǒugōng [명] 수공 [동] 수공으로 하다 5급 | 制作 zhìzuò [동] 제작하다 5급 | 艺品 yìpǐn [명] 예술품

꿀팁 〈是~的〉 구문은 주로 **동작의 시간, 장소, 방식**을 강조한다고 했지만 위 문제처럼 '**행위자**'를 강조할 수도 있다. 또한 '制作的'를 '制作的这个手工艺品'이라고 하지 않도록 주의하자. 〈是~的〉 구문은 '的'가 끝에 오고 단지 **과거 시제**를 나타낼 뿐 **해석하지 않는다**는 것을 명심하자.

3.

풀이 **[1단계]** '为(~위하여)'는 '老人'과 결합하여 '为老人(노인을 위하여)'이 되고, 이는 동사(设计: 설계하다) 앞에 온다.
→ 为老人设计的(노인을 위해 설계하다)
[2단계] '专门(전문적으로, 특별히)'은 부사이므로 개사구(为老人) 앞에 온다.
→ 是专门为老人设计的
[3단계] '这种手机'가 주어가 된다.
→ 这种手机是专门为老人设计的。

정답 这种手机是专门为老人设计的。 이런 핸드폰은 전문적으로 노인을 위해 설계되었다.

어휘 专门 zhuānmén [부] 특별히, 일부러, 전문적으로 4급 | 设计 shèjì [명/동] 설계(하다), 디자인(하다) 5급

꿀팁 위 〈是~的〉 구문은 대상을 강조하고 있다. 이로써 〈是~的〉 구문이 강조할 수 있는 것으로는 **시간, 장소, 방식**뿐만 아니라 2번에서의 **행위자**, 3번에서의 **대상**도 될 수 있음을 기억하자. 가장 **중요**한 것은 역시 '**是**'와 '**的**'가 있음을 보고 〈是~的〉 **구문이 될 수 있다고 생각**하며 문제를 푸는 것이다.

4.

풀이 [1단계] '是'와 '的'가 모두 있으므로 〈是~的 강조 구문〉을 염두에 두어야 한다. '从'은 시간과 결합하여 개사구를 이루는 경우가 많으므로 '古代'와 결합한다.
→ 是从古代
[2단계] 개사구(从古代) 뒤에는 일반적으로 동사가 오므로 '流传(전해지다)'이 붙는다. '下来'는 **동사 뒤에 방향보어**로 와서 **과거의 어느 시점에서부터 지금까지 지속**된다는 것을 나타내므로 '流传' 뒤에 붙는 것이 좋다.
→ 是从古代流传下来的
[3단계] 자연스럽게 '这项技术'가 주어가 되고, 이 문장은 **시간(从古代)을 강조**하는 〈是~的 강조 구문〉이 된다.
→ 这项技术是从古代流传下来的。

정답 这项技术是从古代流传下来的。 이 기술은 고대로부터 전해져 내려온 것이다.

어휘 技术 jìshù [명] 기술 4급 | 流传 liúchuán [동] 전해지다 5급 | 古代 gǔdài [명] 고대 5급

풀이 비법 2

어순 S + 是 + 강조 내용 + V + 的

〈是~的〉 구문은 **주어에 대한 화자의 판단이나 설명을 강조**할 때도 쓴다.

习惯是慢慢养成的。 습관은 천천히 길러진다. (습관은 어떠한 것이다라고 생각하며 설명하는 어기를 띤다.)

〈是~的〉의 첫 번째 용법이 과거형인 것과 달리 **주로 현재형으로 해석**된다는 점이 다르다. 풀이의 관건은 역시 '是'를 주어 뒤에, '的'를 문장 끝에 놓는 것이다.

어순에 맞게 배열하여 문장을 완성하세요.

是　罚款的　违规停车　要

풀이 [1단계] 조동사(要)는 동사(罚款) 앞에 온다.
　→ 要罚款的(벌금을 부과해야 한다)
[2단계] 의미상 '违规停车'가 주어가 되고, 바로 뒤에 '是'가 온다.
　→ 违规停车是要罚款的。

정답 违规停车是要罚款的。 주차 위반은 벌금을 부과해야 한다.

어휘 罚款 fákuǎn [동] 벌금을 부과하다 [명] 벌금 5급 | 违规 wéiguī [동] 규정을 어기다 | 停车 tíngchē [동] 주차하다

| 1. 要靠　幸福是　争取的　自己 |
| 2. 十分　学习历史　是　必要的 |
| 3. 是　自己手里　命运　掌握在　的 |
| 4. 明星之一　的　他是　我采访过 |

1.

풀이 [1단계] 개사 '靠(~에 의지하여)'는 '自己'와 결합하여(靠自己) 개사구를 이룬다. 이 개사구는 동사 '争取'를 수식한다. → 要靠自己争取的(자신의 힘으로 쟁취해야 한다)
[2단계] '幸福'는 주어로 맨 앞에 온다. → 幸福是要靠自己争取的。

정답 幸福是要靠自己争取的。 행복이란 자신의 힘으로 쟁취해야 하는 것이다.

어휘 靠 kào [동] 의지하다, 다가가다, 기대다 [개] ~에 의지하여 5급 | 争取 zhēngqǔ [동] 쟁취하다 5급

꿀팁 위 문장은 〈是~的〉 구문으로 '행복(幸福)'에 대한 화자의 견해를 강조하고 있다. 즉, 행복이란 자신의 힘으로 쟁취해야 한다는 생각을 표현한 문장이다.

2.

풀이 **[1단계]** 정도부사 '十分(매우)'은 형용사 '必要(필요하다)'를 수식한다.
→ 十分必要的(매우 필요하다)
[2단계] '学习历史(역사를 공부하는 것)'는 주어가 되고, 〈是~的〉 구문이기 때문에 '是'는 주어(学习历史) 뒤에 온다.
→ 学习历史是十分必要的。

정답 学习历史是十分必要的。 역사를 공부하는 것은 매우 필요하다.

어휘 十分 shífēn [부] 매우 4급 | 必要 bìyào [형] 필요하다 [명] 필요성 5급

3.

풀이 **[1단계]** '掌握在(~에 장악되다, ~에 달려 있다)'는 〈동사 + 개사구〉로 '在' 뒤에는 장소나 시간이 와야 한다. 따라서 '手里(손 안에)'가 '掌握在' 뒤에 온다.
→ 掌握在自己手里(자신의 손에 달려 있다)
[2단계] 제시어들로 봤을 때 '命运(운명)'이 주어가 된다.
→ 命运掌握在自己手里
[3단계] '是~的' 구문이기 때문에 주어(命运) 뒤에 '是'를, 문장 끝에 '的'를 넣는다.
→ 命运是在自己手里的。

정답 命运是掌握在自己手里的。 운명은 자신의 손에 달려 있다.

어휘 命运 mìngyùn [명] 운명 5급 | 掌握 zhǎngwò [동] 장악하다, 통제하다, 지배하다 5급

꿀팁 개사 '在(~에)'는 동사 뒤에 보어로 올 수 있다. 이때 어순은 〈V + 在 + 장소/시간〉인데 주로 장소가 많이 온다. 보어란 동사나 형용사 뒤에서 의미를 보완해 주는 성분이다.
- 放在桌子上 탁자 위에 놓다
- 站在树下 나무 아래에 서다
- 放在书包里 가방 속에 넣다
- 留在记忆中 기억 속에 남다

이처럼 '在' 뒤에는 장소가 와야 하는데 '桌子', '树', '书包', '记忆' 등은 장소가 아니므로, 방위사(上, 中, 下, 里)가 필요하다.
- 〈N + 上/中/下/里〉→ 장소화

4.

4번 문제를 〈是~的 강조 구문〉으로 풀 경우 '的'는 무조건 끝에 와야 하기 때문에 '他是我采访过明星之一的'가 된다. 해석은 '그는 내가 스타 중 한 명을 취재했었다'로 되어 **문장이 성립되지 않으므로 이 문제는 〈是자문〉으로 풀어야 한다.**

| 풀이 | [1단계] '他'가 주어가 될 것이다.
→ 他是 (그는 ~이다)
[2단계] 'N + 之一' 식의 표현은 〈是자문〉에서 맨 끝에 온다.
→ 他是…明星之一
[3단계] 주술구(我采访过: 나는 취재한 적이 있다)가 명사(明星)를 수식할 때는 구조조사 '的'가 필요하다.
→ 他是我采访过的明星之一。

| 정답 | 他是我采访过的明星之一。 그는 내가 취재한 스타 중의 한 명이다.

| 어휘 | 明星 míngxīng [명] 스타 5급 | 采访 cǎifǎng [동] 취재하다, 인터뷰하다 5급

| 꿀팁 | 비록 지금 〈是~的 강조 구문〉을 배웠지만, 제시어에서 '是'도 있고 '的'도 있을 때 **강력하게 떠올라야 하는 문장**이 바로 **〈是자문〉**임을 명심하자. 따라서 **먼저 〈是자문〉으로 풀이**를 해 보고 **이상하면** 그때 〈是~的 강조 구문〉으로 시도하는 것이 좋은 순서이다.

■ 〈연동문〉 관련 문제

〈연동문〉이란, **하나의 주어**가 행하는 **동작(동사)이 두 개 이상** 연이어 사용된 문장을 가리킨다. 제시어를 보고 동사가 두 개 이상 나왔을 경우 〈연동문〉을 의심해 보아야 한다.

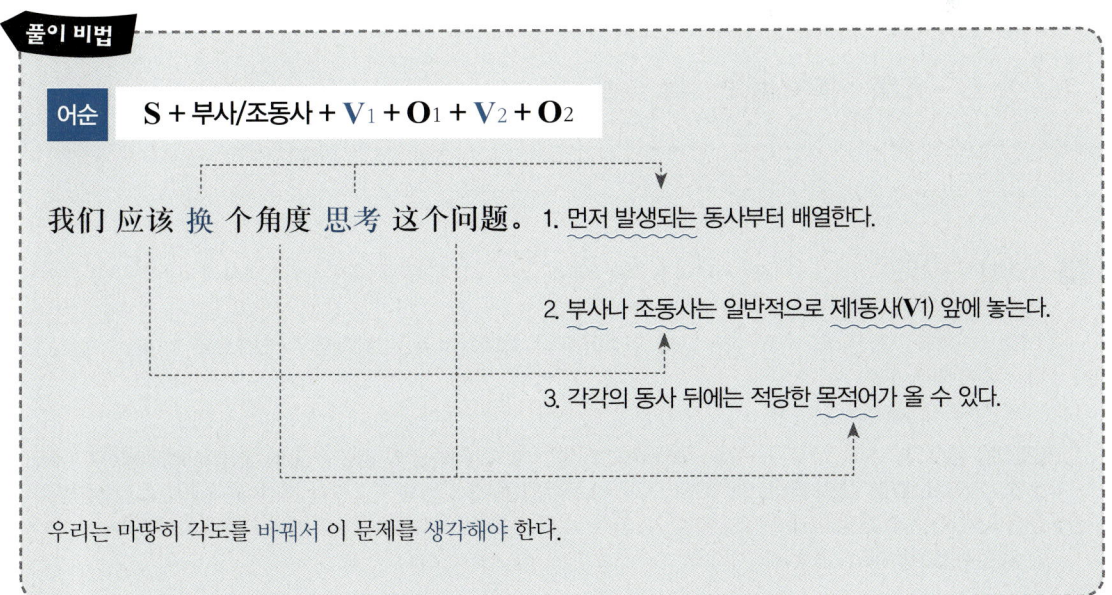

풀이 비법

어순 S + 부사/조동사 + V₁ + O₁ + V₂ + O₂

我们 应该 换 个角度 思考 这个问题。
1. 먼저 발생되는 동사부터 배열한다.
2. 부사나 조동사는 일반적으로 제1동사(V1) 앞에 놓는다.
3. 각각의 동사 뒤에는 적당한 목적어가 올 수 있다.

우리는 마땅히 각도를 바꿔서 이 문제를 생각해야 한다.

어순에 맞게 배열하여 문장을 완성하세요.

用　大家　他的到来　欢迎　热烈的掌声

풀이 [1단계] 동사가 두 개(用, 欢迎)있으므로 〈연동문〉이 될 수 있다. 환영하기(欢迎) 전에 먼저 뜨거운 박수를 이용하기(用) 때문에 '用'을 V1로 쓰고, 그 뒤에는 '热烈的掌声'이 목적어로 온다.
→ 用热烈的掌声欢迎

[2단계] 의미상 '大家'가 주어가 될 것이다. '欢迎' 뒤에는 '他的到来'가 목적어로 오는 것이 알맞다.
→ 大家用热烈的掌声欢迎他的到来。

정답 大家用热烈的掌声欢迎他的到来。 모두가 뜨거운 박수로 그의 도착을 환영했다.

어휘 到来 dàolái [동] 도래하다　**꿀팁** 위 문제에서는 '명사'로 쓰였다. 중국어에서 많은 동사들은 형태상의 변화 없이도 명사처럼 기능할 수 있다. (예: 他的死重于泰山。 그의 죽음은 태산보다 무겁다.) | 热烈 rèliè [형] 열렬하다, 뜨겁다 5급 | 掌声 zhǎngshēng [명] 박수 소리

1.　课程　我想等　结束后　去实习

2.　决心　克服　所有困难　你　要有

1.

풀이 [1단계] 조동사(想: ~하고 싶다)를 제외하고 '等', '结束', '去', '实习' 등 동사가 4개나 나온다. 여기서 '等'은 '后'와 함께 〈等~后~〉의 형태로 '~한 후에 ~하다'의 뜻으로 쓰인다. 따라서 우리가 실질적으로 생각할 동사는 '结束(끝나다)'와 '实习(실습하다)'이다. '교육 과정이 끝난' 후에야 비로소 '실습'할 수 있으므로 '结束'가 '实习'보다 앞쪽에 와야 한다.
→ 我想等…结束后…去实习

[2단계] '结束'는 〈S + 结束 + O〉의 형태로도 쓰지만(예: 我们终于结束了今天的工作), 목적어(O)가 주어로 와서 〈O + 结束了〉의 형태로도 쓰인다.(예: 今天的工作终于结束了。) 또한 제시어 자체(结束后)에 '后'가 붙어 있기 때문에 '结束后课程'이라고 쓸 수 없다. 따라서 '课程(교육 과정)'은 '结束后' 앞에 와야 한다.
→ 我想等课程结束后去实习。

정답 我想等课程结束后去实习。 나는 교육 과정이 끝난 후 실습하러 가고 싶다.

어휘 课程 kèchéng [명] 교육 과정, 커리큘럼, 과목 5급 | 结束 jiéshù [동] 끝내다, 마치다 3급 | 实习 shíxí [동] 실습하다, 인턴하다 5급

꿀팁 〈等 + 동사구/주술구(+ 的时候/后/之后) + (再/才/就)…〉의 문형
'等'이 다른 절 앞에 쓰여 동작이 일어난 시각을 나타낸다.
- 等他来了再说。 그가 온 다음에 얘기합시다.
- 他想等事业成功后再结婚。 그는 사업이 성공한 후에 결혼하고 싶어 한다.

2.

풀이 [1단계] 동사 '克服(극복하다)' 뒤에는 '所有困难(모든 어려움)'이 목적어로 오는 것이 알맞다.
→ 克服所有困难(모든 어려움을 극복하다)

[2단계] 〈연동문〉에서 조동사는 일반적으로 V1 앞에 온다. '要有' 덩어리로 제시되었으므로 '有'가 제1동사가 되어야 하고 '你'가 주어로 온다.
→ 你要有…克服所有困难

[3단계] '决心(결심, 결심하다)'은 '有'의 목적어로 오는 것이 알맞다.
→ 你要有决心克服所有困难。

정답 你要有决心克服所有困难。 너는 모든 어려움을 극복할 결심을 가져야 한다.

어휘 决心 juéxīn [동] 결심하다 [명] 결심 5급 | 克服 kèfú [동] 극복하다 5급 | 困难 kùnnan [명] 어려움, 고난 [형] 어렵다, 힘들다 4급

오답분석 你要有克服所有困难决心。
이 문장이 성립되려면 '克服所有困难'이 '决心'을 수식할 수 있도록 구조조사 '的'가 들어가야 한다. 왜냐하면 **동목구(V + O)가 명사를 수식할 때는 반드시 '的'를 써야** 하기 때문이다. (예: 学汉语的方法 중국어를 배우는 방법 | 解决问题的方法 문제를 해결하는 방법) 따라서 이 문제는 〈有연동문〉의 어순으로 풀어야 한다.

꿀팁 〈有연동문〉
'有'가 제1동사로 오는 연동문을 가리키며 일반적으로 아래와 같은 어순을 따른다.

每个人都有责任。 + 每个人都保护环境。
모든 사람은 책임을 가지고 있다. + 모든 사람은 환경을 보호한다.

⬇ 의미상 수식

每个人 都 有责任 保护环境。
S   有 + O₁   V₂ + O₂

모든 사람은 환경을 보호할 책임을 가지고 있다.
= 每个人都有保护环境的责任。 → 〈有자문〉

- 我没有时间看电视。 나는 텔레비전을 볼 시간이 없다.

■ 〈겸어문〉 관련 문제

> **풀이 비법**

'겸어'란 V₁(让/使/令/请…)의 **목적어(O)**가 V₂(혹은 형용사)의 **주어(S)**가 되는 성분을 가리킨다. 그리고 이 겸어가 있는 문장을 〈겸어문〉이라고 한다.

1. 〈사역동사〉 겸어문

어순 S + 让/使/令 + O · S + V/A + (O)

'让, 使, 令' 등의 사역동사가 나오면 〈S + 让/使/令 + O · S + A/V + (O)〉 어순으로 배열한다. 이때 주어와 겸어의 위치를 혼동하지 않도록 주의하고, '使' 뒤에는 명사나 대명사를 놓고 그 뒤에 동사나 형용사를 놓는 것이 풀이의 핵심이다.

　　　　　　　　　　겸어
　　　　他的话 使 |我| 很生气。 그의 말은 나를 화나게 한다.
　　　　　S　　V₁　O·S　V₂

그의 말은 나를 ~하게 한다. + 나는 매우 화가 난다.

比赛结果让大家很失望。 시합 결과는 모두로 하여금 실망케 했다. **(让 + 대명사 + 동사)**

这样做只能使问题更复杂。 이렇게 하는 것은 단지 문제를 더 복잡하게 만들 뿐이다. **(使 + 명사 + 형용사)**

2. 〈有〉 겸어문

어순 S + 有 + O · S + V/A + (O)

'有'가 V₁로 오면 겸어문을 이룰 수 있는데 해석할 때는 'S는 V/A하는 겸어가 있다'로 한다. 풀이의 핵심은 '有' 바로 뒤에 명사(N)를 겸어로 놓는 것이다.

　　　　　　　　겸어
　　　　外面 有 |人| 找 你。 밖에 널 찾는 사람이 있어.
　　　　　S　V₁　O·S　V₂

밖에 사람이 있다. + (그) 사람은 너를 찾는다.

我有个亲戚是律师。 나는 변호사인 한 친척이 있다. **(겸어 : 亲戚)**

有没有人知道卫生间在哪儿? 화장실이 어디 있는지 아는 사람 없어? **(겸어 : 人) = 무주어 겸어문**

▶ 〈有没有人 + V ~?〉 (V~하는 사람 있어요?)는 일종의 의문문으로 주어가 없는 겸어문이다.

3. 기타 겸어문

어순 S + 催/担心/请 + O · S + V/A + (O)

사역동사(让, 使, 令, 叫)뿐만 아니라 '**심리동사**(羨慕, 担心, 喜欢, 讨厌⋯)', '(邀)请', '催(재촉하다)' 등도 겸어문이 될 수 있다.

我 想 请 李教授(겸어) 参加 我的婚礼。 나는 이 교수님께 나의 결혼식에 오시라고 청하고 싶다.
S   V₁   O·S   V₂

나는 이 교수님에게 청하고 싶다 + 이 교수가 나의 결혼식에 온다.

他催我快点儿还钱。 그는 나보고 빨리 돈을 갚으라고 재촉했다. **(겸어 : 我)**
我真担心他考不上大学。 나는 그가 대학에 합격하지 못할까 봐 정말 걱정이다. **(겸어 : 他)**

어순에 맞게 배열하여 문장을 완성하세요.

> 令人   表现   很遗憾   他的

풀이 [1단계] '他的'는 '表现(활약, 성적, 태도)'을 수식하는 것이 알맞다.
→ 他的表现

[2단계] 사역동사 '令'이 있으므로 이 문장은 〈겸어문〉이 될 것이다. 따라서 '他的表现'이 주어가 되고 '人'은 겸어가 되고 '遗憾'은 V₂가 된다.
→ 他的表现令人很遗憾。

정답 他的表现令人很遗憾。 그의 활약은 사람으로 하여금 아쉽게 한다.

어휘 令 lìng [동] ~하게 하다 | 表现 biǎoxiàn [동] 표현하다, 활약하다 [명] 표현, 태도, 성적, 활약 | 遗憾 yíhàn [형] 유감이다, 안타깝다

꿀팁 '表现'의 2가지 뜻
'表现'은 '**표현하다**'의 뜻뿐만 아니라 명사로서 '**활약, 성적, 태도**' 등의 뜻도 있다.
- 小王的工作表现很突出。 샤오왕의 업무 성적(태도)은 매우 뛰어나다.
- 这本书表现出了丰富的想象力。 이 책은 풍부한 상상력을 표현했다.

> 1. 令人　启发　他的发言　深受
>
> 2. 感到　使　她的行为　奇怪　我
>
> 3. 佩服　勇气　那些士兵的　真让人
>
> 4. 期待会　出现　大家　有奇迹

1.

풀이 **[1단계]** '深受(깊이 ~을 받다)'는 '启发(일깨우다, 깨달음)'와 호응해서 동목구가 된다.
→ 深受启发(깊이 깨달음을 받다)
[2단계] '令'이 있기 때문에 이 문장은 겸어문임을 알 수 있다. 따라서 '他的发言'은 주어가 된다.
→ 他的发言令人深受启发。

정답 他的发言令人深受启发。 그의 발언은 사람으로 하여금 깊이 깨달음을 받게 했다.

어휘 启发 qǐfā [동] 일깨우다 [명] 깨달음, 일깨움 5급 | 发言 fāyán [동] 발언하다 5급 | 深受 shēnshòu 깊이 받다

2.

풀이 **[1단계]** '感到(~라고 느끼다)'는 '奇怪(이상하다)'와 동목구가 된다.
→ 感到奇怪(이상하다고 느끼다)
[2단계] 겸어문이므로 '她的行为'가 주어로 온다.
→ 她的行为使我感到奇怪。

정답 她的行为使我感到奇怪。 그녀의 행위는 나를 이상하게 느끼게 만들었다.

어휘 使 shǐ [동] ~하게 하다 4급 | 行为 xíngwéi [명] 행위 5급 | 奇怪 qíguài [형] 이상하다 3급

꿀팁 '感到'는 뒤에 형용사를 목적어로 취할 수 있다.
· 感到高兴 | 感到意外 | 感到紧张

3.

풀이 **[1단계]** '那些士兵的'는 '勇气(용기)'와 결합한다.
→ 那些士兵的勇气(그 병사들의 용기)

[2단계] '让人' 뒤에는 동사나 형용사가 와야 하므로 '佩服(탄복하다)'가 온다.
→ 那些士兵的勇气真让人佩服。

정답 那些士兵的勇气真让人佩服。 그 병사들의 용기는 정말 사람으로 하여금 감탄하게 한다.

어휘 佩服 pèifú [동] 감탄하다, 탄복하다 5급 | 勇气 yǒngqì [명] 용기 5급 | 士兵 shìbīng [명] 병사 5급

4.

풀이 **[1단계]** 제시어들을 모두 살펴봤을 때 주어는 '大家'가 될 것이다. 그리고 '期待(기대하다)'는 '大家' 바로 뒤에 오는 것이 알맞다.
→ 大家期待会

[2단계] 조동사 '会' 뒤에는 동사가 와야 한다. 만약 '会出现有奇迹'로 쓰면 '有'가 필요 없으므로 '有'를 삭제해야 성립될 수 있다.(会出现奇迹: 기적이 나타날 것이다) 하지만 '期待会有奇迹出现'으로 쓰면 〈有겸어문〉이 되어 올바른 어순이 된다. 이때 〈有 + N + V〉는 '어떤 N이 V한다'라고 해석하는 것이 좋다.
→ 大家期待会有奇迹出现。

정답 大家期待会有奇迹出现。 모두가 어떤 기적이 출현하기를 기대한다.

오답분석 大家期待会出现有奇迹。
위 문장이 성립되려면 '有'를 삭제하여 '大家期待会出现奇迹。'로 써야 한다. 이렇게 되면 이 문장은 겸어가 없어지기 때문에 〈겸어문〉이 아니다.

꿀팁 〈大家期待会有奇迹出现。〉의 문장 구조 분석

大家 / 期待 会 有 奇迹 出现 。← 大家期待会有奇迹 + 奇迹出现
     V₁ 겸어 V₂   V₁ + O + S + V₂
S / V + O

■ 〈有字문〉 관련 문제

〈有字문〉이란 '有'가 술어가 되는 문장을 가리킨다. 〈有字문〉은 'S는 ~한 O를 가지고 있다'라고 해석되도록 **명사 목적어(O)를 맨 끝에 놓는 것이 핵심이다.**

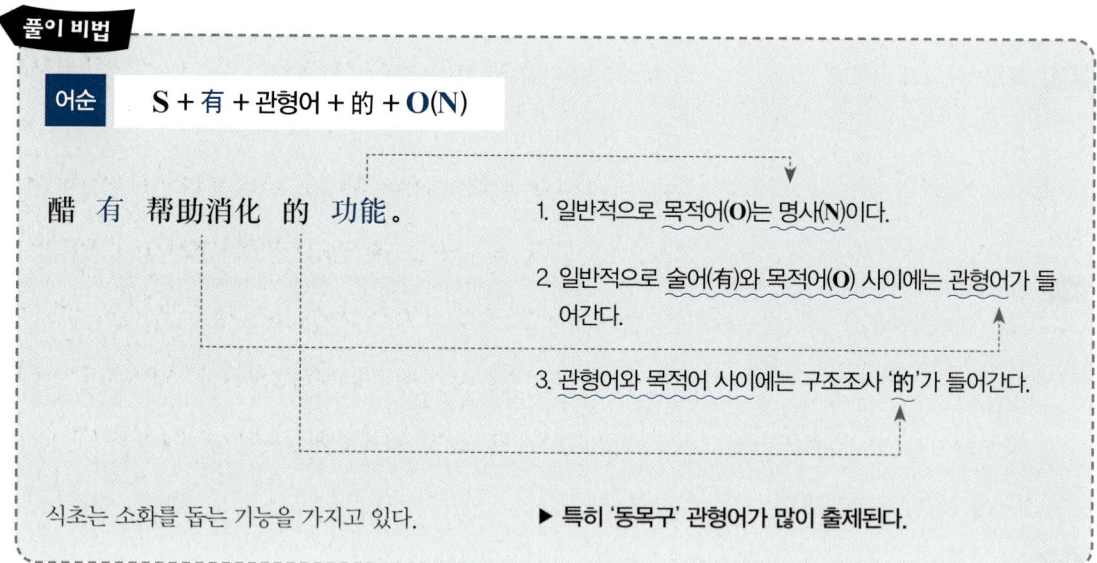

어순에 맞게 배열하여 문장을 완성하세요.

勇气　要有　追求梦想　我们　的

풀이 **[1단계]** 〈有字문〉이기 때문에 목적어(O)는 명사로 끝나야 하기 때문에 '勇气(용기)'가 알맞다.
→ 我们…要有…勇气

[2단계] 동목구인 '追求梦想(꿈을 추구하다)'은 '的'와 함께 '勇气'를 수식한다.
→ 我们要有追求梦想的勇气。

정답 我们要有追求梦想的勇气。 우리는 마땅히 꿈을 추구하는 용기를 가져야 한다.

어휘 勇气 yǒngqì [명] 용기 4급 | 梦想 mèngxiǎng [명] 꿈, 이상 5급 | 追求 zhuīqiú [동] 추구하다 5급

 **실전 적용하기**

> 1. 一点儿 讽刺 色彩 带有 这部小说
> 2. 各有 你们设计 程序 优缺点 的
> 3. 通常有 几吨 亚洲大象 重

1.

풀이 **[1단계]** '讽刺(풍자하다, 풍자)'와 '色彩(색채)'는 직접 결합하여 '讽刺色彩(풍자 색채)'가 된다. '带有(지니고 있다)'는 결국 '有'의 뜻이므로 〈有자문〉이라고 생각하고 풀어야 한다. 〈有자문〉은 끝에 목적어로 명사가 와야 하므로 '讽刺色彩(풍자 색채)'가 오는 것이 알맞다.
→ 带有…讽刺色彩

[2단계] '这部小说'가 주어가 될 것이고, '一点儿(약간, 조금)'은 양사로서 명사를 바로 수식할 수 있기 때문에 '讽刺色彩' 앞에 온다.
→ 这部小说带有一点儿讽刺色彩。

정답 这部小说带有一点儿讽刺色彩。 이 소설은 약간의 풍자 색채를 띠고 있다.

어휘 讽刺 fěngcì [동] 풍자하다 [명] 풍자 5급 | 色彩 sècǎi [명] 색채, 색깔 5급

2.

풀이 **[1단계]** 제시어 중 '有'가 있으므로, 이 문장은 '有'가 술어가 되는 〈有자문〉일 수 있음을 인식해야 한다. 제시어 중 '有'의 적절한 목적어는 '优缺点(장단점)'이다. '各有'는 ' 각자 ~을 가지고 있다'는 뜻이다.
→ 各有…优缺点

[2단계] 다음으로 주어를 고민해야 한다. '你们设计(너희들이 설계하다)'가 '程序(프로그램)'를 수식하고 그 사이에 '的'가 들어간다. 왜냐하면 **주술구(你们设计)가 명사(程序)를 수식할 때는 '的'를 써야 하기 때문**이다. 그리고 이 전체는 맨 앞에 주어로 온다.
→ 你们设计的程序各有优缺点。

정답 你们设计的程序各有优缺点。 당신들이 설계한 프로그램은 각자 장단점을 가지고 있다.

어휘 设计 shèjì [동] 설계하다 5급 | 程序 chéngxù [명] (컴퓨터의) 프로그램, (일의) 절차 5급 | 优缺点 yōuquēdiǎn [명] 장단점 4급

3.

풀이 **[1단계]** '有'는 〈有 + 수량구〉의 형식을 취하여 '어느 정도에 도달한다'라는 의미를 나타낼 수 있다. 따라서 수량구인 '几顿(몇 톤)'은 '有' 뒤에 오고, 의미상 '亚洲大象(아시아 코끼리)'은 주어로 온다.
→ 亚洲大象…通常有…几顿

[2단계] '重'은 '무겁다'는 뜻이므로 '几吨' 뒤에 온다.
→ 亚洲大象通常有几吨重。

정답 亚洲大象通常有几吨重。 아시아 코끼리는 통상적으로 몇 톤의 무게에 달한다.

어휘 通常 tōngcháng [부] 통상적으로, 일반적으로 [형] 통상적이다, 일반적이다 5급 | 吨 dūn [명] 톤 5급 | 亚洲 Yàzhōu [명] 아시아 4급 | 大象 dàxiàng [명] 코끼리 5급

> **꿀팁**
>
> **有 + 수량구 : ~ 정도에 도달하다**
> S + 有 + 수량구 + (형용사) : S는 수량구만큼 된다.
> • 这条鱼足足有四斤(重)。 이 물고기는 족히 4근은 된다.

■ 〈비교문〉 관련 문제

> **풀이 비법**
>
> 〈비교문〉 문제는 기본 어순만 알고 있으면 단순 적용으로도 쉽게 풀 수 있으므로 아래 어순을 외우도록 하자. 비교를 선명하게 하기 위해서 **주어(S)를 A**라고 하고 **비교 대상을 B**라고 표현하였다.
>
> **1. '比' 비교문**
>
> **A + 比 + B +** (更/还) **+ 형용사/동사** : A는 B보다 더 ~하다 **(일반 형식)**
>
> **A + 不 + 比 + B + 형용사** : A는 B보다 더 ~하지 않다 **(부정 형식)**
>
> **A + 比 + B + 형용사 +** 得多/多了 : A는 B보다 훨씬 ~하다 **(차이가 많이 날 때)**
>
> **A + 比 + B + 형용사 +** 一些/一点儿 : A는 B보다 약간 ~하다 **(차이가 조금 날 때)**
>
> **A + 比 + B + 동사/형용사 + 수량구** : A는 B보다 수량구만큼 더 ~하다 **(구체적인 차이를 나타낼 때)**
>
> 北方的气候比这里更/还冷。 북방의 날씨는 이곳보다 더 춥다.
>
> 北方的气候不比这里冷。 북방의 날씨는 이곳보다 춥지 않다.
>
> 北方的气候比这里冷得多。 북방의 날씨는 이곳보다 훨씬 더 춥다.
>
> 北方的气候比这里冷一些/一点儿。 북방의 날씨는 이곳보다 약간 더 춥다.
>
> 今年的产量比去年增加了20%。 올해 생산량은 작년보다 20% 증가했다.

2. '有' 비교문

A + 有/没有 + B + 那么/这么 + 형용사 : A는 B만큼 그렇게/이렇게 ~하다/하지 않다

▶ 이때 '有'의 뜻은 '达到(어느 정도에 이르다)'의 의미이다.

他有你这么高。 그는 너만큼 커.

考试没有想象的那么难。 시험이 생각했던 것보다 어렵지 않다.

3. '跟' 비교문

A + 跟/和/同 + B + 一样/相同/差不多 : A는 B와 같다/같다/비슷하다
A + 跟/和/同 + B + 一样 + (형용사) : A는 B와 같이 ~하다

今天的产量同去年一样。 올해 생산량은 작년과 같다.
▶ '同'도 '和'나 '跟' 대신에 쓸 수 있다.

这件衣服跟那件一样贵。 이 옷은 저 옷과 같이 비싸다.

4. '不如' 비교문

A + 不如 + B + (형용사) : A는 B만 못하다
A + 不如 + B + 那么 + 형용사 : A는 B만큼 ~하지 못하다

我的成绩不如你。 내 성적은 너만 못해.

弟弟不如哥哥那么聪明。 동생은 형만큼 똑똑하지 못하다.(=弟弟没有哥哥那么聪明。)

5. '相当于' 비교문

鸟的翅膀相当于人的手臂。 새의 날개는 사람의 팔에 상당한다.

这笔钱相当于我一个月的工资。 이 돈은 내 한 달 월급과 맞먹는다.

어순에 맞게 배열하여 문장을 완성하세요.

> 比陆地　面积　大　海洋的　得多

풀이 [1단계] '海洋的'는 '面积'와 결합한다.
→ 海洋的面积(바다의 면적)
[2단계] 〈比 비교문〉에서 '得多(훨씬)'는 형용사(大) 뒤에 온다.
→ 比陆地大得多(훨씬 크다)
[3단계] 비교문 어순에 따라 '海洋的面积'가 주어가 된다.
→ 海洋的面积比陆地大得多。

정답 海洋的面积比陆地大得多。 바다의 면적은 육지보다 훨씬 크다.

어휘 陆地 lùdì [명] 육지 5급 | 面积 miànjī [명] 면적 5급 | 海洋 hǎiyáng [명] 해양, 바다 4급

1. 更出色　他　比我　在业务方面
2. 那么激烈　并　决赛　没有　想象的
3. 比上次　高　难度明显　这次考试的

1.

풀이 [1단계] 비교문이므로 '比 + O' 뒤에는 동사나 형용사(更出色)가 오고, '他'는 주어가 됨을 알 수 있다.
→ 他…比我更出色(그는 나보다 더 뛰어나다)
[2단계] 개사구(在业务方面: 업무 방면에서)는 동사나 형용사를 수식하는 것이 제1기능이다. '出色(뛰어나다)'가 형용사이므로 '在业务方面'은 그 앞쪽에 와야 하지만 이미 '比我'가 붙은 상태이기 때문에 그 앞에 온다.
→ 他在业务方面比我更出色。

정답 他在业务方面比我更出色。 그는 업무 방면에 있어서 나보다 더 뛰어나다.

어휘 出色 chūsè [형] 대단히 뛰어나다 5급 | 业务 yèwù [명] 업무 5급 | 方面 fāngmiàn [명] 방면 4급

2.

풀이 **[1단계]** 부사(并: 결코)는 동사(没有) 앞에 온다.
→ 并没有
[2단계] 제시어들로 봤을 때 '有' 비교문임을 알 수 있다. 따라서 '决赛(결승전)'는 주어, '想象的(상상한 것, 생각한 것)'는 비교 대상이다. '有' 비교문 어순 〈S + 没有 + N(명사) + 那么/这么 + A〉에 맞게 배열한다.
→ 决赛并没有想象的那么激烈。

정답 决赛并没有想象的那么激烈。 결승전이 결코 생각만큼 그렇게 치열하진 않았다.

어휘 激烈 jīliè [형] 치열하다 5급 | 并 bìng [부] 결코 [접] 그리고 | 决赛 juésài [명] 결승전 5급 | 想象 xiǎngxiàng [동] 상상하다 5급

3.

풀이 **[1단계]** '这次考试的'는 '难度(난이도)'를 수식한다.
→ 这次考试的难度(이번 시험의 난이도)
[2단계] 제시어 '难度明显(난이도가 현저하다)' 자체는 의미상으로 온전한 상태는 아니다. 따라서 뒤에 추가적으로 더 붙어야 의미가 연결될 수 있다.
→ 这次考试的难度明显…
[3단계] '比上次', '高', '这次考试的难度明显' 이 세 덩어리들을 〈比 비교문〉 어순에 맞게 배열하면 '这次考试的难度'가 주어가 되도록 맨 앞으로 위치시킨다.
→ 这次考试的难度明显比上次高。

정답 这次考试的难度明显比上次高。 이번 시험의 난이도는 현저하게 지난 번보다 높다.

어휘 难度 nándù [명] 난이도 | 明显 míngxiǎn [형] 분명하다, 뚜렷하다 5급

1. 比他 还 我 讲究卫生
2. 不如 勤奋 他 她那么
3. 多了 比超市的 市场的 蔬菜 新鲜
4. 钢铁出口 10% 今年本市 增长了 比去年

1.

풀이 **[1단계]** '比他'로 제시되었기 때문에 '我'가 주어가 되고, 술어는 '讲究卫生'이 된다.
→ 我…比他…讲究卫生

[2단계] 〈比비교문〉어순에 따라 '还'는 '更'과 같은 역할을 하므로 '讲究卫生' 앞에 쓴다.
→ 我比他还讲究卫生。

정답 我比他还讲究卫生。 나는 그보다 더 위생을 중요시한다.

어휘 讲究 jiǎngjiū [동] 중요시하다, 신경 쓰다 [명] 주의사항 5급 | 卫生 wèishēng [명] 위생 [형] 위생적이다 5급

2.

풀이 **[1단계]** '她那么' 뒤에는 형용사가 와야 하므로 '勤奋(근면하다)'이 온다.
→ 她那么勤奋

[2단계] '他'는 주어가 되고, '不如'는 그 뒤에 온다.
→ 他不如她那么勤奋。

정답 他不如她那么勤奋。 그는 그녀만큼 그렇게 근면하지 않다.

어휘 不如 bùrú [동] ~만 못하다 5급 | 勤奋 qínfèn [형] 근면하다 5급

3.

풀이 **[1단계]** '比超市的'로 제시되었기 때문에, 주어는 '市场的蔬菜'가 된다.
→ 市场的蔬菜比超市的

[2단계] '新鲜'은 술어이고, '多了'는 보어로 오기 때문에 '新鲜' 뒤에 온다.
→ 市场的蔬菜比超市的新鲜多了。

정답 市场的蔬菜比超市的新鲜多了。 시장의 채소는 슈퍼마켓의 것보다 훨씬 더 신선하다.

어휘 蔬菜 shūcài [명] 채소 5급

4.

풀이 **[1단계]** '比去年'으로 제시되었기 때문에 '今年本市'와 '钢铁出口'가 결합하여 주어로 온다.
→ 今年本市钢铁出口比去年

[2단계] '增长了'는 술어로 오고, 비교의 차이를 나타내는 '10%'는 술어의 뒤에 비교 수량보어로 온다.
→ 今年本市钢铁出口比去年增长了10%。

정답 今年本市钢铁出口比去年增长了10%。 올해 본 도시의 철강 수출이 작년보다 10% 성장했다.

어휘 钢铁 gāngtiě [명] 강철, 철강 5급 | 出口 chūkǒu [동] 수출하다 5급 | 本市 běnshì [명] 이 도시, 본 시 | 增长 zēngzhǎng [동] 성장하다

■ 〈帮〉 관련 문제

풀이 비법

어순 S + 帮 + 사람 + V + (一下) + (O)

1. '帮'은 동사로 '돕다(≒帮助)'는 뜻이다.

    你帮我。 네가 나를 도와줘.

2. 시험에서는 종종 주어가 생략되어 〈帮 + 사람 + V + (一下) + (O)〉의 어순으로 출제된다. 이때 '一下'는 동량보어로서 동작의 가벼운 시도를 나타낸다.

    (你)帮我翻译一下这个句子。 (네) 나를 도와서 이 문장을 한번 번역해 줘.

기출 맛보기

어순에 맞게 배열하여 문장을 완성하세요.

| 往返的机票　　帮我　　预订　　请 |

풀이 **[1단계]** '帮我(나를 도와 ~하다)' 뒤에는 동사(预订: 예약하다)가 와야 한다.
→ 帮我预订
[2단계] 동사(预订)는 목적어를 취하니까 '往返的机票'가 오는 것이 좋고, '请'은 맨 앞에 온다.
→ 请帮我预订往返的机票。

정답 请帮我预订往返的机票。 나를 도와 왕복 비행기표를 예약해 주세요.

어휘 往返 wǎngfǎn [동] 왕복하다 5급 | 机票 jīpiào [명] 비행기표 | 预订 yùdìng [동] 예약하다 5급

적용하기

| 他　　打听一下　　帮我　　答应 |

| 풀이 | **[1단계]** '帮我' 뒤에는 동사가 와야 하므로 의미상 '打听一下'가 알맞다.
→ 帮我打听一下(나를 도와/나를 위해 한번 물어보다)
[2단계] '他'와 '答应'이 결합하여 주술구가 된다.
→ 他答应(그는 동의하다)
[3단계] '他答应'은 '주어 + 동사'의 구조이므로 뒤에는 적당한 의미의 목적어(帮我打听一下)가 올 수 있다.
→ 他答应帮我打听一下。

| 정답 | 他答应帮我打听一下。 그는 나를 도와 한번 물어봐 주기로 동의했다.

| 어휘 | 打听 dǎting [동] 물어보다 5급 | 答应 dāying [동] 동의하다, 허락하다 5급

| 꿀팁 | 목적어는 명사만 가능하다는 생각을 버려라. 동사구도 목적어가 될 수 있다. '我害怕打针.' 이 문장에서 동사구(打针: 주사를 맞다)도 동사(害怕)의 목적어로 올 수 있음을 알 수 있다. 위 문장 역시 동사 '答应' 뒤에는 '나를 **도와** 한번 **물어보다**'라는 행위 즉, 동사구가 목적어로 왔다는 것을 깨달아야 한다. **동사구**란 **동사를 중심으로 이루어진 단어들의 모임**을 가리킨다.

■ 〈주어〉 관련 문제

풀이 비법

1. 명령, 부탁, 마땅한 도리 등을 나타내는 문장은 주어가 없을 수 있다. 따라서 '请', '要', '不要', '应该' 등이 나오면 주어 없이 **이들이 가장 앞에 올 수 있다.**

   不要迟到。지각하지 마.

2. 행위자뿐만 아니라 **동작의 대상(동사의 목적어)도 주어가 될 수 있다.**

   衣服洗干净了。옷이 깨끗하게 빨렸다.

3. 제시어 중 '这~'가 들어간다고 해서 무조건 주어라고 생각하지 않는다. '这个人', '这个地方'처럼 '这'로 시작했을 때 이 제시어를 주어라고 생각해서 틀리는 경우가 종종 있으므로 주의하도록 하자.

   请按照这个方式装修一下。이 방식으로 인테리어해 주세요.

이런 류의 문제를 틀리지 않으려면 가장 중요한 것이 **주어를 먼저 정하지 말고 동사나 형용사를 찾아서 술어**를 만들고 그 다음으로 목적어, 마지막으로 남은 단어 중에서 **주어를 정하는 것**이다.

※ 풀이 순서 : 술어(동사/형용사) → 목적어 → 주어

어순에 맞게 배열하여 문장을 완성하세요.

> 独立思考的　应该　能力　培养孩子

풀이 [1단계] '思考的' 뒤에는 '能力'가 오는 것이 좋다.
→ 独立思考的能力(독립적으로 사고하는 능력)

[2단계] 조동사(应该)는 동사(培养) 앞에 온다.
→ 应该培养孩子

[3단계] '培养(배양하다, 기르다)'은 '能力'와 결합하여 동목구로 호응할 수 있으므로 '独立思考的能力'를 '培养孩子'의 뒤쪽에 놓는다.
→ 应该培养孩子独立思考的能力。

정답 应该培养孩子独立思考的能力。 아이의 독립적으로 사고하는 능력을 길러 주어야 한다.

어휘 独立 dúlì [형] 독립적이다 5급 | 思考 sīkǎo [동] 사고하다, 생각하다 5급 | 培养 péiyǎng [동] 배양하다, 기르다 5급

꿀팁 '孩子独立思考的能力'에서 '孩子'는 **소유를 나타내는 관형어**(명사를 수식하는 성분)이다. 이것을 직역하면 '**아이의 독립적으로 사고하는 능력**'이 된다. 이처럼 명사를 수식하는 단어(관형어)가 여러 개 있을 때 **소유나 소속을 나타내는 단어는 가장 앞에 온다.**
- 他是我最好的朋友。 그는 나의 가장 좋은 친구이다. ('我'는 '朋友'를 수식하는 소유 관형어)

1. 否定　不要　他人　轻易

2. 停车场　就　这座建筑的对面　在

3. 会陆续　大家的　录取通知书　发给

4. 培养孩子　消费观念　应该　正确的

1.

풀이 **[1단계]** 동사(否定)는 목적어를 취하기 때문에 '他人(타인)'을 목적어로 놓는다.
→ 否定他人 (타인을 부정하다: 타인의 능력이나 의견 등을 부정한다는 뜻.)

[2단계] '不要'는 동사(否定) 앞에 오고, '轻易(함부로, 경솔하게)'는 의미상 '否定'을 수식한다.
→ 不要轻易否定他人。

정답 不要轻易否定他人。 타인을 함부로 부정하지 마라.

어휘 否定 fǒudìng [동] 부정하다 5급 | 轻易 qīngyì [형] 경솔하다, 함부로 하다 5급

꿀팁 이 문제 풀이의 핵심은 '**不要**'를 보고 주어가 없는 **명령문일 수 있다고 가정**하고 시작하는 것이다. 또, '他人'을 보고 주어일 거라고 예상되지만 **동사(否定)가 있기 때문에 '他人'을 목적어로 먼저 위치시키는** 것이다.

2.

풀이 **[1단계]** '在' 뒤에는 장소나 시작이 와야 하므로 '这座建筑的对面'이 온다. 왜냐하면 '对面(맞은편)'은 장소를 나타내는 단어이기 때문이다.
→ 在这座建筑的对面(~은 이 건물 맞은편에 있다)

[2단계] 부사(就)는 동사(在) 앞에 오고 '停车场'은 주어가 된다.
→ 停车场就在这座建筑的对面。

정답 停车场就在这座建筑的对面。 주차장은 바로 이 건물의 맞은편에 있다.

어휘 停车场 tíngchēchǎng [명] 주차장 | 建筑 jiànzhù [명] 건축(물) 5급 | 对面 duìmiàn [명] 맞은편 5급

꿀팁 '这'가 있다고 해서 '这座建筑的对面'을 주어로 놓으면 '**이 건물의 맞은편은 주차장에 있다**'가 되어 버리고 이것은 **이치상 맞지 않는 내용**이므로 정답이 될 수 없다. 따라서 '**这~**'가 있다고 해서 무조건 주어로 놓지 않도록 주의하자.

3.

풀이 **[1단계]** 조동사(会)와 부사(陆续)는 동사(发: 발송하다) 앞에 온다.
→ 会陆续发给(~에게 잇따라 발송될 것이다)

[2단계] '发给'는 '~에게 발송하다'는 뜻이므로 뒤에는 '~에게'와 어울리는 단어가 와야 한다. 따라서 '大家的'는 주어 자리에 오는 것이 아니라 '发给' 뒤에 와야 한다.
→ 会陆续发给大家的(모두에게 잇따라 발송될 것이다)

[3단계] 동작의 대상도 주어가 될 수 있으므로 '录取通知书(합격 통지서)'는 주어로 온다.
→ 录取通知书会陆续发给大家的。

정답 录取通知书会陆续发给大家的。 합격 통지서는 잇따라 모두에게 발송될 것이다.

어휘 陆续 lùxù [부] 잇따라 5급 | 录取 lùqǔ [동] 합격시키다 5급 | 通知书 tōngzhīshū [명] 통지서 5급 | 发 fā [동] 발송하다

꿀팁 '大家的'의 '的'는 '~의'가 아니고 '会'와 고정 격식 '会~的'를 이루어 긍정의 어기를 강조하는 어기조사이다.
- 你一定**会**成功**的**。 너는 반드시 성공할 거야.

이때 '的'는 생략해도 의미상 차이는 없으며 긍정의 어기가 강조가 안 될 뿐이다. 비슷한 예로는 '挺~的'가 있다.
- 我**挺**开心**的**。 나는 아주 즐겁다니까.

4.

풀이 **[1단계]** 동사는 목적어를 취하므로 '培养(기르다, 배양하다)' 뒤에는 '消费观念(소비 관념)'이 목적어로 오는 것이 알맞다.
→ 培养孩子…消费观念(아이의 소비 관념을 배양하다)

[2단계] 조동사(应该)는 동사(培养) 앞에 온다.
→ 应该培养孩子…消费观念(마땅히 아이의 ~ 소비 관념을 길러 주어야 한다)

[3단계] '正确的'는 '消费观念'을 수식한다.
→ 应该培养孩子正确的消费观念。

정답 应该培养孩子正确的消费习惯。 마땅히 아이의 올바른 소비 습관을 길러 주어야 한다.

어휘 培养 péiyǎng [동] 배양하다, 기르다 5급 | 消费 xiāofèi [동] 소비하다 5급 | 观念 guānniàn [명] 관념 5급 | 正确 zhèngquè [형] 정확하다, 옳다 4급

■ 〈了〉 관련 문제

> **풀이 비법**
>
> **'了'의 위치**
>
> 1. 문장 중간에 동사나 보어 뒤에 오는 경우(동태조사)
>
> 〈…V + (보어) + 了 + … + O〉: 동작의 완성이나 완료를 나타낸다.
>
> 我已经问了他。 나는 이미 그에게 물어 보았다.
>
> 2. 문장 끝에 오는 경우(어기조사)
>
> 〈…V + (보어) + O + 了〉: ① 변화나 ② 사태 발생 등을 나타내거나 ③ 고정 격식에서 쓰인다.
>
> 他有女朋友了。 그는 여자 친구가 생겼다. **(변화)**
> 我不想去旅游了。 나는 여행 가기 싫어졌다. **(변화)**
> 他上个月去美国了。 그는 지난달에 미국에 갔었다. **(사태 발생)**
> 别迟到了。 지각하지 마. **(别~了 고정 격식)**
> 不要再说了。 더 이상 말하지 마. **(不要~了 고정 격식)**
> 我太高兴了。 나는 너무 기쁘다. **(太~了 고정 격식)**

这里的风景可美了。 이곳의 풍경은 정말 아름답다. (可~了 고정 격식)

他两天都没有吃东西了。 그는 이틀 동안 음식을 먹지 못했다. (시간＋没有＋동사＋(O)＋了)

他下个月就要结婚了。 그는 다음 달에 결혼하려 한다. (要~了 고정 격식)

3. '了'가 단독 제시어로 나왔을 때 대처법

대개는 'V + 了'의 형태로 제시되지만 간혹 단독으로 제시될 때는 아래의 방법으로 푸는 것이 가장 좋다.

(1) 일반적으로 문장 끝에 '了'를 놓는다.

预订 3号桌 已经 了 被 别人 → 3号桌已经被别人预订了。

(2) 동사 중첩일 경우 동사와 동사 사이에 놓는다. → ⟨V + 了 + V + O⟩

老板点了点头。 사장은 고개를 잠깐 끄덕였다.
▶ 동사를 중첩하는 이유는 그 동작을 잠깐 동안 가볍게 한다는 것을 나타낸다.

(3) V₁이 완료되고 나서야 비로소 V₂가 일어날 수 있을 때는 '了'를 V₁ 뒤에 쓴다.
→ ⟨V₁ + 了 + O + (就/才/再) + V₂…⟩

我下了课就回家。 나는 수업을 마치면 바로 집에 돌아간다.

어순에 맞게 배열하여 문장을 완성하세요.

| 他 已经10年 出版工作 从事 了 |

풀이 **[1단계]** 동사 '从事(종사하다)'는 '工作(업무, 일)'를 목적어로 취하는 것이 알맞다.
→ 从事出版工作(그는 출판 업무에 종사한다)

[2단계] 해석상 '출판 일에 종사한 지 이미 10년이 되었다'는 뜻이므로 '已经10年'은 '从事~工作'보다 뒤쪽에 온다.
→ 从事出版工作已经10年

[3단계] '他'는 주어가 되고, 〈已经 + 시간 + 了〉는 하나의 고정 격식으로 이때 '了'는 문장 끝에 오는 어기조사로 시간이 그만큼 변화했음을 나타낸다.
→ 他从事出版工作已经10年了。

정답 他从事出版工作已经10年了。 그는 출판 업무에 종사한 지 이미 10년이 되었다.

어휘 出版 chūbǎn [동] 출판하다 5급 | 从事 cóngshì [동] 종사하다 5급

꿀팁 〈동목구 + (已经) + 시간 + 了〉 고정 격식의 예
- 他们结婚已经3年了。 그들은 결혼한 지 이미 3년이 되었다.
- 我来中国已经5年了。 내가 중국에 온 지 벌써 5년이 되었다.
- 小张大学毕业已经5年了。 샤오장이 대학을 졸업한 지 이미 5년이 되었다.

실전 적용하기

---

1. 朝主人 摇尾巴 小狗 了 摇

2. 不愿意 了 嫁给 那个姑娘 他

3. 太 真是 这个孩子 了 调皮

4. 再参观博物馆 了 名胜古迹 我打算 先游览

1.
풀이 [1단계] 같은 동사(摇: 흔들다)가 두 개 있는 것으로 보아(摇尾巴, 摇) 동사의 중첩임을 알 수 있다. 동사 중첩일 경우 '了'의 위치는 동사 중간에 온다.(V + 了 + V + O)
→ 摇了摇尾巴(꼬리를 잠깐 흔들었다)

[2단계] 개사구(朝主人)는 동사(摇)나 형용사 앞에 오고, 꼬리를 흔드는 것은 강아지이므로 '小狗'가 주어가 된다.
→ 小狗朝主人摇了摇尾巴。

정답 小狗朝主人摇了摇尾巴。 강아지가 주인을 향해 꼬리를 흔들었다.

어휘 朝 cháo [개] ~을 향하여 4급 | 主人 zhǔrén [명] 주인 5급 | 摇 yáo [동] 흔들다 5급 | 尾巴 wěiba [명] 꼬리 5급

2.

풀이 **[1단계]** '嫁给(~에게 시집가다)' 뒤에는 '给'와 어울리기 위해 '他'가 와야 한다.
→ 嫁给他(그에게 시집가다)
[2단계] 조동사(愿意)는 동사 앞에 오므로 '不愿意'는 '嫁' 앞에 오고, 주어는 '那个姑娘(그 아가씨)'임을 알 수 있다.
→ 那个姑娘不愿意嫁给他
[3단계] 〈不~了〉는 '~하지 않게 되었다'는 뜻으로 이때 '了'는 변화를 나타낸다. 〈不愿意~了〉는 '~를 원하지 않게 되었다'는 뜻이 된다. 따라서 '了'는 문장 끝에 온다.
→ 那个姑娘不愿意嫁给他了。

정답 那个姑娘不愿意嫁给他了。 그 아가씨는 그에게 시집가기 싫어졌다.

어휘 嫁 jià [동] 시집가다 5급 | 姑娘 gūniang [명] 아가씨 5급

3.

풀이 **[1단계]** 의미상 '这个孩子'가 주어가 됨을 알 수 있다. 〈太 + 형용사 + 了〉의 고정 격식이 있으므로 '调皮(장난 스럽다)'는 '太'와 '了' 사이에 온다.
→ 这个孩子…太调皮了
[2단계] 어기부사 '真是'는 '太' 앞에 온다.
→ 这个孩子真是太调皮了。

정답 这个孩子真是太调皮了。 이 아이는 정말 너무 장난이 심하다.

어휘 调皮 tiáopí [형] 장난스럽다 5급

4.

풀이 **[1단계]** 동사 '游览(유람하다)'의 목적어로 알맞은 것은 '名胜古迹(명승고적)'이다. '我'는 주어가 된다.
→ 我打算先游览名胜古迹
[2단계] 〈先 + V₁ + 了 + 再 + V₂〉의 어순에 근거하여 '了'는 '游览' 뒤에 오고, '再参观博物馆'은 끝에 온다.
→ 我打算先游览了名胜古迹再参观博物馆。

정답 我打算先游览了名胜古迹再参观博物馆。 나는 먼저 명승고적을 유람하고 나서 그런 다음에 박물관을 참관할 계획이다.

어휘 参观 cānguān [동] 참관하다 4급 | 博物馆 bówùguǎn [명] 박물관 5급 | 名胜古迹 míngshèng gǔjì [명] 명승고적 5급 | 游览 yóulǎn [동] 유람하다 5급

실전 연습 문제

第1-8题：完成句子。

1.　是王师傅　制作　这条　的　项链

2.　去　买　她　免税店　纪念品　打算

3.　身体　保持　这样才能　平衡　使

4.　有没有　戒指　人　捡到一个

5.　和　她的　个性　从前　一样

6.　帮我　名片　一下　你能　吗　设计

7.　围绕　展开　这个主题　讨论会将

8.　那家餐厅　开始　营业　了　已经

쓰기 2부분

출제 원리와 공략법

〈쓰기 2부분〉은 80자 내외로 작문을 하는 문제로 일종의 창작이라고 할 수 있습니다. 〈쓰기 1부분〉의 어순에 맞게 배열하기 문제보다 난이도가 훨씬 높다고 할 수 있겠는데요. 그런 만큼 출제 원리와 그에 맞는 학습법 및 풀이 요령이 중요합니다.

◉ 출제 특징

- **문항 구성** : 2문제(99번, 100번)
- **문제 유형** : 5개의 제시어를 모두 활용해 80자 내외로 작문하는 99번, 사진을 보고 80자 내외로 작문하는 100번 문제가 있다.
- **제시어와 사진의 특징** : 99번 문제의 5개의 제시어 중 3개는 5급 필수 어휘이며, 2개는 4급 필수 어휘이다. 이들 제시어들은 어떤 하나의 주제나 소재를 중심으로 만들어진다. 100번 문제의 사진은 주로 특정 5급 필수 어휘가 연상되는 것이며 '인터뷰, 줄 서기, 위로, 태극권' 등 다양하게 제시된다.
- **풀이 시간** : 한 문제당 15분, 총 30분(30분이라고 규정된 것은 아니지만 〈쓰기 1부분〉에서 10분 정도를 쓴다고 가정했을 때 〈쓰기 2부분〉은 30분 정도를 사용할 수 있다.)
- **글의 형식** : 99번은 '논설문'이나 '설명문' 형식이 좋고, 100번은 '에피소드(이야기)' 형식이 좋다. 하지만 문제의 특성에 따라 자유롭게 선택할 수 있다.

◉ <99번 제시어 분석 작문> 3단계 풀이법

- **[1단계] 제시어 분석** : 5개 제시어의 뜻과 품사에 근거하여 호응할 수 있는 단어들을 떠올린 후, 그 안에서 중심 단어와 파생 단어를 구분해 본다.
- **[2단계] 줄거리 짜기** : 제시어들이 나타내고자 하는 주제나 대상을 파악한 후 그것을 중심에 놓고 비교적 간단한 흐름으로 줄거리를 구성한다.
- **[3단계] 작문하기** : 〈주어 + 술어 + 목적어〉를 기본 뼈대로 하여 최대한 어법 오류가 없게 간결하고 일관성 있게 중국어로 작문을 한다.

◉ <100번 사진 분석 작문> 3단계 풀이법

- **[1단계] 사진 분석** : 사진 속 인물의 동작과 표정 그리고 주변 환경이나 사물을 통해서 어떤 메시지를 전하려고 하는지를 잡아낸다. 그 메시지를 가장 잘 표현할 수 있는 핵심 단어와 관련 단어들을 떠올리고 적어 본다.
- **[2단계] 줄거리 짜기** : 사진 속 메시지를 효과적으로 전달하기 위해 보편적이고 공감이 쉬운 내용으로 줄거리를 구성한다.
- **[3단계] 작문하기** : 〈주어 + 술어 + 목적어〉를 기본 뼈대로 하여 최대한 어법 오류가 없게 간결하고 일관성 있게 중국어로 작문을 한다.

| 제시어/사진 분석 | → | 메시지 파악 후 줄거리 짜기 | → | 작문하기 |

80자 내외 작문하기

◉ 학생들이 가장 많이 하는 질문

"선생님, 쓰긴 써야 하는데 쓸 말이 없어요. 그리고 막상 쓰려면 글자가 생각이 안 나요. 어떡하죠?"

"특히 99번에서 쓸 말이 생각이 안 나는 것은 제시어가 본인에게 깊이 각인된 적이 없기 때문입니다. 결국 어휘력 부족인데요. 이를 위해서 평소 듣기에서 대화형 문제를 공부할 때 여러 일상적인 상황과 관련 표현을 눈여겨보아야 합니다. 그래야 채점자가 공감할 만한 줄거리를 짤 수 있습니다. 또한 <u>단어를 외울 때</u> 뜻만 외우지 말고 <u>호응구(搭配)로 외워야</u> 자신의 생각을 구체적으로 표현할 수 있습니다.

안다고 생각한 글자도 막상 쓰려고 하면 생각나지 않아서 당황할 때가 많습니다. 이것은 <u>평소에 꾸준히 쓰면서 단어를 외워야 하는</u>데요. 그것이 말처럼 쉽지 않을 것입니다. 최후의 방법으로는 지필 시험(종이 시험)이 아니라 IBT(컴퓨터 시험)를 보는 방법도 있습니다. 병음(발음)만 칠 수 있으면 글자가 나와서 훨씬 자유롭게 작문할 수 있고 실제로 점수가 좀 더 잘 나오는 경향이 있습니다.

마지막으로 드리고 싶은 당부 말씀은요. 사실 〈쓰기 2부분〉은 절대로 단기간에 해결되지 않습니다. 그렇다면 가장 확실한 방법은 <u>본 교재에 나오는 모범 작문을 통암기해서 최대한 비슷하게 혹은 응용해서 쓰는 것</u>입니다. 본 교재에서는 모범 작문이 총 30여 개가 나옵니다. 이것을 마지막에 한꺼번에 정리해 놓았는데요.(작문 통 암기) 시험 전에 모두 암기해 버리세요. 그러면 실제 시험에서 틀림없이 쓸 말이 있게 되어 있습니다. 어쩌면 같은 맥락의 문제가 나왔을 때 대박이 날 수도 있겠죠. 실제로 종종 그런 경우가 있답니다."

◉ 학습 전략

· 간결한 줄거리 짜기 연습
· 호응구 위주의 단어 암기
· 모범 작문 통 암기로 응용하기

신속 정확한 풀이

기출문제 분석 1 : 99번 제시어 분석 작문

쓰기 2부분 80자 내외 작문하기

99번은 다섯 개의 제시어를 모두 써서 작문을 해야 하기 때문에 **제시어 파악, 줄거리 짜기, 작문하기** 등 모든 순서에 부담이 있습니다. 하지만 **제시어들은 의미상으로 서로 관련**되어 있고, **하나의 메시지나 대상을 향하고** 있습니다. 따라서 그것만 잘 파악해서 차근차근 써 내려 간다면 좋은 점수를 받을 수 있습니다. 자, 기출문제를 분석해 보면서 문제를 어떻게 다뤄야 하는지 살펴보겠습니다.

제시어를 사용하여 80자 내외로 작문하세요.

> 兼职、接触、耽误、辛苦、到底

작문 풀이

[제시어 분석] : '兼职'를 중심 단어로 놓고, '辛苦(고생스럽다), 耽误(그르치다), 接触(접하다)' 등의 단어는 모두 '兼职'에서 파생된 단어로 나눕니다. 왜냐하면 아르바이트(兼职)를 하면서 사회 생활을 접하고(接触), 고생도 하고(辛苦), 때로는 학업을 그르칠(耽误) 수도 있기 때문입니다.

[중심 단어] : 兼职 jiānzhí [동] 겸직하다, 아르바이트하다 [명] 겸직, 아르바이트 5급

[파생 단어] : 接触 jiēchù [동] 접촉하다 5급 | 耽误 dānwu [동] (시간을 지체하다가) 일을 그르치다, 시간을 허비하다 5급 | 辛苦 xīnkǔ [형] 고생스럽다 4급 | 到底 dàodǐ [부] 도대체 4급

[줄거리 짜기] : 제시어의 특성상 주장과 이유를 펼칠 수 있는 **논설문 형식**이 좋은데요. **첫 문장**으로는 대학생이 아르바이트를 해야 하는지 말아야 하는지 **문제 제기**를 하고, **본론**에서는 해야 한다면 그 **이유**를 씁니다. **결론**에서는 아르바이트 때문에 공부를 못할 수도 있으므로 **주의점**을 말하는 것이 좋습니다.

작문 내용

대학생들은 도대체 아르바이트를 해야 할까 말아야 할까? 내 생각에는 기회가 있다면 대학생은 아르바이트를 할 수 있다는 것이다. 왜냐하면 그들은 아르바이트를 통해서 사회와 접촉할 수 있고 사회 생활의 고생스러움을 이해하여 좀 더 진지하게 공부할 수 있기 때문이다. 하지만 아르바이트 때문에 학업을 그르치면 안 된다. 결국 대학생에게는 공부가 가장 중요하다.

모범 작문

		大	学	生	到	底	该	不	该	兼	职	？	我	认	为
有	机	会	的	话	，	大	学	生	可	以	去	兼	职	。	因
为	他	们	可	以	通	过	兼	职	接	触	社	会	，	懂	得
社	会	生	活	的	辛	苦	，	从	而	更	加	认	真	学	习。
但	不	能	因	为	兼	职	而	耽	误	学	习	。	毕	竟	对
大	学	生	来	说	学	习	才	是	最	重	要	的	。		

어휘 通过 tōngguò [개] ~을 통하여 [동] 통과하다 4급 | 社会 shèhuì [명] 사회 4급 | 懂得 dǒngdé [동] 알다, 이해하다 | 生活 shēnghuó [명] 생활 [동] 생활하다 4급 | 从而 cóng'ér [접] 그리하여 5급 | 毕竟 bìjìng [부] 결국, 어쨌든, 아무래도 5급

활용 가능 구문 到底该不该 + V？: 도대체 V해야 하나 말아야 하나? | 通过~ + V : ~를 통해서 V하다 | 懂得~的辛苦: ~의 고달픔을 이해하다 | 把A放在B前面: A를 B 앞에 놓다, A를 B보다 더 중요시하다 | 对~ 来说 S 才是最重要的: ~에게 있어서 S가 가장 중요하다

참고 작문

> 대학생은 도대체 어떻게 하면 아르바이트를 성공적으로 할 수 있을까? 먼저 시간을 합리적으로 안배하는 것이 매우 중요하다. 아르바이트를 하기 위해서 수업을 빠지지 마라. 두 번째로 너무 힘들거나 너무 많은 일을 찾지 마라. 비록 아르바이트를 통해서 각종 업계의 사람을 접할 수 있지만 몸이 너무 힘들면 틀림없이 공부를 그르칠 것이다.

		大	学	生	到	底	怎	样	才	能	成	功	地	做	好
兼	职	呢	？	首	先	，	合	理	安	排	时	间	非	常	重
要	，	不	要	为	了	去	兼	职	而	缺	课	。	其	次	，
不	要	找	太	辛	苦	或	者	太	多	的	工	作	。	虽	然
通	过	兼	职	能	接	触	到	各	行	各	业	的	人	，	但
身	体	累	坏	了	，	肯	定	会	耽	误	你	的	学	习	。

전략 학습 1 : 99번 제시어 분석 작문

쓰기 2부분 80자 내외 작문하기

■ 채점 기준과 문제 해결(99번, 100번 공통)

첫째, 내용의 일관성과 논리성!

[채점 기준] 글쓴이가 **전달하고자 하는 주제와 앞뒤 문장의 일관성과 논리성**을 살펴본다.

[문제 해결] 전달할 주제나 중심 내용을 확정하고 시작한다. 채점자가 '논리적이다'는 인상을 받을 수 있도록 〈제시어 분석 작문의 3원칙(p.426)〉에 나오는 2가지 문장 구조에 맞춰 쓰는 연습을 한다.

둘째, 어법 오류!

[채점 기준] 작문을 했을 때 **중국어 어법에 잘 맞게** 썼는지 확인한다.

[문제 해결] 되도록 〈주어 + 형용사 술어〉 혹은 〈주어 + 동사 술어 + 목적어〉 위주의 간단한 단문으로 쓰고, 필요할 경우 한두 개의 관형어나 부사어를 추가한다. 자신이 없는 중작은 되도록 삼가며 외웠던 문장 형식에서 단어만 바꾸는 방식으로 쓴다. 본 교재에 있는 〈바로 써 먹을 수 있는 중작 문형 4선(p.431)〉과 〈중작 공식 패턴 23선(p.450)〉에서 체계적으로 배울 수 있다.

셋째, 오자(잘못 쓴 글자)!

[채점 기준] 자신의 생각을 **단어를 틀리지 않게 잘** 썼는지 확인한다.

[문제 해결] 평소 꾸준히 글쓰기 연습을 해야 한다. 본 교재에 나와 있는 〈주요 단어 직접 써 보기 훈련(p.473)〉을 통해 대비한다.

넷째, 어휘 선택의 적절성!

[채점 기준] 표현하고자 하는 **내용과 상황에 맞는 적절한 어휘를 선택**하였는지를 확인한다.

[문제 해결] 단어를 외울 때 그 단어와 잘 어울리는 단어를 함께 외워야 한다. 예를 들어, '风景'를 외운다면 '美丽的风景(아름다운 풍경)' 혹은 '欣赏~风景(~ 풍경을 감상하다)'으로 외우는 식이다. 본 교재의 별책 부록 〈단어장〉을 적극 활용하자.

다섯째, 문제 요구의 부합성!

[채점 기준] 99번에서는 **5개의 제시어를 모두 사용했는지**, 100번은 **사진 속 핵심 내용을 읽어 낼 수 있는지** 확인한다.

[문제 해결] 평소 5급 필수 어휘의 뜻만이라도 암기해야 한다. 100번 사진은 그림의 특징을 잘 살펴본 후 그 사진이 전달하고자 하는 주요 메시지가 무엇인지를 생각하면서 작문을 한다.

■ 직접 인용과 간접 인용(99번, 100번 공통)

- **직접 인용**은 화자와 청자 사이의 면대면 대화이다. 화자가 말한 내용을 그대로 적는 것이며 **인용 부호를 써야** 한다.

    妈妈笑着说："我今天很高兴。" 엄마가 웃으며 말했다. "나 오늘 기분이 좋아."

- **간접 인용**은 화자가 다른 사람의 말을 청자에게 전달하여 들려 주는 것이다. 말을 전해 주는 것이기 때문에 **인용 부호를 쓰지 않는다.**

    妈妈笑着说，她今天很高兴。 엄마가 웃으며 그녀는 오늘 기분이 좋다고 말했다.

- 간접 인용으로 표현할 때는 인용 부호(" ")를 쓰지 않는 것 외에도, 인칭을 변화시켜야 함을 주의해야 한다.

    1) 他问我："你在干什么？" 그는 나에게 물었다. "너 무엇을 하고 있어?" **(직접 인용)**
       他问我，我在干什么。 그는 나에게 내가 무엇을 하고 있는지 물었다. **(간접 인용)**

    2) 妈妈笑着说："我今天很高兴。" 엄마가 웃으며 말했다. "나 오늘 기분이 좋아." **(직접 인용)**
       妈妈笑着说，她今天很高兴。 엄마가 웃으며 그녀는 오늘 기분이 좋다고 말했다. **(간접 인용)**

    3) 爸爸对我说："我明天送给你一件生日礼物。" 아빠가 나에게 말했다. "내가 내일 너에게 생일 선물을 줄게." **(직접 인용)**
       爸爸对我说，他明天送给我一件生日礼物。 아빠가 나에게 그가 내일 내게 생일 선물을 주겠다고 말했다. **(간접 인용)**

■ 상용 문장 부호(99번, 100번 공통)

① 。(句号 jùhào: 마침표) : 온전한 완성된 의미를 갖춘 평서문에 쓴다.

   吸烟对身体没有好处。 흡연은 몸에 좋은 점이 없다.

   ▶ 온점(.)이 아니라 작은 동그라미인 고리점(。)을 써야 한다.

② ！(叹号 tànhào: 느낌표) : 감탄이나 강한 어조로 명령할 때 쓴다.

   你这么快就通过考试了，真厉害！ 너 이렇게 빨리 시험에 통과하다니, 정말 대단해!
   站住！ 멈춰!

   ▶ 주로 대화체에서 쓰기 때문에 작문에서는 가급적 안 쓰는 것이 좋다.

③ ？ (问号 wènhào: 물음표) : 의문문과 반어문에 쓴다.

怎样才能找到适合自己的人❓ 어떻게 해야 자신에게 어울리는 사람을 찾을 수 있을까?

④ ， (逗号 dòuhào: 쉼표) : 복문에서 절과 절 사이에 쓴다.

女儿出生以后❟我才知道做妈妈有多么不容易。
딸이 태어난 후에, 나는 비로소 엄마가 되는 것이 얼마나 쉽지 않은지를 알게 되었다.

▶ 주어가 길 경우 주어와 술어 사이에 쓸 수 있다.

那部小说中提到的故事❟都是作者自己经历过的。
그 소설에서 언급한 이야기는 모두 작자가 직접 겪은 것이다.

▶ 주어 앞에 오는 부사어가 비교적 길 경우에 쓴다.

对我来说❟这件事非常重要。 나에게 있어서 이 일은 매우 중요하다.

⑤ 、 (顿号 dùnhào: 모점) : 같은 성질의 단어나 구가 병렬될 때 쓴다.

我不再吃糖❟巧克力等甜的东西。 나는 다시는 설탕, 초콜릿 등 단 음식을 먹지 않겠다.

▶ '和'와 비슷한 역할을 한다.
▶ 한국어에서는 세로쓰기에서 쉼표로 사용하는 부호로, 일반적인 가로쓰기에서는 사용하지 않는다.

⑥ ： (冒号 màohào: 쌍점, 콜론) : 구체적인 내용을 소개할 경우 또는 직접 인용 앞에 쓴다.
" " (引号 yǐnhào: 따옴표, 인용 부호) : 직접 인용된 말 앞뒤로 쓴다.

儿子走过来对我说❟ ❞妈妈，祝您母亲节快乐！❞
아들이 걸어와 나에게 말했다. "엄마, 어머니의 날을 축하드려요!"

⑦ ； (分号 fēnhào: 쌍반점, 세미콜론) : 비슷한 구조의 문장이 병렬될 때 쓴다.

说话有许多地方值得注意：着急的事，要慢慢地说❟别人的事，要小心地说。
말하는 것은 많은 주의할 만한 점들이 있다. 급한 일은 천천히 말하고, 다른 사람의 일은 조심해서 말해야 한다.

■ 원고지 작성법(99번, 100번 공통)

5급 〈쓰기 2부분〉 답안 카드의 원고지는 가로 16칸, 세로 6행으로 96자 원고지이다. 원고지의 5행까지가 80자이므로 5행 이상(80자 이상) 쓸 수 있도록 하자.

		他	们	正	在	教	室	里	学	习	，	准	备	下	星
期	的	考	试	。	班	长	忽	然	跑	进	来	，	大	声	说：
"	告	诉	大	家	一	个	好	消	息	和	一	个	坏	消	息。
好	消	息	是	下	星	期	不	考	试	了	！	"	同	学	们
高	兴	得	跳	了	起	来	，	班	长	又	说	：	"	坏	消	息
是	下	星	期	的	考	试	，	改	到	今	天	了	。	"	

1. 첫 시작은 두 칸을 띄우고 셋째 칸부터 쓴다.

2. 글자와 문장 부호는 한 칸에 한 개씩 쓰는 것을 원칙으로 한다.

3. 마침표(。), 쉼표(，), 느낌표(！), 따옴표(" "), 쌍점(：) 등의 문장 부호는 첫 칸에 올 수 없기 때문에 윗줄 맨 뒷칸 안에 글자와 함께 쓴다. 단, 쌍따옴표(" ")는 첫 칸에 올 수 있다.

4. 쌍점(：)과 쌍따옴표(" ")는 따로따로 한 칸씩 써도 되고, 한 칸 안에 모두 넣을 수도 있다.

5. 네 자리 숫자는 한 칸에 두 개씩 나눠 쓴다. 한 자리 숫자는 한 칸에 쓴다.

20	17	年	7	月

6. 영어 대문자는 한 칸에 하나, 소문자는 한 칸에 두 개씩 쓰는데, 한 글자가 남을 시에는 한 칸에 모두 쓴다.

H	S	K		hsk

■ 99번 〈제시어 분석 작문〉의 단계별 작문법

어디서부터 어떻게 해야 할지 모르는 초보자에게는 나름의 순서와 형식이 매우 중요하다. 반드시 아래의 순서에 맞춰서 쓸 필요는 없지만 가장 쉬운 작문법이므로 적절하게 활용한다면 많은 도움이 될 것이다.

[1단계] 제시어 분석 : 제시어의 뜻과 품사를 파악한 후 중심 단어와 파생 단어를 구분한다.

▶ 기출 맛보기의 5개 제시어

- 兼职 jiānzhí [명] 겸직, 아르바이트 [동] 겸직하다, 아르바이트하다 **(중심 단어)**
- 接触 jiēchù [동] 접촉하다, 접하다 **(파생 단어)**
- 耽误 dānwu [동] (시간을 지체하다가) 일을 그르치다, 시기를 놓치다 **(파생 단어)**
- 辛苦 xīnkǔ [형] 고생스럽다 **(파생 단어)**
- 到底 dàodǐ [부] 도대체 **(파생 단어)**

'接触, 耽误, 辛苦' 등은 '兼职(아르바이트 하다)'에서 파생된 측면이 있다. 따라서 '兼职'를 중심 단어로 놓고 어울릴 만한 연상 단어를 생각해 본다.

[2단계] 줄거리 짜기 : 주제와 글의 형식을 결정하고, 대략적인 내용을 구성한다.

'兼职(아르바이트)'를 중심으로 놓고 대학생들의 아르바이트 경험의 필요성에 대해서 자신의 주장을 전개하는 **논설문**을 쓸 수 있다. 아르바이트하기를 찬성할 수도 있고 반대할 수도 있겠지만 **두 가지 입장을 절충하여 적절하게 아르바이트하는 것**은 도움이 된다는 식으로 이야기를 정리하는 것이 좋다.

[3단계] 중작하기 : 〈주어 + 술어 + 목적어〉를 기본 문형으로 작문을 시작한다.

본격적으로 중작을 시작할 때는 먼저 머릿속에 〈주어 + 술어(동/형)〉 혹은 〈주어 + 술어(동) + 목적어〉의 형식이 확립되어 있어야 한다. 문장이 너무 길 경우, 먼저 우리말로 간단하게 줄이거나 두 개의 문장으로 나눠서 쓴다. 이때 들어갈 접속사로는 '但是, 因为, 所以, 比如, 另外' 등을 유용하게 쓸 수 있다. 〈바로 써 먹을 수 있는 중작 문형 4선(p.431)〉과 〈접속사 활용(p.435)〉에서 잘 학습하도록 한다.

■ 품사별 중작법

제시어로 주로 나오는 **명사, 동사, 형용사** 등 각각의 품사에 따라서 어떤 식으로 작문을 할 수 있고 주의할 점은 무엇이 있는지 살펴보자.

핵심 정리

- 명사 제시어
  ① 동목구 : 〈동사 + 명사〉
  ② 편정구 : 〈형용사/동사/명사 + 的 + 명사〉

- 형용사 제시어
  ① 편정구 : 〈형용사 + 的 + 명사〉
  ② 편정구 : 〈형용사 + 地 + 동사〉
  ③ 주술구 : 〈주어 + 很 + 형용사〉

- 동사 제시어
  ① 동목구 : 〈동사 + 목적어〉
  ② 편정구 : 〈동사 + 的 + 명사〉

- 부사 제시어
  ① 편정구 : 〈부사 + 동사/형용사〉

▶ '편정구(偏正词组)'란 '수식 관계'의 구를 뜻한다.

● **명사 제시어**

예) 兼职 jiānzhí 겸직, 아르바이트

1. 적절한 '동사'를 떠올려 '동목구'를 만든다.

동목구 : 〈동사 + 명사〉

做兼职 아르바이트를 하다   找兼职 아르바이트를 구하다
介绍兼职 아르바이트를 소개하다   推荐兼职 아르바이트를 추천하다

2. 제시어를 수식할 수 있는 '형용사, 동사, 명사' 등을 떠올려 '편정구'를 만든다.

편정구 : 〈형용사/동사/명사 + 的 + 명사〉

轻松的兼职 쉬운 아르바이트   辛苦的兼职 힘든 아르바이트
能赚钱的兼职 돈을 벌 수 있는 아르바이트   便利店的兼职 편의점의 아르바이트

● 형용사 제시어

예) 辛苦 xīnkǔ 고생스럽다

1. 어울리는 '명사'를 떠올려 '편정구'나 '주술구'로 쓴다.

편정구 : 〈형용사 + 的 + 명사〉

辛苦的工作 힘든 일
辛苦的过程 힘든 과정

辛苦的训练 힘든 훈련
辛苦的兼职 힘든 아르바이트

주술구 : 〈명사 + 很 + 형용사〉

工作很辛苦 일이 매우 힘들다
过程很辛苦 과정이 매우 힘들다

训练很辛苦 훈련이 매우 힘들다
兼职很辛苦 아르바이트가 매우 힘들다

2. '地'를 써서 '동사'를 수식할 수 있다.

편정구 : 〈형용사 + 地 + 동사〉

辛苦地工作 힘들게 일하다
辛苦地打扫 힘들게 청소하다

辛苦地生活 힘들게 생활하다
辛苦地写论文 힘들게 논문을 쓰다

▶ **꿀팁** 형용사는 간혹 명사처럼 쓸 수도 있다.

社会生活的辛苦 사회 생활의 어려움
我很羨慕他的聪明。 나는 그의 똑똑함이 매우 부럽다.

● 동사 제시어

예) 接触 jiēchù 접촉하다, 접하다

1. 적당한 '명사'를 떠올려 '동목구'를 만든다.

동목구 : 〈동사 + 명사〉

接触~社会 사회를 접하다   接触~工作 업무를 접하다
接触~邻居 이웃과 접촉하다   接触大自然 대자연과 접촉하다

2. 적당한 '명사'를 떠올려 '편정구'를 만든다.

편정구 : 〈동사 + 的 + 명사〉

接触的人 접촉한 사람   接触的工作 접해 본 일

▶ 꿀팁 동사는 때로 명사처럼 쓸 수도 있다.

笑是一种很好的健身运动。 웃음은 하나의 좋은 건강 운동이다.

● 부사 제시어

예) 到底 dàodǐ 도대체

• 어울리는 의미의 '동사'나 '형용사'를 떠올려 '편정구'를 만든다.

편정구 : 〈부사 + 동사/형용사〉

你到底去不去? 넌 도대체 가 안 가?
大学生到底该不该兼职? 대학생은 도대체 아르바이트를 해야 하나 말아야 하나?

▶ 꿀팁 '到底'는 주로 의문문에 쓰이며, 조동사가 있을 경우 부사는 일반적으로 조동사 앞에 온다.

方案、巧妙、效果、积累、能干

[품사별 호응구 떠올려 보기]

- 方案 fāng'àn [명] 방안 5급

[편정구] ◐ 广告方案 광고 방안 | 设计方案 설계 방안 | 解决方案 해결 방안 | 最佳方案 가장 좋은 방안 | 精彩的方案 뛰어난 방안 | 具体的方案 구체적인 방안 | 巧妙的方案 절묘한 방안
[주술구] ◐ 方案很精彩 방안이 훌륭하다 | 方案很巧妙 방안이 절묘하다 | 方案很完美 방안이 완벽하다
[동목구] ◐ 制定~方案 방안을 세우다 | 提出~方案 방안을 제시하다 | 同意~方案 방안에 찬성하다

- 巧妙 qiǎomiào [형] 절묘하다 5급

[편정구] ◐ 巧妙的方案 절묘한 방안 | 巧妙的设计 절묘한 설계 | 巧妙的方法 절묘한 방법 | 巧妙地解决 절묘하게 해결하다 | 巧妙地处理 절묘하게 처리하다 | 巧妙地运用 절묘하게 활용하다
[주술구] ◐ 方案很巧妙 방안이 절묘하다 | 设计很巧妙 설계가 절묘하다 | 方法很巧妙 방법이 절묘하다

- 效果 xiàoguǒ [명] 효과 4급

[편정구] ◐ 广告的效果 광고의 효과 | 实际效果 실제 효과 | 明显的效果 뚜렷한 효과 | 减肥的效果 다이어트의 효과
[주술구] ◐ 效果很好 효과가 매우 좋다 | 效果很大 효과가 매우 크다 | 效果很明显 효과가 뚜렷하다
[동목구] ◐ 有~效果 효과가 있다 | 获得~效果 효과를 얻다 | 产生~效果 효과를 내다

- 积累 jīlěi [동] 축적하다, 쌓다 4급

[동목구] ◐ 积累~经验 경험을 쌓다 | 积累~知识 지식을 쌓다
[편정구] ◐ 积累的经验 축적한 경험 | 积累的知识 쌓은 지식

- 能干 nénggàn [형] 유능하다, 능력 있다 5급

[편정구] ◐ 能干的人 유능한 사람 | 能干的员工 유능한 직원 | 能干的工程师 유능한 엔지니어
[주술구] ◐ 他很能干 그는 유능하다 | 她很能干 그녀는 유능하다

[줄거리 짜기]: '方案(방안)', '积累(쌓다)', '能干(유능하다)' 등의 단어를 보면 회사 생활을 하는 사람을 떠올릴 수 있다. 따라서 주인공을 유능한(能干的) 실습생(实习生)으로 놓고, 그가 경험을 쌓은(经验) 후 정직원이 되었다는 식의 줄거리를 짜는 것이 좋다.

줄거리

샤오왕은 실습생이지만 그는 매우 유능하다. 그가 제시한 광고 방안은 매우 절묘해서 상사와 동료의 인정을 받았고 광고의 실제 효과도 매우 좋았다. 바로 이렇게 그는 반년간의 실습 기간 동안 풍부한 업무 경험을 쌓았고 결국 정식 직원이 되었다

모범 작문

　　小王是一个实习生，但他很能干。他提出的广告方案很巧妙，所以得到了领导和同事的肯定，广告的实际效果也很好。就这样，在半年的实习期间，他积累了丰富的工作经验，并最终成为了一个正式员工。

어휘 实习生 shíxíshēng [명] 실습생, 인턴 5급 | 广告 guǎnggào [명] 광고 5급 | 领导 lǐngdǎo [명] 지도자, 상사 [동] 이끌다 5급 | 期间 qījiān [명] 기간 5급 | 正式 zhèngshì [형] 정식의 5급 | 员工 yuángōng [명] 직원 5급

■ 99번 〈제시어 분석 작문〉의 3원칙

> **핵심 정리**
> 1. 99번은 논설문이나 설명문 형식으로 쓰는 것이 좋다.
> 2. 논설문은 '의문 제기 → 견해 + 이유 → 정리'의 전개 방식을 따른다.
> 3. 첫 문장은 가능한 제시어 하나를 넣어서 작문한다.

1. 99번은 논설문이나 설명문 형식으로 쓰는 것이 좋다.

'언제 무엇을 했고 어땠다'는 식의 **에피소드형(이야기형)**은 과거 시제가 많다. 이때 **문장이 끝날 때마다 '了'를 쓰고 싶은 충동**이 있는데, '了'를 잘못 쓰면 어법 오류가 되고 이는 **감점의 요인**이 된다.

반면에 **논설문**이나 **설명문 형식**은 **현재형**으로 서술하기 때문에 '了' 사용을 최소화할 수 있다. 하지만 문제마다 차이가 있기 때문에 **유연하게 판단**하여 에피소드 형식으로도 쓸 수 있다. (참고로 100번은 논설문 형식보다는 에피소드 형식으로 쓸 때가 더 많다.)

2. 논설문은 '의문 제기 → 견해 + 이유 → 정리'의 전개 방식을 따른다.

논설문 형식은 글의 논리성과 완결성을 가장 잘 나타낼 수 있는 형식이다. 99번을 무조건 아래의 형식에 끼워 맞출 수는 없지만, 일반적으로 논설문에 적합하도록 출제되는 경우가 많다. 그래서 **99번은 논설문으로, 100번은 에피소드형**으로 쓰면 가장 좋은 점수를 받을 수 있다.

◯ 기본 구조

구조	내용	적용
서론	문제 제기	S + 该不该~? / 怎样才能~? S는 ~해야 할까 말아야 할까? / 어떻게 해야 ~할 수 있을까?
본론	① 견해 + 이유 ② 주장 1/주장 2/ (주장 3)	(我认为~) / 因为~ (나는 ~라고 생각한다) / 왜냐하면 ~이기 때문이다 (我认为, ~) / 首先~ / 其次~ / (最后~) (나는 ~라고 생각한다) / 첫째~/ 둘째~/ (마지막으로~)
결론	보완 혹은 정리(생략 가능)	但(需要注意的是)~ / 另外~ 하지만 (주의해야 할 점은 ~이다) / 그밖에~ 这样(我们)才能~ / 这样(我们)就会~ 이렇게 해야 우리는 비로소 ~할 수 있다 / 이렇게 하면 우리는 곧 ~할 것이다

⬇

● 적용 ①

구조	내용	적용
서론	문제 제기	大学生到底该不该兼职？
본론	견해 + 이유	我认为有机会的话，大学生可以去兼职。因为他们可以通过兼职接触社会，懂得社会生活的辛苦，从而更加认真学习。
결론	보완	但需要注意的是，不能把兼职放在学习前面，而耽误学习。毕竟对大学生来说学习才是最重要的。

● 적용 ②

구조	내용	적용
서론	문제 제기	大学生到底怎样才能成功地做好兼职呢？
본론	견해	我认为，首先，合理安排时间非常重要，不要为了去兼职而缺课。其次，不要找太辛苦或者太多的工作。
결론	보완	虽然通过兼职能接触到各行各业的人，但身体累坏了，肯定会耽误你的学习。

3. 첫 문장은 되도록 제시어 하나를 넣어서 작문한다.

첫 문장에 제시어 하나를 넣고 시작하면 5개의 제시어를 모두 써야 하는 부담감을 최대한 줄일 수 있다. 간혹 어떤 문제는 두 개의 제시어를 한 문장 안에 넣을 수 있도록 출제되는 경우도 있다.

(兼职) 接触 耽误 辛苦 (到底)

大学生到底该不该兼职？我认为有机会的话，大学生可以去兼职。因为他们可以通过兼职接触社会，懂得社会生活的辛苦，从而更加认真学习。但需要注意的是，不能把兼职放在学习前面，而耽误学习。毕竟对大学生来说学习才是最重要的。

家庭、诚恳、沟通、互相、承担

풀이 [제시어 분석] : '家庭(가정)', '沟通(소통하다)', '诚恳(진실하다)' 등의 제시어로 보았을 때 '행복한 가정의 조건'이라는 내용으로 이야기를 구성할 수 있다. 따라서 '家庭'을 중심 단어로 놓고 나머지는 파생 단어로 나눈다.

[중심 단어] : 家庭 jiātíng [명] 가정 5급

[파생 단어] : 诚恳 chéngkěn [형] 진실하다, 간절하다 5급 | 沟通 gōutōng [동] 소통하다 5급 | 互相 hùxiāng [부] 서로 4급 | 承担 chéngdān [동] 맡다, 감당하다 5급

[줄거리 짜기] : 첫 문장에서 '어떻게 하면 행복한 가정을 가질 수 있는가?'라고 쓰고, 그 질문에 대한 본인의 생각을 '我认为~, 首先~。其次, ~'의 구조로 본론을 작성한다. 마지막 문장에서는 '这样就会~' 식으로 써서 마무리하는 느낌을 주는 것이 좋다.

줄거리

어떻게 해야 비로소 행복한 가정을 가질 수 있는가? 나는 생각하기를 먼저 온 가족이 서로 관심을 가지고 자주 소통해야 한다. 두 번째로 진실하게 가족을 대하고 거짓말을 해서는 안 된다. 마지막으로 모든 가족 구성원은 자신의 책임을 져야 한다. 이렇게 하면 우리는 행복한 가정을 갖게 될 것이다.

모범 작문

		怎	样	才	能	有	一	个	幸	福	的	家	庭	呢	?
我	认	为	,	首	先	,	全	家	人	应	该	互	相	关	心,
经	常	沟	通	。	其	次	,	诚	恳	地	对	待	家	人	,
不	要	说	假	话	。	最	后	,	每	个	家	庭	成	员	都
应	承	担	起	自	己	的	责	任	。	这	样	我	们	就	会
有	个	幸	福	的	家	。									

어휘 幸福 xìngfú [형] 행복하다 4급 | 比如 bǐrú [접] 예를 들어 4급 | 对待 duìdài [동] 대하다 5급 | 假话 jiǎhuà [명] 거짓말 | 成员 chéngyuán [명] 구성원 6급

■ 에피소드 형식으로 작문해 보기

기출 맛보기 문제(p. 414)

> 兼职、接触、耽误、辛苦、到底

99번 문제는 반드시 논설문으로만 써야 하는 것은 아니다. 자신의 취향에 따라 **인물과 줄거리가 있는 에피소드 형식**으로도 가능하다.

에피소드 형식은 특별한 구조가 있는 것은 아니다. 다만 이야기의 주인공을 설정해야 한다. 본인의 이야기인 것처럼 해서 '我'를 주인공으로 하거나 아니면 '丽丽', '小王' 등 친근한 이름을 주인공으로 할 수도 있다.

'我'를 주어로 한다면 **일기를 쓰는 것처럼** 하면 되고, 가상의 인물을 주인공으로 삼는다면 자신이 알고 있는 **이야기를 사람들에게 들려 준다는 생각으로** 쓰면 된다. 중요한 것은 내용을 **물 흐르듯 자연스럽게 연결**되게 하고 '了'의 사용에 주의해야 한다.

모범 작문 〈에피소드 형식〉

> 리리는 대학생이다. 학비를 내기 위해서 그녀는 아르바이트를 하러 가야 한다. 비록 아르바이트를 통해서 사회 생활을 접하고 또 돈을 벌 수 있지만 때로는 그것이 적지 않은 시간을 차지하고 게다가 힘들어서 학업을 그르칠 수도 있다. 그녀는 고민하고 있다. 도대체 계속 아르바이트를 해야 하는지 말아야 하는지.

　　丽丽是一个大学生，为了交学费，她得去兼职。虽然通过兼职，能接触社会生活，也能赚钱，但有时它占用了不少时间，而且很辛苦，所以会耽误学习。她很苦恼，到底要不要继续兼职呢？

어떤 한 인물의 다이어트 경험을 다른 사람에게 들려 주는 방식으로 작문해 보세요.

> 达到、身材、坚持、减肥、明星

풀이 **[제시어 분석]:** 다이어트(减肥)는 주로 날씬한 몸매(身材)를 가지기 위해서 하는데, 그 목표를 달성하기(达到) 위해서는 꾸준히 지속해야(坚持) 한다. 따라서 '减肥'를 중심 단어로 하고 나머지를 파생 단어로 생각하는 것이 좋다.

[중심 단어]: 减肥 jiǎnféi [동] 다이어트하다 4급

[파생 단어]: 坚持 jiānchí [동] 견지하다, 계속하다 4급 | 达到 dádào [동] 도달하다, 이르다 5급 | 身材 shēncái [명] 몸매 5급 | 明星 míngxīng [명] 스타, star (유명한 연예인·운동 선수·기업인 등을 이름) 5급

[줄거리 짜기]: 우리는 주변에서 잘못된 방식으로 다이어트를 하다가 오히려 건강을 해치는 경우를 종종 접할 수 있다. 따라서 줄거리는 한 여성이 잘못된 방식의 다이어트를 하다가 쓰러져 결국 올바른 다이어트법을 깨달았다는 식의 내용으로 한다.

줄거리

리리는 스타들의 날씬한 몸매가 매우 부러웠다. 자신의 목표에 도달하기 위해 그녀는 매일 음식을 줄였다. 하지만 과도한 다이어트 때문에 며칠 되지 않아 그녀는 앓아누웠다. 그녀는 그때서야 단지 음식만 절제하는 것은 결코 좋은 방법이 아니며 적당하게 먹고 운동을 지속해야 한다는 것을 깨달았다.

모범 작문

		丽	丽	非	常	羡	慕	明	星	们	的	苗	条	身	材	。
为	了	达	到	自	己	的	目	标	,	她	每	天	节	食	。	
但	由	于	过	度	减	肥	,	没	过	几	天	,	她	就	病	
倒	了	。	她	这	才	明	白	,	只	是	节	食	并	不	是	
好	方	法	,	而	应	该	适	当	地	吃	,	并	坚	持	运	
动	。															

어휘 羡慕 xiànmù [동] 부러워하다 4급 | 苗条 miáotiao [형] 날씬하다 5급 | 目标 mùbiāo [명] 목표 4급 | 节食 jiéshí [동] 음식을 줄이다 | 由于 yóuyú [접] ~때문에 4급 | 过度 guòdù [형] 과도하다 6급 | 病倒 bìngdǎo [동] 몸져눕다, 앓아눕다 | 适当 shìdàng [형] 적당하다

■ 바로 써 먹을 수 있는 중작 문형 4선 ☆

고급스럽게 쓰는 것이 우선일까? 틀리지 않게 쓰는 것이 우선일까? **틀리지 않게 쓰는 것이 훨씬 더 중요**하다. 좋은 작문이란 어법 오류가 없다는 것을 전제하고 있기 때문이다. 그렇다면 **어떻게 하면 최대한 어법 오류를 줄일 수 있을까?** 바로 한 문장 한 문장 최대한 간결하게 쓰는 것이다. 그러기 위해선 항상 〈주어 + 술어〉나 〈주어 + 술어 + 목적어〉의 어순을 머릿속에 담고 작문을 해야 한다. 그래서 아래의 상용 문형을 준비했다. 명심하자! **작문은 쓰고 싶은 대로 쓰는 것이 아니라 일정한 문형에 따라야 한다**는 것을.

형용사 술어문

형용사가 술어가 되는 문장은 비교적 **짧은 문장을 만들 때 유용**하다. 형용사로 끝이 나며(목적어가 없음), **형용사 앞에는 일반적으로 정도부사**를 써 준다.

어순 (관형어 + 的) + S + 정도부사 + 형용사

嗓子很疼。 목(구멍)이 아프다.

这个孩子很可爱。 이 아이는 매우 귀엽다.

这场比赛非常精彩。 이번 시합은 매우 재미있다.

今天的天气格外冷。 오늘의 날씨는 유난히 춥다.

最近工作压力太大了。 최근에 업무 스트레스가 너무 크다.

▶ 〈형용사 술어문〉을 길게 쓰려면 주로 **주어 앞에 긴 관형어**를 붙인다.

决赛十分激烈。 결승전이 매우 치열하다.
↓
昨天举行的足球决赛十分激烈。 어제 열렸던 축구 결승전은 매우 치열했다.

✏️ **[중작 연습 1]** 이곳의 풍경은 매우 아름답다.
→ _____
정답 这儿的风景非常美丽。

✏️ **[중작 연습 2]** 쓰레기를 함부로 버리는 현상이 여전히 매우 심각하다.
→ _____
정답 乱扔垃圾的现象仍然十分严重。

동사 술어문

〈형용사 술어문〉과 달리 〈동사 술어문〉은 동사 뒤에 보어나 목적어를 놓을 수 있다. 또한 목적어 앞에 관형어가 붙으면서 비교적 긴 형태의 문장을 만들 수 있다.

어순 S + (부사어) + V + (관형어) + O

他们做了大量的广告。 그들은 대량의 광고를 했다.
父亲尊重儿子的意见。 아버지는 아들의 의견을 존중했다.
我要去机场接一个客人。 나는 공항에 한 손님을 마중하러 가야 한다.
爸爸经常陪孩子玩儿游戏。 아빠는 자주 아이를 데리고 놀이를 한다.

▶ **동사 앞**에는 **부사어**가 붙고, **목적어 앞**에는 **관형어**가 붙어서 문장이 더 길어질 수 있다.

妈妈**很高兴地**答应了**他的**要求。 엄마는 흔쾌히 그의 요구에 동의했다.
他的话**给我**留下了**深刻的**印象。 그의 말은 나에게 깊은 인상을 남겼다.

▶ 특히 〈시간 + S + 시간 + (去 + 장소) + V~〉의 어순은 **첫 문장으로 유용하게 쓸 수 있다**.

上周我参加了一个考试。 지난주에 나는 한 시험에 참가했다.
他明天要去北京参加一个会议。 그는 내일 베이징에 가서 한 회의에 참가해야 한다.

▶ 목적어라고 해서 무조건 명사만 오는 것이 아니고, 한 문장도 목적어로 올 수 있다.

我刚才看见**小王在操场打排球**了。 나는 조금 전에 샤오왕이 운동장에서 배구를 하고 있는 것을 보았다.

✏️ **[중작 연습 1]** 샤오마는 줄곧 한 술집을 경영하고 있다.
→ _____
　　　　　　　　　　　　　　　　정답 小马一直在经营一家酒吧。

✏️ **[중작 연습 2]** 그는 흔쾌히 나의 부탁을 들어 주었다.
→ _____
　　　　　　　　　　　　　　　　정답 他很高兴地答应了我的请求。

是자문

첫 문장으로 유용하게 쓸 수 있는 문형이다. 기본적으로 'S는 ~한 O이다'의 내용으로 문장을 완성한다. 일반적으로 명사로 끝나는 경우(O → N)가 많다.

어순   S + 是 + (수량구) + 동목구/형용사구 + 的 + O

这是一个很好的机会。 이것은 하나의 좋은 기회이다.

他是一个很幽默的人。 그는 매우 유머러스한 사람이다.

小张是一个老实能干的员工。 샤오장은 한 명의 진실하고 능력 있는 직원이다.

▶ 주로 명사나 대명사가 주어가 되지만 **형용사나 동사 등 다른 품사나 심지어 절 등도 주어가 될 수 있다.**

早起早睡是一个好习惯。 일찍 자고 일찍 일어나는 것은 하나의 좋은 습관이다.

一家人一起出去散步，是一个非常幸福的事情。
온 가족이 함께 나가서 산책하는 것은 하나의 매우 행복한 일이다.

✏️ **[중작 연습 1]** 그녀의 취미는 배드민턴을 치는 것이다.
→ _____

정답 她的爱好是打网球。

✏️ **[중작 연습 2]** 샤오장(小张)은 회사에 새로 온 직원이다.
→ _____

정답 小张是公司新来的员工。

有자문

주어가 무엇을 소유하고 있다거나, 어떤 장소에 무엇이 존재하고 있을 때 쓸 수 있다. 〈是자문〉과 마찬가지로 명사로 끝나는 경우(O → N)가 많다.

어순 S + 有 + 관형어 + 的 + O

他有很多朋友。 그는 많은 친구들이 있다.

球场里有很多球迷。 축구장 안에는 많은 축구 팬들이 있다.

明天下午有一个演唱会。 내일 오후에 콘서트가 하나 있다.

小王有一个很幸福的家庭。 샤오왕은 매우 행복한 가정이 있다.

▶ **부정 형식**은 '不'로 표현할 수 없으며, '没有'나 '没'만 사용한다.

世界上没有完美的人。 세상에 완벽한 사람은 없다.

我没有时间，不能陪你去逛街了。 나는 시간이 없어서 너와 함께 쇼핑하러 갈 수 없게 됐어.

[중작 연습 1] 내 방에는 한 대의 텔레비전이 있다.
→ _____
정답 我的房间里有一台电视机。

[중작 연습 2] 리리는 퇴직한 후에 많은 여가 시간이 있어서, 그녀는 꽃을 기르기 시작했다. (退休, 空闲时间, 于是)
→ _____
정답 丽丽退休后有很多空闲时间，于是她开始养花。

■ 접속사 활용

적절하게 **접속사를 쓰면** 문장이 더욱 **논리적이고** 간결해진다. 아래 접속사를 익혀 두었다가 **한두 개쯤 활용**할 수 있다면 훨씬 더 좋은 점수를 받을 수 있다. **예문까지 확실하게 암기**하여 **응용**할 수 있도록 해야 한다.

如果/要是 A，那么/就 B 만일 A하다면 B이다

如果没有他的帮助，我**就**不会取得这么好的成绩。
만일 그의 도움이 없었다면 나는 이렇게 좋은 성적을 거둘 수 없었을 것이다.

要是能永远保持年轻**就**好了。 만일 영원히 젊음을 유지할 수 있다면 좋겠다.

(因为) A，(所以) B A 때문에 그래서 B하다(둘 중 하나를 생략해서 쓸 수도 있다)

因为下了雪，**所以**路上很滑。 눈이 내렸기 때문에 길이 매우 미끄럽다.
因为工作太忙，**所以**没时间去旅游。 일이 너무 바빠서 여행 갈 시간이 없다.

虽然 A，但是/还是 B 비록 A이지만, B이다

虽然学习汉语很难，**但是**很有意思。 비록 중국어를 공부하는 게 어렵지만 매우 재미있다.
虽然这只是一场误会，**但**我**还是**很生气。 비록 이것은 단지 오해였지만 나는 여전히 많이 화가 났다.

不但/不仅 A，而且/也/还 B A일 뿐만 아니라 B이다

他**不但**长得很帅，**而且**很有礼貌。 그는 잘생겼을 뿐만 아니라 매너도 좋다.
抽烟**不仅**危害自己的健康，**也**会危害他人的健康。
흡연은 자신의 건강을 해칠 뿐만 아니라 타인의 건강도 해칠 수 있다.

只有 A，才 B 오직 A해야만 B하다(어렵게 이루어짐)

只有他来，问题**才**能解决。 오직 그가 와야만 문제가 해결될 수 있다.
只有这样**才**能达到自己的目标。 오직 이렇게 해야만 비로소 자신의 목표에 도달할 수 있다.

只要 A，就 B A하기만 하면 곧 B하다(쉽게 이루어짐)

只要充分休息，感冒很快**就**好。 충분히 쉬기만 하면 감기는 금방 낫는다.
只要能挣钱，他什么活儿**都**肯干。 돈만 벌 수 있다면 그는 무슨 일이든 하려 한다.

即使/哪怕 A，也 B　설령 A일지라도 B하다

明天**即使**下雨，**也**要去爬山。 설령 내일 비가 오더라도 나는 등산하러 가겠다.
即使遇到比这再大的困难，我**也**不怕。 설령 이것보다 더 큰 어려움을 만나도 나는 두렵지 않다.

不管/无论 A，都/总 B　A에 관계없이 다 B하다

不管结果怎么样，我**都**会尽力去做。 결과가 어떻든 나는 최선을 다해 할 것이다.
韩国人**无论**男女老少**都**很喜欢吃泡菜。 한국 사람은 남녀노소를 막론하고 모두 김치를 좋아한다.
酒后开车**无论**对自己还是对别人，**都**是极其危险的。
음주 운전은 자신에게든 다른 사람에게든 모두 극히 위험하다.

(一)边 A (一)边 B　A하면서 B하다(두 동작을 동시에, 혹은 번갈아 진행함)

他**一边**打工**一边**上学。 그는 아르바이트를 하면서 학교에 다닌다.
我**一边**吃零食**一边**看电视。 나는 간식을 먹으면서 텔레비전을 본다.

확인 테스트

아래 접속사 고정 격식을 활용하여 중국어로 작문해 보세요. 생각 나지 않거나 모르는 글자는 사전을 찾아 작성해 보세요. 정답을 확인한 후에는 그 문장을 통째로 암기하세요.

1. 그들은 커피를 마시며 이야기를 나눈다.　　　　　　　　　　　　　　　　一边~一边~

   → _____

2. 충분히 쉬기만 하면 감기는 금방 낫는다.　　　　　　　　　　　　　　　　只要~就~

   → _____

3. 그는 잘생겼을 뿐만 아니라 매너도 좋다.　　　　　　　　　　　　　　　　不但~而且~

   → _____

4. 음주 운전은 자신에게든 다른 사람에게든 극히 위험하다.   无论~都~

→ _____

5. 설령 모든 사람이 반대하더라도 나는 그와 결혼하겠다.   即使~也~

→ _____

6. 비록 이것은 단지 오해였지만 나는 여전히 많이 화가 났다.   虽然~但~

→ _____

7. 오직 이렇게 해야만 비로소 자신의 목표에 도달할 수 있다.   只有~才~

→ _____

8. 만일 그의 도움이 없었다면 나는 이렇게 좋은 성적을 거둘 수 없었을 것이다.   如果~就~

→ _____

모범 작문

1. 他们一边喝咖啡一边聊天。
2. 只要充分休息感冒很快就好。
3. 他不但长得很帅，而且很有礼貌。
4. 酒后开车无论对自己还是对别人，都是极其危险的。
5. 即使所有人都反对，我也要跟他结婚。
6. 虽然这只是一场误会，但我还是很生气。
7. 只有这样才能达到自己的目标。
8. 如果没有他的帮助，我就不会取得这么好的成绩。

激动、顺利、发言、保持、全面

[제시어 분석]: 5개의 제시어가 모두 '发言(발언하다)'에 관한 것이다. 왜냐하면 발언할 때는 흥분(激动)하지 말고 차분함을 유지(保持)해야 하며 내용은 전면적(全面)이어야 하기 때문이다. 따라서 첫 문장에서는 '어떻게 하면 성공적인 발언을 할 수 있는가'라는 문제 제기로 시작한다. 그리고 그 질문에 방법을 가지고 '首先~ 其次~'의 구조로 본론을 작성한다. 이번에는 마지막 문장으로 쓰는 '这样就会~'는 생략한다.

[중심 단어]: 发言 fāyán [동] 발언하다 5급

[파생 단어]: 全面 quánmiàn [형] 전면적이다 5급 | 顺利 shùnlì [형] 순조롭다 4급 | 保持 bǎochí [동] 유지하다 5급 | 激动 jīdòng [형] 흥분하다, 감동하다 4급

줄거리

어떻게 해야 성공적인 발언을 할 수 있을까? 먼저, 전면적인 자료를 준비해야 한다. 왜냐하면 좋은 자료가 있으면 설령 발언할 때 좀 긴장되더라도 자료에 근거하여 순조롭게 발표할 수 있기 때문이다. 두 번째로 냉정한 태도를 유지하는 것도 중요하다. 당신은 행동이 너무 흥분해서는 안 되며 자연스럽게 말해야 한다.

모범 작문

		怎	样	才	能	做	一	次	成	功	的	发	言	呢	?
首	先	,	要	准	备	好	全	面	的	材	料	。	因	为	有
了	很	好	的	材	料	,	即	使	发	言	时	会	有	点	紧
张	,	也	可	以	根	据	材	料	来	顺	利	地	发	表	。
其	次	,	保	持	冷	静	的	态	度	也	很	重	要	。	你
不	能	表	现	得	太	激	动	,	而	要	自	然	地	说	话。

기출문제 분석 2 : 100번 사진 분석 작문

쓰기 2부분 80자 내외 작문하기

100번은 사진(그림)을 보고 **비교적 자유롭게 연상**하여 줄거리를 만들기 때문에 부담이 덜 합니다. 하지만 사진(그림)과 상관 없는 내용은 감점의 요인이 되기 때문에 **사진의 특징을 잘 잡아낼 수 있어야** 합니다. 가장 중요한 것은 사진 속에서 **인물, 행위, 감정** 등을 읽어 내고 상상력을 발휘해서 살을 붙이는 것입니다. 100번은 논설문보다는 **에피소드** 형식이 더 적합합니다.

사진을 보고 80자 내외로 작문하세요.

풀이 **[사진 분석]** : 이 사진은 엄마로 보이는 한 여성이 다리를 다친 아이에게 약을 발라 주고 있는 모습이다. 이 사진의 핵심 메시지는 '**부상(受伤)**'과 '**약 발라 주기(擦药)**'이다. 약간의 상상력을 발휘해서, 이 아이는 평소에 말을 잘 안 듣는(不听话) 장난이 심한(调皮的) 아이로 설정해 본다. 다치는 것(受伤)과 관련해서는 '나무에서 떨어진 것'으로 설정하여 내용을 구체적으로 쓸 수 있다.

[연상 단어] : 受伤, 腿, 疼, 擦药, 妈妈, 帽子, 担心, 不小心, 摔倒, 不高兴, 后悔…

[핵심 단어] : 受伤, 腿, 擦药

모범 작문 1 〈에피소드형〉

샤오리는 장난스러운 남자아이다. 하지 말라는 일일수록 하려 해서 부모님은 매우 골치아프다. 샤오왕은 오늘도 사고를 쳤다. 왜냐하면 그가 말을 듣지 않고 높은 나무 위에 올라갔다가 부주의로 나무에서 떨어져 **다리를 다쳐**, 지금 엄마가 그에게 **약을 발라 주고 있다**.

		小	李	是	个	调	皮	的	男	孩	儿	,	越	不	让
他	做	的	事	儿	,	他	越	是	要	做	,	所	以	父	母
非	常	头	疼	。	小	李	今	天	又	闯	祸	了	。	因	为
他	不	听	话	,	要	爬	一	棵	很	高	的	树	,	结	果
不	小	心	从	树	上	摔	了	下	来	,	**腿**	**受**	**伤**	**了**	,
现	在	妈	妈	正	在	给	他	**擦**	**药**	。					

어휘 调皮 tiáopí [형] 장난스럽다, 장난이 심하다 5급 | 闯祸 chuǎnghuò [동] 사고를 일으키다 | 爬 pá [동] 오르다 | 摔 shuāi [동] 떨어지다, 균형을 잃고 넘어지다 | 受伤 shòushāng [동] 다치다, 부상 당하다 5급 | 擦 cāyào [동] 약을 바르다

모범 작문 2 〈논설문〉

만일 아이가 다쳤다면 대부분의 부모는 바로 달려가 위로하고 그에게 약을 발라 줄 것이다. 만일 아이가 넘어진다면 당신도 이렇게 하겠는가? 내 생각에 이때 부모는 아이로 하여금 스스로 일어나 혼자서 이 상황을 마주하게 해야 한다. 왜냐하면 이렇게 해야만 아이는 비로소 독립심을 기를 수 있기 때문이다.

		如	果	孩	子	受	伤	了	,	大	部	分	家	长	都
会	马	上	跑	过	去	安	慰	他	并	给	他	擦	药	。	如
果	孩	子	摔	倒	了	,	那	么	你	也	会	这	样	做	吗?
我	认	为	,	这	时	父	母	应	该	让	孩	子	自	己	站
起	来	,	独	自	面	对	这	个	情	况	。	因	为	只	有
这	样	孩	子	才	能	培	养	独	立	心	。				

어휘 受伤 shòushāng [동] 다치다, 부상 당하다 5급 | 家长 jiāzhǎng [명] 학부모, 가장 5급 | 安慰 ānwèi [동] 위로하다 5급 | 擦药 cāyào [동] 약을 바르다 | 摔倒 shuāidǎo [동] 넘어지다 5급 | 独自 dúzì [부] 혼자서, 홀로 | 面对 miànduì [동] 직면하다, 마주하다 5급 | 培养 péiyǎng [동] 배양하다, 기르다 5급 | 独立 dúlì [동] 독립하다 5급

전략 학습 2 : 100번 사진 분석 작문

쓰기 2부분 80자 내외 작문하기

■ 100번 〈사진 분석 작문〉의 3단계 작문법

[1단계] 사진 분석을 통한 핵심 메시지와 핵심 단어 확정하기

인물의 동작과 표정, 주변의 환경과 사물을 종합적으로 고려하여 사진이 전달하고자 하는 핵심 메시지를 읽어 낸다. 이를 표현하기 위해서 알맞은 상황을 설정한 후 꼭 필요한 핵심 단어와 관련 단어를 찾아낸다.

[2단계] 핵심 메시지를 표현할 수 있는 줄거리 짜기

너무 있는 그대로만 표현하지 말고 합리적인 상상을 통해서 살을 덧붙일 수 있어야 한다. 이때 핵심 메시지와 핵심 단어를 잘 표현할 수 있는 줄거리를 짜도록 한다. 지나치게 개인적인 내용은 피하고 상식적이고 공감이 쉬운 내용을 만든다.

[3단계] 간결한 표현으로 중작하기

길게 쓰려고 하지 말고 최대한 〈주 + 술 + (목)〉 구조로 간결하게 쓰자. 주제나 메시지를 명확하게 드러낼 수 있도록 일관성 있게 써 내려 가야 한다. 이것저것 생각난다고 마구 쓰다 보면 일관성이 없고 감점의 요인이 된다.

■ 100번 〈사진 분석 작문〉에 필요한 기본 어휘

100번은 사진이 나타내는 메시지를 표현할 수 있는 핵심 단어를 찾아낼 수 있어야 한다. 그리고 인물, 장소, 심리, 행위와 관련 있는 단어들을 잘 암기해 내실 있는 내용으로 작문해야 한다. 색깔 표시된 단어는 꼭 외우도록 하자.

인물

사진 속 인물이 어떤 사람인가를 확정하는 것은 매우 중요하다. '누가'를 먼저 확정하고 주어로 놓으면 이야기를 풀어 가기가 훨씬 수월하다. 가장 쉽게 할 수 있는 방법은 사진 속 인물을 '小王'으로 하거나, 자신이라고 가정하여 '我'를 주어로 하는 것이다. 만일 외국 여성이라면 '丽丽(리리)'로 하고, 남자라면 '大卫(데이비드)'로 정해 놓고 작문하는 것도 좋다.

#	단어	뜻	#	단어	뜻
1	我	나(주인공을 자신으로 설정함)	26	顾客	고객, 손님
2	他	그(사진 속 인물이 남자일 경우)	27	老板	사장
3	她	그녀(사진 속 인물이 여자일 경우)	28	经理	사장, 지배인
4	小王	샤오왕(아이나 젊은이)	29	员工	직원
5	小李	샤오리(아이나 젊은이)	30	同事	동료
6	爷爷	할아버지	31	老师	선생님
7	奶奶	할머니	32	校长	교장 선생님
8	爸爸	아빠(父亲: 아버지)	33	同学	동학, 동창
9	妈妈	엄마(母亲: 어머니)	34	对方	상대방
10	丈夫	남편	35	房东	집주인
11	妻子	아내	36	秘书	비서
12	哥哥	형, 오빠	37	主人	주인
13	姐姐	누나, 언니	38	教练	(운동) 감독, 코치
14	弟弟	남동생	39	会计	회계, 경리
15	妹妹	여동생	40	班主任	담임 선생님
16	儿子	아들	41	王经理	왕 사장
17	女儿	딸	42	摄影师	사진 작가
18	邻居	이웃	43	设计师	디자이너, 설계사
19	医生/大夫	의사	44	服务员	종업원
20	护士	간호사	45	售货员	판매원
21	病人	환자	46	投资方	투자측
22	司机	운전기사	47	陌生人	낯선 사람
23	师傅	기사님, 선생님, 아저씨, 아주머니 (기예·기능을 가진 사람에 대한 존칭)	48	求职者	구직자
24	导演	(영화) 감독	49	面试官	면접관
25	导游	가이드	50	合作伙伴	협력 파트너
			51	大卫	데이비드(외국인 남자)
			52	丽丽	리리(외국인 여자)

장소

제시된 사진이 어떤 곳인지 장소를 확정한 다음에야 구체적인 내용을 떠올릴 수 있다. 출제 가능한 장소는 아래와 같다.

1	公司	회사	16	饭店	호텔, 식당
2	机场	공항	17	酒店	호텔
3	医院	병원	18	银行	은행
4	病房	병실	19	商场	백화점, 상가
5	餐厅	식당	20	加油站	주유소
6	超市	슈퍼마켓	21	洗手间	화장실(卫生间)
7	宿舍	기숙사	22	健身房	헬스장
8	学校	학교	23	博物馆	박물관
9	操场	운동장	24	玩具店	완구점
10	广场	광장			
11	郊区	교외, 변두리			
12	隔壁	옆집			
13	邮局	우체국			
14	公寓	아파트			
15	公园	공원			

'超市, 售货员, 顾客, 微笑, 热情' 등을 핵심 단어로 놓고, 아래 관련 어휘를 활용하여, '친절하고 일 잘하는 판매원'에 관한 내용으로 작문을 해 보세요.

참고 : 超市, 售货员, 顾客, 微笑, 亲切, 热情, 介绍, 说明, 水果, 新鲜…

줄거리

리리는 한 슈퍼의 판매원이다. 그녀는 고객에게 매우 친절하다. 그래서 그녀는 많은 환영을 받는다. 그녀는 늘 미소를 띤 채로 고객을 대하며 게다가 모든 상품에 대해서 잘 파악하고 있다. 고객이 무슨 요구를 하든 그녀는 모두 방법을 생각해 내어 그들을 만족시킬 것이다.

모범 작문

		丽	丽	是	一	家	超	市	里	的	售	货	员	。	她
对	顾	客	都	很	热	情	,	所	以	她	非	常	受	欢	迎。
她	始	终	带	着	微	笑	对	待	顾	客	,	而	且	对	每
个	产	品	都	很	了	解	。	不	管	顾	客	提	出	什	么
要	求	,	她	都	会	想	办	法	满	足	他	们	。		

어휘 **售货员** shòuhuòyuán [명] 판매원 | **热情** rèqíng [형] 친절하다, 열정적이다 [명] 열정 3급 | **始终** shǐzhōng [부] 시종, 줄곧 5급 | **对待** duìdài [동] 대하다, 다루다 5급 | **产品** chǎnpǐn [명] 제품 5급 | **满足** mǎnzú [동] 만족하다, 만족시키다 5급

감정·태도·성격·상태 ★

대부분의 사진에는 사람이 등장한다. 그 **사람의 표정이나 동작 등을 통해서 감정이나 태도를 표현할 수 있어야** 하는데, 이런 부분을 표현할 수 있다면 작문이 좀 더 많은 공감을 불러일으킬 수 있다. 색깔 표시된 단어는 반드시 암기하도록 하자.

① 긍정적 의미

1	幸福	[형] 행복하다		21	欢迎	[동] 환영하다
2	幸运 xìngyùn	[명] 행운 [형] 운이 좋다		22	同意	[동] 동의하다
3	快乐	[형] 즐겁다		23	感动	[동] 감동하다
4	开心	[형] 즐겁다		24	理解	[동] 이해하다
5	愉快	[형] 즐겁다		25	坚持	[동] 견지하다, 계속하다(↔放弃)
6	高兴	[형] 기쁘다		26	放松	[동] 이완시키다, 긴장을 풀다
7	喜欢	[동] 좋아하다		27	安慰	[동] 위로하다 [형] 위로가 되다
8	乐观 lèguān	[형] 낙관적이다, 긍정적이다		28	期待	[동] 기대하다
9	兴奋	[형] (좋은 일로) 흥분하다		29	鼓励	[동] 격려하다
10	乖 guāi	[형] 얌전하다, 착하다, 말을 잘 듣다		30	尊重	[동] 존중하다
11	谨慎 jǐnshèn	[형] 신중하다		31	道歉	[동] 사과하다
12	认真	[형] 열심히 하다, 진지하다		32	同意	[동] 동의하다
13	骄傲	[형] 교만하다, 자랑스럽다 [명] 자랑(거리)		33	热情	[형] 친절하다 [명] 열정
14	自豪 zìháo	[형] 자랑스럽게 생각하다		34	亲切	[형] 친절하다, 친근하다
15	满意	[동] 만족하다, 마음에 들다		35	积极	[형] 적극적이다
16	满足	[동] 만족하다, 만족시키다		36	礼貌	[명] 예의 [형] 예의바르다
17	孝顺 xiàoshùn	[형] 효성스럽다 [동] 효도하다		37	耐心	[명] 인내심 [형] 인내심 있다
18	善良	[형] 선량하다, 착하다		38	轻松	[형] (일 등이) 수월하다, (마음이) 홀가분하다
19	谦虚 qiānxū	[형] 겸손하다		39	放松	[동] 이완시키다, 긴장을 풀다
20	大方	[형] 대범하다, 인색하지 않다		40	沟通 gōutōng	[동] 소통하다

쓰기 2부분 445

41	称赞 chēngzàn	[동] 칭찬하다	45	精彩	[형] 훌륭하다, 멋지다
42	表扬	[동] 칭찬하다	46	优秀	[형] 우수하다
43	热爱	[동] 매우 좋아하다	47	完美	[형] 완벽하다
44	顺利	[형] 순조롭다			

② 부정적 의미

48	吃惊	[동] 놀라다	64	讨厌	[동] 싫어하다, 미워하다
49	生气	[동] 화내다	65	伤心	[형] 상심하다
50	害怕	[동] 두려워하다			

51	担心	[동] 걱정하다	66	小气	[형] 인색하다, 옹졸하다
52	怀疑	[동] 의심하다	67	自私 zìsī	[형] 이기적이다
53	紧张	[형] 긴장하다	68	冷淡 lěngdàn	[형] 냉담하다
54	着急	[형] 조급해하다	69	抱歉 bàoqiàn	[형] 미안하다
55	奇怪	[형] 이상하다	70	倒霉 dǎoméi	[형] 재수 없다, 운이 없다

56	反对	[동] 반대하다	71	悲观 bēiguān	[형] 비관적이다
57	拒绝	[동] 거절하다	72	消极	[형] 소극적이다
58	放弃	[동] 포기하다(↔ 坚持)	73	痛苦	[형] 고통스럽다
59	后悔	[동] 후회하다	74	委屈 wěiqu	[형] 억울하다
60	难过	[형] 슬프다, 괴롭다	75	无奈 wúnài	[형] 어찌 해 볼 도리가 없다

61	失望	[동] 실망하다	76	淘气 táoqì	[형] 장난이 심하다
62	吵架	[동] 말다툼하다	77	不耐烦	[형] 귀찮아하다, 성가시다
63	可惜	[형] 안타깝다, 아쉽다	78	看不起	[동] 깔보다

③ 중성의 의미

79	好奇	[형] 호기심 있다 [명] 호기심	83	承认 chéngrèn	[동] (잘못 등을) 인정하다
80	激动	[형] (좋은 일로 혹은 나쁜 일로) 흥분하다, 감동하다	84	意外	[형] 의외이다 [명] 의외의 사고
			85	说服 shuōfú	[동] 설득하다

| 81 | 得意 | [형] 득의하다 | 86 | 想念 xiǎngniàn | [동] 그리워하다 |
| 82 | 严肃 yánsù | [형] 엄숙하다 | | | |

실전 적용하기

아래의 단어를 최대한 활용하여 실전에 적용해 보도록 하세요. 특히 심리·태도 관련 어휘에 신경 써서 작문해 보세요.

참고 : 旅行, 迷路, 问路, 亲切, 地图, 展开, 感激, 顺利…

줄거리

리리는 혼자 낯선 도시로 여행 갔다. 이날 그녀는 박물관에 가고 싶었지만 그녀는 길을 잃고 말았다. 그녀는 지도를 펼치고 한 행인에게 길을 물었고 그 사람은 매우 친절하게 그녀에게 설명해 주었다. 리리는 그에게 매우 감사했다. 그의 도움으로 리리는 순조롭게 박물관을 찾았다.

모범 작문

		丽	丽	独	自	去	一	个	陌	生	的	城	市	旅	行。
这	一	天	她	想	去	博	物	馆	，	可	是	她	迷	路	了。
她	展	开	地	图	向	一	个	路	人	问	路	，	那	个	人
十	分	亲	切	地	为	她	说	明	，	丽	丽	非	常	感	激
他	。	在	他	的	帮	助	下	，	丽	丽	顺	利	地	找	到
了	博	物	馆	。											

어휘 **独自** dúzì [부] 혼자서, 홀로 | **陌生** mòshēng [형] 낯설다 5급 | **博物馆** bówùguǎn [명] 박물관 5급 | **迷路** mílù [동] 길을 잃다 5급 | **展开** zhǎnkāi [동] 펼치다, 펴다 5급 | **亲切** qīnqiè [형] 친절하다, 친근하다 5급 | **感激** gǎnjī [동] 감격하다, 매우 감사하다 5급

동작·활동

아래에 있는 단어들은 간단하지만 꼭 필요한 동작 관련 표현이다. 잘 숙지하도록 하자.

1	哭	울다		16	锻炼	단련하다, 운동하다
2	笑	웃다		17	批评	나무라다
3	挂	걸다		18	握手	악수하다
4	抱	안다		19	抬头	머리를 들다
5	找	찾다		20	低头	머리를 숙이다

6	借	빌리다		21	点头	고개를 끄덕이다
7	陪	모시다, 데리다		22	摇头	고개를 가로젓다
8	带	(사람을) 데리다, (물건을) 지니다		23	微笑	미소 짓다
9	留	남기다		24	钓鱼	낚시하다
10	洒 sǎ	엎지르다		25	踢足球	축구하다

11	旅行	여행하다		26	打篮球	농구하다
12	旅游	여행하다, 관광하다		27	打网球	테니스하다
13	道歉	사과하다		28	打羽毛球	배드민턴하다
14	欣赏	감상하다				
15	修理	수리하다				

실전 적용하기

'钓鱼'와 '郊区'를 핵심 단어로 놓고, 아래 단어들을 활용해 아빠와 아들의 즐거운 낚시하기로 작문해 보세요.

참고 : 钓鱼, 开心, 郊区, 陪, 带, 玩…

줄거리

데이비드는 평소에 일이 바빠서 아이와 놀아 줄 시간이 없다. 오늘은 아들의 생일이어서, 데이비드는 특별히 하루 휴가를 신청해서 아들을 데리고 교외로 낚시하러 갔다. 데이비드는 인내심 있게 아들에게 낚시의 기술을 가르쳐 주었고 아들은 진지하게 배워서 금방 한 마리를 낚아 올렸다. 그들은 매우 즐겁게 놀았다.

모범 작문

		大	卫	平	时	工	作	很	忙	，	没	有	时	间	陪
儿	子	玩	。	今	天	是	儿	子	的	生	日	，	所	以	大
卫	特	意	请	了	一	天	假	，	带	儿	子	到	郊	区	钓
鱼	。	大	卫	耐	心	地	教	儿	子	钓	鱼	的	技	术	，
儿	子	学	得	很	认	真	，	很	快	就	钓	上	来	一	条
鱼	。	他	们	玩	得	开	心	极	了	。					

어휘 陪 péi [동] 모시다, 함께 하다 4급 | 特意 tèyì [부] 특별히 6급 | 请假 qǐngjià [동] (휴가·조퇴·외출·결근·결석 등의 허락을) 신청하다 4급 | 郊区 jiāoqū [명] 교외, 변두리 4급 | 钓鱼 diàoyú [동] 낚시하다 5급 | 耐心 nàixīn [명] 인내심 [형] 인내심 있다 4급 | 技术 jìshù [명] 기술 4급 | 认真 rènzhēn [형] 진지하다, 성실하다, 열심히 하다 4급 开心 kāixīn [형] 즐겁다 4급

■ 중작 공식 패턴 23선

억지로 길게 늘려서 쓰는 것은 좋은 작문이 될 수 없다. **중심 없이 내용이 중언부언하는 느낌이 있으면 좋은 점수를 주지 않기 때문이다.** 하지만 **어떤 표현 형식은 그 자체가 세련된 것이기 때문에** 적절하게 활용하면 80자를 채우는 데 **실속 있고** 또한 **전체적인 작문의 수준을 높여** 줄 수 있다. 아래 표현을 암기해 뒀다가 유용하게 사용하자.

품사 약자 참고 : S(주어), V(동사), A(형용사), O(목적어), N(명사)

핵심 정리

1. 시간 + S + 去 + (장소) + V + (了) + (O) ~   언제에 S는 어디에 V하러 갔다
   시간 + S + V + (了) + O   언제에 S는 V했다.

2. 怎样才能~?   어떻게 해야 비로소 ~할 수 있는가?
   只有这样(我们)才能~   오직 이렇게 해야만 (우리는) 비로소 ~할 수 있다
   只要这样(我们)就能/会~   이렇게 하기만 하면 (우리는) ~할 것이다

3. (시간) + S + 一定要 + V + ~   (언제에) S는 반드시 V해야 한다/V할 것이다
   (시간) + S + 一定会 + V + ~   (언제에) S는 반드시 V할 것이다

4. A 离不开 B   A는 B를 떠날 수 없다, A는 B 없이는 안 된다

5. A 对 B 很有帮助   A는 B에게 매우 도움이 된다

6. 随着 + N + 的 + V, S~   N이 V함에 따라서 S는 ~하다

7. 为了 + 목적, S + V + ~   '목적'을 위해서, S는 V한다

8. A 给 B 留下了深刻的印象。   A는 B에게 깊은 인상을 남겼다

9. 在 ~的帮助下, S + V + ~   ~의 도움으로 S는 V했다

10. A 给 B 带来~ C   A는 B에게 C를 가져다주다

11. 对(于) ~来说, S 是~的 (N)   ~의 입장에서 말하자면 S는 ~한 N이다
    对(于) ~来说, S 是不可缺少的 N   ~의 입장에서 말하자면 S는 없어서는 안 되는 N이다

12. (S₁) 没想到 (S₂)~   ~할 줄 생각지 못했다, 뜻밖에도 ~이다

13. 很有 + N(추상명사)   매우 N이 있다

14. 很难 + V ~   V하기 어렵다
    (很)容易 + V ~   V하기 쉽다, 쉽게 V하다

15. 越来越 + A / V(심리)   갈수록 A / V하다

16.	A / V(심리) + 极了	극히/매우/무척 ~하다, ~하기 그지 없다
17.	(장소) + 到处都是 + N	도처에/온통/여기저기에 모두 N이다
18.	(甚至)连 ~都/也 V	(심지어) ~조차도 V하다
19.	一 + V₁ + 就 + V₂ + ~	V₁하기만 하면 V₂하다, V₁하지 마자 V₂하다
20.	很快就 + V~ 很快地 + V~ 很快 + V~	금방/아주/빠르게 V하다
21.	一点儿也不/没 + A / V	조금도 A / V하지 않다
22.	一点儿 + N + 都/也没有	조금의/아무런 N도 없다
23.	A / V + 的是~	A / V한 것은 ~이다

1. 시간 + S + 去 + (장소) + V + (了) + (O) ~ 시간 + S + V + (了) + O	언제에 S는 어디에 V하러 갔다 언제에 S는 V했다

만일 **에피소드(이야기)** 형식으로 작문을 한다면 **첫 문장으로 쓰기에 매우 좋은 문장**이다. 시간을 나타내는 단어는 주어(S) 앞뒤로 다 올 수 있으며, 자주 쓸 수 있는 시간으로는 '上周, 上周末, 昨天, 最近' 등이 있다.

上周我去泰山游览。 지난주에 나는 태산에 놀러 갔다.

上周我去郊区钓鱼。 지난주에 나는 외곽으로 낚시 갔다. ★

最近我去香港旅行了。 최근에 나는 홍콩에 여행을 갔다.

上个月我去欧洲旅游。 지난달에 나는 유럽으로 여행을 갔다.

昨天我去观看了篮球比赛。 어제 나는 농구 경기를 보러 갔다.

昨天我去百货商店买礼物。 어제 나는 선물을 사러 백화점에 갔다.

上周末我去朋友家里玩儿。 지난 주말에 나는 친구 집에 놀러 갔다.

他最近总是失眠。 그는 최근에 계속 불면증에 시달린다. ★

她最近瘦了很多。 그녀는 최근에 살이 많이 빠졌다.

他最近丢掉了工作。 그는 최근에 일자리를 잃었다.

我最近制定了学习计划。 나는 최근에 학습 계획을 세웠다.

最近她迷上了一个连续剧。 최근에 그녀는 한 드라마에 빠졌다.

✏️ **[중작 연습]** 지난 주에 나는 친구 결혼식에 갔다.
→ _____
정답 上周我去参加了朋友的婚礼。

2. 怎样才能~? 어떻게 해야 비로소 ~할 수 있는가?
   只有这样(我们)才能~ 오직 이렇게 해야만 (우리는) 비로소 ~할 수 있다
   只要这样(我们)就能/会~ 이렇게 하기만 하면 (우리는) ~할 것이다

'怎样才能~'은 논설문 형식으로 작문할 때 **첫 문장**으로 쓸 수 있는 문장이다. 문제 제기를 함으로써 작문의 내용을 일관성 있게 이끌어 가는 데 매우 효과적이다.
'只有这样才能~'과 '只要这样就会~'는 역시 논설문 형식의 글에서 **마지막 문장으로 쓰기에 아주 좋은 문장**이다. 여기서 '这样'은 앞에서 서술한 내용을 다시 언급할 때 간단하게 대체할 수 있는 대명사로 **깔끔하게 마무리하는 느낌**을 준다.

怎样才能获得成功? 어떻게 해야 성공을 거둘 수 있는가?

怎样才能健康长寿? 어떻게 해야 건강하게 장수할 수 있는가?

怎样才能活得幸福? 어떻게 하면 사는 게 행복할 수 있는가?

只有这样我们才能获得成功。 오직 이렇게 해야만 우리는 비로소 성공을 거둘 수 있다.

只有这样我们才能健康长寿。 오직 이렇게 해야만 우리는 비로소 건강하게 장수할 수 있다.

只要这样我们就能活得幸福。 이렇게 하기만 하면 우리는 사는 게 행복할 수 있다.

✏️ **[중작 연습]** 오직 이렇게 해야만 우리는 더 나은 미래가 있을 수 있다.
→ _____
정답 只有这样我们才能有更好的未来。

> 3. (시간) + S + 一定要 + V + ~   (언제에) S는 반드시 V해야 한다/V할 것이다
>   (시간) + S + 一定会 + V + ~   (언제에) S는 반드시 V할 것이다

에피소드 형식으로 작문할 때 **마지막 문장**으로 본인의 결심을 표현하는 형식으로 적절하다. 앞에 '决心'이나 '决定'을 넣어서 '我决心/决定一定要~'로도 표현할 수 있다. 또는 앞에 '我相信'을 넣어서 〈我相信 + S + 一定会~〉로도 표현할 수 있다.

我一定要戒烟。 나는 반드시 금연할 것이다.

你一定要始终讲真话。 너는 반드시 늘 진실만을 말해야 한다.

我一定要克服这个困难。 나는 반드시 이 어려움을 극복할 것이다.

下次我一定会成功。 다음에 나는 반드시 성공할 것이다.

睡觉前一定要刷牙。 잠자기 전에는 반드시 이를 닦아야 한다.

下次我一定要通过考试。 다음에 나는 반드시 시험에 통과할 것이다.

以后我一定要努力学习。 앞으로 나는 반드시 열심히 공부할 것이다. ★

穿西服时一定要系领带吗? 양복을 입을 때는 반드시 넥타이를 매야 하는가?

他决心一定要争取第一名。 그는 반드시 1등을 쟁취하겠다고 결심했다.

我相信他的挑战一定会成功。 나는 그의 도전이 반드시 성공할 것이라고 믿는다. ★

✎ [중작 연습] 나는 반드시 끝까지 할 것이라고 결심했다.

→ _____   정답 我决心一定要坚持到底。

> 4. A 离不开 B   A는 B를 떠날 수 없다, A는 B 없이는 안 된다

A에게 있어서 B는 없어서는 안 되는 꼭 필요한 존재라는 것을 나타낸다.

鱼离不开水。 물고기는 물을 떠나서 살 수 없다.

企业的发展离不开员工。 기업의 발전은 직원을 떠날 수 없다. ★

植物的生长离不开水和阳光。 식물의 생장은 물과 햇빛 없이는 안 된다.

成功的减肥离不开规律的运动。 성공적인 다이어트는 규칙적인 운동 없이는 안 된다.

我今天能够取得这样的成就，离不开大家的帮助。
내가 오늘 이런 성취를 거둔 것은 모두의 도움을 떠날 수 없습니다.

✏️ [중작 연습] 현대인의 생활은 핸드폰을 떠날 수 없다.

→ _____

정답 现代人的生活离不开手机。

5. A 对 B 很有帮助   A는 B에게 매우 도움이 된다

A가 B를 하는 데 큰 도움이 됨을 나타낸다. '帮助' 대신에 '好处'를 써도 좋은 표현이 된다. '很有' 대신에 도움이 안 된다면 '没有帮助'나 '没有好处'를 쓰면 된다.

老师的指导对我很有帮助。 선생님의 지도는 나에게 큰 도움이 되었다.

喝茶对恢复活力很有帮助。 차 마시기는 활력을 회복하는 데 큰 도움이 된다.

每天写日记对人生很有帮助。 매일 일기를 쓰는 것은 인생에 큰 도움이 된다.

少吃对身体有好处。 소식은 몸에 좋다.

吸烟对身体没有好处。 흡연은 몸에 좋을 게 없다.

吃梨对嗓子很有好处。 배를 먹으면 목에 매우 좋은 점이 있다.

✏️ [중작 연습]

인터넷은 자료를 찾는 데 확실히 큰 도움이 된다.

→ _____

정답 网络对找资料确实很有帮助。

모범 작문 (참고용)

> 현대인은 정보의 홍수 속에서 살면서 거의 매일 자신이 필요로 하는 정보를 검색한다. 많은 방법 중에서 인터넷은 자료를 조사하고 정보를 찾는 데 있어서 정말로 큰 도움이 된다. 하지만 우리가 주의해야 할 것은 인터넷상의 일부 정보들은 꼭 정확한 것은 아니기 때문에 선택적으로 정보를 채택해야 한다는 것이다.

	现	代	人	在	信	息	的	洪	水	中	生	活	,	几
乎	每	天	都	要	搜	索	自	己	需	要	的	信	息	。	在
众	多	方	法	中	,	网	络	对	查	资	料	、	找	信	息
确	实	很	有	帮	助	。	但	我	们	应	该	注	意	的	是,
网	上	的	一	些	信	息	不	一	定	是	正	确	的	,	所
以	应	该	有	选	择	地	采	用	信	息	。				

어휘 现代人 xiàndàirén [명] 현대인 5급 | 信息 xìnxī [명] 정보 4급 | 洪水 hóngshuǐ [명] 홍수 6급 | 搜索 sōusuǒ [동] 검색하다 5급 | 网络 wǎngluò [명] 인터넷 5급 | 不一定 bùyídìng [부] 반드시 ~한 것은 아니다 | 有选择地 yǒu xuǎnzé de 선택적으로 ~하다 | 采用 cǎiyòng [동] 채택하다

---

6. 随着 + N + 的 + V, S ~   N이 V함에 따라서 S는 ~하다

앞절의 상황이 변함에 따라 뒷절의 상황도 변함을 나타낸다.

随着年龄的增长，我发胖了。
나이가 들어감에 따라 나는 살이 쪘다.

随着社会的发展，男女平等越来越重要。
사회가 발전함에 따라 남녀 평등이 갈수록 중요해지고 있다.

随着时间的推移，我对那件事的记忆越来越淡了。
시간이 지남에 따라 나의 그 일에 대한 기억이 갈수록 옅어졌다.

随着生活水平的提高，人们越来越重视业余生活。
생활 수준이 향상됨에 따라 사람들은 갈수록 여가 생활을 중시한다.

随着网络技术的发达，越来越多的人在网上购物。★
인터넷 기술이 발달함에 따라 갈수록 많은 사람들이 인터넷에서 물건을 구매한다.

 [중작 연습] 시간이 지남에 따라 일이 갈수록 복잡해졌다.
→ _____

정답 随着时间的推移，事情越来越复杂了。

7. 为了 + 목적, S + V + ~　　'목적'을 위해서, S는 V한다

앞절에는 '목적'이 나오고 뒷절에는 '행위'가 나온다. 주어(S)는 앞절에 올 수도 있고 뒷절에 올 수도 있다.

他为了恢复健康戒了烟。
그는 건강을 회복하기 위해 담배를 끊었다.

他为了达到目的，不择手段。
그는 목적을 달성하기 위해서는 수단을 가리지 않는다.

为了学好汉语，我决定去中国学习。★
중국어를 잘 배우기 위해서 나는 중국에 가서 공부하기로 결정했다.

为了这次面试，他对公司做了全面的调查。
이번 면접을 위해서 그는 회사에 대해서 전면적인 조사를 했다.

为了能通过HSK考试，我参加了一个辅导班。
HSK 시험에 통과하기 위해 나는 학원에 갔다.

为了保持苗条的身材，她每天都去健身房运动。
날씬한 몸매를 유지하기 위해 그녀는 매일 헬스장에 운동하러 간다.

[중작 연습]

정해진 시간 안에 임무를 끝내기 위해, 그는 밤새워 일하고 있다.
→ _____

정답 为了按时完成任务，他在熬夜工作。

모범 작문 (참고용)

밤샘은 신체에 대해서 상해가 크다. 하지만 현대인들은 종종 밤새워 일을 하기도 한다. 그 역시 제때에 임무를 완성하기 위해서 지금 밤새워 일을 하고 있다. 만일 장기간 이렇게 해 나가면 그는 건강을 잃을 가능성이 크다. 그때가 되면 후회해도 늦다. 그래서 나는 모두가 밤새지 말기를 권한다.

		熬	夜	对	身	体	伤	害	很	大	。	但	现	代	人
往	往	会	熬	夜	工	作	。	他	也	是	为	了	按	时	完
成	任	务	,	正	在	熬	夜	工	作	。	如	果	长	期	这
样	下	去	,	那	么	他	很	可	能	失	去	健	康	,	到
那	时	候	后	悔	也	来	不	及	了	。	所	以	我	建	议
大	家	不	要	熬	夜	。									

어휘 熬夜 áo'yè [동] 밤새다 5급 | 伤害 shānghài [동] (몸을) 상하게 하다 [명] 상해 5급 | 上班族 shàngbānzú [명] 샐러리맨, 직장인 | 按时 ànshí [부] 제때에 4급 | 失去 shīqù [동] 잃어버리다 5급 | 来不及 láibují [동] 늦었다, ~할 시간이 없다 4급

8. A 给 B 留下了深刻的印象。   A는 B에게 깊은 인상을 남겼다.

주어의 A나 대상 B를 바꾸면 다양한 문장을 만들 수 있다.

她的话给**听众**留下了深刻的**印象**。 그녀의 말은 청중에게 깊은 인상을 남겼다. ★
这部电影给**我**留下了深刻的**印象**。 이 영화는 나에게 깊은 인상을 남겼다.
这次旅行给**我**留下了深刻的**印象**。 이번 여행은 나에게 깊은 인상을 남겼다.
这个广告给**人们**留下了深刻的**印象**。 이 광고는 사람들에게 깊은 인상을 남겼다.
没有人希望给**别人**留下坏**印象**。 아무도 다른 사람에게 나쁜 인상을 남기고 싶어하지 않는다.
实习生小王给**领导**留下了深刻的**印象**。 실습생 샤오왕은 상사에게 깊은 인상을 남겼다.

[중작 연습]

그곳의 아름다운 풍경은 나에게 깊은 인상을 남겼다.

→ _____

정답 那里美丽的风景给我留下了深刻的印象。

모범 작문 (참고용)

> 지난주 일요일 나는 어떤 곳에 놀러 갔다. 그곳에 그렇게 많은 관광객이 있을 줄은 생각지 못했다. 그곳의 산은 높고 아름다웠다. 게다가 앞에는 뜻밖에도 큰 호수가 있어서 독특한 풍경을 이루었다. 어떤 사람은 풍경을 감상하고 어떤 사람은 사진을 찍었다. 그곳의 아름다운 풍경은 관광객들에게 깊은 인상을 남겼다.

		上	周	日	我	去	一	个	地	方	游	览	。	没	想
到	那	里	有	那	么	多	游	客	。	那	里	的	山	又	高
又	美	，	而	且	山	前	面	居	然	有	一	个	大	湖	，
形	成	了	一	个	独	特	的	风	景	。	有	的	人	欣	赏
风	景	，	有	的	人	拍	照	，	那	里	美	丽	的	风	景
给	游	客	们	留	下	了	深	刻	的	印	象	。			

어휘 游览 yóulǎn [동] 유람하다 5급 | 居然 jūrán [부] 뜻밖에 5급 | 湖 hú [명] 호수 5급 | 形成 xíngchéng [동] 형성하다 5급 | 独特 dútè [형] 독특하다 5급 | 风景 fēngjǐng [명] 풍경 5급 | 欣赏 xīnshǎng [동] 감상하다, 마음에 들어 하다 5급

9. 在 ~的帮助下, S + V + ~   ~의 도움으로 S는 V했다

'在~下'는 '어떤 조건이나 환경 하에서'라는 뜻이기 때문에 결국은 '~의 도움으로'라고 해석된다. '帮助' 외에도 '支持, 鼓励, 指导, 辅导, 环境, 情况' 등도 올 수 있다.

在教练的指导下，他获得了冠军。 감독의 지도로 그는 챔피언이 되었다.

在困难的情况下，他按时完成了任务。 어려운 상황에서 그는 제때 임무를 완성했다.

在老师的**帮助下**，他的成绩提高了很多。 선생님의 도움으로 그의 성적은 많이 올랐다.

在同事们的**帮助下**，他很快就适应了工作。 동료들의 도움으로 그는 금방 업무에 적응했다.

在我们的**支持下**，韩国队终于赢得了比赛。 우리들의 응원으로 한국팀은 마침내 시합에서 이겼다.

在朋友们的**鼓励下**，他的心情放松了很多。 친구들의 격려로 그의 마음이 한결 편안해졌다.

在警察的**帮助下**，我顺利地找到了那个地方。 경찰의 도움으로 나는 순조롭게 그 장소를 찾아냈다.

[중작 연습]

선생님의 과외로 그녀의 수학 성적은 많이 향상됐다.

→ _____

정답 在老师的辅导下，她的数学成绩进步了很多。

모범 작문 (참고용)

리리는 고등학생으로, 그녀는 각 과목의 성적이 다 좋은데, 수학만은 어떻게 해도 잘할 수 없었다. 그녀는 선생님에게 자신의 고민을 얘기했다. 그날부터 선생님은 매일 그녀에게 잠깐씩 개인 과외를 해 주었다. 선생님의 과외로 그녀의 수학 성적은 많이 향상되었다.

		丽	丽	是	一	名	高	中	生	，	她	各	科	成	绩
都	不	错	，	只	有	数	学	怎	么	学	都	学	不	好	。
她	对	老	师	说	了	自	己	的	烦	恼	。	从	那	天	起，
老	师	每	天	都	给	她	辅	导	一	会	儿	。	在	老	师
的	辅	导	下	，	她	的	数	学	成	绩	进	步	了	很	多。

어휘 烦恼 fánnǎo [명] 걱정, 고민 [형] 고민하다, 걱정하다 | 从~起 cóng~qǐ ~부터 | 进步 jìnbù [동] 진보하다, (성적이나 실력 등이) 향상하다 [명] 진보

10. A 给 B 带来~ C   A는 B에게 C를 가져다주다

C에는 '快乐', '方便' 같은 긍정적 의미의 단어도 올 수 있고, '压力', '不便'처럼 부정적 의미의 단어도 올 수 있다.

微笑给他人带来欢乐。 미소는 타인에게 즐거움을 준다.

抽烟给健康带来不好的影响。 흡연은 건강에 안 좋은 영향을 준다.

学习汉语给我带来了很大压力。 중국어를 공부하는 것은 나에게 큰 스트레스를 주었다.

网络给人们的生活带来了很大变化。 인터넷은 사람들의 생활에 큰 변화를 주었다. ★

电梯坏了，给人们带来了很大不便。 엘리베이터가 고장 나서 사람들에게 큰 불편을 주었다. ★

[중작 연습]

핸드폰은 건강에 해로움을 가져올 수도 있다.

→ _____

정답 手机也会给健康带来危害。

모범 작문 (참고용)

현대인에게 있어서 핸드폰은 없어서는 안 되는 물건이다. 일상생활에서 많은 경우에 우리는 핸드폰을 떠날 수 없다. 하지만 핸드폰은 건강에 해로움을 가져올 수도 있다. 예를 들어 잠자기 전에 핸드폰을 하면 수면에 영향을 줄 수 있는데 심지어 불면을 초래할 수도 있다. 그래서 나는 모두가 핸드폰을 합리적으로 사용하길 권한다.

		对	现	代	人	来	说	，	手	机	是	不	可	缺	少
的	东	西	。	日	常	生	活	中	很	多	时	候	我	们	都
离	不	开	它	。	可	是	手	机	也	会	给	健	康	带	来
危	害	，	比	如	睡	觉	前	玩	手	机	会	影	响	睡	眠,
甚	至	会	导	致	失	眠	。	所	以	我	建	议	大	家	合
理	使	用	手	机	。										

어휘 现代人 xiàndàirén [명] 현대인 5급 | 不可缺少 bù kě quēshǎo 없어서는 안 되다 | 日常 rìcháng [형] 일상의 5급 | 离不开 líbukāi 떠날 수 없다, 벗어날 수 없다 | 导致 dǎozhì [동] 초래하다 5급 | 失眠 shīmián [동] 불면증에 걸리다 5급 | 随时随地 suíshí suídì 언제 어디서나

11. 对(于)～来说，S是～的 (N) 　　～의 입장에서 말하자면 S는 ～한 N이다
　　 对(于)～来说，S是不可缺少的N 　　～의 입장에서 말하자면 S는 없어서는 안 되는 N이다

주어(S)는 뒷절 맨 앞에 오는 경우가 많지만 '对' 앞에도 올 수 있다.

加班对她来说是家常便饭。 특근은 그녀에게 있어서는 흔한 일이다.

对我来说，这是很重要的事情。 나에게 있어 이것은 매우 중요한 일이다.

对他来说，这是非常容易的事。 그에게 있어서 이것은 매우 쉬운 일이다.

对韩国人来说，泡菜是不可缺少的菜。 한국인에게 있어서 김치는 없어서는 안 되는 반찬이다.

对现代人来说，手机是不可缺少的东西。 현대인에게 있어서 핸드폰은 없어서는 안 되는 물건이다. ★

[중작 연습] 흡연자에게 있어서 금연은 매우 어려운 일이다.
→ _____　　정답 对抽烟的人来说，戒烟是很困难的事情。

12. (S1) 没想到 (S2) ～ 　　～할 줄 생각지 못했다, 뜻밖에도 ～이다

예상치 못한 상황이 출현했음을 나타내고자 할 때 쓸 수 있다.

没想到，这事能成功。 생각지도 못하게 이 일은 성공했다.

我没想到在这儿碰到他。 나는 여기서 그를 마주칠 줄 몰랐다. ★

没想到这事这么快就结束了。 이 일이 이렇게 빨리 끝날 줄은 몰랐다.

没想到，他竟然放弃了这个机会。 생각지도 못하게 그는 이 기회를 포기했다.

[중작 연습] 그가 이렇게 빨리 돌아올 줄 몰랐다.
→ _____　　정답 没想到他这么快就回来了。

13. 很有 + N(추상명사)   매우 N이 있다

무엇인가 많이 있거나 성질의 강함을 나타낼 때 쉽게 쓸 수 있는 표현이다. '桌子, 电脑' 등 물질명사는 올 수 없다.

很有勇气 매우 용기 있다   很有意思 매우 재미 있다
很有魅力 매우 매력 있다   很有礼貌 매우 예의 있다
很有自信 매우 자신 있다   很有道理 매우 일리 있다
很有价值 매우 가치 있다   很有耐心 매우 인내심 있다

[중작 연습]

그의 발언은 매우 설득력이 있다.
→ _____

정답 他的发言很有说服力。

모범 작문 (참고용)

데이비드는 한 회사의 사장이다. 오늘 그는 많은 직원들 앞에서 한 차례 강연을 했다. 그는 회사의 지금 경영 상황과 내년의 발전 계획을 소개했다. 그의 목소리에는 힘과 자신감이 가득했고 그래서 그의 발언은 매우 설득력이 있었다. 어쩐지 모두가 그를 지지하고 존중했다.

		大	卫	是	一	家	公	司	的	总	经	理	。	今	天
他	在	很	多	员	工	面	前	做	了	一	次	演	讲	。	他
介	绍	了	公	司	现	在	的	经	营	状	况	和	明	年	的
发	展	规	划	。	他	的	声	音	里	充	满	了	力	量	和
信	心	，	所	以	他	的	发	言	很	有	说	服	力	。	难
怪	大	家	都	非	常	支	持	和	尊	敬	他	。			

어휘 总经理 zǒngjīnglǐ [명] 최고 경영자, 사장 | 员工 yuángōng [명] 직원 5급 | 演讲 yǎnjiǎng [동] 강연하다 5급 | 经营 jīngyíng [동] 경영하다 5급 | 状况 zhuàngkuàng [명] 상황 5급 | 规划 guīhuà [동] 기획하다 6급 | 充满 chōngmǎn [동] 충만하다, 가득하다 5급 | 力量 lìliàng [명] 힘 5급 | 说服力 shuōfúlì [명] 설득력 5급 | 难怪 nánguài [부] 어쩐지 5급 | 支持 zhīchí [동] 지지하다 4급 | 尊敬 zūnjìng [동] 존경하다 5급

14. 很难 + V ~   V하기 어렵다
(很)容易 + V ~   V하기 쉽다, 쉽게 V하다

V 뒤에는 목적어도 올 수 있다. 만일 〈很容易地 + V ~〉로 쓰면 '쉽게 V하다'의 의미가 된다.

很难找到 매우 찾기 어렵다

垃圾很难处理。 쓰레기는 처리하기 어렵다.

他的话很难理解。 그의 말은 이해하기 어렵다.

这件事很难成功。 이 일은 성공하기가 매우 어렵다. ★

这样下去的话很难按时完成。 이렇게 해 나가면 제시간에 완성하기가 어렵다.

很容易找到 찾기 쉽다

他的话很容易理解。 그의 말은 이해하기 쉽다.

这件事很容易成功。 이 일은 성공하기 쉽다.

年轻时容易忽视健康。 젊을 때는 건강을 소홀히 하기 쉽다. ★

他很容易地完成了任务。 그는 쉽게 임무를 완성했다.

换季期(很)容易得感冒。 환절기에는 감기에 걸리기 쉽다.

✏️ [중작 연습 1] 그의 요구는 받아들이기가 어렵다.
→ _____

정답 他的要求很难接受。

✏️ [중작 연습 2]

흰색 옷은 더러워지기 쉽다.
→ _____

정답 白色衣服容易被弄脏。

모범 작문 (참고용)

> 흰색 옷은 더러워지기 쉽다. 특히 커피를 마실 때는 한순간 부주의하면 커피를 옷에 엎지르게 되고 게다가 깨끗하게 빨기 어렵다. 만일 이른 아침부터 이런 일이 발생하면 하루 종일 기분이 매우 좋지 않을 것이다. 그래서 흰색 옷을 입고 음식을 먹거나 음료를 마실 때는 특별히 주의해야 한다.

		白	色	衣	服	容	易	被	弄	脏	。	尤	其	是	喝
咖	啡	的	时	候	，	一	不	小	心	就	会	把	咖	啡	洒
在	衣	服	上	，	而	且	很	难	洗	干	净	。	如	果	一
大	早	就	发	生	这	样	的	事	情	，	那	么	一	整	天
心	情	都	会	很	不	好	。	所	以	穿	着	白	色	衣	服
吃	东	西	或	喝	饮	料	时	，	一	定	要	特	别	注	意 。

어휘 衬衫 chènshān [명] 셔츠 | 弄脏 nòngzāng [동] 더럽히다, 더러워지다 4급 | 尤其是 yóuqí shì 특히 | 洒 sǎ [동] 엎지르다 5급 | 整天 zhěngtiān [명] 하루 종일 | 糟糕 zāogāo [형] 나쁘다, 좋지 않다 5급 | 度过 dùguò [동] (시간을) 보내다 5급

15. 越来越 + A/V(심리)   갈수록 A/V하다

시간이 지날수록 상황이나 상태가 점점 심해짐을 나타낸다. 뒤에는 주로 형용사나 심리동사가 오며 간단하면서도 고급스러운 표현을 만들어 낼 수 있다. 끝에 '了'는 써도 되고 생략해도 된다.

越来越忙 갈수록 바쁘다

越来越担心 갈수록 걱정된다

天气越来越冷了。 날씨가 갈수록 추워졌다.

应聘者越来越紧张。 지원자는 갈수록 긴장했다. ★

他的病越来越严重了。 그의 병은 갈수록 심각해졌다.

饭馆的生意越来越火。 식당의 장사가 갈수록 좋아졌다. ★

✏️ [중작 연습]

현대인의 수명은 갈수록 길어진다.

→ _____

정답 现代人的寿命越来越长。

모범 작문 (참고용)

현대인의 수명은 갈수록 길어지고 있다. 이 노부부는 80, 90세가 되어 보인다. 그들은 비록 나이는 이미 많지만 신체는 아직도 튼튼하다. 그렇다면 어떻게 하면 건강한 장수를 실현할 수 있을까? 노인은 긍정적인 마음가짐을 유지하고 과학적인 음식 습관이 있어야 한다. 바로 저분들처럼.

	现	代	人	的	寿	命	越	来	越	长	。	这	对	老
夫	妻	看	起	来	八	九	十	岁	了	。	他	们	虽	然	年
纪	已	经	很	大	了	,		但	身	体	还	很	结	实	。	那
么	怎	样	才	能	实	现	健	康	长	寿	呢	?	老	人	应
该	保	持	乐	观	的	心	态	,	并	有	一	个	科	学	的
饮	食	习	惯	,	正	像	他	们	这	样	。				

어휘 寿命 shòumìng [명] 수명 5급 | 年纪 niánjì [명] 나이 5급 | 结实 jiēshi [형] 튼튼하다 5급 | 实现 shíxiàn [동] 실현하다 5급 | 保持 bǎochí [동] 유지하다 5급 | 乐观 lèguān [형] 낙관적이다 5급 | 心态 xīntài [명] 마음가짐, 심리 태도 6급 | 以及 yǐjí [접] 및, 그리고 5급 | 科学 kēxué [명] 과학 [형] 과학적이다 4급

16. A / V(심리) + 极了   극히/매우/무척 ~하다, ~하기 그지없다

'极了'는 의미상으로는 '非常~'와 비슷하지만, '极了'는 보어이기 때문에 형용사나 동사의 뒤에 와야 한다. 하지만 '~极了'는 글의 분위기를 더욱 생동감 있게 만들어 주는 가성비 최고의 표현이다. 정도부사와 함께 '非常~极了'의 형태로는 쓸 수 없다.

无聊极了。 무료하기 그지없다.

他们高兴极了。 그들은 매우 기뻤다.

小女孩儿可爱极了。 여자아이는 매우 귀엽다.

这儿的风景美极了。 이곳의 풍경은 매우 아름답다.

我在考试时紧张极了。 나는 시험 볼 때 극히 긴장했다.

孩子收到礼物后高兴极了。 아이는 선물을 받고 매우 기뻐했다. ★

她穿着这件连衣裙好看极了。 그녀가 이 원피스를 입으니 매우 예뻤다.

[중작 연습 1] 오늘은 매우 즐겁게 놀았다.

→ _____

정답 今天玩得开心极了。

[중작 연습 2]

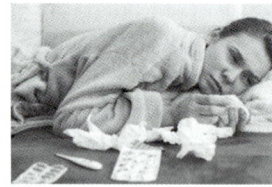

그녀는 독감에 걸려서 너무 괴롭다.

→ _____

정답 她得了重感冒，难受极了。

모범 작문 (참고용)

리리는 독감에 걸려서 머리도 아프고 열도 나고 또 콧물도 나서 너무 괴로웠다. 그녀는 약을 먹고 침대에 누우니 자신이 너무 불쌍하게 느껴졌다. 이전에 아플 때는 아빠 엄마가 옆에서 자신을 보살펴 줬지만 지금은 혼자 살아서 이렇게 괴로운데도 아무도 신경써 주지 않는다. 그녀는 아빠 엄마가 매우 그리웠다.

		丽	丽	得	了	重	感	冒	，	头	疼	、	发	烧	，
还	流	鼻	涕	，	难	受	极	了	。	她	吃	了	药	以	后
躺	在	床	上	，	觉	得	自	己	好	可	怜	。	以	前	生
病	的	时	候	，	爸	爸	妈	妈	都	会	在	身	边	照	顾
自	己	，	可	是	现	在	自	己	一	个	人	住	，	这	么
难	受	都	没	人	管	。	她	十	分	想	念	爸	爸	妈	妈

어휘 得重感冒 dé zhòng gǎnmào 독감에 걸리다 | 发烧 fāshāo [동] 열이 나다 3급 | 流鼻涕 liú bítì [동] 콧물을 흘리다 | 难受 nánshòu [형] 몸이 불편하다, (마음이) 슬프다 4급 | 可怜 kělián [형] 가련하다, 슬프다 4급 | 想念 xiǎngniàn [동] 그리워하다 5급

17. (장소) + 到处都是 + N   도처에/온통/여기저기에 모두 N이다

여기저기에 무엇이 많이 있다는 것을 나타내며, '到处' 앞에는 구체적인 장소를 넣어도 된다.

路边到处都是垃圾。 길가에는 도처가 쓰레기다.

客厅里到处都是玩具。 거실에는 온통 장난감이다.

明洞街到处都是中国游客。 명동 거리는 온통 중국인 관광객이다.

庆州/西安到处都是名胜古迹。 경주/시안은 도처가 다 명승고적이다.

[중작 연습]

해변에는 온통 쓰레기다.

→ _____

정답   海边到处都是垃圾。

모범 작문 (참고용)

> 지난주에 나는 해변으로 놀러 갔다. 뜻밖에도 해변에는 온통 쓰레기였다. 빈병, 비닐봉지 등 뭐든지 다 있었다. 그야말로 발 디딜 곳도 없었다. 이 쓰레기들은 도대체 누가 버린 걸까? 나는 그들이 양심이 있는지 없는지 의심이 들었다. 나는 정말 사람들이 자연을 사랑할 줄 알았으면 좋겠다.

		上	周	我	去	海	边	玩	儿	。	没	想	到	海	边
到	处	都	是	垃	圾	，	空	瓶	、	塑	料	袋	等	什	么
都	有	，	简	直	连	落	脚	的	地	方	都	没	有	。	这
些	垃	圾	到	底	是	谁	扔	的	呢	？	我	怀	疑	他	们
有	没	有	没	良	心	。	我	真	希	望	人	们	学	会	爱
护	大	自	然	。											

18. (甚至)连 ~ 都/也 V   (심지어) ~조차도 V하다

일종의 강조 구문으로 '~' 자리에는 주로 의미상 명사 목적어가 온다. 꼭 명사가 아니더라도 동사도 올 수 있다. 앞에 '连'이 생략될 수도 있다.

连个电话都不打。 한 번의 전화조차도 하지 않는다.
就连基本的礼貌都没有。 기본적인 예의조차도 없다.
一辆出租车也打不到。 한 대의 택시도 잡지 못한다. **(连 생략)**
今天特别忙，连吃饭的时间都没有。 오늘 매우 바빠서 밥 먹을 시간조차 없다. ★
披萨饼别人都吃光了，我连见都没见过。 피자를 다른 사람이 다 먹어 버려서 나는 구경도 못했다.

✏️ **[중작 연습]** 바빠서 일요일조차 쉴 수 없다.
→ _____   정답 忙得连礼拜天都不能休息。

19. 一 + V₁ + 就 + V₂ + ~   V₁하기만 하면 V₂하다 / V₁하자마자 V₂하다

하나의 상황(V₁)이 생기면 습관적으로 따라오는 상황(V₂)이 있음을 나타낸다. '一' 앞에는 접속사 '只要'를 추가할 수도 있다.

我一到夏天就想去海边。 나는 여름만 되면 바다로 가고 싶다.
朋友们一有机会就逗他。 친구들은 기회만 있으면 그를 놀린다.
他一到春天就对花粉过敏。 그는 봄만 되면 꽃가루 알레르기가 생긴다.
我一有空儿就去健身房锻炼。 나는 틈만 나면 헬스장에 운동하러 간다. ★
她虽然工作忙，但一有空就读书。 그녀는 일이 바빴지만 틈만 나면 책을 읽었다.
他一玩儿网络游戏就连吃饭都忘了。 그는 인터넷 게임을 한 번 했다 하면 밥 먹는 것도 잊어버린다.
很多人只要一有空儿就会拿出手机来看。 많은 사람들은 시간만 있으면 핸드폰을 꺼내서 본다. ★

一看就明白。 보자마자 알겠다.

她一见我就哭了起来。 그녀는 나를 보자마자 울기 시작했다.

她一到家就下起了大雨。 그녀가 집에 도착하자마자 많은 비가 내리기 시작했다.

主人一回家，小狗就兴奋地摇起了尾巴。
주인이 집에 돌아오자마자 강아지가 흥분하면서 꼬리를 흔들었다. ★

✏️ **[중작 연습 1]** 그녀는 차만 몰았다 하면 마음이 긴장이 된다.
→ _____ 정답 她一开车心里就紧张。

✏️ **[중작 연습 2]** 나는 눕자마자 잠들었다.
→ _____ 정답 我一躺下就睡着了。

20. 很快就 + V~
　　 很快地 + V~
　　 很快 + V~
　　　　　　　　　　　　금방/아주/빠르게 V하다

어떤 일이 빠른 시간 안에 발생했다는 것을 나타내며, 주로 '很快就~'의 형태로 쓰지만 '很快~'나 '很快地~'의 형태로도 쓸 수 있다. 하지만 작문할 때는 '很快就~'의 형태로 쓰도록 노력하자.

鞋子很快就穿破了。 신발이 금방 떨어졌다.

我的感冒很快就好了。 내 감기가 금방 나았다. ★

我一躺下很快就睡着了。 나는 눕자마자 금방 잠들었다.

他的书很快就销售一空了。 그의 책은 금방 다 팔려 나갔다.

公司离地铁站很近，所以很快就找到了。 회사가 지하철역과 가까워서 금방 찾았다. ★

他很快地把饭吃完了。 그는 금방 밥을 다 먹었다.

她很快出版了那本书。 그녀는 금방 그 책을 출판했다.

这首歌很快流行起来了。 이 노래는 금방 유행했다. ★

✏️ **[중작 연습 1]** 1년의 시간이 금방 지나갔다.
→ _____ 정답 一年的时间很快就过去了。

✏️ [중작 연습 2]

그는 금방 에어컨을 수리했다.

→ _____

정답 他很快就把空调修好了。

모범 작문 (참고용)

리리 집의 에어컨이 고장났다. 올해 여름은 매우 더워서 에어컨이 없으면 그야말로 생활할 수가 없다. 리리는 바로 에어컨 회사에 전화를 걸어 자신의 집 에어컨 상황을 대강 설명했다. 몇 시간 후 직원이 리리의 집에 와서 그녀를 위해서 에어컨을 수리해 주었다. 그의 기술이 좋아서 금방 에어컨을 수리했다.

	丽	丽	家	的	空	调	坏	了	。	今	年	夏	天	特
别	热	,	没	有	空	调	简	直	没	法	生	活	。	丽	丽
马	上	给	空	调	公	司	打	电	话	,	大	概	说	明	了
自	己	家	空	调	的	情	况	。	几	个	小	时	后	,	工
作	人	员	就	来	到	了	丽	丽	家	为	她	维	修	空	调。
他	的	技	术	很	好	,	很	快	就	把	空	调	修	好	了。

어휘 空调 kōngtiáo [명] 에어컨 3급 | 简直 jiǎnzhí [부] 그야말로 5급 | 没法 méifǎ 방법이 없다 | 大概 dàgài [부] 대략, 아마 [형] 대강의 4급 | 维修 wéixiū [동] 수리하다 5급 | 技术 jìshù [명] 기술 4급

21. 一点儿也不/没 + A/V   조금도 A/V하지 않다

'一点儿'은 '조금, 약간'이라는 뜻이다. '전혀 어떠하지 않다'라고 강조해서 말하고 싶을 때 '一点儿也不/没~'의 형태로 쓰면 된다.

一点儿也没期待 조금도 기대하지 않았다

一点儿都不危险 조금도 위험하지 않다

一点儿也不害怕 조금도 두려워하지 않다

一点儿也不担心 조금도 걱정하지 않다 ★

一点儿也不着急 조금도 조급해하지 않다 ★

一点儿也不生气 조금도 화내지 않다

一点儿也不觉得累 조금도 피곤하지 않은 것 같다

我一点儿也不像爸爸妈妈。 나는 하나도 아빠 엄마를 닮지 않았다.

[중작 연습]

왼쪽 고속 도로는 하나도 안 막힌다.

→ _____

정답 左边的高速公路一点儿也不堵车。

모범 작문 (참고용)

지난 주말에 우리 가족은 교외로 놀러갔다. 뜻밖에도 많은 차들이 고속 도로를 이용해서 차가 심하게 막혔다. 하지만 다른 한쪽의 고속 도로는 오히려 하나도 막히지 않았다. 나는 그들이 부러웠다. 나는 원래 하루를 잘 놀아 보려고 했는데 결과적으로 길에서 긴 시간을 낭비하게 되었다.

		上	周	末	我	们	一	家	人	去	郊	区	玩	。	没
想	到	,	很	多	汽	车	都	走	高	速	公	路	,	所	以
车	堵	得	很	厉	害	。	但	另	一	边	的	高	速	公	路
却	一	点	儿	也	不	堵	车	,	我	很	羡	慕	他	们	。
我	本	来	想	好	好	玩	一	天	,	结	果	却	在	路	上
浪	费	了	很	长	时	间	。								

어휘 郊区 jiāoqū [명] 변두리, 교외 4급 | 高速公路 gāosù gōnglù [명] 고속 도로 4급 | 堵车 dǔchē [동] 차가 막히다, 교통이 체증되다 4급 | 厉害 lìhai [형] (실력이) 대단하다, (정도가) 심하다, 무섭다 4급 | 浪费 làngfèi [동] 낭비하다 4급 | 不如 bùrú [동] ~하는 편이 낫다 5급

22. 一点儿 + N + 都/也没有　　　　조금의/아무런 N도 없다

'약간, 조금'의 뜻을 가진 '一点儿'은 명사(N)도 수식할 수 있다. '都'나 '也' 모두 다 쓸 수 있으며 '都'가 더 강한 어기를 가지고 있다.

一点儿**收获**都没有 아무런 수확도 없다 ★
一点儿**希望**都没有 조금의 희망도 없다
一点儿**好处**也没有 하나도 좋은 점이 없다 ★
一点儿**良心**都没有 조금의 양심도 없다
我跟这件事一点儿**关系**都没有。 나는 이 일과는 조금의 관계도 없다.

[중작 연습] 나는 몸에 조금의 돈도 지니지 않았다.
→ _____

정답 我身上一点儿钱也没带。

23. A/V + 的是~　　　　A/V한 것은 ~이다

형용사나 동사를 명사성으로 만들어 주어로 삼는 방식이다.

可惜的是~ 안타까운 것은 ~이다
遗憾的是~ 아쉬운 것은 ~이다
可怕的是~ 무서운 것은 ~이다
幸运的是~ 행운인 것은 ~이다
奇怪的是~ 이상한 것은 ~이다
更/最重要的是~ 더욱/가장 중요한 것은 ~이다
但需要注意的是~ 하지만 주의해야 할 것은 ~이다
我们应该注意的是~ 우리가 마땅히 주의해야 할 것은 ~이다

[중작 연습] 이 회사는 대우가 좋은데 아쉬운 점은 회사가 우리 집에서 너무 멀다.
→ _____

정답 这家公司待遇不错，可惜的是公司离我家太远了。

주요 단어 직접 써 보기 훈련

아래 소개된 단어들은 평소에 자주 접하고 또 **실제 시험에서 쓰게 될 가능성이 매우 큰** 것들입니다. 이런 단어들은 또 **실제 쓰려고 하면 생각이 안 날 때가 많습니다.** 이런 불행한(?) 사태를 막기 위해서 직접 써 보는 것은 매우 큰 도움이 될 것입니다. 주의할 점은 일단 **발음과 뜻을 보고 중국어로 써 보는 것입니다.** 이렇게 저렇게 시도해 봐도 도저히 생각나지 않을 때 뒷부분(p.479)에 있는 중국어 단어를 참고하세요. 그래야 **쓰기 연습의 효과**가 있습니다. 그리고 **못 쓴 글자는 체크를 해 놓고 시험 치기 전날 다시 한 번 더 써 보는 것이 좋습니다.**

	뜻	발음	써 보기
1	☐ 기다리다	děng	等
2	☐ 잘못(되다)	cuò	
3	☐ 배고프다	è	
4	☐ 졸리다	kùn	
5	☐ 아프다	téng	
6	☐ 맛보다	cháng	
7	☐ 마시다	hē	
8	☐ 착용하다	dài	
9	☐ 마르다	shòu	
10	☐ 지치다	lèi	
11	☐ 땀	hàn	
12	☐ 이야기를 나누다	liáotiān	

13	☐ 아름답다	piàoliang			
14	☐ 똑똑하다	cōngmíng			
15	☐ 슈퍼마켓	chāoshì			
16	☐ 소개하다	jièshào			
17	☐ 산보하다	sànbù			
18	☐ 휴식하다	xiūxi			
19	☐ 편하다	shūfu			
20	☐ 준비하다	zhǔnbèi			
21	☐ 돕다	bāngzhù			
22	☐ 습관(이) 되다	xíguàn			
23	☐ 진지하다, 착실하다	rènzhēn			
24	☐ 쉽다	róngyì			
25	☐ 어렵다	kùnnan			
26	☐ 잠자다	shuìjiào			
27	☐ 건강하다	jiànkāng			
28	☐ 상의하다	shāngliang			

#		뜻	병음			
29	☐	조용하다	ānjìng			
30	☐	편한대로 하다	suíbiàn			
31	☐	할인하다	dǎzhé			
32	☐	무료의	miǎnfèi			
33	☐	감사하다	gǎnxiè			
34	☐	정확하다	qīngchu			
35	☐	성공하다	chénggōng			
36	☐	실패하다	shībài			
37	☐	스트레스	yālì			
38	☐	취소하다	qǔxiāo			
39	☐	견지하다	jiānchí			
40	☐	지각하다	chídào			
41	☐	병이 나다	shēngbìng			
42	☐	감기 (걸리다)	gǎnmào			
43	☐	심각하다	yánzhòng			
44	☐	약을 먹다	chīyào			

#		한국어	병음
45	☐	금지하다	jìnzhǐ
46	☐	졸업하다	bìyè
47	☐	성적	chéngjì
48	☐	풍부하다	fēngfù
49	☐	경쟁하다	jìngzhēng
50	☐	운전기사	sījī
51	☐	가치가 있다	zhídé
52	☐	바꾸다	gǎibiàn
53	☐	품질	zhìliàng
54	☐	커피	kāfēi
55	☐	인터넷하다	shàngwǎng
56	☐	컴퓨터	diànnǎo
57	☐	시험(치다)	kǎoshì
58	☐	장사(하다)	shēngyi
59	☐	여행하다	lǚyóu
60	☐	등산하다	páshān

61	☐ 흥미	xìngqù
62	☐ 다이어트하다	jiǎnféi
63	☐ 참가하다	cānjiā
64	☐ 전공	zhuānyè
65	☐ 임금	gōngzī
66	☐ 유창하다	liúlì
67	☐ 순조롭다	shùnlì
68	☐ 소식	xiāoxi
69	☐ 알다	rènshi
70	☐ 돌보다	zhàogù
71	☐ 미소 (짓다)	wēixiào
72	☐ 경험	jīngyàn
73	☐ 경험(하다), 겪다	jīnglì
74	☐ 오해(하다)	wùhuì
75	☐ 보호하다	bǎohù
76	☐ 번거롭다	máfan

77	☐ 복잡하다	fùzá
78	☐ 엄격하다	yángé
79	☐ 대단하다, 심하다	lìhai
80	☐ 고생스럽다	xīnkǔ
81	☐ 안심하다	fàngxīn
82	☐ 후회하다	hòuhuǐ
83	☐ 떠들썩하다	rènao
84	☐ 낭비하다	làngfèi
85	☐ 풍경	fēngjǐng
86	☐ 감상하다	xīnshǎng
87	☐ 지하철	dìtiě
88	☐ 택시	chūzūchē
89	☐ 사무실	bàngōngshì
90	☐ 농담하다	kāi wánxiào

쓰기 단어

01. 等	02. 错	03. 饿	04. 困	05. 疼
06. 尝	07. 喝	08. 戴	09. 瘦	10. 累
11. 汗	12. 聊天	13. 漂亮	14. 聪明	15. 超市
16. 介绍	17. 散步	18. 休息	19. 舒服	20. 准备
21. 帮助	22. 习惯	23. 认真	24. 容易	25. 困难
26. 睡觉	27. 健康	28. 商量	29. 安静	30. 随便
31. 打折	32. 免费	33. 感谢	34. 清楚	35. 成功
36. 失败	37. 压力	38. 取消	39. 坚持	40. 迟到
41. 生病	42. 感冒	43. 严重	44. 吃药	45. 禁止
46. 毕业	47. 成绩	48. 丰富	49. 竞争	50. 司机
51. 值得	52. 改变	53. 质量	54. 咖啡	55. 上网
56. 电脑	57. 考试	58. 生意	59. 旅游	60. 爬山
61. 兴趣	62. 减肥	63. 参加	64. 专业	65. 工资
66. 流利	67. 顺利	68. 消息	69. 认识	70. 照顾
71. 微笑	72. 经验	73. 经历	74. 误会	75. 保护
76. 麻烦	77. 复杂	78. 严格	79. 厉害	80. 辛苦
81. 放心	82. 后悔	83. 热闹	84. 浪费	85. 风景
86. 欣赏	87. 地铁	88. 出租车	89. 办公室	90. 开玩笑

실전 연습 문제 1

第1-2题: 写短文。

1. 请结合下列词语（要全部使用），写一篇80字左右的短文。

    困难、灰心、掌握、鼓励、进步

2. 请结合这张图片写一篇80字左右的短文。

실전 연습 문제 2

第1-2题：写短文。

1. 请结合下列词语（要全部使用），写一篇80字左右的短文。

   信息、突出、简历、全面、应聘

2. 请结合这张图片写一篇80字左右的短文。

실전 연습 문제 3

第 1-2 题: 写短文。

1. 请结合下列词语（要全部使用），写一篇80字左右的短文。

    成就、接待、礼貌、称赞、志愿者

2. 请结合这张图片写一篇80字左右的短文。

실전 연습 문제 4

第 1-2 题: 写短文。

1. 请结合下列词语（要全部使用），写一篇80字左右的短文。

   失败、目标、勇气、坚持、收获

2. 请结合这张图片写一篇80字左右的短文。

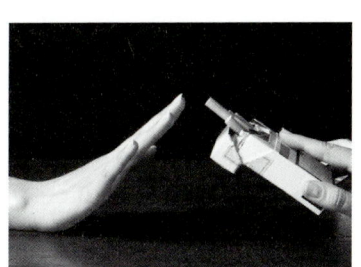

실전 연습 문제 5

第1-2题：写短文。

1. 请结合下列词语（要全部使用），写一篇80字左右的短文。

   方式、促进、随时、距离、普遍

2. 请结合这张图片写一篇80字左右的短文。

모든 것을 순수하게 창작하려고 하면 틀림없이 어법 오류가 생깁니다. 따라서 창작으로만 작문하지 말고 최대한 암기된 문장을 활용하는 방향으로 작문을 해야 합니다. 이를 위해서 앞에서 나왔던 좋은 모범 작문들을 모아 놓았습니다. 한 편의 글을 완벽하게 외워 버리는 것이 가장 좋겠지만 한 문장 한 문장 개별적으로 외워도 좋습니다. 다만 한 문장이라도 확실하게 외워야 합니다. 어설프게 외우면 실제로 별로 도움이 되지 않습니다. 암기한 문장을 기준으로 해서 실제 문제에 맞게 단어를 적절하게 바꾸기만 하면 쉽고 멋지게 작문할 수 있습니다.

테마별 모범 작문 통암기 33선

1. 대학생 아르바이트 (1)

　　大学生到底该不该兼职？我认为有机会的话，大学生可以去兼职。因为他们可以通过兼职接触社会，懂得社会生活的辛苦，从而更加认真学习。但不能因为兼职而耽误学习。毕竟对大学生来说学习才是最重要的。

　　대학생들은 도대체 아르바이트를 해야 할까 말아야 할까? 내 생각에는 기회가 있다면 대학생은 아르바이트를 할 수 있다는 것이다. 왜냐하면 그들은 아리바이트를 통해서 사회와 접촉할 수 있고 사회생활의 고생스러움을 이해하여 좀 더 진지하게 공부할 수 있기 때문이다. 하지만 아르바이트 때문에 학업을 그르치면 안 된다. 결국 대학생에게는 공부가 가장 중요하다.

2. 대학생 아르바이트 (2)

　　丽丽是一个大学生，为了交学费，她得去兼职。虽然通过兼职，能接触社会生活，也能赚钱，但有时它占用了不少时间，而且很辛苦，所以会耽误学习。她很苦恼，到底要不要继续兼职呢？

　　리리는 대학생이다. 학비를 내기 위해서 그녀는 아르바이트를 하러 가야 한다. 비록 아르바이트를 통해서 사회생활을 접하고 또 돈을 벌 수 있지만 때로는 그것이 적지 않은 시간을 차지하고 게다가 힘들어서 학업을 그르칠 수도 있다. 그녀는 고민하고 있다. 도대체 계속 아르바이트를 해야 하는지 말아야 하는지.

3. 인턴·직장

　　小王是一个实习生，但他很能干。他提出的广告方案很巧妙，所以得到了领导和同事的肯定，广告的实际效果也很好。就这样，在半年的实习期间，他积累了丰富的工作经验，并最终成为了一个正式员工。

　　샤오왕은 실습생이지만 그는 매우 유능하다. 그가 제시한 광고 방안은 매우 절묘해서 상사와 동료의 인정을 받았고 광고의 실제 효과도 매우 좋았다. 바로 이렇게 그는 반년간의 실습 기간 동안 풍부한 업무 경험을 쌓았고 결국 정식 직원이 되었다.

4. 가정 (1)

怎样才能有一个幸福的家庭呢？我认为，首先，全家人应该互相关心，经常沟通。其次，诚恳地对待家人，不要说假话。最后，每个家庭成员都应承担起自己的责任。这样我们就会有个幸福的家。

어떻게 해야 비로소 행복한 가정을 가질 수 있는가? 나는 생각하기를 먼저 온 가족이 서로 관심을 가지고 자주 소통해야 한다. 두 번째로 진실하게 가족을 대하고 거짓말을 해서는 안 된다. 마지막으로 모든 가족 구성원은 자신의 책임을 져야 한다. 이렇게 하면 우리는 행복한 가정을 갖게 될 것이다.

5. 가정 (2)

如果孩子受伤了，大部分家长都会马上跑过去安慰他并给他擦药。如果孩子摔倒了，那么你也会这样做吗？我认为，这时父母应该让孩子自己站起来，独自面对这个情况，因为只有这样孩子才能培养独立心。

만일 아이가 다쳤다면 대부분의 부모는 바로 달려가 위로하고 그에게 약을 발라 줄 것이다. 만일 아이가 넘어진다면 당신도 이렇게 하겠는가? 내 생각에 이때 부모는 아이로 하여금 스스로 일어나 혼자서 이 상황을 마주하게 해야 한다. 왜냐하면 이렇게 해야만 아이는 비로소 독립심을 기를 수 있기 때문이다.

6. 건강 (1) : 다이어트

丽丽非常羡慕明星们的苗条身材。为了达到自己的目标，她每天节食。但由于过度减肥，没过几天，她就病倒了。她这才明白，只是节食并不是好方法，而应该适当地吃，并坚持运动。

리리는 스타들의 날씬한 몸매가 매우 부러웠다. 자신의 목표에 도달하기 위해 그녀는 매일 음식을 줄였다. 하지만 과도한 다이어트 때문에 며칠 되지 않아 그녀는 앓아누웠다. 그녀는 그때서야 단지 음식만 절제하는 것은 결코 좋은 방법이 아니며 적당하게 먹고 운동을 지속해야 한다는 것을 깨달았다.

7. 건강 (2)

熬夜对身体伤害很大。但现代人往往会熬夜工作。他也是为了按时完成任务，正在熬夜工作。如果长期这样下去，那么他很可能失去健康，到那时候后悔也来不及了。所以我建议大家不要熬夜。

밤샘은 신체에 대해서 상해가 크다. 하지만 현대인들은 종종 밤새워 일을 하기도 한다. 그 역시 제때에 임무를 완성하기 위해서 지금 밤새워 일을 하고 있다. 만일 장기간 이렇게 해 나가면 그는 건강을 잃을 가능성이 크다. 그때가 되면 후회해도 늦다. 그래서 나는 모두가 밤새지 말기를 권한다.

8. 건강 (3)

现代人的寿命越来越长。这对老夫妻看起来八九十岁了。他们虽然年纪已经很大了，但身体还很结实。那么怎样才能实现健康长寿呢？老人应该保持乐观的心态，并有一个科学的饮食习惯，正像他们这样。

현대인의 수명은 갈수록 길어지고 있다. 이 노부부는 80, 90세가 되어 보인다. 그들은 비록 나이는 이미 많지만 신체는 아직도 튼튼하다. 그렇다면 어떻게 하면 건강한 장수를 실현할 수 있을까? 노인은 긍정적인 마음가짐을 유지하고 과학적인 음식 습관이 있어야 한다. 바로 저분들처럼.

9. 건강 (4) : 감기

丽丽得了重感冒，头疼、发烧、还流鼻涕，难受极了。她吃了药以后躺在床上，觉得自己好可怜。以前生病的时候，爸爸妈妈都会在身边照顾自己，可是现在自己一个人住，这么难受都没人管。她十分想念爸爸妈妈。

리리는 독감에 걸려서 머리도 아프고 열도 나고 또 콧물도 나서 너무 괴로웠다. 그녀는 약을 먹고 침대에 누우니 자신이 너무 불쌍하게 느껴졌다. 이전에 아플 때는 아빠 엄마가 옆에서 자신을 보살펴 줬지만 지금은 혼자 살아서 이렇게 괴로운데도 아무도 신경써 주지 않는다. 그녀는 아빠 엄마가 매우 그리웠다.

10. 건강 (5) : 흡연

我们都知道抽烟不仅会危害自己的健康，也会危害他人的健康，所以，当别人给你烟的时候，不要因为不好意思而接受。已经在抽烟的人一定要努力戒烟。为了我们大家的健康，我们一定要拒绝香烟。

우리는 흡연이 자신의 건강을 해칠 뿐만 아니라 타인의 건강까지도 해친다는 것을 알고 있다. 그래서 다른 사람이 당신에게 담배를 줄 때 미안하다고 해서 받아들여서는 안 된다. 이미 담배를 피우고 있는 사람은 반드시 노력해서 금연해야 한다. 우리 모두의 건강을 위해서 우리는 반드시 담배를 거절해야 한다.

11. 건강 (6) : 부상

小李是个调皮的男孩儿，越不让他做的事儿，他越是要做，所以父母非常头疼。小李今天又闯祸了。因为他不听话，要爬一棵很高的树，结果不小心从树上摔了下来，腿受伤了，现在妈妈正在给他擦药。

샤오리는 장난스러운 남자아이다. 하지 말라는 일일수록 하려 해서 부모님은 매우 골치아프다. 샤오왕은 오늘도 사고를 쳤다. 왜냐하면 그가 말을 듣지 않고 높은 나무 위에 올라갔다가 부주의로 나무에서 떨어져 다리를 다쳐 지금 엄마가 그에게 약을 발라 주고 있다.

12. 쇼핑 (1)

丽丽是一家超市里的售货员。她对顾客都很热情，所以她非常受欢迎。她始终带着微笑对待顾客，而且对每个产品都很了解。不管顾客提出什么要求，她都会想办法满足他们。

리리는 한 슈퍼의 판매원이다. 그녀는 고객에게 매우 친절하다. 그래서 그녀는 많은 환영을 받는다. 그녀는 늘 미소를 띤 채로 고객을 대하며 게다가 모든 상품에 대해서 잘 파악하고 있다. 고객이 무슨 요구를 하든 그녀는 모두 방법을 생각해 내어 그들을 만족시킬 것이다.

13. 쇼핑 (2)

星期天，大卫的妻子让他去超市买一包卫生纸。大卫来到超市很快选好了商品，可是当他抱着一大包卫生纸去结账时，发现好多人都在排队结账。大卫很无奈："我只想买一包卫生纸而已，到底要等到什么时候啊！"

일요일, 데이비드의 아내는 그에게 슈퍼에 가서 한 팩의 화장지를 사오라고 했다. 데이비드는 슈퍼에 가서 금방 상품을 골랐지만 그가 화장지를 안고 결제하러 갔을 때 많은 사람들이 줄 서서 계산을 하고 있음을 발견했다. 데이비드는 어쩔 도리가 없다고 여기며 속으로 생각했다. '나는 그냥 한 팩의 화장지를 사고 싶을 뿐인데 도대체 언제까지 기다려야 해!'

14. 여행 (1)

丽丽独自去一个陌生的城市旅行。这一天她想去博物馆，可是她迷路了。她展开地图向一个路人问路，那个人十分亲切地为她说明，丽丽非常感激他。在他的帮助下，丽丽顺利地找到了博物馆。

리리는 혼자 낯선 도시로 여행을 갔다. 이날 그녀는 박물관에 가고 싶었지만 그녀는 길을 잃고 말았다. 그녀는 지도를 펼치고 한 행인에게 길을 물었고 그 사람은 매우 친절하게 그녀에게 설명해 주었다. 리리는 그에게 매우 감사했다. 그의 도움으로 리리는 순조롭게 박물관을 찾았다.

15. 여행 (2)

上周日我去一个地方游览。没想到那里有那么多游客。那里的山又高又美，而且山前面居然有一个大湖，形成了一个独特的风景。有的人欣赏风景，有的人拍照，那里美丽的风景给游客们留下了深刻的印象。

지난주 일요일 나는 어떤 곳에 놀러 갔다. 그곳에 그렇게 많은 관광객이 있을 줄은 생각지 못했다. 그곳의 산은 높고 아름다웠다. 게다가 앞에는 뜻밖에도 큰 호수가 있어서 독특한 풍경을 이루었다. 어떤 사람은 풍경을 감상하고 어떤 사람은 사진을 찍었다. 그곳의 아름다운 풍경은 관광객들에게 깊은 인상을 남겼다.

16. 낚시

　　大卫平时工作很忙，没有时间陪儿子玩。今天是儿子的生日，所以大卫特意请了一天假，带儿子到郊区钓鱼。大卫耐心地教儿子钓鱼的技术，儿子学得很认真，很快就钓上来一条鱼。他们玩得开心极了。

　데이비드는 평소에 일이 바빠서 아이와 놀아 줄 시간이 없다. 오늘은 아들의 생일이어서, 데이비드는 특별히 하루 휴가를 신청해서 아들을 데리고 교외로 낚시하러 갔다. 데이비드는 인내심 있게 아들에게 낚시의 기술을 가르쳐 주었고 아들은 진지하게 배워서 금방 한 마리를 낚아 올렸다. 그들은 매우 즐겁게 놀았다.

17. 인터넷

　　现代人在信息的洪水中生活，几乎每天都要搜索自己需要的信息。在众多方法中，网络对查资料、找信息确实很有帮助。但我们应该注意的是，网上的一些信息不一定是正确的，所以应该有选择地采用信息。

　현대인은 정보의 홍수 속에 살면서 거의 매일 자신이 필요로 하는 정보를 검색한다. 많은 방법 중에서 인터넷은 자료를 조사하고 정보를 찾는 데 있어서 정말로 큰 도움이 된다. 하지만 우리가 주의해야 할 것은 인터넷상의 일부 정보들은 꼭 정확한 것은 아니기 때문에 선택적으로 정보를 채택해야 한다는 것이다.

18. 교육 (1)

　　丽丽是一名高中生，她各科成绩都不错，只有数学怎么学都学不好。她对老师说了自己的烦恼。从那天起，老师每天都给她辅导一会儿。在老师的辅导下，她的数学成绩进步了很多。

　리리는 고등학생으로, 그녀는 각 과목의 성적이 다 좋은데, 수학만은 어떻게 해도 잘할 수 없었다. 그녀는 선생님에게 자신의 고민을 얘기했다. 그날부터 선생님은 매일 그녀에게 잠깐씩 개인 과외를 해 주었다. 선생님의 과외로 그녀의 수학 성적은 많이 향상되었다.

19. 교육 (2) : 외국어

　　掌握外语是一种很难的事情。因为我们会遇到很多困难，这很容易让我们灰心，甚至放弃。这时我们需要鼓励，让我们感觉到自己的努力有效果。只要这样我们就会不断进步，最终学好这门外语。

　　외국어를 정복하는 것은 어려운 일이다. 왜냐하면 우리는 많은 어려움에 부딪힐 것이고 이것은 우리를 낙심케 하고 심지어 포기까지 하게 만들기 때문이다. 이때 우리는 격려가 필요한데 우리로 하여금 자신의 노력이 효과가 있다고 느끼게 만들어야 한다. 이렇게 하기만 하면 우리는 끊임없이 진보하여 결국 그 외국어를 잘 마스터하게 될 것이다.

20. 핸드폰 (1)

　　对现代人来说，手机是不可缺少的东西。日常生活中很多时候我们都离不开它。可是手机也会给健康带来危害，比如睡觉前玩手机会影响睡眠，甚至会导致失眠。所以我建议大家合理使用手机。

　　현대인에게 있어서 핸드폰은 없어서는 안 되는 물건이다. 일상생활에서 많은 경우에 우리는 핸드폰을 떠날 수 없다. 하지만 핸드폰은 건강에 해로움을 가져올 수도 있다. 예를 들어 잠자기 전에 핸드폰을 하면 수면에 영향을 줄 수 있는데 심지어 불면을 초래할 수도 있다. 그래서 나는 모두가 핸드폰을 합리적으로 사용하길 권한다.

21. 핸드폰 (2)

　　现代人的生活离不开手机，很多人只要一有空儿，就会拿出手机来看。坐地铁或公交车时，人们更是喜欢玩手机。但长时间低头看手机，脖子会受到很大压力，会危害健康。我建议大家合理使用手机。

　　현대인의 생활은 핸드폰을 떠날 수 없다. 많은 사람들은 시간만 있으면 핸드폰을 꺼내서 본다. 지하철이나 버스를 타면 사람들은 더욱더 핸드폰 하길 좋아한다. 그러나 장시간 고개를 숙이고 핸드폰을 보면 목은 큰 압력을 받게 되고 건강을 해칠 수 있다. 나는 모두가 합리적으로 핸드폰을 사용하길 바란다.

22. 핸드폰 (3)

　　　智能手机改变了人们沟通的方式。现代人普遍都会用智能手机与他人联系，这非常方便。即使朋友在别的国家，我们也可以随时跟他们联系。我觉得智能手机促进了人们的交往，也拉近了人与人之间的距离。

　　스마트폰은 사람들의 소통의 방식을 바꿨다. 현대인은 보편적으로 스마트폰을 이용해 타인과 연락한다. 이것은 매우 편리하다. 설령 친구가 다른 나라에 있다 하더라도 우리는 언제든지 그들과 연락할 수 있다. 나는 스마트폰이 사람들의 왕래를 촉진시켰으며 또한 사람과 사람 사이의 거리를 좁혔다고 생각한다.

23. 발표

　　　怎样才能做一次成功的发言呢？首先，要准备好全面的材料。因为有了很好的材料，即使发言时会有点紧张，也可以根据材料来顺利地发表。其次，保持冷静的态度也很重要。你不能表现得太激动，而要自然地说话。

　　어떻게 해야 성공적인 발언을 할 수 있을까? 먼저, 전면적인 자료를 준비해야 한다. 왜냐하면 좋은 자료가 있으면 설령 발언할 때 좀 긴장되더라도 자료에 근거하여 순조롭게 발표할 수 있기 때문이다. 두 번째로 냉정한 태도를 유지하는 것도 중요하다. 당신은 행동이 너무 흥분해서는 안 되며 자연스럽게 말해야 한다.

24. 강연

　　　大卫是一家公司的总经理。今天他在很多员工面前做了一次演讲。他介绍了公司现在的经营状况和明年的发展规划。他的声音里充满了力量和信心，所以他的发言很有说服力。难怪大家都非常支持和尊敬他。

　　데이비드는 한 회사의 사장이다. 오늘 그는 많은 직원들 앞에서 한 차례 강연을 했다. 그는 회사의 지금 경영 상황과 내년의 발전 계획을 소개했다. 그의 목소리에는 힘과 자신감이 가득했고 그래서 그의 발언은 매우 설득력이 있었다. 어쩐지 모두가 그를 지지하고 존중했다.

25. 의복 (1)

白色衣服容易被弄脏。尤其是喝咖啡的时候，一不小心就会把咖啡洒在衣服上，而且很难洗干净。如果一大早就发生这样的事情，那么一整天心情都会很不好。所以穿着白色衣服吃东西或喝饮料时，一定要特别注意。

흰색 옷은 더러워지기 쉽다. 특히 커피를 마실 때는 한순간 부주의하면 커피를 옷에 엎지르게 되고 게다가 깨끗하게 빨기 어렵다. 만일 이른 아침부터 이런 일이 발생하면 하루 종일 기분이 매우 좋지 않을 것이다. 그래서 흰색 옷을 입고 음식을 먹거나 음료를 마실 때는 특별히 주의해야 한다.

26. 의복 (2) : 넥타이

丈夫找到了一份好工作，工资高、待遇好。现在找工作很不容易，想找一份好工作更不容易，所以妻子很为他高兴。今天是丈夫第一天去上班，妻子为他挑选了西服和衬衫，还亲自为他系领带。丈夫感到非常幸福。

남편은 좋은 직장을 구했다. 월급이 높고 대우가 좋았다. 현재 직장을 구하기가 매우 어려운데, 좋은 일자리를 찾기란 더욱 어렵다. 그래서 아내는 그 때문에 매우 기쁘다. 오늘은 남편이 첫 출근하는 날이라 그녀는 그를 위해 정장과 와이셔츠를 골라 주고 게다가 그에게 넥타이를 매어 주었다. 남편은 매우 행복했다.

27. 환경

上周我去海边玩儿。没想到海边到处都是垃圾，空瓶、塑料袋等什么都有，简直连落脚的地方都没有。这些垃圾到底是谁扔的呢？我怀疑他们有没有没良心。我真希望人们学会爱护大自然。

지난주에 나는 해변으로 놀러 갔다. 뜻밖에도 해변에는 온통 쓰레기였다. 빈병, 비닐봉지 등 뭐든지 다 있었다. 그야말로 발 디딜 곳도 없었다. 이 쓰레기들은 도대체 누가 버린 걸까? 나는 그들이 양심이 있는지 없는지 의심이 들었다. 나는 정말 사람들이 자연을 사랑할 줄 알았으면 좋겠다.

28. 에어컨

丽丽家的空调坏了。今年夏天特别热，没有空调简直没法生活。丽丽马上给空调公司打电话，大概说明了自己家空调的情况。几个小时后，工作人员就来到了丽丽家为她维修空调。他的技术很好，很快就把空调修好了。

리리 집의 에어컨이 고장났다. 올해 여름은 매우 더워서 에어컨이 없으면 그야말로 생활할 수가 없다. 리리는 바로 에어컨 회사에 전화를 걸어 자신의 집 에어컨 상황을 대강 설명했다. 몇 시간 후 직원이 리리의 집에 와서 그녀를 위해서 에어컨을 수리해 주었다. 그의 기술이 좋아서 금방 에어컨을 수리했다.

29. 교통

上周末我们一家人去郊区玩。没想到，很多汽车都走高速公路，所以车堵得很厉害。但另一边的高速公路却一点儿也不堵车，我很羡慕他们。我本来想好好玩一天，结果却在路上浪费了很长时间。

지난 주말에 우리 가족은 교외로 놀러갔다. 뜻밖에도 많은 차들이 고속 도로를 이용해서 차가 심하게 막혔다. 하지만 다른 한쪽의 고속 도로는 오히려 하나도 막히지 않았다. 나는 그들이 부러웠다. 나는 원래 하루를 잘 놀아 보려고 했는데 결과적으로 길에서 긴 시간을 낭비하게 되었다.

30. 취업

应聘公司时怎样才能写出一份优秀的简历呢？首先，为了让面试官全面了解你，要写清楚必要的个人信息。其次，为了给他们留下好印象，你一定要突出自己的优势，因为这样他们才会对你感兴趣。

회사에 지원할 때는 어떻게 하면 훌륭한 이력서를 쓸 수 있을까? 먼저 면접관이 당신에 대해서 전면적으로 이해하도록 필요한 개인 정보를 정확하게 적어야 한다. 두 번째로 그들에게 좋은 인상을 남기기 위해 반드시 자신의 강점을 부각시켜야 한다. 왜냐하면 이렇게 해야 그들이 당신에 대해서 흥미를 느낄 것이기 때문이다.

31. 여가 : 꽃 재배

丽丽的院子里种满了各种各样的花，漂亮极了。其实养花并不容易，要根据每种花的特点去照顾它们，还要经常浇花，很辛苦。可是丽丽觉得养花是一种乐趣，看到那么美丽的花，再辛苦都是值得的。

리리의 정원에는 각양 각색의 꽃들이 가득 심어져 있어 매우 예쁘다. 사실 꽃 재배는 결코 쉽지 않은 것이, 모든 꽃들의 특징에 따라 그들을 돌봐야 하며, 자주 물을 줘야 해서 매우 힘들다. 그러나 리리는 꽃 기르기는 일종의 즐거움이며 그렇게 아름다운 꽃을 보면 아무리 힘들어도 가치가 있다고 느낀다.

32. 자원 봉사

上个月，我参加了一个志愿者活动。在活动中，我接待了很多从中国来的游客，给他们介绍了韩国有名的地方和好吃的东西。因为我很有礼貌，所以大家都称赞我。这个活动让我觉得很有成就感。

지난달에 나는 한 자원봉사자 활동에 참가했다. 활동 중에 나는 많은 중국에서 온 관광객을 접대했고 그들에게 한국의 유명한 장소와 맛있는 것을 소개해 주었다. 나는 매우 예의 있었기 때문에 그래서 모두가 나를 칭찬해 주었다. 이 활동은 나로 하여금 큰 성취감을 갖게 했다.

33. 성공·실패

怎样才能尽量避免失败呢？我认为，首先目标要明确。如果连自己都不清楚目标具体是什么，那么你就会迷失方向，浪费精力。其次，一定要有坚持到底的勇气和信心。只有这样我们才能得到预期的收获。

어떻게 해야 최대한 실패를 피할 수 있을까? 내 생각에는 먼저 목표가 명확해야 한다. 만일 자신조차도 목표가 구체적으로 무엇인지 모른다면 당신은 방향을 잃고 힘을 낭비하게 될 것이다. 두 번째로 반드시 끝까지 견지하겠다는 용기와 믿음이 있어야 한다. 오직 이렇게 해야만 우리는 비로소 기대한 수확을 얻을 수 있을 것이다.

실전 모의고사입니다.
실제 한어수평고시(HSK) 문제지와
가장 흡사한 형태이니
시험 전 자신의 실력을 점검해 보세요.
실제 시험처럼 답안 카드를 사용하여 문제를 풀어 보세요.

1. 듣기 (45문항, 약 30분)
2. 독해 (45문항, 45분)
3. 쓰기 (10문항, 40분)

듣기 후 답안을 작성할 5분의 시간이 주어집니다.
총 시험 시간은 약 125분입니다. (수험생 정보 입력 시간 5분 포함)

시험 시간에 유의하여 실제 시험처럼 문제를 풀어 보세요.

新汉语水平考试
HSK（五级）

注　意

一、HSK（五级）分三部分：

1. 听力（45 题，约 30 分钟）

2. 阅读（45 题，45 分钟）

3. 书写（10 题，40 分钟）

二、听力结束后，有 5 分钟填写答题卡

三、全部考试越 125 分钟（含考生填写个人信息时间 5 分钟）

一、听 力

第一部分

第 1-20 题: 请选出正确答案。

1. A 洗澡
   B 录音
   C 看动画片
   D 玩玩具车

2. A 拜访导师
   B 参加婚礼
   C 去听讲座
   D 出席宴会

3. A 要认真准备
   B 不用太紧张
   C 资料要全面
   D 需要反复的配合

4. A 十分自信
   B 没有把握
   C 为人谦虚
   D 被录取了

5. A 昂贵
   B 比较合适
   C 还没确定
   D 还可以再低些

6. A 是位护士
   B 睡眠不好
   C 从不熬夜
   D 想咨询律师

7. A 硬件坏了
   B 中病毒了
   C 无法读光盘
   D 得重装系统

8. A 又没纸了
   B 方案没通过
   C 复印机又坏了
   D 电脑中病毒了

9. A 赞成
   B 无所谓
   C 得立即投资
   D 再考虑一下

10. A 少犯错误
    B 要学会放弃
    C 别怀疑自己
    D 不要逃避困难

11. A 还在修改
    B 已经发表了
    C 要换个题目
    D 需要调整结构

12. A 价格涨了
    B 宴会取消了
    C 没有房间了
    D 大宴会厅已被预订了

13. A 调整日程
　　B 取消出差
　　C 预订房间
　　D 接受采访

14. A 经常发脾气
　　B 变得很胆小
　　C 记忆力不好
　　D 觉得很寂寞

15. A 已发了奖金
　　B 损失增大了
　　C 奖金方案未确定
　　D 开发出了新产品

16. A 他们是邻居
　　B 他们在法院
　　C 女的很惭愧
　　D 男的在戒烟

17. A 辞职了
　　B 有些犹豫
　　C 被录取了
　　D 在准备面试

18. A 东西别乱放
　　B 翻翻笔记本
　　C 保管好身份证
　　D 看看别的抽屉里

19. A 系领带
　　B 去买点零食
　　C 换电视频道
　　D 陪她看纪录片

20. A 帮助减肥
　　B 缓解疼痛
　　C 保护嗓子
　　D 治疗失眠

第二部分

第 21-45 题: 请选出正确答案。

21. A 宾馆
    B 银行
    C 健身房
    D 博物馆

22. A 移民
    B 辞职
    C 入住
    D 营业执照

23. A 手烫伤了
    B 喜欢滑雪
    C 做过厨师
    D 很会做饭

24. A 快装修完了
    B 位于市中心
    C 客厅面积很大
    D 有两个卫生间

25. A 明天
    B 下礼拜一二
    C 一周后
    D 下个月中旬

26. A 吃饭
    B 热身
    C 洗澡
    D 烫衣服

27. A 工人和工厂
    B 天气和交通
    C 运输和设备
    D 生产和销售

28. A 做室内装饰
    B 要求降低租金
    C 继续租这个房子
    D 换个大点的房子

29. A 准备简历
    B 联系刘经理
    C 登记个人信息
    D 通知各部门开会

30. A 他们是偶遇
    B 他们在签合同
    C 男的刚旅行回来
    D 女的要去国外旅游

31. A 很开心
    B 很周到
    C 服务态度差
    D 批评了作家

32. A 要乐于助人
    B 不要怀疑别人
    C 细节决定成败
    D 坚持自己的行为方式

33. A 他很糊涂
    B 他很有魅力
    C 他不会装会
    D 他逗人开心

34. A 别举手
    B 举右手
    C 问问别的同学
    D 左右手都举起来

35. A 变得更自信了
    B 学会了独立思考
    C 懂得了人生的意义
    D 喜欢上了建筑设计

36. A 很有效
    B 作用不大
    C 很多人反对
    D 垃圾更多了

37. A 播出一句名言
    B 播出一个笑话
    C 提供一份报纸
    D 提供一瓶矿泉水

38. A 价值50元
    B 每周换一次
    C 装有感应器
    D 受距离影响

39. A 要珍惜现在
    B 将一天分为三段
    C 要合理分配任务
    D 主要用于企业管理

40. A 长处
    B 形象
    C 错误
    D 地位

41. A 要勤奋工作
    B 要注意休息
    C 要养成阅读习惯
    D 要利用好业余时间

42. A 晚上
    B 从前
    C 太阳
    D 池塘

43. A 中国的情人节
    B 传统节日的意义
    C 中国人怎么过情人节
    D 东西方情人节的不同

44. A 饮食
    B 运动量
    C 健身场所
    D 个人爱好

45. A 慢跑的作用
    B 减肥的方法
    C 怎样制定健身计划
    D 如何缓解工作压力

二、阅 读

第一部分

第46-60题：请选出正确答案。

46-48.

　　乐观的人，没有音乐一样可以跳舞。遇到挫折或不幸，与其伤心大哭，__46__ 把烦恼暂时放一旁。每天，睁开双眼，你便__47__ 两种选择：积极快乐地迎接新的一天？或者闷闷不乐地__48__ 一天？选择好心情或者选择坏心情，取决于你自己。

46. A 可见　　B 不如　　C 反而　　D 要不
47. A 面对　　B 参考　　C 操心　　D 对待
48. A 享受　　B 消失　　C 实践　　D 度过

49-52.

　　有人说："在各种语言中，每个人的名字都是最甜蜜、最重要的声音。"记住别人的姓名是一种礼貌，也是一种感情__49__，在人与人交流的过程中会起到意想不到的效果。比如，在一个陌生的环境里，如果你能轻松而__50__ 地叫出对方的名字，他一定会吃惊和感动——因为这无疑告诉了他：__51__。这样一来，你们的距离很快就拉近了。

　　记住别人的名字，大多数人要做到这一点，全靠有意培养而形成的好习惯。等你养成了这个好习惯，你一定会有很多__52__ 的收获。

49. A 交换　　　　B 投资　　　　C 预报　　　　D 称赞
50. A 坚强　　　　B 狡猾　　　　C 亲切　　　　D 老实
51. A 你的名字对我很重要　　　　B 希望你也记住我的名字
　　C 名字越好听越容易相处　　　D 我终于想起来你的名字
52. A 意外　　　　B 稳定　　　　C 坦率　　　　D 诚恳

53-56.

　　一位先生拿了3把雨伞送到修理店去修。从修理店回家的路上，他去了一家 53 吃午饭。临走时，这位先生有点儿心不在焉，拿帽子时，顺手把旁边的一把雨伞拿了下来。

　　" 54 。"邻桌的一个中年妇女说道。

　　那位先生发现自己拿错了东西， 55 向那位妇女道歉。

　　第二天，他从修理店取回了自己的3把雨伞，然后坐地铁回家了。没想到在地铁上，刚好又碰见了那位中年妇女。中年妇女看了看那位先生，然后又看了看他手中拿的3把雨伞，说："看得出来，你今天 56 不错啊。"

53． A 柜台　　　B 阳台　　　C 餐厅　　　D 博物馆
54． A 先生，这儿没人　　　　　B 外面雨停了，先生
　　 C 雨伞是我的，先生　　　　D 先生，您还没付钱呢
55． A 陆续　　　B 格外　　　C 偶然　　　D 连忙
56． A 背景　　　B 智慧　　　C 运气　　　D 待遇

57-60.

　　一个老人和一个年轻人在海边钓鱼。老人见年轻人动作笨拙，问："刚学钓鱼吧？"年轻人点头。老人又说："我从小就在这儿钓鱼，几十年了， 57 这个养活自己。"年轻人说："我向您学钓鱼吧。我要钓很多很多的鱼，赚钱后买一条渔船，然后赚更多的钱买更多渔船，接着 58 公司，再争取让公司上市。"老人问："那公司上市后，你干什么呢？"年轻人答："那时我就可以过轻松日子了，比如到这里钓鱼。"老人不解，说："你现在就能这样做呀，同我一样。"年轻人说："不一样。您的一生只是一个点，而我的一生将是一个圆。"

　　每个人从生到死的距离，都叫一生。人生的区别， 59 。如果人生只是停在原地不动，如果人生没有获得不同的 60 ，这样的人生是短暂而了无生趣的。

57． A 朝　　　B 冲　　　C 靠　　　D 趁
58． A 实现　　　B 成立　　　C 造成　　　D 构成
59． A 是命运安排的　　　　　　B 首先要学会思考
　　 C 在于如何走过这段距离　　D 关键是能不能抓住机会
60． A 功能　　　B 反应　　　C 幻想　　　D 感受

第二部分

第61-70题: 请选出与试题内容一致的一项。

61. 很多职场新人仍保留着学生时代的一些习惯——只做领导分配的工作。但一名优秀的员工除了要按时、高质量地完成任务，还应对自己有更高的要求。对于派下来的任务，员工应自觉多做几步，对待工作要更积极、主动。

    A 优秀的员工不听指挥
    B 优秀的员工经常出差
    C 职场新人要主动一些
    D 要敢于给领导提意见

62. 赵州桥又名安济桥，位于河北省赵县，建于隋朝大业（公元605-618）年间，由著名匠师李春建造。桥长64.4米，距今已有1400多年历史，是世界上现存最早、保存最完好的单孔石拱桥，被誉为"华北四宝"之一。

    A 李春是隋朝人
    B 赵州桥现在还在使用
    C "华北四宝"指的是桥
    D 赵州桥距今已有两个多世纪了

63. 人的一生有超过三分之一的时间是在床上度过的，在影响人类寿命的各种因素中，睡眠是重要的一项。充足而良好的睡眠、乐观的心态、均衡的饮食和适当的运动，目前被国际社会公认为健康的四项标准。

    A 悲观的人容易做梦
    B 睡眠质量影响人的寿命
    C 运动有利于提高睡眠质量
    D 约三分之一的人睡眠不足

64. 黄河，又被中国人称为"母亲河"。它是中国第二长河，世界第五长河，是世界上含沙量最大的河流。黄河流经北方9个省区，流程达5464公里，流域面积达到752443平方公里，上千条支流相连，连续不断地为中国各地输送着活力与生机。

    A 黄河在中国北方
    B 黄河流域面积最大
    C 黄河有几千条支流
    D 黄河的含沙量在逐年减少

65. "元旦"的"元",指开始,是第一的意思。"旦"是象形字,上面的"日"代表太阳,下面的"一"代表地平线。"旦"即太阳从地平线上升起,象征一天的开始。把"元"和"旦"两个字加在一起,意思就是新年开始的第一天。

   A "旦"指太阳
   B "元旦"指每一天的开始
   C "旦"表示太阳在地平线之上
   D "元"指一年快要结束的时候

66. 能不能成功,通常要看你敢不敢往人少的地方走,这条路上可能会有风险,但是因为没人或者很少有人来过,才可能有许多机会。在别人走出来的老路上行走,表面上看很安全,但是因为走的人太多,许多资源已经被别人抢走了。走这样的路,又怎么会有大的收获呢?

   A 要合理分配资源
   B 经验需要不断积累
   C 风险大的地方往往机会也多
   D 优秀的合作伙伴是成功的保证

67. 牡丹是中国的传统名花,品种繁多,姿态优美,颜色鲜艳,号称"花中之王"。长期以来,中国人把牡丹作为幸福、美好、繁荣的象征。牡丹喜欢温凉的气候,性较耐寒,不耐湿热,容易种植,分布极为广泛。

   A 牡丹需要勤浇水
   B 牡丹一年四季都开花
   C 牡丹不喜欢湿热环境
   D 牡丹多分布在中国南方

68. 生命在于运动,有规律的运动对于身体健康大有好处。运动会使人流汗,汗水可以使体内的有害物质排出体外,加速血液循环,提高防御疾病的能力。在众多的运动方式中,走路是最简单的一种,不受场地和运动器材的限制。每天坚持走路半个小时,可以让人精力充沛。

   A 走路也是一种运动
   B 锻炼方式应尽量多样化
   C 慢跑是最佳的运动方式
   D 运动后要及时补充水分

69. 心理学家发现，开红色汽车的人具有较强的进取心，往往比较自信。白色汽车车主的性格往往较温和，不爱惹是生非。黑色是天然的公务车，是工作狂的最爱。蓝色意味着车主生性冷静，有较强的分析能力。如果车身颜色是浅色系，如淡紫、淡绿或香槟色，则车主可能多愁善感，有点儿忧郁倾向。

    A 开车可能影响心理健康
    B 汽车对个人发展有很大帮助
    C 车的颜色可以反映车主的性格
    D 浅色汽车比深色汽车更受欢迎

70. 冰激凌文学是指像冰激凌一样包装精美、色调灿烂、很受青少年喜爱的文学作品，这类作品的最大特点是轻松、活泼、幽默，适合青少年的口味。故事总是简单而温暖，语言总是活泼而俏皮，女主角总是美丽而聪明，男主角总是帅气而深情，满足了广大青少年读者的娱乐需求。

    A 冰激凌文学很严肃
    B 冰激凌文学的故事多为悲剧
    C 冰激凌文学受到青少年的欢迎
    D 冰激凌文学作品的故事比较复杂

第三部分

第71-90题：请选出正确答案。

71-74.

春秋时期，在楚庄王的治理下，楚国人民安居乐业。但是，楚国的交通工具仍比较落后，出行用的马车底座较低，不仅容易碰伤马腿，而且车速很慢，不利于运送物资。

楚庄王注意到这点后，便提出要将全国的马车底座改高，楚国高官孙叔敖认为这种做法不好，他对楚庄王说："老百姓已习惯乘坐这种低矮的马车了，如果大王强行命令他们改造马车，会造成他们不满。"

楚庄王听了，觉得有道理，就问孙叔敖有什么办法，孙叔敖说："只要在各地发布告示，提醒老百姓今年可能会发大水，这样就可以了。"

楚庄王虽很疑惑，但还是采纳了孙叔敖的建议。果然，老百姓为避免洪水进屋，都加高了自家的门槛。可这样一来，马车进门时，车底就会碰到门槛，车上的人不得不先下车，再把车抬进屋，时间一长，大家都觉得这种低矮的马车太不方便了，于是纷纷把马车底座改高，半年后，楚国低矮的马车就全部改造完毕了。

71. 根据第1段，楚国：
    A 马车只能载人　　　　　B 马车底座较高
    C 交通工具不发达　　　　D 老百姓生活很艰苦

72. 孙叔敖为什么反对楚王直接命令百姓改造马车？
    A 改造费用高　　　　　　B 担心时间来不及
    C 会引起百姓不满　　　　D 懂改造技术的人少

73. 根据最后一段，老百姓加高家中的门槛是为了：
    A 方便车马进屋　　　　　B 阻止小偷进入
    C 避免家里进水　　　　　D 使房子看着更美观

74. 根据上文，下列哪项正确？
    A 楚王不受老百姓欢迎　　B 楚国还真发生了洪水
    C 孙叔敖提的意见很有效　D 后来孙叔敖成为了国王

75-78.

　　一家航空公司遇到了资金短缺的问题，若不及时解决，将面临倒闭。按照行业惯例，处理此类问题最有效的办法就是通过裁员来节省开支。当时，这家航空公司内部也流传着公司将裁员的消息。

　　正当大家整日忧心忡忡地等待着裁员名单的最终公布时，公司总裁却郑重宣布："请大家安心工作，公司绝不会裁掉一个人！"员工们先是一愣，而后欣喜不已，纷纷鼓起掌来。"可如果不裁员，资金短缺的问题该怎么解决呢？"有人不解地问。"请大家放心，我已经决定'裁掉'一架飞机。"总裁微笑着回答道："我准备卖掉公司的一架飞机，换回的钱应该可以应付一段时间。到时候如果还不行，就再卖一架。"员工们听后感动不已。

　　其实，在卖飞机还是裁员这个问题上，总裁和董事会曾发生过严重<u>分歧</u>。有几位董事觉得，飞机是公司最重要的赢利工具，绝不能轻易卖掉，更何况公司的飞机本来就不多。总裁却认为，裁员虽然能让公司在短时间内节省成本，但却容易使员工丧失对公司的信任，今后可能无法安心工作。最后，总裁说服了那几位董事，没有裁员。

75. 员工们为什么忧心忡忡？
　　A 工资要下调　　　　　B 担心被辞退
　　C 怕被总裁责备　　　　D 没完成季度任务

76. 总裁是如何解决公司资金短缺的问题的？
　　A 减少办公开支　　　　B 申请银行贷款
　　C 增加更多航班　　　　D 卖掉一架飞机

77. 最后一段中的画线词语"分歧"最可能是什么意思？
　　A 多次谈判　　　　　　B 效果很差
　　C 意见不一致　　　　　D 语气很过分

78. 下列哪项属于总裁的观点？
　　A 应加强团队建设　　　B 要让员工信任公司
　　C 要多奖励优秀的员工　D 应同意董事会的决定

79-82.

我注意到，狗独处时一般不会玩耍。狗单独呆着时，就会显出动物式的"一本正经"来。要是没有其他事情可做，它就会东看看西望望，或是陷入沉思，或是睡觉。但是它不会玩耍，不会追自己的尾巴，不会在草地上兜圈子跑来跑去，不会嘴里衔着小树枝，也不会用鼻头去推小石子。这些行为，狗只有在有观众或者一起玩耍的伙伴时才会做出来。

狗的玩耍是充满友情和快乐的。也有敏感到你停止观看的那一瞬间就失去玩耍心情的狗，它们玩耍的乐趣似乎只在于获得你的赞赏。总之，狗的玩耍是需要兴致的，是需要与他人接触的。

至于猫，它们的玩耍却是"**自娱自乐**"的，丝毫不在意有没有观众鼓掌喝彩。猫独处时，只要有毛线球或松紧带，就能安静地、专心地玩儿。猫在玩耍时，不会表现出"人类先生，你能在一旁看着，我真高兴"的样子。

猫享受独处的快乐，狗则是希望和别人分享快乐，甚至主动带给别人快乐。狗在跟人一起玩耍时，总是全心全意地投入其中，直到精力耗尽为止。猫只对自己感兴趣，狗则希望别人对自己感兴趣。

79. 狗独处时，最可能做以下哪种行为?
    A 四处看　　　　　　　B 逗猫玩儿
    C 踩自己的影子　　　　D 追自己的尾巴

80. 根据上文，狗的玩耍具有什么特点?
    A 充满好奇　　　　　　B 模仿人类行为
    C 在乎别人的反应　　　D 不带有任何感情

81. 第3段中，画线词语"自娱自乐"指的是猫：
    A 很淘气　　　　　　　B 更爱热闹
    C 需要别人的掌声　　　D 享受独自玩耍的快乐

82. 上文主要谈的是：
    A 动物的行为心理　　　B 如何训练猫和狗
    C 猫和狗玩耍时的区别　D 养宠物时要注意什么

83-86.

假设汽水两元钱一瓶，两个空瓶可以换一瓶汽水，如果给你6元钱，你最多能喝几瓶汽水？几乎90%的人在简单的计算后都会说："是5瓶吗？"

大多数人都能喝到5瓶汽水，但怎样喝到第6瓶才是游戏的核心。很多人会说，我最后只剩一个空瓶，没什么价值，扔掉算了。这就引发了两个问题：空瓶到底有没有价值？你能否发现，自己可以通过与别人合作，使双方手中的空瓶资源得到充分利用？其实你可以这样做：向别人借一个空瓶，去换第6瓶汽水，然后喝掉汽水，把空瓶还给人家。

这个游戏让我们认识到空瓶这种闲置资源也有潜在的价值。每个人都有很多闲置资源，它们或者被遗忘在角落里，或者被丢弃，一旦这些资源被充分整合，人们将惊叹于自己的所得。所以不要轻易放弃任何资源，即使它们现在没有任何用处。

"第6瓶汽水"，属于那些善于发现并认真思考的人，他们能敏锐地感知身边的事物，时时刻刻去发现一切可利用的"空瓶"。而那些没有得到"第6瓶汽水"的人，不是因为没有能力，而是因为他们没有转换思路，没有最大限度地利用已有的资源。

83. 根据上文，怎样才能喝到第6瓶汽水？
    A 再买一瓶   B 把空瓶卖掉
    C 把瓶子借给别人   D 向别人借一个空瓶

84. 关于闲置资源，可以知道什么？
    A 毫无价值   B 往往被忽视
    C 太占空间了   D 造成环境污染

85. 为什么有些人没有得到"第6瓶汽水"？
    A 能力不足   B 对方不同意
    C 没有合理利用资源   D 汽水已经被卖完了

86. 最适合做上文标题的是：
    A 如何管理金钱   B 汽水的很多用处
    C 别浪费你的"空瓶"   D 哪个"空瓶"更有价值

87-90.

"人"这种高级动物有时非常复杂，有时却又单纯极了。互相不认识的两个人在得知彼此是同乡后，会感到很高兴；即使只是与陌生人共同处理了某一件小事，两人的关系也会因此而亲密起来。

父母与子女之间也是这样。虽说亲情是天生的，但是假如父母与子女相处的时间过少，彼此兴趣不同，缺少共同话题，那么即使相对而坐也会感觉相隔甚远。相反，若是每天能多一个小时的时间相处，增加一两件一起做的事情，父母与子女自然  就会逐渐拥有共同话题，彼此的关系也会不知不觉地更加亲密起来。

即使某些行为在父母看来有些幼稚或是傻，但是为了维持与孩子的亲密关系，父母也一定要陪同孩子参与各种活动。不一定非要如何正式、成功，即便做得不好也没关系。仅仅是同孩子一起叠彩纸或开心地聊天这类简单的事情，同样不可忽视。因为对孩子而言，与父母相处的时间本身就是爱，就是鼓励，就是美好的回忆。

87. 第1段中举了两个例子，主要是为了说明：
    A 动物也有感情　　　　B 人是高级动物
    C 人有时非常单纯　　　D 人其实是很复杂的

88. 根据第2段，可以知道亲情：
    A 也需要爱护　　　　　B 与兴趣爱好无关
    C 存在于陌生人之间　　D 不会随时间的变化而变化

89. 父母陪孩子参与各种活动：
    A 应该穿得正式一些　　B 能使孩子变得更聪明
    C 能增加与孩子间的感情　D 要提前做好充分的准备

90. 上文主要谈的是：
    A 游戏的作用　　　　　B 如何与子女相处
    C 人要有竞争观念　　　D 怎样获得好的人际关系

三、书写

第一部分

第 91-98 题: 完成句子。

例如: 发表　这篇论文　什么时候　是　的

　　　这篇论文是什么时候发表的?

91. 她是一个　人　交际的　不善于

92. 准备　你应该　充分的　事先做好

93. 问题　逃避现实　不能解决　任何

94. 你的文具　放　右边的抽屉里　把

95. 给我推荐　几个特色菜　吗　你可以

96. 促使人类　不断　进步　好奇心能够

97. 结束　在热闹的　昨天的闭幕式　气氛中

98. 文章　这篇　广泛关注　社会的　引起了

第二部分

第 99-100 题: 写短文。

91. 请结合下列词语（要全部使用），写一篇80字左右的短文。

   稳定、适合、积累、面对、目标

100. 请结合这张图片写一篇80字左右的短文。

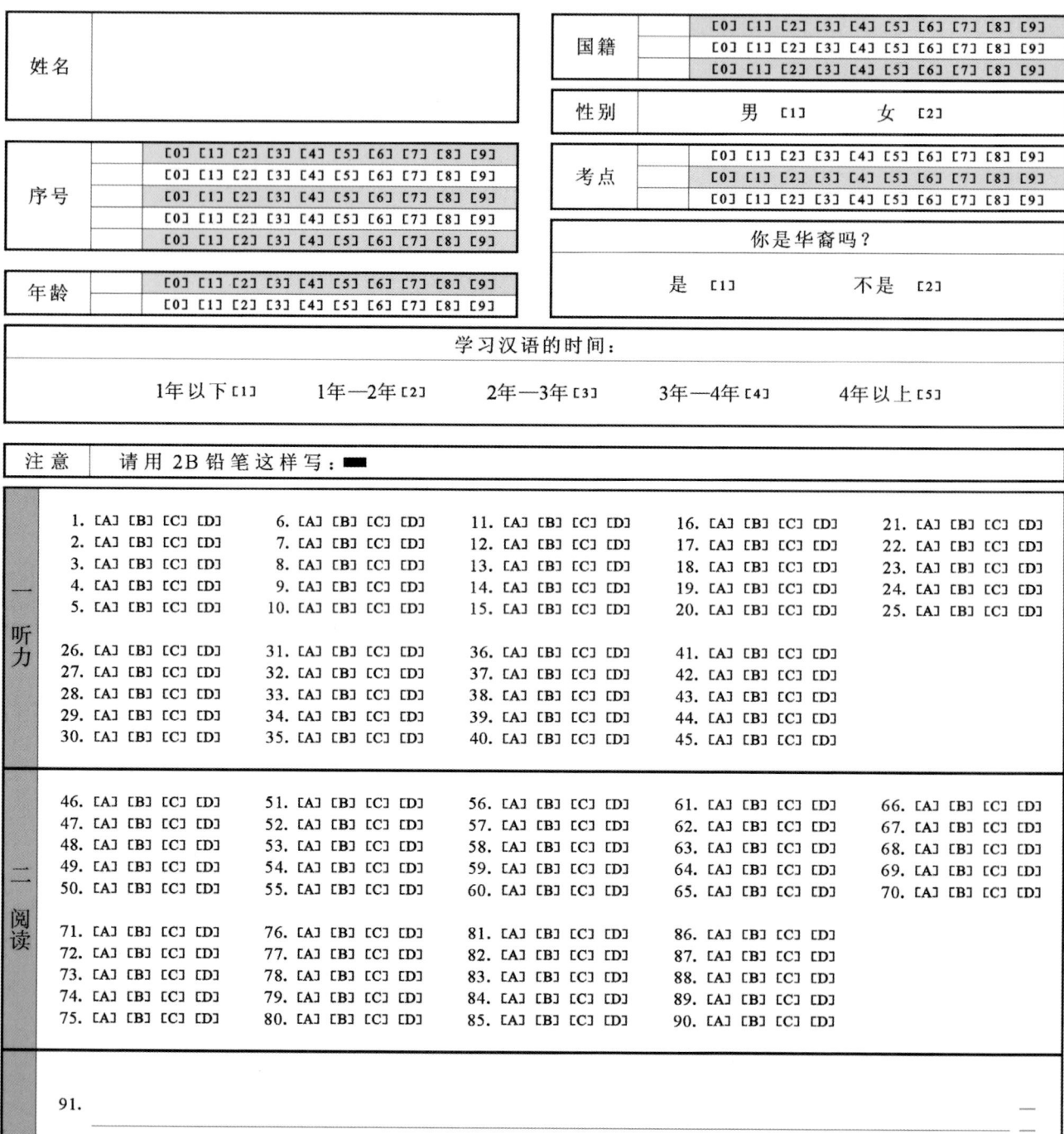

95. _____

96. _____

97. _____

98. _____

99.

100.

HSK 5급 답안 카드

新汉语水平考试
Chinese Proficiency Test

HSK（五级）成绩报告
HSK (Level 5) Examination Score Report

姓名：_____
Name

性别：_____ 国籍：_____
Gender   Nationality

考试时间：_____ 年 _____ 月 _____ 日
Examination Date   Year   Month   Day

编号：_____
No.

	满分（Full Score）	你的分数（Your Score）
听力（Listening）	100	
阅读（Reading）	100	
书写（Writing）	100	
总分（Total Score）	300	

总分180分为合格（Passing Score：180）

主任 _____ 国家汉办
Director   Hanban

中国 • 北京
Beijing • China

5급
차이나는 중국어 HSK
해설집

차이나는 중국어 HSK 5급

지은이 | 양영호, 이창재, 권용중, 마연
초판 1쇄 인쇄 | 2017년 9월 13일
초판 1쇄 발행 | 2017년 9월 19일

발행인 | 박효상
총괄이사 | 이종선
편집장 | 김 현
편집 | 박혜민
디자인 | 김보연
마케팅 | 이태호, 이전희
디지털콘텐츠 | 이지호
관리 | 김태옥

교정 및 조판 | 양정희

종이 | 월드페이퍼 인쇄·제본 | 현문자현

출판등록 | 제10-1835호
발행처 | 사람in
주소 | 04034 서울시 마포구 양화로11길 14-10(서교동) 4F
전화 | 02) 338-3555(代) 팩스 | 02) 338-3545
E-mail | saramin@netsgo.com
Homepage | www.saramin.com

:: 책값은 뒤표지에 있습니다.
:: 파본은 바꾸어 드립니다.

ⓒ 양영호 2017

ISBN 978-89-6049-644-6 14720
       978-89-6049-642-2 (세트)

사람이 중심이 되는 세상, 세상과 소통하는 책 **사람in**

차례

● 듣기 1부분 : 대화 듣고 질문에 답하기

1. 장소 04
2. 비즈니스 07
3. 주택・가정・일상 10
4. 전자 기기 13
5. 여가・오락 16
6. 음식 18
7. 쇼핑 20
8. 건강 23
9. 심리・태도 26
10. 교육・의복・행사・날씨・직업 29

● 듣기 2부분 : 단문 듣고 질문에 답하기 33

● 독해 1부분 : 빈칸 채우기

| 실전 연습 문제 1 | 38 | 실전 연습 문제 2 | 41 |
| 실전 연습 문제 3 | 45 | 실전 연습 문제 4 | 49 |

● 독해 2부분 : 단문 읽고 내용 일치 고르기

실전 연습 문제 1	53	실전 연습 문제 2	55
실전 연습 문제 3	57	실전 연습 문제 4	59
실전 연습 문제 5	61		

● 독해 3부분 : 장문 읽고 질문에 답하기

실전 연습 문제 1	63	실전 연습 문제 2	67
실전 연습 문제 3	71	실전 연습 문제 4	74
실전 연습 문제 5	78		

● 쓰기 1부분 : 어순에 맞게 배열하기

1. 형용사 술어문・주술 술어문
   실전 연습 문제 82
2. 동사 술어문 실전 연습 문제 1 85
   실전 연습 문제 2 89
3. 把자문 실전 연습 문제 93
4. 被자문 실전 연습 문제 97
5. 존현문 실전 연습 문제 101
6. 부사 실전 연습 문제 1 104
   실전 연습 문제 2 108
   실전 연습 문제 3 112
7. 개사 실전 연습 문제 1 116
   실전 연습 문제 2 120
8. 부사어 실전 연습 문제 1 124
   실전 연습 문제 2 128
9. 是자문・관형어 실전 연습 문제 1 132
   실전 연습 문제 2 136
10. 보어 실전 연습 문제 140
11. 기타 주요 출제 유형 모음
    실전 연습 문제 144

● 쓰기 2부분 : 80자 내외 작문하기

실전 연습 문제 1	148	실전 연습 문제 2	150
실전 연습 문제 3	152	실전 연습 문제 4	154
실전 연습 문제 5	156		

● 실전 모의고사

답안 160
해설 162

듣기 1부분

대화 듣고 질문에 답하기

① 장소

실전 연습 문제

🎧 1-3

| 정답 | 1. C | 2. A | 3. C | 4. B |

1.

女: 爸，客厅桌上有个大信封，你看到没？里面装着几份文件。
男: 我放你卧室了，以后东西不要乱放。
问: 信封原来在哪儿？
A 卧室　　　B 阳台
C 客厅　　　D 书房

여: 아빠, 거실 책상 위에 있던 큰 편지 봉투 못 보셨어요? 안에 서류가 몇 부 들었는데.
남: 네 침실에 뒀어. 앞으로는 물건을 아무 데나 놓지 마.
질문: 편지 봉투는 원래 어디에 있었는가?
A 침실　　　B 베란다
C 거실　　　D 서재

풀이 질문은 편지 봉투가 **원래(原来) 있었던** 장소를 물었기 때문에 '客厅'이 정답이 된다. 만일 질문에서 지금(现在) 어디 있느냐고 물었다면 '침실(卧室)'이 정답이 된다. 대화 내용을 잘 듣고도 질문의 초점을 놓쳐서 틀릴 수 있으니 주의하도록 하자.

정답 C

어휘 客厅 kètīng [명] 응접실, 거실 4급 | 信封 xìnfēng [명] 편지 봉투 4급 | 装 zhuāng [동] 싣다, 넣다 5급 | 文件 wénjiàn [명] 파일, 서류 5급 | 卧室 wòshì [명] 침실 5급 | 乱放 luànfàng [동] 물건을 아무 데나 놓다

2.

男: 您好？欢迎光临！请问有什么可以帮您的？
女: 我昨天订了一间商务房，我姓曾。
问: 他们最可能在哪儿？
A 宾馆　　　B 宿舍
C 幼儿园　　D 礼品店

남: 안녕하세요? 어서 오십시오! 실례지만 뭘 도와드릴까요?
여: 어제 비즈니스룸을 하나 예약했어요. 저는 '청(曾)' 씨입니다.
질문: 그들은 어디에 있을 가능성이 가장 큰가?
A 호텔　　　B 기숙사
C 유치원　　D 선물 가게

풀이 '订商务房'은 '비즈니스룸을 예약하다'는 뜻이므로 이곳이 호텔임을 알 수 있다. 참고로 호텔을 의미하는 중요 단어로 '办理入住手续(숙박 수속을 하다, 체크인하다)', '退房(체크아웃하다)', '标准间(일반실)', '豪华间(스위트룸)' 등이 있다.

정답 A

어휘 光临 guānglín [동] 광림하다 6급 | 订 dìng [동] 예약하다 | 商务房 shāngwùfáng [명] 비즈니스룸 | 宾馆 bīnguǎn [명] 호텔 2급 | 宿舍 sùshè [명] 기숙사 5급 | 幼儿园 yòu'éryuán [명] 유치원 5급 | 礼品店 lǐpǐndiàn [명] 선물 가게

3.

男：趁着这几天休息我们去看看房子吧？
女：你想看哪儿的房子？
男：为了上下班方便，我想先找找公司附近的。
女：但我想去郊区看看。那里环境好，价格也相对便宜，反正现在交通方便。
问：男的打算去哪儿看房子？
A 郊区
B 市中心
C 公司附近
D 公园周围

남 : 요 며칠 쉬는 날을 이용해서 우리 집을 보러 갈까?
여 : 당신은 어디에 있는 집을 보고 싶은데?
남 : 출퇴근이 편하기 위해서 나는 먼저 회사 근처로 찾고 싶어.
여 : 하지만 난 교외 쪽으로 가 보고 싶어. 그쪽엔 환경이 좋고 가격도 상대적으로 싸. 어쨌든 지금은 교통도 편리하니까.
질문: 남자는 어디로 가서 집을 보려고 하는가?
A 교외
B 시 중심
C 회사 근처
D 공원 주위

풀이 남자는 출퇴근의 편리함을 위해서 회사 근처(公司附近)로 집을 구하려고 하기 때문에 C가 정답이 된다. 이때 여자의 생각(郊区)과 혼동하지 않게 질문을 잘 듣도록 하자.

정답 C

어휘 趁 chèn [개] ~을 틈타 5급 | 郊区 Jiāoqū [명] (도시의) 변두리, 교외 4급 | 相对 xiāngduì [형] 상대적이다 5급 | 反正 fǎnzhèng [부] 어쨌든 5급 | 交通 Jiāotōng [명] 교통 5급 | 中心 zhōngxīn [명] 중심 5급

4.

女：刚才列车员说，火车会晚点一小时左右。
男：怎么了？
女：前方下大雪，车要减速行驶。
男：这样啊！那我再睡会儿，快到站时你喊我。

여 : 방금 승무원이 말하길, 기차가 1시간 정도 연착한대.
남 : 왜?
여 : 앞쪽에 많은 눈이 내려서 감속 운행해야 한대.
남 : 그렇구나! 그럼 난 좀 더 잘 테니까, 역에 도착할 때쯤에 날 좀 깨워 줘.

问: 火车为什么会晚点?
A 设备坏了
B 天气原因
C 前方在修路
D 停靠次数多

질문: 기차는 왜 연착하려 하는가?
A 설비가 고장 났다
B 날씨 원인
C 전방에 도로를 정비하고 있다
D 정거 횟수가 많다

풀이 전방에 많은 눈이 내려서(下大雪) 감속 운행(减速运行)으로 연착한다는(晚点) 내용이므로 B가 정답이 된다. 이때 '下大雪'를 '天气原因'으로 연결시킬 수 있어야 한다.

정답 B

어휘 **列车员** lièchēyuán [명] 열차 승무원 | **晚点** wǎndiǎn [동] 연착하다 | **前方** qiánfāng [명] 전방 | **减速** jiǎnsù [동] 감속하다 | **行驶** xíngshǐ [동] 운행하다 | **到站** dàozhàn [동] 정거장에 도착하다 | **喊** hǎn [동] 소리치다, 사람을 소리쳐 부르다 5급 | **设备** shèbèi [명] 설비 5급 | **修路** xiūlù [동] 도로를 닦다 | **停靠** tíngkào [동] (기차·배 등이) 정거하다 | **次数** cìshù [명] 횟수

❷ 비즈니스

실전 연습 문제

 1-6

정답　1. C　　2. A　　3. D　　4. B

1.

男: 这批设备的运输费用是由谁来承担?
女: 一般来说,应该是销售商承担,但对方认为费用太高,因此我们正在谈判。
问: 他们在谈什么?
A 生产原料　　B 投资金额
C 运输费用　　D 产品价格

남: 이 설비들의 운송 비용은 누가 부담합니까?
여: 일반적으로는 판매상이 책임지는데, 상대방이 비용이 너무 높다고 생각해서 우리는 협상 중입니다.
질문: 그들은 무엇을 논의하고 있는가?
A 생산 원료　　B 투자 금액
C 운송 비용　　D 제품 가격

풀이 첫 문장에서 '运输费用'이라고 했기 때문에 C가 정답이 된다.

정답 C

어휘 批 pī [양] 무리, 무더기 [동] 비준하다 5급 | 设备 shèbèi [명] 설비 5급 | 运输 yùnshū [명] 운수하다, 수송하다 | 费用 fèiyòng [명] 비용 | 由 yóu [개] ~가, ~이(행위의 주체를 이끔), ~로부터 4급 | 承担 chéngdān [동] 책임지다, 맡다, 부담하다 5급 | 销售商 xiāoshòushāng [명] 판매상 5급 | 对方 duìfāng [명] 상대방 5급 | 谈判 tánpàn [동] 협상하다 5급 | 生产 shēngchǎn [동] 생산하다 5급 | 原料 yuánliào [명] 원료 5급 | 投资 tóuzī [동] 투자하다 [명] 투자 5급 | 金额 jīn'é [명] 금액 | 产品 chǎnpǐn [명] 제품 5급

2.

男: 那批实习生什么时候结束培训? 最近公司业务量大增,急需人手。
女: 明天就结束了,后天就能到各部门报到。
问: 男的希望实习生怎么样?
A 尽快入职
B 加强训练
C 相互配合
D 遵守公司规定

남: 그 실습생들은 언제 교육이 끝나요? 최근에 회사 업무량이 크게 늘어서 일손이 급합니다.
여: 내일이면 끝나요, 모레면 각 부서로 업무에 투입될 수 있습니다.
질문: 남자는 실습생이 어떠하기를 바라는가?
A 최대한 빨리 입사한다
B 교육을 강화한다
C 서로 호흡을 맞추다
D 회사의 규정을 준수하다

풀이 남자는 실습생의 교육(培训)이 언제 끝나냐고 묻고 최근에 업무량이 크게 늘었다(业务量大增)고 말했다. 따라서 남자는 실습생들이 빨리 업무에 투입되기를(入职) 바라고 있음을 알 수 있다. 이 문제는 '入职'라는 다소 생소한 단어를 '입사하다' 혹은 '업무에 투입되다'라는 뜻임을 대충이라도 유추할 수 있는지가 관건이다.

정답 A

어휘 批 pī [양] 사람의 무리나 물건의 무더기를 셈 [동] 허가하다(批下来) 5급 | 实习生 shíxíshēng [명] 실습생, 인턴 5급 | 结束 jiéshù [동] 마치다, 끝나다 4급 | 业务 yèwù [명] 업무 5급 | 大增 dàzēng [동] 크게 증가하다 | 急需 jíxū 급히 필요로 하다 | 人手 rénshǒu [명] 일손 | 后天 hòutiān [명] 모레 | 部门 Bùmén [명] 부서, 부문 5급 | 报到 bàodào [동] 도착을 보고하다 | 尽快 jǐnkuài [부] 최대한 빨리 5급 | 入职 rùzhí [동] 입사하다, 업무에 투입되다 | 训练 xùnliàn [동] 훈련하다 5급 | 相互 xiānghù [부] 서로 | 培训 péixùn [동] 양성하다, 육성하다, 훈련하다 5급 | 遵守 zūnshǒu [동] 준수하다 5급

3.

男: 王秘书, 这周五晚上我有没有安排?
女: 您要出席市里举办的一个慈善酒会。
男: 我那天有事, 去不了, 你联系一下高主任, 让他去吧。
女: 好, 那我给高主任打个电话。
问: 关于男的, 下列哪项正确?
A 喝醉了
B 在做演讲
C 刚升为主任
D 不能出席酒会

남: 왕 비서, 이번 주 금요일 저녁에 나 스케줄 있어요?
여: 시에서 주최하는 자선 파티에 참석하셔야 합니다.
남: 그날 다른 일이 있어 못 가니까 고 주임한테 연락해서 참석하라고 해요.
여: 네, 그럼 제가 고 주임에게 전화하겠습니다.
질문: 남자에 관해서 아래에서 옳은 것은?
A 술에 취했다
B 강연을 하고 있다
C 막 주임으로 승진했다
D 연회에 참석할 수 없다

풀이 그날 다른 일이 있어서(那天有事) 연회(酒会)에 못 간다(去不了)고 했으므로 D가 정답이 된다. '去不了'가 '不能出席'로 표현되었다.

정답 D

어휘 秘书 mìshū [명] 비서 5급 | 周五 zhōuwǔ 금요일 | 安排 ānpái [명] 스케줄 [동] 안배하다 5급 | 出席 chūxí [동] 출석하다, 참석하다 5급 | 举办 jǔbàn [동] 개최하다, 열다 4급 | 慈善 císhàn [동] 자선을 베풀다 6급 | 酒会 jiǔhuì [명] (간단한) 연회, 파티 | 主任 zhǔrèn [명] 주임 5급 | 演讲 yǎnjiǎng [명/동] 강연(하다), 연설(하다), 웅변(하다) 5급 | 升为 shēngwéi ~으로 승진하다

4.

女：主任，这是礼拜天出席会议的人员名单。
男：好，一共多少人?
女：我们邀请了八位专家，再加上公司领导和同事，一共十七人。
男：晚上的宴会安排在哪儿?
女：对面的酒楼，我订了一个二十人的包间。

问：根据对话，下列哪项正确?

A 晚宴取消了
B 周日召开会议
C 订的包间小了
D 有20人出席会议

여: 주임님, 여기 일요일 회의에 참석하는 인원 명단입니다.
남: 좋아요, 총 몇 명입니까?
여: 8명의 전문가를 초청했고, 거기에 회사의 지도자와 동료를 추가하면 총 17명입니다.
남: 저녁에 있는 연회는 어디에 준비되었어요?
여: 맞은편 요리집인데 20인용의 룸을 예약했습니다.

질문: 대화에 따르면 아래에서 옳은 것은?

A 연회가 취소되었다
B 일요일에 회의가 열린다
C 예약한 룸이 작다
D 20명이 회의에 참석한다

풀이 첫 문장에서 **일요일(礼拜天)** 회의 참석 명단(人员名单)이라고 했으므로 이 말을 듣는 남자는 **일요일(礼拜天/周日)**에 회의가 열린다(召开会议)는 것을 알 수 있다. 이 문제는 첫 문장을 놓치지 말고 잘 들어 '礼拜天'이 '周日'와 같은 의미라는 것을 아는 것이 중요하다.

정답 B

어휘 礼拜天 lǐbàitiān [명] 일요일 4급 | 出席 chūxí [동] 참석하다, 출석하다 5급 | 人员 rényuán [명] 인원, 요원 5급 | 名单 míngdān [명] 명단 | 一共 yígòng [부] 총, 모두(+ 수량사) 3급 | 邀请 yāoqǐng [동] 요청하다, 초청하다 4급 | 加上 jiāshàng [동] 더하다, 게다가 | 领导 lǐngdǎo [명/동] 지도(하다), 지도자 5급 | 酒楼 jiǔlóu [명] 요릿집, 술집 | 包间 bāojiān [명] 독방, 룸 | 周日 zhōurì [명] 일요일 | 召开 zhàokāi [동] (회의를) 열다 5급

❸ 주택·가정·일상

실전 연습 문제

정답 1. A   2. A   3. C   4. B

🎧 1-9

1.

男: 墙上的钟是不是挂歪了?
女: 嗯, 是有点儿斜。
男: 我去搬个椅子重新弄一下。
女: 不用, 你脱了鞋踩这个柜子上就可以。
问: 根据对话, 下列哪项正确?

A 钟歪了   B 表停了
C 椅子脏了   D 柜子坏了

남: 벽에 걸린 시계가 비뚤지 않아?
여: 응, 약간 기울었네.
남: 내가 의자를 가져와 다시 손볼게.
여: 괜찮아, 네가 신발 벗고 이 장롱을 밟고 올라가면 돼.
질문: 대화에 따르면 아래에서 옳은 것은?

A 시계가 비뚤어져 있다   B 시계가 멈췄다
C 의자가 더러워졌다   D 상자가 망가졌다

풀이 '挂歪了(비뚤게 걸렸다)', '有点儿斜(약간 기울었다)'를 통해서 A가 정답임을 알 수 있다.

정답 A

어휘 钟 zhōng [명] 시계 | 歪 wāi [형] 기울다, 비뚤다 5급 | 斜 xié [형] 비스듬하다, 기울다 5급 | 搬 bān [동] 옮기다 3급 | 重新 chóngxīn [동] 다시, 재차, 새로이 5급 | 弄 nòng [동] 하다 3급 | 脱 tuō [동] 벗다 4급 | 踩 cǎi [동] 밟다 5급 | 柜子 guìzi [명] 캐비닛, 궤짝, 장롱

2.

男: 姥姥, 阳台上的这个水壶坏了吗?
女: 是, 坏了。还有, 阳台上的花都浇过了, 你别再浇了。
问: 女的是什么意思?

A 花不用浇了
B 要晒晒太阳
C 水已经烧开了
D 阳台该打扫了

남: 외할머니, 베란다에 있는 이 물주전자 망가졌어요?
여: 응, 망가졌어. 그리고 베란다에 있는 꽃은 모두 물 줬으니까 또 주지 마.
질문: 여자의 말은 무슨 뜻인가?

A 꽃은 물을 줄 필요가 없다
B 햇빛을 쬐어야 한다
C 물은 이미 끓었다
D 베란다는 청소할 때가 되었다

풀이 베란다의 꽃에(阳台上的花) 물을 주지(浇) 말라고 했으므로 A가 정답이 된다.

정답 A

어휘 姥姥 lǎolao [명] 외할머니 5급 | 阳台 yángtái [명] 베란다 5급 | 水壶 shuǐhú [명] (물)주전자 5급 | 坏 huài [동] 고장 나다 [형] 나쁘다 3급 | 浇 jiāo [동] 물을 주다 5급 | 晒 shài [동] 햇빛을 쬐다, 햇빛에 말리다 5급 | 烧 shāo [동] 태우다

3.

女：这块儿布料不错，做卧室的窗帘怎么样？
男：图案很好看，但颜色不太适合卧室，<u>我看放客厅比较好</u>。

问：男的是什么意思？

A 窗帘该洗了
B 卧室太暗了
C 适合挂客厅
D 那块儿布很贵

여: 이 천 괜찮은데 침실의 커튼으로 쓰는 게 어때?
남: 도안은 예쁜데 색깔이 침실에는 적절하지 않아, <u>내가 보기엔 거실에 놓으면 좋겠어.</u>

질문: 남자의 말은 무슨 뜻인가?

A 커튼이 세탁할 때가 되었다
B 거실이 너무 어둡다
C 거실에 거는 것이 적합하다
D 그 천은 너무 비싸다

풀이 남자는 천(布料)을 침실(卧室) 커튼으로 쓰지 말고 거실에 썼으면(放客厅) 좋겠다고 했으므로 C가 정답이 된다.

정답 C

어휘 布料 bùliào [명] 옷감, 천 | 卧室 wòshì [명] 침실 5급 | 窗帘 chuānglián [명] 커튼 5급 | 图案 tú'àn [명] 도안, 그림 6급 | 颜色 yánsè [명] 색깔 2급 | 适合 shìhé [동] 적합하다, 알맞다 5급 | 客厅 kètīng [명] 거실 4급 | 暗 àn [형] 어둡다 4급 | 挂 guà [동] 걸다 4급 | 布 bù [명] 천

4.

女：中介怎么说的?
男：他说，在你们公司附近有个房子，条件挺合适的，建议咱俩去看看。
女：<u>要是那样就太好了，我以后上下班就方便多了。</u>
男：<u>是</u>，他让咱俩尽快去看，如果觉得还行，可以直接签租房合同。

여: 부동산에서 뭐라고 말해?
남: 당신 회사 근처에 집이 하나 있는데, 조건이 아주 좋으니까 우리 둘이 한번 가 보라고 하네.
여: <u>그럼 너무 좋겠다. 내가 앞으로 출퇴근할 때 많이 편하겠어.</u>
남: <u>그래.</u> 그가(부동산 중개업자) 되도록 빨리 가 보라고 하더라고. 만일 그런대로 괜찮다면 바로 계약을 할 수 있대.

问：根据对话，下列哪项正确?	질문: 대화에 따르면 아래에서 옳은 것은?
A 房子面积小	A 집 면적이 작다
B 他们想租房	B 그들은 세를 들고 싶어 한다
C 他们签合同了	C 그들은 계약을 체결했다
D 那儿购物方便	D 그곳은 쇼핑이 편하다

풀이 집 얘기에 여자가 '太好了(좋겠다)', '方便多了(훨씬 편하다)' 등의 표현으로 긍정적으로 말하니, 남자도 '是'라고 같은 생각임을 나타낸다. 따라서 집 계약을 하고 싶어 한다는 것을 알 수 있다.

정답 B

오답 분석 C : 대화에서 그들은 아직 계약을 하지 않은 상황이다. C의 '签合同了'는 이미 계약을 했다는 것을 나타내므로 시제가 맞지 않다. 같은 단어(签合同)가 등장하더라도 시제가 맞는지 주의를 기울여야 한다.

어휘 中介 zhōngjiè [명] 부동산 중개업자 5급 | 尽快 jǐnkuài [부] 되도록 빨리 5급 | 还行 hái xíng 그럭저럭 괜찮다 | 签 qiān [동] 사인하다, 서명하다 5급 | 租房 zūfáng [동] 세내다, 임대하다 | 合同 hétong [명] 계약서 5급 | 面积 miànjī [명] 면적 5급 | 签合同 qiān hétong 계약에 사인하다 | 购物 gòuwù [동] 물건을 사다, 쇼핑하다 4급

꿀팁 선택지에 '了', '刚', '正(在)', '将'이 있을 때는 시제가 맞는지 확인하여 정답을 선택하자!

예를 들어, 대화에서는 이미 수술을 받았음을 전제하고 있는데(手术很成功 수술이 성공적이었습니다), 선택지에서는 '正在做手术'라든가 '将做手术'라고 한다면 시제가 일치하지 않기 때문에 정답이 될 수 없다.

- 대화 속에 '在/正在' 등이 나왔을 경우 : 진행 중임을 나타내며 정답에 '了'가 들어갈 수 없다.
- 대화 속에 '将(장차 ~할 것이다)'이 나왔을 경우 : '将'은 미래에 발생할 것임을 나타내기 때문에 정답에 '了'가 들어갈 수 없다.

❹ 전자 기기(컴퓨터 · 인터넷 · 핸드폰)

실전 연습 문제

🎧 1-12

정답　1. C　　2. B　　3. B　　4. D

1.

男：你知道怎么在网上预约挂号吗？
女：不太清楚，你上网搜索一下吧。

问：男的想做什么？

A 浏览网页
B 上网订餐
C 上网挂号
D 排队买票

남: 너 인터넷에서 어떻게 예약 접수하는지 알아?
여: 잘 모르겠는데. 인터넷에 들어가서 검색해 봐.

질문: 남자는 무엇을 하고 싶은가?

A 홈페이지를 훑어본다
B 인터넷에 들어가서 음식을 주문한다
C 인터넷에 들어가서 접수한다
D 줄을 서서 표를 산다

풀이 남자는 인터넷에서 예약 접수하는(在网上预约挂号) 방법을 묻고 있으므로 A가 정답이 된다.

정답 C

어휘 预约 yùyuē [동] 예약하다 | 挂号 guàhào [동] 등록하다, 접수하다 5급 | 搜索 sōusuǒ [동] (인터넷에서) 검색하다 | 浏览 liúlǎn [동] 훑어보다 5급 | 网页 wǎngyè [명] 홈페이지 | 订 dìng [동] 예약하다, 주문하다 | 排队 páiduì [동] 줄 서다 4급

2.

女：我电脑中病毒了，你帮我重装一下系统吧。
男：好，你先把电脑里的重要资料备份一下。

问：电脑怎么了？

A 摔坏了
B 中病毒了
C 硬盘坏了
D 显示器有问题

여: 내 컴퓨터가 바이러스에 감염되었는데 시스템 좀 다시 설치해 줘.
남: 알겠어, 먼저 컴퓨터 안의 중요한 자료를 백업해 놔.

질문: 컴퓨터는 어떻게 되었는가?

A 부서졌다
B 바이러스에 감염되었다
C 하드 드라이버가 고장 났다
D 모니터에 문제가 있다

풀이 컴퓨터가 **바이러스에 감염되었다**(中病毒了)고 했으므로 B가 정답이 된다

정답 B

어휘 **中病毒** zhòng bìngdú (컴퓨터가) 바이러스에 감염되다 5급 | **重装** chóng zhuāng (컴퓨터 시스템 등을) 다시 설치하다 | **系统** xìtǒng [명] 시스템, 체계 [형] 체계적이다 5급 | **资料** zīliào [명] 자료 5급 | **备份** bèifèn [동] 예비분을 복제하다, 백업하다, 카피하다 | **摔坏** shuāihuài [동] 깨지다, 부서지다 | **硬盘** yìngpán [명] 하드 디스크 5급 | **显示器** xiǎnshìqì [명] 모니터 5급

3.

男：你好，我昨天买的数码相机忘开发票了，能补开吗？
女：没问题，您把相关信息发到我们的客服邮箱里就行了。
男：需要提供哪些信息？
女：单位名称、发票内容和订单号。
问：男的想做什么？
A 退货
B 补开发票
C 修改地址
D 咨询出版信息

남: 안녕하세요. 제가 어제 디지털 카메라를 샀는데 영수증 끊는 것을 잊어버렸어요. 다시 끊어 줄 수 있나요?
여: 문제 없습니다. 관련 정보를 저희 고객 서비스 이메일 우편함으로 보내 주시면 됩니다.
남: 어떤 정보를 제공해야 합니까?
여: 회사 명칭, 영수증 내용과 주문 번호입니다.
질문: 남자는 무엇을 하고 싶은가?
A 반품하다
B 영수증을 재발급하다
C 주소를 수정하다
D 출판 정보를 물어본다

풀이 남자는 영수증을 다시 발급해 달라고 물어보는 것이기(能补开吗？) 때문에 B가 정답이 된다. 이때 '发票(영수증)'는 잘 들릴 수 있는데 '补开(재발급하다)'는 잘 들리지 않으니 주의하자. 행위 문제(질문에 '做什么'가 들어감)는 주로 첫 문장에 힌트가 나온다는 것을 기억하자.

정답 B

어휘 **数码相机** shùmǎ xiàngjī [명] 디지털 카메라 5급 | **忘 + V + O + 了** ~하는 것을 잊었다 | **发票** fāpiào [명] 영수증 5급 | **补开** bǔkāi (영수증을) 재발급하다 | **相关信息** xiāngguān xìnxī 관련 정보 | **客服** kèfú [명] 고객 서비스 | **邮箱** yóuxiāng [명] 우편함 | **单位** dānwèi [명] 회사, 단위 5급 | **名称** míngchēng [명] 명칭 | **订单号** dìngdān hào [명] 주문 번호 | **退货** tuìhuò [동] 반품하다 | **修改** xiūgǎi [동] 수정하다 5급 | **地址** dìzhǐ [명] 주소 4급 | **咨询** zīxún [동] 자문하다, 물어보다 5급 | **出版** chūbǎn [명/동] 출판(하다) 5급

4.

女: 你电脑上有处理图片的软件吗?
男: 有，怎么了?
女: 帮我处理一下这张照片吧，把尺寸改成报名网站上要求的那么大。
男: 行，你传给我，等我填完这份登记表就帮你改。
问: 女的让男的帮忙做什么?
A 安装软件
B 填登记表
C 交报名费
D 修改照片大小

여: 네 컴퓨터에 그림을 처리하는 소프트웨어가 있어?
남: 있어, 왜?
여: 이 사진을 좀 처리해 줘. 크기를 접수 사이트에서 요구하는 크기로 고쳐 줘.
남: 좋아, 나에게 보내 줘. 내가 이 등록표를 다 작성한 다음에 고쳐 줄게.
질문: 여자는 남자에게 무엇을 도와 달라고 하는가?
A 소프트웨어를 설치한다
B 등록표를 작성한다
C 접수 비용을 낸다
D 사진의 크기를 수정한다

풀이 여자는 **사진의 크기**(尺寸)를 원하는 사이즈로 바꾸길 원하므로 D가 정답이 된다. 이때 대화에 나온 '**处理**(처리하다)'나 '**改成**(~으로 바꾸다)'은 정답에서 '**修改**'로 바뀌었다. '행위 문제'는 선택지의 **명사**(软件, 登记表, 报名费, 照片大小)보다는 **동사**(安装, 填, 交, 修改)에 더 초점이 있다는 것을 기억하면서 실수하지 않도록 하자.

정답 D

어휘 **处理** chǔlǐ [동] 처리하다 5급 | **图片** túpiàn [명] 사진·그림 등의 총칭 | **软件** ruǎnjiàn [명] 소프트웨어 5급 | **尺寸** chǐcùn [명] 치수, 크기 | **报名** bàomíng [동] 등록하다 5급 | **网站** wǎngzhàn [명] 인터넷 사이트 4급 | **传** chuán [동] 전달하다, 전하다 | **填** tián [동] 공란에 기입하다, 표를 작성하다 4급 | **改成** gǎichéng ~으로 바꾸다 | **登记表** dēngjìbiǎo [명] 등록표 5급

❺ 여가·오락

실전 연습 문제

🎧 1-15

정답　1. C　　2. B　　3. C　　4. A

1.

男: 我们换个频道吧，别看纪录片了。
女: 这个时间好像没什么好看的节目。
男: <u>体育频道在转播篮球比赛，我们看那个?</u>
女: 我对篮球不感兴趣，给你遥控器，你自己换吧。
问: 男的想看什么?

A 纪录片　　　B 功夫片
C 体育节目　　D 访谈节目

남: 우리 채널 바꾸자. 다큐멘터리 보지 말고.
여: 이 시간에는 무슨 볼 만한 프로가 없는 것 같은데.
남: <u>스포츠 채널에서 농구 경기를 중계 방송하고 있는데, 우리 그거 볼까?</u>
여: 나는 농구에 흥미를 못 느끼겠어. 리모컨 줄 테니까 네가 채널 바꿔.
질문: 남자는 무엇을 보고 싶어 하는가?

A 다큐멘터리　　B 무술 영화
C 스포츠 프로　　D 탐방 프로

풀이　남자는 스포츠 채널(体育频道)에서 농구 경기(篮球比赛)를 보고 싶어 함으로 C가 정답이 된다.

정답　C

어휘　**换** huàn [동] 바꾸다 3급 | **频道** píndào [명] 채널 5급 | **纪录片** jìlùpiàn [명] 다큐멘터리 5급 | **转播** zhuǎnbō [동] 중계 방송하다 | **遥控器** yáokòngqì [명] 리모컨 | **功夫片** gōngfūpiàn [명] 무술 영화 4급 | **节目** jiémù [명] 프로그램 5급 | **访谈** fǎngtán [동] 탐방하다, 방문 취재하다

2.

女: 小李，这些照片真不错，都是你爸拍的?
男: 是, <u>他退休后就迷上了摄影。</u>
问: 关于小李的爸爸，下列哪项正确?

A 是导演　　　B 爱好摄影
C 明年退休　　D 迷上了写作

여: 샤오리, 이 사진들은 정말 괜찮다. 모두 네 아빠가 찍었어?
남: 응, <u>아빠는 퇴직 후 사진 촬영에 빠지셨어.</u>
질문: 샤오리의 아빠에 관하여 아래에서 옳은 것은?

A 감독이다　　　B 사진 찍기를 좋아한다
C 내년에 퇴직한다　D 글쓰기에 빠졌다

풀이　'촬영에 빠졌다(迷上了摄影)'는 것은 **사진 찍기가 취미가 됐다**는 뜻이므로 B가 정답이 된다. 이때 '爱好'는 명사 '취미'가 아니라 동사 '좋아하다'의 뜻으로 쓰였다.

정답　B

어휘 拍 pāi [동] (사진·영화 등을) 찍다, (손뼉을) 치다 5급 | 退休 tuìxiū [동] 퇴직하다 5급 | 摄影 shèyǐng [명/동] 촬영(하다) 5급 | 导演 dǎoyǎn [명] 영화 감독 4급 | 迷上 míshàng [동] ~에 빠지다 | 写作 xiězuò [동] 글을 쓰다 5급

3.

女: 要整理的东西太多了，你看这个箱子根本装不下。
男: 的确是，我记得地下室还有个大箱子，我去拿上来。
问: 男的为什么要换大箱子？

A 大箱子更结实
B 原来的箱子破了
C 东西太多装不下
D 原来的箱子太重

여: 정리해야 할 것들이 너무 많아. 이 상자로는 근본적으로 담을 수 없어.
남: 정말이네. 내 기억으로는 지하실에 큰 상자가 하나 더 있었던 것 같아. 내가 가서 가져올게.
질문: 남자는 왜 큰 상자로 바꾸려고 하는가?

A 큰 상자가 더 튼튼하다
B 기존의 상자는 부서졌다
C 물건이 너무 많아서 담을 수 없다
D 기존의 상자는 너무 무겁다

풀이 지금 상자(箱子)로는 물건을 담을 수 없다(装不下)고 했으므로 C가 정답이 된다. 5급 필수 어휘인 '装'을 잘 들을 수 있는지가 관건이다.

정답 C

어휘 整理 zhěnglǐ [동] 정리하다 4급 | 箱子 xiāngzi [명] 상자 | 装 zhuāng [동] 넣다, 담다, ~하는 체하다 5급 | 的确 díquè [부] 확실히, 정말로 5급 | 地下室 dìxiàshì [명] 지하실 5급 | 拿上来 ná shànglái 가지고 올라오다 | 结实 jiēshi [형] 튼튼하다, 질기다 5급

4.

女: 我怎么又输了？咱们再下一盘。
男: 你下象棋可不是我的对手，不管下多少盘结果都一样。
问: 男的是什么意思？

A 女的赢不了他
B 女的不够用功
C 他可以教女的
D 他最近比较忙

여: 나 왜 또 졌지? 우리 다시 한 판 하자.
남: 너는 장기에 있어서 내 적수가 절대 못 돼. 몇 판을 두든 결과는 다 똑같아.
질문: 남자의 말은 무슨 뜻인가?

A 여자는 그를 이길 수 없다
B 여자는 그다지 열심히 하지 않는다
C 그는 여자를 가르칠 수 있다
D 그는 최근에 비교적 바쁘다

풀이 남자는 '可不是我的对手(나의 적수가 못 된다)', '结果都一样(결과는 다 같다)'과 같은 말을 통해서 여자가 자신을 이길 수 없다고 말하고 있는 것이기 때문에 A가 정답이 된다.

정답 A

어휘 输 shū [동] 지다, 패배하다 4급 | 盘 pán [양] 판(장기나 바둑의 경기를 셈) | 象棋 xiàngqí [명] 장기 5급 | 对手 duìshǒu [명] 라이벌, 적수 5급 | 赢 yíng [동] 이기다 4급 | 用功 yònggōng [동] 노력하다, 공부에 힘쓰다 5급

❻ 음식

실전 연습 문제

> 정답 1. A   2. C   3. D   4. D

1.

男: 这个酸辣土豆丝你炒得真不错。
女: 你喜欢就好，我还担心醋放多了呢，你再尝尝这个汤。
问: 女的担心什么?
A 太酸了   B 太咸了
C 辣椒放少了   D 土豆炒太久了

남: 이 '고추 감자채 볶음(쓰촨식 감자볶음)' 요리 너 정말 잘 만들었다.
여: 네가 마음에 든다니 다행이야. 난 식초를 너무 많이 넣은 것 같아서 걱정했거든. 이 국도 좀 맛봐.
질문: 여자는 무엇을 걱정하는가?
A 너무 시다   B 너무 짜다
C 고추를 적게 넣었다   D 감자를 너무 오래 볶았다

풀이 식초를 너무 많이 넣은 것 같다(醋放多了)고 걱정하고 있으므로 식초 때문에 **맛이 시다(酸)**는 것을 유추할 수 있다.

정답 A

어휘 辣椒 làjiāo [명] 고추 5급 | 土豆丝 tǔdòusī 감자채 | 炒 chǎo [동] 볶다 5급 | 醋 cù [명] 식초 5급 | 尝 cháng [동] 맛보다 4급 | 汤 tāng [명] 국, 탕 4급 | 酸 suān [형] (맛이) 시다 4급 | 咸 xián [형] (맛이) 짜다 4급

2.

男: 这里的水煮鱼做得很地道，你尝尝。
女: 我吃了，的确不错，肉很嫩，要是再辣点儿就更好了。
问: 女的觉得水煮鱼怎么样?
A 很清淡   B 太烫了
C 不够辣   D 不太新鲜

남: 이곳의 쉐이주위(민물 생선 요리)는 정통식이야. 맛 좀 봐.
여: 먹어 봤어, 정말 괜찮아. 고기도 연하고. 좀 더 맵기만 하면 더 좋겠어.
질문: 여자는 쉐이주위를 어떻게 생각하는가?
A 담백하다   B 너무 뜨겁다
C 충분히 맵지 않다   D 그다지 신선하지 않다

풀이 좀 더 매우면 더 좋겠다는(再辣点儿就更好了) 것은 **충분히 맵지 않다**는 뜻이므로 C가 정답이 된다.

정답 C

어휘 水煮鱼 shuǐzhǔyú [명] 쉐이주위(중국 민물 생선 요리) | 地道 dìdao [형] 정통의, 오리지널의, 본고장의 5급 | 的确 díquè [부] 확실히, 정말로 5급 | 嫩 nèn [형] 부드럽다 5급 | 辣 là [형] 맵다 4급 | 清淡 qīngdàn [형] (맛이) 담백하다 5급 | 烫 tàng [형] 뜨겁다 [동] 화상을 입다 5급 | 不够 búgòu 충분하지 않다, 충분히 ~하지 않다

3.

男: 这个菜味道怎么样?
女: 不错, 要是再加点儿醋就更好了。
男: 好, 我去拿醋。
女: 顺便把辣椒酱也拿过来吧。

问: 那个菜怎么样?

A 太辣了　　　B 特别烫
C 没放酱油　　D 需要加点儿醋

남: 이 요리는 맛이 어때?
여: 좋아. 식초를 좀 더 넣으면 더 좋겠어.
남: 알았어. 내가 식초 가져올게.
여: 가는 김에 고추장도 가져와.

질문: 그 요리는 어떠한가?

A 너무 맵다　　　B 매우 뜨겁다
C 간장을 넣지 않았다　D 식초를 조금 더 넣어야 한다

풀이 식초를 좀 더 넣었으면(加点儿醋) 좋겠다고 했으므로 D가 정답이 된다.

정답 D

어휘 味道 wèidao [명] 맛, 냄새 4급 | 要是 yàoshi [접] 만일 4급 | 醋 cù [명] 식초 5급 | 顺便 shùnbiàn [부] ~하는 김에 4급 | 辣椒酱 làjiāojiàng [명] 고추장 | 辣 là [형] 맵다 4급 | 烫 tàng [형] 뜨겁다 5급 | 酱油 jiàngyóu [명] 간장 5급

4.

女: 这土豆片挺好吃的, 为什么不尝尝? 你不吃零食吗?
男: 那倒不是, 我只是不吃油炸食品。
女: 你要减肥吗?
男: 不是, 油炸食品不利健康, 你也少吃吧。

问: 关于男的, 可以知道什么?

A 不吃零食
B 正在减肥
C 今天不舒服
D 不吃油炸食品

여: 이 감자칩 정말 맛있어. 왜 맛보지 않아? 너 주전부리 안 해?
남: 그건 아닌데, 난 그냥 튀긴 음식은 먹지 않아.
여: 다이어트하는 거야?
남: 아니, 튀긴 음식은 건강에 안 좋아. 너도 많이 먹지 마.

질문: 남자에 관해서 무엇을 알 수 있는가?

A 주전부리를 하지 않는다
B 다이어트 중이다
C 오늘 몸이 불편하다
D 튀긴 음식을 먹지 않는다

풀이 남자는 건강에 좋지 않기 때문에(不利健康) 튀긴 음식을 먹지 않는다(不吃油炸食品)고 했으므로 D가 정답이다.

정답 D

어휘 土豆 tǔdòu [명] 감자 5급 | 零食 língshí [명] 간식, 군것질, 주전부리 5급 | 油炸 yóuzhá [동] 기름에 튀기다 5급 | 减肥 jiǎnféi [동] 다이어트하다, 살을 빼다 4급

❼ 쇼핑

실전 연습 문제

정답 1. C   2. B   3. C   4. D   🎧 1-21

1.

女：酱油和醋还没买呢。
男：那你赶紧去货架上拿吧。现在结账的人多，我先去排队。

问：男的要做什么？

A 去挂号
B 歇会儿
C 排队结账
D 去车库取车

여: 간장과 식초를 아직 못 샀어.
남: 그럼 네가 빨리 진열대로 가서 가져와. 지금 계산하는 사람이 많으니까, 내가 먼저 가서 줄을 설게.

질문: 남자는 무엇을 하려 하는가?

A 접수하러 가다
B 잠깐 쉰다
C 줄을 서서 결제한다
D 차고에 가서 차를 빼온다

풀이 마지막에 남자는 계산하는 사람이 많으니까(结账的人多) 먼저 줄을 서 있겠다(排队)고 했으므로 C가 정답이 된다.

정답 C

어휘 酱油 jiàngyóu [명] 간장 5급 | 醋 cù [명] 식초 5급 | 赶紧 gǎnjǐn [부] 서둘러, 황급히 5급 | 货架 huòjià [명] 상품 진열대 | 拿 ná [동] 쥐다, 잡다 3급 | 结账 jiézhàng [동] 결제하다 5급 | 排队 páiduì [동] 줄을 서다 4급 | 挂号 guàhào [동] 접수하다, (편지를) 등기로 부치다 5급 | 歇 xiē [동] 쉬다 5급 | 车库 chēkù [명] 차고 5급

2.

男：喂？你现在在家吗？
女：我在超市，正排队结账呢，怎么了？
男：刚才快递员打电话说，大概半小时后到咱们小区，你赶紧回去吧。
女：好的，我结完账就直接回家。

남: 여보세요? 너 지금 집에 있어?
여: 나 마트에서 줄 서서 계산하고 있는데, 왜?
남: 방금 배달원이 전화를 했는데 대략 30분 후에 우리 주택 단지로 온다고 했어. 너 빨리 돌아가.
여: 알았어, 계산 마치면 바로 집으로 갈게.

问: 男的希望女的怎么做?	질문: 남자는 여자가 어떻게 하기를 바라는가?
A 先别结账	A 먼저 계산하지 마라
B 尽快回家	B 되도록 빨리 집으로 돌아가라
C 去排队买票	C 줄을 서서 표를 사라
D 多买些零食	D 간식거리를 좀 많이 사라

풀이 배달원이(快递员) 곧 도착하니 택배를 받기 위해 **서둘러 집으로 돌아가라고(赶紧回去)** 했으므로 B가 정답이 된다.

정답 B

어휘 **超市** chāoshì [명] 슈퍼마켓, 마트 3급 | **排队** páiduì [동] 줄을 서다 4급 | **结账** jiézhàng [동] 결제하다, 결산하다 5급 | **快递员** kuàidìyuán [명] 배달원 | **小区** xiǎoqū [명] 주택 단지 | **赶紧** gǎnjǐn [부] 서둘러, 얼른, 황급히 5급 | **尽快** jǐnkuài [부] 되도록 빨리 5급 | **零食** língshí [명] 간식, 주전부리 5급

3.

女: 这款空调现在买有优惠吗?	여: 이 에어컨은 지금 사면 혜택이 있나요?
男: 有, 家电类商品消费满五百送一百元代金券, 还可参与抽奖。	남: 있습니다. 가전류 상품은 500위안어치를 구매하시면 100위안짜리 상품권을 드리고, 추첨에도 참여할 수 있습니다.
女: 那能送货上门吗?	여: 그럼 집까지 배달이 되나요?
男: 可以, 购买后三日内给您送到家。	남: 됩니다. 구매 후 3일 내 댁까지 배달해 드립니다.
问: 关于那款空调, 可以知道什么?	질문: 그 에어컨에 관해서 무엇을 알 수 있는가?
A 需自己安装	A 직접 설치해야 한다
B 是抽奖得的	B 추첨으로 얻었다
C 可送货到家	C 집까지 배달된다
D 可优惠500元	D 500위안의 할인 혜택을 받을 수 있다

풀이 집까지 배달(送货上门)이 되냐고 물었더니, 그렇다고(可以) 대답했으므로 C가 정답이 된다.

정답 C

어휘 **款** kuǎn [양] 시기별로 나오는 제품의 종류를 셈 | **空调** kōngtiáo [명] 에어컨 3급 | **优惠** yōuhuì [형] 특혜의, 우대의 5급 | **家电** jiādiàn [명] 가전 제품 | **类** lèi [명] 종류, 부류 | **商品** shāngpǐn [명] 상품 5급 | **消费** xiāofèi [명/동] 소비(하다) 5급 | **满 A 送 B** mǎn A sòng B A만큼 구매하면 B를 추가로 준다 | **代金券** dàijīnquàn [명] 상품권 | **参与** cānyù [동] 참여하다 5급 | **抽奖** chōujiǎng [동] 추첨을 하다, 당첨자를 뽑다 | **送货上门** sònghuò shàngmén 상품을 집까지 배달하다 | **购买** gòumǎi [동] 구매하다 | **安装** ānzhuāng [동] 설치하다 5급

4.

女：您有会员卡吗？有的话，新款服装可享受9折优惠。
男：没有，请问怎么办会员卡？
女：一次性消费超过800元可免费办理。
男：那我这次正好可以办一张。
问：怎样办理会员卡？

A 购买新款服装
B 交720元入会费
C 来店购物超过9次
D 一次性消费满800元

여: 손님께서는 회원 카드가 있습니까? 있다면 신상 옷은 10%의 할인 혜택을 받을 수 있습니다.
남: 없어요. 그런데 회원 카드는 어떻게 만들어요?
여: 1회 소비로 800위안이 넘으면 무료로 만들어 드립니다.
남: 그럼 이번에 때마침 한 장 만들 수 있겠네요.
질문: 어떻게 회원 카드를 만드는가?

A 신상 옷을 산다
B 720위안의 회원비를 낸다
C 상점으로 와서 쇼핑하는 횟수가 9번을 넘긴다
D 1회 소비로 800위안을 채운다

풀이 1회 소비(一次性消费)로 800위안이 넘으면(超过800元) 무료로 회원 카드를 만들어 준다고(免费办理) 했으므로 D가 정답이 된다. 대화 속의 '超过'가 D에서는 '满'으로 바뀌었다.

정답 D

어휘 **会员卡** huìyuánkǎ [명] 회원 카드 | **新款** xīnkuǎn [명] 새로운 스타일, 신상 | **服装** fúzhuāng [명] 복장 5급 | **享受** xiǎngshòu [동] 누리다 5급 | **优惠** yōuhuì [형] 특혜의, 우대의 5급 | **免费** miǎnfèi [형] 무료의 4급 | **办理** bànlǐ [동] 처리하다, 만들다 5급 | **办一张** bàn yì zhāng 한 장의 카드를 만들다 | **交** jiāo [동] 제출하다 4급 | **入会费** rùhuìfèi [명] 가입비 | **购物** gòuwù [명/동] 쇼핑(하다) 4급

❽ 건강

실전 연습 문제

🎧 1-24

| 정답 | 1. A | 2. A | 3. A | 4. C |

1.

女: 你怎么了, 嗓子不舒服?
男: 好像有点儿感冒, 估计是昨晚着凉了。
女: 最近几天降温, 早晚温差挺大的, 你多注意一点儿。
男: 谢谢您, 我会注意的。
问: 男的怎么了?

A 着凉了
B 发烧了
C 咳嗽了
D 打喷嚏了

여: 너 왜 그래? 목이 아파?
남: 감기에 좀 걸린 것 같아요. 어젯밤에 한기가 들었나 봐요.
여: 요즘 기온이 떨어지고 일교차가 크니까 조심해.
남: 감사합니다. 주의할게요.

질문: 남자는 어떻게 되었나?

A 감기에 걸렸다
B 열이 난다
C 기침을 했다
D 재채기를 했다

풀이 '着凉 zháoliáng'은 '한기가 들다' 혹은 '감기에 걸리다(=感冒)'의 뜻이 있다. 이 문제는 단순히 '着凉'이라는 단어를 알고 있는지 확인하는 문제이므로 '感冒≒着凉'의 공식을 기억하도록 하자.

정답 A

어휘 嗓子 sǎngzi [명] 목구멍 5급 | 估计 gūjì [동] 예상하다 4급 | 着凉 zháoliáng [동] 한기가 들다, 찬바람을 맞다, 감기에 걸리다 5급 | 降温 jiàngwēn [동] 기온이 떨어지다 | 早晚温差 zǎowǎn wēnchā 일교차 | 发烧 fāshāo [동] 열이 나다 3급 | 咳嗽 késou [동] 기침하다 4급 | 打喷嚏 dǎ pēntì [동] 재채기를 하다 5급

2.

女: 你怎么这么累, 是不是又熬夜看足球比赛了?
男: 不是, 昨晚举行世界杯开幕式, 看完都半夜两点了。

여: 너 왜 이렇게 피곤해 하니? 또 밤새워서 축구 경기 본 거야?
남: 아니. 어젯밤에 월드컵 개막식을 거행했는데 다 보고 나니 새벽 2시더라고.

问: 男的昨晚为什么熬夜?
A 看开幕式
B 在整理资料
C 看足球决赛
D 为采访做准备

질문: 남자는 어젯밤에 왜 밤을 새웠는가?
A 개막식을 보았다
B 자료를 정리했다
C 축구 결승전을 보았다
D 취재를 위해 준비를 했다

풀이 남자는 월드컵 개막식(世界杯开幕式)을 보느라고(看) 밤을 새웠으므로 A가 정답이 된다. 개막식을 본 것이지 경기를 본 것은 아니므로 C는 정답이 될 수 없다.

정답 A

어휘 熬夜 áoyè [동] 밤새다 5급 | 世界杯 shìjièbēi [명] 월드컵 | 开幕式 kāimùshì [명] 개막식 5급 | 半夜 bànyè [명] 한밤중 | 整理 zhěnglǐ [동] 정리하다 4급 | 资料 zīliào [명] 자료 5급 | 决赛 juésài [명] 결승전 5급 | 采访 cǎifǎng [동] 인터뷰하다, 취재하다 5급

3.

男: 大夫, 我手术的伤口有点儿痒, 不要紧吧?
女: 没关系, 这说明伤口正在愈合。
问: 男的怎么了?
A 伤口痒
B 病情严重了
C 正在动手术
D 伤口碰到水了

남: 의사 선생님, 수술한 상처 부위가 좀 가려운데 괜찮겠죠?
여: 괜찮습니다. 상처가 아물고 있다는 증거입니다.
질문: 남자는 어떻게 되었나?
A 상처가 가렵다
B 병세가 심각해졌다
C 지금 수술 중이다
D 상처에 물이 닿았다

풀이 상처 부위(伤口)가 가렵다(痒)고 했으므로 A가 정답이 된다.

정답 A

어휘 手术 shǒushù [명] 수술 5급 | 伤口 shāngkǒu [명] 상처 | 痒 yǎng [형] 가렵다 5급 | 不要紧 búyàojǐn [형] 괜찮다, 문제없다, 심각하지 않다 5급 | 愈合 yùhé [동] 상처가 아물다 | 病情 bìngqíng [명] 병세

4.

男: <u>操场上怎么那么多人?</u>
女: 省大学生运动会在咱学校举行，今天是开幕式。
男: 怪不得，昨天就看见有人在那边布置。
女: 听说今年是规模最大、参加人数最多的一届。

问: 关于这届运动会，可以知道什么?
A 规模不大
B 是第一届
C 在操场上进行
D 在举行闭幕式

남: 운동장에 왜 저렇게 사람이 많아?
여: 성 대학생 운동회가 우리 학교에서 열리는데, 오늘이 개막식이야.
남: 어쩐지, 어제 누군가가 저기서 설치하고 있더라고.
여: 듣자 하니, 올해는 규모가 가장 크고 참가 인원수가 가장 많은 회래.

질문: 이번 운동회에 관해서 무엇을 알 수 있는가?

A 규모가 크지 않다
B 제1회이다
C 운동장에서 진행된다
D 폐막식을 거행하고 있다

풀이 첫 문장에서 **운동장(操场上)에 사람들이 많다**고 했으므로 C가 정답이 된다. '一届'라는 것은 **여러 번 중의 한 번**을 가리키는 '1회'라는 것이지 '**첫회/제1회(第一届)**'가 아니다. 또한 올해는 규모가 가장 크다는 말을 통해서 이 운동회가 매년 열리고 있다는 것을 알 수 있으므로 '첫회(第一届)'라는 B는 답이 될 수 없다. 또한 D의 '闭幕式(폐막식)'를 '开幕式'로 오해하지 않도록 주의하자.

정답 C

어휘 操场 cāochǎng [명] 운동장 5급 | 省 shěng [명] 성(행정 단위) | 举行 jǔxíng [동] 거행하다 4급 | 开幕式 kāimùshì [명] 개막식 5급 | 怪不得 guàibude [부] 어쩐지 5급 | 布置 bùzhì [동] 안배하다, 진열하다 6급 | 规模 guīmó [명] 규모 5급 | 届 jiè [양] 회 5급 | 持续 chíxù [동] 지속하다 5급 | 闭幕式 bìmùshì [명] 폐막식

❾ 심리·태도

실전 연습 문제

정답   1. C   2. B   3. D   4. C   🎧 1-27

1.

女：我想选张教授作我的导师。
男：挺好的，张教授很有学问。<u>虽然看着很严肃</u>，但其实对人很亲切。
问：男的觉得张教授怎么样？

A 很幽默
B 学历不高
C 显得严肃
D 为人谦虚

여: 나는 장 교수님을 나의 지도 교수로 하고 싶어.
남: 아주 좋아. 장 교수님은 학문이 깊어. <u>비록 보기에는 엄숙하지만</u> 사실은 사람들에게 매우 친절해.
질문: 남자는 장 교수를 어떻게 생각하는가?

A 아주 유머러스하다
B 학력이 높지 않다
C 엄숙해 보인다
D 사람이 겸손하다

풀이 보기에 엄숙하다(看着很严肃)고 했으므로 C가 정답이 된다. 이때 '看着'는 '보고 있다'가 아니라 '보기에'라고 해석하며 '看起来', '显得'와 비슷하다.

정답 C

어휘 选A作B xuǎn A zuò B A를 선택하여 B로 삼다, A를 B로 선택하다 | 导师 dǎoshī [명] 지도 교수 | 学问 xuéwen [명] 학문 5급 | 严肃 yánsù [형] 엄숙하다 5급 | 亲切 qīnqiè [형] 친절하다, 친근하다 5급 | 幽默 yōumò [형] 유머러스하다 [명] 유머 4급 | 学历 xuélì [명] 학력 5급 | 为人 wéirén [명] 사람의 됨됨이 [동] 처세하다 | 谦虚 qiānxū [형] 겸손하다 5급

2.

女：展会现在急需人手，能从你们部门借个人过来帮忙吗？
男：可以，新来的实习生小张不错，<u>头脑灵活，人也勤快</u>，让他过去吧。

여: 전람회에서 급히 일손을 필요로 하고 있는데, 너네 부서에서 한 사람 빌려 줘서 일을 좀 도와줄 수 있어?
남: 그래. 새로 온 인턴인 샤오장이 잘해. <u>영민하고 부지런하니까</u> 그를 보낼게.

问：男的觉得小张怎么样？
A 特别细心
B 头脑灵活
C 十分谦虚
D 热情大方

질문: 남자는 샤오장을 어떻게 생각하는가?
A 매우 세심하다
B 영민하다
C 매우 겸손하다
D 친절하고 점잖다

풀이 남자는 샤오장이 **영민하다고**(头脑灵活) 했으므로 그대로 B가 정답이 된다.

정답 B

어휘 **展会** zhǎnhuì [명] 전람회 | **急需** jíxū 급히 필요로 하다 | **人手** rénshǒu [명] 일손 | **部门** Bùmén [명] 부서, 부문 5급 | **借** jiè [동] 빌리다 3급 | **帮忙** bāngmáng [동] 일을 돕다 | **实习生** shíxíshēng [명] 실습생, 인턴 5급 | **头脑** tóunǎo [명] 머리, 두뇌 | **灵活** línghuó [형] 민첩하다, 융통성이 있다 5급 | **勤快** qínkuai [형] 부지런하다 | **细心** xìxīn [형] 세심하다 4급 | **谦虚** qiānxū [형] 겸손하다 5급 | **热情** rèqíng [형] 열정적이다, 친절하다, 다정하다 5급 | **大方** dàfang [형] (언행이) 대범하다, 인색하지 않다, 옷차림이 점잖다 5급

3.
女：你知道"虎头蛇尾"这个成语是什么意思吗？
男：知道，就是形容一个人做事情有始无终、不能坚持下去。
问："虎头蛇尾"形容人做事怎么样？
A 犹豫不决
B 比较负责
C 非常干脆
D 不能坚持到底

여: 너 '용두사미'라는 성어가 무슨 뜻인지 아니?
남: 알아. 바로 사람이 일을 할 때 마무리를 잘 못하고 견지해 나가지 못하는 것을 형용하잖아.
질문: '용두사미'는 사람이 어떠한 것을 형용하는가?
A 주저하며 결정을 내리지 못하다
B 비교적 책임감이 있다
C 매우 시원스럽다
D 끝까지 견지할 수 없다

풀이 '용두사미'란 마무리를 잘 못하고(有始无终), 견지해 나가지 못함(不能坚持下去)을 의미하므로 D가 정답이 된다.

정답 D

어휘 **虎头蛇尾** hǔ tóu shé wěi [성] 처음은 왕성하나 끝은 부진하다, 용두사미 | **成语** chéngyǔ [명] 성어 5급 | **形容** xíngróng [동] 형용하다 5급 | **有始无终** yǒu shǐ wú zhōng [성] 시작은 있고 끝은 없다, 시작만 하고 끝을 잘 맺지 못하다 | **坚持** jiānchí [동] 견지하다, 계속하다 4급 | **犹豫不决** yóu yù bù jué [성] 결단을 내리지 못하고 망설이다 | **负责** fùzé [동] 책임지다 4급 | **干脆** gāncuì [형] 시원시원하다 [부] 아예, 차라리 5급

4.

女: 别发愁了, 要相信"车到山前必有路"。
男: 你说得对。说不定到时候就有解决办法了。

问: 女的是什么意思?

A 做事要谨慎
B 道路越走越宽
C 问题总会解决的
D 看问题不能太片面

여: 걱정하지 마. '차가 산 앞에 이르면 반드시 길이 있다는 것을 믿어.
남: 네 말이 맞아. 아마도 그때가 되면 해결 방법이 생길 거야.

질문: 여자의 말은 무슨 뜻인가?

A 일을 할 때는 신중해야 한다
B 길은 걸을수록 넓어진다
C 문제는 결국 해결될 것이다
D 문제를 볼 때는 너무 단편적이어서는 안 된다

풀이 여자가 한 말(车到山前必有路)이 무슨 뜻인지 몰라도, 남자가 여자의 말에 **맞장구를 치면서**(你说得对) 해결 **방법이 있을 거라고**(有解决办法) 했으므로, 여자의 말도 결국 문제가 해결될 것이라는 의미임을 알 수 있다.

정답 C

어휘 发愁 fāchóu [동] 근심하다, 걱정하다 5급 | 车到山前必有路 chē dào shān qián bì yǒu lù 차가 산 앞에 이르면 길이 있다. 일정한 단계까지 노력하면 결국은 해결책이 있게 마련이다 | 说不定 shuōbúdìng [부] 아마도 5급 | 谨慎 jǐnshèn [형] 신중하다 5급 | 宽 kuān [형] 넓다 5급 | 片面 piànmiàn [형] 단편적이다 5급

⑩ 교육·의복·행사·날씨·직업

실전 연습 문제

🎧 1-31

| 정답 | 1. B | 2. C | 3. A | 4. D | 5. D | 6. D |

1.

女：你这条围巾样式不错，在哪儿买的？我也想给我老公买一条。
男：是我太太自己织的，<u>但我觉得颜色太鲜艳了</u>。
问：男的觉得围巾怎么样？

A 太薄了
B 颜色艳
C 质量差
D 样子一般

여: 너 이 목도리 디자인 좋다. 어디서 샀어? 나도 남편에게 하나 사 주고 싶어.
남: 아내가 직접 짠 건데, <u>나는 색깔이 너무 화려한 것 같아.</u>
질문: 남자는 목도리를 어떻게 생각하는가?

A 너무 얇다
B 색이 선명하다
C 품질이 좋지 않다
D 모양이 보통이다

풀이 남자는 **색깔이 너무 화려하다**고 생각하고 있으므로 B가 정답이 된다. '鲜艳'은 '艳'으로 바꿔 정답이 될 수 있다.

정답 B

어휘 围巾 wéijīn [명] 목도리 5급 | 样式 yàngshì [명] 디자인, 스타일 5급 | 老公 lǎogōng [명] 남편 5급 | 织 zhī [동] 직물을 짜다 | 鲜艳 xiānyàn [형] 산뜻하고 아름답다, 화려하다 5급

2.

男：你论文写得怎么样了？什么时答辩？
女：16号。导师说<u>基本上可以了</u>，只是还要注意一下格式。
问：女的论文写得怎么样了？

A 字数不够
B 得注意题目
C 基本没问题
D 要大改提纲

남: 너 논문은 어떻게 됐어? 언제 문답해?
여: 16일. 지도 교수님이 <u>대체로 괜찮은데</u> 격식에 좀 주의하래.
질문: 여자의 논문은 어떠한가?

A 글자수가 부족하다
B 제목에 주의해야 한다
C 기본적으로 문제가 없다
D 개요를 크게 고쳐야 한다

풀이 '可以'는 '할 수 있다' 외에도 '괜찮다', '좋다'는 의미가 있기 때문에 '基本上可以了'는 '기본적으로 문제가 없다'라고 할 수 있다. 따라서 C가 정답이 된다. 참고로 '基本'은 형용사 '기본적인'의 뜻 외에도 부사로 '대체로', '기본적으로'의 뜻으로도 쓰인다.

정답 C

어휘 答辩 dábiàn [동] (논문) 답변하다 | 基本上 jīběnshàng 기본적으로, 대체로 5급 | 可以 kěyǐ [형] 괜찮다, 나쁘지 않다 [동] 할 수 있다 2급 | 格式 géshì [명] 격식, 양식 | 字数 zìshù [명] (논문 등의) 글자수 | 题目 tímù [명] 제목, 시험 문제 5급 | 提纲 tígāng [명] 개요, 대강 5급

3.

男: <u>老板送了我两张展览会的门票</u>，周日一起去看看吧。	남: <u>사장이 나에게 전람회 입장권을 두 장 줬는데,</u> 일요일에 함께 보러 가자.
女: 哪方面的展览?	여: 어떤 전람회인데?
男: 欧洲艺术品展，就在省博览中心。	남: 유럽 예술품전인데, 성 박람 센터에서 해.
女: 听上去不错，那周日你来接我吧。	여: 듣기에 괜찮은 것 같아. 그럼 일요일에 네가 나를 데리러 와.
问: 男的邀请女的去做什么?	질문: 남자는 여자에게 무엇을 하러 가자고 하는가?
A 看展览	A 전람회를 보러 간다
B 听讲座	B 강좌를 듣는다
C 去欧洲玩儿	C 유럽에 놀러 간다
D 参加艺术节活动	D 예술제 행사에 참가한다

풀이 두 장의 **전람회 입장권**(展览会的门票)을 받았으므로 남자는 전람회를 보러 가자고 하고 있다.

정답 A

어휘 老板 lǎobǎn [명] 사장 5급 | 展览会 zhǎnlǎnhuì [명] 전람회 5급 | 门票 ménpiào [명] 입장권 | 周日 zhōurì [명] 일요일 | 欧洲 ōuzhōu [명] 유럽 5급 | 艺术品 yìshùpǐn [명] 예술품 4급 | 省 shěng [명] 성(행정 단위) | 博览中心 bólǎn zhōngxīn 박람 센터 | 接 jiē [동] 마중하다 | 展览 zhǎnlǎn [동] 전람하다 5급 | 讲座 jiǎngzuò [명] 강좌 5급

4.

| 男: <u>小李本科学的是法律，读研究生才改学的工商管理</u>。 | 남: <u>샤오리는 본과생 때 법률을 전공했고 대학원생 때 공상 관리로 전과했어</u>. |
| 女: 难怪他对法律法规那么熟悉。 | 여: 어쩐지 그가 법률 법규에 대해 그렇게 잘 알더라니. |

问: 关于小李，下列哪项正确?	질문: 샤오리에 관하여 아래에서 옳은 것은?
A 在读博士 B 是个律师 C 目前在经商 D 读过法律专业	A 박사 과정에 있다 B 변호사이다 C 현재 장사하고 있다 D 법률 전공을 공부한 적이 있다

풀이 본과생 때 전공이 법률이라고(本科学的是法律) 했기 때문에 D가 정답이 된다. '研究生'은 '硕士(석사)'와 '博士(박사)'로 나뉘기 때문에 박사 과정에 있는지는(A) 확정할 수 없다.

정답 D

어휘 本科 běnkē [명] 본과, 학부 5급 | 法律 fǎlǜ [명] 법률 4급 | 改学 gǎixué 전공을 바꿔 공부하다 | 工商管理 gōngshāng guǎnlǐ 공상 관리 | 难怪 nánguài [부] 어쩐지 5급 | 法规 fǎguī [명] 법규 | 熟悉 shúxī [동] 익숙하다, 잘 알다 4급 | 读博士 dú bóshì 박사 과정을 밟다 4급 | 律师 lǜshī [명] 변호사 4급 | 经商 jīngshāng [동] 장사하다, 상업에 종사하다 5급 | 专业 zhuānyè [명] 전공 4급

5.

男: 这次考试报名18号就结束，你得抓紧时间了。 女: 幸亏你提醒我，我今天就去，都需要带什么证件呢? 问: 男的提醒女的做什么?	남: 이번 시험 접수는 18일에 끝나니, 너 서둘러야 해. 여: 네가 일깨워 줘서 다행이야. 나 지금 갈 건데 어떤 증서를 챙겨 가야 해? 질문: 남자는 여자에게 무엇을 하라고 일깨워 주었는가?
A 提前挂号 B 带身份证 C 18号有考试 D 抓紧时间报名	A 미리 접수하다 B 신분증을 가져간다 C 18일에 시험이 있다 D 서둘러 접수한다

풀이 남자는 18일에 접수가(报名) 끝나니 서두르라(抓紧时间)고 했으므로 D가 정답이 된다. '18일'은 접수 마감이지 시험이 있는 날이 아니므로, '18号'만 보고 C를 정답으로 고르지 않도록 주의하자.

정답 D

어휘 结束 jiéshù [동] 끝나다 4급 | 抓紧 zhuājǐn 서둘러 하다 5급 | 幸亏 xìngkuī [부] 다행히 5급 | 证件 zhèngjiàn [명] 증명서 5급 | 挂号 guàhào [동] 등록하다, 접수하다 5급

> **꿀팁** '挂号'와 '报名'
> '挂号'는 주로 **병원**이나 **우체국**에서 쓰고, '报名'은 **시험**이나 **행사** 등에 참가 신청을 의미한다.

6.

男: 你录视频做什么?
女: 有个朋友要结婚了, 我不能亲自参加她的婚礼, 想录段祝福视频送给她。
问: 关于女的, 可以知道什么?
A 快结婚了
B 没收到邀请
C 在拍婚纱照
D 不能参加朋友的婚礼

남: 너 동영상은 찍어서 뭐하게?
여: 한 친구가 곧 결혼하는데, 내가 직접 그녀의 결혼식에 참가할 수 없어서 축복 동영상을 찍어서 보내려고.
질문: 여자에 관해서 알 수 있는 것은?
A 곧 결혼을 한다
B 초대를 받지 못했다
C 웨딩 사진을 촬영하고 있다
D 친구의 결혼식에 갈 수 없다

풀이 여자는 친구의 **결혼식에 직접 참가할 수 없어서**(不能亲自参加婚礼) 동영상을 찍어(录视频) 축하해 주려 하고 있다. 따라서 D가 정답이 된다.

정답 D

어휘 录 lù [동] 녹화하다, 녹음하다 | 视频 shìpín [명] 동영상 5급 | 要~了 yào~le 곧 ~하려 하다 | 亲自 qīnzì [부] 직접 5급 | 婚礼 hūnlǐ [명] 결혼식 5급 | 段 duàn [양] 시간이나 길이를 셈 | 祝福 zhùfú [동] 축복하다 5급 | 快~了 kuài~le 곧 ~하려 하다 | 邀请 yāoqǐng [명/동] 요청/초청(하다) 4급 | 婚纱照 hūnshāzhà [명] 웨딩 사진

단문 듣고 질문에 답하기

실전 연습 문제

 2-3

정답 1. A 2. D 3. D 4. A 5. D 6. C 7. C

第 1-2 题是根据下面一段话：

　　小时候每次上学之前，母亲总是说："快点儿，不然要迟到了！"我点点头抓起书包就往外跑。这时母亲又会说：**1** "慢点儿，别摔倒了！"我心里想，我到底是该快还是该慢呢？长大后我终于明白了这个道理，女人一旦做了母亲，就变得矛盾了。**2** 在她们眼里孩子永远是孩子，永远需要关怀和呵护。"快点儿"是母亲希望孩子在人生道路上迈开大步向前走，"慢点儿"是母亲希望孩子走得更稳一些。"快点儿"和"慢点儿"这看似矛盾的话，其实融入了母亲对孩子浓浓的爱。

1~2번 문제는 아래 내용을 따르세요.

　　어릴 때 매번 학교에 가기 전에 어머니가 늘 말씀하셨다. "서둘러, 안 그러면 지각해!" 나는 고개를 끄덕이고 책가방을 잡고 바로 밖으로 뛰어나갔다. 이때 어머니가 또 말씀하셨다. **1** "천천히 해. 넘어지지 말고!" 나는 속으로 생각했다. '내가 도대체 빨리 해야 하는 건가 아니면 천천히 해야 하는 건가?' 커서 나는 마침내 이 이치를 이해했는데, 여자는 일단 어머니가 되면 모순적으로 변한다는 것이다. **2** 그녀들의 눈에 아이는 영원히 아이이며 영원히 관심과 보살핌이 필요하다는 것이다. '서둘러'라는 말은 어머니가 아이가 인생에서 큰 걸음을 내딛고 앞으로 나아가길 바란다는 것이며, '천천히'는 어머니가 아이가 좀 더 안정적으로 가기를 바라는 것이다. '서둘러'와 '천천히'라는 모순적으로 보이는 이 말은 사실은 어머니의 아이에 대한 깊은 사랑을 녹여 낸 것이다.

어휘
不然 bùrán [접] 그렇지 않으면 5급
点头 diǎntóu [동] 고개를 끄덕이다(긍정의 표시)
抓 zhuā [동] 잡다, 붙잡다 5급
往外 wǎng wài 밖으로
摔倒 shuāidǎo [동] 넘어지다
到底 dàodǐ [부] 도대체 4급
一旦 yídàn [부] 일단 (~하면) 5급
做 zuò [동] ~이 되다, 하다
矛盾 máodùn [명] 모순, 갈등 [형] 모순적이다, 갈등하다 5급

永远 yǒngyuǎn [부] 영원히 4급
关怀 guānhuái [동] 관심을 갖고 보살피다 6급
呵护 hēhù [동] 보호하다, 가호하다
道路 dàolù [명] 길, 도로
迈开 màikāi [동] (걸음을) 내딛다 6급
稳 wěn [형] 안정적이다
看似 kànsì ~처럼 보이다
融入 róngrù [동] 녹아 들어가다
浓 nóng [형] 진하다

1.

母亲为什么让他慢点儿?	어머니는 왜 그로 하여금 천천히 하라고 했는가?
A 怕他摔倒	A 그가 넘어질 것을 걱정한다
B 时间来得及	B 시간이 늦지 않았다
C 有助于消化	C 소화에 도움이 된다
D 等父亲送他	D 아버지가 그를 바래다 주기를 기다린다

풀이 어머니는 **그가 넘어질 것을(摔倒) 걱정해서(怕)** 천천히 하라고 한 것이므로 A가 정답이 된다.

정답 A

어휘 来得及 láidejí [동] 늦지 않다 | 有助于 yǒu zhù yú ~에 도움이 되다 | 消化 xiāohuà [명/동] 소화(하다) 5급 | 送 sòng [동] 배웅하다, 배달하다

2.

根据这段话，可以知道什么?	이 글에 따르면 무엇을 알 수 있는가?
A 孩子经常会说错话	A 아이는 자주 틀린 말을 한다
B 孩子要懂得心疼父母	B 아이는 부모를 사랑할 줄 알아야 한다
C 母亲总是不理解孩子	C 어머니는 늘 아이를 이해하지 못한다
D 母亲觉得孩子永远需要关心	D 어머니는 아이가 영원히 관심이 필요하다고 생각한다

풀이 그녀들(어머니)의 눈에(在她们眼里) 아이는 영원히 관심과 보살핌(关怀)이 필요하다고 했으므로 D가 정답이 된다.

정답 D

어휘 错话 cuòhuà [명] 틀린 말 | 懂得 dǒngdé [동] 알다, 이해하다 | 心疼 xīnténg [동] 아까워하다, 몹시 아끼다, 몹시 사랑하다 6급

꿀팁 2번 문제의 선택지가 나머지 문제의 평균 길이보다 지나치게 길기 때문에 정답은 C나 D 중에 하나일 것이라고 예측해 본다. 따라서 A, B보다 C, D를 먼저 체크하고 우선 고려 대상으로 삼는다.

第 3-5 题是根据下面一段话：

3 鸵鸟遇到危险时，会把头埋入沙子里，以为自己看不见就安全了。心理学家将这种逃避现实的心理称为"鸵鸟心理"。研究发现，4 很多人在面对压力时，都会产生这种心理。明知出现了问题，也不去想办法，结果使问题更复杂，更难处理。逃避不是办法。因为逃避的同时，我们很可能就丧失了宝贵的机会。5 只有勇敢面对困难，迅速采取行动，主动承担责任，才能把损失降到最小。

3~5번 문제는 아래 내용을 따르세요.

3 타조는 위험을 만나면 머리를 모래 속으로 파묻고 자신이 못 보면 안전하다고 생각한다. 심리학자는 현실을 도피하는 이런 심리를 '타조 심리'라고 부른다. 연구에서 발견하길, 4 많은 사람들이 스트레스를 만나면 이런 심리가 생길 수 있다고 한다. 문제가 생겼음을 분명히 알고 있는데, 방법을 생각하려 하지 않고 결과적으로 문제를 더욱 복잡하게 만들어 처리가 더 어려워진다. 도피는 방법이 아니다. 왜냐하면 도피하는 동시에 우리는 소중한 기회를 잃어버릴 가능성이 있기 때문이다. 5 오직 용감하게 어려움과 마주하고 신속하게 행동을 취하여, 주동적으로 책임을 져야만 비로소 손실을 최소한으로 줄일 수 있다.

어휘
鸵鸟 tuóniǎo [명] 타조
埋 mái [동] (파)묻다
沙子 shāzi [명] 모래 5급
逃避 táobì [동] 도피하다, 피하다 5급
称为 chēngwéi ~라고 부르다 5급
面对 miànduì [동] 대면하다, 직면하다, 맞서다 5급
产生 chǎnshēng [동] 생기다, 발생시키다 5급
明知 míngzhī 분명히 알다
处理 chǔlǐ [동] 처리하다 5급

丧失 sàngshī [동] 잃다, 상실하다 6급
宝贵 bǎoguì [형] 소중하다, 귀하다 5급
迅速 xùnsù [형] 신속하다 5급
采取 cǎiqǔ [동] 취하다, 채택하다 5급
行动 xíngdòng [명/동] 행동(하다) 5급
主动 zhǔdòng [형] 주동적이다 5급
承担 chéngdān [동] 맡다, 책임지다 5급
责任 zérèn 책임 5급
损失 sǔnshī [명] 손실 5급

3.

遇到危险时鸵鸟会怎么做?

A 立即逃跑
B 躲在石头后
C 用翅膀挡住自己
D 把头埋进沙子里

위험을 만났을 때 타조는 어떻게 할 수 있는가?

A 즉시 도망친다
B 돌 뒤에 숨는다
C 날개로 자신을 가린다
D 머리를 모래 속에 묻는다

풀이 타조는 위험을 만나면(遇到危险) 머리를 모래 속에 묻는다(把头埋入沙子里)고 했으므로 D가 정답이 된다.

정답 D

어휘 立即 lìjí [부] 즉각, 바로 5급 | 躲 duǒ [동] 피하다, 숨다 5급 | 翅膀 chìbǎng [명] 날개 5급 | 挡 dǎng [동] 막다, 가리다 5급

4.

根据这段话，多数人面对压力时会有什么态度？	이 글에 따르면 대다수 사람들은 스트레스에 직면할 때 어떤 태도를 취할 것인가?
A 逃避　　　B 犹豫 C 冷静　　　D 谨慎	A 도피한다　　B 망설인다 C 냉정하다　　D 신중하다

풀이 연구에 따르면 **많은 사람들이 이런 심리가 생긴다**(很多人~都会产生这种心理)고 했다. 이런 심리라 하면 **타조처럼 현실을 피하려는**(逃避现实) **마음**을 가리키므로 A가 정답이 된다.

정답 A

어휘 犹豫 yóuyù [형] 주저하다, 망설이다 5급 | 谨慎 jǐnshèn [형] 신중하다 5급

5.

这段话主要想告诉我们什么？	이 글이 주로 우리에게 말하고자 하는 것은 무엇인가?
A 要虚心好学 B 动物也会害羞 C 困境是暂时的 D 要勇敢面对困难	A 겸허하고 배우기를 좋아해야 한다 B 동물도 수줍어할 수 있다 C 곤경은 잠시이다 D 용감하게 어려움에 맞서야 한다

풀이 이 글은 '타조 심리'에 대해서 소개하고 이를 통해서 **어려움을 피하지 말고 용감하게 맞설 것을 주장**하고 있으므로 D가 정답이 된다.

정답 D

어휘 虚心 xūxīn [형] 겸허하다, 겸손하다 5급 | 好学 hàoxué [형] 배우기를 좋아하다 | 害羞 hàixiū [형] 수줍어하다 4급 | 困境 kùnjìng [명] 곤경 | 暂时 zànshí [명] 잠시, 잠깐 4급

第6-7题是根据下面一段话：	6~7번 문제는 아래 내용을 따르세요.
6 一个工人向他的朋友抱怨："活儿是我们干的，受表扬的却是组长。最后的成果又都变成经理的了。这不公平。"朋友微笑着说："你看手表的时候，是不是先看时针，再看分针？可是，运转最多的秒针，你却看都不看。6 所以，做得多不一定得到的多。但是这种不公平正是你向前的动力。7 你应该不断努力，让自己成为那根让别人看得见的时针。"	6 한 노동자가 그의 친구에게 불평을 털어 놓았다. "일은 우리가 했는데 칭찬을 받는 사람은 조장이야. 마지막 성과는 또 사장의 것이 되어 버려. 이것은 불공평해." 친구가 미소를 지으며 말했다. "너는 손목시계를 볼 때 먼저 시침을 보고 나서 분침을 보지 않니? 그러나 회전이 가장 많은 초침은 거들떠 보지도 않잖아. 6 그래서 많이 한다고 해서 꼭 많이 얻는 것은 아니야. 하지만 이런 불공평이 네가 앞으로 나아가게 하는 동력이야. 7 너는 끊임없이 노력해서 자신으로 하여금 다른 사람이 보게 되는 시침이 될 수 있도록 해야 해."

어휘 工人 gōngrén [명] 노동자
抱怨 bàoyuàn [동] 불평하다 5급
活儿 huór [명] 일
表扬 biǎoyáng 칭찬하다 4급
组长 zǔzhǎng [명] 조장
公平 gōngpíng [형] 공평하다 5급
手表 shǒubiǎo [명] 손목시계
时针 shízhēn [명] 시침
分针 fēnzhēn [명] 분침
运转 yùnzhuǎn [동] 회전하다, 돌다
秒针 miǎozhēn [명] 초침
向前 xiàng qián 앞으로
动力 dònglì [명] 동력 6급
不断 búduàn [부] 끊임없이 [형] 끊임없다 5급
根 gēn [양] 개, 가닥(가늘고 긴 것을 세는 단위) 5급

6.

工人为什么抱怨?	노동자는 왜 불평하는가?
A 待遇差	A 대우가 나쁘다
B 失业了	B 실직했다
C 干得多得到的少	C 일은 많이 하고 얻는 것은 적다
D 组长总是批评他	D 조장이 늘 그를 꾸짖는다

풀이 일(活儿)은 자신이 했는데(干) 성과(成果)는 다른 사람이 가져가는 상황을 불평한 것이므로 C가 정답이 된다. 또한 친구가 그 상황을 '做得多不一定得到的多'라고 표현함으로써 C가 정답임을 알 수 있다.

정답 C

어휘 待遇 dàiyù [명] 대우 5급 | 失业 shīyè [동] 실업하다

7.

根据这段话，下列哪项正确?	이 글에 따르면 아래에서 옳은 설명은?
A 要把握机会	A 기회를 잡아야 한다
B 要善于总结经验	B 경험을 잘 정리해야 한다
C 努力比抱怨更重要	C 노력이 불평보다 더 중요하다
D 表扬比批评更有效	D 칭찬은 비판보다 더 효과적이다

풀이 불공평에 대해서 불평(抱怨)하지만 말고 그것을 이겨내기 위해 더욱 노력(努力)하라고 하는 내용이므로 C가 정답이 된다.

정답 C

어휘 把握 bǎwò [동] 잡다, 파악하다 5급 | 善于 shànyú [동] ~에 능하다 5급 | 总结 zǒngjié [동] 총 정리하다 4급

빈칸 채우기

실전 연습 문제 1

> **정답**　1. A　　2. D　　3. B

1-3

　　常言道："人贵有自知之明。"只有 __1__ 了解自己，才能为自己的生活与工作做一个恰当的规划，才不 __2__ 走弯路和歪路。想获得成功，首先要有自知之明。自知，就是要认识自己、了解自己。把自知称之为"明"，可见自知是一个人智慧的 __3__ 。而自知之明之所以"贵"，则说明人是多么地不容易自知。

　　속담에서 말한다. "사람은 자신을 정확히 아는 것이 중요하다." 오직 진정으로 자신을 알아야 비로소 자신의 생활과 일에 적절한 계획을 세워 시행착오를 하거나 잘못된 길에 들어서는 상황에 이르지 않는다. 성공을 거두려면 먼저 자신을 정확하게 아는 능력을 가져야 한다. 자신을 정확히 아는 것은, 자신을 인식하고 자신을 잘 알아야 한다. '자신을 알다'라는 것을 '明'이라 부르는 것으로 봤을 때 '自知'라는 것은 한 인간의 지혜의 구현임을 알 수 있다. 하지만 자신을 잘 아는 능력이 '귀하다(贵)'라고 한 것은 사람이 '자신을 아는 것(自知)'이 얼마나 어려운가를 설명한다.

어휘　常言 chángyán [명] 속담
人贵有自知之明 rén guì yǒu zì zhī zhī míng
사람은 자신을 잘 아는 것이 중요하다
恰当 qiàdàng [형] 적절하다 6급
规划 guīhuà [명] 기획 [동] 기획하다 6급
走弯路 zǒu wānlù 길을 돌아서 가다, 시행착오가 있다
歪路 wāilù [명] 잘못된 길
称 chēng [동] 칭하다, 부르다 5급
可见 kějiàn [접] ~임을 알 수 있다 5급
智慧 zhìhuì [명] 지혜 5급
之所以 zhīsuǒyǐ [접] ~한 이유
则 zé [접] 오히려, 그러나(대비나 역접을 나타냄) 5급
说明 shuōmíng [동] 설명하다 4급

선택지
真正 zhēnzhèng [형] 진정한, 참된 4급
大概 dàgài [형] 대략적인 [부] 아마 [명] 대강 4급
充满 chōngmǎn [동] ~으로 가득하다 5급
明显 míngxiǎn [형] 현저하다, 분명하다 5급

寻找 xúnzhǎo [동] 찾다 5급
作为 zuòwéi [동] ~로 삼다, ~로 여기다, ~로서 5급
在乎 zàihu [동] 신경 쓰다, 개의하다 5급
至于 zhìyú [동] ~의 정도에 이르다 [접] ~으로 말하자면 5급

推广 tuīguǎng [동] 널리 보급하다, 확대하다 5급
体现 tǐxiàn [동] 구현하다 5급
控制 kòngzhì [동] 통제하다, 제어하다 5급
改正 gǎizhèng [동] 개정하다 5급

1.

| A 真正 | B 大概 | C 充满 | D 明显 | A 진정으로 | B 대강 | C 충만하다 | D 분명하다 |

풀이 빈칸은 '了解'를 수식하고 있다. 앞에 있는 '自知之明(자신을 잘 아는 능력)'으로 봤을 때 빈칸은 '자신을 잘 안다'는 내용이 되어야 한다. 따라서 의미상 '大概(대략)'는 제외된다. '真正了解'라고 하면 '**진정으로 이해하다**'는 뜻이므로 가장 알맞다.

정답 A

오답분석 C : '充满'은 동사로서 '~으로 가득하다/충만하다'의 뜻이며, 뒤에 반드시 목적어가 와야 한다.(예: 充满自信 자신감으로 가득하다) '充满'을 형용사인 '充分(충분하다)'과 혼동하지 말자. '充分了解'는 가능한 표현이다.

D : '明显'은 '明显提高(현저하게 향상되다)', '效果明显(효과가 분명하다)'처럼, **시각이나 느낌으로 변화 등을 분명히 알 수 있을 때** 쓴다. 여기서 '자신을 잘 알다'라고 할 때는 시각이나 느낌으로 알 수 있는 것이 아니며 또한 '了解'는 변화의 의미도 아니기 때문에 들어갈 수 없다.

선택지

A 真正 zhēnzhèng [형] 진정한, 참된 4급
真正的朋友 진정한 친구 | 真正的理由 진짜 이유

B 大概 dàgài [형] 대략적인 [부] 아마 [명] 대강 4급
大概的内容 대략적인 내용 | 他大概不会来了。그는 아마 오지 않을 것이다. | 大概多少钱? 대강 얼마죠?

C 充满 chōngmǎn [동] ~으로 가득하다 5급
充满自信 자신감으로 가득하다 | 充满想象力 상상력으로 가득하다 | 充满节日气氛 명절 분위기로 가득하다

꿀팁 '充满'은 항상 **목적어를 동반**한 상태에서 쓴다. 그래서 일반적 어순이 〈充满 + 목적어〉가 된 상태에서 사용된다. 아래 표현은 우리말로는 말이 되지만 잘못된 표현이니 주의하자.
- 幸福充满的家庭 (×) → 充满幸福的家庭 (○) 행복이 가득한 가정
- 希望充满的他们 (×) → 充满希望的他们 (○) 희망이 충만한 그들

D 明显 míngxiǎn [형] 현저하다, 분명하다 5급
效果很明显 효과가 분명하다 | 作用很明显 작용이 분명하다
成绩明显提高 성적이 현저하게 향상되다 | 成绩有了明显的提高 성적에 분명한 향상이 있었다

2.

| A 寻找 | B 作为 | A 찾다 | B ~로 삼다/~로서 |
| C 在乎 | D 至于 | C 신경 쓰다 | D ~ 정도에 이르다 |

풀이 빈칸이 속한 문장은 '只有 A, 才 B, 才 C' 구조로 되어 있다. '오직 A해야만 비로소 B하고 비로소 C한다'로 해석된다. 해석해 보면 '자신을 진정으로 알아야만 굽은 길(弯路)이나 잘못된 길(歪路)로 들어서지 않게 된다'는 것이므로 앞에 '不'와 합치면 '**不至于**(~한 정도에 이르지 않다)'가 되고 의미상 흐름이 자연스럽게 된다.

정답 D

선택지

A 寻找 xúnzhǎo [동] 찾다 5급
寻找机会 기회를 찾다 | 寻找钥匙 열쇠를 찾다 | 到处寻找 여기저기 찾다

꿀팁 '寻找'의 뒤에 오는 **목적어**는 **추상명사**(机会)나 **구체명사**(钥匙) **모두 가능**하다.

B 作为 zuòwéi [동] ① ~로 삼다, ~로 여기다 ② ~로서 5급
我想把这个作为教师节礼物。 나는 이것을 스승의 날 선물로 할 거야.
作为老师，我要对学生负责。 선생으로서 나는 학생에 대해 책임지겠다.

C 在乎 zàihu [동] 신경 쓰다, 개의하다 5급
我不在乎别人怎么说。 나는 다른 사람들이 어떻게 말하든 신경 안 쓴다.

D 至于 zhìyú [동] ~의 정도에 이르다 [접] ~으로 말하자면 5급
我腿受伤了，但不至于住院。 나는 다리를 다쳤는데 병원에 입원할 정도는 아니다.
至于资金问题，我们下次再谈吧。 자금 문제에 관해서는 우리 다음에 이야기합시다.

3.

| A 推广 | B 体现 | A 널리 보급하다 | B 구현하다 |
| C 控制 | D 改正 | C 통제하다 | D 개정하다 |

풀이 빈칸은 '智慧(지혜)'의 수식을 받고 있고, 앞의 내용에 따르면 빈칸은 '**자신에 대해서 잘 아는 것(自知)**'을 나타내는 표현이어야 한다. '**体现**'은 '(보이지 않는 것을) 구체적으로 나타내 보이다'의 뜻으로 '智慧的体现'이라고 하면 '지혜의 구현(지혜가 행동 등으로 나타나는 것)'으로 가장 어울린다.

정답 B

오답분석 A : '智慧的推广'은 '**지식의 확대**'라는 뜻이고, 이것은 **범위를 넓히는 것**에 초점이 맞춰져 있기 때문에 자신을 잘 안다는 것을 설명하기에는 적절한 표현이 될 수 없다.

선택지

A 推广 tuīguǎng [동] 널리 보급하다, 확대하다 5급
推广新产品 신제품을 널리 보급하다 | 推广新技术 신기술을 널리 보급하다

B 体现 tǐxiàn [동] 구현하다 5급
体现精神 정신을 구현하다 | 体现特点 특징을 구현하다

C 控制 kòngzhì [동] 통제하다, 제어하다 5급
控制情绪 감정을 통제하다 | 控制规模 규모를 제어하다 | 控制速度 속도를 제어하다

D 改正 gǎizhèng [동] 개정하다 5급
改正错误 잘못을 고치다 | 改正缺点 단점을 고치다

실전 연습 문제 2

> 정답 4. C   5. D   6. A   7. B

4-7

　　小明小时候喜欢画马。一天，他画了一幅骑马上坡的画儿，正得意时，父亲对他说："马上的人坐得太直了。人骑马上坡时，身体要向前倾斜，_4_ 人跟马都容易翻倒。"不久，他又画了一幅骑马下坡的画儿，父亲看了还是摇摇头，说："这次马上的人身体向前倾斜得太厉害了。骑马下坡时，人要坐直，如果人也跟着马向前倾斜，很容易滑下去。"
　　受到批评后，他有些 _5_ 地说："都是骑马，怎么又有这么多规矩？"
　　父亲说："_6_，不然人很容易从马上摔下来。这和处世是一个道理：上坡好比人生得意时，要谦虚谨慎，身体应该向前倾斜；下坡好比人生失意时，要勇敢 _7_，身体要坐得挺、坐得直。"

샤오밍은 어릴 때 말 그리는 것을 좋아했다. 어느 날, 그는 말을 타고 언덕을 올라가는 그림을 그렸다. 만족해하고 있을 때 아버지가 그에게 말했다. "말 위의 사람이 너무 똑바로 앉았어. 사람이 말을 타고 언덕을 올라갈 때는 몸이 앞으로 기울어야 해. 4 그렇지 않으면 사람과 말이 뒤집어지기 쉬워." 오래지 않아 그는 또 말을 타고 언덕을 내려가는 그림을 그렸다. 아버지가 보시고는 여전히 고개를 절레 절레 흔들며 말했다. "이번에는 말 위의 사람의 몸이 앞으로 기울어진 것이 너무 심해. 말을 타고 언덕을 내려갈 때 사람은 똑바로 앉아야 해. 만일 사람도 말처럼 앞으로 기울면 미끄러져 떨어지기 쉬워."
비판을 받은 후 그는 약간 5 짜증내면서 말했다. "다 말을 타는 건데 어째서 이렇게 많은 규칙이 있단 말예요?"
아버지가 말했다. "6 말을 타는 것은 방법을 중요시해야 해. 그렇지 않으면 사람은 말 위에서 떨어지기 쉽지. 이것은 처세와 같은 이치야. 언덕을 올라갈 때는 인생에서 득의할 때와 같아서 겸손하고 신중해야 하는 것처럼 몸을 앞으로 기울여야 하고, 언덕을 내려가는 것은 마치 인생에서 실의했을 때와 같아서 용감하게 7 마주하듯 몸을 꼿꼿하게 펴야 하는 거야."

어휘
幅 fú [양] 폭(그림을 셈) 5급
坡 pō [명] 언덕
得意 déyì [형] 득의하다, 대단히 만족하다 4급
直 zhí [형] 곧다, 수직의 5급
倾斜 qīngxié [형] 기울다, 경사지다 6급
翻倒 fāndǎo [동] 쓰러지다, 넘어지다 5급
摇 yáo [동] 흔들다 5급
厉害 lìhai [형] (정도 등이) 심하다, (실력 등이) 대단하다 4급
滑 huá [동] 미끄러지다 [형] 미끄럽다 5급
规矩 guīju [명] 규칙, 법칙 [형] (행위가) 단정하다 5급

不然 bùrán [접] 그렇지 않으면(≒否则) 5급
摔 shuāi [동] (균형을 잃고) 넘어지다, 떨어져 부서지다
处世 chǔshì [동] 처세하다
道理 dàolǐ [명] 도리, 이치, 일리 5급
好比 hǎobǐ [동] 마치 ~과 같다
人生 rénshēng [명] 인생 5급
谦虚 qiānxū [형] 겸손하다 5급
谨慎 jǐnshèn [형] 신중하다 5급
失意 shīyì [형] 실의하다, 뜻을 이루지 못하다
挺 tǐng [부] 매우 [형] 곧다, 꼿꼿하다 4급

선택지

总之 zǒngzhī [접] 총괄하면 5급
尽管 jǐnguǎn [접] 비록 ~이지만 4급
否则 fǒuzé [접] 그렇지 않으면 4급
哪怕 nǎpà [접] 설령 ~일지라도 5급
不得不 bùdébù [부] 부득불, 어쩔 수 없이 4급
了不起 liǎobùqǐ [형] 대단하다 5급
不得了 bùdéliǎo [형] ① 큰일났다 ② (정도가) 심하다 5급
不耐烦 búnàifán [형] 귀찮다, 못 참다, 짜증 나다 5급

讲究 jiǎngjiū [동] 중요시하다, 신경 쓰다 5급
丝毫 sīháo [명] 약간, 조금 5급
乐趣 lèqù [명] 즐거움 6급
温顺 wēnshùn [형] 온순하다
珍惜 zhēnxī [동] 소중히 여기다 5급
面对 miànduì [동] 마주하다, 맞서다, 대면하다 5급
争取 zhēngqǔ [동] 쟁취하다, 애쓰다 5급
指导 zhǐdǎo [동] 지도하다 5급

4.

A 总之   B 尽管   A 총괄하자면   B 비록 ~이지만
C 否则   D 哪怕   C 그렇지 않으면 D 설령 ~일지라도

풀이 빈칸 앞절은 말을 타고 언덕을 오를 때의 **올바른 자세**(몸을 앞으로 기울이는 것)를 말했다. 그런데 **빈칸** 절의 내용은 **오히려 뒤집어진다는 나쁜 결과**가 나왔다. 즉 앞에서 말한 대로 **행동하지 않으면 뒤집어진다**는 것이므로 '**否则**(그렇지 않으면)'가 들어가야 한다. 이처럼 '**否则**'는 '앞에서 말한 대로 하지 않으면'이라는 **가정**을 나타낸다.

정답 C

선택지

A 总之 zǒngzhī [접] 총괄하면 5급
外面风很大，气温也特别低，天空阴沉沉的，看不见太阳。总之，今天天气很不好。
밖은 바람이 세게 불고 기온은 매우 낮고, 하늘은 어두컴컴하고 태양이 보이지 않아. 한마디로 오늘 날씨는 매우 안 좋아.

B 尽管 jǐnguǎn [접] 비록 ~이지만 4급
尽管小明今天生病了，但还是来上学了。 비록 샤오밍은 오늘 아팠지만 그래도 학교에 왔다.

꿀팁 '不管(~에 관계없이)'과 혼동하지 말아야 한다. 또한 '**尽管**'은 '**虽然**'과 같은 뜻으로 뒷절에 따라오는 단어로 '**但是**' 외에 '**却**', '**还是**', '**仍然**' 등이 올 수 있다.

C 否则 fǒuzé [접] 그렇지 않으면 4급
出门前跟妈妈说一声，否则她会担心的。 나가기 전에 엄마에게 말해. 안 그러면 걱정하실 거야.

D 哪怕 nǎpà [접] 설령 ~일지라도 5급
哪怕全家都反对，我也要跟她结婚。 설령 온 가족이 다 반대하더라도 나는 그래도 그녀와 결혼할 거야.

꿀팁 '**哪怕**'는 '**即使**'와 같은 용법으로 가정의 내용을 이끈다. 뒤에는 주로 '**也**'가 와서 **호응**한다.

5.

A 不得不	B 了不起	A 부득불	B 대단하다
C 不得了	D 不耐烦	C 큰일 났다/심하다	D 짜증 나다

풀이 빈칸은 '说'를 수식하기 때문에 '어떻게 말했다'로 해석된다. 그가 한 말은 '왜 이렇게 규칙이 많으냐'는 것인데 이것은 **짜증을 부리는 듯한 태도**이므로 '不耐烦(귀찮다, 짜증 내다, 성가시다)'이 가장 알맞다.

정답 D

선택지

A 不得不 bùdébù [부] 부득불, 어쩔 수 없이(≒只好) 4급
我不得不答应了他的请求。나는 어쩔 수 없이 그의 부탁을 들어 주었다.

B 了不起 liǎobuqǐ [형] 대단하다 5급
他这么轻松地通过了考试，真了不起。그가 이렇게 쉽게 시험에 통과하다니 정말 대단해.

C 不得了 bùdéliǎo [형] ① 큰일 났다 ② (정도가) 심하다 5급
不得了，孩子掉进河里了！큰일 났어, 애가 강에 빠졌어!
我今天高兴得不得了。나는 오늘 기분이 무지 좋다.
他后悔得不得了。그는 너무나 후회한다.

> **꿀팁** '不得了'가 '심하다'의 뜻으로 쓰일 때는 주로 〈동사/형용사 + 得 + 不得了〉의 형태로 쓰여 **보어**가 된다. **긍정적, 부정적 상황 모두**에 쓸 수 있다.

D 不耐烦 búnàifán [형] 귀찮다, 못 참다, 짜증 나다 5급
我已经等得不耐烦了。나는 이미 기다리다 짜증이 났다.

6.

A 骑马要讲究方法	A 말을 탈 때는 방법을 중요시해야 한다
B 骑马没有丝毫乐趣	B 말 타기는 조금의 재미도 없다
C 不是人人都会骑马	C 모든 사람이 다 말을 탈 줄 아는 것은 아니다
D 虽然马是温顺的动物	D 비록 말은 온순한 동물이지만

풀이 아빠가 빈칸의 말을 하고 뒤에는 말을 타고 언덕을 올라갈 때와 내려올 때 어떤 자세를 취해야 하는지를 설명하고 있다. 이것은 말을 탈 때는 방법을 중시해야 한다는 것이므로 A가 가장 적절하다.

정답 A

오답 분석 D : '虽然(비록 ~이지만)'은 뒤에 '但是'나 '却', '还是' 등의 단어가 와서 **호응해야 하는데** '不然(그렇지 않으면)'이 왔다. '虽然'은 '不然'과 호응하지 않기 때문에 D는 정답에서 제외시킬 수 있다.

어휘 讲究 jiǎngjiū [동] 중요시하다, 신경 쓰다 5급 | 丝毫 sīháo [명] 약간, 조금 5급 | 乐趣 lèqù [명] 즐거움 6급 | 温顺 wēnshùn [형] 온순하다

7.

A 珍惜	B 面对	A 소중히 여기다	B 마주하다
C 争取	D 指导	C 쟁취하다	D 지도하다

풀이 빈칸은 첫째, '**勇敢**(용감하게)'의 수식을 받는 것과 **인생**에서 **실의**(뜻대로 되지 않음)**했을 때를 고려**해야 한다. '**失意**'를 '**失败**(실패)'와 비슷한 **나쁜 상황으로 가정**했을 때 '**面对**(대면하다, 마주 대하다)'가 가장 알맞다. '**勇敢面对**'의 뜻은 나쁜 상황을 만났을 때 회피하지 않고 그것을 해결하기 위해 똑바로 **마주한다**는 의미이다.

정답 B

오답 분석 C : 빈칸이 '**勇敢**(용감하게)'의 수식을 받는 것만 생각한다면 '**争取**(쟁취하다)'도 말이 될 수 있다. 하지만 빈칸 앞에는 인생에서 **실의**(뜻대로 되지 않음)**했을 때 어떻게 행동하는지**를 생각한다면 적절치 않게 된다.

선택지

A **珍惜** zhēnxī [동] 소중히 여기다 5급

珍惜~**机会** 기회를 소중히 여기다 | **珍惜**~**时间** 시간을 소중히 여기다 | **珍惜**~**现在** 지금을 소중히 여기다

B **面对** miànduì [동] 마주하다, 맞서다, 대면하다 5급

面对~**困难** 어려움을 마주 보다 | **面对**~**现实** 현실을 마주하다 | **面对**~**问题** 문제를 직시하다

敢于面对 대담하게 맞서다 | **勇敢面对** 용감하게 맞서다

C **争取** zhēngqǔ [동] 쟁취하다, 애쓰다 5급

争取~**自由** 자유를 쟁취하다 | **争取**~**权利** 권리를 쟁취하다

D **指导** zhǐdǎo [동] 지도하다 5급

每天晚上，妈妈都指导我学习。 매일 저녁마다 엄마는 내가 공부하는 것을 지도한다.

실전 연습 문제 3

| 정답 | 8. A | 9. B | 10. D | 11. C |

8-11.

如果你从事的工作是自己不喜欢的，可能会对你 _8_ 压力，长期下来会使你感到十分疲劳，还容易得病。专家们的研究 _9_ ，长期在高度压力下工作的人，有一半可能经常头疼、感冒、消化不良，还有可能得肺炎。30%的人一上班就出现头疼、背疼、胃疼的病症，一到周末，这些病症就奇迹般地 _10_ 了，但是星期一上班后，这些病症又 _11_ 出现。

만일 당신이 종사하는 일이 자신이 좋아하는 것이 아니라면, 아마 당신에게 스트레스를 8 초래하고 장기적으로는 당신으로 하여금 매우 피로하게 하거나 쉽게 병에 걸리게 할 수도 있다. 전문들의 연구가 9 나타내는 바에 따르면 장기간 고도의 스트레스에서 일을 하는 사람은 절반이 자주 두통, 감기, 소화불량이 생기며 폐렴에 걸릴 가능성까지 있다고 한다. 30%의 사람은 출근만 하면 두통, 등 통증, 위통 등의 증상이 나타나지만, 주말이 되면 이런 증상들은 기적처럼 10 사라진다. 하지만 월요일에 출근한 후에는 이 증상들이 11 다시 나타난다.

어휘
从事 cóngshì [동] 종사하다 5급
疲劳 píláo [형] 피로하다 5급
消化 xiāohuà [동] 소화하다 5급
肺炎 fèiyán [명] 폐렴
背 bèi [명] 등 [동] 등에 짊어지다(bēi) 5급
胃 wèi [명] 위 5급
病症 bìngzhèng [명] 질병
奇迹 qíjì [명] 기적 5급
般地 bānde ~같이
出现 chūxiàn [동] 출현하다, 나타나다 4급

선택지
造成 zàochéng [동] 초래하다, 조성하다 5급
承受 chéngshòu [동] 감당하다 5급
承担 chéngdān [동] 맡다, 담당하다 5급
传播 chuánbō [동] 전파하다 5급

表现 biǎoxiàn [동] 표현하다, 활약하다 [명] 활약, 표현, 태도 5급
表明 biǎomíng [동] 표명하다, 분명하게 밝히다 5급
报告 bàogào [명] 보고 [동] 보고하다 5급
报道 bàodào [명] 보도 [동] 보도하다 5급

产生 chǎnshēng [동] 생기다, 발생시키다 5급
过期 guòqī [동] 기한을 넘기다 5급
改进 gǎijìn [동] (방법·기술 등을) 개진하다, 개선하다 5급
消失 xiāoshī [동] 사라지다, 소실되다 5급

迟早 chízǎo [부] 조만간 5급
相当 xiāngdāng [부] 상당히, 꽤 [형] 비슷하다, 상당하다 5급
重新 chóngxīn [부] 다시, 재차 4급
赶紧 gǎnjǐn [부] 서둘러, 황급히 5급

8.

| A 造成 | B 承受 | A 초래하다 | B 감당하다 |
| C 承担 | D 传播 | C 맡다 | D 전파하다 |

풀이 '压力(스트레스)'를 목적어로 취하는 동사가 와야 한다. '造成(초래하다)'은 **주로 부정적 의미의 단어를 목적어로 취한다.**(예: 造成损失, 造成破产, 造成破坏) 따라서 '造成压力'가 가장 알맞다. '조성하다'보다는 '**초래하다**'로 **해석**하는 게 좋다.

정답 A

오답분석 B, C : 간혹 **비슷한 단어 두 개를 제시함으로써** 둘 중에 하나가 답이 아닐까 하는 생각을 불러일으켜 **오답으로 유인하는 경우**가 있다. 절대적인 것은 아니지만 그중 하나가 **답일 수도 있고 아닐 수도 있다.** 문제는 응당 둘 중 하나가 정답이겠거니 생각하고 **다른 단어는 아예 정답으로 고려하지 않는 것**이다. 주의하자!

선택지

A 造成 zàochéng [동] 초래하다, 조성하다 5급
造成~压力 스트레스를 초래하다 | 造成~损失 손실을 초래하다 | 造成~破坏 파괴를 초래하다
造成~威胁 위협을 조성하다

B 承受 chéngshòu [동] 감당하다, 받아들이다 5급
承受~压力 스트레스를 받다 | 承受~痛苦 고통을 받다 | 心理承受能力 심리적 감당 능력

C 承担 chéngdān [동] 맡다, 담당하다 5급
承担~工作 일을 맡다 | 承担~责任 책임을 맡다 | 承担~风险 위험을 감수하다
承担~后果 결과에 대해서 책임지다

D 传播 chuánbō [동] 전파하다 5급
传播~知识 지식을 전파하다 | 传播~文化 문화를 전파하다

9.

| A 表现 | B 表明 | A 표현하다 | B 표명하다 |
| C 报告 | D 报道 | C 보고하다 | D 보도하다 |

풀이 '研究表明/显示~'는 '**연구가 ~한 사실을 나타낸다/보여 준다**'의 뜻으로 하나의 **고정 격식**이다. '表明态度(태도를 표명하다)'와 같은 표현도 있지만 주로 앞의 표현으로 출제된다.

정답 B

오답분석 C : '研究报告'라는 말 자체는 성립되지만 전체 문장 안에서 앞절은 '연구에 **따르면**' 혹은 '연구가 **나타내기를~**'이라는 식으로 표현되어야 한다. '报告'가 들어가면 그냥 '전문가의 연구 보고(서)' 정도의 의미가 되어 '~에 따르면'이나 '~임을 나타낸다'에 해당하는 의미가 없게 된다. 그래서 정답이 될 수 없다.

선택지

A **表现** biǎoxiàn [동] 표현하다, 활약하다 [명] 활약, 표현, 태도 5급
后来他成为了公司里工作**表现**最突出的人。 후에 그는 회사에서 업무 활약이 가장 뛰어난 사람이 되었다.

B **表明** biǎomíng [동] 표명하다, 분명하게 밝히다 5급
调查表明 조사에서 나타내기를 | **研究表明** 연구에서 나타내기를 | **表明~态度** 태도를 표명하다

C **报告** bàogào [명] 보고(서) [동] 보고하다 5급
向领导报告 상사에게 보고하다 | **调研报告** 조사 연구 보고서 | **总结报告** 총 결산 보고서

D **报道** bàodào [명] 보도 [동] 보도하다 5급
对~做报道 ~에 대해 보도하다 | **详细的报道** 상세한 보도 | **新闻报道** 뉴스 보도 | **媒体的报道** 매체의 보도

10.

| A 产生 | B 过期 | A 생기다 | B 기한을 넘기다 |
| C 改进 | D 消失 | C 개진하다 | D 사라지다 |

풀이 문맥상 '주말이 되면 증상이 기적처럼 **사라진다**'라고 하는 것이 가장 알맞기 때문에 '消失'가 정답이 된다.

정답 D

선택지

A **产生** chǎnshēng [동] 생기다, 발생시키다 5급
产生~影响 영향을 발생시키다, 영향을 미치다 | **产生~感觉** 느낌이 생기다 | **产生~矛盾** 갈등이 생기다
产生~效果 효과가 생기다

꿀팁 주로 추상명사를 목적어로 취하며 '生产(생산하다)'과 헷갈리지 않도록 주의가 필요하다.

B **过期** guòqī [동] 기한을 넘기다 5급
这个饼干已经**过期**了。 이 과자는 이미 유통 기한이 지났다.

C **改进** gǎijìn [동] (방법·기술 등을) 개진하다, 개선하다 5급
改进~关系 관계를 개선하다(改善) | **改进~技术** 기술을 개선하다 | **改进~方法** 방법을 개선하다

D **消失** xiāoshī [동] 사라지다, 소실되다 5급
当太阳出来的时候，雪很快就**消失**了。 해가 나왔을 때 눈은 금방 사라졌다.

꿀팁 일반적으로 '消失' 뒤에는 목적어가 오지 않기 때문에 주로 〈S 消失了〉의 형태로 쓴다.

11.

| A 迟早 | B 相当 | A 조만간 | B 상당히 |
| C 重新 | D 赶紧 | C 다시 | D 서둘러 |

풀이 문맥상 '월요일이 되면 또 **다시** 나타난다'라고 하는 게 알맞기 때문에 '重新'이 정답이 된다.

정답 C

오답분석 D : '赶紧'은 '赶紧回家(서둘러 집에 돌아가다)', '赶紧准备(서둘러 준비하다)'처럼 주로 **사람의 행위**에 쓰기 때문에 빈칸에 올 수 없다.

선택지

A 迟早 chízǎo [부] 조만간 5급
这种事瞒是瞒不住的，大家迟早会知道。 이런 일은 숨겨도 숨길 수 없어, 모두가 조만간 알게 될 거야.

B 相当 xiāngdāng [부] 상당히, 꽤 [형] 비슷하다, 상당하다 5급
这家公司的待遇相当不错。 이 회사의 대우는 상당히 괜찮다.
这笔钱相当于我一个月的工资。 이 돈은 내 한 달 월급과 맞먹는다.

C 重新 chóngxīn [부] 다시, 재차 4급
重新开始 다시 시작하다 | 重新启动 재부팅하다 | 重新做人 새사람이 되다
重新布置 새로 배치하다 | 重新播放 재생하다 | 重新评价历史 역사를 재평가하다

D 赶紧 gǎnjǐn [부] 서둘러, 황급히 5급
赶紧回家 서둘러 집으로 돌아가다 | 赶紧离开 서둘러 떠나다

실전 연습 문제 4

| 정답 | 12. B | 13. A | 14. A | 15. A |

12 – 15.

　　孔子的一位学生在煮粥时，发现有脏东西掉进锅里去了。他连忙用汤匙把它捞起来，正想倒掉时，__12__ 想到，一粥一饭都来之不易啊。于是便把它吃了。刚好孔子走进厨房，__13__ ，便教训了那位负责煮食的学生。经过解释，大家才恍然大悟。孔子感慨地说："我亲眼看见的事情也不确实，何况是道听途说呢？"
　　现实生活中，我们常常根据自己所看到的 __14__ 轻易做出判断，并以为那是唯一的 __15__ 。但我们一定要记住：眼见不一定为实。

　　공자의 한 학생이 죽을 끓일 때 더러운 것이 솥 안으로 들어간 것을 발견했다. 그는 황급히 국자로 그것을 건져내 쏟아 버리려고 할 때 갑자기 죽 한 그릇도 구하기가 얼마나 귀한 것인가 하는 생각이 들었다. 그래서 그것을 먹어버렸다. 때마침 공자가 주방에 들어갔다가 그가 몰래 음식을 훔쳐 먹는다고 여겨 죽을 책임지고 있는 그 학생을 꾸짖었다. 해명을 통해 모두가 크게 깨닫게 되었고, 공자는 깊이 느끼며 말했다. "내가 직접 두 눈으로 본 일도 확실하지 않는데 하물며 길거리에서 들은 소문은 더 말할 것도 없지 않겠는가?"
　　현실 생활에서 우리는 자주 자신이 본 현상에 근거하여 쉽게 판단을 내리고 그것이 유일한 진실이라고 여긴다. 하지만 우리가 눈으로 본 것이 꼭 사실인 것은 아니라는 것을 기억해야 한다.

어휘

孔子 Kǒngzǐ [명사] 공자(중국 춘추 시대의 사상가·교육가·정치가 및 유가 학설의 창시자)
煮 zhǔ [동] 삶다, 끓이다, 익히다 5급
粥 zhōu [명] 죽 6급
锅 guō [명] 솥 5급
连忙 liánmáng [부] 황급히 5급
汤匙 tāngchí [명] 국자, 스푼
捞 lāo [동] 건지다
倒掉 dàodiào [동] 쏟아 버리다
来之不易 lái zhī bú yì [성] 오기가 쉽지 않다 6급
于是 yúshì [접] 그래서 4급
便 biàn [부] 곧, 바로(=就) 5급
刚好 gānghǎo [부] 때마침 [형] 꼭 알맞다
厨房 chúfáng [명] 부엌
教训 jiàoxùn [명] 교훈 [동] 훈계하다, 꾸짖다 5급
负责 fùzé [동] 책임지다 4급

经过 jīngguò [동] ~한 과정을 거치다, 경과하다 [명] 경과 3급
恍然大悟 huǎng rán dà wù [성] 문득 크게 깨닫다
感慨 gǎnkǎi [동] 감격하다, 감개무량하다 6급
亲眼 qīnyǎn [부] 직접 자신의 눈으로
确实 quèshí [부] 확실히, 정말로 [형] 확실하다 4급
何况 hékuàng [접] 더군다나, 하물며 5급
道听途说 dào tīng tú shuō [성] 길에서 주워들은 말, 근거 없는 말, 풍문
轻易 qīngyì [형] 함부로 하다 5급
判断 pànduàn [동] 판단하다 4급
并 bìng [부] 결코 [접] 그리고
唯一 wéiyī [형] 유일하다 5급
不一定 bùyídìng [부] 반드시 ~인 것은 아니다 4급 (≒未必/不见得 5급)
为实 wéishí 사실이다

선택지

不然 bùrán [접] 그렇지 않으면 5급
忽然 hūrán [부] 갑자기, 홀연히 5급
果然 guǒrán [부] 과연, 예상한 대로 5급
必然 bìrán [부] 필연적으로, 반드시 [형] 필연적이다 5급

偷食 tōushí [동] 음식을 몰래 훔쳐 먹다
讲究 jiǎngjiū [동] 중요시하다, 신경 쓰다 [명] 주의사항 5급
浪费 làngfèi [동] 낭비하다 5급
食物 shíwù [명] 음식, 먹이 5급

现象 xiànxiàng [명] 현상 5급
表现 biǎoxiàn [명] 표현, 태도, 품행, 활약 [동] 표현하다 5급
角度 jiǎodù [명] 각도 5급
反应 fǎnyìng [명/동] 반응(하다) 5급

真实 zhēnshí [명] 진실 [형] 진실하다 5급
实话 shíhuà [명] 참말, 솔직한 말 5급
光明 guāngmíng [명] 광명, 빛 [형] 떳떳하다 5급
价值 jiàzhí [명] 가치 5급

12.

A 不然	B 忽然	A 여전히	B 갑자기
C 果然	D 必然	C 과연	D 필연적으로

풀이 '想到'는 '생각이 나다'는 뜻이다. **생각이 나는 것**은 예상치 못하게 **갑자기** 일어나는 것일 수 있기 때문에 '**忽然 (갑자기)**'이 가장 알맞다.

정답 B

선택지

A **不然** bùrán [접] 그렇지 않으면 5급
你赶快去把衣服收回来，**不然**下雨就淋湿了。너 빨리 빨래를 거둬 와. 안 그러면 비가 오면 젖어.

B **忽然** hūrán [부] 갑자기, 홀연히 5급
他忽然想起妈妈不允许在家养小动物。그는 갑자기 엄마가 집에서 동물 기르는 것을 허락하지 않는다는 것이 생각났다.

C **果然** guǒrán [부] 과연, 예상한 대로 5급
听说吃苹果能减肥，我试了试，**果然有效**。사과를 먹으면 다이어트가 된다고 들어서, 내가 한번 시도해 보았더니 과연 효과가 있었다.

D **必然** bìrán [부] 필연적으로, 반드시 [형] 필연적이다 5급
平时不认真学习，**必然**考不到好成绩。평소에 열심히 공부하지 않으면 필연적으로 좋은 성적을 얻지 못한다.

13.

A 以为他在偷食	A 그가 몰래 훔쳐 먹고 있다고 생각했다
B 认为他不太会做饭	B 그는 밥을 잘 못한다고 생각했다
C 以为他在吃上很讲究	C 그는 먹는 것을 매우 따진다고 생각했다
D 认为他太浪费食物了	D 그는 음식을 너무 낭비한다고 생각했다

풀이 빈칸 뒷절을 보면 '그 학생을 꾸짖었다(教训)'가 나온다. 부사 '便'은 '就'와 같은 용법으로 주로 '곧', '바로'로 해석한다. 하지만 때로는 '그래서'라고 해석해야 자연스러울 때가 있다. 여기서가 그렇다. 따라서 빈칸은 **꾸짖을 만한 내용**이 와야 한다. 음식을 버리기 아까워서 그것을 먹는 것(把它吃了)을 보고 '음식을 훔쳐 먹는다'고 잘못 생각했을 것이다. 따라서 A가 정답이 된다.

정답 A

어휘 偷食 tōushí [동] 음식을 몰래 훔쳐 먹다 | 讲究 jiǎngjiū [동] 중요시하다, 신경 쓰다 [명] 주의사항 5급 | 浪费 làngfèi [동] 낭비하다 5급 | 食物 shíwù [명] 음식, 먹이 5급

꿀팁 '以为'는 주로 잘못 알았을 때 쓴다!
'认为'는 자신의 견해가 어떠하다는 것을 나타낼 때 쓰지만, '以为'는 주로 **잘못 알았을 때** 쓴다.
- 我认为老师这个工作很稳定。 나는 선생이라는 이 직업이 매우 안정적이라고 생각한다.
- 我以为他是学生，原来是老师。 나는 그가 학생이라고 생각했는데 알고 보니 선생님이었다.

14.

| A 现象 | B 表现 | A 현상 | B 표현 |
| C 角度 | D 反应 | C 각도 | D 반응 |

풀이 빈칸은 '看到'의 수식을 받고 있다. 따라서 **빈칸은 눈으로 볼 수 있는 대상**이 되어야 한다. 선택지 중 '现象'이 가장 알맞다.

정답 A

오답 분석 C : 자주 쓰는 '看问题的角度(문제를 보는 각도)'의 문구를 연상하여 '角度'를 답으로 고를 수 있다. 하지만 빈칸은 '看到的'의 수식을 받고 있고 또 앞에 있는 '根据(~에 근거하여)'에 걸리는 목적어이다. 만일 '角度'를 넣는다면 **자신이 본 각도에 근거하여 판단한다**'가 되어 버린다. 이런 식으로 표현한다면 **자신의 각도에서 판단한다**'로 표현해야 하고 그러려면 '看到的'를 빼야 한다.(根据自己的角度判断) 결정적으로 공자가 본 것은 **음식을 먹고 있는 '현상'이지 '각도'가 아니므로 '角度'는 들어갈 수 없다.

선택지

A 现象 xiànxiàng [명] 현상 5급

不要被表面现象吓倒。 표면적 현상에 놀라 쓰러지지 마라.

B **表现** biǎoxiàn [명] 표현, 태도, 품행, 활약 [동] 표현하다 5급
人物画所**表现**的是人类社会。 인물화가 표현하는 것은 인간 사회이다.

C **角度** jiǎodù [명] 각도 5급
每个人看问题的**角度**都不同。 사람마다 문제를 보는 각도/시각은 다 다르다.

D **反应** fǎnyìng [명/동] 반응(하다) 5급
他不在乎别人的**反应**。 그는 다른 사람의 반응에 신경 쓰지 않는다.

15.

| A 真实 | B 实话 | A 진실 | B 참말 |
| C 光明 | D 价值 | C 광명 | D 가치 |

풀이 이 이야기는 음식을 먹고 있는 학생을 보고 훔쳐 먹은 것으로 오해했다가, 사실은 음식을 낭비하지 않기 위해 한 선의의 행동이라는 것을 나중에 알게 된다는 내용이다. 따라서 자신의 **눈으로 본 것이 꼭 유일한 '진실'이 아니라는 것**을 나타내고 있기 때문에 '真实'가 정답이 된다. **真实的故事**라고 하면 '실제 (있었던) 이야기'라는 뜻이다.

정답 A

오답 분석 B : '实话'는 '솔직한 말'이라는 뜻이다. '실화'로 해석해서 '진짜 이야기'로 이해해 오답으로 고르지 않도록 주의 하자.

선택지

A **真实** zhēnshí [명] 진실 [형] 진실하다, 진짜의 5급
谁也不知道她的**真实**身份。 누구도 그녀의 진짜 신분을 모른다.

B **实话** shíhuà [명] 참말, 솔직한 말 5급
说**实话**，我还不太懂中国文化。 솔직히 말하면, 나는 그다지 중국 문화에 대해 잘 모른다.

C **光明** guāngmíng [명] 광명, 빛 [형] 떳떳하다 5급
前途**光明** 앞날이 밝다. 전망이 밝다

D **价值** jiàzhí [명] 가치 5급
这本书具有很大的历史**价值**。 이 책은 매우 큰 역사적 가치를 가지고 있다.

단문 읽고 내용 일치 고르기

실전 연습 문제 1

> 정답 1. C   2. C

1.

如今，<u>手机已经成为人与人之间保持紧密联系的必备工具</u>，现代人认为用手机联系可以大幅度降低和人沟通的成本，并且可以扩大人际交往圈; 孩子用手机和父母联系的话，可以减少父母的担心，能保证父母随时随地了解孩子的有关信息。

A 手机的功能越来越多
B 常玩手机降低学习效率
C 手机是很重要的沟通工具
D 手机减少父母对孩子的照顾

오늘날 <u>핸드폰은 이미 사람과 사람 사이에 긴밀한 연락을 유지하는 필요 도구가 되어</u>, 현대인들은 핸드폰으로 연락하면 다른 사람과의 소통에 필요한 비용을 대폭으로 낮추고, 사람 사이의 사교권을 확대할 수 있다고 여긴다. 아이가 핸드폰으로 부모와 연락한다면 부모의 걱정을 줄일 수 있고, 부모는 걱정을 줄이고 언제 어디서나 아이의 유관 정보를 얻을 수 있다.

A 핸드폰의 기능은 갈수록 많아지고 있다
B 자주 핸드폰을 하는 것은 학습 효율을 떨어뜨린다
C 핸드폰은 중요한 소통 도구이다
D 핸드폰은 아이에 대한 부모의 보살핌을 줄여 준다

풀이 [주제 이해]: 핸드폰은 긴밀한 관계를 유지하는 도구가 되었다는 것은 중요한 소통의 도구라고 말할 수 있으므로 C가 정답이 된다.

정답 C

어휘
如今 rújīn [명] 오늘날 5급
保持 bǎochí [동] 유지하다 5급
紧密 jǐnmì [형] 긴밀하다
必要 bìyào [형] 필요로 하다 5급
工具 gōngjù [명] 공구, 도구, 수단 5급
沟通 gōutōng [동] 소통하다 5급
成本 chéngběn [명] 비용, 자본금 6급

扩大 kuòdà [동] 확대하다 5급
交往 jiāowǎng [동] 왕래하다, 교제하다 5급
圈 quān [명] 범위, 구역 [양] 바퀴 5급
随时随地 suíshí suídì 언제 어디서나 5급
妨碍 fáng'ài [동] 방해하다 5급
功能 gōngnéng [명] 기능 5급

2.

"春运"，即春节运输，是中国在农历春节前后发生的一种大规模的高交通运输压力的现象。以春节为中心，共40天左右，由国家发改委统一发布，国家铁路局、交通部、民航总局按此<u>进行专门运输安排</u>的全国性交通运输高峰叫做春运。	'춘윈'은 춘절 운수로, 중국의 음력 설 전후로 발생되는 일종의 대규모의 높은 교통 운수 압력 현상을 가리킨다. 춘절을 중심으로 총 40일 정도로, 국가발개위가 통일적으로 선포하며 국가 철도국, 교통부, 민항총국이 이에 근거하여 <u>전문 운수 안배를 하는</u> 전국적인 교통 운수 절정을 춘윈이라고 부른다.
A "春运"有两个含义 B "春运"车票供不应求 C "春运"期间有特别的交通安排 D "春运"是指元旦前后的40天左右	A '춘윈'은 두 가지의 함의가 있다 (관련 언급 없음) B '춘윈' 때 표는 공급 부족이 일어난다 (그럴 가능성은 있지만 지문에 근거가 없음) C '춘윈' 기간에는 특별한 교통 안배가 있다 (정답) D '춘윈'은 원단 전후의 40일 정도를 가리킨다 ('元旦'이 아니라 '春节' 전후 40일임)

풀이 [세부 일치] : '춘윈'에는 **전문적으로 운수 안배를 한다**(进行专门运输安排)고 했다. 이는 특별한 운수 안배가 있다는 의미이므로 C가 정답이 된다.

정답 C

오답 분석 D : '元旦'은 양력 1월 1일 즉, '양력 설'을 의미하고, '春节'는 음력 1월 1일 즉, '음력 설'을 가리키는 말이다. 이 두 명절은 '설날'이라고 같은 말로 번역되긴 하지만 실제로는 다른 날이다.

어휘
春运 chūnyùn [명] 춘절 특별 운수
即 jí [동] 즉 ~이다
运输 yùnshū [동] 운수하다, 운송하다 5급
农历 nónglì [명] 음력
前后 qiánhòu [명] 전후
规模 guīmó [명] 규모 5급
交通 jiāotōng [명] 교통 4급
以A为B yǐ A wéi B A를 B로 삼다
中心 zhōngxīn [명] 중심, 센터 5급

统一 tǒngyī [형] 통일된 [동] 통일하다 5급
专门 zhuānmén [부] 전문적으로, 특별히 [형] 전문적이다 4급
安排 ānpái [동] 안배하다 5급
高峰 gāofēng [명] 절정, 극치 6급
含义 hányì [명] 함의, 내포된 뜻 6급
供不应求 gōng bú yìng qiú [성] 공급이 수요에 미치지 못하다, 수요 초과
是指 shìzhǐ [동] ~을 가리키다, ~을 의미하다
元旦 yuándàn [명] 원단, 설날, 양력 1월 1일

실전 연습 문제 2

> **정답**   3. B   4. C

3.

适量饮茶对人体有益，但过多饮用浓茶可能出现"茶醉"。这是其中的咖啡碱和氟化物所引起的。有些人连喝几杯浓茶后，会出现感觉过敏、失眠、头痛、恶心、站立不稳、手足颤抖、工作效率下降等现象。实际上这是过量的咖啡碱所起的作用。

A 小孩子不宜喝茶
B 过多饮用浓茶有害
C 饮茶会使工作效率下降
D "茶醉"是皮肤过敏引起的

적당량의 차를 마시면 인체에 유익하지만 너무 많이 진한 차를 마시면 '차에 취하는' 현상이 나타날 수 있다. 이것은 차 속의 카페인과 불소화물이 일으킨다. 어떤 사람들은 진한 차 몇 잔을 연거푸 마시면 감각이 과민해지고 불면, 두통, 메스꺼움, 제대로 서 있지 못함, 손발 떨림, 업무 효율 저하 등의 현상이 나타난다. 실제로 이것은 과도한 양의 카페인으로 인한 작용이다.

A 아이는 차를 마시면 안 된다 (관련 언급 없음)
B 너무 많이 진한 차를 마시는 것은 유해하다
C 차를 마시면 업무 효율을 떨어뜨릴 수 있다
D '차에 취하는 것'은 피부 알레르기로 인한 것이다

풀이 [주제 이해] : 이 글은 진한 차를 너무 많이 마시면 오히려 유해하다는 것을 알려 주기 위함이다.

정답 B

오답 분석 D : '감각 과민(感觉过敏)'은 진한 차를 많이 마셔서 생길 수 있는 나쁜 결과이기 때문에 D는 인과 관계가 뒤바뀌었다.

어휘
醉 zuì [동] 취하다 5급
咖啡碱 kāfēijiǎn [명] 카페인(caffeine)
氟化物 fúhuàwù [명] 불소 화합물
适量 shìliàng [형] 적당량의
有益 yǒuyì [형] 유익하다
过多 guòduō [형] 과다하다
浓茶 nóngchá [명] 진한 차
连喝 liánhē 연거푸 마시다

过敏 guòmǐn [형] 과민하다, 알레르기 반응을 보이다 5급
失眠 shīmián [동] 잠을 이루지 못하다, 불면에 걸리다 5급
恶心 ěxīn [동] 속이 메스껍다 6급
站立不稳 zhànlì bù wěn 똑바로 설 수 없다
颤抖 chàndǒu [동] 부들부들 떨다 6급
效率 xiàolǜ [명] 효율 5급
过量 guòliàng 적량을 초과하다
不宜 bùyí [동] 적당하지 않다

4.

学习不一定只在学生时代，学习是更好地生活的开始。无论是选一门不算学分的课，还是向同事学习某些嗜好或兴趣，甚至边开车边听外语，试着从不同方向找出兴趣，生活会更开阔。

A 学习有最佳时期
B 兴趣是最好的老师
C 随时随地都可以学习
D 方向错了永远达不到目的

공부는 단지 학생 시절에만 하는 것은 아니며, 공부는 더 좋은 생활의 시작이다. 학점을 계산하지 않는 과목을 선택하든, 동료에게 어떤 기호나 흥미를 배우든, 심지어 차를 운전하며 외국어를 듣든 다른 방향에서 흥미를 찾으면 생활은 더 넓어질 것이다.

A 공부는 가장 좋은 시기가 있다
B 흥미는 가장 좋은 선생님이다
C 언제 어디서나 공부를 할 수 있다
D 방향이 틀리면 영원히 목적지에 닿을 수 없다

풀이 **[주제 이해]** : '공부란 학생 시절에만 하는 것이 아니다'라는 말을 통해서 **공부는 시간과 공간에 관계없이 할 수 있다**는 것을 알 수 있다. 또한 뒤의 내용들은 모두 공부의 대상, 방식, 방향 등을 막론하고 **언제 어디서든 공부를 해야 한다는 것을 설명**하고 있으므로 C가 정답이 된다. 잊지 말자! 첫 문장에 정답 정보가 숨어 있을 수 있다.

정답 C

어휘 **不一定** [부] 반드시 ~인 것은 아니다 4급(≒未必/不见得 5급)
无论是~还是~ wúlùn shì~háishì ~이든지 아니면 ~이든지 간에 4급
嗜好 shìhào [명] 기호, 취미
试着 shìzhe 시도하다

开阔 kāikuò [형] 넓다 6급
最佳 zuìjiā 가장 좋다
永远 yǒngyuǎn [부] 영원히 4급
达不到 dábúdào 이르지 못하다

실전 연습 문제 3

> 정답 5. A   6. D

5.

居住在云南剑川的白族，很善于把自己的丰富感情寓于各种饮食之中。比如，男女成婚时，宴席上一定要吃"白合菜"，以表示"百年好合"。家中若是来了客人，如果是男宾，主人要摆出花生米，因花生米的两瓣是紧密相连的，这就表示"亲如兄弟"。

A 白族美食多含情
B 白族厨师感情丰富
C 白族宴席上男宾更多
D 白族吃花生米希望婚姻稳定

운남 검천에 거주하는 백족은 자신의 풍부한 감정을 각종 음식 안에 포함시키기를 잘한다. 예를 들어 남녀가 결혼할 때 연회석에서 반드시 '백합 요리'를 먹어야 하는데 이는 '백년 화목'을 나타내기 위함이다. 집에 손님이 오는데 만일 남자 손님이라면 주인은 땅콩 알맹이를 꺼내 놓는데, 땅콩의 두 쪽은 긴밀하게 붙어 있어서 이것은 '친하기가 형제 같다'는 것을 나타낸다.

A 백족의 맛있는 음식에는 많은 정서가 함유되어 있다
B 백족의 요리사는 감정이 풍부하다 (요리사만 감정이 풍부한 게 아니라 백족은 요리에 감정을 담는다는 것이 핵심임)
C 백족의 연회석에는 남자 손님이 더 많다 (남자 손님이 올 경우 땅콩을 내놓는다는 것이지 남자 손님이 더 많다는 것이 아님)
D 백족이 땅콩을 먹는 것은 결혼 생활이 안정적이기를 바라는 것이다 (땅콩은 남자 손님이 올 경우 내놓는 음식으로 친형제처럼 사이 좋기 바람을 나타냄)

> 풀이 백족의 음식은 그 속에 **풍부한 감정(丰富感情)**이 깃들어 있는 것이 특징이다.

> 정답 A

> 어휘
> 居住 jūzhù [동] 거주하다 6급
> 白族 Báizú [명] 백족
> (중국의 소수 민족 중 하나로 주로 윈난 성에 거주함)
> 善于 shànyú [동] ~에 뛰어나다, ~을 잘하다 5급
> 寓于 yùyú [동] ~에 포함되다
> 宴席 yànxí [명] 연회석
> 以 yǐ [접] ~하도록, ~함으로써 ~하다
> 好合 hǎohé [형] 사이좋게 지내다, 화목하다
> 若 ruò [접] 만약
>
> 男宾 nánbīn 남자 손님
> 摆 bǎi [동] 놓다, 흔들다 5급
> 花生米 huāshēngmǐ [명] 땅콩 알맹이 5급
> 瓣 bàn [명] 조각
> 紧密 jǐnmì [형] 긴밀하다
> 美食 měishí [명] 맛있는 음식
> 含情 hánqíng 감정을 함유하다
> 婚姻 hūnyīn [명] 혼인 5급
> 稳定 wěndìng [형] 안정적이다 5급

6.

"酸葡萄"心理是指把那些自己想要却得不到的东西说成是不好的一种心理状态，<u>这种方法能起到自我安慰的作用</u>。比如，别人有一样好东西，你很想要，但实际上你不可能得到。这时不妨利用"酸葡萄"心理，说那样东西的"坏话"，<u>来压制自己不能被满足的需求</u>。

A 承认失败并不可怕
B 不要去追求自己得不到的东西
C "酸葡萄"心理是一种心理疾病
D "酸葡萄"心理能帮人获得心理平衡

'신포도' 심리는 자신이 원하지만 얻을 수 없는 것을 안 좋은 것으로 말하는 일종의 심리 상태로, <u>이런 방법은 자기 위로의 작용을 할 수 있다</u>. 예를 들어 다른 사람이 한 가지의 좋은 물건을 갖고 있을 때, 당신은 갖고 싶지만 실제로는 얻기 불가능하다. 이때 '신포도' 심리를 이용하는 것도 괜찮은데 그 물건의 '험담'을 말함으로써 <u>자신의 만족될 수 없는 수요를 만족시키는 것이다</u>.

A 실패를 인정하는 것은 결코 두렵지 않다
B 자신이 얻을 수 없는 것은 추구하지 마라
C '신포도' 심리는 일종의 심리 질병이다
D '신포도' 심리는 사람들이 심리 균형을 얻도록 도와준다

풀이 정답 D에서 키워드는 '心理平衡(심리적 균형)'인데 **지문에는 없는 단어**이다. 대신 지문에는 '起到自我安慰的作用(자아 위로 작용을 하다)'이 있는데, 이것은 갖고 싶지만 가질 수 없는 **불만의 심리 상태에서 평정심을 갖게 해 준다는 것**이기도 하다. '心理平衡'이라는 단어를 통해서 같은 의미를 전달하고 있는 것이다. 또한 마지막에 '压制自己不能满足的需求' 역시 **심리적 균형을 유지한다는 말과 통하고** 있다.

정답 D

어휘
是指 shìzhǐ ~을 가리키다
状态 zhuàngtài [명] 상태 5급
起到~作用 qǐdào~zuòyòng ~한 작용을 하다
自我 zìwǒ [명] 자기, 자아
安慰 ānwèi [동] 위로하다, 위안하다 5급
不妨 bùfáng [부] ~해도 무방하다, ~해도 괜찮다 6급
利用 lìyòng [동] 이용하다 5급
说坏话 shuō huàihuà [명] 악담을 하다

来 lái ~함으로써 (~하다)
压制 yāzhì [동] 억제하다
满足 mǎnzú [동] 만족하다, 만족시키다 5급
需求 xūqiú [명] 수요, 필요 6급
承认 chéngrèn [동] 인정하다 5급
可怕 kěpà [형] 무섭다 5급
平衡 pínghéng [형] 균형이 맞다, 균형이 잡히다 5급

실전 연습 문제 4

> **정답**   7. D   8. A

7.

<u>有时候，试着改变你本来的风格，并不是否定或者不尊重自己，反而可能会对你有利。</u>比如，在参加宴会时，性格活泼的人偶尔表现得安静些，别人可能更愿意与你交流。而性格害羞的人，偶尔大方一些，不仅能交到更多朋友，还能让自己更有信心。

A 性格害羞的人喜欢购物
B 朋友多的人通常更自信
C 性格活泼的人更需要朋友
D 可以考虑偶尔改变一下风格

<u>가끔은 시험 삼아 당신의 본래 스타일을 바꾸는 것은 결코 자신을 부정하거나 존중하지 않는 것이 아니라 오히려 당신에게 좋을 수도 있다.</u> 예를 들어 연회에 참석했을 때 성격이 활달한 사람은 가끔 좀 조용하게 행동하면 다른 사람은 아마도 당신과 더 교류하고 싶을 것이다. 그러나 성격이 부끄러움을 타는 사람이라면 가끔 좀 대범하게 행동하면 더 많은 친구를 사귈 수 있을 뿐 아니라 자신으로 하여금 더 자신감 있게 만들어 줄 수 있다.

A 성격이 수줍음을 타는 사람은 쇼핑을 좋아한다
B 친구가 많은 사람은 통상적으로 더욱 자신감 있다
C 성격이 활달한 사람은 더 많은 친구를 필요로 한다
D 가끔 풍격(스타일)을 바꾸는 것을 고려할 만하다

풀이 [주제 이해] : '比如' 앞까지가 주제를 제시하고 그 뒤에는 예시를 주는 구조로 이루어졌다. '본래 스타일을 바꾸는 것은 오히려 좋을 수 있다(试着改变本来的风格…对自己有利)'라고 한 것은 '스타일 변화를 고려해 볼 만하다'고 할 수 있으므로 D가 정답이 된다.

정답 D

어휘
试着 shìzhe 한번 시도해 보다
改变 gǎibiàn [동] 바꾸다, 바뀌다 4급
风格 fēnggé [명] 풍격, 스타일 5급
否定 fǒudìng [동] 부정하다 5급
反而 fǎn'ér [부] 오히려 5급
宴会 yànhuì [명] 연회, 파티 5급
活泼 huópo [형] 활발하다, 활기차다 4급
偶尔 ǒu'ěr [부] 가끔 4급

表现 biǎoxiàn [동] 표현하다, 행동하다, 활약하다 [명] 태도, 성적, 활약 5급
交流 jiāoliú [명/동] 교류(하다) 5급
害羞 hàixiū [형] 부끄러워하다, 수줍어하다 4급
大方 dàfang [형] (언행이) 대범하다, (언행이) 시원시원하다, (씀씀이가) 인색하지 않다, (옷차림이) 점잖다 5급
通常 tōngcháng [부] 통상적으로, 일반적으로 [형] 통상적이다 5급

8.

中国幅员辽阔，气候复杂。南方多雨水，空气潮湿，温和、湿润的气候有利于人放松精神，因此南方人多具理性色彩，头脑冷静。而北方冬季漫长，空气干燥，多风沙，导致北方人喜喝烈酒，容易急躁，性格开朗直爽，动作粗犷，敢说敢做。

A 中国北方人说话干脆
B 中国北方人头脑灵活
C 中国南方的气候复杂
D 中国南方人喜欢喝烈酒

중국은 국토가 광활하고 기후가 복잡하다. 남방은 비 오는 날이 많고 공기가 습윤하다. 따뜻하고 습한 기후는 사람이 정신을 이완시키기에 유리해 남방인은 대부분 이성적인 색채를 가지고 있고 두뇌는 냉정하다. 하지만 북방은 겨울이 길고 공기가 건조하고 풍사가 많아 북방인이 독한 술을 좋아하며 쉽게 조급해하고 밝고 솔직하며 동작은 거칠고 자신 있게 말하고 행동하도록 초래한다.

A 중국의 북방인은 말을 시원스럽게 한다
B 중국의 북방인은 총명하다 (남방인은 머리가 냉정하고 북방인은 쉽게 조급해한다고 했음)
C 중국 남방의 기후는 복잡하다 (남방이 아니라 중국 전체의 기후가 복잡한 것임)
D 중국 남방인은 독한 술을 좋아한다 (북방인이 독한 술을 좋아함)

풀이 [세부 일치] : '敢说敢做'는 '과감하게 말하고 과감하게 행동한다'의 뜻이므로 '说话干脆'라고 말할 수 있다.

정답 A

어휘 幅员辽阔 fúyuán liáokuò 국토가 넓다
潮湿 cháoshī [형] 습하다 5급
湿润 shīrùn [형] 축축하다 5급
精神 jīngshén [명] 정신,
jīngshen [형] 활기차다, 기운 있다 [명] 생기, 기운 5급
理性 lǐxìng [명] 이성 [형] 이성적이다
色彩 sècǎi [명] 색채 5급
漫长 màncháng [형] (시간·공간이) 멀다, 길다 6급
干燥 gānzào [형] 건조하다 5급
风沙 fēngshā [명] 풍사, 바람에 날리는 모래

导致 dǎozhì [동] 초래하다 5급
烈酒 lièjiǔ [명] 독한 술
急躁 jízào [형] 초조해하다
开朗 kāilǎng [형] 명랑하다, 낙관적이다 6급
直爽 zhíshuǎng [형] 솔직하다
粗犷 cūguǎng [형] 호방하다
敢说敢做 gǎn shuō gǎn zuò 자신 있게 말하고 행동하다
干脆 gāncuì [형] 시원스럽다 [부] 아예, 차라리 5급
灵活 línghuó [형] 민첩하다, 융통성 있다 5급

실전 연습 문제 5

> **정답**   9. C   10. C

9.

朋友、熟人之间适当开玩笑，可以活跃气氛、融洽关系，增进友谊。<u>但开玩笑要看对象</u>。俗话说："人上一百，形形色色。"人的性格不同，开玩笑也应有区别。和宽容大度的人开点儿玩笑，或许可以调节气氛，和异性、刚认识的人开玩笑，则要适可而止。 A 开玩笑要大方一些 B 刚认识的人不宜开玩笑 C 开玩笑要注意对方的特点 D 在严肃的气氛里不要开玩笑	친구와 잘 아는 사이에서는 적당하게 농담을 하면 분위기를 띄우고 관계를 원활하게 하며 우의를 증진시킬 수 있다. <u>하지만 농담은 상대를 봐 가며 해야 한다</u>. 속담에 '사람이 백 명에 이르면 형형색색이다'라는 말이 있다. 사람의 성격이 다르면 농담 또한 구별이 있어야 한다. 마음이 넓은 사람에게 약간의 농담을 하면 분위기를 조절할 수도 있겠지만 이성이나 막 알게 된 사람에게 농담할 때는 적당하게 하며 너무 많이 해서는 안 된다. A 농담할 때는 좀 대범해야 한다 (대범에 관한 언급은 없음) B 막 알게 된 사람과는 농담을 하면 안 된다 (막 알게 된 사이에서는 적당히 해야지(适可而止) 그렇다고 아예 안 하는 것이 아님) C 농담을 할 때는 상대방의 특징에 주의해야 한다 D 엄숙한 분위기에서는 농담을 하면 안 된다 (엄숙한 분위기에서 어떻게 하라는 언급이 없음)

풀이 [세부 일치] : 관용적인 사람에게는 어떻게 농담하고 이성이나 안 지 얼마 안 된 사람에게는 또 어떻게 농담하고 등등의 말은 상대방의 특징에 주의해서 농담해야 한다는 것을 의미한다.

정답 C

어휘
适当 shìdàng [형] 적당하다
活跃 huóyuè [형] 활발하다 [동] 활발하게 하다 5급
气氛 qìfēn [명] 분위기 5급
融洽 róngqià [형] 사이가 좋다, 조화롭다 6급
对象 duìxiàng [명] 대상, 배우자 5급
俗话 súhuà [명] 속담 6급
宽容 kuānróng [형] 너그럽다, 포용력이 있다 6급
大度 dàdù [형] 도량이 크다

或许 huòxǔ [부] 어쩌면, 아마 5급
调节 tiáojié [동] 조절하다 6급
异性 yìxìng [명] 이성
则 zé [부] 오히려, 그러나(대비나 역접을 나타냄) 5급
适可而止 shì kě ér zhǐ [성] 적당하게 하다
不宜 bùyí [동] ~하면 안 된다
情绪 qíngxù [명] 정서, 마음 5급
严肃 yánsù [형] 엄숙하다 5급

10.

刘半农是中国著名的文学家、语言学家。1920年他创作了一首题为《教我如何不想她》的小诗，后经赵元任谱成歌曲，在国内传唱开来，流传至今。<u>这首诗中第一次用"她"字来指代女性</u>，后来"她"字得到人们的普遍认可，被收入词典。 A 赵元任发明了"她"字 B 赵元任认为男女应该平等 C 用"她"字指代女性始于刘半农 D 将"她"收入词典是为了纪念刘半农	류반농은 중국의 유명한 문학가이자 언어학자이다. 1920년 그는 〈어떻게 하면 그녀를 그리워하지 않을 수 있는지 가르쳐 줘〉라는 제목의 시를 한 편 창작하였는데, 후에 조원임이 노래로 만들었고 국내에 널리 불려지게 되어 지금까지 전해 오고 있다. <u>이 시 속에 처음으로 '她'라는 글자를 사용하여 여성을 대신 가리켰으며</u> 후에 '她' 자는 사람들의 보편적인 인정을 받아 사전에 수록되었다. A 조원임이 '她' 자를 발명했다 B 조원임은 남녀는 평등해야 한다고 생각한다 C '她' 자를 이용해 여성을 대신 가리킨 것은 류반농으로부터 시작되었다 D '她'를 사전에 수록한 것은 류반농을 기념하기 위해서이다

[풀이] **[세부 일치]** : 한 편의 시에서 처음으로 '她' 자를 썼다고 했는데, 시는 '刘半农(류반농)'이 창작했으므로 C가 정답이 된다. '赵元任(조원임)'은 그 시를 노래로 만든 사람이다.

[정답] C

[어휘]
创作 chuàngzuò [동] (문예 작품을) 창작하다 6급
首 shǒu [양] 편(시나 노래 등을 셈) 5급
题为 tíwéi 제목이 ~이다
经 jīng [동] ~ 과정을 거치다
谱成 pǔchéng ~으로 편곡하다
歌曲 gēqǔ [명] 노래
谱成歌曲 pǔchéng gēqǔ 노래로 만들다
传唱 chuánchàng [동] 유전되어 불리다
开来 kāilái 퍼지다(확장의 의미가 있는 방향보어)

流传至今 liúchuán zhìjīn 지금까지 전해 오다 5급
指代 zhǐdài [동] 대신 지칭하다
后来 hòulái [명] 후에, 그후 3급
普遍 pǔbiàn [형] 보편적이다 4급
认可 rènkě [동] 인정하다, 허가하다 6급
得到认可 dédào rènkě 인정 받다
收入 shōurù [명] 수입 [동] 수록하다 4급
始于 shǐyú [동] ~부터 시작하다

[꿀팁]

始于 + 시점 ~ : ~부터 시작되다
'始于~'는 '~부터 시작되다'는 뜻으로 어려운 서면어이다. 선택지에 종종 등장하므로 기억하도록 하자. '取决于~: ~에 달려 있다', '始建于 + 시점 : ~부터 건설되다', '建于 + 시점 : ~에 건설되다', '发明于 + 시점 : ~에 발명되다' 등의 표현도 있음을 기억하자.

- 这座建筑<u>建于</u>1901年。이 건축물은 1901년에 지어졌다.
- 地动仪<u>发明于</u>东汉时期。지동의는 동한 시기에 발명되었다.
- 这<u>取决于</u>你能否通过考试。이것은 네가 시험에 통과하느냐 못 하느냐에 달렸다.
- 故宫，也称"紫禁城"<u>始建于</u>1420年。'자금성'이라고도 불리는 고궁은 1420년부터 건설되었다.

독해 3부분

장문 읽고 질문에 답하기

실전 연습 문제 1

| 정답 | 1. C | 2. C | 3. C | 4. C |

西汉时候，有个农民的孩子，叫匡衡。他小时候很想读书，可是因为家里穷，没钱上学。后来，1 他跟一个亲戚学认字，才有了看书的能力。

匡衡买不起书，只好借书来读。那个时候，书是非常贵重的，有书的人不肯轻易借给别人。匡衡就在农忙的时节，给有钱的人家打短工，不要工钱，只求人家借书给他看过了几年，匡衡长大了，成了家里的主要劳动力。2 他一天到晚在地里干活，只有中午歇晌的时候，才有工夫看一点书，所以一卷书常常要十天半月才能够读完。匡衡很着急，心里想：白天种庄稼，没有时间看书，我可以多利用一些晚上的时间来看书。可是匡衡家里很穷，买不起点灯的油，怎么办呢？

有一天晚上，匡衡躺在床上背白天读过的书。背着背着，突然看到东边的墙壁上透过来一线亮光。他站起来，走到墙壁边一看，3 原来从壁缝里透过来的是邻居的灯光。于是，匡衡想了一个办法：他拿了一把小刀，把墙缝挖大了一些。这样，透过来的光亮也大了，他就凑着透进来的灯光，读起书来。

4 匡衡就是这样刻苦地学习，后来成了一个很有学问的人。

※ ▨ 표시된 단어들은 '선별식 독해'를 나타내는 단어들입니다.

서한 때 한 농민의 아이가 있었는데 광형이라 불렸다. 그는 어릴 때 책 읽기를 좋아했지만 집안이 가난해서 학교에 다닐 돈이 없었다. 후에 1 그는 한 친척에게 글자를 배워서야 비로소 책을 볼 수 있는 능력이 생겼다.

광형은 책을 살 수 없어서 어쩔 수 없이 책을 빌려 공부했다. 그때 책은 매우 귀중해서 책이 있는 사람은 다른 사람에게 쉽게 빌려 주려 하지 않았다. 광형은 농번기 때 돈 있는 사람에게 짧은 시간 동안 아르바이트를 해 주고, 품삯을 원하지 않고 단지 책을 빌려서 몇 년을 보게 해 달라고만 했다. 광형은 자라서 집안의 주요 노동력이 되었다. 2 그는 아침부터 저녁까지 밭에서 일을 했고 오직 낮에 쉬는 시간에만 책을 볼 수 있었다. 그래서 책 한 권도 열흘이나 보름이 되어서야 비로소 다 볼 수 있다. 그는 조급해졌고 속으로 생각했다. '낮에 농사일을 해서 책을 볼 시간이 없지만 밤 시간을 이용해 책을 볼 수 있다.' 그러나 광형의 집안은 너무 가난해서 등잔의 불을 켤 기름을 살 수가 없으니 어떡해야 하는가?

어느 날 밤 광형은 침대에 누워 낮에 읽던 책을 외우고 있었다. 외우다가 외우다가 갑자기 동쪽 벽에 한 줄기 빛이 투과된 것을 보았다. 그는 일어나서 벽쪽에 다가가 보았고 3 알고 보니 벽 틈에 투과해 나온 것은 이웃의 등불이었다. 그래서 광형은 한 가지 방법을 생각해 내었다. 그는 작은 칼을 가지고 벽 틈을 좀 더 크게 팠다. 이렇게 하니 투과된 불빛도 커졌고 그는 아쉬운 대로 투과된 빛을 가지고 책을 읽기 시작했다.

4 광형은 이렇게 열심히 공부했고 후에 학식이 깊은 사람이 되었다.

어휘

穷 qióng [형] 가난하다 4급
认字 rènzì [동] (글자를) 알다(≒识字)
只好 zhǐhǎo [부] 어쩔 수 없이 4급 (≒不得不)
贵重 guìzhòng [형] 귀중하다
不肯 bùkěn ~하려 하지 않다
轻易 qīngyì [부] 쉽게, 함부로 5급
农忙 nóngmáng [형] 농사일로 바쁘다
人家 rénjiā [명] 다른 사람, 남, 타인 6급
打工 dǎgōng [동] 아르바이트하다, 노동하다
工钱 gōngqián [명] 품삯, 월급
只求 zhǐqiú [동] 단지 ~만 원하다
劳动力 láodònglì [명] 노동력
一天到晚 yì tiān dào wǎn 하루 종일
干活 gànhuó [동] 일을 하다
歇晌 xiēshǎng [동] 점심 후 휴식하다(주로 낮잠을 가리킴)
工夫 gōngfu [명] 시간, 틈, 여가

一卷书 yì juàn shū 한 권의 책
十天半月 shí tiān bàn yuè 열흘이나 보름
种 zhòng [동] 심다, 뿌리다
庄稼 zhuāngjia [명] (농)작물
背书 bèishū 책 내용을 암기하다 5급
墙壁 qiángbì [명] 벽, 담장
透 tòu [동] 투과하다
亮光 liàngguāng [명] 어둠 속의 빛
原来 yuánlái [부] 알고 보니 [형] 원래의 4급
墙缝 qiángfèng [명] 벽의 틈새
于是 yúshì [접] 그래서 5급
挖 wā [동] 파다
凑着 còuzhe 그럭저럭 ~하다, 아쉬운 대로 ~하다
刻苦 kèkǔ [형] 고생을 참아 내다, 몹시 애를 쓰다 5급
学问 xuéwen [명] 학문, 학식 5급

1.

小时候，匡衡：
A 兴趣广泛
B 是亲戚教他识字的
C 抱怨自己家里很穷
D 不想轻易把书借给别人

어릴 때, 광형은:
A 흥미가 광범위했다
B 친척이 그에게 글자를 가르쳐 주었다
C 자신의 집안이 가난한 것을 불평했다
D 쉽사리 책을 다른 사람에게 빌려 주려 하지 않았다

풀이 [세부 내용 이해] : 한 친척에게(跟一个亲戚) 글자를 배웠다(学认字)고 했으므로 B가 정답이다.

정답 B

오답분석 C : 집이 가난한 것은 맞지만 그것을 불평한(抱怨) 것은 아니다.

어휘 广泛 guǎngfàn [형] 광범위하다 5급 | 抱怨 bàoyuàn [동] 불평하다 5급

꿀팁
跟/向 + 누구 + 学 + (무엇)
'~에게 배우다'를 중국어로 할 때는 '给 + 누구 + 学 + (무엇)'이 아니라 '跟/向 + 누구 + 学 + (무엇)'으로 쓴다.
• 韩国有一种关于喝酒的说法，就是学喝酒要跟父母学。
한국에는 일종의 술 마시기와 관련된 말이 있는데, 바로 술을 배울 때는 부모님에게서 배워야 한다는 것이다.

2.

匡衡长大后为什么着急？	광형은 커서 왜 조급해했는가?
A 家里太穷了	A 집안이 너무 가난하다
B 工钱不够养家	B 품삯이 집을 부양하기에 부족하다
C 几乎没工夫看书	C 거의 책 볼 시간이 없다
D 白天干活晚上读书	D 낮에 일을 하고 밤에 공부를 한다

풀이 [원인 찾기] : 먼저 질문의 키워드인 '着急'를 지문에서 찾아내야 한다. 그는 하루 종일(一天到晚) 일하느라(干活) 책을 볼 시간이 없어서 조급해한 것이다.

정답 C

꿀팁 인과 관계 앞뒤에는 중요 내용이 나온다!
'所以'는 결과를 나타내는 단어로 **앞뒤로는 중요한 내용**이 나오고 이 부분은 **문제로 연결**되는 경우가 많다는 점을 기억하자. 인과 관계를 나타내는 단어로는 아래와 같은 것들이 있는데, **이들 단어를 중심으로 '선별식 독해'**를 한다면 더 빨리 더 쉽게 문제를 풀 수 있다.

因为 / 由于 / 所以 / 因此 / 因而(따라서) **/ 于是**(그래서) **/ 从而**(그리하여) **/ 总之**(총괄하면) **+ 중요 내용**

3.

为了借邻居的灯光，匡衡是怎么做的？	이웃의 등불을 빌리기 위해서 광형은 어떻게 했는가？
A 使墙缝变大了	A 벽 틈을 더 크게 만들었다
B 在月亮下面读书	B 달빛 아래에서 책을 읽었다
C 请求邻居借给自己油灯	C 이웃에게 유등을 빌려 달라고 했다
D 尽量靠近邻居家的墙壁	D 최대한 이웃집 담벽 가까이에 갔다

풀이 [세부 내용 이해] : 벽 틈을 새어 나온 불빛이 더 커지도록 **벽 틈을**(把墙缝) 좀 더 크게 팠으므로(挖大了一些) A가 정답이 된다.

정답 A

어휘 请求 qǐngqiú [동] 부탁하다 [명] 부탁 5급 | 尽量 jǐnliàng [부] 가능한 한, 되도록

꿀팁 '原来', '于是' 뒤에는 중요 내용이 나온다!
인과 관계를 나타내는 단어와 마찬가지로 '**原来**(알고 보니)' 역시 **중요 정보를 이끄는 단어**이다. 따라서 이 부분을 **문제 풀이에 적극적으로 활용**해서 '**선별식 독해**'를 할 수 있어야 시간을 아낄 수 있다. 선별식 독해를 가능하게 해 주는 단어로는 아래와 같은 것들이 또 있다.

原来(알고 보니) **/ 于是**(그래서) **/ 其实**(사실은) **/ 事实上**(사실상) **/ 实际上**(실제로는) **+ 중요 내용**

4.

根据上文，下列哪项正确？	이 글에 따르면 아래에서 옳은 것은?
A 匡衡开始并没用功	A 광형은 처음에는 열심히 공부하지 않았다
B 匡衡从小就勤奋好学	B 광형은 어릴 때부터 부지런하고 배우기를 좋아했다
C 艰苦的条件使人更奋斗	C 힘든 조건은 사람을 더욱 분투하게 한다
D 读书方法决定人的命运	D 책을 보는 방법이 사람의 운명을 결정한다

풀이 [종합 일치]: 광형은 어릴 때부터 책 읽기를 좋아했고(**첫째 단락**) 이웃의 불빛을 이용해 공부하기까지 했고(**세 번째 단락**), 후에 학식이 많은 사람이 되었다. 이를 통해서 **그는 어릴 때부터(从小) 부지런하고(勤奋) 배우기를 좋아했다는(好学)** 것을 알 수 있다.

정답 B

오답분석 C: 광형이 후에 학식이 깊은 사람이 된 것은 그 **개인의 노력 때문에 가능한 것**이지 C처럼 **어려운 조건이 사람을 다 열심히 하게 만드는 것은 아니다**. C는 지나친 **일반화의 오류**이다.

D: 위의 광형 이야기에서 책 읽기가 분명 중요한 것은 맞지만, **책 읽기 방법 때문에 운명이 결정된 것은 아니다**.

어휘 开始 kāishǐ [명] 처음 [동] 시작하다 2급 | 用功 yònggōng [동] 열심히 공부하다 5급 | 勤奋 qínfèn [형] 근면하다 5급 | 好学 hàoxué [동] 배우기를 좋아하다 | 艰苦 jiānkǔ [형] 어렵고 고달프다 5급 | 奋斗 fèndòu [동] 분투하다 5급 | 命运 mìngyùn [명] 운명 5급

실전 연습 문제 2

| 정답 | 5. A | 6. C | 7. B | 8. B |

有一次，5 众多兔子聚集在一起，为自己的胆小无能而难过，悲叹自己的生活中充满了危险和恐惧。

它们越谈越伤心，就好像已经有许多不幸发生在自己身上。到了这种地步，负面的想像便无止境地涌现出来。5 它们怨叹自己天生不幸，既没有力气和翅膀，也没有锋利的牙齿，日子只能在东怕西怕中度过，就连想要抛开一切大睡一觉，也有什么都听得见的长耳朵的阻扰，赤红的眼睛也就变得更加鲜红了。

它们觉得自己的这种生活是毫无意义的，这又成了它们自我厌恶的根源。它们都觉得，与其一生 6 心惊胆战，还不如一死了之好。

于是，它们一致决定从山崖上跳下去了结自己的生命，结束一切烦恼。于是它们一齐奔向山崖，想要投河自尽。这时，一些青蛙正围在湖边蹲着，听到急促的脚步声，如临大敌，立刻跳到深水里逃命去了。

这是兔子们每次到池塘边都会看到的情景，但是今天，7 有一只兔子突然明白了什么，它大声地说："快停下来，我们不必吓得去寻死寻活了，因为我们现在可以看见，你们看，还有比我们更胆小的动物呢！"

这么一说，兔子们的心情奇妙地豁然开朗起来了，好像有一股勇气喷涌而出，于是它们欢天喜地回家去了。

※ 표시된 단어들은 '선별식 독해'를 나타내는 단어들입니다.

한 번은 5 많은 토끼들이 함께 모여서 자신의 겁 많음과 무능 때문에 괴로워하고 자신의 생활은 위험과 공포가 가득하다며 슬프게 탄식했다.

그들은 갈수록 상심에 빠져 마치 이미 많은 불행이 자신에게 일어난 것 같았다. 이 지경에 이르자 부정적인 상상이 끝없이 생겨났다. 5 그들은 자신은 천성적으로 불행하며 힘과 날개도 없고 날카로운 이빨도 없어 이런저런 걱정 중에서 시간을 보내며, 모든 걸 버리고 잠이나 실컷 자고 싶어도 모든 것을 들을 수 있는 긴 귀의 방해가 있고 검붉은 눈은 더욱 붉어졌다고 불평하며 한탄했다.

그들은 자신의 이런 생활이 아무런 의미가 없고 이것은 또한 그들이 스스로를 혐오하는 근원이 되었다. 그들은 일생 동안 6 무서워하며 살 바에야 죽는 게 낫다고 생각했다.

그래서 그들은 절벽에서 자신의 생명과 모든 고민을 끝내기로 결정했다. 이렇게 결정되자 그들은 일제히 낭떠러지로 달려가 강에 뛰어들어 자살하려고 했다. 이때 몇몇 청개구리가 호숫가에서 쪼그리고 앉아 있다가 급한 발소리를 듣고 마치 무서운 적을 만난 듯 바로 깊은 물 속으로 도망쳐 버렸다.

이것은 토끼가 못에 갈 때마다 볼 수 있는 정경이었지만 오늘은 7 한 토끼가 갑자기 무언가를 깨달았다. 그는 큰 소리로 말했다. "빨리 멈춰, 우리들은 놀라서 자살할 필요는 없어. 왜냐하면 우리는 지금 우리보다 더 겁 많은 동물이 있다는 것을 볼 수 있잖아!"

이렇게 말하자 토끼들의 마음이 기묘하게 가슴이 탁 트이면서 밝아졌고 용기가 솟아나는 것처럼 느껴졌다. 그래서 그들은 매우 기쁘게 집으로 돌아갔다.

어휘

兔子 tùzi [명] 토끼 4급
聚集 jùjí [동] 한데 모이다
胆小 dǎnxiǎo [형] 겁이 많다
无能 wúnéng [형] 무능하다
悲叹 bēitàn [동] 슬프게 탄식하다
充满 chōngmǎn [동] 충만하다, 가득하다 5급
恐惧 kǒngjù [동] 겁먹다, 두려워하다 5급
伤心 shāngxīn [동] 상심하다 4급
不幸 búxìng [명] 불행 [형] 불행하다
地步 dìbù [명] 정도, 지경 6급
负面 fùmiàn [형] 부정적이다
想象 xiǎngxiàng [명/동] 상상(하다) 5급
便 biàn [부] 곧(≒就) 5급
无止境 wúzhǐjìng 끝이 없다
涌现 yǒngxiàn [동] 한꺼번에 생겨나다 6급
怨叹 yuàntàn [동] 원망하며 탄식하다
力气 lìqi [명] 힘 4급
翅膀 chìbǎng [명] 날개 5급
日子 rìzi [명] 날(짜), 생활 5급
东怕西怕 dōng pà xī pà [성] 이것저것 걱정이 많다
度过 dùguò [동] (시간을) 보내다 5급
抛开 pāokāi [동] 떨쳐 버리다
阻扰 zǔrǎo [동] 교란하다, 방해하다
赤红 chìhóng [형] 검붉다
鲜红 xiānhóng [형] 새빨갛다
毫无意义 háo wú yìyì 아무런 의미가 없다 5급
厌恶 yànwù [동] 혐오하다, 몹시 싫어하다 6급
根源 gēnyuán [명] 근원 6급

与其 A 不如 B yǔqí A bùrú B A하느니 B하는 게 낫다 5급
心惊胆战 xīn jīng dǎn zhàn [성] 매우 두려워하다, 무서워하다
一致 yízhì [형] 일치하다 5급
山崖 shānyá [명] 낭떠러지, 절벽
结~生命 jié~shēngmìng 생명을 마치다
一齐 yìqí [부] 일제히
奔向 bēnxiàng ~를 향해 달려가다
投河 tóuhé [동] 강에 뛰어들다
自尽 zìjìn [동] 자살하다
青蛙 qīngwā [명] 청개구리
湖边 húbiān [명] 호숫가
蹲 dūn [동] 쪼그리고 앉다 5급
急促 jícù [형] 다급하다
如临大敌 rú lín dà dí 대적을 만난 것과 같다
立刻 lìkè [부] 즉각, 바로 5급
逃命 táomìng [동] 도망치다
池塘 chítáng [명] 연못 5급
情景 qíngjǐng [명] 정경, 상황 5급
吓 xià [동] 놀라다, 놀라게 하다 5급
寻死寻活 xúnsǐ xúnhuó [동] 자살하다
奇妙 qímiào [형] 기묘하다 6급
豁然 huòrán [형] 마음이 탁 트이는 모양
开朗 kāilǎng [형] 밝다 6급
股 gǔ [양] 줄기(맛·기체·냄새·힘 따위 등을 세는 단위)
勇气 yǒngqì [명] 용기 5급
喷涌 pēnyǒng [동] 용솟음치다
欢天喜地 huān tiān xǐ dì [성] 매우 기뻐하다

5.

兔子聚集在一起做什么?
A 抱怨自身的条件
B 商量如何避免不幸
C 寻找克服缺点的办法
D 批评恶劣的生存环境

토끼들이 함께 모여 무엇을 하고 있는가?
A 자신의 조건을 불평한다
B 어떻게 하면 불행을 피할 수 있는가를 상의한다
C 단점을 극복하는 방법을 찾는다
D 열악한 생존 환경을 비판한다

풀이 **[세부 내용 이해]** : 먼저 **질문의 키워드**인 '**聚集**'를 지문에서 찾아야 한다. '**难过**(괴로워하다)', '**怨叹**(원망하며 탄식하다)' 등의 단어가 나오고 날개(**翅膀**)가 없다느니, 날카로운 이빨(**牙齿**)이 없다는 등 **자신의 불리한 조건을 불평(抱怨)**하고 있음을 알 수 있다.

정답 A

오답 분석 D : '**批评**(비판)'적인 태도는 어느 정도 일치하지만 그 대상은 자신의 조건이지 생존 환경(**生存环境**)이 아니다. 성급하게 '**批评**'만 보고 정답으로 고르지 않도록 주의하자.

어휘 抱怨 bàoyuàn [동] 불평하다 5급 | 逃避 táobì [동] 도피하다 5급 | 寻找 xúnzhǎo [동] 찾다 5급 | 克服 kèfú [동] 극복하다 5급 | 恶劣 èliè [형] 열악하다 5급

> **꿀팁** '**선별식 독해**'에 필요한 '**为**'
>
> '**为**'는 '**~을 위하여**'라는 뜻이 있지만 '**~때문에**'라는 뜻도 있어 **인과 관계를 나타낼 수 있다**. 따라서 '**为**' 역시 **선별식 독해를 가능하게 하기 때문에 이 부분을 잘 이해하여 문제를 풀어야** 한다. '**为了**'도 똑같이 '**~을 위하여**'의 뜻으로 선별식 독해에 사용되는 단어이다.

6.

文中 "心惊胆战" 的意思最可能是:	본문에서 '心惊胆战'의 뜻은 ~일 가능성이 가장 크다:
A 十分犹豫	A 매우 망설이다
B 非常谨慎	B 매우 신중하다
C 格外害怕	C 유달리 두려워하다
D 充满挑战	D 도전이 넘친다

풀이 **[어의 추론]** : 토끼에 관하여 끊임없이 나오는 **묘사**가 '**胆小**(겁이 많다)'이다. '**与其 A, 不如 B**'는 'A하느니 B만 못하다'의 뜻으로 **그나마 B가 낫다**는 것을 나타낸다. 대입시켜 보면 "평생 **心惊胆战** 하느니 죽겠다"라는 것이므로 '**心惊胆战**'은 겁 많은(**胆小**) 토끼가 운명적으로 **일생 동안 살아갈 모습**이라고 **추측해** 볼 수 있다. 또한 '**心惊**'이 '마음이 놀라다'는 뜻이므로 '**겁이 많다(胆小)**'는 것과 **상통**한다는 것을 알 수 있다. 따라서 '유난히 두려워하다(**格外害怕**)'가 가장 알맞다. 참고로, '**心惊胆战**'은 '**매우 두려워하다**'라는 뜻이다.

정답 C

어휘 犹豫 yóuyù [형] 주저하다, 망설이다 5급 | 谨慎 jǐnshèn [형] 신중하다 5급 | 格外 géwài [부] 유달리 5급 | 挑战 tiǎozhàn [동] 도전하다 5급

> **꿀팁** **与其 A 不如 B : A하느니 B만 못하다**
> A보다는 B를 선택하겠다는 것을 나타낸다.
> - **与其**花钱吃药, **不如**花钱去健身房。 돈을 써서 약을 먹기보다는 돈을 써서 헬스장에 가는 게 낫다.
> - **与其**等待机会上门, 还**不如**上门去找机会。 기회가 찾아오기를 기다리느니 직접 기회를 찾아가는 것이 낫다.

7.

有一只兔子明白了什么?	어떤 한 마리 토끼는 무엇을 깨달았는가?
A 青蛙挺勇敢的	A 청개구리는 매우 용감하다
B 自己不是最糟糕的	B 자신이 최악은 아니다
C 逃避不能解决问题	C 도피는 문제를 해결해 주지 않는다
D 从崖上跳下去很可怕	D 절벽에서 뛰어내리는 것은 매우 무섭다

풀이 [세부 내용 이해] : 먼저 질문의 키워드인 '明白了'를 다섯 번째 단락에서 찾을 수 있다. 뒤에 오는 '자신들보다 더 겁많은 동물(青蛙)도 있으니 우리가 죽을 필요가 없다'는 부분을 통해서, 토끼들은 자신의 처지가 최악이 아니라는 것을 깨달은 것이기 때문에 B가 정답이 된다.

정답 B

어휘 糟糕 zāogāo [형] 엉망이다, 나쁘다 5급

8.

最适合做上文标题的是:	윗글의 제목으로 가장 적절한 것은 :
A 兔子的梦想	A 토끼의 꿈
B 胆小无能的兔子	B 겁 많고 무능한 토끼
C 命运是可以改变的	C 운명은 바꿀 수 있다
D 小动物的生存技能	D 작은 동물들의 생존 기능

풀이 [제목 찾기] : 전체 이야기는 스스로 겁이 많고 무능하다고 비관하는 토끼를 중심으로 전개되고 있기 때문에 '겁 많고 무능한 토끼'가 제목으로 가장 알맞다.

정답 B

오답 분석 A : 토끼가 주인공인 것은 맞지만 토끼의 꿈(梦想)에 관한 내용은 찾아볼 수 없으므로 제목이 될 수 없다. '兔子的领悟(토끼의 깨달음)' 정도는 제목이 될 수 있다.

실전 연습 문제 3

> **정답**　9. C　　10. D　　11. A　　12. C

要想在工作中超过别人，赢得领导的欣赏，能和同事们和睦相处，可以有好几种方法：赞美他人，赞成他人的意见，帮助他人做事等等。其中赞美他人是最有效的。赞美他人能使你很快、很容易就受到上级和同事的欢迎，9 与他们建立良好的人际关系，帮助你在事业上取得成功。

10 在办公室里，一般人往往容易注意别人的缺点而忽略了别人的优点及长处。因此发现别人的优点并给予真诚的赞美，就成为办公室难得的美德。无论对象是你的领导、同事，还是你的下级或客户，没有人会因为你的赞美而生气发怒，他们一定会心存感激并从心里喜欢你。

11 巧妙地运用赞美技巧，让你的上级欣赏你，让你的同事帮助你，让你的工作能够顺利完成，让你办公室里充满和谐的气氛，同时又不失去自己做人的尊严，事业的成功也就离你不远了。

有一句话我们应该牢记在心："只有赞美别人的人，才是真正值得赞美的人。"

※ 　　 표시된 단어들은 '선별식 독해'를 나타내는 단어들입니다.

업무 중에 다른 사람을 뛰어넘고 지도자의 인정을 받으며 동료와 화목하게 지내고 싶다면 몇가지 방법이 있다. 타인을 칭찬하기, 타인의 의견에 찬성하기, 타인의 일을 도와주기 등등, 그중에서 타인을 칭찬하는 것이 가장 효과적이다. 타인을 칭찬하는 것은 당신을 금방 그리고 쉽게 상사와 동료의 환영을 받게 하고 9 그들과 좋은 인간 관계를 맺게해 주어 당신이 사업에서 성공을 거둘 수 있게 도와준다.

10 사무실에서 보통 사람들은 종종 다른 사람의 결점에 신경 쓰고 다른 사람의 장점과 장기를 소홀히 한다. 그래서 다른 사람의 장점을 발견하고 진정한 칭찬을 해 주는 것은 사무실에서 얻기 힘든 미덕이 된다. 대상이 당신의 지도자이든 동료든 아니면 당신의 부하 직원 혹은 고객이든 아무도 당신의 칭찬 때문에 화를 내지 않을 것이며 그들은 틀림없이 마음 속으로 감격하고 마음으로부터 당신을 좋아하게 될 것이다.

11 칭찬의 기술을 절묘하게 활용하는 것은 상사로 하여금 당신을 좋아하게 만들고 당신의 동료로 하여금 당신을 돕게 만들며 당신의 업무로 하여금 순조롭게 완성되도록 하며 당신의 사무실이 조화로운 분위기로 가득하게 하며, 동시에 또한 자신의 인간으로서의 존엄을 잃지 않게 하며 사업의 성공도 당신으로부터 멀지 않게 해 줄 것이다.

우리는 이 말을 마음에 새겨야 한다. "오직 다른 사람을 칭찬하는 사람이야말로 진정으로 칭찬할 만한 사람이다."

어휘

赢得 yíngdé [동] 얻다, 쟁취하다
领导 lǐngdǎo [동] 지도하다 [명] 지도, 지도자 5급
欣赏 xīnshǎng [동] 감상하다, 마음에 들어하다(≒喜欢) 5급
和睦 hémù [형] 화목하다 6급
相处 xiāngchǔ [동] 함께 지내다 5급
赞美 zànměi [동] 칭찬하다, 찬미하다 5급
赞成 zànchéng [동] 찬성하다 5급
上级 shàngjí [명] 상사 6급
建立 jiànlì [동] 만들다, 세우다, 맺다 5급
良好 liánghǎo [형] 양호하다, 좋다, 훌륭하다 5급
人际 rénjì [명] 사람과 사람 사이
缺点 quēdiǎn [명] 단점 4급
忽略 hūlüè [동] 소홀히 하다, 그냥 넘어가다 6급
给予 jǐyǔ [동] 주다 6급
真诚 zhēnchéng [형] 진실하다, 진정성이 있다
难得 nándé [형] 얻기 어렵다, 드물다 6급

美德 měidé [명] 미덕
发怒 fānù [동] 화내다, 노하다
感激 gǎnjī [동] 감격하다 5급
并 bìng [부] 결코 [접] 그리고
巧妙 qiǎomiào [형] 절묘하다 5급
运用 yùnyòng [동] 운용하다, 활용하다 5급
技巧 jìqiǎo [명] 기교, 기술 6급
充满 chōngmǎn [동] 가득하다, 넘치다 5급
和谐 héxié [형] 조화롭다 6급
气氛 qìfēn [명] 분위기 5급
失去 shīqù [동] 잃다 5급
尊严 zūnyán [형] 존엄하다 [명] 존엄(성) 6급
牢记 láojì [동] 마음 속에 깊이 새기다
值得 zhídé [동] ~할 가치가 있다, ~할 만하다 4급

9.

在工作中赞美别人，你会：	업무 중에 다른 사람을 칭찬하면 당신은:
A 获得真正的朋友 B 丰富自己的经历 C 与他们相处得更好 D 学会怎样才能说服别人	A 진정한 친구를 얻는다 B 자신의 경험을 풍부하게 한다 C 그들과 더 잘 지내게 될 것이다 D 어떻게 하면 다른 사람을 설득할 수 있는지를 배운다

풀이 [세부 내용 일치] : 칭찬하면 그들과 좋은 인간 관계를 맺는다(建立与他们良好的人际关系)고 한 것은 사이가 더 좋아진다는 뜻이므로 C가 정답이 된다.

정답 C

어휘 丰富 fēngfù [형] 풍부하다 [동] 풍부하게 하다 4급 | 说服 shuōfú [동] 설득하다 5급

10.

根据这段话，在办公室里人们往往：	이 글에 따르면 사무실에서 사람들은 종종:
A 在背后议论上级 B 与同事产生矛盾 C 对不真诚的赞美很高兴 D 不善于发现别人的优点	A 뒤에서 상사에 대한 뒷담화를 한다 B 동료와 갈등이 생긴다 C 진심이 아닌 칭찬에 대해서 기뻐한다 D 다른 사람의 장점을 잘 발견하지 못한다

| 풀이 | **[세부 내용 일치]** : 다른 사람의 단점만 눈에 들어오고 **장점을 소홀히 여긴다**(容易主意别人的缺点而忽略了别人的优点)고 했으므로 D가 정답이 된다.

| 정답 | D

| 어휘 | **背后** bèihòu [부] 남몰래, 뒤에서 [명] 배후, 뒷면 | **议论** yìlùn [동] 왈가왈부하다, 이러쿵 저러쿵 이야기하다 5급 | **产生** chǎnshēng [동] 생기다, 발생하다, 발생시키다 5급 | **矛盾** máodùn [명] 모순, 갈등 [형] 모순적이다 5급 | **善于** shànyú [동] ~에 뛰어나다, ~을 잘하다 5급

11.

根据这段话，怎样才能让领导欣赏你?
A 适当运用赞美
B 敢于承认错误
C 不反对领导的意见
D 微笑面对每一项工作

이 글에 따르면 어떻게 해야 지도자가 당신을 마음에 들게 할 수 있는가?
A 적당하게 칭찬을 활용한다
B 과감하게 잘못을 인정한다
C 지도자의 의견을 반대하지 않는다
D 미소로 모든 일을 대한다

| 풀이 | **[세부 내용 일치]** : 절묘하게 **칭찬의 기술을 활용**하면(巧妙运用赞美技巧) 지도자로 하여금 **당신을 좋아하게** (欣赏) 할 수 있다고 했으므로 A가 정답이 된다.

| 정답 | A

| 어휘 | **适当** shìdàng [형] 적당하다 | **敢于** gǎnyú [부] 대담하게 ~을 하다 | **承认** chéngrèn [동] 인정하다 5급 | **面对** miànduì [동] 직면하다, 마주하다 5급

12.

这段话主要谈什么?
A 真正的赞美
B 巧妙说话的好处
C 工作中赞美的好处
D 如何才能得到领导的信任

이 글이 주로 말하는 것은 무엇인가?
A 진정한 칭찬
B 말을 절묘하게 하는 좋은 점
C 업무 중 칭찬의 좋은 점
D 어떻게 하면 지도자의 신임을 얻을 수 있는가

| 풀이 | **[제목 찾기]** : 첫 단락에 업무 중(在工作中) 다른 사람을 **칭찬하면**(赞美) 어떤 좋은 점이 있는가를 설명했고 마지막 단락에서는 **칭찬의 중요성**을 강조했다. 따라서 이 글은 직장에서의 칭찬의 좋은 점 내지는 중요성 정도가 적절한 제목이 될 것이다.

| 정답 | C

| 오답 분석 | A : 만일 제목을 '진정한 칭찬'이라고 하면 '제대로 된 칭찬', '좋은 칭찬' 등 칭찬의 방법이나 칭찬의 내용이 언급되어야 한다. 하지만 지문은 칭찬의 좋은 점을 주로 이야기했기 때문에 제목으로 적절하지 않다.

D : 칭찬은 지도자뿐만 아니라 동료와의 관계도 개선시키는 효과가 있으므로, D처럼 지도자(领导)의 신임만을 얻기 위한 것이 아니며 D는 적당한 제목이 될 수 없다.

실전 연습 문제 4

> 정답   13. A   14. A   15. A   16. C

　　有一所中学老师给他的学生上过一堂难忘的课。
　13 这位老师发现，许多学生总是在交完考卷后　13 内心充满焦虑，考试完后积极地"对答案"，查看自己哪道题做错了，并常常 13 为自己的做错了的题目感到不安，从而影响接下来其他科目的考试，甚至是影响了接下来的学习。

　　一天，老师在实验室里为同学们讲化学试验。他把一瓶牛奶放在试验台的边缘，很容易碰掉。所有的学生都没有注意到这瓶牛奶。在试验过程中，一位学生碰了牛奶瓶，瓶子落在地上，碎了。14 正当学生为打碎瓶子而不知所措的时候，老师对着全体学生大声说了一句："不要为打翻的牛奶哭泣！"

　　然后他把全体学生都叫到周围，让他们看着地上破碎的瓶子和淌了一地的牛奶，并一字一句地说："你们仔细看一看，我希望你们永远记住这个道理。牛奶已经淌光，瓶子已经碎了，不论你怎样后悔和抱怨，都没有办法再让瓶子复原。你们要是事先想一想，加以预防，把瓶子放到安全的地方，这瓶牛奶还可以保存下来，可是现在晚了，15 我们现在所能够做的，就是把它忘记，然后注意接下来要做的事情。"

　　也许你会认为不为打翻的牛奶杯而哭泣是陈词滥调。的确，这句话很普通，甚至是有些老生常谈。但不能不承认，这句话所包含的智慧经过了无数人的验证，但现实生活中，很多人常常忘记这句话。

※ □ 표시된 단어들은 '선별식 독해'를 나타내는 단어들입니다.

　한 중학교 선생님이 그의 학생들에게 잊을 수 없는 수업을 해 주었다.
　이 선생님은 많은 학생들이 늘 시험지를 제출한 후 13 초조와 근심이 가득하고 시험이 끝난 후 적극적으로 '정답을 맞춰' 보면서 자신이 어떤 문제를 틀렸는지 확인하고 또 13 자신이 틀린 문제 때문에 불안을 느끼며 그래서 다음 과목의 시험에 영향을 주거나 심지어 공부에 영향을 준다는 것을 13 알게 되었다.
　어느 날 선생님은 실험실에서 학생들에게 화학 실험을 하고 있었다. 그는 우유 한 병을 실험대 가장자리에 놓았는데 부딪혀 떨어지기 쉬웠다. 모든 학생들은 이 병을 신경 쓰지 않았다. 실험 중 한 학생이 우유병을 건드렸고 병은 땅에 떨어져 깨져 버렸다. 14 학생이 깨진 병을 보고 어찌할 바를 모르고 있을 때 선생님은 전체 학생들에게 큰 소리로 말했다. "엎질러진 우유 때문에 울지 마라!"
　그런 후 그는 전체 학생을 주위로 불러놓고 땅 위의 깨진 병과 땅에 쏟아진 우유를 보라고 하며 또박 또박 말했다. "너희들 자세히 봐 봐. 이 이치를 영원히 기억하길 바란다. 우유는 이미 다 쏟아졌고 병은 이미 깨졌어. 네가 아무리 후회하고 원망해 봐도 병을 다시 복원시킬 수는 없어. 너희들이 사전에 생각하고 예방해 병을 안전한 곳으로 놓았다면 이 병 우유는 보존될 수 있었겠지만 지금은 늦었어. 15 우리가 지금 할 수 있는 것은 그것을 잊고 이어서 해야 할 일을 신경 쓰는 거야."
　아마 당신은 '엎질러진 우유잔 때문에 울지 마라'는 말을 상투적인 말이라고 여길지도 모른다. 분명, 이 말은 평범하고 심지어는 약간 케케묵은 말이다. 하지만 인정하지 않을 수 없는 것이, 이 말이 포함하고 있는 지혜는 무수한 사람들의 검증을 거쳤지만 현실 생활 속 많은 사람들이 자주 이 말을 잊는다는 것이다.

어휘

堂 táng [양] 시간(수업 횟수를 셈)
难忘 nánwàng [형] 잊기 어렵다
交 jiāo [동] 제출하다, 맡기다, 건네다
考卷 kǎojuàn [명] 시험지
充满 chōngmǎn [동] 충만하다, 가득하다 5급
焦虑 jiāolǜ [형] 초조하고 근심하다
查看 chákàn [동] 조사하다
道 dào [양] 시험 문제를 셈
题目 tímù [명] 시험 문제, 제목 5급
从而 cóng'ér [접] 그리하여 5급
接下来 jiēxiàlái 다음으로, 이어서
科目 kēmù [명] 과목 6급
化学 huàxué [명] 화학
试验 shìyàn [명] 실험 [동] 시험하다, 테스트하다 6급
试验台 shìyàntái [명] 테스트 베드, 실험대
边缘 biānyuán [명] 가장자리 부분, 가 6급
碰 pèng [동] 부딪히다, 우연히 만나다 5급
碎 suì [형] 부서지다, 깨지다 5급
正当 zhèngdāng [동] 마침 ~한 시기이다 6급
不知所措 bù zhī suǒ cuò [성] 어찌할 바를 모르다
对着 duìzhe ~을 마주하고
打翻 dǎfān [동] 뒤집히다

哭泣 kūqì [형] (작은 소리로) 흐느껴 울다 6급
全体 quántǐ [명] 전체
淌 tǎng [동] 흐르다, 흘러내리다
一字一句 yí zì yí jù 한 글자, 한 구절씩, 한 마디 한 마디
仔细 zǐxì [형] 자세하다, 꼼꼼하다 4급
道理 dàolǐ [명] 도리, 이치 5급
不论 búlùn [접] ~을 막론하고, ~에 관계없이(≒无论/不管)
抱怨 bàoyuàn [동] 불평하다, 원망하다 5급
复原 fùyuán [동] 복원하다
事先 shìxiān [명] 사전(에), 미리 5급
加以 jiāyǐ [동] ~을 가하다, ~을 하다
预防 yùfáng [동] 예방하다 5급
保存 bǎocún [동] 보존하다 5급
陈词滥调 chén cí làn diào [성] 진부한 말, 케케묵은 이야기
的确 díquè [부] 확실히, 정말로 5급
老生常谈 lǎo shēng cháng tán [성] 나이 많은 서생들이 자주 하는 말, 상투적인 말, 케케묵은 이야기
承认 chéngrèn [동] 인정하다 5급
包含 bāohán [동] 포함하다 5급
智慧 zhìhuì [명] 지혜 5급
无数 wúshù [형] 무수하다, 매우 많다 5급
验证 yànzhèng [동] 검증하다 6급

13.

老师发现，学生们考试完后:
A 情绪不稳定
B 后悔没复习好
C 不安地等待结果
D 准备接下来的考试

선생님이 발견하길 학생들은 시험을 본 후:
A 정서가 불안하다
B 복습을 잘 안 한 것을 후회한다
C 불안하게 결과를 기다린다
D 다음 시험을 준비한다

풀이 [세부 내용 일치] : '초조와 근심이 가득하다(充满焦虑)'나 '불안을 느낀다(感到不安)' 등을 통해서 학생들의 심리가 불안정하다는 것을 알 수 있다.

정답 A

오답 분석 B : 문제를 틀렸다는 것을 확인하고(查看) 그들은 아마도 평소 열심히 공부하지 않은 것을 후회했을 수도 있다. 하지만 그것은 어디까지나 **추측**이며 **선생님이 발견한 내용이 아니므로** 정답이 될 수 없다.

C : 불안한 것은 맞지만 틀린 문제 때문에 불안을 느낀 것이지 결과를 기다리는 심리 상태는 아니다.

어휘 情绪 qíngxù [명] 정서, 마음, 기분 5급 | 稳定 wěndìng [형] 안정적이다 5급 | 等待 děngdài [동] 기다리다 5급

14.

第2段中的 "不知所措" 可能是什么意思?	두 번째 단락의 '不知所措'는 무슨 뜻인가?
A 不知该怎么做	A 어떻게 해야 할지를 모른다
B 感到任务十分艰巨	B 임무가 막중함을 느낀다
C 对自己的前途没有信心	C 자신의 앞날에 대해 믿음이 없다
D 不理解老师所做的行为	D 선생님이 한 행위를 이해하지 못하다

풀이 [어의 추론] : '不知所措'의 위치를 잘 확인할 필요가 있다. 〈为 + A(원인) + 而 + B(심리/행동)〉는 'A 때문에 B하다'는 뜻이다. '为打碎瓶子(깨진 병 때문에)' 나타날 수 있는 내용을 찾으면 되는데 A가 가장 적절하다. 참고로, '不知所措'는 '어찌할 바를 모르다'는 뜻이다

정답 A

어휘 艰巨 jiānjù [형] 막중하다 5급 | 前途 qiántú [명] 전도, 앞날 5급 | 行为 xíngwéi [명] 행위 5급

15.

老师让学生们把打翻的牛奶怎么处理?	선생님은 학생들에게 엎질러진 우유를 어떻게 처리하라고 시켰는가?
A 忘掉它	A 그것을 잊어버려라
B 想办法复原	B 복원시킬 방법을 생각하라
C 赶快收拾玻璃碎块	C 얼른 유리 조각을 치워라
D 把它放到安全的地方	D 그것을 안전한 곳으로 옮겨라

풀이 [세부 내용 일치] : 이미 엎질러진 우유는 주워 담을 수 없기 때문에 선생님은 그 일을 잊어버리라고(把它忘记) 했으므로 A가 정답이 된다.

정답 A

오답 분석 D : 안전한 곳으로 옮기는 것은 우유가 엎질러지기 전에 **사전에(事先) 해야 할 일**이었다. 질문은 '이미 엎질러진 우유를 어떻게 처리하는가' 하는 것이기 때문에 질문에 맞는 대답이 아니다.
정답이 두 개(A, D)라고 느껴질 때는 **질문 내용에 맞는 대답인지 확인**해 보자. 지문에 나온 내용이라 할지라도 **묻는 내용에 맞지 않으면(D) 정답이 될 수 없다**는 것을 기억하자.

어휘 收拾 shōushi [동] 정리하다, 청소하다 4급 | 碎块 suìkuài [명] 깨진 조각, 파편

16.

这段话主要想告诉我们什么?	이 글이 주로 우리에게 말하고자 하는 것은 무엇인가?
A 细节决定成败	A 작은 부분이 승패를 결정한다
B 要善于分析原因	B 원인 분석을 잘 해야 한다
C 不要为过去的事难过	C 과거의 일 때문에 괴로워하지 마라
D 机会总给有准备的人	D 기회는 늘 준비하는 사람에게 주어진다

풀이 [주제 찾기] : 이미 지나간 시험에 대해서 연연하지 않기, 이미 엎질러진 물 때문에 울지 않기 등등은 모두 **과거의 일 때문에 괴로워하지 말라**는 것이기 때문에 C가 정답이 된다.

정답 C

어휘 **细节** xìjié [명] 세부 사항, 사소한 일 5급 | **成败** chéngbài [명] 승패 | **善于** shànyú [동] ~에 뛰어나다, ~을 잘하다 5급 | **分析** fēnxī [동] 분석하다 5급 | **难过** nánguò [형] 괴롭다, 슬프다 4급

실전 연습 문제 5

| 정답 | 17. D | 18. B | 19. D | 20. A |

在日常生活中，谁都有不小心打碎东西的时候，但极少有人会去研究这些碎片中的学问。有位物理学家却从花瓶的碎片中发现了这样一个规律：将打碎后的物体碎片按重量级的数量分类，不同的重量级间会表现出统一的倍数关系。例如，17 被打碎的花瓶，最大的碎片与次大的碎片重量比是16:1，次大的与第三大的碎片间的重量比也是16:1，以此类推。这就是著名的"碎花瓶理论"。

物理学家进一步研究发现，不同形状的物体，这个重量比是不同的。对于花瓶或茶杯状的物体，这个倍数约为16，棒状物体约为11，19 球状物体则约为40。18 更重要的是，这个倍数与物体的材料无关，即使是一块儿冻豆腐摔碎了，也会遵循这个规律。

20 由此可知，只要有同一物体的部分碎片就能求出这个倍数，从而可以推测出物体破碎前的大概形状。目前，"碎花瓶理论"在恢复文物原貌、推测陨石形状等工作中有特别的用处，它给这些原来全凭经验和想象的工作提供了理论依据。

※ 표시된 단어들은 '선별식 독해'를 나타내는 단어들입니다.

일상생활에서 누구든 실수로 물건을 깨뜨릴 수 있지만 극소수의 사람만이 이 조각들에 담겨 있는 학문을 연구했을 것이다. 한 물리학자는 화병의 조각에서 다음과 같은 법칙을 발견했다. 깨진 후의 물체를 중량 수치에 따라 분류하면 각기 다른 중량급 사이에는 통일된 배수 관계가 나타난다. 예를 들어, 17 깨진 화병에서 가장 큰 조각과 두 번째 크기의 조각 중량비는 16:1이며 두 번째 크기의 조각과 세 번째 크기의 조각 사이의 중량비 또한 16:1로 이러한 방식으로 계속 유추해 볼 수 있다. 이것이 바로 유명한 '깨진 화병 이론'이다.

물리학자는 한층 더 깊이 연구하여 다른 형상의 물체는 이 중량비가 다르다는 것을 알아냈다. 화병이나 찻잔 모양의 물체는 이 배수가 약 16이며, 방망이 모양의 물체는 약 11이고, 19 공 모양의 물체는 약 40이다. 18 더욱 중요한 것은 이 배수는 물체의 재료와는 무관하여 설령 한 모의 냉두부가 부서져도 역시 이 법칙을 따를 것이다.

20 이로 볼 때 동일한 물체의 일부 조각이 있어 이 배수만 구해 낼 수 있으면 물체가 깨지기 전의 대략적인 형상을 추측해 낼 수 있다. 현재 '깨진 화병 이론'은 문물의 원래 모양을 복원하고 운석의 형상을 추측해 내는 등의 작업에서 특별한 쓸모가 있으며, 이것은 이렇게 원래 오로지 경험과 상상에만 의존하는 작업에 이론적 근거를 제공했다.

어휘

打碎 dǎsuì [동] 부수다, 깨지다
极少 jíshǎo 극히 적다
学问 xuéwen [명] 학문 5급
物理 wùlǐ [명] 물리 5급
规律 guīlǜ [명] 법칙, 규칙 [형] 규칙적이다 5급
物体 wùtǐ [명] 물체
重量 zhòngliàng [명] 중량, 무게 5급
分类 fēnlèi [동] 분류하다
表现 biǎoxiàn [동] 표현하다, 활약하다 [명] 태도, 표현, 활약 5급
统一 tǒngyī [형] 통일된 5급
倍数 bèishù [명] 배수
例如 lìrú [동] 예를 들다, 예를 들어 4급
次大 cìdà 다음으로 큰 (次: 두 번째의 / 次要: 부차적인)
以此类推 yǐ cǐ lèi tuī [성] 이러한 방식으로 유추하다
著名 zhùmíng [형] 유명하다, 저명하다(사람도 수식 가능) 4급
理论 lǐlùn [명] 이론 5급
进一步 jìn yí bù 한층 더, 진 일보하다
形状 xíngzhuàng [명] 형상 5급
状 zhuàng ~모양
棒 bàng [명] 방망이 [형] 훌륭하다, 멋지다 5급
约为 yuēwéi 약 ~이다

则 zé [접] 그러나, 오히려(대비・역접을 나타냄) 5급
材料 cáiliào [명] 자료, 재료 5급
即使 jíshǐ [접] 설령 ~일지라도(=哪怕 5급) 4급
豆腐 dòufu [명] 두부 5급
摔碎 shuāisuì 떨어져 깨지다 5급
遵循 zūnxún [동] 따르다 6급
由此可知 yóu cǐ kě zhī 이것으로부터 알 수 있다
同一 tóngyī [형] 동일하다, 같다
碎片 suìpiàn [명] 깨진 조각
从而 cóng'ér [접] 그리하여 5급
推测 tuīcè [동] 추측하다 6급
大概 dàgài [명] 대강 [형] 대강의 [부] 대략, 아마
目前 mùqián [명] 현재 5급
恢复 huīfù [동] 회복하다 5급
文物 wénwù [명] 문물 6급
原貌 yuánmào [명] 원형, 원래의 모습
陨石 yǔnshí [명] 운석
用处 yòngchu [명] 용도, 쓸모
凭经验 píng jīngyàn 경험으로
提供 tígōng [동] 제공하다 4급
依据 yījù [명] 근거, 의거 [동] ~에 의거하다 6급

17.

根据第1段，最大的花瓶碎片：
A 数量最多
B 用处不大
C 形状最特别
D 重量是第二大的16倍

첫째 단락에 따르면 가장 큰 화병의 조각은:
A 수량이 가장 많다
B 쓸모가 크지 않다
C 형상이 가장 특별하다
D 중량이 두 번째 크기의 16배이다

풀이 [세부 내용 일치]: 첫 번째 큰 조각과 두 번째 큰 조각의 중량비는 '16:1'이라고 했으므로 D가 정답이 된다.

정답 D

18.

第2段中，举"冻豆腐"的例子是为了说明：	둘째 단락에서 '냉두부'의 예는 ~을 설명하기 위한 예이다:
A 食物碎片很难统计	A 깨진 음식 조각은 통계를 내기가 어렵다
B 重量比不受材料影响	B 중량비는 재료의 영향을 받지 않는다
C 碎片形状和重量比有关	C 깨진 조각 형상과 중량비는 관계가 있다
D 重量比与温度有一定关系	D 중량비는 온도와 일정한 관계가 있다

풀이 [원인 찾기] : 먼저 앞에서 사실(중량비가 재료와는 무관하다는 것)을 말해 놓고 그 뒤에 가정 양보 접속사 '即使(설령 ~일지라도)'를 이용해 예를 들었다. 즉, '설령 두부라 하더라도'라고 한 것은 바로 앞의 주장인 '중량비가 물체의 재료와 무관하다'는 것을 설명하기 위해서 예로 든 것이다. 참고로 '更重要的是'를 써서 이 문장이 매우 중요한 내용이라는 것을 암시하고 있다.

정답 B

오답분석 C : 내용은 지문의 내용과 일치하지만 질문에 대한 대답이 아니므로 정답이 될 수 없다. 정답이 두 개(B, C)라고 느껴질 때는 질문 내용에 맞는 대답인지 확인해 보자. 지문에 나온 내용이라 할지라도 묻는 내용에 맞지 않으면(D) 정답이 될 수 없다.

어휘 碎片 suìpiàn 부서진 조각 | 统计 tǒngjì [동] 통계하다 [명사] 통계 6급

19.

关于碎花瓶理论，下列哪项正确？	깨진 화병 이론에 관하여 아래에서 옳은 것은?
A 缺少理论支持	A 이론적 지지가 부족하다
B 对实验室条件要求高	B 실험 조건에 대한 요구가 높다
C 很多人提出反对意见	C 많은 사람들이 반대 의견을 제시했다
D 球状物体重量比约为40：1	D 공 모양의 물체는 중량비가 40:1이다

풀이 [종합 일치] : 종합 일치 문제이므로 선택지의 키워드를 먼저 확인한 후 그 관련 내용을 지문에서 찾는 것이 효과적이다. D의 40:1은 바로 눈에 띄기 때문에 지문에서 40:1을 찾아서 비교하는 것이 좋다. **공 모양(球状) 물체는 중량비가 40:1이므로 D가 정답이 된다.**

정답 D

어휘 缺少 quēshǎo [동] (인원이나 물건의 수량이) 부족하다, 모자라다 4급 | 球状 qiúzhuàng [명] 구형, 둥근 형태

20.

第3段主要介绍的是碎花瓶理论的:
A 应用价值
B 实验步骤
C 历史背景
D 理论依据

셋째 단락에서 주로 소개하는 것은 깨진 화병 이론의 ~이다:

A 응용 가치
B 실험 절차
C 역사적 배경
D 이론적 근거

풀이 [단락 제목 찾기] : 셋째 단락에서 '문물의 원형 복원(恢复文物原貌)'이나 '운석의 모양을 추측(推测陨石形狀)'하는 데 **특별한 용도가 있다**(有特别的用处)고 했으므로 이 단락은 '깨진 화병 이론'의 응용 가치(应用价值)에 대해 설명하고 있다.

정답 A

오답 분석 D : 셋째 단락은 어떤 물체의 조각을 가지고 그 원형을 추론하여 사람들의 인정을 받을 때 '碎花瓶理论'이 이론적 근거가 된다는 것이지(곧 응용 가치를 의미함), 이론적 근거에는 구체적으로 어떤 것이 있는지를 설명하고 있는 것은 아니다.

어휘 步骤 bùzhòu [명] (일이 진행되는) 순서, 절차, 차례 5급 | 依据 tōngjì [동] 의거하다, 근거하다 [명사] 근거 6급

꿀팁 선택지(理论依据)가 지문에 나왔다고 해서 섣불리 정답으로 고르지 않도록 주의하자!
지문 속 단어를 활용한 특정 선택지에 끌려서 다른 선택지에 신경도 안 쓰는 경우가 자주 발생한다. 다시 한 번 명심하자. 오답으로 유인하는 함정은 늘 존재하며, 정답은 지문 속 표현을 쓸 수도 있고 지문에 없는 단어를 이용할 수도 있다.

어순에 맞게 배열하기

❶ 형용사 술어문·주술 술어문

실전 연습 문제

정답
1. 疲劳驾驶很危险。
2. 这条胡同十分拥挤。
3. 这种道歉有些多余。
4. 宴会的气氛非常活跃。
5. 吸烟对身体危害很大。
6. 李太太的愿望极其迫切。
7. 这个小孩子简直太淘气了。
8. 老板安排给员工们的任务相当艰巨。

1.

　　很　疲劳　危险　驾驶

풀이 **[1단계]** 정도부사 '很'은 형용사 '危险(위험하다)'을 수식한다.
→ 很危险

[2단계] '疲劳驾驶'는 '피로 운전(졸음 운전)'이라는 뜻으로 한 단어처럼 쓰인다. 〈형용사 술어문〉이기 때문에 '疲劳驾驶'는 주어가 된다.
→ 疲劳驾驶很危险。

정답 疲劳驾驶很危险。 졸음 운전은 매우 위험하다.

어휘 疲劳 píláo [형] 피곤하다 5급 | 危险 wēixiǎn [형] 위험하다 [명] 위험 4급 | 驾驶 jiàshǐ [동] 운전하다 5급

2.

　　拥挤　胡同　十分　这条

풀이 **[1단계]** 정도부사 '十分'은 형용사인 '拥挤(혼잡하다)'를 수식한다. → 十分拥挤
　　　[2단계] '这条胡同'은 주어가 된다. → 这条胡同十分拥挤。

정답 这条胡同十分拥挤。 이 골목은 매우 혼잡하다.

어휘 拥挤 yōngjǐ [형] 혼잡하다 5급 | 胡同 hútòng [명] 골목 5급

3.

┌───┐
│ 有些　道歉　多余　这种 │
└───┘

풀이 **[1단계]** 부사 '有些(약간)'는 형용사 '多余(쓸데없다)'를 수식한다.
→ 有些多余

[2단계] '这种'은 '道歉(사과하다)'을 수식하고 이는 주어가 된다.
→ 这种道歉有些多余。

정답 这种道歉有些多余。 이런 사과는 좀 쓸데없다(과하다).

어휘 道歉 dàoqiàn [동] 사과하다 4급 | 多余 duōyú [형] 여분의, 쓸데없는 5급

4.

┌───┐
│ 气氛　非常　宴会的　活跃 │
└───┘

풀이 **[1단계]** 정도부사 '非常'은 형용사 '活跃(활기차다)'를 수식한다.
→ 非常活跃

[2단계] '宴会的'는 '气氛(분위기)'를 수식하고 '气氛'은 주어가 된다.
→ 宴会的气氛非常活跃。

정답 宴会的气氛非常活跃。 연회의 분위기가 매우 활기차다.

어휘 气氛 qìfēn [명] 분위기 5급 | 宴会 yànhuì [명] 연회 5급 | 活跃 huóyuè [형] 활발하다, 활기차다 5급

5.

┌───┐
│ 对身体　很大　吸烟　危害 │
└───┘

풀이 **[1단계]** '危害(위해)'는 '很大'와 주술구(危害很大)를 이루어 술어가 될 수 있다.
→ 危害很大

[2단계] 의미상 '吸烟(흡연하다)'이 주어가 되고, '对身体(몸에)'는 개사구이므로 주술구(危害很大) 앞에서 부사어가 된다. 개사구의 가장 큰 역할은 술어 앞에서 부사어가 되는 것이다.
→ 吸烟对身体危害很大。

정답 吸烟对身体危害很大。 흡연은 몸에 해로움이 크다.

오답분석 吸烟对身体很大危害。
'흡연은 몸에 큰 해로움'이라는 뜻으로 술어가 없게 된다. 왜냐하면 '很大'는 '危害'를 수식하고 있어 '很大危害'는 명사구이기 때문에 술어가 될 수 없다. 이 어순이 문장이 되려면 '有'가 들어가서 술어를 만들어 주어야 한다. → 吸烟对身体有很大危害。 흡연은 몸에 큰 해로움이 있다.
한 문장에서 가장 중요한 성분은 '술어'이며, 술어가 되는 것으로는 동사, 형용사, 그리고 주술구가 있다는 것을 명심하자.

어휘 熬夜 áoyè [동] 밤새다 5급 | 危害 wēihài [명] 위해, 해로움 [동] 해를 끼치다 5급

6.

| 极其　李太太的　　迫切　　愿望 |

풀이 **[1단계]** 정도부사 '极其(극히)'는 형용사 '迫切(절박하다)'를 수식한다.
→ 极其迫切
[2단계] '李太太的'는 '愿望(희망)'을 수식하고 이는 주어가 된다.
→ 李太太的愿望极其迫切。

정답 **李太太的愿望极其迫切。** 이씨 아줌마의 희망은 극히 절박하다.

어휘 极其 jíqí [부] 극히 5급 | 太太 tàitai [명] 부인(기혼 여성에 대한 존칭) 5급 | 迫切 pòqiè [형] 절박하다 5급 | 愿望 yuànwàng [명] 희망, 바램 5급

7.

| 简直　了　这个小孩子　淘气　太 |

풀이 **[1단계]** 정도부사 '太'는 형용사 '淘气(장난스럽다)'를 수식하고, '了'는 〈太~了〉의 형식을 이룬다.
→ 太淘气了
[2단계] 의미상 '这个小孩子'는 주어가 되고, '简直(그야말로)'는 어기부사이기 때문에 주어 뒤, 술어 앞에 온다.
→ 这个小孩子简直太淘气了。

정답 **这个小孩子简直太淘气了。** 이 아이는 그야말로 너무 장난이 심하다.

어휘 简直 jiǎnzhí [부] 그야말로 5급 | 淘气 táoqì [형] 장난이 심하다 5급

8.

| 任务　相当　老板安排给　员工们的　艰巨 |

풀이 **[1단계]** 정도부사 '相当(상당히)'은 형용사 '艰巨(막중하다)'를 수식한다.
→ 相当艰巨
[2단계] 의미상 '艰巨(막중하다)'의 주어로는 '任务(임무)'가 알맞다.
→ 任务相当艰巨
[3단계] '安排给(~에게 안배하다)'는 '给' 때문에 뒤에 사람이 와야 하므로 '员工们的'가 따라온다. 이 전체는 맨 앞에 와서 주어(任务)를 수식하는 관형어가 된다.
→ 老板安排给员工们的任务相当艰巨。

정답 **老板安排给员工们的任务相当艰巨。** 사장이 직원들에게 안배한 임무는 상당히 막중하다.

어휘 相当 xiāngdāng [부] 상당히 [형] 상당하다, 비슷하다 5급 | 安排 ānpái [동] 안배하다 5급 | 员工 yuángōng [명] 직원 5급 | 老板 lǎobǎn [명] 사장 5급 | 艰巨 jiānjù [형] 막중하다 5급

❷ 동사 술어문

실전 연습 문제 1

> **정답**
> 1. 他很善于与人打交道。
> 2. 小麦具有很高的营养价值。
> 3. 开幕式将于本月中旬举行。
> 4. 谈判的成功给了他极大的鼓舞。
> 5. 养宠物能培养孩子的责任心。
> 6. 称赞有助于提升孩子的自信心。
> 7. 投资前应做好充分的市场调查。
> 8. 这场大雨导致了该地粮食产量的下降。

1.

> 很善于 与人 他 打交道

풀이 **[1단계]** '与人(다른 사람과)'은 개사구이기 때문에 뒤에는 동사가 와야 한다. 의미상 '打交道(왕래하다)'가 알맞다.
→ 与人打交道

[2단계] '善于(~에 뛰어나다)'는 '동사구'를 목적어로 취하는 동사이기 때문에 뒤에는 동사(打交道)가 포함된 '与人打交道'가 오고, '他'는 주어가 된다.
→ 他很善于与人打交道。

정답 他很善于与人打交道。 그는 다른 사람과 왕래하는 것에 뛰어나다.(그는 사람들과 왕래를 잘한다.)

어휘 善于 shànyú [동] ~에 뛰어나다, ~을 잘하다 | 与 yǔ [개] ~과, ~와 | 打交道 dǎjiāodào [동] 왕래하다, 교제하다

2.

> 具有 小麦 营养价值 很高的

풀이 **[1단계]** 동사 '具有(가지고 있다)'는 '价值(가치)'를 목적어로 취할 수 있다.
→ 具有…营养价值

[2단계] 의미상 '小麦(밀)'가 주어가 되고, '很高的'는 '营养价值'를 수식한다.
→ 小麦具有很高的营养价值。

정답 小麦具有很高的营养价值。 밀은 높은 영양 가치를 가지고 있다.

어휘 具有 jùyǒu [동] 지니고 있다 | 小麦 xiǎomài [명] 밀 | 营养 yíngyǎng [명] 영양 5급 | 价值 jiàzhí [명] 가치 5급

3.

本月　开幕式将于　举行　中旬

풀이 [1단계] 개사 '于'는 뒤에 시간이 와서 개사구가 된다. 따라서 '本月中旬(이번 달 중순)'이 온다.
→ 开幕式将于本月中旬

[2단계] 개사구(于本月中旬) 뒤에는 동사가 오므로 '举行'이 온다.
→ 开幕式将于本月中旬举行。

정답 开幕式将于本月中旬举行。 개막식은 장차 이번 달 중순에 거행될 것이다.

어휘 将 jiāng [부] 장차, 곧 [개] ~을 | 于 yú [개] ~에 (+ 시간/장소) | 举行 jǔxíng [동] 거행하다 | 中旬 zhōngxún [명] 중순

꿀팁 '开幕式(개막식)'는 동작(举行)의 대상이지만 주어로 왔다.
이처럼 동작의 대상도 주어로 올 수 있다. 또한 위 문장에서 '将'은 '장차'의 뜻으로 부사이다. 〈S + 将于 + 시간/장소 + V〉(S는 장차 ~에 V할 것이다)는 문어체에서 자주 쓰는 문형이므로 꼭 기억하도록 하자.

4.

谈判的成功　极大的　给了他　鼓舞

풀이 [1단계] '极大的(극히 큰)' 뒤에는 명사가 와야 하므로 의미상 '鼓舞(고무, 고무하다)'가 오는 것이 알맞다.
→ 极大的鼓舞

[2단계] '给'는 이중 목적어를 동반하는 동사인데, '他'가 간접 목적어(~에게)로 왔기 때문에 그 뒤에는 '~을, 를'에 해당하는 직접 목적어가 오는 것이 알맞다.
→ 给了他极大的鼓舞

[3단계] 남은 '谈判的成功(협상의 성공)'이 주어로 온다.
→ 谈判的成功给了他极大的鼓舞。

정답 谈判的成功给了他极大的鼓舞。 협상의 성공이 그에게 큰 고무를 주었다.(협상의 성공으로 그는 크게 고무되었다.)

어휘 谈判 tánpàn [동] 협상하다 | 极 jí [부] 극히 | 鼓舞 gǔwǔ [명/동] 고무(시키다)

5.

> 责任心　养宠物　培养　孩子的　能

풀이 **[1단계]** 동사 '培养(배양하다, 기르다)'은 '责任心(책임감)'을 목적어로 가지며, '能'은 '培养' 앞에 온다.
→ 能培养…责任心

[2단계] '孩子的'는 '责任心'을 수식하고, '养宠物(애완동물을 기르다)'는 주어가 된다.
→ 养宠物能培养孩子的责任心。

정답 养宠物能培养孩子的责任心。 애완동물을 기르는 것은 아이의 책임감을 길러 줄 수 있다.

어휘 责任心 zérènxīn [명] 책임감 | 养 yǎng [동] 기르다, 양육하다 | 宠物 chǒngwù [명] 애완동물 | 培养 péiyǎng [동] 배양하다, 기르다

꿀팁 '养宠物'처럼 동사구도 주어가 될 수 있다!
명사뿐만 아니라 동사, 형용사, 절 등도 함께 주어가 될 수 있음을 기억하자.

6.

> 孩子的　自信心　称赞　有助于　提升

풀이 **[1단계]** 동사 '提升(향상시키다)'의 목적어로는 '自信心(자신감)'이 알맞다. 또한 '孩子的'는 '自信心'을 수식한다.
→ 提升孩子的自信心

[2단계] 의미상으로 '称赞(칭찬하다)'이 주어가 되고, 술어는 '有助于'가 된다. 참고로 '有助于'는 동목구(提升自信心)를 목적어로 가질 수 있다.
→ 称赞有助于提升孩子的自信心。

정답 称赞有助于提升孩子的自信心。 칭찬은 아이의 자신감을 높이는 데 도움이 된다.

어휘 自信心 zìxìnxīn [명] 자신감 4급 | 称赞 chēngzàn [동] 칭찬하다 5급 | 有助于 yǒu zhùyú [동] ~에 도움이 되다 5급 | 提升 tíshēng [동] 높이다

7.

> 做好　充分的　投资前应　市场调查

풀이 **[1단계]** 동사 '做' 뒤에는 목적어로 '调查'가 오는 것이 알맞다.
→ 做好…市场调查

[2단계] '应'은 조동사이므로 '投资前应'은 '做好' 앞에 오고, '充分的'는 '市场调查'를 수식한다.
→ 投资前应做好充分的市场调查。

정답 投资前应做好充分的市场调查。 투자하기 전에 마땅히 충분한 시장 조사를 해야 한다.

어휘 充分 chōngfèn [형] 충분하다 | 投资 tóuzī [명/동] 투자(하다)

꿀팁 '的' 뒤에는 명사가 오고, '地' 뒤에는 동사가 온다.
- 充分的准备 충분한 준비 | 充分地准备 충분하게 준비하다

8.

导致了　的　该地粮食产量　这场大雨　下降

풀이 [1단계] '导致'는 '초래하다'는 뜻으로 뒤에는 부정적 의미의 단어가 목적어로 온다. 제시어 중 '下降(하락하다)'이 부정적인 의미이므로 목적어로 오는 것이 알맞다.
→ 导致了…下降

[2단계] 제시어를 보고 전체 문장의 의미를 유추해 보면 '많은 비로 생산량이 하락하였다'는 것이기 때문에 주어는 '这场大雨'가 오는 것이 알맞다.
→ 这场大雨导致了…下降

[3단계] 하락(下降)이라는 것은 생산량(产量)이 하락하는 것이기 때문에 '该地粮食产量'은 '下降'을 수식하는 것이 알맞고, 그 사이에 '的'가 올 수 있다.
→ 这场大雨导致了该地粮食产量的下降。

정답 这场大雨导致了该地粮食产量的下降。 이번의 많은 비는 이 지역 식량 생산량의 하락을 초래했다.

어휘 导致 dǎozhì [동] 초래하다 | 该 gāi [대] 이(≒这) [조동] 마땅히 ~해야 한다 | 粮食 liángshí [명] 식량 | 产量 chǎnliàng [명] 생산량 | 下降 xiàjiàng [동] 하락하다, 떨어지다

꿀팁 '导致'의 어순

S + 导致 + O + V/A : S가 O를 V/A하도록 초래하다
- 天气原因导致了蔬菜价格上涨。 날씨 원인이 채소 가격이 상승하도록 초래했다.

S + 导致 + (관형어) + 的 + V/N : S가 V/N을 초래하다
- 天气原因导致了蔬菜价格的上涨。 날씨 원인이 채소 가격의 상승을 초래했다.

실전 연습 문제 2

> **정답**
> 1. 这个小伙子显得很精神。
> 2. 他承认自己缺乏自信。
> 3. 不要轻易否定别人的观点。
> 4. 深呼吸有利于缓解紧张情绪。
> 5. 下载软件时要注意查杀病毒。
> 6. 讨论会将围绕这个主题展开。
> 7. 这大大缩短了护照的办理时间。
> 8. 长时间使用电脑易导致眼睛疲劳。

1.

显得   这个小伙子   精神   很

풀이 [1단계] 동사 '显得' 뒤에는 주로 〈정도부사 + 형용사〉가 목적어로 오므로 '很精神(매우 활력 있다)'이 온다.
→ 显得很精神

[2단계] 의미상 '小伙子(젊은이)'가 주어로 온다.
→ 这个小伙子显得很精神。

정답 这个小伙子显得很精神。 이 젊은이는 매우 활력 있어 보인다.

어휘 小伙子 xiǎohuǒzi [명] 젊은이, 총각 4급 | 显得 xiǎnde [동] ~하게 보이다 5급 | 精神 jīngshen [형] 생기 있다, 활기차다 [명] 원기, 활력 jīngshén [명] 정신 5급

꿀팁 '精神'은 '정신'이라는 뜻도 있지만, 형용사로 '활기 있다', '생기 있다'의 뜻도 있다.

2.

他   自信   承认自己   缺乏

풀이 [1단계] 동사 '缺乏' 뒤에는 '自信(자신감)'이 목적어로 와서 '자신감이 부족하다'의 뜻이 된다.
→ 缺乏自信

[2단계] '承认自己(자신을 인정하다)'는 그 자체만으로는 의미상 불완전하므로 뒤에 '缺乏自信'이 더 오는 것이 좋고, '他'는 주어가 된다.
→ 他承认自己缺乏自信。

정답 他承认自己缺乏自信。 그는 자신이 자신감이 부족하다는 것을 인정한다.

어휘 自信 zìxìn [명] 자신(감) [형] 자신 있다 | 承认 chéngrèn [동] 인정하다 | 缺乏 quēfá [동] 부족하다

꿀팁 동사 '承认' 뒤에 주술구(自己缺乏自信)가 목적어로 왔다. 동사 뒤에는 주술구도 목적어로 올 수 있다.

3.

否定别人的   不要   轻易   观点

풀이 **[1단계]** 동사 '否定(부정하다)'의 목적어를 찾아야 하고 또한 '别人的' 뒤에 적당한 피수식어가 와야 하는데 '观点(관점)'이 오는 것이 알맞다.
→ 否定别人的观点

[2단계] '不要'가 제시어로 나올 경우 일반적으로 '不要'가 맨 앞에 나오는 특징이 있다. '轻易'는 조동사 뒤, 동사 앞에 오는 것이 특징이다. 따라서 '不要轻易否定~'이 되어야 한다.
→ 不要轻易否定别人的观点。

정답 不要轻易否定别人的观点。 다른 사람의 관점을 함부로 부정하지 마라.

어휘 否定 fǒudìng [동] 부정하다 | 轻易 qīngyì [형] 제멋대로이다, 경솔하다 5급 | 观点 guāndiǎn [명] 관점 5급

꿀팁 '轻易'의 일반적 어순 : 〈조동사 + 轻易 + V~〉

4.

有利于   缓解   深呼吸   紧张情绪

풀이 **[1단계]** 동사 '缓解(완화시키다)'는 '紧张情绪(긴장 정서)'를 목적어로 갖는다.
→ 缓解紧张情绪(긴장 정서를 완화시키다)

[2단계] '有利于(~에 유리하다)'는 뒤에 동목구를 목적어로 가지는 특징이 있기 때문에 그 뒤에는 '缓解紧张情绪'가 오고, '深呼吸(심호흡)'가 주어가 된다.
→ 深呼吸有利于缓解紧张情绪。

정답 深呼吸有利于缓解紧张情绪。 심호흡은 긴장된 정서를 완화시키는 데 도움이 된다.

어휘 有利于 yǒu lìyú [동] ~에 유리하다 5급 | 缓解 huǎnjiě [동] 완화시키다, 느슨하게 하다, 완화되다 | 深呼吸 shēnhūxī [명/동] 심호흡(하다) 5급 | 情绪 qíngxù [명] 정서, 마음 5급

꿀팁 '有利于'의 어순 : 〈S + 有利于 + 동목구〉

5.

| 注意　查杀病毒　要　下载软件时 |

풀이 **[1단계]** 먼저 'A할 때 B해야 한다'로 해석되는 문형이 있는데 〈A 时要 B〉의 형식으로 쓴다. 따라서 '要'는 '下载软件时' 뒤에 온다.
→ 下载软件时要

[2단계] 동사 '注意(주의하다)'는 동사구가 목적어로 올 수 있는데 '查杀病毒(바이러스를 치료하다)'가 동사구이므로 이 둘이 결합하여 '注意查杀病毒(바이러스 치료를 주의하다)'가 되고, 이 전체가 '要' 뒤에 온다.
→ 下载软件时要注意查杀病毒。

정답 **下载软件时要注意查杀病毒。** 프로그램을 다운 받을 때 바이러스 치료에 주의해야 한다.

어휘 注意 zhùyì [동] 주의하다 3급 | 查杀 cháshā [동] 바이러스를 치료하다 | 病毒 bìngdú [명] 바이러스 5급 | 下载 xiàzài [동] 다운로드하다 5급 | 软件 ruǎnjiàn [명] 소프트웨어 5급

꿀팁 A할 때 B해야 한다 : 〈A 时要 B〉

6.

| 围绕　这个主题　讨论会将　展开 |

풀이 **[1단계]** 동사 '围绕(둘러싸다)'는 제시어 중 '这个主题(이 주제)'를 목적어로 갖는 것이 알맞다. '这个'가 있다고 해서 무조건 주어가 되는 것이 아니다.
→ 围绕这个主题(이 주제를 둘러싸고)

[2단계] '将'은 '장차', '곧' 등의 뜻으로 부사이기도 한데, 그렇다면 뒤에는 동사가 오는 것이 좋다. 제시어에서 동사는 '围绕(둘러싸다)'와 '展开(전개하다)'가 있는데, 이 두 동사를 함께 쓴다면 '~을 둘러싸고 전개되다'는 뜻으로 〈연동문〉이 되기 때문에 '围绕'가 먼저 온다.
→ 讨论会将围绕这个主题展开。

정답 **讨论会将围绕这个主题展开。** 토론회는 장차 이 주제를 둘러싸고 전개될 것이다.

어휘 围绕 wéirào [동] 둘러싸다 5급 | 主题 zhǔtí [명] 주제 5급 | 讨论会 tǎolùnhuì [명] 토론회 4급 | 将 jiāng [부] 장차, 곧 [개] ~을 | 展开 zhǎnkāi [동] 전개하다, 펼치다 5급

꿀팁 '这个主题'처럼 '这个'가 있다고 해서 무조건 주어가 되는 것은 아니다. 또한 위 문장처럼 동작(展开)의 대상(讨论会)도 주어가 될 수 있다. 위 문제에서는 '将'이 붙어서 제시되었기 때문에 '讨论会'가 주어가 될 수밖에 없다.

7.

办理时间　护照的　这　大大　缩短了

풀이 **[1단계]** 동사 '缩短(단축하다)'과 어울리는 목적어는 '시간'이므로 '办理时间(처리 시간)'이 목적어로 온다.
→ 缩短了…办理时间

[2단계] 의미상 '护照的'는 '办理时间'을 수식하고, '这'는 주어로 온다. 이때 '这'는 이 문장 안에서는 나와 있지 않지만 어떤 조치나 방법을 의미한다.
→ 这…缩短了护照的办理时间。

[3단계] '大大'는 형용사 '大'를 중첩한 것으로 단독으로 동사를 수식할 수 있기 때문에 '大大'는 '缩短' 앞에 온다.
→ 这大大缩短了护照的办理时间。

정답 这大大缩短了护照的办理时间。 이것은 여권의 처리 시간을 크게 단축시켰다.

어휘 办理 bànlǐ [동] 처리하다, (수속을) 하다 5급 | 护照 hùzhào [명] 여권 4급 | 大大 dàdà [부] 크게, 대단히 | 缩短 suōduǎn [동] 단축시키다, 줄이다 5급

꿀팁 '1음절 형용사 중첩'은 동사를 수식할 때 '地'를 써도 되고 생략해도 된다.
- 好好(地)准备 잘 준비하다 | 大大(地)提高 크게 향상하다

'1음절 형용사 중첩'은 명사를 수식할 경우 '的'를 써야 한다.
- 好好的衣服 멀쩡한 옷 | 大大的眼睛 커다란 눈

8.

眼睛　导致　疲劳　易　长时间使用电脑

풀이 **[1단계]** '导致(초래하다)' 뒤에는 나쁜 결과가 오기 때문에 '眼睛疲劳(눈이 피로하다)'가 오는 것이 알맞다. '疲劳眼睛'이 말이 되려면 '疲劳的眼睛'으로 써야 하며 이때는 '피곤한 눈'이라는 뜻이 된다. 또한 '导致' 뒤에는 '주술구(眼睛疲劳)'가 목적어로 올 수 있다.
→ 导致眼睛疲劳

[2단계] 의미상으로 봤을 때 '长时间使用电脑(장시간 컴퓨터를 사용하다)'가 주어가 된다.
→ 长时间使用电脑…导致眼睛疲劳

[3단계] '易'는 '容易'의 줄임말로 '导致' 앞에 온다.
→ 长时间使用电脑易导致眼睛疲劳。

정답 长时间使用电脑易导致眼睛疲劳。 장시간 컴퓨터를 사용하면 눈의 피로를 초래하기 쉽다.

어휘 导致 dǎozhì [동] 초래하다 5급 | 疲劳 píláo [형] 피로하다, 피곤하다 5급 | 易 yì [형] 쉽다 | 使用 shǐyòng [동] 사용하다 4급

❸ 把자문

실전 연습 문제

> **정답**
> 1. 把这花盆搬到阳台上吧。
> 2. 妈妈把项链锁在了抽屉里。
> 3. 请把报道内容简单概括一下。
> 4. 老板始终没有把秘密说出去。
> 5. 他把电脑里的文件删除了。
> 6. 不要把不愉快的心情传染给别人。
> 7. 他们把聚会时间定在5月中旬。
> 8. 中国人把这种花作为繁华的象征。

1.

这花盆　阳台上　吧　搬到　把

풀이 **[1단계]** 동사 '搬到(~로 옮기다)'의 대상은 '这花盆(이 화분)'이다.
→ 把这花盆搬到

[2단계] '搬到' 뒤에는 이동된 장소가 와야 하므로 '阳台上(베란다 위)'이 온다.
→ 把这花盆搬到阳台上

[3단계] '吧'는 명령이나 부탁을 나타내는 어기조사로 문장 끝에 온다.
→ 把这花盆搬到阳台上吧。

정답 把这花盆搬到阳台上吧。 이 화분을 베란다로 옮겨 줘.

어휘 花盆 huāpén [명] 화분 | 阳台 yángtái [명] 베란다 5급 | 搬 bān [동] 옮기다 3급

꿀팁 부탁이나 명령을 하는 '请, 不要, 别' 등으로 시작하는 문장이나 '吧'가 있는 문장은 주어가 없을 수도 있다.

2.

项链　锁在了　把　妈妈　抽屉里

풀이 **[1단계]** '锁(자물쇠로 잠그다)'의 처치 대상은 '项链(목걸이)'이다. 행위자인 '妈妈'가 주어가 된다.
→ 妈妈…把项链锁在了

[2단계] '锁'는 '자물쇠로 잠그다'는 뜻이 있는데 '锁在~'로 쓰면 '~에 넣고 잠그다'는 뜻이 된다. '在' 때문에 뒤에는 장소를 나타내는 '抽屉里'가 온다.
→ 妈妈把项链锁在了抽屉里。

정답 妈妈把项链锁在了抽屉里。 엄마는 목걸이를 서랍에 넣고 잠궜다.

어휘 项链 xiàngliàn [명] 목걸이 5급 | 锁 suǒ [명] 자물쇠 [동] 자물쇠로 잠그다 5급 | 抽屉 chōuti [명] 서랍 5급

3.

一下　请　报道内容　简单概括　把

풀이 **[1단계]** 동사 '概括(간추리다)'의 대상은 '报道内容(보도 내용)'이다.
→ 把报道内容简单概括

[2단계] '一下'는 동사(概括) 뒤에 기타 성분으로 오고, '请'은 문장 맨 앞에 온다.
→ 请把报道内容简单概括一下。

정답 请把报道内容简单概括一下。 보도 내용을 좀 간단하게 간추려 주세요.

어휘 报道 bàodào [명] 보도 [동] 보도하다 5급 | 概括 gàikuò [동] 간추리다 5급

꿀팁 〈V + 一下〉는 '좀/한번 V하다'의 뜻으로 가벼운 부탁이나 가벼운 시도에 쓰이는 형식이다. 또한 '请'이 있는 문제는 대부분 '请'으로 시작한다.

4.

没有　说出去　把秘密　老板　始终

풀이 **[1단계]** 동사 '说出去(발설하다)'의 대상은 '秘密'이다.
→ 把秘密说出去

[2단계] '始终'과 '没有'는 모두 부사이기 때문에 '把' 앞에 오며, **부사끼리의 어순은 주로 〈일반부사 + 부정부사〉**이다.
→ 始终没有把秘密说出去

[3단계] '老板(사장)'은 주어가 된다.
→ 老板始终没有把秘密说出去。

정답 老板始终没有把秘密说出去。 사장은 시종 비밀을 발설하지 않았다.

어휘 秘密 mìmì [명] 비밀 5급 | 始终 shǐzhōng [부] 시종, 줄곧 5급

꿀팁 부사는 '把' 앞에 오며, 부사끼리는 일반적으로 〈일반부사 + 부정부사〉의 어순을 따른다.

5.

> 删除　了　文件　电脑里的　他　把

풀이 **[1단계]** 동사는 '删除(삭제하다)'이고, 동작의 대상(O)은 '电脑里的文件(컴퓨터 안의 문서)'이다.
→ 把电脑里的文件删除

[2단계] 행위자(S)는 '他'이고, '了'는 동사 뒤 기타 성분으로 온다.
→ 他把电脑里的文件删除了。

정답 他把电脑里的文件删除了。 그는 컴퓨터 안의 문서를 삭제했다.

어휘 删除 shānchú [동] 삭제하다 | 文件 wénjiàn [명] 문서

6.

> 不愉快的心情　传染给　不要　把　别人

풀이 **[1단계]** 동사 '传染(전염시키다)'의 대상은 '不愉快的心情(안 좋은 기분)'이다.
→ 把不愉快的心情传染给

[2단계] '传染给' 뒤에는 전염 받는 대상이 와야 하므로 '别人'이 온다.
→ 把不愉快的心情传染给别人

[3단계] '不要'는 '명령형'에 쓰일 때 문장 맨 앞에 올 수 있다. 또한 〈把자문〉에서 조동사는 '把' 앞에 오므로 '不要'가 맨 앞에 오게 된다.
→ 不要把不愉快的心情传染给别人。

정답 不要把不愉快的心情传染给别人。 안 좋은 기분을 다른 사람에게 전염시키지 마라.

어휘 传染 chuánrǎn [동] 전염시키다, 옮다 5급

7.

> 他们　时间　把　5月中旬　聚会　定在

풀이 **[1단계]** 동사는 '定在(~에 정하다)'이고, 동작의 대상(O)은 '聚会时间(모임 시간)'이다.
→ 把聚会时间定在

[2단계] '在' 뒤에는 시간이나 장소가 와야 하므로 '5月中旬'이 오고, '他们'이 주어가 된다.
→ 他们把聚会时间定在5月中旬。

정답 他们把聚会时间定在5月中旬。 그들은 모임 시간을 5월 중순으로 정했다.

어휘 中旬 zhōngxún [명] 중순 | 聚会 jùhuì [명] 모임 [동] 모이다

8.

> 这种花　作为　繁华的象征　把　中国人

풀이 **[1단계]** 동사 '作为'는 '~으로 여기다'의 뜻이다. 여김을 받는 대상은 '这种花'이다.
→ 把这种花作为

[2단계] 꽃을 무엇으로 '여기는' 주체는 사람이므로 '中国人'이 주어가 된다.
→ 中国人把这种花作为

[3단계] '作为' 뒤에는 기타 성분이 와야 하므로 '繁华的象征'이 온다.
→ 中国人把这种花作为繁华的象征。

정답 中国人把这种花作为繁华的象征。 중국 사람은 이 꽃을 번화의 상징으로 여긴다.

어휘 作为 zuòwéi [동] ~으로 삼다, ~으로 여기다 5급 | 繁华 fánhuá [형] 번화하다 5급

꿀팁
> **把 A 作为 B : A를 B로 삼다/여기다**
> 하나의 고정 격식으로 외우는 것이 좋다. 만일 '作为'가 맨 앞에 올 때는 주로 '~로서'라고 해석한다.
> • 作为一个学生，首先得把学习搞好。 학생으로서 우선은 공부를 잘 관리해야 한다.

❹ 被자문

실전 연습 문제

> **정답**
> 1. 我没被困难吓倒。
> 2. 合同被他不小心撕了。
> 3. 贷款申请已经被批准了。
> 4. 数据被马工程师删掉了。
> 5. 他连续三年被评为优秀主持人。
> 6. 受伤的人被救护车送进了医院。
> 7. 人们都被这个情景吓呆了。
> 8. 他的研究成果已经被学术界所承认。

1.

> 困难　吓倒　没　被　我

풀이 **[1단계]** 동사 '吓(놀라게 하다)'를 당하는 대상은 사람이므로 '我'가 주어로 온다.
→ 我…被…吓倒

[2단계] 놀라게 만드는 것은 '고난'이나 '어려움'이므로 '困难'은 '被' 뒤에 온다.
→ 我…被困难吓倒

[3단계] '没'는 부사이므로 '被' 앞에 온다.
→ 我没被困难吓倒。

정답 我没被困难吓倒。 나는 어려움에 놀라 쓰러지지 않았다.

어휘 困难 kùnnan [명] 어려움, 곤란 [형] 곤란하다, 어렵다 4급 | 吓倒 xiàdǎo [동] 놀라 자빠지다, 놀라 쓰러지다 5급

꿀팁 '没', '又', '已经' 등의 부사는 '被' 앞에 온다.

2.

> 被　合同　了　撕　他不小心

풀이 **[1단계]** 동사 '撕(찢다)'의 대상은 '合同(계약서)'이므로 '合同'이 주어 자리에 오고, '了'는 '撕' 뒤에 온다.
→ 合同…被…撕了

쓰기 1부분 **97**

[2단계] 계약서를 찢는 행위자는 사람(他)이므로 '他不小心'이 '被' 뒤에 온다.
→ 合同被他不小心撕了。

정답 合同被他不小心撕了。 계약서가 그에 의해 실수로 찢어졌다.

어휘 合同 hétong [명] 계약서 5급 | 撕 sī [동] 찢다 5급 | 不小心 bùxiǎoxīn 조심하지 않다, 실수로

3.

> 贷款　了　已经被　申请　批准

풀이 **[1단계]** 동사 '批准(비준하다)'의 대상은 '申请(신청)'이므로 '申请'이 주어가 된다.
→ 申请已经被…批准

[2단계] '贷款(대출하다, 대출)'은 '申请'과 결합하여 '대출 신청'이라는 명사구가 될 수 있고, '了'는 동사 '批准' 뒤에 온다.
→ 贷款申请已经被批准了。

정답 贷款申请已经被批准了。 대출 신청은 이미 비준되었다.

어휘 贷款 dàikuǎn [동] 대출하다 [명] 대출 5급 | 申请 shēnqǐng [동] 신청하다 [명] 신청 5급 | 批准 pīzhǔn [동] 비준하다, 허가하다 5급

꿀팁 '贷款'과 '申请'은 모두 **동사이면서 명사**이다. 이처럼 많은 **동사들은 명사로도 쓰일 수 있는** 특징이 있다. 이때 **2음절 단어와 2음절 단어는 구조조사 '的' 없이 바로 연결될 수 있다.** 또한 이 문제는 '행위자'가 생략되어 '被' 뒤에 동사(批准)가 바로 온 경우이다. '被' 뒤에 행위자가 생략될 수 있음을 주의하자.

4.

> 数据　了　删掉　被　马工程师

풀이 **[1단계]** 동사 '删掉(삭제해 버리다)'의 대상은 자료이므로 '数据'가 주어가 된다.
→ 数据…被…删掉了

[2단계] 삭제한 행위자는 사람이므로 '马工程师(마 엔지니어)'가 '被' 뒤에 온다.
→ 数据被马工程师删掉了。

정답 数据被马工程师删掉了。 데이터는 마 엔지니어에 의해 삭제되었다.

어휘 数据 shùjù [명] 데이터, 통계 수치 5급 | 删掉 shāndiào [동] 삭제하다 5급 | 工程师 gōngchéngshī [명] 엔지니어, 기사 5급

5.

| 连续三年　优秀主持人　他　被评为 |

풀이 **[1단계]** 동사가 있는 '被评为(~으로 선정되다)'의 대상은 사람이므로 '他'가 주어가 된다.
→ 他…被评为

[2단계] '~로 선정되다' 뒤에는 선정된 명칭이 와야 하므로 '优秀主持人'이 온다.
→ 他…被评为优秀主持人

[3단계] '连续三年'은 '3년 연속'의 뜻으로 '선정되다'를 수식하므로 '被评为' 앞에 와야 한다.
→ 他连续三年被评为优秀主持人。

정답 他连续三年被评为优秀主持人。 그는 3년 연속 우수 사회자로 선정되었다.

어휘 连续 liánxù [동] 연속하다 5급 | 优秀 yōuxiù [형] 우수하다 4급 | 主持人 zhǔchírén [명] 사회자, MC | 被评为 bèi píngwéi ~으로 선정되다

6.

| 送进了　受伤的人　被　医院　救护车 |

풀이 **[1단계]** 동사 '送进(보내어 들여보내다)'의 대상은 사람이므로 '受伤的人'이 주어가 된다.
→ 受伤的人…被…送进了

[2단계] 보내는 주체는 '救护车'이므로 '被' 뒤에 온다.
→ 受伤的人被救护车送进了

[3단계] '送进'은 '~进' 때문에 뒤에 장소를 나타내는 말이 온다. 따라서 '医院'은 '送进了' 뒤에 온다.
→ 受伤的人被救护车送进了医院。

정답 受伤的人被救护车送进了医院。 부상 입은 사람은 구급차에 의해 병원으로 보내졌다.

어휘 受伤 shòushāng [동] 부상을 입다, 다치다 5급 | 救护车 jiùhùchē [명] 구급차 5급

꿀팁 〈V + 进/出〉 뒤에는 '进/出' 때문에 종종 장소가 온다.
冲进屋里 집안으로 뛰어 들어가다 | 扔进海里 바다 속에 던져 넣다
跳出固定的圈子 고정된 범위에서 뛰쳐 나오다 | 走出教室 교실에서 걸어 나오다

7.

> 吓　这个情景　了　都被　呆　人们

풀이 **[1단계]** 동사 '吓(놀라다)'의 대상은 사람이므로 '人们'이 주어로 온다.
→ 人们…都被…吓

[2단계] 놀라게 만든 주체는 광경이나 장면이므로 '这个情景'이 '被' 뒤에 온다.
→ 人们…都被这个情景吓

[3단계] '呆(멍하다)'는 '吓' 뒤에 결과보어로 와서 기타 성분이 되고, '了'는 결과보어 뒤에 오므로 '呆' 뒤에 온다.
→ 人们都被这个情景吓呆了。

정답 人们都被这个情景吓呆了。 사람들은 모두 이 광경에 놀라 멍해졌다.

어휘 情景 qíngjǐng [명] 광경, 장면, 모습 5급 | 呆 dāi [형] 멍하다, (머리가) 둔하다 5급 | 吓 xià [동] 놀라다, 놀라게 하다 5급

8.

> 被学术界　承认　他的研究成果　已经　所

풀이 **[1단계]** 동사 '承认(인정하다)'의 대상은 연구 성과이므로 '他的研究成果'가 주어로 오고, 인정하는 행위자는 '学术界(학술계)'이다.
→ 他的研究成果…被学术界…承认

[2단계] '已经'은 부사이므로 '被' 앞에 온다.
→ 他的研究成果已经被学术界…承认

[3단계] 〈被자문〉에서 '所'는 동사 앞에 와서 피동성을 강조하고 기타 성분은 오지 않는다.
→ 他的研究成果已经被学术界所承认。

정답 他的研究成果已经被学术界所承认。 그의 연구 성과는 이미 학술계에 의해서 인정 받았다.

어휘 学术界 xuéshùjiè [명] 학술계 5급 | 承认 chéngrèn [동] 인정하다 5급

❺ 존현문

실전 연습 문제

> **정답**
> 1. 门口停着一辆摩托车。
> 2. 屋子里住着一位老太太。
> 3. 河边是一片白色的沙滩。
> 4. 小姑娘头上插着一朵花。
> 5. 一道彩虹出现在天空中。
> 6. 姥姥家门口有一个小池塘。
> 7. 傍晚时天空中突然飘起了雪花。
> 8. 那条胡同里面有许多古老的建筑。

1.

> 一辆　停着　门口　摩托车

풀이 **[1단계]** 장소의 의미인 '门口'가 주어가 되고, '停着(멈춰 있다)'는 술어 자리에 온다.
→ 门口停着

[2단계] '一辆'은 수량구로 '摩托车' 앞에 오고, '一辆摩托车'는 술 뒤에 온다.
→ 门口停着一辆摩托车。

정답 门口停着一辆摩托车。 문 앞에는 오토바이 한 대가 서 있다.

어휘 辆 liàng [양] 대, 량(차량을 셈) 3급 | 门口 ménkǒu [명] 입구, 문앞 | 摩托车 mótuōchē [명] 오토바이 5급

2.

> 住着　屋子　老太太　一位　里

풀이 **[1단계]** 방위사 '里'는 '屋子' 뒤에 와서 장소를 나타내는 말이 되어 주어 자리에 위치한다. 또한 동사 '住'는 술어로 온다
→ 屋子里住着

[2단계] '一位老太太'는 술어 뒤에 온다.
→ 屋子里住着一位老太太。

정답 屋子里住着一位老太太。 방 안에는 한 분의 노부인이 살고 있다.

어휘 屋子 wūzi [명] 방 5급 | 太太 tàitai [명] 부인 5급

3.

> 河边　是　沙滩　一片白色的

풀이 [1단계] 장소를 나타내는 '河边(강가)'이 주어로 오고, '是'가 술어가 된다. → 河边是
　　　　[2단계] '一片白色的(온통 흰색의)'는 '沙滩(백사장)'을 수식하고 술어 뒤에 온다. → 河边是一片白色的沙滩。

정답 河边是一片白色的沙滩。 강변에는 온통 흰색의 백사장이다.

어휘 河边 hébiān [명] 강가, 강변 | 沙滩 shātān [명] 백사장, 모래사장 5급 | 片 piàn [양] 풍경·기상·언어·소리·마음 등에 쓰임 5급

꿀팁 '是'도 존현문이 될 수 있는 동사이다.

4.

> 插着　一朵　头上　小姑娘　花

풀이 [1단계] '一朵(한 송이)'는 '花'를 수식한다. '小姑娘(소녀)'과 '头上'이 직접 결합한다.
　　　　→ 一朵花 / 小姑娘头上
　　　　[2단계] 〈존현문〉이므로 장소를 나타내는 '小姑娘头上'이 주어가 되고, 바로 뒤에 동사 '插(꽂다)'가 온다.
　　　　→ 小姑娘头上插着
　　　　[3단계] 존재 대상인 '一朵花'은 동사 뒤에 목적어로 온다.
　　　　→ 小姑娘头上插着一朵花。

정답 小姑娘头上插着一朵花。 어린 소녀의 머리 위에 한 송이 꽃이 꽂혀 있다.

어휘 插 chā [동] 꽂다 5급 | 朵 duǒ [양] 송이, 점, 조각(꽃·구름이나 그와 비슷한 물건을 세는 단위) 5급 | 姑娘 gūniang [명] 처녀, 아가씨 5급

5.

> 天空中　彩虹　出现在　一道

풀이 [1단계] '在' 뒤에는 장소가 와야 하므로 '天空中'은 '出现在' 뒤에 온다. → 出现在天空中
　　　　[2단계] '一道'는 수량구로 '彩虹(무지개)' 앞에 오고, 이는 주어가 된다. → 一道彩虹出现在天空中。

정답 一道彩虹出现在天空中。 하나의 무지개가 하늘에 나타났다.

어휘 天空 tiānkōng [명] 하늘, 공중 5급 | 彩虹 cǎihóng [명] 무지개 5급 | 出现 chūxiàn [동] 출현하다, 나타나다 5급 | 道 dào [양] 줄기, 가닥, 갈래(강·하천과 가늘고 긴 모양을 세는 단위)

꿀팁 '在' 제시어가 있는 문제는 〈존현문〉이 아니다. 왜냐하면 〈존현문〉은 장소가 주어 자리에 와야 하는데, '在'가 있으면 그 뒤에 장소가 오기 때문이다.

6.

> 一个　有　姥姥家门口　小池塘

풀이 **[1단계]** '门口(문 앞)'가 장소의 의미이므로 '姥姥家门口'가 주어가 되고, '有'가 술어가 된다. → 姥姥家门口有
[2단계] '一个'는 수량구로 '小池塘' 앞에 오고, '一个小池塘'은 술어 뒤에 온다. → 姥姥家门口有一个小池塘。

정답 姥姥家门口有一个小池塘。 외할머니댁의 문 앞에는 작은 못이 하나 있다

어휘 姥姥 lǎolao [명] 외할머니 5급 | 池塘 chítáng [명] (작고 얕은) 못 5급

7.

> 突然　雪花　傍晚时天空中　飘起了

풀이 **[1단계]** '天空中'은 장소를 나타내는 말이고, '飘起'는 '흩날리기 시작하다'의 뜻으로 '출현'의 의미가 있으므로, 이 문장은 〈존현문〉이 된다. 따라서 '天空中'은 주어로 오고, '飘起了'는 술어로 온다.
→ 傍晚时天空中…飘起了
[2단계] '雪花(눈꽃)'는 출현의 대상이므로 목적어 자리에 오며, '突然'은 부사이므로 동사 '飘' 앞에 온다.
→ 傍晚时天空中突然飘起了雪花。

정답 傍晚时天空中突然飘起了雪花。 저녁 무렵에 하늘에서 갑자기 눈꽃이 흩날렸다.

어휘 雪花 xuěhuā [명] 눈송이, 눈꽃 | 傍晚 bàngwǎn [명] 저녁 무렵 5급 | 天空 tiānkōng [명] 하늘, 공중 5급 | 飘 piāo [동] 나부끼다, 흩날리다 5급

꿀팁 '起'는 〈동사 + 起〉의 형식으로 사물이나 현상이 나타나서 계속됨을 나타낸다. 예를 들어 '响起'는 '소리가 나다'로 해석되고 '출현'의 의미가 있는 것이다.

8.

> 古老的建筑　里面　有　那条胡同　许多

풀이 **[1단계]** 복합 방위사인 '里面(안)'은 '那条胡同(그 골목)' 뒤에 붙는다. → 那条胡同里面
[2단계] 〈존현문〉이므로 장소인 '那条胡同里面'이 주어로 오고, 존재 대상인 '古老的建筑(오래된 건축물)'이 목적어로 온다. → 那条胡同里面…有…古老的建筑
[3단계] '许多(매우 많다)'는 명사를 수식하는 관형어로만 쓰이기 때문에 '古老的建筑'를 수식한다.
→ 那条胡同里面有许多古老的建筑。

정답 那条胡同里面有许多古老的建筑。 그 골목 안에는 많은 오래된 건축물이 있다.

어휘 古老 gǔlǎo [형] 오래되다 | 建筑 jiànzhù [명] 건축물 [동] 건축하다 5급 | 许多 xǔduō [형] 허다하다, 매우 많다 4급 | 胡同 hútòng [명] 골목 5급 | 里面 lǐmiàn 안, 안쪽(복합 방위사)

❻ 부사

실전 연습 문제 1

> **정답**
> 1. 生活依然没有改善。
> 2. 刘秘书显得有些犹豫。
> 3. 嘉宾们陆续走进了宴会厅。
> 4. 你们是否赞成他的观点?
> 5. 原材料的价格一直在上涨。
> 6. 他们根本没有省钱的观念。
> 7. 他连个招呼不打就走了。
> 8. 每个人都应该遵守交通规则。

1.

改善　生活　依然　没有

풀이 **[1단계]** 부정부사(没有)는 동사(改善) 앞에 온다.
→ 没有改善

[2단계] 일반적으로 **부정부사**는 다른 부사 뒤에 오므로 '依然'이 '没有' 앞에 온다.
→ 依然没有改善

[3단계] 주어가 있어야 하므로 '生活'는 맨 앞에 온다.
→ 生活依然没有改善。

정답 生活依然没有改善。 생활이 여전히 개선되지 않았다.

어휘 改善 gǎishàn [동] 개선하다 5급 | 依然 yīrán [부] 여전히 5급

2.

犹豫　刘秘书　有些　显得

풀이 **[1단계]** 정도부사 '有些'는 형용사(犹豫)를 수식한다. 동사 '显得' 앞에 놓지 않도록 주의하자.
→ 有些犹豫

[2단계] 동사 '显得(~하게 보이다)' 뒤에는 주로 형용사구가 목적어로 온다. 그 형태는 일반적으로 〈정도부사 + 형용사〉이다.
→ 显得有些犹豫

[3단계] '刘秘书(류 비서)'는 주어가 된다.
→ 刘秘书显得有些犹豫。

정답 刘秘书显得有些犹豫。 류 비서는 약간 주저하는 듯 보였다.

어휘 犹豫 yóuyù [형] 망설이다, 주저하다 5급 | 秘书 mìshū [명] 비서 5급 | 显得 xiǎnde [동] ~하게 보이다 5급

꿀팁 '显得'가 나오면 뒤에는 거의 〈정도부사 + 형용사〉가 보어로 온다.

3.

陆续　嘉宾们　走进了　宴会厅

풀이 [1단계] 부사 '陆续(잇따라)'는 동사(走进了) 앞에 온다.
→ 陆续走进了

[2단계] '走进' 뒤에는 장소가 오므로 '宴会厅(연회실)'이 온다.
→ 陆续走进了宴会厅

[3단계] '嘉宾们(귀빈들)'은 주어가 된다.
→ 嘉宾们陆续走进了宴会厅。

정답 嘉宾们陆续走进了宴会厅。 귀빈들은 잇따라 연회실로 들어갔다.

어휘 陆续 lùxù [부] 잇따라 5급 | 嘉宾 jiābīn [명] 손님 5급 | 宴会厅 Yànhuìtīng [명] 연회실 5급

꿀팁 〈V + 进/出 + 장소〉는 '어떤 곳으로 들어가거나 나옴'을 나타낸다.
• 走进 教室 교실에 들어가다
• 走出 办公室 사무실에서 나오다

4.

他的　你们　是否　观点　赞成

풀이 [1단계] 부사 '是否(~인지 아닌지)'는 동사 '赞成(찬성하다)' 앞에 온다.
→ 是否赞成

[2단계] 동사는 목적어를 취하므로 '赞成(찬성하다)'은 '观点(관점)'을 목적어로 취하기에 알맞고, '他的'는 '观点'을 수식한다.
→ 是否赞成他的观点

쓰기 1부분 **105**

[3단계] '你们'은 주어가 되고 이 문장은 의문문이므로 마침표(。)가 아니라 의문 부호(？)를 쓴다.
→ 你们是否赞成他的观点？

정답 你们是否赞成他的观点？ 당신들은 그의 관점에 찬성해요 안 해요?

어휘 是否 shìfǒu [부] ~인지 아닌지 4급 | 观点 guāndiǎn [명] 관점 5급 | 赞成 zànchéng [동] 찬성하다 5급

5.

> 上涨　在　原材料的　一直　价格

풀이 **[1단계]** 부사 '在'와 '一直'는 〈一直在 + V〉의 어순으로 쓰고, 뒤에는 동사(上涨)가 온다.
→ 一直在上涨

[2단계] 남은 '原材料的'는 '价格'를 수식하여 이는 주어가 된다.
→ 原材料的价格一直在上涨。

정답 原材料的价格一直在上涨。 원자재의 가격이 줄곧 오르고 있다.

어휘 上涨 shàngzhǎng [동] (가격이) 오르다 5급 | 原材料 yuáncáiliào [명] 원자재, 원재료 4급

6.

> 没有　根本　省钱的　他们　观念

풀이 **[1단계]** '省钱的(돈을 절약하는)' 뒤에는 명사가 와야 하므로 '观念(관념)'과 결합한다. 또한 여기서의 '没有'는 〈부정부사(没) + 동사(有)〉의 결합형으로, 동사 '有' 뒤에는 '观念'이 목적어로 온다.
→ 没有省钱的观念

[2단계] 부사 '根本(전혀, 아예)'은 부정부사(没)와 동사(有) 앞에 오고 '他们'은 주어가 된다.
→ 他们根本没有省钱的观念。

정답 他们根本没有省钱的观念。 그들은 돈을 아끼는 관념이 아예 없다.

어휘 根本 gēnběn [부] 아예, 전혀, 근본적으로 [형] 근본적이다 [명] 근본 5급 | 省钱 shěngqián [동] 돈을 아끼다 4급 | 观念 guānniàn [명] 관념 5급

> **꿀팁**
>
> **부사 '根本'**
>
> '根本'은 형용사로 '근본적이다', 명사로 '근본'의 뜻도 있지만 **부사로서 '근본적으로, 아예, 전혀' 등의 뜻도 있다.** 이때는 뒤에 '不', '没(有)', '非' 같은 부정부사와 함께 쓰는 특징이 있다.
>
> - 根本原因 근본적인 원인
> - 国家的根本就是百姓。 국가의 근본은 바로 백성이다.
> - 我根本没说过这种话。 나는 근본적으로(아예/전혀) 이런 말을 한 적이 없다.

7.

| 不打　他连　个招呼　就走了　都 |

풀이 **[1단계]** 〈连 + O + 都 + V〉는 'O조차도 V하다'의 뜻으로 일종의 **강조 구문**이다. '打招呼(인사하다)'는 〈V(打) + O(招呼)〉로 이루어져 있다. 따라서 '连' 뒤에 '个招呼'가 온다. 이때 '个'는 '一个'의 줄임말이다.
→ 他连个招呼都不打

[2단계] '就走了'는 문장 끝에 온다.
→ 他连个招呼都不打就走了。

정답 他连个招呼都不打就走了。 그는 인사조차도 하지 않고 가 버렸다.

어휘 打招呼 dǎzhāohū [동] 인사하다 [동] 통지하다 5급

8.

| 应该　每个人　规则　都　遵守交通 |

풀이 **[1단계]** 동사는 목적어를 취하므로 '遵守(준수하다)' 뒤에는 '规则(규정)'이 오는 것이 좋다. 또한 '交通'과 '规则'는 바로 결합하여 '交通规则(교통 법규)'가 될 수 있다.
→ 遵守交通规则

[2단계] 부사 '都' 앞에는 복수 대상이 오기 때문에 '每个人'이 온다. '应该'는 조동사이므로 동사(遵守) 앞에 온다. 부사(都)와 조동사(应该)의 일반적 부사어의 어순 〈부 + 조 + 개 + V〉에 따라 부사인 '都'는 조동사인 '应该' 앞에 온다.
→ 每个人都应该遵守交通规则。

정답 每个人都应该遵守交通规则。 모든 사람들은 다 교통 법규를 준수해야 한다.

어휘 规则 guīzé [명] 규칙, 규정, 법규 5급 | 遵守 zūnshǒu [동] 준수하다 5급 | 交通 jiāotōng [명] 교통 4급

실전 연습 문제 2

> **정답**
> 1. 非工作人员请勿入内。
> 2. 你平时太缺乏锻炼了。
> 3. 律师正在征求双方的意见。
> 4. 不要随便打断别人的谈话。
> 5. 大雾天气总算要结束了。
> 6. 实验随时都有失败的可能。
> 7. 他似乎是非常伟大的工程师。
> 8. 这座城市到处都是名胜古迹。

1.

| 非　人员　请勿入内　工作 |

풀이 [1단계] '工作'는 '人员'과 결합하여 '工作人员'이 되고, '非'는 그 앞에 온다.
→ 非工作人员(비근무자)

[2단계] 부사 '勿'는 '~하지 마라(=别)'이다. '请勿入内'는 '안에 들어오지 마세요'의 뜻이다. '入内(안으로 들어오다)'는 이미 동목구이기 때문에 '非工作人员'은 '入内' 뒤에 목적어로 올 수 없다. 따라서 '非工作人员'은 맨 앞에 온다.
→ 非工作人员请勿入内。

정답 非工作人员请勿入内。 비근무자는 안에 들어오지 마세요.

어휘 非 fēi [동] ~이 아니다 5급 | 人员 rényuán [명] 인원, 요원 5급 | 勿 wù [부] ~하지 마라 5급

꿀팁 '非'는 〈非 + ~ + N〉의 형태로 어떤 범위에 속하지 않음을 나타내며, 명사를 만드는 기능을 한다.
- 非会员 비회원 | 非卖品 비매품 | 非正常情况 비정상 상황

2.

| 缺乏　了　太　你平时　锻炼 |

풀이 [1단계] 동사 '缺乏(부족하다)'는 '锻炼(단련, 운동)'을 목적어로 취한다.
→ 缺乏锻炼

[2단계] 정도부사 '太'는 〈太 + A/V + 了〉의 형태로 쓴다.
→ 太缺乏锻炼了

[3단계] '你'가 주어가 되므로 '你平时'는 제일 앞에 온다.
→ 你平时太缺乏锻炼了。

정답 你平时太缺乏锻炼了。 너는 평소에 운동이 너무 부족해.

어휘 缺乏 quēfá [동] 부족하다 5급

3.

正在　律师　双方的意见　征求

풀이 [1단계] 동사 '征求(구하다)'의 목적어로 '意见(의견)'이 알맞다.
→ 征求双方的意见

[2단계] 진행을 나타내는 '正在'는 부사이기 때문에 동사 앞에 온다.
→ 正在征求双方的意见

[3단계] '律师'는 주어가 된다.
→ 律师正在征求双方的意见。

정답 律师正在征求双方的意见。 변호사는 쌍방의 의견을 구하고 있다.

어휘 律师 lǜshī [명] 변호사 4급 | 双方 shuāngfāng [명] 쌍방 5급 | 征求 zhēngqiú [동] (의견을) 구하다 5급

4.

打断别人　不要　谈话　的　随便

풀이 [1단계] 제시어에서 동사는 '打断(끊다)'과 '谈话(이야기 하다)'가 있다. 하지만 '谈话'는 '담화'로 해석하여 명사로 쓰일 수 있다. 따라서 '随便'이 '打断'을 수식한다. 또한 '随便'은 조동사 뒤에 오는 부사이므로 '不要随便打断…'이 된다.
→ 不要随便打断别人

[2단계] '谈话'는 명사로 '别人' 뒤에 올 수 있는데 그 사이에 '的'가 들어간다.
→ 不要随便打断别人的谈话。

정답 不要随便打断别人的谈话。 다른 사람의 말을 함부로 끊지 마라.

어휘 打断 dǎduàn [동] 끊다, 자르다 | 谈话 tánhuà [동] 이야기하다 [명] 담화 | 随便 suíbiàn [부] 마음대로, 함부로 [동] 마음대로 하다 4급

꿀팁 '不要', '要', '请' 등의 제시어가 있으면 '~해라'는 식의 명령이나 부탁을 나타내는데, 이럴 경우에는 주어가 없는 경우가 많아서 '不要~', '要~', '请~' 등으로 시작한다.

5.

大雾　要　天气总算　了　结束

풀이 **[1단계]** 〈要 + V + 了〉는 '곧 ~하려 하다'의 뜻으로 동사인 '结束'는 그 사이에 온다.
→ 要结束了

[2단계] 일반적으로 부사는 조동사 앞에 오므로, '总算'은 '要' 앞에 온다.
→ 天气总算要结束了

[3단계] '大雾'는 '天气'와 바로 결합하여 명사구가 된다.
→ 大雾天气总算要结束了。

정답 大雾天气总算要结束了。 짙은 안개 낀 날씨가 마침내 끝나려 한다.

오답분석 天气总算要结束大雾了。
'结束(끝나다, 끝내다)'는 〈S + 结束了〉나 〈结束了 + O〉의 형태로 쓴다.
- 考试终于结束了。 시험이 마침내 끝났다.
- 电视台结束了当天的播放。 텔레비전 방송국은 그날의 방송을 끝냈다.

〈结束了 + O〉의 형태일 때는 O가 사람의 조치로 끝날 수 있을 때 쓴다. 날씨(天气)는 사람이 끝낼 수 있는 것이 아니기 때문에 〈结束了 + O〉로 쓸 수 없다.

어휘 总算 zǒngsuàn [부] 마침내 5급 | 大雾 dàwù [명] 짙은 안개 5급 | 结束 jiéshù [동] 끝나다 4급

6.

有失败的　随时　实验　都　可能

풀이 **[1단계]** 동사 '有' 뒤에는 명사가 목적어로 오는데 의미상 '可能(가능성)'이 알맞다. 또한 '失败的' 뒤에는 명사가 와야 하므로 '可能'이 알맞다.
→ 有失败的可能

[2단계] 부사 '随时(수시로)'는 시간상 '언제든지'이기 때문에 뒤에 범위를 묶어 주는 '都'가 붙을 수 있다. '随时都'는 부사구가 되어 동사 '有' 앞에 온다.
→ 随时都有失败的可能

[3단계] 남은 '实验(실험)'은 주어가 된다.
→ 实验随时都有失败的可能。

정답 实验随时都有失败的可能。 실험은 언제든지 다 실패할 가능성이 있다.

어휘 失败 shībài [동] 실패하다 5급 | 随时 suíshí [부] 수시로, 언제나 5급 | 实验 shíyàn [명] 실험 [동] 실험하다 5급 | 可能 kěnéng [명] 가능성 [형] 가능하다 [부] 아마 2급

꿀팁 '可能'은 '[부] 아마', '[형] 가능하다'의 뜻 말고도 '[명] 가능성'의 뜻도 있다.

7.

| 非常伟大　的　是　他似乎　工程师 |

풀이 **[1단계]** 동사 '是' 앞에는 부사 '似乎'가 온다.
→ 他似乎是

[2단계] 의미상으로 '非常伟大'는 '工程师'를 수식한다. 하지만 '非常伟大'는 〈정도부사 + 형용사〉 형식이기 때문에 관형격 구조조사 '的'가 필요하다.
→ 他似乎是非常伟大的工程师。

정답 他似乎是非常伟大的工程师。 그는 마치 매우 위대한 엔지니어인 것 같다.

어휘 伟大 wěidà [형] 위대하다 5급 | 似乎 sìhū [부] 마치 (~인 것 같다) 5급 | 工程师 gōngchéngshī [명] 엔지니어, 기사 5급

8.

| 都　到处　名胜古迹　这座城市　是 |

풀이 **[1단계]** '到处'는 '여기저기'의 뜻으로 뒤에는 '都'가 자주 온다. 또한 〈到处都是 + N〉은 '도처에 ~이다'의 뜻으로 자주 쓰는 고정 격식이다.
→ 到处都是

[2단계] 남은 제시어 중 의미상 '这座城市'가 주어가 되는 게 좋고, '名胜古迹(명승고적)'는 목적어로 '是' 뒤에 온다.
→ 这座城市到处都是名胜古迹。

정답 这座城市到处都是名胜古迹。 이 도시는 도처가 모두 명승고적이다.

어휘 到处 dàochù [부] 도처, 여기저기 4급 | 名胜古迹 míngshèng gǔjì [명] 명승고적 5급

실전 연습 문제 3

> **정답**
> 1. 新买的衣柜太占地方。
> 2. 他们将于下个月中旬开始培训。
> 3. 她说话的语气有些不耐烦。
> 4. 多家媒体都对这件事进行了报道。
> 5. 李教授在心理学方面很有成就。
> 6. 他曾经在全国象棋比赛中获得冠军。
> 7. 他总是从自己的角度去判断别人。
> 8. 总经理分别向五个部门的主任安排了工作。

1.

衣柜　占　太　新买的　地方

풀이 **[1단계]** '新买的(새로 산)'는 '衣柜(옷장)'를 수식한다.
→ 新买的衣柜

[2단계] 동사 '占(차지하다)' 뒤에는 '地方(장소, 공간)'이 목적어로 온다. 또한 정도부사 '太'는 동사(占)를 수식한다.
→ 新买的衣柜太占地方。

정답 新买的衣柜太占地方。 새로 산 옷장이 공간을 너무 차지한다.

어휘 衣柜 yīguì [명] 옷장 | 占 zhàn [동] 점유하다, 차지하다 5급 | 地方 dìfang [명] 장소, 부분, 공간 3급

2.

下个月　他们　中旬　开始培训　将于

풀이 **[1단계]** '将于'는 이 자체가 한 단어가 아니라, 〈将(장차) + 于(~에)〉의 결합형이다. '于' 뒤에는 시간이나 대상이 올 수 있기 때문에 '下个月中旬(다음달 중순)'이 온다.
→ 将于下个月中旬

[2단계] 개사구(于 + 시간) 뒤에는 동사가 와야 하므로 '开始~'가 온다. 그리고 '他们'은 주어가 된다.
→ 他们将于下个月中旬开始培训。

정답 他们将于下个月中旬开始培训。 그들은 장차 다음달 중순에 교육을 시작할 것이다.

어휘 中旬 zhōngxún [명] 중순 5급 | 培训 péixùn [동] 양성하다, 육성하다 5급 | 将 jiāng [부] 장차, 곧 [개] ~을(=把) | 于 yú [개] ~에(뒤에는 장소·시간·대상 등이 오며 '在'와 비슷한 의미임)

3.

| 语气　她　不耐烦　说话的　有些 |

풀이 **[1단계]** 부사 '有些(약간)'는 형용사 '不耐烦(귀찮아하다)'을 수식한다.
→ 有些不耐烦

[2단계] '说话的(말을 하는)'는 '语气(어투)'를 수식하고 '她'와 함께 주어 자리에 온다.
→ 她说话的语气有些不耐烦。

정답 她说话的语气有些不耐烦。 그녀가 말하는 어투는 약간 귀찮아한다.

어휘 语气 yǔqì [명] 어투, 말투 5급 | 不耐烦 búnàifán [형] 귀찮다, 성가시다, 못 참다 5급 | 有些 yǒuxiē [부] 약간, 조금(=有点儿)

4.

| 都对　报道　多家媒体　这件事　进行了 |

풀이 **[1단계]** 범위부사 '都' 앞에는 복수 대상(여러 개)이 와야 하므로 제시어 중에는 '多家媒体'가 온다.
→ 多家媒体都对

[2단계] 개사(对) 뒤에는 명사가 와서 개사구가 되어야 하므로 '这件事'가 온다.
→ 多家媒体都对这件事

[3단계] 개사구는 동사를 수식하므로 '对这件事' 뒤에는 '进行了'가 온다. '报道'는 '进行'의 목적어로 온다.
→ 多家媒体都对这件事进行了报道。

정답 多家媒体都对这件事进行了报道。 많은 매체들이 이 일에 대해서 보도를 했다.

어휘 报道 bàodào [명] 보도 [동] 보도하다 5급 | 媒体 méitǐ [명] 대중 매체, 매스 미디어 5급

5.

| 李教授在　有　心理学方面　很　成就 |

풀이 **[1단계]** '在' 뒤에는 '장소'를 나타내는 단어가 오므로 '方面'이 올 수 있다. 〈在~方面〉은 '~의 방면에서'의 뜻이다.
→ 李教授在心理学方面

[2단계] '在~' 개사구 뒤에는 동사가 와야 하므로 '有'가 올 수 있다.
→ 李教授在心理学方面…有

[3단계] '很'은 주로 형용사나 심리동사, 그리고 일부 동사를 수식한다. 또한 '有' 뒤에 추상명사가 올 경우, '很'이 '有'를 수식할 수 있다. '成就(성취, 업적)'가 추상명사이므로 '很有成就'가 가능하다.
→ 李教授在心理学方面很有成就。

정답 李教授在心理学方面很有成就。 이 교수는 심리학 방면에서 매우 성취가 있다.(많은 성취를 이루었다)

어휘 教授 jiàoshòu [명] 교수 4급 | 成就 chéngjiù [명] 성취, 업적 [동] 이루다 5급 | 心理学 xīnlǐxué [명] 심리학

> **꿀팁** 〈很有 + 추상명사〉
> - 很有魅力 매우 매력 있다
> - 很有道理 매우 일리 있다
> - 很有耐心 인내심이 많다
> - 很有特色 매우 특색 있다

6.

> 曾经　比赛中　他　在全国象棋　获得冠军

풀이 **[1단계]** '在' 뒤에는 장소를 나타내는 말이 오므로 '~中'이 올 수 있다.
→ 在全国象棋比赛中

[2단계] 부사는 개사구 앞에 오므로 '曾经'은 '在' 앞에 온다.
→ 曾经在全国象棋比赛中

[3단계] 〈在~中〉 개사구 뒤에는 동사가 와야 하므로 '获得(얻다)'가 오고, '他'는 주어가 된다.
→ 他曾经在全国象棋比赛中获得冠军。

정답 他曾经在全国象棋比赛中获得冠军。 그는 일찍이 전국 장기 대회에서 챔피언을 했었다.

어휘 曾经 céngjīng [명] 일찍이 5급 | 冠军 guànjūn [명] 우승, 챔피언 5급 | 象棋 xiàngqí [명] 장기 5급 | 获得 huòdé [동] 얻다, 획득하다 4급

7.

> 自己的角度　别人　总是　他　去判断　从

풀이 **[1단계]** '从' 개사는 명사와 결합하여 개사구가 되어야 하므로 '自己的角度'가 '从' 뒤에 온다.
→ 从自己的角度

[2단계] '从~' 개사구 뒤에는 동사가 와야 하므로 '去判断'이 온다. '别人'은 '判断'의 목적어로 온다.
→ 从自己的角度去判断别人

[3단계] '总是'는 부사이므로 개사 '从~' 앞에 오고, '他'는 주어가 된다.
→ 他总是从自己的角度去判断别人。

정답 他总是从自己的角度去判断别人。 그는 늘 자신의 각도에서 다른 사람을 판단한다.

어휘 角度 jiǎodù [명] 각도 | 判断 pànduàn [동] 판단하다

8.

> 安排了工作   向五个部门的   总经理   分别   主任

풀이 **[1단계]** '向五个部门的'는 '的' 때문에 뒤에 명사 '主任(주임)'이 온다.
→ 向五个部门的主任
[2단계] '向~' 개사구 뒤에는 동사가 와야 하므로 '安排(안배하다)'가 온다.
→ 向五个部门的主任安排了工作
[3단계] '分别'는 '각각, 따로따로'의 뜻으로 부사이므로 개사(向) 앞에 온다. 남은 '总经理'는 주어가 된다.
→ 总经理分别向五个部门的主任安排了工作。

정답 总经理分别向五个部门的主任安排了工作。 사장은 5개 부서의 주임에게 각각 일을 안배했다.

어휘 安排 ānpái [동] 안배하다 4급 | 总经理 zǒngjīnglǐ [명] 사장 | 分别 fēnbié [부] 각각, 따로따로 [동] 헤어지다, 분별하다 5급 | 部门 bùmén [명] 부서, 부처 5급 | 主任 zhǔrèn [명] 주임 5급

❼ 개사(전치사)

실전 연습 문제 1

> **정답**
> 1. 这句话对我很有启发。
> 2. 我绝不会轻易向困难低头。
> 3. 酒后驾驶是对生命不负责任的表现。
> 4. 程老师对学生的要求太严格了。
> 5. 我好像把车钥匙落在健身房了。
> 6. 我以老朋友的身份对你说几句话。
> 7. 我们都为自己的工作而感到自豪。
> 8. 这是一份关于数码产品使用情况的问卷。

1.

> 很有　这句话　启发　对我

풀이 **[1단계]** 일반적으로 개사구(对我) 뒤에는 동사나 형용사가 오므로 '很有'가 온다. 또한 '有'의 목적어로 '启发'가 와서 '일깨움이 있다'로 해석할 수 있다.
→ 对我很有启发

[2단계] '这句话'는 주어가 된다.
→ 这句话对我很有启发。

정답 这句话对我很有启发。 이 말은 나에게 큰 일깨움이 있다.(이 말은 나에게 큰 깨달음을 주었다.)

어휘 启发 qǐfā [동] 일깨우다 [명] 깨달음 5급

2.

> 轻易向　低头　绝不会　我　困难

풀이 **[1단계]** 개사 '向'은 제시어 중 '困难(고난, 어려움)'과 결합하는 것이 가장 알맞다. 개사구(向困难) 뒤에는 동사나 형용사가 오므로 '低头(고개를 숙이다)'가 온다.
→ 轻易向困难低头

[2단계] '我'는 주어가 되고 '绝不会'는 조동사(会)가 포함되었으므로 개사구(向低头) 앞쪽, 결국 '轻易' 앞에 온다.
→ 我绝不会轻易向困难低头。

정답 我绝不会轻易向困难低头。 나는 절대로 쉽게 고난 앞에 고개 숙이지 않을 것이다.

어휘 轻易 qīngyì [부] 함부로, 쉽사리 [형] 쉽다 5급 | 低头 dītóu [동] 고개를 숙이다 | 绝 jué [부] 절대로 | 困难 kùnnan [형] 어렵다 [명] 어려움, 고난 4급

3.

对生命　酒后驾驶　是　不负责任　的表现

풀이 [1단계] 개사구 뒤에는 동사나 형용사가 온다. 따라서 개사구인 '对生命(생명에 대하여)' 뒤에는 '不负责任(책임을 지지 않다)'이 온다.
→ 对生命不负责任

[2단계] 〈是자문〉이므로 '酒后驾驶(음주 운전)'가 주어가 되고, '表现(행동)'이 목적어로 마지막에 온다. 또한 동사구(对生命不负责任)가 명사(表现)를 수식하면 '的'가 필요하다.
→ 酒后驾驶是对生命不负责任的表现。

정답 酒后驾驶是对生命不负责任的表现。 음주 운전은 생명에 대해서 무책임한 행동이다.

어휘 生命 shēngmìng [명] 생명 4급 | 驾驶 jiàshǐ [동] 운전하다 5급 | 负责任 fùzérèn 책임을 지다 | 不负责任 무책임하다 | 表现 biǎoxiàn [동] 표현하다 [명] 표현, 행동, 태도 5급

4.

对学生　程老师　太严格了　要求　的

풀이 [1단계] 먼저 술어가 될 수 있는 것은 '严格'가 유일한데, 동사는 없고 형용사가 이것뿐이기 때문이다. '엄격하다'의 주어는 제시어 중 '要求(요구)'가 가장 알맞다.
→ 要求太严格了

[2단계] '对学生' 개사구는 '的'와 함께 '要求'를 수식하고, '程老师'는 관형어의 어순에 따라 개사(对) 앞에 온다.
→ 程老师对学生的要求太严格了。

정답 程老师对学生的要求太严格了。 청 선생님의 학생에 대한 요구는 너무 엄격하다.

어휘 严格 yángé [형] 엄격하다 4급 | 要求 yāoqiú [명] 요구 [동] 요구하다 3급

꿀팁 관형어의 일반 어순 : 〈소유(소속) + 개사구 + 的 + 명사〉
일반적으로 소유(程老师)나 소속을 나타내는 단어는 관형어 중에서도 가장 맨 앞에 온다.

5.

> 健身房了　把　落在　车钥匙　我好像

풀이 [1단계] '落在(~에 떨어뜨리다)'에서 '在'는 '개사'이므로 뒤에는 장소를 나타내는 단어(健身房)가 온다. 또한 〈把자문〉이므로 '把车钥匙'는 동사(落) 앞에 온다.

→ 把车钥匙落在健身房了(차 키를 헬스장에 떨어뜨렸다)

[2단계] '我'가 주어이므로 '我好像'은 맨 앞에 온다.

→ 我好像把车钥匙落在健身房了。

정답 我好像把车钥匙落在健身房了。 나는 차 키를 헬스장에 놓고 온 것 같다.

어휘 落 là [동] 빠뜨리다, luò [동] 떨어지다 | 好像 hǎoxiàng [부] 마치 [동] 비슷하다 4급 | 健身房 jiànshēnfáng [명] 헬스장

꿀팁 문장 끝에 오는 '了'와 동사(V) 뒤에 오는 '了'에 관하여

위 문장처럼 문장 끝에 오는 '了'는 **사태 발생**을 나타내며, 한 문장으로서 **완결된 느낌**을 준다.(어기조사)
- 他早就结婚了。 그는 벌써 결혼했어.
- 周末你做什么了? 주말에 너는 뭐했니?

만일 '~落在了健身房'으로 써서 동사(落在) 뒤에 '了'를 쓰면 완결의 느낌이 없고, 뒤에 **추가적인 말이 따라와야 할 것 같은** 느낌이 있다.(동태조사)
- 我好像把车钥匙落在了健身房，得赶快去拿。 나 차 키를 헬스장에 놓고 온 것 같아, 빨리 가지러 가야겠어.

6.

> 老朋友的身份　对你说　以　我　几句话

풀이 [1단계] 개사 '以'는 〈以~身份〉의 형식으로 개사구를 이루어 동사(说)를 수식하므로 '对你说' 앞에 온다.

→ 以老朋友的身份对你说

[2단계] '我'는 주어가 되고, '话'는 '说'의 목적어이므로 '几句话'는 '说' 뒤에 온다.

→ 我以老朋友的身份对你说几句话。

정답 我以老朋友的身份对你说几句话。 나는 오랜 친구의 신분으로 너에게 몇 마디 말을 할게.

어휘 身份 shēnfen [명] 신분, 지위, 품위, 체면 5급

7.

┌───┐
│ 而感到　自己的工作　自豪　我们都　为 │
└───┘

풀이 [1단계] 개사 '为(~때문에)'는 '自己的工作'와 결합하여 개사구를 이루어 동사(感到) 앞에 온다.
→ 为自己的工作而感到

[2단계] '我们都'는 맨 앞에 오고 '自豪(자랑스럽다)'는 '感到'의 목적어로 온다.
→ 我们都为自己的工作而感到自豪。

정답 我们都为自己的工作而感到自豪。 우리는 모두 자신의 일을 자랑스럽게 생각한다.

어휘 自豪 zìháo [형] 스스로 긍지를 느끼다, 스스로 자랑스럽게 생각하다 5급

> **꿀팁** 为 A 而 B : A 때문에 (그래서) B하다
> - 他为儿子而烦恼。 그는 아들 때문에 걱정이다.
> - 我为自己的错误而感到惭愧。 나는 자신의 잘못 때문에 부끄러움을 느꼈다.

8.

┌───┐
│ 问卷　这是　一份关于　的　数码产品使用情况 │
└───┘

풀이 [1단계] 개사 '关于(~에 관하여)'는 '数码产品使用情况(디지털 제품 사용 상황)'과 결합하여 개사구가 된다.
→ 一份关于数码产品使用情况

[2단계] '关于'는 '的'와 함께 명사(问卷)를 수식하는 관형어가 될 수 있고, '这是'는 맨 앞에 온다. 이때 '一份'은 '问卷'의 수량사이다.
→ 这是一份关于数码产品使用情况的问卷。

정답 这是一份关于数码产品使用情况的问卷。 이것은 하나의 디지털 제품 사용 상황에 관한 설문지이다.

어휘 问卷 wènjuàn [명] 설문지 | 数码 shùmǎ [명] 디지털 5급 | 产品 chǎnpǐn [명] 제품 5급 | 使用 shǐyòng [동] 사용하다 4급

> **꿀팁** 관형어의 일반 어순 : 〈수량구 + 개사구 + 的 + 명사〉
> 일반적으로 수량구(一份)는 개사구(关于~)보다 앞에 온다.

실전 연습 문제 2

> **정답**
> 1. 这项技术是从古代流传下来的。
> 2. 公司决定由你主持下礼拜的开幕式。
> 3. 对方在这场谈判中占优势。
> 4. 诗歌包含在文学研究的范围之内。
> 5. 日用品都放在这个柜子里。
> 6. 录取通知书已经陆续寄到了考生手中。
> 7. 博物馆位于那座市中心。
> 8. 他毕业于北京大学物理学院。

1.

　　这项技术　下来的　是从　流传　古代

풀이 **[1단계]** 개사 '从' 뒤에는 시간을 나타내는 단어(古代)가 와서 개사구를 이룬다.
→ 是从古代

[2단계] 개사구(从古代) 뒤에는 동사나 형용사가 와야 하므로(개사구의 부사어 기능) '流传(전해 오다)'이 오고, 또 그 뒤에는 과거에서 지금까지의 지속을 나타내는 복합 방향보어 '下来'가 온다.
→ 是从古代流传下来的

[3단계] '这项技术'는 주어가 된다. 이 문장은 시간을 강조하는 〈是~的〉 구문이 된다.
→ 这项技术是从古代流传下来的。

정답 这项技术是从古代流传下来的。 이 기술은 고대로부터 전해져 내려왔다.

어휘 技术 jìshù [명] 기술 4급 | 流传 liúchuán [동] 전해지다, 전해오다 5급 | 古代 gǔdài [명] 고대 5급

2.

　　主持下礼拜的　公司决定　由你　开幕式

풀이 **[1단계]** 개사 '由(~가, ~이)'는 행위의 주체를 이끈다. '由你' 개사구 뒤에는 동사가 와야 하므로(개사구의 부사어 기능) '主持(주관하다, 사회를 보다)'가 온다.
→ 由你主持下礼拜的

[2단계] '下礼拜的(다음주의)' 뒤에는 '开幕式(개막식)'가 오고, '公司决定'은 대주어와 대술어 자격으로 맨 앞에 온다.
→ 公司决定由你主持下礼拜的开幕式。

정답 公司决定由你主持下礼拜的开幕式。 회사는 당신이 다음주 개막식의 사회를 보는 것으로 결정했다.

어휘 **主持** zhǔchí [동] 사회를 보다, 주관하다 5급 | **礼拜** lǐbài [명] 주(周) | **由** yóu [개] ~가, ~이, ~로부터 4급 | **开幕式** kāimùshì [명] 개막식 5급

3.

优势　对方　在这场　占　谈判中

풀이 **[1단계]** 개사 '在' 뒤에는 장소나 시간이 오므로 장소를 나타내는 '谈判中'이 온다. 혹은 양사 '场'은 공연·체육·협상 등의 활동을 수식하므로 '这场' 뒤에는 '谈判(협상)'이 온다고 생각할 수도 있다.
→ 在这场谈判中

[2단계] 개사구(在~中) 뒤에는 동사나 형용사가 와야 하므로(개사구의 부사어 기능) '占(차지하다, 점하다)'이 온다. 또 그 뒤에는 '占'의 목적어로 '优势(우세, 우위)'가 온다.
→ 在这场谈判中占优势

[3단계] '对方(상대방)'은 자연스럽게 주어가 된다.
→ 对方在这场谈判中占优势。

정답 对方在这场谈判中占优势。 상대방이 이번 협상에서 우세를 점하고 있다.

어휘 **优势** yōushì [명] 우세, 강점 5급 | **对方** duìfāng [명] 상대방 5급 | **场** chǎng [양] 번, 회(공연·경기 등을 셈) 4급 | **占** zhàn [동] 차지하다, 점하다 5급 | **谈判** tánpàn [명] 협상 [동] 협상하다 5급

꿀팁 '这'가 들어간다고 해서(这场谈判) 무조건 주어로 놓지 않도록 주의하자. 이런 실수를 막기 위해서는 주어를 먼저 정하지 말고 '술어 → 목적어 → 주어'의 순서로 정리하는 것이 좋다.

4.

诗歌　在文学研究　包含　的范围之内

풀이 **[1단계]** 개사 '在' 뒤에는 장소나 시간이 와야 한다. 그래서 '之内'가 있어서 장소의 의미를 가지는 '的范围之内'는 '在文学研究' 뒤에 온다.
→ 在文学研究的范围之内

[2단계] '放在~(~에 놓다)'처럼 '包含在~(~에 포함되다)' 표현도 가능하다. '诗歌'가 주어가 되고 '包含'은 술어가 된다. 그래서 결과적으로 '在文学研究的范围之内' 개사구는 이 문장 안에서는 '개사구 보어'가 된다.
→ 诗歌包含在文学研究的范围之内。

정답 诗歌包含在文学研究的范围之内。 시가는 문학 연구의 범위 안에 포함된다.

어휘 **诗歌** shīgē [명] 시가 | **文学** wénxué [명] 문학 5급 | **研究** yánjiū [동] 연구하다 4급 | **包含** bāohán [동] 포함하다 5급 | **范围** fànwéi [명] 범위 5급

诗歌在文学研究的范围之内包含。

개사 '在'의 2가지 위치

① ⟨在 + 장소/시간 + V⟩: 개사 '在'는 일반적으로 ⟨在 + 장소/시간 + V⟩의 어순으로 '어떤 장소에서 무슨 일을 한다는 것'을 나타낸다.

- 他在人事部门工作。 그는 인사부에서 근무한다.

② ⟨V + 在 + 시간/장소⟩: 하지만 '어떤 동작을 통해서 대상의 시·공간적 위치가 확정될 때'는 ⟨V + 在 + 장소/시간⟩의 어순이 된다.

- 她躺在沙发上。 그녀는 소파에 누웠다.(눕는 동작으로 소파에 있게 됨)
  '在 + 장소'를 동사 앞으로 놓는다면 '着'를 붙여야만 한다. → 她在沙发上躺着。
- 我把钥匙放在桌子上了。 나는 열쇠를 탁자 위에 올려 놓았다.
- 召开会议定在这周五上午。 회의 개최는 이번주 금요일 오전으로 정해졌다.

'诗歌包含在文学研究的范围之内。' 이 문장은 어떤 장소에서 무엇을 하고 있다(①)가 아니라, 시가가 문학 연구의 범위 안에 포함되어 공간적 위치가 확정된 것(②)이기 때문에 ⟨V + 在 + 장소⟩가 되어야 한다. 만약 ⟨在 + 장소 + V⟩가 되려면 '着'를 붙여야 한다. → 诗歌在文学研究的范围之内包含着。

5.

这个柜子　都　里　日用品　放在

풀이 **[1단계]** '放在(~에 놓다)'는 ⟨V + 在⟩의 구조로 이루어져 있다. ⟨在 + 장소/시간⟩은 개사구로서 동사 앞에도 오지만 **동사 뒤에 보어로 올 수도 있다.** 처음부터 '放在'로 제시되었기 때문에 장소를 나타내는 '这个柜子里(이 캐비닛 안)'가 '放在' 뒤에 온다. 그러면 '在这个柜子里'는 동사(放) 뒤에 왔기 때문에 **개사구 보어**가 된다.
→ 放在这个柜子里

[2단계] 주어가 있어야 하므로 '日用品'이 주어로 오고, '都'는 부사이므로 주어(日用品) 뒤에 온다.
→ 日用品都放在这个柜子里。

정답 日用品都放在这个柜子里。 일용품은 모두 이 캐비닛 안에 넣어 뒀다.

어휘 柜子 guìzi [명] 궤짝, 장롱, 캐비닛 | 日用品 rìyòngpǐn [명] 일용품 5급

6.

录取通知书　寄　考生手中　已经陆续　到了

풀이 **[1단계]** '搬到大城市(대도시로 옮기다)'처럼 ⟨V + 到 + 도달 지점⟩의 형식은 '~로 V하다'로 해석한다. 따라서 '到了'는 '寄(우편으로 부치다)' 뒤에 보어로 오고, 도달 지점을 나타내는 '考生手中'이 그 뒤에 온다.
→ 寄到了考生手中

[2단계] '已经陆续'는 모두 부사이므로 동사(寄) 앞에 오며, 자연스럽게 '录取通知书(합격 통지서)'는 주어로 온다.
→ 录取通知书已经陆续寄到了考生手中。

정답 录取通知书已经陆续寄到了考生手中。 합격 통지서는 이미 잇따라 우편으로 수험생에게 부쳐졌다.

어휘 录取 lùqǔ [동] 합격시키다, 뽑다 5급 | 通知书 tōngzhīshū [명] 통지서 5급 | 寄 jì [동] (우편으로) 부치다, 보내다 4급 | 考生 kǎoshēng [명] 수험생 | 陆续 lùxù [부] 잇따라 5급

꿀팁
〈V + 到 + N〉처럼 동사 뒤에 있는 개사구 보어(到 + N) 뒤에는 목적어가 올 수 없다.
이때는 ① 의미상 목적어를 주어로 놓거나 아니면 ② 〈把자문〉으로 표현해야 한다. 주어 자리에 놓았을 경우 피동형으로 해석된다.(의미상 피동문)
예) 차를 주차장에 세웠다. 停到停车场车了。(×)
→ ① 车停到停车场了。② 我把车停到停车场了。

7.

> 博物馆   那座市   位于   中心

풀이 **[1단계]** '位于'는 '~에 위치하다'는 뜻이기 때문에 주로 〈사물 + 位于 + 장소〉의 어순을 따른다. 따라서 '博物馆(박물관)'은 주어가 되고, '位于'가 술어, '那座市'가 목적어가 된다.
→ 博物馆位于那座市

[2단계] '中心'은 '市(도시)' 뒤에 붙어서 '시 중심'이라는 뜻이 된다.
→ 博物馆位于那座市中心。

정답 博物馆位于那座市中心。 박물관은 그 도시 중심에 있다.

어휘 博物馆 bówùguǎn [명] 박물관 5급 | 中心 zhōngxīn [명] 중심, 센터 5급 | 位于 wèiyú [동] ~에 위치하다 5급 | 座 zuò [양] 동, 채(건물·다리·도시·산 등 비교적 큰 고정된 물체를 셈) 4급

8.

> 物理学院   毕业于   他   北京大学

풀이 **[1단계]** '毕业于~'는 '~를 졸업하다'는 뜻으로 뒤에는 학교가 온다.
→ 毕业于北京大学

[2단계] '学院'은 종합 대학교의 단과 대학을 가리키므로 '物理学院'은 '北京大学' 뒤에 온다. 이때 '于北京大学物理学院'은 동사(毕业) 뒤에 왔으므로 개사구 보어가 된다. '他'는 주어로 맨 앞에 온다.
→ 他毕业于北京大学物理学院。

정답 他毕业于北京大学物理学院。 그는 베이징 대학교 물리 대학을 졸업했다.

어휘 物理 wùlǐ [명] 물리 5급 | 学院 xuéyuàn [명] 단과 대학 | 毕业于 bìyè yú ~를 졸업하다 4급

⑧ 부사어(부사, 개사, 형용사, 조동사)

실전 연습 문제 1

> **정답**
> 1. 请勿在车厢里抽烟。
> 2. 他竟然跟这种人打交道。
> 3. 请您尽快办理登机手续。
> 4. 这个方案还需进一步修改。
> 5. 你还在为投资的事发愁吗?
> 6. 管理者要虚心接受员工的批评。
> 7. 应聘者要充分突出自己的优势。
> 8. 这种行为必然会影响到比赛结果。

1.

> 请　勿在　抽烟　车厢里

풀이 **[1단계]** 개사 '在'는 장소를 나타내는 명사와 결합하여 개사구가 되는데 '车厢里(객실 안)'가 장소를 나타내므로 '在' 뒤에 온다.
→ 勿在车厢里

[2단계] 개사구(在车厢里) 뒤에는 동사가 오므로 '抽烟'이 오고, '请'은 제일 앞에 온다.
→ 请勿在车厢里抽烟。

정답 请勿在车厢里抽烟。 객실 안에서는 담배를 피우지 마세요.

어휘 勿 wù [부] ~하지 마라 5급 | 车厢 chēxiāng [명] 객실 5급

2.

> 跟这种人　他　打交道　竟然

풀이 **[1단계]** 개사구는 동사를 수식하므로 '跟这种人'은 '打交道(왕래하다)'를 수식한다.
→ 跟这种人打交道

[2단계] 부사어 어순(부조개)에 따라 **부사는 개사구보다 앞에** 오므로 '竟然(뜻밖에)'은 '跟~' 앞에 오고, '他'는 주어가 된다.
→ 他竟然跟这种人打交道。

정답 他竟然跟这种人打交道。 그가 뜻밖에도 이런 사람과 왕래를 하다니.

어휘 打交道 dǎjiāodào [동] 왕래하다, 상대하다 5급 | 竟然 jìngrán [부] 뜻밖에 4급

3.

尽快   办理登机   请您   手续

풀이 [1단계] 동사는 목적어를 취하므로 '办理(처리하다)' 뒤에는 '手续(수속)'가 와서 '탑승 수속을 처리하다'가 된다.
→ 办理登机手续

[2단계] '尽快(되도록 빨리)'는 부사이므로 동사 '办理' 앞에 오고, '请您'은 제일 앞에 온다.
→ 请您尽快办理登机手续。

정답 请您尽快办理登机手续。 탑승 수속을 되도록 빨리 처리해 주세요.

어휘 尽快 jǐnkuài [부] 되도록 빨리 5급 | 登机 dēngjī [동] 탑승하다 4급 | 手续 shǒuxù [명] 수속 5급 | 办理 bànlǐ [동] 처리하다 5급

4.

这个方案   还   修改   进一步   需

풀이 [1단계] '进一步'는 동사로 '진일보하다'의 뜻이다. 동사(进一步)는 다른 동사(修改)를 수식하는 부사어가 될 수 있다. 따라서 '进一步'는 '修改'를 수식하며, '需'는 '进一步修改' 앞에 온다.
→ 需进一步修改

꿀팁 한국어로 해석하면 '进一步'가 '需(要)'를 수식하는 것처럼 보이지만 여기서 '需(要)'는 조동사의 역할을 하기 때문에 '进一步'는 실질적인 행위를 나타내는 '修改'를 수식해야 한다. '해야 한다 + 한층 더 수정하는 것을'의 구조가 된다.

[2단계] 나머지 부분인 '这个方案'은 주어가 되고, 부사 '还'는 조동사(需) 앞에 온다.
→ 这个方案还需进一步修改。

정답 这个方案还需进一步修改。 이 방안은 한층 더 수정을 해야 한다.

어휘 方案 fāng'àn [명] 방안 5급 | 修改 xiūgǎi [동] 수정하다 5급 | 进一步 jìnyíbù [동] 진일보하다 | 需 xū [동] 필요하다

5.

> 发愁　你　还在　为　吗　投资的事

풀이 **[1단계]** 개사 '为(~때문에)'는 '投资的事(투자의 일)'와 결합하여 개사구가 되고, 뒤에는 동사 '发愁(근심하다)'가 온다.
→ 为投资的事发愁

[2단계] '你'는 주어가 되고, '还在'는 부사구이므로 개사(为) 앞에 오며, 의문대사 '吗'는 문장 끝에 온다.
→ 你还在为投资的事发愁吗?

정답 你还在为投资的事发愁吗? 너는 아직도 투자 일 때문에 걱정하고 있어?

어휘 发愁 fāchóu [동] 걱정하다, 근심하다 5급 | 投资 tóuzī [동] 투자하다 5급

꿀팁
'为'는 '~을 위하여'의 뜻뿐만 아니라 '~때문에'의 뜻도 있다.
- 大家都为这件事高兴。 모두가 이 일로 기뻐한다.

6.

> 员工的批评　接受　管理者　虚心　要

풀이 **[1단계]** 동사 '接受(받아들이다)'는 '批评(비판)'을 목적어로 갖는다.
→ 接受员工的批评

[2단계] 의미상 '管理者(관리자)'가 주어가 되고, 조동사 '要'는 동사 앞쪽에 온다.
→ 管理者…要…接受员工的批评

[3단계] 형용사 '虚心(겸허하다)'은 의미상 '接受(받아들이다)'를 직접적으로 제한하기 때문에 동사 바로 앞에서 수식한다. 따라서 '要' 뒤에 오게 된다.
→ 管理者要虚心接受员工的批评。

정답 管理者要虚心接受员工的批评。 관리자는 직원의 비판을 겸허하게 받아들여야 한다.

어휘 员工 yuángōng [명] 직원 5급 | 接受 jiēshòu [동] 받아들이다 4급 | 管理者 guǎnlǐzhě [명] 관리자 | 虚心 xūxīn [형] 겸허하다 5급

꿀팁
'虚心'처럼 2음절 형용사도 구조조사 '地' 없이 동사를 수식할 수 있다!
제시어 중 어떤 형용사가 의미상 동사를 수식하기에 알맞다면 '地' 없이도 동사 앞에 위치시킬 수 있다.
- 他虚心(地)接受了比赛结果。 그는 시합 결과를 겸허하게 받아들였다.
- 他顺利(地)通过了考试。 그는 순조롭게 시험을 통과했다.
- 你应该充分(地)利用业余时间。 너는 여가 시간을 충분히 이용해야 한다.

7.

> 充分　应聘者　突出　要　自己的优势

풀이 **[1단계]** 동사 '突出(부각시키다)'는 '优势(우세, 강점)'를 목적어로 취하며, 조동사 '要'는 그 앞쪽에 와야 한다.
→ 要…突出自己的优势

[2단계] 의미상 '应聘者'가 주어가 되고, 형용사 '充分'은 **동사 바로 앞에서 동사를 수식**할 수 있으므로 조동사 '要' 뒤에 온다.
→ 应聘者要充分突出自己的优势。

정답 应聘者要充分突出自己的优势。 지원자는 자신의 강점을 충분히 부각시켜야 한다.

어휘 充分 chōngfèn [형] 충분하다 5급 | 应聘者 yìngpìnzhě [명] 지원자 4급 | 突出 tūchū [형] 뛰어나다 [동] 부각시키다 5급 | 优势 yōushì [명] 우세, 강점 5급

꿀팁 '突出'는 형용사로 '뛰어나다'는 뜻 외에도 동사로서 '부각시키다'는 뜻도 있다.

8.

> 会　比赛结果　必然　这种行为　影响到

풀이 **[1단계]** 동사 '影响到' 뒤에 목적어로 '比赛结果'가 오는 게 알맞고, 주어는 '这种行为'가 된다.
→ 这种行为…影响到比赛结果

[2단계] 일반적으로 **부사는 조동사 앞**에 오므로 '必然(필연적으로)'은 '会' 앞에 온다.
→ 这种行为必然会影响到比赛结果。

정답 这种行为必然会影响到比赛结果。 이런 행위는 필연적으로 시합의 결과에 영향을 줄 것이다.

어휘 必然 bìrán [부] 분명히, 필연적으로 [형] 필연적이다 5급 | 行为 xíngwéi [명] 행위 5급

실전 연습 문제 2

> **정답**
> 1. 小狗兴奋地摇着尾巴。
> 2. 不要为自己的错误找借口。
> 3. 双方还未在合同上签字。
> 4. 许多动物靠尾巴控制平衡。
> 5. 不要轻易改变自己的目标。
> 6. 我们很期待能与贵公司合作。
> 7. 这种产品是专门为老人设计的。
> 8. 我们一直在诚恳地对待每位顾客。

1.

> 兴奋地   尾巴   着   小狗   摇

풀이 **[1단계]** 동사 '摇(흔들다)' 뒤에 목적어 '尾巴(꼬리)'가 온다. '着'는 동사 뒤에 오니까 '摇着'가 된다.
→ 摇着尾巴

[2단계] 〈형용사 + 地〉는 동사를 수식하므로 '兴奋地'는 '摇' 앞에 오고, '小狗'가 주어가 된다.
→ 小狗兴奋地摇着尾巴。

정답 小狗兴奋地摇着尾巴。 강아지가 흥분한 듯 꼬리를 흔들고 있다.

어휘 尾巴 wěiba [명] 꼬리 5급 | 摇 yáo [동] 흔들다 5급

2.

> 为   不要   自己的错误   找借口

풀이 **[1단계]** 개사는 명사와 결합하여 개사구를 이루어야 하므로 '为(~을 위하여, ~때문에)'는 '自己的错误'와 결합하여 개사구가 된다. 개사구 뒤에는 동사가 오므로 '找借口'가 뒤에 온다.
→ 为自己的错误找借口

[2단계] '不要'는 〈부사 + 조동사〉로 이루어져 있으므로 '为~' 앞에 온다.
→ 不要为自己的错误找借口。

정답 不要为自己的错误找借口。 자신의 잘못을 위해 핑계를 찾지 마라.

어휘 错误 cuòwù [명] 착오, 잘못 4급 | 借口 jièkǒu [명] 핑계 5급

꿀팁 '不要'나 '请' 제시어는 일반적으로 문장 제일 앞에 온다.

3.

> 未在　签字　还　双方　合同上

풀이 **[1단계]** 개사 '在' 뒤에는 처소사(장소)가 나와야 하므로 '合同上'이 붙어서 개사구가 된다. 개사구(在合同上)는 동사를 수식하는 부사어가 되기 때문에 뒤에는 동사 '签字(서명하다)'가 온다.
→ 未在合同上签字

[2단계] '双方(쌍방)'이 주어가 된다. 부정부사(未)는 다른 부사보다 뒤에 오므로 '还'는 '未' 앞에 온다.
→ 双方还未在合同上签字。

정답 双方还未在合同上签字。 쌍방은 아직 계약서상에 서명하지 않았다.

어휘 未 wèi [부] ~하지 않았다 | 签字 qiānzì [동] 사인하다, 서명하다 5급 | 双方 shuāngfāng [명] 쌍방 5급 | 合同 hétong [명] 계약서 5급

4.

> 平衡　靠　许多动物　控制　尾巴

풀이 **[1단계]** '靠(~에 의지하여)'는 개사이기 때문에 명사와 결합하여 개사구가 되어야 한다. 따라서 '尾巴(꼬리)'와 결합하여 개사구(靠尾巴)가 되고 동사를 수식하므로 '控制(제어하다)'가 온다.
→ 靠尾巴控制

[2단계] 동사(控制)는 목적어를 취하므로 의미상 '平衡(균형)'이 오는 것이 좋다. 또한 '许多动物'는 주어가 된다.
→ 许多动物靠尾巴控制平衡。

정답 许多动物靠尾巴控制平衡。 많은 동물들은 꼬리로 균형을 잡는다.

어휘 平衡 pínghéng [형] 균형이 맞다 5급 | 靠 kào [개] ~을 의지하여 [동] ~을 의지하다 5급 | 控制 kòngzhì [동] 제어하다, 통제하다 5급 | 尾巴 wěiba [명] 꼬리 5급

5.

> 改变自己　轻易　不要　目标　的

풀이 **[1단계]** '改变(바꾸다)'은 '自己的目标(자신의 목표)'를 목적어로 취할 수 있다.
→ 改变自己的目标

[2단계] '不要'는 동사 앞쪽에 와야 하고, '轻易'는 조동사 뒤에 오는 부사이므로 '不要' 뒤에 온다.
→ 不要轻易改变自己的目标。

정답 不要轻易改变自己的目标。 자신의 목표를 쉽게 바꾸지 마라.

어휘 轻易 qīngyì [형] 경솔하다, 함부로 하다 | 改变 gǎibiàn [동] 바꾸다 | 目标 mùbiāo [명] 목표

꿀팁 부사는 주로 조동사 앞에 오지만 '轻易', '尽量', '立即', '随便' 등의 부사는 조동사 뒤에 온다.

6.

| 能　我们很期待　合作　贵公司　与 |

풀이 **[1단계]** 개사 '与(~와)'는 '贵公司(귀사)'와 결합하여 개사구가 된다. 개사구(与贵公司) 뒤에는 동사나 형용사가 오므로 '合作(합작하다)'가 온다.
→ 与贵公司合作

[2단계] 동사 앞에 여러 개의 품사가 부사어가 될 때 일반적 어순은 '부조개동', 즉 〈부사 + 조동사 + 개사구 + 동사〉가 된다. 따라서 조동사 '能'은 개사 '与' 앞에 와야 한다. 그리고 '我们'은 주어이므로 맨 앞에 온다.
→ 我们很期待能与贵公司合作。

정답 我们很期待能与贵公司合作。 우리는 귀사와 합작할 수 있기를 매우 기대합니다.

어휘 期待 qīdài [동] 기대하다 5급 | 合作 hézuò [동] 합작하다, 협력하다 5급 | 贵公司 guì gōngsī [명] 귀사 | 与 yǔ [개] ~와 4급

꿀팁 '~와'의 뜻을 가진 개사는 4개
和, 跟 : 주로 구어체에 쓰고 문어체에도 쓸 수 있다.
与, 同 : 주로 문어체에 쓰인다.
- 这件事和/跟/同你没有什么关系。 이 일은 너와 아무런 관계가 없다.
- 重庆多雾天, 是与其特殊的地理环境有关的。 충칭이 안개 낀 날이 많은 것은 그곳의 특수한 지리 환경과 관련 있는 것이다.
- 今年的利润同去年相比有所增长。 올해의 이윤은 작년과 비교했을 때 약간 성장했다.

7.

| 老人　这种产品　是专门　为　设计的 |

풀이 **[1단계]** 개사 '为(~을 위하여)'는 명사와 결합하여 명사구가 되어야 하는데, 의미상 '老人'과 결합하는 것이 알맞다. 그리고 개사구 뒤에는 동사가 오므로 '设计的'가 온다.
→ 为老人设计的

[2단계] 의미상 '这种产品'이 주어가 될 것이다.
→ 这种产品⋯为老人设计的

[3단계] '专门(특별히, 오로지)'은 부사이므로 개사(为) 앞에 와야 한다.
→ 这种产品是专门为老人设计的。

정답 这种产品是专门为老人设计的。 이 제품은 특별히 노인을 위해 설계되었다.

어휘 产品 chǎnpǐn [명] 생산품, 제품 5급 | 专门 zhuānmén [부] 전문적으로, 오로지 4급 | 设计 shèjì [동] 설계하다, 디자인하다 5급

꿀팁 〈是~的 강조 구문〉은 이미 발생한 동작의 시간, 장소, 방식, 대상 등을 강조하는 구문인데, 전체 문장은 과거 시제로 해석된다(~설계되었다). 이때 '是', '的'는 해석되지 않으며 이 문장은 '대상(노인)'이 강조되고 있다.

8.

> 诚恳地   我们   每位顾客   一直在   对待

풀이 **[1단계]** 동사 '对待(대하다)'는 '每位顾客(모든 고객)'를 목적어로 취하고, '诚恳地'는 동사(对待)를 수식한다.
→ 诚恳地对待每位顾客

[2단계] '一直在(줄곧 ~하고 있다)'는 부사구이므로 동사(对待) 앞쪽에 와야 한다. 하지만 '一直在'는 '진실하게 대하다(诚恳地对待)' 전체를 수식하고 있으므로 그 앞에 와야 한다. 그리고 '我们'은 주어가 된다.
→ 我们一直在诚恳地对待每位顾客。

정답 我们一直在诚恳地对待每位顾客。 우리는 줄곧 진실하게 모든 고객을 대하고 있다.

어휘 诚恳 chéngkěn [형] 진실되고 간절하다 5급 | 对待 duìdài [동] 대하다 5급

9 是자문・관형어

실전 연습 문제 1: <是자문>

정답
1. 蜜蜂是一种有益的昆虫。
2. 语言是一个民族的传统文化。
3. 这在医学领域是个奇迹。
4. 摄影是我太太的业余爱好。
5. 这是一件没有丝毫意义的事。
6. 太极拳是中国的一种传统武术。
7. 合理分配资源是成功的关键之一。
8. 每次面试都是人生中最关键的一步。

1.

> 昆虫　蜜蜂　有益的　是一种

풀이 **[1단계]** '有益的' 뒤에는 '昆虫(곤충)'이 온다.
→ 有益的昆虫
[2단계] '蜜蜂(꿀벌)'이 주어가 된다.
→ 蜜蜂是一种有益的昆虫。

정답 蜜蜂是一种有益的昆虫。 꿀벌은 일종의 유익한 곤충이다.

오답분석 昆虫是一种有益的蜜蜂。
위 오답은 <A 是 B>라는 형식의 <是자문>에서 A와 B의 위치를 혼동해서 나온 오류 문장이다. <是자문> 문제 중에서 주의할 점이 바로 **A와 B의 위치를 혼동하지 않는 것**인데, 그러기 위해서 가장 쉬운 방법은 **A와 B의 위치를 한 번씩 바꿔 가면서 해석해 봤을 때 자연스러운 쪽이 옳은 문장**이 된다. 이론적으로는 A는 B와 완전 동일(A = B)하거나 A는 B에 속해야 한다(A ⊂ B). 위 문제에서 꿀벌(蜜蜂)은 곤충(昆虫)에 속해야 하므로 꿀벌(蜜蜂)이 주어로 온다.

어휘 昆虫 kūnchóng [명] 곤충 5급 | 蜜蜂 mìfēng [명] 꿀벌 5급 | 有益 yǒuyì [형] 유익하다

2.

| 一个民族　语言是　传统文化　的 |

풀이 **[1단계]** '一个民族'가 '传统文化'를 수식할 때 '的'가 들어갈 수 있다.
→ 一个民族的传统文化

[2단계] '语言'이 주어가 된다.
→ 语言是一个民族的传统文化。

정답 语言是一个民族的传统文化。 언어는 한 민족의 전통 문화이다.

어휘 民族 mínzú [명] 민족 4급 | 传统 chuántǒng [명] 전통 [형] 전통적이다 5급

꿀팁 '语言(주어)'은 '传统文化(목적어)'에 속하는 하나이기 때문에 이 둘의 위치는 바꿀 수 없다.

3.

| 这在　医学领域　奇迹　是　个 |

풀이 **[1단계]** '在' 뒤에는 장소나 시간이 와야 하므로 '医学领域(의학 분야)'가 와서 개사구(在医学领域: 의학 분야에서)가 되어야 한다. '领域'는 추상명사이지만 '분야, 영역'의 의미이기 때문에 단독으로 '在' 뒤에 올 수 있다.
→ 这在医学领域

[2단계] 개사구 뒤에는 동사나 형용사가 오므로 '在医学领域' 뒤에는 '是'가 온다. '奇迹'는 〈是자문〉에서 목적어로 문장 끝에 오고, '个'는 양사이므로 '奇迹' 앞에 온다.
→ 这在医学领域是个奇迹。

정답 这在医学领域是个奇迹。 이것은 의학 분야에서 하나의 기적이다.

어휘 医学 yīxué [명] 의학 | 领域 lǐngyù [명] 영역, 분야 5급 | 奇迹 qíjì [명] 기적 5급

4.

| 是我　业余　摄影　太太的　爱好 |

풀이 **[1단계]** '业余(여가)'와 '爱好(취미)'는 직접 결합하여 명사구가 되고, '我'는 가족인 '太太'를 직접 수식할 수 있다.
→ 是我太太的业余爱好。

[2단계] 남은 단어인 '摄影(사진을 찍다)'이 주어가 될 수 있다.
→ 摄影是我太太的业余爱好。

정답 摄影是我太太的业余爱好。 사진 촬영은 내 아내의 여가 취미이다.

어휘 业余 yèyú [명] 여가 [형] 아마추어의 5급 | 摄影 shèyǐng [동] (사진·영화를) 촬영하다 5급

꿀팁 명사만 주어가 되는 것이 아니라 동사(摄影: 사진을 찍다)도 주어가 될 수 있다.

5.

一件没有　丝毫　事　这是　意义的

풀이 [1단계] '没有' 뒤에는 명사가 목적어로 와야 하는데 의미상 '意义'가 오는 게 좋다. '没有~意义'라고 하면 '의미가 없다'는 뜻이기 때문이다.
→ 这是…一件没有…意义的

[2단계] '丝毫'는 명사로, 다른 명사를 직접 수식할 수 있기 때문에(丝毫 + N), '意义' 앞에 오는 것이 좋고, '事'는 마지막 끝에 온다.
→ 这是一件没有丝毫意义的事。

정답 这是一件没有丝毫意义的事。 이것은 조금의 의미도 없는 일이다.

어휘 丝毫 sīháo [명] 조금, 약간 5급 | 意义 yìyì [명] 의의, 의미 5급

6.

中国的　一种传统　是　武术　太极拳

풀이 [1단계] 명사 '传统'은 '武术'를 직접 수식할 수 있다.
→ 一种传统武术

[2단계] 의미상 '태극권은 ~한 무술이다'가 되는 것이 좋으므로 '太极拳'이 주어가 되고, '中国的'는 태극권이라는 무술을 소유하고 있는 **소유 관형어**이므로 수량구(一种)보다 앞에 온다.
→ 太极拳是中国的一种传统武术。

정답 太极拳是中国的一种传统武术。 태극권은 중국의 일종의 전통 무술이다.

어휘 太极拳 tàijíquán [명] 태극권 5급 | 武术 wǔshù [명] 무술 5급

7.

> 合理分配　关键之一　是成功的　资源

풀이 **[1단계]** '成功的' 뒤에는 명사가 와야 하는데 '资源(자원)'과 '关键之一(관건 중 하나)' 중에서 의미상 더 알맞은 것은 '关键之一'이다.
→ 是成功的关键之一

[2단계] 동사 '分配(분배하다)'는 동사이므로 목적어를 취한다. 의미상 '资源'이 오는 것이 알맞다.
→ 合理分配资源是成功的关键之一。

정답 合理分配资源是成功的关键之一。 자원을 합리적으로 분배하는 것은 성공의 관건 중 하나이다.

어휘 合理 hélǐ [형] 합리적이다 5급 | 分配 fēnpèi [동] 분배하다 5급 | 关键 guānjiàn [명] 관건 [형] 매우 중요하다 4급 | 之一 zhīyī ~ 중 하나 | 资源 zīyuán [명] 자원 5급

꿀팁 〈是자문〉에서 주어는 주로 **명사**나 **대명사**가 되지만 **형용사, 동사구**(合理分配资源) 등도 **주어가 될 수 있다.** 또한 짧은 단어뿐만 아니라 위 문제처럼 비교적 긴 주어가 나올 수도 있다.

8.

> 人生中最　一步　都是　每次面试　关键的

풀이 **[1단계]** 〈每 + 수량구 + 명사 + 都~〉는 하나의 고정 격식으로, '每~' 뒤에는 '都'가 관계부사로 오면서 함께 쓴다.
→ 每次面试都是

[2단계] 정도부사 '最'는 형용사 '关键(중요하다, 관건이다)'을 수식한다. '一步'는 '最关键的(가장 중요한)'의 수식을 받는다.
→ 每次面试都是人生中最关键的一步。

정답 每次面试都是人生中最关键的一步。 매 번의 면접은 모두가 인생에서 가장 중요한 한 걸음이다.

어휘 人生 rénshēng [명] 인생 5급 | 面试 miànshì [동] 면접하다 [명] 면접 | 关键 guānjiàn [명] 관건 [형] 매우 중요하다 4급 | 一步 yí bù 일보, 한 걸음

실전 연습 문제 2 : <관형어>

정답
1. 春节期间本店照常营业。
2. 她对角色的把握令人佩服。
3. 做心脏手术有一定的风险。
4. 打折商品不再参加其他优惠活动。
5. 该国的人口分布不平衡。
6. 当地流传着很多关于龙的传说。
7. 那所学校培养了一大批优秀人才。
8. 她承受着大家难以想象的压力。

1.

春节　营业　期间　本店照常

풀이 [1단계] '照常'처럼 동사도 자주 다른 동사를 수식하는 부사어로 쓰인다. 제시어 중 동사는 '营业(영업하다)'가 있다.
→ 本店照常营业

[2단계] '春节'와 '期间'은 바로 결합하여 명사구가 될 수 있다. '春节期间'처럼 **시간을 나타내는 명사(구)는 주어 앞뒤로 올 수 있다.** '本店照常'이 하나로 제시되었으므로 '春节期间'은 주어(本店) 앞에 와야 한다.
→ 春节期间本店照常营业。

정답 春节期间本店照常营业。 춘절 기간에 본점은 평소대로 영업합니다.

어휘 春节 chūnjié [명] 춘절, 설날 | 营业 yíngyè [명] 영업 [동] 영업하다 5급 | 期间 qījiān [명] 기간 5급 | 照常 zhàocháng [동] 평소대로 하다 5급

꿀팁 **시간을 나타내는 명사(구)는 주어 앞뒤로 모두 올 수 있다. 주어라고 무조건 맨 앞에 오는 것이 아니다.**
• 明天我出发。= 我明天出发。

2.

令人佩服　她　把握　对角色　的

풀이 **[1단계]** '令人佩服'는 '사람을 탄복시키다'의 뜻으로 앞에는 주어가 나와야 한다. 따라서 전체 문장은 '~은 사람을 탄복시킨다'가 된다.
→ …令人佩服

[2단계] '把握'는 '파악하다', '잡다' 등의 뜻으로 동사이다. 하지만 **많은 동사들은 문장 안에서 명사처럼 쓰일 수 있다.** '把握角色'는 '배역을 파악하다'의 뜻이지만 '对'를 쓰면 '对角色把握(배역에 대해 파악하다)'로 쓸 수도 있으며, '的'가 들어가면 '对角色的把握(배역에 대한 파악)'가 되어 명사구가 된다.
→ 对角色的把握…令人佩服

[3단계] 관형어 어순에서 소유를 나타내는 단어는 가장 앞에 오므로 '她'는 맨 앞에 온다.
→ 她对角色的把握令人佩服。

정답 她对角色的把握令人佩服。그녀의 배역에 대한 파악은 사람을 탄복시킨다.

어휘 令 lìng [동] ~하게 하다 | 佩服 pèifú [동] 탄복하다 5급 | 把握 bǎwò [동] 파악하다, 잡다 [명] 파악, 자신감 5급 | 角色 juésè [명] 배역, 역할 5급

3.

做　心脏手术　的风险　一定　有

풀이 **[1단계]** '一定'은 부사로 '반드시'라는 뜻도 있지만 **형용사로서 '일정한, 어느 정도의'**라는 뜻도 있어서 명사를 수식할 수 있다. 제시어 중에서는 '风险(위험, 리스크)'이 올 수 있다.
→ 一定的风险(일정한 위험)

[2단계] '有' 뒤에는 명사가 목적어로 오므로 '风险'이 온다.
→ 有一定的风险

[3단계] 〈做~手术〉는 동목구로 주어 자리에 온다.
→ 做心脏手术有一定的风险。

정답 做心脏手术有一定的风险。심장 수술을 하는 것은 일정한 위험이 있다.

오답 분석 做心脏手术一定有的风险。
위 오답은 '一定'을 부사로만 생각하여 동사(有) 앞에 위치시키려는 데서 나온 것이다. '一定有~'는 '반드시 ~가 있다'라고 말할 수는 있다. 하지만 위 문제에서는 '的风险'으로 제시되었기 때문에 '的'가 있을 이유가 없게 된다. 따라서 위 오답 문장은 **'的'를 삭제하면 가능**한 표현이 된다.
• 做心脏手术一定有风险。심장 수술을 하는 것은 반드시 위험이 있다.

어휘 心脏 xīnzàng [명] 심장 5급 | 风险 fēngxiǎn [명] 위험, 리스크 5급 | 一定 yídìng [형] 일정한 [부] 반드시 3급

꿀팁 주어는 명사만 되는 것이 아니라 동목(구), 형용사(구), 주술구 등도 주어가 될 수 있다.

4.

> 参加其他优惠　打折商品　活动　不再

풀이 **[1단계]** 동사 '参加(참가하다)' 뒤에는 적당한 목적어가 와야 하는데 '优惠(특혜)'만으로는 목적어가 될 수 없다. 따라서 '优惠活动'이 되어 '参加'의 목적어가 된다. 이때 '优惠活动(할인 이벤트)'은 명사구가 된다.
→ 参加其他优惠活动

[2단계] '不再'는 부사구이므로 동사 '参加' 앞에 오고, '打折商品'이 주어로 온다.
→ 打折商品不再参加其他优惠活动。

정답 打折商品不再参加其他优惠活动。 할인 상품은 더 이상 다른 할인 이벤트에 참가하지 않는다(포함되지 않는다).

어휘 优惠 yōuhuì [명] 특혜, 우대 5급 | 商品 shāngpǐn [명] 상품 5급 | 活动 huódòng [명] 활동, 행사 [동] 활동하다 5급

5.

> 不　平衡　人口　该国的　分布

풀이 **[1단계]** '人口(인구)'와 '分布(분포)'는 직접 결합하여 명사구가 될 수 있다. '的' 뒤에는 일반적으로 명사성 단어가 오므로 '该国的' 뒤에는 '人口分布'가 온다.
→ 该国的人口分布

꿀팁 이때 '该'는 '应该'의 줄임말이 아니라, '这'와 같은 대명사이다. 그래서 '该国'는 '이 나라'라는 뜻이고, '该公司'는 '이 회사', '该校'는 '이 학교'라는 뜻이다. '此' 또한 '这'의 의미라는 것을 기억하자. 예) 此次 = 这次 | 此时 = 这时

[2단계] '不'는 '平衡(균형적이다)'을 수식하고 이는 술어가 된다.
→ 该国的人口分布不平衡。

정답 该国的人口分布不平衡。 이 나라의 인구 분포는 매우 불균형적이다.

어휘 平衡 pínghéng [형] 균형이 잡히다 5급 | 人口 rénkǒu [명] 인구 5급 | 分布 fēnbù [동] 분포하다 5급 | 该 gāi [지대] 이 [조동] 마땅히 ~해야 한다

6.

> 传说　当地　很多关于　流传着　龙的

풀이 **[1단계]** '关于'는 개사(전치사)이므로 명사(龙)와 결합하여 개사구가 되고, '的'와 함께 '传说(전설)'를 수식하는 관형어가 된다.
→ 很多关于龙的传说

[2단계] '当地(현지)'와 '流传着(전해오고 있다)'로 봐서 이 문장은 〈존현문〉임을 알 수 있다. 〈존현문〉은 주어 자리에는 '장소'가 오고, 술어 자리에는 '동사'가 온다.
→ 当地流传着很多关于龙的传说。

정답 当地流传着很多关于龙的传说。 현지에는 용과 관련한 많은 전설이 전해지고 있다.

어휘 传说 chuánshuō [명] 전설 5급 | 当地 dāngdì [명] 현지 5급 | 关于 guānyú [개] ~에 관하여 3급 | 流传 liúchuán [동] 전해 오다 5급 | 龙 lóng [명] 용 5급

7.

人才   那所学校   培养了   一大批   优秀

풀이 [1단계] '批'는 사람의 무리나 물건의 무더기를 세는 양사이므로 '一大批'는 '人才'를 수식하는 것이 알맞다. 또한 '优秀'는 명사를 수식할 때 '的' 없이도 명사를 수식하기 때문에 '优秀人才'가 된다.
→ 一大批优秀人才

[2단계] 동사 '培养'은 '人才'를 목적어로 취할 수 있고, '那所学校'는 주어가 된다.
→ 那所学校培养了一大批优秀人才。

정답 那所学校培养了一大批优秀人才。 그 학교는 많은 우수 인재를 양성했다.

어휘 人才 réncái [명] 인재 5급 | 培养 péiyǎng [동] 배양하다, 기르다 5급 | 批 pī [양] (사람의) 무리, (물건의) 무더기 5급 | 优秀 yōuxiù [형] 우수하다 4급

8.

她承受   难以想象   压力   的   大家   着

풀이 [1단계] 동사 '承受(받다, 감당하다)' 뒤에는 '压力(압력, 스트레스)'가 목적어로 오는 것이 알맞다. 또한 동태조사 '着'는 동사(承受) 뒤에 온다.
→ 她承受着…压力

[2단계] '难以想象'은 '상상하기 어렵다'는 뜻으로 동사(想象)가 중심이 된 동사구이다. **동사구가 명사를 수식하기 위해서는 '的'가 꼭 필요하다.** 따라서 '难以想象'은 '的'와 함께 '压力'를 수식한다.
→ 她承受着…难以想象的压力

[3단계] '大家'는 자연스럽게 '难以想象' 앞에 와서 이 덩어리는 주술구가 된다.
→ 她承受着大家难以想象的压力。

정답 她承受着大家难以想象的压力。 그녀는 모두가 상상하기 어려운 압력을 받고 있다.

어휘 承受 chéngshòu [동] 받다, 감당하다 5급 | 难以 nányǐ [부] ~하기 어렵다 | 想象 xiǎngxiàng [동] 상상하다 5급 | 压力 yālì [명] 압력, 스트레스 4급

⑩ 보어

실전 연습 문제

정답
1. 请您在这儿登记一下个人信息。
2. 他观察得格外仔细。
3. 小王身体锻炼得很结实。
4. 今年我总共去过两次长城。
5. 他慢慢变得坚强起来。
6. 他兴奋得几乎晕了过去。
7. 太阳晒得眼睛都睁不开了。
8. 她从本子上撕下来一张纸。

1.

登记　个人信息　一下　请您　在这儿

풀이 **[1단계]** '个人信息(개인 정보)'는 '登记(등록하다)'의 목적어로 온다.
→ 登记…个人信息

[2단계] '请您'은 맨 앞에 오고, '一下'는 동량보어이므로 동사(登记) 뒤에 온다.
→ 请您…登记一下个人信息

[3단계] '在这儿'은 개사구이므로 동사(登记) 앞에 부사어로 온다.
→ 请您在这儿登记一下个人信息。

정답 请您在这儿登记一下个人信息。 여기에 개인 정보를 등록해 주세요.

어휘 登记 dēngjì [동] 등록하다 5급 | 个人 gèrén [명] 개인 5급 | 信息 xìnxī [명] 정보 4급

2.

格外仔细　观察　得　他

풀이 [1단계] 제시어의 구성으로 봤을 때 '他'가 주어가 되고, '观察(관찰하다)'가 술어가 될 것임을 예상해 볼 수 있다.
→ 他观察(그는 관찰한다)

[2단계] '得'가 있으므로 정태보어 문제일 수 있음을 인지해야 한다. 구조조사 '得' 뒤에 오는 보어의 일반적인 형태는 〈정도부사 + 형용사〉인 경우가 많다. '格外仔细(유달리 + 꼼꼼하다)'는 〈정도부사 + 형용사〉이므로 '得' 뒤에 놓는다.
→ 他观察得格外仔细。

정답 他观察得格外仔细。 그는 관찰하는 게 유달리 자세하다.(그는 유달리 꼼꼼하게 관찰한다)

오답분석 他格外仔细得观察。

이 오답은 '得'를 '地'로 착각해서 생긴 것이다. '他很认真地学习。'처럼, '地'는 동사나 형용사(认真)가 뒤의 동사(学习)를 수식할 때 필요한 구조조사로 부사어의 상징이다. 따라서 위 오답이 옳은 문장이 되려면 '得'를 '地'로 바꿔서 써야 한다. → 他格外仔细地观察。

어휘 格外 géwài [부] 유달리, 유난히 5급 | 仔细 zǐxì [형] 세심하다, 꼼꼼하다 4급 | 观察 guānchá [동] 관찰하다 5급

3.

身体　结实　锻炼得　很　小王

풀이 [1단계] 제시어의 구성으로 보았을 때 사람을 가리키는 '小王(샤오왕)'이 주어가 될 것임을 알 수 있다. 또한 〈V + 得〉의 형태인 '锻炼得'를 보고 정태보어 문제임을 알 수 있다.
→ 小王…锻炼得

[2단계] 일반적으로 '得' 뒤에 오는 정태보어의 형태는 〈정도부사 + 형용사〉이므로 '很结实(매우 튼튼하다)'는 '锻炼得' 뒤에 온다. 또한 '身体'가 들어갈 자리는 '小王' 뒤밖에 없다.
→ 小王身体锻炼得很结实。

정답 小王身体锻炼得很结实。 샤오왕은 운동을 해서 매우 튼튼하다.

오답분석 小王锻炼得身体很结实。

위 오답은 '得'를 '的'로 착각하여 생긴 것이다. '的'는 관형어의 상징으로 뒤에는 명사나 명사성 단어가 온다.
→ 小王锻炼的身体很结实。

어휘 结实 jiēshi [형] 튼튼하다 5급

꿀팁 〈S + 목적어 + V + 得 + 정태보어〉의 어순

위 문장의 원래 형태는 '小王锻炼身体 + 得很结实'이다. 하지만 보어(很结实)는 동사나 형용사 뒤에 와야 한다는 원칙이 있기 때문에 '很结实'는 명사(身体) 뒤에 올 수 없다. 이때는 동사를 한 번 더 쓰거나(小王锻炼身体锻炼得很结实。), 아니면 동사를 두 번 쓰지 않고 대신 **목적어를 동사 앞으로 도치시키는 방법**을 쓴다(小王身体锻炼得很结实。).

4.

| 两次长城　去过　今年我　总共 |

풀이 **[1단계]** 일반적으로 **동사 뒤에는 보어와 목적어가 온다.** 하지만 만일 목적어가 특정 장소를 가리키는 명사거나 특정 사람을 가리키는 것이라면 동량보어는 목적어 앞뒤로 모두 올 수 있다. '长城'은 장소를 나타내는 말이기 때문에 '两次长城'이든 '长城两次'이든 모두 가능하다. 어쨌든 '两次长城'은 '去过' 뒤에 온다.
→ 去过两次长城

[2단계] '总共'은 부사이므로 동사(去) 앞에 온다. '我'는 주어로 맨 앞에 온다.
→ 今年我总共去过两次长城。

정답 今年我总共去过两次长城。 올해 나는 만리장성을 총 두 번 갔었다.

어휘 长城 Chángchéng [명] 만리장성 4급 | 总共 zǒnggòng [부] 총, 모두 5급

5.

| 坚强　变得　他慢慢　起来 |

풀이 **[1단계]** '起来'는 복합 방향보어로서 동사나 형용사 뒤에 와야 한다. 따라서 형용사인 '坚强' 뒤에 '起来'가 붙는다. 이때 '起来'는 **시작 후 지속**을 나타낸다.
→ 坚强起来

[2단계] '变得~' 뒤에는 보어가 와야 하므로 '坚强起来'가 보어로 온다. 그리고 '他'는 주어가 된다.
→ 他慢慢变得坚强起来。

정답 他慢慢变得坚强起来。 그는 조금씩 (정신이) 강해지기 시작했다.

어휘 坚强 jiānqiáng [형] 굳세다 5급 | 变得 biànde ~하게 변하다

6.

| 过去　几乎晕了　兴奋得　他 |

풀이 **[1단계]** '过去'는 복합 방향보어로 '**좋지 않은 상태로의 전환**'을 나타낸다. 제시어 중에서는 '晕(어지럽다, 기절하다)' 뒤에 보어로 오는 것이 알맞다.
→ 几乎晕了过去

[2단계] '兴奋得' 뒤에는 보어가 와야 하므로 '晕了过去' 전체가 정태보어로 온다. '他'는 주어로 맨 앞에 쓴다.
→ 他兴奋得几乎晕了过去。

정답 他兴奋得几乎晕了过去。 그는 흥분해서 거의 기절할 뻔했다.

어휘 晕 yūn [형] 어지럽다 [동] 기절하다 5급 | 兴奋 xīngfèn [형] 흥분하다 4급

7.

> 晒得   睁不开   了   眼睛都   太阳

풀이 **[1단계]** '都'로 끝나는 문장은 있을 수가 없다. 따라서 '眼睛都'는 '睁不开' 앞에 온다. 뜻은 '눈까지도 뜰 수 없다'이고 이때 '都'는 '모두'가 아니라 '심지어'의 뜻이다.
→ 眼睛都睁不开

[2단계] '太阳'이 주어가 되고, '晒'가 술어가 되며, '眼睛都睁不开了'는 정태보어로 온다.
→ 太阳晒得眼睛都睁不开了。

정답 太阳晒得眼睛都睁不开了。 태양이 내리쬐어 눈을 뜰 수가 없다.

어휘 晒 shài [동] 햇볕을 쬐다, 햇볕에 말리다 5급 | 睁 zhēng [동] (눈을) 크게 뜨다 5급

8.

> 撕   一张纸   她   下来   从本子上

풀이 **[1단계]** 복합 방향보어 '下来'는 분리를 나타낸다. 따라서 '撕(찢다)' 뒤에 보어로 온다.
→ 撕下来

[2단계] 의미상으로 봤을 때 '一张纸'는 '撕'의 목적어이므로 '撕下来' 뒤에 온다.
→ 撕下来一张纸

[3단계] '她'가 주어가 된다. 개사구는 동사나 형용사 앞에 와야 하므로 '从本子上'은 동사인 '撕' 앞에 온다.
→ 她从本子上撕下来一张纸。

정답 她从本子上撕下来一张纸。 그는 공책에서 한 장의 종이를 찢어 냈다.

어휘 撕 sī [동] 찢다 5급 | 本子 běnzi [명] 노트, 공책

⑪ 기타 주요 출제 유형 모음

실전 연습 문제

> **정답**
> 1. 这条项链是王师傅制作的。
> 2. 她打算去免税店买纪念品。
> 3. 这样才能使身体保持平衡。
> 4. 有没有人捡到一个戒指?
> 5. 她的个性和从前一样。
> 6. 你能帮我设计一下名片吗?
> 7. 讨论会将围绕这个主题展开。
> 8. 那家餐厅已经开始营业了。

1.

> 是王师傅   制作   这条   的   项链   (是~的 구문)

풀이 [1단계] '条'는 목걸이를 셀 수 있는 양사이므로 '这条'는 '项链(목걸이)'을 수식한다.
→ 这条项链

[2단계] '王师傅(왕 선생)'와 '制作(제작하다)'를 결합하면 의미가 통하는 주술구가 만들어진다.
→ 是王师傅制作

[3단계] 위 문제는 아무리 해 봐도 〈是자문〉으로는 만들 수 없다. 따라서 〈是~的 구문〉으로 접근해야 한다. 따라서 '这条项链'이 주어가 되고, 동사(制作) 앞에 있는 '王师傅'는 **강조의 내용(인물)**이 된다. 〈是~的 구문〉이기 때문에 '的'는 맨 끝에 온다.
→ 这条项链是王师傅制作的。

정답 这条项链是王师傅制作的。 이 목걸이는 왕 선생이 제작했다.

어휘 师傅 shīfu [명] 기사님, 선생님(기예·기능을 가진 사람에 대한 존칭) 4급 | 项链 xiàngliàn [명] 목걸이 5급 | 制作 zhìzuò [명] 제작하다, 만들다 5급

2.

> 去   买   她   免税店   纪念品   打算   (연동문)

풀이 **[1단계]** 2개의 동사(去, 买)와 1개의 주어(我)가 있으므로 〈연동문〉이 될 수 있다. 동사는 목적어를 취하므로 '去'와 '买'는 각각 '免税店(면세점)'과 '纪念品(기념품)'이 목적어로 올 것임을 알 수 있다.
→ 她 / 去免税店 / 买纪念品

[2단계] 〈연동문〉에서 동사는 먼저 일어나는 순서대로 배열해야 하므로 '去免税店'이 '买纪念品'보다 앞에 온다. 또한 조동사나 조동사의 역할을 하는 동사는 일반적으로 V₁ 앞에 오므로 조동사의 역할을 하는 '打算'은 '去' 앞에 온다.
→ 她打算去免税店买纪念品。

정답 她打算去免税店买纪念品。 그녀는 면세점에 기념품을 사러 갈 계획이다.

어휘 免税店 miǎnshuìdiàn [명] 면세점 | 纪念品 jìniànpǐn [명] 기념품 5급 | 打算 dǎsuan [동] ~할 계획이다 [명] 계획 3급

3.

身体   保持   这样才能   平衡   使   (겸어문)

풀이 **[1단계]** '使'가 있으면 〈겸어문〉이 될 것이기 때문에 '使' 뒤에는 명사를 놓아야 한다. 제시어 중에서는 '身体'가 명사이므로 이를 '使' 뒤에 놓는다. '这样才能'은 '이런 재능'이라는 뜻이 아니라 '이렇게 해야 비로소 ~할 수 있다'는 뜻이다. 따라서 문장 맨 앞에 온다.
→ 这样才能使身体

[2단계] 겸어(身体) 뒤에는 동사(保持)가 오고, 동사 뒤에는 그 의미에 어울리는 목적어(平衡)를 놓는다.
→ 这样才能使身体保持平衡。

정답 这样才能使身体保持平衡。 이렇게 해야 비로소 신체로 하여금 균형을 유지하게 할 수 있다.

어휘 保持 bǎochí [동] 유지하다 5급 | 这样 zhèyàng [대] 이렇게, 이렇게 하다 | 平衡 pínghéng [형] 균형이 맞다 [명] 평형, 균형 5급

4.

有没有   戒指   人   捡到一个   (有겸어문)

풀이 **[1단계]** '一个'는 '戒指(반지)'를 수식한다.
→ 捡到一个戒指

[2단계] 〈有没有人 + V ~?〉는 일종의 의문문으로 무주어 겸어문이다. 해석은 'V하는 사람이 없어요?'가 된다. 따라서 '有没有'가 제일 앞에 오고 '人'이 겸어 역할을 한다.
→ 有没有人捡到一个戒指?

정답 有没有人捡到一个戒指? 반지 하나를 주운 사람 없어요?

어휘 戒指 jièzhi [명] 반지 5급 | 捡 jiǎn [동] 줍다 5급

5.

| 和 她的 个性 从前 一样 (비교문 문제) |

풀이 **[1단계]** '她的'는 '个性(개성)'을 수식한다.
→ 她的个性

[2단계] 비교문 중에는 〈和 + 비교 대상 + 一样〉이 있다. 따라서 '从前(이전)'은 '和~一样' 사이에 둔다.
→ 她的个性和从前一样。

정답 她的个性和从前一样。 그녀의 개성은 이전과 같다.

어휘 个性 gèxìng [명] 개성 5급 | 从前 cóngqián [명] 종전, 옛날 5급

6.

| 帮我 名片 一下 你能 吗 设计 (帮 문제) |

풀이 **[1단계]** 동사(设计) 뒤에는 보어와 목적어가 올 수 있다. '一下'는 보어가 되고, '名片'은 동사(设计)의 목적어로 온다.
→ 设计一下名片

[2단계] 〈你能帮我 + V + ~吗？〉는 부탁할 때 쓰는 고정 격식이다.
→ 你能帮我设计一下名片吗？

정답 你能帮我设计一下名片吗？ 너 나를 도와 명함을 한번 디자인해 줄 수 있니?

어휘 名片 míngpiàn [명] 명함 5급 | 设计 shèjì [동] 설계하다, 디자인하다 5급

7.

| 围绕 展开 这个主题 讨论会将 (주어 문제) |

풀이 **[1단계]** '讨论会将~'에서 '将'은 부사로서 '장차'의 뜻이다. 따라서 동사인 '围绕(둘러싸다)'와 '展开(전개하다)'는 모두 '将' 뒤쪽에 와야 한다. **부사(将)는 동사(围绕, 展开) 앞쪽**에 오기 때문이다.
→ 讨论会将…围绕…展开

[2단계] '围绕(둘러싸다)'는 '这个主题(이 주제)'를 목적어로 취할 수 있다. '这个'가 들어갔다고 해서 무조건 주어로 생각해 맨 앞에 놓지 않도록 주의하자.
→ 讨论会将…围绕这个主题…展开

[3단계] 2개의 동사(围绕, 展开)가 제시되었으므로 이 문장은 〈연동문〉이나 〈겸어문〉이 될 수 있다. '讨论会(토론회)'가 주어가 된다면 이 문장은 〈연동문〉이 된다. 〈연동문〉에서 2개의 동사는 먼저 일어나는 동사를 앞쪽에 위치시킨다. '토론회가 ~의 주제를 놓고 전개된다'에서 '놓고'에 해당하는 단어는 '围绕'이기 때문에 '围绕'가 V1로 온다.
→ 讨论会将围绕这个主题展开。

[정답] 讨论会将围绕这个主题展开。 토론회는 장차 이 주제를 둘러싸고 전개될 것이다.

[어휘] 围绕 wéirào [동] 둘러싸다 5급 | 展开 zhǎnkāi [동] 전개하다, 펼치다 5급 | 主题 zhǔtí [명] 주제 5급 | 讨论会 tǎolùnhuì [명] 토론회 4급 | 将 jiāng [개] ~을(=把) [부] 장차

[꿀팁] **동작의 대상이 주어(讨论会)가 되는 것에 관하여**
위 문장에서 '토론회'는 사람이 진행하는 것이지만, **사람이 제시어로 등장하지 않는다면 동작의 대상인 '讨论会'도 주어**가 되고, '被'가 없지만 자연스럽게 **피동으로 해석**된다.

8.

那家餐厅　开始　营业　了　已经　(了 문제)

[풀이] [1단계] 제시어 구성으로 봤을 때 '那家餐厅'이 주어가 될 것임을 예상해 볼 수 있다. 또한 '开始'는 조동사의 역할을 하여 뒤쪽에 다른 동사(营业)가 올 수 있다. 따라서 '营业'는 '开始' 뒤쪽에 온다.
→ 那家餐厅…开始…营业

[2단계] '已经'은 부사이므로 조동사 역할을 하는 '开始' 앞에 온다.
→ 那家餐厅已经开始…营业

[3단계] '开始'는 뒤에 동사(营业)와 결합할 때 '了'는 〈开始 + V + (O) + 了〉의 어순을 이루는데, 이때 '了'는 문장 끝에 오는 **어기조사**로 '변화'를 나타낸다.
→ 那家餐厅已经开始营业了。

[정답] 那家餐厅已经开始营业了。 그 식당은 이미 영업하기 시작했다.

[어휘] 餐厅 cāntīng [명] 식당 4급 | 营业 yíngyè [동] 영업하다 5급

[꿀팁] **〈开始 + V + (O) + 了〉의 어순에 관하여**
만약 '开始了营业'로 쓰면 중간에 '了'가 들어가서 동태조사로서 동작의 완료를 나타내게 된다. 하지만 **开始**(시작하다) 는 동작이 완료될 수 있는 것이 아니라 시작하고 있지 않다가 **시작하게 되는 변화**를 나타낸다. 따라서 '**开始**' 뒤에 동사가 온다면 '**了**'를 끝에 위치시켜 변화를 나타내는 어기조사로 써야 하는 것이다. 아래 예문들을 통해서 감을 익히도록 하자.

- 气氛开始活跃起来了。 분위기가 활기차기 시작했다.
- 他已经开始担心毕业后的事了。 그는 이미 졸업 후의 일을 걱정하기 시작했다.
- 他开始了新的生活。 그는 새로운 생활을 시작했다.

开始 뒤에 '生活'처럼 명사가 올 때는 〈开始了 + N〉으로 쓸 수 있다.

80자 내외 작문하기

실전 연습 문제 1

1.

困难、灰心、掌握、鼓励、进步

작문 풀이

[제시어 분석] : '掌握(장악하다, 마스터하다)'를 중심 단어로 한다. 매일 외국어 배우기(掌握外语)를 기본 상황으로 설정하면 '困难(어렵다), 灰心(낙심하다), 鼓励(격려하다), 进步(진보하다)' 등의 단어들을 자연스럽게 파생시켜 내용을 구성할 수 있기 때문이다.

[중심 단어] : 掌握 zhǎngwò [동] 장악하다, 마스터하다 5급

[파생 단어] : 困难 kùnnan [형] 어렵다 [명] 어려움, 곤란 4급 | 灰心 huīxīn [동] 낙심하다 5급 | 鼓励 gǔlì [동] 격려하다 4급 | 进步 jìnbù [동] 진보하다, 발전하다 5급

[줄거리 짜기] : 첫 문장에서 외국어 학습의 어려움을 언급하고, 그 뒤로 원인을 설명한 후 끝 부분에서 그 해결책을 제시하는 구조로 작문하는 것이 좋다. 즉, 〈외국어 학습의 어려움 + 이유 + 해결책〉의 구조로 가자.

작문 내용

외국어를 정복하는 것은 어려운 일이다. 왜냐하면 우리는 많은 어려움에 부딪힐 것이고 이것은 우리를 낙심케 하고 심지어 포기하게 만들기 때문이다. 이때 우리는 격려가 필요한데 우리로 하여금 자신의 노력이 효과가 있다고 느끼게 만들어야 한다. 이렇게 하기만 하면 우리는 끊임없이 진보하여 결국 한 외국어를 잘 마스터하게 될 것이다.

모범 작문

		掌	握	外	语	是	一	种	很	难	的	事	情	。	因
为	我	们	会	遇	到	很	多	困	难	,	这	很	容	易	让
我	们	灰	心	,	甚	至	放	弃	。	这	时	我	们	需	要
鼓	励	,	让	我	们	感	觉	到	自	己	的	努	力	有	效
果	。	只	要	这	样	我	们	就	会	不	断	进	步	,	最
终	学	好	一	门	外	语	。								

참고 어휘 遇到 yùdào [동] 부딪히다, (우연히) 만나다 3급 | 甚至 shènzhì [부] 심지어 [접] ~까지도 4급 | 效果 xiàoguǒ [명] 효과 4급 | 不断 búduàn [부] 부단히, 끊임없이 [동] 끊임없다 5급 | 最终 zuìzhōng [명] 최종 [형] 최후의, 최종의

활용 구문 遇到困难 어려움에 부딪히다 | 遇到老朋友 옛 친구를 우연히 만나다 | 很容易 + ~ ~하기 쉽다 | 不断进步 끊임없이 발전하다 | 不断努力 부단히 노력하다 | 只要这样我们就会~ 이렇게 하기만 하면 우리는 ~할 것이다

2.

작문 풀이

[사진 분석]: 이 사진은 지하철 안에서 많은 사람들이 핸드폰을 하고 있는 모습이다. 대부분 고개를 숙인 채 핸드폰에 빠져 있다. 이것은 건강에 좋지 않은 모습이라고 할 수 있다. 따라서 핸드폰 사용으로 인한 나쁜 영향에 대해서 **논설문 형식**으로 쓰는 것이 알맞다. 이 사진의 핵심 메시지는 '**고개를 숙인 채 핸드폰을 하는 사람들**'과 '**건강에 안 좋은 현상**'이다.

[연상 단어]: 玩手机, 低头, 危害, 健康, 压力, 脖子…

[핵심 단어]: 低头, 看手机, 脖子

작문 내용 현대인의 생활은 핸드폰을 떠날 수 없다. 많은 사람들은 시간만 있으면 핸드폰을 꺼내서 본다. 지하철이나 버스를 타면 사람들은 더욱더 핸드폰 하길 좋아한다. 그러나 장시간 고개를 숙이고 핸드폰을 보면 목은 큰 압력을 받게 되고 건강을 해칠 수 있다. 나는 모두가 합리적으로 핸드폰을 사용하길 바란다.

모범 작문

	现	代	人	的	生	活	离	不	开	手	机	,	很	多
人	只	要	一	有	空	儿	,	就	会	拿	出	手	机	来	看	。
坐	地	铁	或	公	交	车	时	,	人	们	更	是	喜	欢	玩
手	机	。	但	长	时	间	低	头	看	手	机	,	脖	子	会
受	到	很	大	压	力	,	会	危	害	健	康	。	我	建	议
大	家	合	理	使	用	手	机	。

참고 어휘 现代 xiàndài [명] 현대 5급 | 离不开 líbukāi [동] 떠날 수 없다 | 公交车 gōngjiāochē [명] 버스 | 低头 dītóu [동] 고개를 숙이다 4급 | 脖子 bózi [명] 목 5급 | 危害 wēihài [명] 위해 [동] 해를 끼치다 5급 | 合理 hélǐ [형] 합리적이다 5급 | 使用 shǐyòng [동] 사용하다 4급

활용 구문 **A 离不开 B** A는 B를 떠날 수 없다 | **只要一有空儿就会~** 시간만 있으면 ~할 것이다 | **低头看手机** 머리를 숙이고 핸드폰을 보다 | **受到很大压力** 큰 스트레스(압력)를 받다 | **危害健康** 건강을 해치다

실전 연습 문제 2

1.

信息、突出、简历、全面、应聘

작문 풀이 [제시어 분석]: '简历(이력서)'와 '应聘(지원하다)'을 중심 단어로 놓는 것이 좋다. 왜냐하면 회사에 지원할 때 이력서를 쓰는데, 이때 어떻게 써야 하는가를 논할 때 자신의 정보(信息)를 전면적으로(全面) 적고, 자신의 강점을 부각(突出)시켜야 하기 때문이다.

[중심 단어]: 简历 jiǎnlì [명] 이력서 5급 | 应聘 yìngpìn [동] (회사나 직무 등에) 지원하다 4급

[파생 단어]: 信息 xìnxī [명] 정보 4급 | 突出 tūchū [형] 뛰어나다, 두드러지다 [동] 부각시키다 5급 | 全面 quánmiàn [형] 전면적이다 5급

[줄거리 짜기]: 첫 문장에서 '회사에 지원할 때 이력서를 꼭 잘 써야 한다'로 시작하고, '그러면 어떻게 하면 잘 쓸 수 있는가'로 문제 제기를 한다. 그 뒤로는 '首先, ~。 其次, ~'의 방식으로 그 방법을 서술하는 것이 좋다.

작문 내용 회사에 지원할 때는 어떻게 하면 훌륭한 이력서를 쓸 수 있을까? 먼저 면접관이 당신에 대해서 전면적으로 이해하도록 필요한 개인 정보를 정확하게 적어야 한다. 두 번째로 그들에게 좋은 인상을 남기기 위해 반드시 자신의 강점을 부각시켜야 한다. 왜냐하면 이렇게 해야 그들이 당신에 대해서 흥미를 느낄 것이기 때문이다.

모범 작문

		应	聘	公	司	时	怎	样	才	能	写	出	一	份	优
秀	的	简	历	呢	?	首	先	,	为	了	让	面	试	官	全
面	了	解	你	,	要	写	清	楚	必	要	的	个	人	信	息。
其	次	,	为	了	给	他	们	留	下	好	印	象	,	你	一
定	要	突	出	自	己	的	优	势	,	因	为	这	样	他	们
才	会	对	你	感	兴	趣	。								

참고 어휘 优秀 yōuxiù [형] 우수하다 4급 | 面试官 miànshìguān [명] 면접관 | 必要 bìyào [형] 필요하다 [명] 필요성 | 印象 yìnxiàng [명] 인상 4급 | 优势 yōushì [명] 우세, 강점 5급

활용 구문 我们一定要~ 우리는 반드시 ~해야 한다 | 全面了解 전면적으로 이해하다 | 给~留下好印象 ~에게 좋은 인상을 남기다 | 突出~优势 강점을 부각하다 | 对~感兴趣 ~에 흥미를 느끼다 | 只有这样才会~ 오직 이렇게 해야만 비로소 ~할 것이다

2.

작문 풀이

[사진 분석]: 한 여성이 꽃에 물을 주고 있다. 정확하게 보이지는 않지만 이 여성이 꽃 가꾸는 것을 좋아한다는 것을 느낄 수 있다. 이 사진의 핵심 메시지는 '꽃 재배'와 '그것을 좋아하는 그녀'이다.

[연상 단어]: 养花, 浇花, 院子, 种, 各种各样的花, 漂亮, 美丽, 幸福, 开心, 照顾, 辛苦…

[핵심 단어]: 养花, 浇花, 快乐

작문 내용

리리의 정원에는 각양 각색의 꽃들이 가득 심어져 있어 매우 예쁘다. 사실 꽃 재배는 결코 쉽지 않은 것이, 모든 꽃들의 특징에 따라 그들을 돌봐야 하며, 자주 물을 줘야 해서 매우 힘들다. 그러나 리리는 꽃 기르기는 일종의 즐거움이며 그렇게 아름다운 꽃을 보면 아무리 힘들어도 가치가 있다고 느낀다.

모범 작문

			丽	丽	的	院	子	里	种	满	了	各	种	各	样	的
花	,	漂	亮	极	了	。	其	实	养	花	并	不	容	易	,	
要	根	据	每	种	花	的	特	点	去	照	顾	它	们	,	还	
要	经	常	浇	花	,	很	辛	苦	。	可	是	丽	丽	觉	得	
养	花	是	一	种	快	乐	,	看	到	那	么	美	丽	的	花,	
再	辛	苦	都	是	值	得	的	。								

참고 어휘 院子 yuànzi [명] 정원, 뜰 | 种 zhòng [동] 심다 | 特点 tèdiǎn [명] 특징 4급 | 浇 jiāo [동] 물을 주다 5급 | 快乐 kuàilè [형] 즐겁다, 행복하다 2급 | 值得 zhídé [동] 가치가 있다, ~할 만하다 4급

활용 구문 장소 + 种满了花 장소에 꽃이 가득 심어져 있다 | 漂亮极了 예쁘기 그지 없다 | ~并不容易 ~은 결코 쉽지 않다 | 根据~特点 ~ 특징에 따라 | 经常浇花 자주 꽃에 물을 주다 | ~是一种乐趣 ~은 일종의 즐거움이다 | 再辛苦都是值得的 아무리 힘들어도 가치가 있다

실전 연습 문제 3

1.

성就、接待、礼貌、称赞、志愿者

작문 풀이 [제시어 분석]: '志愿者(자원봉사자)'를 핵심 단어로 놓는 것이 좋다. '志愿者活动'은 '자원봉사자 활동'이라는 의미가 되는데, 이것을 통해 '接待(접대하다), 礼貌(예의), 称赞(칭찬하다)' 등의 단어를 파생시켜 내용을 만들 수 있기 때문이다.

[중심 단어]: 志愿者 zhìyuànzhě [명] 자원봉사자 5급

[파생 단어]: 成就 chéngjiù [동] 성취하다, 이루다 5급 | 接待 jiēdài [동] 접대하다, 맞이하다 5급 | 礼貌 lǐmào [명] 예의, 매너 [형] 예의 있다 4급 | 称赞 chēngzàn [동] 칭찬하다 5급

작문 내용 지난달에 나는 한 자원봉사자 활동에 참가했다. 활동 중에 나는 많은 중국에서 온 관광객을 접대했고 그들에게 한국의 유명한 장소와 맛있는 것을 소개해 주었다. 나는 매우 예의 있었기 때문에 그래서 모두가 나를 칭찬해 주었다. 이 활동은 나로 하여금 큰 성취감을 갖게 했다.

모범 작문

	上	个	月	,	我	参	加	了	一	个	志	愿	者	活
动	。	在	活	动	中	,	我	接	待	了	很	多	从	中	国
来	的	游	客	,	给	他	们	介	绍	了	韩	国	有	名	的
地	方	和	好	吃	的	东	西	。	因	为	我	很	有	礼	貌	,
所	以	大	家	都	称	赞	我	。	这	个	活	动	让	我	觉
得	很	有	成	就	感	。									

참고 어휘 活动 huódòng [명] 활동, 행사 [동] 활동하다 4급

활용 구문 参加志愿者活动 자원봉사 활동에 참가하다 | 接待游客 관광객을 접대하다 | 给 A 介绍 B A에게 B를 소개하다 | 很有礼貌 매우 예의 있다, 매우 예의바르다 | 很有成就感 매우 성취감이 있다

2.

작문 풀이

[사진 분석]: 부부로 보이는 두 사람이 있다. 아내가 넥타이를 매어 주고 남편은 행복한 듯 웃고 있다. 이 사진의 핵심 메시지는 '**남편에게 넥타이를 매어 주는 아내**'와 '**행복한 남편**'이다. 약간의 상상력을 발휘해 남편이 취직을 해서 첫 출근하는 날에 아내가 넥타이를 매어 주는 상황으로 설정하면 좋은 작문이 나올 수 있다.

[연상 단어]: 系领带, 丈夫, 妻子, 幸福, 高兴, 衬衫, 西服…

[핵심 단어]: 系领带, 幸福

작문 내용

남편은 좋은 직장을 구했다. 월급이 높고 대우가 좋았다. 현재 직장을 구하기가 매우 어려운데, 좋은 일자리를 찾기란 더욱 어렵다. 그래서 아내는 그 때문에 매우 기쁘다. 오늘은 남편이 첫 출근하는 날이라 그녀는 그를 위해 정장과 와이셔츠를 골라 주고 게다가 그에게 넥타이를 매어 주었다. 남편은 매우 행복했다.

모범 작문

　　丈夫找到了一份好工作，工资高、待遇好。现在找工作很不容易，想找一份好工作更不容易，所以妻子很为他高兴。今天是丈夫第一天去上班，妻子为他挑选了西服和衬衫，还亲自为他系领带。丈夫感到非常幸福。

참고 어휘 工资 gōngzī [명] 임금 5급 | 待遇 dàiyù [명] 대우 5급 | 挑选 tiāoxuǎn [동] 선택하다, 고르다 5급 | 西服 xīfú [명] 양복, 정장 | 衬衫 chènshān [명] 와이셔츠 3급 | 亲自 qīnzì [부] 직접 5급 | 系领带 jì lǐngdài 넥타이를 매다 5급

활용 구문 找到一份好工作 좋은 직장을 구했다 | 待遇好 대우가 좋다 | ~很不容易 ~가 매우 쉽지 않다 | ~更不容易 ~은 더욱 쉽지 않다 | 为 A 高兴 A 때문에 기뻐하다 | 挑选衬衫 와이셔츠를 고르다 | 亲自 + V 직접 V하다 | 为 A 系领带 A에게 넥타이를 매어 주다 | 感到非常幸福 매우 행복하다

실전 연습 문제 4

1.

失败、目标、勇气、坚持、收获

작문 풀이

[제시어 분석] : '目标'와 '失败'를 중심 단어로 놓는 것이 좋다. 왜냐하면 실패하지 않으려면 목표가 명확해야 하기 때문이다. 또한 목표를 이루는 과정에서는 견지(坚持)하는 용기(勇气)가 필요하고, 이런 자세로 하다 보면 수확(收获)을 얻을 수 있기 때문이다. 따라서 첫 문장을 '어떻게 해야 최대한 실패를 피할 수 있는가?'로 시작하고 필요한 조건을 두 개 정도로 제시하면 온전한 글이 완성될 수 있다.

[중심 단어] : 失败 shībài [동] 실패하다 4급 | 目标 mùbiāo [명] 목표 5급

[파생 단어] : 勇气 yǒngqì [명] 용기 5급 | 坚持 jiānchí [동] 견지하다, 계속하다 4급 | 收获 shōuhuò [동] 수확하다 [명] 수확 5급

작문 내용

어떻게 해야 최대한 실패를 피할 수 있을까? 내 생각에는 먼저 목표가 명확해야 한다. 만일 자신조차도 목표가 구체적으로 무엇인지 모른다면 당신은 방향을 잃고 힘을 낭비하게 될 것이다. 두 번째로 반드시 끝까지 견지하겠다는 용기와 믿음이 있어야 한다. 오직 이렇게 해야만 우리는 비로소 기대한 수확을 얻을 수 있을 것이다.

모범 작문

	怎	样	才	能	尽	量	避	免	失	败	呢	？	我	认
为	，	首	先	目	标	要	明	确	。	如	果	连	自	己	都
不	清	楚	目	标	具	体	是	什	么	，	那	么	你	就	会
迷	失	方	向	，	浪	费	精	力	。	其	次	，	一	定	要
有	坚	持	到	底	的	勇	气	和	信	心	。	只	有	这	样
我	们	才	能	得	到	预	期	的	收	获	。				

참고 어휘

尽量 jǐnliàng [동] 양을 다하다, 최대한 ~하다 5급 | 避免 bìmiǎn [동] 피하다 5급 | 明确 míngquè [형] 명확하다 5급 | 具体 jùtǐ [형] 구체적이다 5급 | 迷失 míshī [동] (방향·길 등을) 잃다 | 方向 fāngxiàng [명] 방향 4급 | 坚持到底 jiānchí dàodǐ 끝까지 하다 | 信心 xìnxīn [명] 자신감, 믿음 4급 | 预期 yùqī [동] 예기하다, 미리 기대하다 6급

활용 구문

尽量 + V 최대한 V하다 | 避免失败 실패를 피하다 | 目标要明确 목표는 명확해야 한다 | 迷失方向 방향을 잃다 | 浪费精力 힘을 낭비하다 | 一定要有 + N 반드시 N이 있어야 한다 | 坚持到底 끝까지 하다

2.

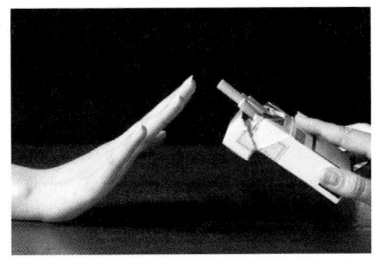

[작문 풀이]

[사진 분석] : 사진은 담배를 권하는데 이것을 거절하는 그림이다. 이 사진의 핵심 메시지는 '금연하기'와 '거절하기'이다. 따라서 금연을 해야 하는 이유와 금연을 위해 거절하는 태도의 필요성을 주장하는 논설문이 알맞다.

[연상 단어] : 戒烟, 拒绝, 抽烟, 危害, 健康, 很不容易…

[핵심 단어] : 戒烟, 拒绝, 危害, 健康

작문 내용 우리는 흡연이 자신의 건강을 해칠 뿐만 아니라 타인의 건강까지도 해친다는 것을 알고 있다. 그래서 다른 사람이 당신에게 담배를 줄 때 미안하다고 해서 받아들여서는 안 된다. 이미 담배를 피우고 있는 사람은 반드시 노력해서 금연해야 한다. 우리 모두의 건강을 위해서 우리는 반드시 담배를 거절해야 한다.

모범 작문

我们都知道抽烟不仅会危害自己的健康，也会危害他人的健康，所以，当别人给你烟的时候，不要因为不好意思而接受。已经在抽烟的人一定要努力戒烟。为了我们大家的健康，我们一定要拒绝香烟。

참고 어휘 抽烟 chōuyān [동] 흡연하다, 담배 피우다 4급 | 危害 wēihài [명] 위해, 손상 [동] 해치다 5급 | 他人 tārén [명] 타인 | 不好意思 bùhǎoyìsī 부끄럽다, 미안하다 | 因为 A 而 B yīnwèi A ér B A 때문에 B하다 | 接受 jiēshòu [동] 받아들이다 | 戒烟 jièyān [동] 금연하다, 담배를 끊다 5급 | 拒绝 jùjué [동] 거절하다 4급 | 香烟 xiāngyān [명] 담배

활용 구문 不仅 A, 也/还 B A일 뿐만 아니라 또한 B이다 | 危害健康 건강을 해치다 | 因为不好意思而接受 미안해서 받아들이다 | 一定要努力 + V 반드시 열심히 V해야 한다 | 为了 A, 我们一定要 B A를 위해서 우리는 반드시 B해야 한다

실전 연습 문제 5

1.

方式、促进、随时、距离、普遍

작문 풀이 [제시어 분석]: 위 문제는 제시어 안에 중심 단어가 없고 제시어를 고려하여 자연스럽게 떠오르는 물건을 중심 단어로 놓을 수 있다. '促进(촉진시키다), 距离(거리), 随时(수시로)' 등의 단어를 보면 어떤 명사가 떠오르지 않는가? 사람들 간의 관계를 촉진시키고(促进), 사람과 사람 사이의 거리(距离)를 좁혀 주며, 수시로(随时) 연락할 수 있는 도구는? 그렇다. 바로 '手机(핸드폰)'이다. 요즘은 모두 스마트폰을 사용하고 있기 때문에 '智能手机(스마트폰)'를 중심 단어로 놓고 나머지는 파생 단어로 생각할 수 있다.

[중심 단어]: **智能手机** zhìnéng shǒujī [명] 스마트폰

[파생 단어]: **方式** fāngshì [명] 방식 5급 | **促进** cùjìn [동] 촉진시키다 5급 | **随时** suíshí [부] 수시로, 언제든지 5급 | **距离** jùlí [명] 거리 4급 | **普遍** pǔbiàn [형] 보편적이다 4급

작문 내용 스마트폰은 사람들의 소통 방식을 바꿨다. 현대인은 보편적으로 스마트폰을 이용해 타인과 연락한다. 이것은 매우 편리하다. 설령 친구가 다른 나라에 있다 하더라도 우리는 언제든지 그들과 연락할 수 있다. 나는 스마트폰이 사람들의 왕래를 촉진시켰으며 또한 사람과 사람 사이의 거리를 좁혔다고 생각한다.

모범 작문

	智	能	手	机	改	变	了	人	们	沟	通	的	方	式	。
现	代	人	普	遍	都	会	用	智	能	手	机	与	他	人	联
系	,	这	非	常	方	便	。	即	使	朋	友	在	别	的	国
家	,	我	们	也	可	以	随	时	跟	他	们	联	系	。	我
觉	得	智	能	手	机	促	进	了	人	们	的	交	往	,	也
拉	近	了	人	与	人	之	间	的	距	离	。				

참고 어휘 **智能手机** zhìnéng shǒujī 스마트폰 | **沟通** gōutōng [동] 소통하다 5급 | **联系** liánxì [동] 연락하다, 연계하다 4급 | **交往** jiāowǎng [동] 교제하다, 왕래하다 5급 | **拉近** lājìn [동] (거리를) 좁히다

활용 구문 **改变生活** 생활을 바꾸다 | **沟通的方式** 소통하는 방식 | **与他人联系** 타인과 연락하다 | **即使 A 也 B** 설령 A일지라도 B이다 | **随时联系** 언제든지 연락하다 | **促进交往** 교제를 촉진시키다 | **拉近~距离** 거리를 좁히다

2.

작문 풀이

[사진 분석]: 사진은 슈퍼마켓 계산대 앞에서 계산을 하기 위해 많은 사람들이 줄 서 있는 모습이다. 맨 끝에서 고개를 내밀고 있는 남자를 주인공으로 삼는 것이 이야기를 풀어가는 데 좋을 것이다. 이 사진의 핵심 메시지는 '줄 서서 계산하기'가 될 것이다. 살을 덧붙이는 차원에서 이 남자는 심부름으로 **단지 화장지 한 팩을 사러 왔는데 긴 줄을 보고 답답해 하는 내용**으로 줄거리를 짜 본다.

[연상 단어]: 超市, 排队, 等, 抱, 卫生纸, 不耐烦, 无奈, 结账, 刷卡, 付现金…

[핵심 단어]: 排队, 结账, 等, 无奈

작문 내용

일요일, 데이비드의 아내는 그에게 슈퍼에 가서 한 팩의 화장지를 사오라고 했다. 데이비드는 슈퍼에 가서 금방 상품을 골랐지만 그가 화장지를 안고 결제하러 갔을 때 많은 사람들이 줄 서서 계산을 하고 있음을 발견했다. 데이비드는 어쩔 도리가 없다고 여기며 속으로 생각했다. '나는 그냥 한 팩의 화장지를 사고 싶을 뿐인데 도대체 언제까지 기다려야 해!'

모범 작문

		星	期	天	,	大	卫	的	妻	子	让	他	去	超	市
买	一	包	卫	生	纸	。	大	卫	来	到	超	市	很	快	选
好	了	商	品	,	可	是	当	他	抱	着	一	大	包	卫	生
纸	去	结	账	时	,	发	现	好	多	人	都	在	排	队	结
账	。	大	卫	很	无	奈	:	"	我	只	想	买	一	包	卫	生
纸	而	已	,	到	底	要	等	到	什	么	时	候	啊	!	"

참고 어휘 卫生纸 wèishēngzhǐ [명] 화장지 | 抱 bào [동] 안다 4급 | 结账 jiézhàng [동] 결제하다, 계산하다 5급 | 排队 páiduì [동] 줄을 서다 4급 | 无奈 wúnài [형] 어쩔 도리가 없다 5급 | 而已 éryǐ [조] ~뿐이다 6급 | 到底 dàodǐ [부] 도대체 4급

활용 구문 去超市买 A A를 사러 슈퍼에 가다 | 很快(就)＋V＋了＋O 금방 O를 V했다 | 抱着＋~＋V ~를 안고 V하다 | 排队结账 줄 서서 계산하다 | 只想~而已 단지 ~하고 싶을 뿐이다 | 要等到什么时候 언제까지 기다려야 하나?

汉语水平考试
HSK（五级）
실전 모의고사 답안

一、听 力

第一部分

01. C   02. C   03. B   04. A   05. B
06. B   07. B   08. C   09. D   10. D
11. A   12. D   13. A   14. C   15. C
16. A   17. B   18. B   19. C   20. D

第二部分

21. B   22. D   23. D   24. A   25. B
26. C   27. B   28. D   29. C   30. A
31. C   32. D   33. C   34. B   35. A
36. B   37. B   38. C   39. B   40. A
41. D   42. A   43. A   44. D   45. C

二、阅 读

第一部分

46. B   47. A   48. D   49. B   50. C
51. A   52. A   53. C   54. C   55. D
56. C   57. C   58. B   59. C   60. D

第二部分

61. C　　62. A　　63. B　　64. A　　65. C
66. C　　67. C　　68. A　　69. C　　70. C

第三部分

71. C　　72. C　　73. C　　74. C　　75. B
76. D　　77. C　　78. B　　79. A　　80. C
81. D　　82. C　　83. D　　84. B　　85. C
86. C　　87. C　　88. A　　89. C　　90. B

三、书 写

第一部分

91. 她是一个不善于交际的人。
92. 你应该事先做好充分的准备。
93. 逃避现实不能解决任何问题。
94. 把你的文具放右边的抽屉里。
95. 你可以给我推荐几个特色菜吗?
96. 好奇心能够促使人类不断进步。
97. 昨天的闭幕式在热闹的气氛中结束。
98. 这篇文章引起了社会的广泛关注。

第二部分

99-100. 모범 작문 참고

실전 모의고사

해설

 3-1

듣기 제1부분 1번~20번

1.

女: 乐乐, 都几点了！快去刷牙洗脸吧, 要睡觉了。
男: 等一会儿, <u>动画片马上就完了</u>。
问: 乐乐在做什么?
A 洗澡　　　B 录音
C 看动画片　D 玩玩具车

여: 러러, 벌써 몇 시야! 빨리 이 닦고 세수해, 자야지.
남: 잠깐만요, <u>애니메이션이 곧 끝나요.</u>
질문: 러러는 무엇을 하고 있는가?
A 샤워하다　　　　B 녹음하다
C 애니메이션을 보다　D 장난감 자동차를 가지고 놀다

풀이 '动画片马上就完了'를 통해 C가 정답임을 알 수 있다.

정답 C

어휘 洗澡 xǐzǎo [동] 샤워하다 3급 | 动画片 dònghuàpiān [명] 애니메이션, 만화 영화 5급 | 录音 lùyīn [동] 녹음하다 5급 | 玩具车 wánjùchē [명] 장난감 자동차 5급

2.

男: 明天下午有个时装表演, 我们去看, 你呢?
女: 我还在犹豫, <u>下午有个讲座, 我很想去听听</u>。
问: 女的明天想做什么?
A 拜访导师　　B 参加婚礼
C 去听讲座　　D 出席宴会

남: 내일 오후에 패션쇼가 있잖아. 우린 가는데, 너는?
여: 나는 아직 망설이고 있어. <u>오후에 강의가 하나 있는데 들으러 가고 싶거든.</u>
질문: 여자는 내일 무엇을 하고 싶은가?
A 지도 교수를 방문한다
B 결혼식에 간다
C 강의를 들으러 간다
D 연회에 참석한다

풀이 여자는 강의를 듣고 싶다고 했으므로 C가 정답이 된다.

정답 C

어휘 时装表演 shízhuāng biǎoyǎn 패션쇼 | 犹豫 yóuyù [형] 주저하다, 망설이다 5급 | 讲座 jiǎngzuò [명] 강좌, 강의 5급 | 拜访 bàifǎng [동] 배방하다, 방문하다 6급 | 导师 dǎoshī [명] 지도 교수 | 婚礼 hūnlǐ [명] 결혼식, 혼례 5급 | 出席 chūxí [동] 참석하다 5급 | 宴会 yànhuì [명] 연회, 파티 5급

3.

女：明天要在总结会上发言，我还是觉得自己准备得不够。
男：放松点儿，你又不是第一次发言。
问：男的主要是什么意思?

A 要认真准备
B 不用太紧张
C 资料要全面
D 需要反复的配合

여: 내일 내가 총화 회의에서 발언하는데, 나는 아직 준비가 충분치 않은 것 같아.
여: 긴장 좀 풀어. 처음 발언하는 것도 아니잖아.
질문: 남자는 무슨 뜻인가?

A 성실하게 준비하라
B 너무 긴장할 필요 없다
C 자료가 전문적이어야 한다
D 반복적인 호흡 맞추기가 필요하다

풀이 '放松'은 '긴장을 풀다'라는 뜻이므로 B가 정답이 된다.

정답 B

어휘 **总结会** zǒngjiéhuì 총화 회의 | **发言** fāyán [동] 발언하다 5급 | **放松** fàngsōng [동] 이완시키다, 긴장을 풀다 4급 | **反复** fǎnfù [동] 반복하다 [부] 반복적으로 5급 | **配合** pèihé [동] 호흡을 맞추다, 협조하다 5급

4.

男：小张，这个机会来之不易，你可要好好把握。
女：我一定会努力的，谢谢您！我能做好。
问：关于小张，可以知道什么?

A 十分自信
B 没有把握
C 为人谦虚
D 被录取了

남: 샤오장, 이런 기회는 쉽게 오지 않아. 너는 잘 잡아야 해.
여: 꼭 열심히 할게요. 감사합니다! 저는 잘 해낼 수 있어요.
질문: 샤오장에 관해서 무엇을 알 수 있는가?

A 매우 자신 있다
B 자신이 없다
C 사람이 겸손하다
D 합격했다

풀이 '我能做好'는 '잘 해낼 수 있다'는 뜻이므로 샤오장은 자신감이 있다는 것을 알 수 있다.

정답 A

어휘 **来之不易** lái zhī bú yì [성] 오기가 쉽지 않다 | **把握** bǎwò [동] 잡다, 파악하다 [명] 자신감 5급 | **自信** zìxìn [형] 자신 있다 [명] 자신감 4급 | **为人** wéirén [명] 됨됨이 [동] 처세하다 | **谦虚** qiānxū [형] 겸손하다 5급 | **录取** lùqǔ [동] 합격시키다, 뽑다 5급

5.

女：你们和梦想广告公司谈得怎么样了？ 男：<u>他们的价格可以接受</u>，今天应该就能签合同。 问：男的觉得价格怎么样？ A 昂贵 B 比较合适 C 还没确定 D 还可以再低些	여: 너희들 멍상 광고 회사와 협상은 어떻게 됐어? 남: <u>그들의 가격은 받아들일 수 있어</u>. 오늘 계약을 체결할 수 있을 거야. 질문: 남자는 가격을 어떻게 생각하는가? A 비싸다 B 비교적 적절하다 C 아직 확정되지 않았다 D 좀 더 낮출 수 있다

풀이 가격을 받아들일 수 있다는 것은 비교적 적절하다(合适)는 의미이다.

정답 B

어휘 广告 guǎnggào [명] 광고 4급 | 签 qiān [동] 사인하다, 서명하다 5급 | 合同 hétong [명] 계약서 5급 | 确定 quèdìng [동] 확정하다 5급

6.

男：你的失眠好些了么？ 女：<u>还是睡不好</u>，今天打算去看看中医，买些中药试试。 问：关于女的，可以知道什么？ A 是位护士 B 睡眠不好 C 从不熬夜 D 想咨询律师	남: 너의 불면증은 좀 괜찮아졌어? 여: <u>여전히 잘 못 자</u>. 오늘 한의사한테 가 볼 건데 한약을 사서 좀 먹어 보려고 해. 질문: 여자에 관해서 무엇을 알 수 있는가? A 간호사이다 B 잠을 잘 못 잔다 C 좀처럼 밤새지 않는다 D 변호사에게 자문하고 싶어 한다

풀이 '睡眠', '睡不好'를 통해서 B가 정답임을 알 수 있다.

정답 B

어휘 失眠 shīmián [동] 불면증에 걸리다, 잠을 이루지 못하다 5급 | 中医 zhōngyī [명] 한의사, 중국 전통 의학 | 中药 zhōngyào [명] 한약 | 从不 cóngbù [부] 좀처럼 ~ 않다, 절대로 ~ 않다 | 熬夜 áo'yè [동] 밤새다 5급 | 咨询 zīxún [동] 자문하다, 의견을 구하다 5급 | 律师 lǜshī [명] 변호사 4급

7.

女：哪儿出问题了？是硬件坏了吗？ 男：没有，就是中毒了。你的电脑还没有装杀毒软件吧？ 问：这台电脑怎么了？ A 硬件坏了 B 中病毒了 C 无法读光盘 D 得重装系统	여: 어디에 문제가 생겼어? 하드웨어가 고장났어? 남: 아냐, 바로 바이러스에 감염됐어. 네 컴퓨터는 백신 프로그램을 설치하지 않았어? 질문: 이 컴퓨터는 어떠한가? A 하드웨어가 고장났다 B 바이러스에 감염됐다 C 시디를 읽을 수 없다 D 시스템을 다시 설치해야 한다

풀이 '就是中毒了'를 통해서 B가 정답임을 알 수 있다.

정답 B

어휘 硬件 yìngjiàn [명] 하드웨어 5급 | 中毒 zhòngdú [동] 바이러스에 감염되다 | 装 zhuāng [동] 설치하다, ~하는 척하다 5급 | 杀毒软件 shādú ruǎnjiàn 백신 프로그램 | 光盘 guāngpán [명] 시디 5급 | 重装 chóngzhuāng 다시 설치하다 | 系统 xìtǒng [명] 시스템, 체계 [형] 체계적이다 5급

8.

男：复印机好像坏了，我按半天了，一直没反应。 女：昨天刚修的，居然又坏了？真耽误事儿，我看看。 问：女的对什么感到奇怪？ A 又没纸了 B 方案没通过 C 复印机又坏了 D 电脑中病毒了	남: 복사기가 고장난 거 같아. 한참을 눌러도 계속 반응이 없어. 여: 어제 막 수리했는데 뜻밖에도 또 고장났어? 정말 일에 도움이 안 돼. 내가 한번 볼게. 질문: 여자는 무엇에 대해서 이상하다고 느끼는가? A 또 종이가 떨어졌다 B 방안이 통과되지 않았다 C 복사기가 또 고장났다 D 컴퓨터가 바이러스에 감염됐다

풀이 '居然'은 '뜻밖에'라는 뜻으로 이상함을 나타낸다. 따라서 C가 정답이 된다.

정답 C

어휘 复印机 fùyìnjī [명] 복사기 | 按 àn [동] 누르다 [개] ~에 따라서(=按照) | 反应 fǎnyìng [동] 반응하다 5급 | 居然 jūrán [부] 뜻밖에 5급 | 耽误 dānwu [동] 일을 그르치다 5급 | 方案 fāng'àn [명] 방안 5급 | 中病毒 zhòng bìngdú 바이러스에 감염되다

9.

女：我想拿几万块钱投资股市，你知道哪支股票好吗？
男：你还是谨慎点儿吧，最近股市风险很大。
问：男的是什么态度？

A 赞成
B 无所谓
C 得立即投资
D 再考虑一下

여: 나는 몇 만 위안을 가지고 주식에 투자하고 싶은데, 너 어떤 주식이 좋은지 알아?
남: 그래도 좀 신중하는 게 좋아. 최근에 주식 리스크가 매우 커.
질문: 남자는 어떤 태도인가?

A 찬성한다
B 상관없다
C 즉각 투자해야 한다
D 다시 한 번 고려하다

풀이 '좀 신중해야 한다'는 것과 '최근 주식 리스크가 크다'는 말을 통해서 남자는 주식을 사는 것에 대해서 완곡한 반대의 생각을 가지고 있다고 볼 수 있다. 따라서 D가 가장 적합하다.

정답 D

어휘 投资 tóuzī [동] 투자하다 5급 | 股市 gǔshì [명] 주식 시장 | 股票 gǔpiào [명] 주식 5급 | 谨慎 jǐnshèn [형] 신중하다 5급 | 风险 fēngxiǎn [명] 위험, 리스크 5급 | 赞成 zànchéng [동] 찬성하다 5급 | 反对 fǎnduì [동] 반대하다 4급 | 无所谓 wúsuǒwèi [동] 상관없다 5급 | 立即 lìjí [부] 즉각 5급

10.

男：总裁，这个项目对我而言挑战性太大，我有点儿想放弃了。
女：遇到困难不应该逃避，应该积极地面对。你先尽力去做吧。
问：女的是什么意思？

A 少犯错误
B 要学会放弃
C 别怀疑自己
D 不要逃避困难

남: 총재님, 이 사업은 저에게 있어서 도전성이 너무 큽니다. 저는 좀 포기하고 싶습니다.
여: 어려움을 만났을 때 도망치면 안 돼요. 적극적으로 맞서야 합니다. 먼저 최선을 다해서 해 보세요.
질문: 여자의 말은 무슨 뜻인가?

A 잘못을 적게 해라
B 포기를 배워라
C 자신을 의심하지 마라
D 고난으로부터 도망치지 마라

풀이 '遇到问题不应该逃避'를 통해서 D가 정답임을 알 수 있다.

정답 D

어휘 总裁 zǒngcái [명] 총재 5급 | 项目 xiàngmù [명] 사업, 프로젝트 5급 | 挑战 tiǎozhàn [동] 도전하다 5급 | 逃避 táobì [동] 도피하다 5급 | 怀疑 huáiyí [동] 의심하다 4급

11.

女：我上午把毕业论文交上去了，你呢？
男：我还没修改完，后天估计差不多。最晚什么时候交？

问：男的的论文怎么样了？

A 还在修改
B 已经发表了
C 要换个题目
D 需要调整结构

여: 나는 오전에 졸업 논문을 제출했는데, 너는?
남: 나는 아직 수정이 끝나지 않았어. 모레 거의 완성될 것 같아. 가장 늦게는 언제까지 제출해야 해?

질문: 남자의 논문은 어떠한가?

A 아직 수정 중이다
B 이미 발표했다
C 제목을 바꿔야 한다
D 구조를 조정해야 한다

풀이 '我还没修改完'을 통해서 아직 수정 중임을 알 수 있다.

정답 A

어휘 毕业论文 bìyè lùnwén 졸업 논문 | 修改 xiūgǎi [동] 수정하다 5급 | 估计 gūjì [동] 예측하다 4급 | 发表 fābiǎo [동] 발표하다 5급 | 题目 tímù [명] 제목 5급 | 调整 tiáozhěng [동] 조정하다 5급 | 结构 jiégòu [명] 구조 5급

12.

男：公司的年会要在长城饭店开，你下午和饭店联系一下。
女：昨天已经打电话问过了，他们的大宴会厅已经被别人预订了。

问：关于长城饭店，下列哪项正确？

A 价格涨了
B 宴会取消了
C 没有房间了
D 大宴会厅已被预订了

남: 회사 송년회를 장성 호텔에서 할 건데, 오후에 호텔과 연락해 보세요.
여: 어제 이미 전화해서 물어봤는데 그들의 대연회실은 이미 다른 사람이 예약했다고 합니다.

질문: 장성 호텔에 관해 아래에서 옳은 것은?

A 가격이 올랐다
B 연회가 취소됐다
C 방이 없다
D 대연회실이 이미 예약되었다

풀이 '大宴会厅已经被别人预订了'를 통해서 D가 정답임을 알 수 있다.

정답 D

어휘 年会 niánhuì [명] 송년회 | 饭店 fàndiàn [명] 식당, 호텔 1급 | 联系 liánxì [동] 연락하다, 관계되다 4급 | 宴会 yànhuì [명] 연회, 파티 5급 | 预订 yùdìng [동] 예약하다 5급 | 涨 zhǎng [동] 가격이 오르다 5급

13.

女：刘总，这几天的日程安排，您看了吗？
男：看了。后天我家里有点儿事，你再调整一下吧。
问：男的让女的怎么做？
A 调整日程
B 取消出差
C 预订房间
D 接受采访

여: 류 사장님, 최근의 일정 안배를 보셨어요?
남: 봤어요. 모레 집에 일이 좀 있으니 다시 좀 조정해 주세요.
질문: 남자는 여자에게 어떻게 해 달라고 하는가?
A 일정을 조정한다
B 출장을 취소한다
C 호텔을 예약한다
D 취재를 받아들인다

풀이 '다시 조정해 달라(再调整一下)'는 것의 대상이 일정(日程)이므로 A가 정답이 된다.

정답 A

어휘 日程安排 rìchéng ānpái 일정 안배 5급 | 调整 tiáozhěng [동] 조정하다 5급 | 预订 yùdìng [동] 예약하다 5급 | 采访 cǎifǎng [동] 취재하다, 인터뷰하다 5급

14.

男：妈，我知道了，这件事您反反复复讲了十几遍了。
女：年纪大了，记性太差，总觉得没跟你说呢。
问：女的现在怎么了？
A 经常发脾气
B 变得很胆小
C 记忆力不好
D 觉得很寂寞

남: 엄마, 알겠어요. 이 일은 반복해서 십수 번을 말씀하셨어요.
여: 나이가 많아서 기억력이 너무 안 좋아. 늘 너에게 말을 안 한 것 같아.
질문: 여자는 지금 어떠한가?
A 자주 화를 낸다
B 겁이 많게 변했다
C 기억력이 좋지 않다
D 외롭다고 느낀다

풀이 '记性太差'를 통해서 C가 정답임을 알 수 있다.

정답 C

어휘 反复 fǎnfù [동] 반복하다 [부] 반복적으로 5급 | 年纪 niánjì [명] 나이 5급 | 记性 jìxing [명] 기억력 | 发脾气 fā píqì 화를 내다 4급 | 胆小 dǎnxiǎo [형] 겁이 많다 5급 | 记忆力 jìyìlì [명] 기억력 4급 | 寂寞 jìmò [형] 적적하다, 외롭다 5급

15.

女：今年公司的利润几乎增长了一倍，听说公司要给大家发奖金？ 男：是的，不过具体方案还没确定下来。 问：关于公司，下列哪项正确？ A 已发了奖金 B 损失增大了 C 奖金方案未确定 D 开发出了新产品	여：올해 회사의 이윤이 거의 배가 늘어서, 회사가 모두에게 보너스를 지급할 거라던데? 남：그래, 하지만 구체적인 방안은 아직 확정되지 않았어. 질문: 회사에 관해 아래에서 옳은 것은? A 이미 보너스를 지급했다 B 손실이 증대됐다 C 보너스 방안이 확정되지 않았다 D 신제품을 개발해 냈다

풀이 '具体方案还没确定下来'를 통해서 C가 정답임을 알 수 있다. '未'는 '没有'와 같다. 보너스를 지급할 계획인 것이기 때문에 '이미 지급했다'라고 한 A는 정답이 될 수 없다.

정답 C

어휘 利润 lìrùn [명] 이윤 5급 | 奖金 jiǎngjīn [명] 상금, 보너스 4급 | 具体 jùtǐ [형] 구체적이다 5급 | 方案 fāng'àn [명] 방안 5급 | 确定 quèdìng [동] 확정하다, 확신하다 5급 | 损失 sǔnshī [명] 손실 [동] 손실을 입다 5급 | 上市 shàngshì [동] 상장되다 | 开发 kāifā [동] 개발하다 5급 | 产品 chǎnpǐn [명] 제품 5급

16.

男：给你添了这么多麻烦，真的很不好意思。 女：瞧您说的，远亲不如近邻，今后需要帮忙您尽管打招呼。 问：根据对话，下列哪项正确？ A 他们是邻居 B 他们在法院 C 女的很惭愧 D 男的在戒烟	남：당신을 이렇게 귀찮게 해서 정말 미안해요. 여：무슨 말씀이세요. 먼 친척은 가까운 이웃만 못하다고 하잖아요. 앞으로 도움이 필요하면 얼마든지 말씀하세요. 질문: 대화에 따르면 아래에서 옳은 것은? A 그들은 이웃이다 B 그들은 법원에 있다 C 여자는 부끄러워한다 D 남자는 금연 중이다

풀이 '远亲不如近邻'을 통해서 그들은 이웃임을 알 수 있다.

정답 A

어휘 添麻烦 tiān máfán 번거롭게 하다, 귀찮게 하다 | 不好意思 bùhǎoyìsi 미안해하다, 부끄럽다 | 瞧 qiáo [동] 보다 5급 | 远亲不如近邻 yuǎnqīn bùrú jìnlín 먼 친척은 가까운 이웃만 못하다 | 尽管 jǐnguǎn [부] 얼마든지 [접] 비록 ~이지만 4급 | 打招呼 dǎzhāohu [동] 인사하다, 통지하다 5급 | 邻居 línjū [명] 이웃 3급 | 法院 fǎyuàn [명] 법원 5급 | 惭愧 cánkuì [형] 부끄럽다 5급 | 戒烟 jièyān [동] 금연하다 5급

17.

女: 你今天面试的情况怎么样? 男: 还可以，<u>不过现在我有点儿犹豫，要不要去这家公司。</u> 问: 关于男的，下列哪项正确? A 辞职了 B 有些犹豫 C 被录取了 D 在准备面试	여: 너 오늘 면접 상황은 어땠어? 남: 그럭저럭 괜찮았어. <u>그런데 지금 나는 이 회사에 갈까 말까 좀 주저하고 있어.</u> 질문: 남자에 관해 아래에서 옳은 것은? A 사직했다 B 약간 주저한다 C 합격됐다 D 면접을 준비하고 있다

풀이 '我有点儿犹豫'를 통해서 B가 정답임을 알 수 있다.

정답 B

어휘 面试 miànshì [명] 면접 시험 [동] 면접 시험을 보다 | 犹豫 yóuyù [형] 주저하다, 망설이다 5급 | 辞职 cízhí [동] 사직하다 5급 | 录取 lùqǔ [동] 합격시키다, 뽑다 5급

18.

男: 真奇怪，我明明把身份证放在这个抽屉里了，可怎么也找不到了。 女: <u>抽屉里不是有个笔记本吗？你看看是不是夹在那个本儿里了？</u> 问: 女的建议男的怎么做? A 东西别乱放 B 翻翻笔记本 C 保管好身份证 D 看看别的抽屉里	남: 참 이상해. 내가 분명히 신분증을 이 서랍에 넣어 뒀는데 아무리 찾아도 없어. 여: <u>서랍 안에 노트가 한 권 있지 않아? 그 안에 끼어 있는 건 아닌지 봐 봐.</u> 질문: 여자는 남자에게 어떻게 하라고 하는가? A 물건을 아무 데나 놓지 마라 B 노트를 뒤져 보라 C 신분증을 잘 보관하라 D 다른 서랍 안을 좀 살펴보라

풀이 여자는 '신분증이 서랍 안에 있는 공책 안에 끼어 있을 수 있다'고 말하면서 그 공책 안을 찾아볼 것을 권하고 있다.

정답 B

어휘 身份证 shēnfènzhèng [명] 신분증 5급 | 抽屉 chōuti [명] 서랍 5급 | 夹 jiā [동] 끼우다 5급 | 本儿 běnr [명] 공책, 노트 | 翻 fān [동] (찾기 위해) 뒤지다, 뒤집다 5급 | 保管 bǎoguǎn [동] 보관하다 6급

19.

女: 快换到第五频道，连续剧马上就要开始了。
男: 不行，足球决赛还没结束呢，我支持的队快要赢了。
问: 女的想让男的做什么?

A 系领带
B 去买点零食
C 换电视频道
D 陪她看纪录片

여: 빨리 5번 채널로 돌려 봐, 드라마가 곧 시작해.
남: 안 돼, 축구 결승전이 아직 끝나지 않았어. 내가 응원하는 팀이 곧 이겨.
질문: 여자는 남자더러 무엇을 하라고 하는가?

A 넥타이를 맨다
B 약간의 주전부리를 사 온다
C 텔레비전 채널을 바꾼다
D 그녀와 함께 다큐멘터리를 본다

풀이 5번 채널로 바꿔 달라고 했으므로 C가 정답이 된다.

정답 C

어휘 频道 píndào [명] 채널 5급 | 连续剧 liánxùjù [명] 연속극, 드라마 5급 | 决赛 juésài [명] 결승전 5급 | 系领带 jì lǐngdài 넥타이를 매다 5급 | 零食 língshí [명] 간식, 주전부리 5급 | 纪录片 jìlùpiàn [명] 다큐멘터리 5급

20.

男: 这是我从老家给您带的一点儿特产，对治疗失眠很有帮助。
女: 是吗? 太好了! 真不知怎么感谢你才好。
问: 男的送的东西有什么作用?

A 帮助减肥
B 缓解疼痛
C 保护嗓子
D 治疗失眠

남: 이것은 내가 고향에서 가져온 약간의 특산물인데, 불면증을 치료하는 데 아주 좋아.
여: 그래? 너무 잘 됐다. 너한테 어떻게 감사해야 할지 모르겠어.
질문: 남자가 보낸 것은 어떤 작용이 있는가?

A 다이어트를 돕는다
B 통증을 완화시키다
C 목을 보호한다
D 불면을 치료한다

풀이 '对治疗失眠很有帮助'를 통해서 D가 정답임을 알 수 있다.

정답 D

어휘 特产 tèchǎn [명] 특산물 | 治疗 zhìliáo [동] 치료하다 5급 | 失眠 shīmián [동] 불면증에 걸리다 5급 | 缓解 huǎnjiě [동] 완화시키다 5급 | 疼痛 téngtòng [형] 아프다 | 嗓子 sǎngzi [명] 목구멍, 목소리 5급

듣기 제2부분 21번~45번

21.

女：先生，您好，您要办理什么业务？
男：你好，我要开个账户。
女：好，请您先在这儿取一个号，对，就这儿。
男：四十一号，我前面还有几个人？
女：还有五位，请您坐这边稍等一下。
问：他们现在在哪里？
A 宾馆　　　B 银行
C 健身房　　D 博物馆

여: 손님, 안녕하세요. 어떤 업무를 보시겠습니까?
남: 안녕하세요. 계좌를 하나 개설하려 합니다.
여: 알겠습니다. 먼저 여기서 번호표를 하나 뽑으세요. 네, 여깁니다.
남: 41번이네요. 제 앞에 몇 명이 있어요?
여: 다섯 분이 있습니다. 여기 앉아 잠깐 기다리세요.
질문: 그들은 지금 어디에 있는가?
A 여관　　　B 은행
C 헬스장　　D 박물관

풀이 '账户'를 통해서 이곳이 은행임을 알 수 있다.

정답 B

어휘 办理 bànlǐ [동] (업무 등을) 처리하다 5급 | 业务 yèwù [명] 업무 5급 | 账户 zhànghù [명] 계좌 5급 | 取号 qǔhào [동] 번호를 뽑다 | 宾馆 bīnguǎn [명] 여관 2급 | 健身房 jiànshēnfáng [명] 헬스장 | 博物馆 bówùguǎn [명] 박물관 5급

22.

男：成立公司的事办得怎么样了？
女：别提了，办理营业执照的手续比我想的复杂。
男：那估计什么时候能办下来？
女：本来以为这个月底可以，现在看要等到下月中旬了。
问：女的在办理什么手续？
A 移民　　　B 辞职
C 入住　　　D 营业执照

남: 회사를 세우는 일은 어떻게 돼 가?
여: 말도 마, 영업 허가증을 밟는 수속이 생각보다 복잡해.
남: 그럼 언제 수속이 끝날 것 같아?
여: 원래는 이번 달 말에 될 거라고 생각했는데 지금은 다음달 중순까지 기다려야 할 것 같아.
질문: 여자는 어떤 수속을 하고 있는 중인가?
A 이민　　　B 사직
C 숙박　　　D 영업 허가증

풀이 '办理营业执照的手续~'를 통해서 D가 정답임을 알 수 있다.

정답 D

어휘 成立 chénglì [동] 세우다 [형] 성립되다 5급 | 办理 bànlǐ [동] 처리하다, (수속을) 밟다 5급 | 营业执照 yíngyè zhízhào 영업 허가증 5급 | 手续 shǒuxù [명] 수속 5급 | 中旬 zhōngxún [명] 중순 5급 | 移民 yímín [동] 이민하다 5급 | 辞职 cízhí [동] 사직하다 5급 | 入住 rùzhù [동] (호텔 등에) 숙박하다

23.

女：不用送了，赶紧回去吧，家里还有别的客人呢。
男：没关系，已经出来了，就送到公交站吧。
女：没想到，你还善于做饭，而且味道也非常好。
男：在这方面我还是有自信的，那个麻辣豆腐做得好吧?
问：女的没想到男的怎么样？
A 手烫伤了
B 喜欢滑雪
C 做过厨师
D 很会做饭

여: 배웅해 주지 않아도 돼. 빨리 들어가. 집에 다른 손님도 있잖아.
남: 괜찮아, 이미 나왔으니까 정류장까지 배웅해 줄게.
여: 네가 요리를 잘할 줄은 몰랐어. 게다가 맛도 매우 좋았어.
남: 이 방면에서 난 그런대로 자신이 있어. 그 마라두부는 괜찮았지?
질문: 여자는 남자의 어떤 점을 생각지 못했는가？
A 손을 데었다
B 스키를 좋아한다
C 요리사를 한 적이 있다
D 요리를 매우 잘한다

풀이 '善于做饭'을 통해서 D가 정답임을 알 수 있다.

정답 D

어휘 赶紧 gǎnjǐn [부] 서둘러, 얼른 5급 | 公交站 gōngjiāozhàn [명] 버스 정류장 | 善于 shànyú [동] ~에 능하다 5급 | 做饭 zuòfàn [동] 밥을 짓다, 요리를 하다 | 麻辣 málà [형] 맵고 얼얼하다 | 豆腐 dòufu [명] 두부 5급 | 烫 tàng [형] 뜨겁다 [동] 데다 5급 | 滑雪 huáxuě [동] 스키 타다 5급 | 厨师 chúshī [명] 요리사

24.

男：房子装修好了吗？
女：快好了，这几天准备去买家具。
男：窗帘选好了吗？我知道有一家店的窗帘做得很不错，你去看看？
女：谢谢你，一会儿您把地址给我，我周末去看看。
问：关于房子，下列哪项正确？
A 快装修完了
B 位于市中心
C 客厅面积很大
D 有两个卫生间

남: 집은 인테리어가 끝났어？
여: 곧 끝나. 조만간 가구를 사러 갈 거야.
남: 커튼은 골랐어? 내가 아는 가게의 커튼이 괜찮은데, 거기 가 봐.
여: 고마워. 이따가 주소를 보내 줘. 주말에 가 볼게.
질문: 집에 관해 아래에서 옳은 것은？
A 곧 인테리어가 끝난다
B 시 중심에 위치하고 있다
C 거실 면적이 크다
D 두 개의 화장실이 있다

풀이 '인테리어가 끝났냐'는 물음에 여자가 '快好了'라고 하였다. 〈快~了〉는 곧 발생하려 함을 나타내므로 A가 정답이 된다.

정답 A

어휘 装修 zhuāngxiū [동] 인테리어하다 5급 | 家具 jiājù [명] 가구 4급 | 窗帘 chuānglián [명] 커튼 5급 | 地址 dìzhǐ [명] 주소 4급 | 位于 wèiyú [동] ~에 위치하다 5급 | 中心 zhōngxīn [명] 중심, 센터 5급 | 面积 miànjī [명] 면적 5급

25.

女：大夫您好，我丈夫的情况怎么样？ 男：手术很成功，他恢复得很快，过两天，<u>下周一二就可以出院了</u>。 女：太好了！太谢谢您了！ 男：不客气。 问：她丈夫什么时候可以出院？ A 明天 B 下礼拜一二 C 一周后 D 下个月中旬	여: 의사 선생님 안녕하세요, 제 남편의 상황은 어떤 가요? 남: 수술은 매우 성공적입니다. 그는 회복이 빨라서 며칠 지나 <u>다음주 월요일이나 화요일에는 퇴원할 수 있습니다</u>. 여: 너무 잘됐어요. 정말 감사합니다! 남: 별말씀을요. 질문: 여자의 남편은 언제 퇴원할 수 있는가? A 내일 B 다음주 월요일이나 화요일 C 다음주 후 D 다음달 중순

풀이 '下周一二'을 통해서 B가 정답임을 알 수 있다. 요일을 나타낼 때 시험에서는 '星期~'보다는 '周~'나 '礼拜~'로 표현한다.

정답 B

어휘 大夫 dàifu [명] 의사 4급 | 手术 shǒushù [명] 수술 5급 | 恢复 huīfù [동] 회복하다 5급 | 礼拜 lǐbài [명] 주, 요일, 예배하다 | 中旬 zhōngxún [명] 중순 5급

26.

男：外面雨下得真大，我全身都湿透了。 女：带着伞怎么还湿成这样？赶紧把衣服换了。 男：好。今天的风太大了。<u>我干脆先洗个澡吧</u>。 女：也行，别再着凉了。我本来想让你吃了饭再洗。 问：男的想先做什么？ A 吃饭 B 热身 C 洗澡 D 烫衣服	남: 밖에 비가 정말 많이 와. 나는 온몸이 다 젖었어. 여: 우산을 썼는데도 이렇게 젖었어? 빨리 옷 갈아입어. 남: 알겠어. 오늘 바람이 너무 세. <u>나 그냥 먼저 샤워할게</u>. 여: 그것도 괜찮겠어, 감기 걸리지않게. 난 원래는 당신이 식사하고 씻었으면 했어. 질문: 남자는 무엇을 먼저 하려고 하는가? A 밥을 먹다 B 준비 운동을 하다 C 샤워하다 D 옷을 다리다

풀이 '我干脆先洗个澡吧'를 통해서 C가 정답임을 알 수 있다.

정답 C

어휘 湿透 shītòu [동] 흠뻑 젖다 | 赶紧 gǎnjǐn [부] 서둘러, 황급히 5급 | 干脆 gāncuì [형] 명쾌하다, 시원스럽다 5급 | 着凉 zháoliáng [동] 감기에 걸리다 5급 | 热身 rèshēn [동] 몸을 풀다, 준비 운동을 하다 | 烫 tàng [형] 몹시 뜨겁다 [동] 데다, 화상을 입다, 다리다 5급

27.

女: 天气预报说，明天早上有雪。
男: 那交通肯定要受影响了。糟糕，我明天还得去工厂。
女: 没事，主要是高速公路受影响，你去工厂，又不用走高速。
男: 那我也得早点儿出门，肯定堵车。
问: 他们在谈论什么？

A 工人和工厂
B 天气和交通
C 运输和设备
D 生产和销售

여: 일기 예보에서 내일 아침에 눈이 온대.
남: 그럼 교통은 틀림없이 영향을 받겠네. 큰일났네. 나 내일 공장에 가야 하는데.
여: 괜찮아. 주로 고속 도로가 영향을 받아. 네가 공장에 갈 때는 고속 도로로 갈 필요가 없잖아.
남: 그럼 나도 좀 일찍 출발해야겠다. 틀림없이 차가 막힐 거야.
질문: 그들은 무엇에 대해서 이야기하고 있는가?

A 노동자와 공장
B 날씨와 교통
C 운송과 설비
D 생산과 판매

풀이 '有雪'와 '交通', '堵车' 등의 단어를 통해 이들이 날씨와 교통에 대해서 이야기하고 있음을 알 수 있다.

정답 B

어휘 预报 yùbào [동] 예보하다 5급 | 交通 jiāotōng [명] 교통 4급 | 糟糕 zāogāo [형] 나쁘다, 좋지 않다, 아뿔싸, 큰일났다 5급 | 高速公路 gāosù gōnglù [명] 고속 도로 5급 | 工厂 gōngchǎng [명] 공장 5급 | 堵车 dǔchē [동] 차가 막히다 4급 | 运输 yùnshū [동] 운수하다, 운송하다 5급 | 设备 shèbèi [명] 설비 5급

28.

男: 刚才房东来电话，问我们要不要继续租这个房子。
女: 我们不是说好了换个大点儿的房子吗？
男: 那你给他回个电话吧。
女: 好，我现在就打。
问: 他们打算怎么处理房子问题？

A 做室内装饰
B 要求降低租金
C 继续租这个房子
D 换个大点的房子

남: 방금 집주인한테 전화 왔었는데, 계속 이 집에서 세들어 살 건지 묻던데?
여: 우리 좀 큰 집으로 옮긴다고 말하지 않았어?
남: 그럼 네가 그에게 전화해.
여: 알았어, 지금 바로 할게.
질문: 그들은 집 문제를 어떻게 처리할 계획인가?

A 실내 장식을 한다
B 집세를 내려 달라고 요구한다
C 계속 이 집에서 세들어 산다
D 좀 더 큰 집으로 바꾼다

풀이 그들은 좀 더 큰 집으로 바꿀 계획이므로 D가 정답이 된다.

정답 D

어휘 房东 fángdōng [명] 집주인 | 租 zū [동] 세내다, 세를 들다 4급 | 装饰 zhuāngshì [동] 장식하다 5급 | 租金 zūjīn [명] 임대료

29.

女: 先生，请问您找谁?
男: 我找销售部的刘经理。
女: 请您在这里登记一下，我帮您联系他。
男: 好的，谢谢你。
问: 女的请男的做什么?

A 准备简历
B 联系刘经理
C 登记个人信息
D 通知各部门开会

여: 손님, 누구를 찾으세요?
남: 저는 판매부의 류 부장님을 찾고 있어요.
여: 여기에 (개인 정보를) 등록해 주세요. 제가 그에게 연락해 보겠습니다.
남: 네, 감사합니다.
질문: 여자는 남자에게 무엇을 해 달라고 하는가?

A 이력서를 준비한다
B 류 부장에게 연락한다
C 개인 정보를 등록한다
D 각 부서에 회의할 것을 알린다

풀이 '등록해 달라(登记一下)'라는 것은 외부인이 방문했을 때 간단한 그의 개인 정보(个人信息)를 남겨 달라는 것이므로 C가 정답이 된다. B의 경우 연락하는(联系)는 행위는 여자가 할 일이므로 남자가 할 일을 묻는 질문에 부합하지 않는다.

정답 C

어휘 销售 xiāoshòu [동] 판매하다 5급 | 登记 dēngjì [동] 등록하다 5급 | 简历 jiǎnlì [명] 이력서 | 个人信息 gèrén xìnxī 개인 정보 5급 | 通知 tōngzhī [동] 통지하다, 알리다 4급 | 部门 bùmén [명] 부서 5급

30.

男: 真的是你啊? 刚才我差点儿没认出来。
女: 我也没想到是你，太意外了，竟然在这里碰到你。
男: 你来办签证是去旅游吗?
女: 不是，我是去留学。
问: 根据对话，可以知道什么?

A 他们是偶遇
B 他们在签合同
C 男的刚旅行回来
D 女的要去国外旅游

남: 정말로 너야? 방금 나 하마터면 널 못 알아볼 뻔했어.
여: 나 역시 너일 거라곤 생각지 못했어. 너무 뜻밖이야, 여기서 널 만나다니.
남: 너는 비자를 만들러 온 게 여행 가기 위해서야?
여: 아니, 나는 유학하러 가는 거야.
질문: 대화에서 알 수 있는 것은?

A 그들은 우연히 만났다
B 그들은 계약서를 체결하고 있다
C 남자는 막 여행에서 돌아왔다
D 여자는 외국으로 여행 가려 한다

풀이 '碰到'는 '우연히 만나다'는 뜻이다. '偶遇'는 '偶然遇见'의 줄임말이다.

정답 A

어휘 意外 yìwài [형] 의외의 [명] 의외의 사고 5급 | 竟然 jìngrán [부] 뜻밖에 4급 | 碰 pèng [동] 부딪히다, 우연히 만나다 5급 | 签证 qiānzhèng [명] 비자 4급 | 合同 hétong [명] 계약서 5급

第 31 - 32 题是根据下面一段话：

一天，一位作家带着朋友去自己家附近的商店买东西，付款的时候，他礼貌地对售货员说了声："谢谢。"但售货员却一直不开心，没有理作家。

他们走出商店时，朋友说：31 "那个售货员的服务态度真差劲。"作家对朋友说："他每天都这样。"朋友说："既然他每天都这样，那你为什么还对他那么有礼貌呢？"作家回答：32 "我为什么要让他的态度来决定我的行为呢？"

31~32번 문제는 아래 내용을 따르세요.

어느 날 한 작가가 친구를 데리고 자신의 집 근처의 상점에 물건을 사러 갔다. 계산할 때 그는 예의 있게 판매원에게 말했다. "감사합니다." 하지만 판매원은 오히려 줄곧 기분 나빠하며 작가를 상대해 주지 않았다.

그들이 상점을 나왔을 때 친구가 말했다. 31 "그 종업원의 서비스 태도는 정말 안 좋아." 작가는 친구에게 말했다. "그는 매일 이래." 친구가 말했다. "이왕 그가 매일 이렇다면, 그럼 넌 왜 그에게 예의를 차리니?" 작가는 대답했다. 32 "내가 왜 그의 태도가 나의 행동을 결정하도록 해야 하지?"

어휘 付款 fùkuǎn [동] 결제하다, 계산하다 4급 | 礼貌 lǐmào [명] 예의 [형] 예의바르다 4급 | 售货员 shòuhuòyuán [명] 판매원 | 开心 kāixīn [형] 즐겁다 4급 | 理 lǐ [동] 상대하다 | 差劲 chàjìn [형] 나쁘다, 형편없다 | 既然 jìrán [접] ~된 바에야 4급 | 行为 xíngwéi [명] 행위 5급

31.

关于售货员，可以知道什么？

A 很开心
B 很周到
C 服务态度差
D 批评了作家

판매원에 관해서 무엇을 알 수 있는가?

A 매우 즐겁다
B 매우 주도면밀하다
C 서비스 태도가 나쁘다
D 작가를 비판했다

풀이 '那个售货员的服务态度真差劲'을 통해서 판매원의 서비스 태도가 나빴음을 알 수 있다.

정답 C

어휘 周到 zhōudào [형] 주도면밀하다 5급 | 批评 pīpíng [동] 비판하다, 지적하다 4급

32.

作家的主要观点是什么？

A 要乐于助人
B 不要怀疑别人
C 细节决定成败
D 坚持自己的行为方式

작가의 주요 관점은 무엇인가?

A 남을 즐겁게 도와주자
B 다른 사람을 의심하지 마라
C 세부 사항이 성패를 결정한다
D 자신의 행위 방식을 견지한다

풀이 '왜 그의 태도로 하여금 나의 행위 방식을 결정하게 하느냐'라는 말은 그의 불친절한 태도 때문에 내가 영향을 받지 않고 나만의 방식을 계속해 나가겠다는 의미이다.

정답 D

어휘 乐于助人 lè yú zhù rén [성] 다른 사람을 기꺼이 돕다 | 细节 xìjié [명] 세부 사항 5급 | 成败 chéngbài [명] 성공과 실패, 성패 | 方式 fāngshì [명] 방식 5급

第 33 - 34 题是根据下面一段话：

　　课堂上老师提问的时候，有个同学总是举手，33 可老师叫他回答问题时，他却答不出来，引得其他同学哈哈大笑。课后，老师问他为什么要这样。他说，如果老师提问时他不举手，同学会在课下叫他傻瓜。于是，老师和他约定，当他真会的时候就举左手，34 不会的时候举右手。渐渐地，这名同学越来越多地举起他的左手，35 变得越来越自信，长大后成为了一位出色的工程师。

33~34번 문제는 아래 내용을 따르세요.

　　교실에서 선생님이 질문을 하면 한 학생이 늘 손을 들었다. 33 하지만 선생님이 질문에 대답해 보라고 하면 그는 오히려 답을 못해서 다른 동학들을 하하 크게 웃게 했다. 수업이 끝난 후 선생님은 그에게 왜 그렇게 했는지 물었다. 그가 말하길, 만일 선생님이 질문했을 때 그가 손을 안 들면 동학들이 수업이 끝난 후 그를 바보라고 부른다고 했다. 그래서 선생님과 그는 약속을 했다. 그가 진짜 알 때는 왼손을 들고 34 모를 때는 오른손을 드는 것이다. 점점 이 학생은 갈수록 많이 왼손을 들었고 35 점점 자신 있게 변하여 커서는 뛰어난 엔지니어가 되었다.

어휘 课堂 kètáng [명] 교실 | 引得 yǐnde [동] ~하게 하다 | 傻瓜 shǎguā [명] 바보, 멍청이(욕하거나 농담조의 말) | 约定 yuēdìng [동] 약속하다 | 出色 chūsè [형] 뛰어나다 5급 | 工程师 gōngchéngshī [명] 기사, 엔지니어

33.

同学们为什么哈哈大笑？	동학들은 왜 하하 크게 웃었는가？
A 他很糊涂	A 그는 어리석다
B 他很有魅力	B 그는 매우 매력 있다
C 他不会装会	C 그는 못하면서 할 수 있는 척을 했다
D 他逗人开心	D 그는 다른 사람을 즐겁게 한다

풀이 그는 손을 들어서 대답하도록 시켜 보면 오히려 대답을 해내지 못했다. 이는 그가 모르면서 아는 척을 했다는 것을 의미하며 그래서 동학들이 웃었던 것이다. '不会装会'는 '할 줄 모르는데(不会) 할 줄 아는 척하다(装会)'는 뜻이다.

정답 C

어휘 糊涂 hútu [형] 어리석다, 멍청하다 5급 | 魅力 mèilì [명] 매력 5급 | 装 zhuāng [동] ~하는 척하다, ~하는 체하다, 담다, 넣다 5급 | 逗人 dòu [동] (감정을) 자아내다 [형] 우습다, 재밌다 [동] 놀리다 5급

34.

当他遇到不会的问题时，老师让他怎么做？	그가 모르는 문제를 만났을 때 선생님은 그에게 어떻게 하라고 했는가?
A 别举手 B 举右手 C 问问别的同学 D 左右手都举起来	A 손을 들지 마라 B 오른손을 든다 C 다른 동학에게 물어본다 D 왼손 오른손 모두 든다

풀이 '진짜 알 때는(真会的时候) 왼손을 들게(举左手) 하고, 모를 때는(不会的时候) 오른손을 들게(举右手) 했다. 따라서 B가 정답임을 알 수 있다.

정답 B

35.

老师的帮助对他有什么影响？	선생님의 도움은 그에게 어떤 영향이 있었는가?
A 变得更自信了 B 学会了独立思考 C 懂得了人生的意义 D 喜欢上了建筑设计	A 더욱 자신 있게 변했다 B 독립적으로 사고하는 법을 배웠다 C 인생의 의미를 깨달았다 D 건축 설계를 좋아하게 되었다

풀이 '变得原来越自信'을 통해서 A가 정답임을 알 수 있다.

정답 A

어휘 独立 dúlì [형] 독립적이다 5급 | 思考 sīkǎo [동] 사고하다 5급 | 意义 yìyì [명] 의미, 뜻 5급 | 建筑 jiànzhù [명] 건축(물) 5급 | 设计 shèjì [동] 설계하다, 디자인하다 [명] 설계, 디자인 5급

第 36-38 题是根据下面一段话：

有个城市为解决垃圾问题而买了许多垃圾桶，但是由于人们不愿意使用垃圾桶，乱扔垃圾的现象仍然十分严重。这个城市为此提出了许多解决办法。第一个办法是：**36** <u>把对乱扔垃圾的人的罚金从二十五元提高到五十元。实行后，收效不大</u>。第二个方法是：增加街道巡逻人员的人数，效果也不明显。后来，有人在垃圾桶上出主意：设计了一个电动垃圾桶，**38** <u>桶上装有一个感应器</u>，每当垃圾丢进桶内，感应器就会有反应而 **37** <u>打开录音机</u>，播出一则故事或笑话，其内容每两周换一次。这个设计大受欢迎，结果所有的人不论距离远近，都把垃圾丢进垃圾桶里，城市因而变得干净起来。

36~38번 문제는 아래 내용을 따르세요.

한 도시가 쓰레기 문제를 해결하기 위해 많은 쓰레기통을 샀다. 하지만 사람들은 쓰레기통 사용을 원치 않았기 때문에, 쓰레기를 함부로 버리는 현상이 여전히 매우 심각했다. 이 도시는 이를 위해 많은 해결 방법을 제시했다. 첫 번째 방법은 **36** <u>쓰레기를 함부로 버리는 사람에 대한 벌금을 25위안에서 50위안으로 올리는 것이다. 실행 후 효과가 크지 않았다</u>. 두 번째 방법은 거리의 순찰 요원의 인원수를 증가시키는 것인데 역시 효과가 분명치 않았다. 후에 어떤 사람이 쓰레기통에 아이디어를 제공했다. 전동 쓰레기통을 설계하는 것인데, **38** <u>통에 센서기가 장착되어</u> 매번 쓰레기가 통에 버려지면 센서기에 반응이 생겨 **37** <u>녹음기가 작동되어</u> 한 가지 이야기나 재밌는 이야기를 틀어 주고 그 내용을 2주마다 한 번씩 바꿨다. 이 설계는 크게 환영을 받았고 결과적으로 모든 사람들이 거리가 멀든 가깝든 모두 쓰레기를 쓰레기통에 버려서 도시는 깨끗하게 변하기 시작했다.

어휘 罚金 fájīn [명] 벌금 | 实行 shíxíng [동] 실행하다 6급 | 收效 shōuxiào [명] 효과 [동] 효과를 거두다 | 巡逻 xúnluó [동] 순찰하다 6급 | 人员 rényuán [명] 인원 5급 | 明显 míngxiǎn [형] 뚜렷하다, 분명하다 5급 | 装有 zhuāngyǒu 장치되어 있다 | 感应器 gǎnyìngqì [명] 센서기 | 反应 fǎnyìng [명] 반응 [동] 반응하다 5급 | 录音机 lùyīnjī [명] 녹음기 5급 | 播 bō [동] 방송하다, 재생하다, 틀다 | 设计 shèjì [명] 설계, 디자인 [동] 설계하다 5급 | 因而 yīn'ér [접] 그래서, 따라서 5급

36.

提高罚金以后，结果怎么样？	벌금을 올린 후 결과는 어떠했는가?
A 很有效	A 매우 효과적이다
B 作用不大	B 작용이 크지 않다
C 很多人反对	C 많은 사람들이 반대한다
D 垃圾更多了	D 쓰레기가 더 많아졌다

풀이 벌금을 올린 후에 효과가 크지 않았다(收效不大)고 했으므로 B가 알맞다.

정답 B

어휘 作用 zuòyòng [명] (사람과 사물에 끼치는) 작용, 영향, 효과 4급 | 反对 fǎnduì [동] 반대하다, 찬성(동의)하지 않다 4급

37.

当把垃圾丢进电动垃圾桶后，垃圾桶会有什么反应?	쓰레기를 매번 휴지통에 버리면 쓰레기통은 어떤 반응이 있는가?
A 播出一句名言 B 播出一个笑话 C 提供一份报纸 D 提供一瓶矿泉水	A 명언을 틀어 준다 B 재밌는 이야기를 틀어 준다 C 신문 한 부를 제공한다 D 생수 한 병을 제공한다

풀이 '휴지를 쓰레기통에 버리면 녹음기가 켜져서 이야기(故事)나 재밌는 이야기(笑话)를 틀어 준다'고 했다.

정답 B

어휘 反应 fǎnyìng [명] 반응 5급 | 提供 tígōng [동] (자료·물자·의견·조건 등을) 제공하다, 공급하다 4급 | 矿泉水 kuàngquánshuǐ [명] 생수, 광천수 4급

38.

关于这种电动垃圾桶，可以知道什么?	이 전동 쓰레기통에 관해서 무엇을 알 수 있는가?
A 价值50元 B 每周换一次 C 装有感应器 D 受距离影响	A 가치가 50원이다 B 매주 한 번씩 바뀐다 C 센서기가 설치되어 있다 D 거리의 영향을 받는다

풀이 이 쓰레기통은 센서기(感应器)가 장착되어 있어서(装有) 휴지가 통 안에 들어오면 녹음기가 작동되는 것이다.

정답 C

어휘 价值 jiàzhí [명] 가치 5급 | 影响 yǐngxiǎng [동] 영향을 주다 3급

第 39 - 41 题是根据下面一段话：

有一个著名的理论叫"三八理论"：39 我们每个人在一天二十四小时中，基本上都是八小时上班，八小时睡觉，而第三个八小时，则是你的业余时间。40 你能够获得多大的成就往往取决于你的业余时间怎么度过。因为前面的两个八小时，大家都差不多，只不过是工作内容和形式的差异以及休息方式的区别，40 而第三个八小时则直接决定了你的"过人之处"。41 鲁迅曾经说他是将别人喝牛奶、咖啡的时间用来学习。那么，你的业余时间都在干什么？

39~41번 문제는 아래 내용을 따르세요.

한 유명한 이론이 있는데 '38이론'이라고 한다. 39 우리 모두는 하루 24시간 중에 기본적으로 8시간은 일을 하고 8시간은 잠을 자며 세 번째 8시간은 당신의 여가 시간이다. 40 당신이 얼마의 성취를 거두느냐는 종종 당신의 여가 시간을 어떻게 보내느냐에 달려 있다. 앞쪽 두 번의 8시간은 모두가 비슷한데 단지 업무 내용과 형식의 차이 및 휴식 방식의 차이에 불과하고, 40 세 번째 8시간이 당신의 '특출난 점'을 결정한다. 41 루쉰은 일찍이 다른 사람이 우유를 마시고 커피를 마시는 시간을 이용해 공부한다고 말했다. 그렇다면 당신은 여가 시간에 무엇을 하고 있습니까?

어휘 理论 lǐlùn [명] 이론 5급 | 基本上 jīběnshàng 기본적으로, 대체로 5급 | 业余 yèyú [명] 여가 5급 | 成就 chéngjiù [명] 성취, 업적 [동] 성취하다 5급 | 取决于 qǔjué yú [동] ~에 달려 있다 | 度过 dùguò [동] (시간을) 보내다 5급 | 差异 chāyì [명] 차이 | 以及 yǐjí [접] 및, 그리고 5급 | 方式 fāngshì [명] 방식 5급 | 区别 qūbié [명] 차이, 구별 [동] 구별하다 4급 | 过人之处 guòrén zhī chù 남보다 뛰어난 점, 특출한 점 | 曾经 céngjīng [부] 일찍이 5급 |

39.

关于"三八理论"，下列哪项正确？
A 要珍惜现在
B 将一天分为三段
C 要合理分配任务
D 主要用于企业管理

'38이론'에 관해 아래에서 옳은 것은?
A 지금을 소중히 여겨라
B 하루를 세 부분으로 나눈다
C 합리적으로 임무를 분배하라
D 주로 기업 관리에 이용된다

풀이 '38이론'은 하루 24시간을 8시간씩 세 번으로 나눠서 각각 다른 분야에서 그 시간을 쓴다는 이론이다. 따라서 B가 가장 알맞다.

정답 B

어휘 合理 hélǐ [형] 합리적이다 5급 | 分配 fēnpèi [동] 분배하다 5급 | 企业 qǐyè [명] 기업 5급

40.

"过人之处"最可能是什么意思?	'过人之处'는 무슨 뜻일 가능성이 가장 큰가?
A 长处 B 形象 C 错误 D 地位	A 장점 B 이미지 C 잘못 D 지위

풀이 '过人之处' 자체는 '남보다 뛰어난 점'이라는 뜻이다. 또한 이 글에는 여가 시간을 어떻게 보내느냐에 따라 성취(成就)가 결정된다는 내용이 있다. 이 성취(成就)와 가장 근접한 단어는 장점(长处)이다.

정답 A

어휘 形象 xíngxiàng [명] 이미지 [형] 형상적이다 5급 | 地位 dìwèi [명] 지위 5급

41.

这段话主要想告诉我们什么?	이 글이 주로 우리에게 말하고자 하는 것은 무엇인가?
A 要勤奋工作 B 要注意休息 C 要养成阅读习惯 D 要利用好业余时间	A 근면하게 일해야 한다 B 휴식에 주의해야 한다 C 독서 습관을 길러야 한다 D 여가 시간을 잘 이용해야 한다

풀이 '여가 시간을 어떻게 보내느냐에 따라 각자의 성취가 결정된다'고 했으므로 D가 주제로 가장 알맞다.

정답 D

어휘 勤奋 qínfèn [형] 근면하다 5급 | 阅读 yuèdú [동] 열독하다, (책이나 신문을) 보다 4급

第 42 - 43 题是根据下面一段话：

　　43 中国人有自己传统的情人节，叫做"七夕节"，就在七月初七这一天。**42** 七夕的"夕"是"晚上"的意思，所以"七夕"说的就是七月初七的晚上。中国人之所以称这一天是属于情人们的，是因为古时候有一对特别恩爱的男女，由于种种原因，一年中只有这一天才能相见一次，所以中国人把"七夕"视为情人的节日。

42~43번 문제는 아래 내용을 따르세요.

　　43 중국인은 '칠석절'이라고 부르는 자신만의 전통적인 밸런타인데이를 가지고 있는데, 바로 7월 초이레 날에 있다. **42** 칠석의 '석(夕)'은 '저녁'의 뜻인데 그래서 '칠석'이 말하는 것은 7월 초이레의 저녁이다. 중국인이 이 날을 연인들의 것이라고 말하는 이유는 옛날에 한 쌍의 특별히 금슬이 좋은 남녀가 있었는데 여러 원인 때문에 일년 중 단지 이 날에만 한 번 만날 수 있었다. 그래서 중국인들은 '칠석'을 연인의 명절이라고 보는 것이다.

어휘 传统 chuántǒng [명] 전통 [형] 전통적이다 5급 | 情人节 qíngrénjié [명] 밸런타인데이 | 七夕 qīxī [명] 칠석, 매년 견우와 직녀가 서로 만나는 날 | 称 chēng [동] 부르다, 칭하다 5급 | 属于 shǔyú [동] ~에 속하다 5급 | 恩爱 ēn'ài [형] 금슬이 좋다 | 视为 shìwéi ~로 보다

42.

"七夕"的"夕"是什么意思？	'칠석'의 '석'은 무슨 뜻인가？
A 晚上　　B 从前	A 저녁　　B 과거
C 太阳　　D 池塘	C 태양　　D 저수지

풀이 '七夕'의 '夕'는 저녁(晚上)을 뜻한다.

정답 A

어휘 从前 cóngqián [명] 종전, 과거, 옛날 5급 | 池塘 chítáng [명] 못, 저수지 5급

43.

这段话主要谈什么？	이 글이 주로 말하는 것은 무엇인가？
A 中国的情人节	A 중국의 밸런타인데이
B 传统节日的意义	B 전통 명절의 의의
C 中国人怎么过情人节	C 중국인들은 어떻게 밸런타인데이를 보내는가
D 东西方情人节的不同	D 동서양 밸런타인데이의 차이

풀이 이 글은 중국만의 전통적인 밸런타인데이를 소개하고 있다.

정답 A

第 44-45 题是根据下面一段话：

44 在制定个人健身计划时，一定要包含自己喜欢的、或者觉得有趣的、或者至少不讨厌的运动。如果你不喜欢慢跑，总觉得慢跑过程很无聊，但为了减肥不得不制定慢跑运动计划，那样的话，我敢打赌你肯定坚持不下去。所以，对于健身新手来说，最好以自己喜欢的运动为中心，再逐步增加其他必要的健身项目，45 这样的健身计划才更容易实行。

44~45번 문제는 아래 내용을 따르세요.

44 개인 운동 계획을 세울 때는 반드시 자신이 좋아하거나 재미있거나 혹은 적어도 싫어하지 않는 운동을 포함해야 한다. 만일 조깅을 싫어하고 늘 그 과정이 무료하다고 느끼지만 다이어트를 위해서 부득불 조깅 운동 계획을 세운다면, 나는 감히 당신은 틀림없이 계속하지 못할 것이라고 내기할 수 있다. 그래서 헬스 초보자의 경우 가장 좋은 것은 자신이 좋아하는 운동을 중심으로 하여 다른 필요한 운동 종목을 늘리는 것이다. 45 이런 운동 계획이 비로소 더욱 실행하기 쉽다.

어휘 制定 zhìdìng [동] 제정하다, 만들다, 세우다 5급 | 包含 bāohán [동] 포함하다 5급 | 有趣 yǒuqù [형] 재밌다 | 慢跑 mànpǎo [동] 조깅하다 | 过程 guòchéng [명] 과정 5급 | 打赌 dǎdǔ [동] 내기하다 | 逐步 zhúbù [부] 점점 5급 | 必要 bìyào [형] 필요하다 [명] 필요성 5급 | 项目 xiàngmù [명] (운동) 종목, 사업, 프로젝트 5급 | 实行 shíxíng [동] 실행하다 6급

44.

| 根据这段话，制定健身计划时要注意什么？
A 饮食　　　　B 运动量
C 健身场所　　D 个人爱好 | 이 글에 따르면 운동 계획을 정할 때 무엇을 주의해야 하는가?
A 음식　　　　B 운동량
C 운동 장소　　D 개인의 기호 |

풀이 자신이 좋아하는 운동을 선택하고 싫어하는 것은 하지 말라고 했으므로 운동 종목을 자신의 기호(좋아하는 것)에 맞게 선택해야 한다.

정답 D

어휘 饮食 yǐnshí [명] 음식 [동] 음식을 먹고 마시다 6급

45.

| 这段话主要谈什么？
A 慢跑的作用
B 减肥的方法
C 怎样制定健身计划
D 如何缓解工作压力 | 이 글이 주로 말하는 것은 무엇인가?
A 조깅의 작용
B 다이어트의 방법
C 어떻게 운동 계획을 세울 것인가
D 어떻게 스트레스를 줄일 수 있는가 |

풀이 이 글은 운동 계획을 세울 때 주의할 점을 소개하였으므로 C가 가장 알맞다.

정답 C

어휘 缓解 huǎnjiě [동] 완화시키다 5급

독해 제1부분 46번~60번

46-48

乐观的人，没有音乐一样可以跳舞。遇到挫折或不幸，与其伤心大哭，__46__ 把烦恼暂时放一旁。每天，睁开双眼，你便 __47__ 两种选择：积极快乐地迎接新的一天？或者闷闷不乐地 __48__ 一天？选择好心情或者选择坏心情，取决于你自己。

낙관적인 사람은 음악이 없어도 똑같이 춤을 출 수 있다. 좌절이나 불행을 만났을 때 상심하여 울기보다는 고민을 잠시 한 쪽으로 놓아 두는 **46** 것이 낫다. 매일 두 눈을 뜨면 당신은 두 가지 선택에 **47** 직면하게 될 것이다. 적극적이고 즐겁게 새로운 하루를 맞이할 것인가? 혹은 우울하게 하루를 **48** 보낼 것인가? 좋은 기분을 선택하는가 나쁜 기분을 선택하는가 하는 것은 당신 자신에게 달려 있다.

어휘 乐观 lèguān [형] 낙관적이다, 긍정적이다 5급 | 挫折 cuòzhé [명/동] 좌절(하다) 6급 | 与其 A 不如 B yǔqí A bùrú B A하느니 B만 못하다 | 烦恼 fánnǎo [형] 걱정하다 [명] 고민, 걱정 4급 | 睁 zhēng [동] 눈을 뜨다 5급 | 迎接 yíngjiē [동] 영접하다, 맞이하다 5급 | 闷闷不乐 mèn mèn bú lè [성] 몹시 우울해하다

46.

| A 可见 | B 不如 | A ~임을 알 수 있다 | B ~만 못하다/~하는 게 낫다 |
| C 反而 | D 要不 | C 오히려 | D 아니면 |

풀이 〈与其 A 不如 B〉는 일종의 고정 격식으로 'A보다는 B가 낫다'는 뜻이다.

정답 B

어휘 A 可见 kějiàn [접] ~임을 알 수 있다 5급 | B 不如 bùrú [동] ~만 못하다 5급 | C 反而 fǎn'ér [부] 오히려 5급 | D 要不 yàobú [접] 그렇지 않으면, 안 그러면 5급

47.

| A 面对 | B 参考 | A 직면하다 | B 참고하다 |
| C 操心 | D 对待 | C 신경 쓰다 | D 대하다 |

풀이 빈칸은 동사 자리이고, 뒤에는 '选择'가 목적어로 있다. '선택에 맞닿다'라고 하는 게 가장 좋은데 '面对'는 '어떤 상황이나 문제 등에 직면하다'는 뜻이므로 가장 알맞다.

정답 A

어휘 A 面对 miànduì [동] 직면하다, 마주하다 5급 | B 参考 cānkǎo [동] 참고하다 5급 | C 操心 cāoxīn [동] 신경 쓰다 5급 | D 对待 duìdài [동] 대하다 5급

48.

A 享受	B 消失	A 누리다	B 사라지다
C 实践	D 度过	C 실천하다	D 보내다

풀이 빈칸은 동사 자리이고 바로 뒤에 '一天'이 목적어로 왔다. '度过'는 '시간을 보내다'는 뜻으로 가장 알맞다.

정답 D

어휘 A 享受 xiǎngshòu [동] 누리다, 즐기다 5급 | B 消失 xiāoshī [동] 사라지다 5급 | C 实践 shíjiàn [동] 실천하다 5급 | D 度过 dùguò [동] (시간을) 보내다 5급

49-52

有人说："在各种语言中，每个人的名字都是最甜蜜、最重要的声音。"记住别人的姓名是一种礼貌，也是一种感情 49 ，在人与人交流的过程中会起到意想不到的效果。比如，在一个陌生的环境里，如果你能轻松而 50 地叫出对方的名字，他一定会吃惊和感动——因为这无疑告诉了他： 51 。这样一来，你们的距离很快就拉近了。

记住别人的名字，大多数人要做到这一点，全靠有意培养而形成的好习惯。等你养成了这个好习惯，你一定会有很多 52 的收获。

누군가 말했다. "여러 언어 중에서 사람마다의 이름이 가장 달콤하고 가장 중요한 소리이다." 다른 사람의 성명을 기억하는 것은 일종의 예의이며 또한 일종의 **49** 감정 투자로, 사람과 사람이 교류하는 과정에서 예상치 못한 효과를 낼 수 있다. 예를 들어 한 낯선 환경에서 만일 당신이 가볍고 **50** 친근하게 상대방의 이름을 부를 수 있다면 그는 틀림없이 놀라고 감동할 것이다. 왜냐하면 이것은 분명히 그에게 **51** "당신의 이름은 저에게 중요합니다."라고 말한 것이기 때문이다. 이렇게 하면 당신들의 거리는 금방 가까워진다.

다른 사람의 이름을 기억할 때 대다수는 이것을 해내야 한다. 완전히 의도적으로 배양되고 형성된 좋은 습관에 의지하는 것이다. 당신이 이 좋은 습관을 기르게 되었을 때 당신에게 반드시 많은 **52** 의외의 수확이 있을 것이다.

어휘 甜蜜 tiánmì [형] 달콤하다 | 起到 qǐdào [동] 일으키다 | 意想 yìxiǎng [동] 예상하다 | 陌生 mòshēng [형] 낯설다 5급 | 无疑 wúyí [부] 의심할 바 없이, 틀림없이 | 靠 kào [개] 의지하여 [동] 의지하다, 기대다, 다가가다 5급 | 有意 yǒuyì [부] 일부러, 고의로 | 培养 péiyǎng [동] 배양하다, 기르다 5급 | 形成 xíngchéng [동] 형성하다 5급 | 收获 shōuhuò [명] 수확 [동] 수확하다 5급

49.

A 交换	B 投资	A 교환하다	B 투자하다
C 预报	D 称赞	C 예보하다	D 칭찬하다

풀이 빈칸은 바로 앞의 '感情'과 명사구가 되어야 한다. 또한 이 문제는 문맥으로 풀어야 한다. 뒷 문장에서 '예상치 못한 효과(效果)'에 주목해야 한다. 이는 상대방의 이름을 의식적으로 기억하고 또 불러 주는 감성적 관심 혹은 노력을 통해서 예상치 못한 좋은 효과를 얻을 수 있다는 것이다. 따라서 빈칸은 투자(投资)라고 하는 것이 가장 알맞다.

정답 B

어휘 A 交换 jiāohuàn [동] 교환하다 5급 | B 投资 tóuzī [동] 투자하다 5급 | C 预报 yùbào [동] 예보하다 5급 | D 称赞 chēngzàn [동] 칭찬하다 5급

50.

| A 坚强 | B 狡猾 | A 굳세다 | B 교활하다 |
| C 亲切 | D 老实 | C 친근하다 | D 솔직하다 |

풀이 빈칸은 앞의 형용사(轻松: 수월하다)와 함께 뒤에 있는 동사 '叫(부르다)'를 수식할 수 있어야 한다. 다른 사람의 이름을 쉽고 친근하게 부를 때 상대방은 기분이 좋아질 수 있다. '亲切'는 '친절하다'는 뜻 외에도 '친근하다'는 뜻이 있다. 여기서는 '친근하다'의 뜻이다.

정답 C

어휘 A 坚强 jiānqiáng [형] 굳세다, 꿋꿋하다 5급 | B 狡猾 jiǎohuá [형] 교활하다 5급 | C 亲切 qīnqiè [형] 친절하다, 친근하다 5급 | D 老实 lǎoshi [형] 솔직하다, 얌전하다 5급

51.

A 你的名字对我很重要	A 당신의 이름은 나에게 중요합니다
B 希望你也记住我的名字	B 당신도 나의 이름을 기억하길 바랍니다
C 名字越好听越容易相处	C 이름은 듣기 좋을수록 어울리기 쉽다
D 我终于想起来你的名字	D 나는 마침내 당신의 이름이 생각났어요

풀이 자신의 이름을 불러 주었을 때 상대방이 놀라고 감동을 느끼는 것은 그 사람의 이름을 부르는 것은 '저는 당신과 당신의 이름을 중요하게 생각하고 있습니다'라는 것을 보여 주기 때문이다.

정답 A

어휘 记住 jìzhu [동] 확실히 기억해 두다 | 相处 xiāngchǔ [동] 함께 살다(지내다) | 终于 zhōngyú [부] 마침내, 결국 3급

52.

| A 意外 | B 稳定 | A 의외의 | B 안정적인 |
| C 坦率 | D 诚恳 | C 솔직한 | D 간절한 |

풀이 '收获'를 수식하기에 가장 알맞은 것은 '意外'이다. 왜냐하면 이름만 불러 주었을 뿐인데 어떤 수확이 올 수 있다면 그것은 '예상치 못한', '의외의' 것이기 때문이다.

정답 A

어휘 A 意外 yìwài [형] 의외의 [명] 의외의 사고 5급 | B 稳定 wěndìng [형] 안정적이다 [동] 안정시키다 5급 | C 坦率 tǎnshuài [형] 솔직하다 5급 | D 诚恳 chéngkěn [형] 진실하다, 간절하다 5급

53-56

　　一位先生拿了3把雨伞送到修理店去修。从修理店回家的路上，他去了一家__53__吃午饭。临走时，这位先生有点儿心不在焉，拿帽子时，顺手把旁边的一把雨伞拿了下来。
　　"__54__。"邻桌的一个中年妇女说道。
　　那位先生发现自己拿错了东西，__55__向那位妇女道歉。
　　第二天，他从修理店取回了自己的3把雨伞，然后坐地铁回家了。没想到在地铁上，刚好又碰见了那位中年妇女。中年妇女看了看那位先生，然后又看了看他手中拿的3把雨伞，说："看得出来，你今天__56__不错啊。"

한 신사가 3개의 우산을 수리하러 수리점에 맡겼다. 수리점에서 집으로 돌아가는 길에 그는 한 **53** 식당에 들어가 점심을 먹었다. 떠날 즈음에 이 신사는 약간 딴 생각을 하다가 모자를 집을 때 손에 잡히는 대로 옆의 우산을 집어 들었다.
54 "제 우산입니다, 선생님." 옆 테이블의 한 중년 여성이 말했다.
그 신사는 자신이 물건을 잘못 잡은 것을 알고는 **55** 황급히 그 여성에게 사과를 했다.
이튿날, 그는 수리점에서 자신의 3개의 우산을 찾아 지하철을 타고 집으로 돌아갔다. 생각지도 못하게 지하철에서 공교롭게 그 중년 여성을 또 만났다. 중년 여성은 그 신사를 한 번 보더니 또 그의 손에 있는 3개의 우산을 보고는 말했다. "보아하니, 당신은 오늘 **56** 운이 좋았네요."

어휘 修理 xiūlǐ [동] 수리하다 | 临走 línzǒu [동] 떠날 즈음이 되다 | 心不在焉 xīn bú zài yān [성] 정신을 딴 데 팔다 | 顺手 shùnshǒu [부] 손이 가는 대로 | 邻桌 línzhuō [명] 옆 테이블 | 妇女 fùnǚ [명] 부녀자, 성인 여성 | 向~道歉 xiàng~dàoqiàn ~에게 사과하다 4급 | 取回 qǔhuí [동] 되찾다 | 刚好 gānghǎo [부] 때마침, 공교롭게 | 碰见 pèngjiàn [동] (우연히) 만나다, 마주치다 | 看得出来 kànde chūlái (보아서) 알아차릴 수 있다

53.

| A 柜台 | B 阳台 | A 계산대 | B 베란다 |
| C 餐厅 | D 博物馆 | C 식당 | D 박물관 |

풀이 밥을 먹기 위해서는 식당에 가야 하므로 '餐厅'이 정답이 된다.

정답 C

어휘 A 柜台 guìtái [명] 계산대, 카운터 5급 | B 阳台 yángtái [명] 베란다 5급 | C 餐厅 cāntīng [명] 식당 4급 | D 博物馆 bówùguǎn [명] 박물관 5급

54.

A 先生，这儿没人	A 선생님, 여긴 사람이 없습니다.
B 外面雨停了，先生	B 밖에 비가 그쳤습니다, 선생님.
C 雨伞是我的，先生	C 제 우산입니다, 선생님.
D 先生，您还没付钱呢	D 선생님, 아직 돈을 내지 않으셨습니다.

풀이 빈칸 밑줄을 보면 우산을 잘못 가져갔기 때문에 사과하는 장면이 나온다. 따라서 이 여성은 남자에게 '우산은 본인의 것이다'라는 말을 했을 것이다.

정답 C

55.

A 陆续	B 格外	A 잇따라	B 뜻밖에
C 偶然	D 连忙	C 우연히	D 황급히

풀이 빈칸은 부사 자리로, 뒤에 있는 '道歉(사과하다)'을 수식한다. 남자는 뒤늦게 본인이 잘못했음을 발견했기 때문에 '황급히(连忙)' 사과했을 것이다.

정답 D

어휘 A 陆续 lùxù [부] 잇따라 5급 | B 居然 jūrán [부] 뜻밖에 5급 | C 偶然 ǒurán [부] 우연히 [형] 우연하다 5급 | D 连忙 liánmáng [부] 황급히, 얼른 5급

56.

A 背景	B 智慧	A 배경	B 지혜
C 运气	D 待遇	C 운	D 대우

풀이 또 우산을 들고 있는 남자를 보고 여자는 이 남자가 상습적으로 남의 우산을 훔치는 사람으로 오해하고 있다. 따라서 우산을 3개씩 들고 있는 남자에게 비꼬면서 할 수 있는 말로는 '오늘 운(运气)이 좋네요'이다.

정답 C

어휘 A 背景 bèijǐng [명] 배경 5급 | B 智慧 zhìhuì [명] 지혜 5급 | C 运气 yùnqi [명] 운 5급 | D 待遇 dàiyù [명] 대우 5급

57-60

　　一个老人和一个年轻人在海边钓鱼。老人见年轻人动作笨拙，问："刚学钓鱼吧？"年轻人点头。老人又说："我从小就在这儿钓鱼，几十年了，_57_ 这个养活自己。"年轻人说："我向您学钓鱼吧。我要钓很多很多的鱼，赚钱后买一条渔船，然后赚更多的钱买更多渔船，接着 _58_ 公司，再争取让公司上市。"老人问："那公司上市后，你干什么呢？"年轻人答："那时我就可以过轻松日子了，比如到这里钓鱼。"老人不解，说："你现在就能这样做呀，同我一样。"年轻人说："不一样。您的一生只是一个点，而我的一生将是一个圆。"

　　每个人从生到死的距离，都叫一生。人生的区别，_59_ 。如果人生只是停在原地不动，如果人生没有获得不同的 _60_ ，这样的人生是短暂而了无生趣的。

한 노인이 한 젊은이와 해변에서 낚시를 하고 있었다. 노인은 젊은이가 동작이 서툰 것을 보고 물었다. "낚시 배운지 얼마 안 됐지?" 젊은이는 고개를 끄덕였다. 노인은 또 말했다. "나는 어릴 때부터 여기서 낚시했는데 수십 년이 흘렀고 **57** 이것에 의지하여 자신을 먹여 살렸지." 젊은이는 말했다. "제가 어르신께 낚시를 배울게요. 저는 많고 많은 물고기를 잡아 돈을 벌어서 어선을 산 후 더 많은 돈을 벌고 더 많은 어선을 사서 회사를 **58** 세워 회사를 상장시키기 위해 노력할 거예요." 노인은 물었다. "그럼 회사를 상장시킨 후 무엇을 하려고?" 젊은이는 대답했다. "그땐 제가 편안한 생활을 할 수 있겠죠. 예를 들어 여기로 와서 낚시하죠." 노인은 이해가 안 되어 말했다. "자네는 지금 바로 그렇게 할 수 있네. 나처럼 말이야." 젊은이는 말했다. "달라요. 당신의 일생은 단지 한 개의 점이지만 저의 일생은 하나의 원이 될 겁니다."

모든 사람이 태어나서 죽을 때까지의 거리를 일생이라고 부른다. 인생의 차이는 **59** 어떻게 이 거리를 가느냐에 달려 있다. 만일 인생이 단지 원래 자리에 멈춰서 움직이지 않는다면, 인생이 다른 **60** 느낌을 얻지 못했다면 이런 인생은 짧고 아무런 재미가 없을 것이다.

어휘 钓 diào [동] 낚시하다 5급 | 动作 dòngzuò [명] 동작 [동] 움직이다 4급 | 笨拙 bènzhuō [형] 멍청하다, 우둔하다 6급 | 养活 yǎnghuo [동] 먹여 살리다 | 赚钱 zhuànqián [동] 돈을 벌다, 이윤을 남기다 4급 | 渔船 yúchuán [명] 어선 | 接着 jiēzhe [부] 이어서 4급 | 争取 zhēngqǔ [동] 쟁취하다, ~하려고 애쓰다 5급 | 比如 bǐrú [접] 예를 들어 4급 | 圈 quān [명] 동그라미 [양] 바퀴 5급 | 距离 jùlí [명] 거리 [동] ~로부터 떨어지다 4급 | 区别 qūbié [명] 차이 [동] 구별하다 4급 | 原地 yuándì [명] 제자리 | 短暂 duǎnzàn [형] 시간이 짧다 | 了无生趣 liǎowú shēngqù 전혀 흥미가 없다

57.

A 朝　　　　　　B 冲　　　　　　　A 향하여　　　　　B 향하여/돌진하다
C 靠　　　　　　D 趁　　　　　　　C 의지하여　　　　D 틈타/이용하여

풀이 빈칸은 개사 자리로, 뒤에 있는 '这个'와 '养活自己'의 의미를 고려해야 한다. 자신을 먹여 살리려면 의지할 만한 것이 있어야 하는데 어떤 일을 할 때 의지할 대상을 이끌 수 있는 것이 '靠'이다. '靠自己(자신의 힘으로)', '靠父母(부모님에 의지하여)', '靠运气(운에 기대다)', '可靠(믿을 만하다)' 등의 중요 표현이 있다.

정답 C

어휘 A 朝 cháo [개] ~을 향하여 5급 | B 冲 chòng [개] ~을 향해, ~을 보고 / chōng [동] 돌진하다, 물에 타다, 물에 떠내려 가다 5급 | C 靠 kào [개] ~에 의지하여 [동] 접근하다, 의지하다 5급 | D 趁 chèn [개] 시기나 기회를 틈타 5급

58.

A 实现	B 成立	A 실현하다	B 세우다
C 造成	D 构成	C 건설하다	D 구성하다

풀이 빈칸은 동사 자리로, '公司'를 목적어로 취하고 있다. '成立'는 '이론이나 주장 등이 성립하다'는 뜻도 있지만 '(조직이나 기구 등을 정식으로) 세우다'는 뜻이 있다. 따라서 '成立公司'가 가장 알맞다.

정답 B

어휘 A 实现 shíxiàn [동] 실현하다 5급 | B 成立 chénglì [동] (조직이나 기구를) 세우다 [형] (주장·의견 등이) 성립되다 5급 | C 造成 zàochéng [동] (나쁜 결과를) 초래하다, 조성하다 5급 | D 构成 gòuchéng [동] 구성하다 5급

59.

A 是命运安排的	A 운명이 안배하는 것이다
B 首先要学会思考	B 먼저 생각하는 법을 배워야 한다
C 在于如何走过这段距离	C 어떻게 이 거리를 가느냐에 달려 있다
D 关键是能不能抓住机会	D 관건은 기회를 잡을 수 있느냐 없느냐이다

풀이 빈칸 앞에는 명사구 '人生的区别'가 와서 주어가 되고 있다. 따라서 빈칸 문장은 '人生的区别'를 주어로 가질 수 있어야 한다. 앞 문장에서는 사람이 태어나서 죽을 때까지를 일종의 거리(距离)라고 표현했다. 따라서 구조상으로 또 의미상으로 C가 가장 알맞다.

정답 C

어휘 命运 mìngyùn [명] 운명 5급 | 安排 ānpái [동] 안배하다 5급 | 思考 sīkǎo [동] 사고하다, 생각하다 5급 | 如何 rúhé [대] 어떠하다, 어떠한가? 5급 | 关键 guānjiàn [명] 관건 [형] 매우 중요하다 4급 | 抓住 zhuāzhù [동] 잡다 5급

60.

A 功能	B 反应	A 기능	B 반응
C 幻想	D 感受	C 환상	D 느낌

풀이 빈칸은 앞 동사 '获得'의 목적어이고, '不同的'의 수식을 받고 있다. 이 글의 주제는 한 자리에만 머무르는 '점'의 인생을 살지 말고 여러 일을 겪어 보는 '원'의 인생을 사는 것이 좋다라는 것이다. 이런 점을 감안한다면 여러 일을 겪으면서 얻는 다양한 '느낌(感受)'이 인생의 다채로움과 재미를 만들어 낸다고 볼 수 있다.

정답 D

어휘 A 功能 gōngnéng [명] 기능 5급 | B 反应 fǎnyìng [명/동] 반응(하다) 5급 | C 幻想 huànxiǎng [명] 환상 [동] 상상하다 5급 | D 感受 gǎnshòu [동] 느끼다 [명] 느낌, 인상 5급

독해 제2부분 61번~70번

61.

很多职场新人仍保留着学生时代的一些习惯——只做领导分配的工作。但一名优秀的员工除了要按时、高质量地完成任务，还应对自己有更高的要求。对于派下来的任务，员工应自觉多做几步，对待工作要更积极、主动。

A 优秀的员工不听指挥
B 优秀的员工经常出差
C 职场新人要主动一些
D 要敢于给领导提意见

많은 직장 새내기들은 여전히 학생 시절의 습관을 간직하고 있다. 바로 지도자가 분배하는 일만 하는 것이다. 하지만 우수한 직원은 제때에 그리고 우수하게 임무를 완성하는 것 외에도 자신에 대해서 더욱 높은 요구를 가져야 한다. 주어진 임무에 대해서 직원은 자발적으로 몇 걸음 더 걷고, 일을 대할 때 더욱 적극적이고 주동적이어야 한다.

A 우수한 직원은 지휘를 듣지 않는다
B 우수한 직원은 자주 출장 간다
C 직장의 새내기는 좀 더 주동적이어야 한다
D 지도자에게 과감하게 의견을 제시해야 한다

풀이 이 글의 주제는 신입 사원은 시키는 일만 하지 말고 좀 더 주동적으로 일을 하라는 것이므로 C가 정답이 된다.

정답 C

어휘 职场 zhíchǎng [명] 직장 | 新人 xīnrén [명] 신입, 새내기 | 仍 réng [부] 여전히 | 保留 bǎoliú [동] 간직하다, 보류하다 5급 | 时代 shídài [명] 시대, 시절 5급 | 领导 lǐngdǎo [명] 지도자 [동] 지도하다 5급 | 分配 fēnpèi [동] 분배하다 5급 | 派 pài [동] 파견하다 5급 | 任务 rènwù [명] 임무 4급 | 自觉 zìjué [동] 자각하다 [형] 자발적이다 5급 | 对待 duìdài [동] 대하다, 다루다 5급 | 主动 zhǔdòng [형] 주동적이다 5급 | 指挥 zhǐhuī [동] 지휘하다 5급 | 敢于 gǎnyú [동] 용감하게 ~하다

62.

赵州桥又名安济桥，位于河北省赵县，建于隋朝大业（公元605－618）年间，由著名匠师李春建造。桥长64.4米，距今已有1400多年历史，是世界上现存最早、保存最完好的单孔石拱桥，被誉为"华北四宝"之一。

A 李春是隋朝人
B 赵州桥现在还在使用
C "华北四宝"指的是桥
D 赵州桥距今已有两个多世纪了

조주교는 안제교라고 부르기도 하는데 허베이성 쟈오현에 위치하고 있고 수나라 대업(서기 605-618) 년간에 지어졌으며 유명한 장인인 이춘이 건축했다. 다리의 길이는 64.4미터이고, 지금으로부터 이미 1400여 년의 역사를 가지고 있으며, 세계에서 현존하는 가장 오래되고 보존이 완벽한 단일 공석 아치형 다리로 '화북사보' 중의 하나라고 칭송된다.

A 이춘은 수나라 사람이다
B 조주교는 현재 아직도 사용 중이다
C '화북사보'가 가리키는 것은 다리이다
D 조주교는 지금으로부터 2세기가 넘었다

풀이 이 다리가 수나라에 건설되었다면 그 다리를 만든 사람인 이춘(李春)은 당연히 수나라 사람이 되는 것이다. C에서 '화북사보'에서 '사보'라는 것은 네 가지의 보물을 가리키는 것인데 그렇다면 네 가지가 나와야 한다. 하지만 C에서는 이 다리 하나만을 언급했으므로 틀린 표현이다. 이것이 정답이 되려면 "赵州桥是'华北四宝'之一。"라고 해야 한다.

정답 A

어휘 桥 qiáo [명] 다리 4급 | 名 míng [명] 이름 [동] ~라고 불리다 | 位于 wèiyú [동] ~에 위치하다 5급 | 建于 jiànyú [동] (언제)에 건설되다 | 公元 gōngyuán [명] 기원, 서력 기원 5급 | 匠师 jiàngshī [명] 장인 | 建造 jiànzào [동] (건축물을) 건조하다, 짓다 | 距今 jùjīn [동] 지금으로부터 (얼마간) 떨어져 있다 | 完好 wánhǎo [형] 온전하다 | 拱桥 gǒngqiáo [명] 아치형 다리 | 被誉为 bèi yùwéi ~라고 칭송되다(=被称为 5급) | 朝 cháo [명] 왕조 [개] ~을 향하여 5급 | 世纪 shìjì [명] 세기 4급

63.

人的一生有超过三分之一的时间是在床上度过的，<u>在影响人类寿命的各种因素中，睡眠是重要的一项</u>。充足而良好的睡眠、乐观的心态、均衡的饮食和适当的运动，目前被国际社会公认为健康的四项标准。

A 悲观的人容易做梦
B 睡眠质量影响人的寿命
C 运动有利于提高睡眠质量
D 约三分之一的人睡眠不足

사람의 일생에서 1/3의 시간은 침대에서 보내는데 <u>인간의 수명에 영향을 주는 각종 요소 중에 수면은 중요한 하나이다</u>. 충분하고 좋은 수면, 낙관적인 마음가짐, 균형 잡힌 식사와 적당한 운동은 현재 국제 사회에서 건강의 4대 기준이라고 공인되고 있다.

A 비관적인 사람은 꿈을 잘 꾼다
B 수면의 질은 인간의 수명에 영향을 준다
C 운동은 수면의 질을 향상시키는 데 도움이 된다
D 약 1/3의 사람은 수면이 부족하다

풀이 '수명에 영향을 주는 요소 중에는 수면이 포함된다'고 했으므로 B가 정답이 된다.

정답 B

어휘 度过 dùguò [동] (시간을) 보내다 5급 | 寿命 shòumìng [명] 수명 5급 | 因素 yīnsù [명] 요소 5급 | 充足 chōngzú [형] 충분하다 6급 | 乐观 lèguān [형] 낙관적이다 5급 | 均衡 jūnhéng [형] 균형이 잡히다 | 适当 shìdàng [형] 적당하다 4급 | 被公认为 bèi gōngrèn wéi ~라고 공인되다 6급 | 标准 biāozhǔn [명] 기준, 표준 4급 | 悲观 bēiguān [형] 비관적이다 5급

64.

黄河，又被中国人称为"母亲河"。它是中国第二长河，世界第五长河，是世界上含沙量最大的河流。<u>黄河流经北方9个省区</u>，流程达5464公里，流域面积达到752443平方公里，上千条支流相连，连续不断地为中国各地输送着活力与生机。

황하는 중국인에게는 '어머니 강'으로 불리기도 한다. 그것은 중국에서 두 번째로 긴 강이며, 전 세계적으로 다섯 번째로 긴 강이며, 전 세계에서 모래 함유량이 가장 큰 하류이다. <u>황하는 북방의 9개 성(省)을 경유하고</u>, 길이가 5464킬로미터에 이르며, 유역 면적은 752443 평방킬로미터에 이른다. 천 개에 이르는 지류가 서로 연결되어 있고 연속하여 끊임없이 중국 각지에 활력과 생기를 운송한다.

A 黄河在中国北方
B 黄河流域面积最大
C 黄河有几千条支流
D 黄河的含沙量在逐年减少

A 황하는 중국 북방에 있다
B 황하 유역의 면적은 가장 크다 (유역 면적이 가장 크다는 말은 지문에 없다. 다만 모래 함유량(含沙量)이 가장 많다.)
C 황하는 수천 개의 지류가 있다 (지문에는 천 개에 이르는 (上千个) 지류가 있다고 나옴)
D 황하의 모래 함유량은 해마다 감소하고 있다

풀이 황하는 북방의 9개 성구(省区)를 지난다는 것은 이 강이 북방에 있다는 것을 뜻한다.

정답 A

어휘 被称为 bèi chēngwéi ~라고 불리다 5급 | 含 hán [동] 함유하다 | 沙 shā [명] 모래 | 流经 liújīng [동] (강물이 어떤 곳을) 경유하다 | 流程 liúchéng [명] 물길, 수로 | 达 dá [동] 도달하다 | 公里 gōnglǐ [명] 킬로미터 5급 | 面积 miànjī [명] 면적 5급 | 达到 dádào [동] 도달하다, 이르다 5급 | 支流 zhīliú [명] 지류 | 相连 xiānglián [동] 연결되다 | 连续 liánxù [동] 연속하다 5급 | 不断 búduàn [동] 끊임없다, 계속하다 [부] 부단히 5급 | 输送 shūsòng [동] 수송하다, 운송하다 | 活力 huólì [명] 활력 5급 | 生机 shēngjī [명] 생기, 활력 6급 | 逐年 zhúnián [부] 해마다 6급

65.

"元旦"的"元", 指开始, 是第一的意思。"旦"是象形字, 上面的"日"代表太阳, 下面的"一"代表地平线。"旦"即太阳从地平线上升起, 象征一天的开始。把"元"和"旦"两个字加在一起, 意思就是新年开始的第一天。

A "旦"指太阳
B "元旦"指每一天的开始
C "旦"表示太阳在地平线之上
D "元"指一年快要结束的时候

'원단'의 '元'은 시작을 가리키며 '첫 번째'란 뜻이다. '旦'은 상형자로 위의 '日'는 태양을 나타내고 아래의 '一'는 지평선을 나타낸다. '旦'은 곧 태양이 지평선에서 떠오르는 것이고 하루의 시작을 상징한다. '元'과 '旦' 두 글자를 함께 모으면 뜻은 새해가 시작하는 첫날을 가리킨다.

A '旦'은 태양을 가리킨다 ('日'만 태양을 가리킴)
B '元旦'은 매일 매일의 시작을 가리킨다 (매일의 시작이 아니라 한 해의 시작을 의미함)
C '旦'은 태양이 지평선 위에 있는 것을 표시한다
D '元'은 일년 중 곧 끝나가는 때를 가리킨다 (끝나가는 때가 아니라 시작을 의미함)

풀이 '旦'은 태양이 지평선에서 떠오르는 것을 나타낸다.

정답 C

어휘 元旦 yuándàn [명] 원단(설날, 양력 1월 1일) | 指 zhǐ [동] 가리키다 | 代表 dàibiǎo [동] 대표하다, 나타내다 5급 | 地平线 dìpíngxiàn [명] 지평선 | 即 jí [부] 즉 ~이다(≒就是) | 象征 xiàngzhēng [명/동] 상징(하다) 5급 | 加在一起 jiāzài yìqǐ 함께 모으다 | 快要 kuàiyào [부] 곧 ~하려 하다

66.

| 能不能成功，通常要看你敢不敢往人少的地方走，这条路上可能会有风险，但是因为没人或者很少有人来过，才可能有许多机会。在别人走出来的老路上行走，表面上看很安全，但是因为走的人太多，许多资源已经被别人抢走了。走这样的路，又怎么会有大的收获呢？

A 要合理分配资源
B 经验需要不断积累
C 风险大的地方往往机会也多
D 优秀的合作伙伴是成功的保证 | 성공할 수 있는가 없는가는 통상적으로 당신이 과감하게 사람이 적은 곳으로 갈 수 있느냐 없느냐에 달려 있는다. 이 길은 아마도 위험이 있을 수 있지만 아무도 혹은 적은 사람이 왔었기 때문에 비로소 많은 기회가 있을 수 있는 것이다. 다른 사람이 갔던 길을 가면 표면적으로 보면 안전하지만 갔던 사람이 너무 많기 때문에 많은 자원은 이미 다른 사람이 가져가 버렸다. 이런 길을 가는 것이 어떻게 큰 수확이 있을 수 있겠는가?

A 자원을 합리적으로 분배해야 한다
B 경험은 부단히 쌓아야 한다
C 위험이 큰 곳은 종종 기회가 많다
D 우수한 협력 파트너는 성공의 보증 수표이다 |

풀이 이 글은 사람이 적게 도전한 곳에 위험이 있지만 오히려 더 많은 기회가 있다는 것이므로 C가 정답이 된다. A와 D는 모두 옳은 말일 수 있지만 지문에 그 근거가 없으므로 정답이 될 수 없다. 선별식 독해를 나타내는 '因为'를 통해, 신속하게 주제를 파악하고 바로 정답(C)을 찾아낼 수 있어야 한다.

정답 C

어휘 通常 tōngcháng [부] 통상, 일반적으로(≒一般) 5급 | 敢 gǎn [동] 감히 ~하다 4급 | 往~走 wǎng~zǒu ~를 향해 가다 | 风险 fēngxiǎn [명] 리스크, 위험 5급 | 表面 biǎomiàn [명] 표면, 겉 5급 | 资源 zīyuán [명] 자원 5급 | 抢 qiǎng [동] 빼앗다, 탈취하다 5급 | 收获 shōuhuò [명/동] 수확(하다) 5급 | 合理 hélǐ [형] 합리적이다 5급 | 分配 fēnpèi [동] 분배하다 5급 | 不断 búduàn [동] 끊임없다 [부] 끊임없이 5급 | 积累 jīlěi [동] 축적하다, 쌓다 4급 | 优秀 yōuxiù [형] 우수하다 4급 | 合作伙伴 hézuò huǒbàn 협력 파트너 5급 | 保证 bǎozhèng [동] 보증하다 [명] 보증 4급

67.

| 牡丹是中国的传统名花，品种繁多，姿态优美，颜色鲜艳，号称 "花中之王"。长期以来，中国人把牡丹作为幸福、美好、繁荣的象征。牡丹喜欢温凉的气候，性较耐寒，不耐湿热，容易种植，分布极为广泛。

A 牡丹需要勤浇水
B 牡丹一年四季都开花
C 牡丹不喜欢湿热环境
D 牡丹多分布在中国南方 | 모란꽃은 중국의 전통적인 명화로, 품종이 많고 자태가 아름다우며 색깔이 화려하여 '꽃중의 왕'이라 불린다. 오랫동안 중국인은 모란꽃을 행복, 아름다움, 번영의 상징으로 여겼다. 모란꽃은 따뜻하고 서늘한 기후를 좋아하며, 비교적 추위에 강하고 습하고 더운 것을 견디지 못하며, 재배하기가 쉽고 분포가 극히 광범위하다.

A 모란꽃은 자주 물을 주어야 한다
B 모란꽃은 일년 사계절 모두 꽃이 핀다
C 모란꽃은 습하고 더운 환경을 좋아하지 않는다
D 모란꽃은 주로 중국 남방에 분포한다 |

풀이 '不耐湿热'는 '不耐(인내하지 못하다)'와 '湿热(습하고 더운)'의 결합형이기 때문에 모란꽃은 습하고 더운 환경(湿热环境)을 좋아하지 않는다(不喜欢)라고 할 수 있다.

정답 C

어휘 **牡丹** mǔdān [명] 모란(꽃) | **传统** chuántǒng [명] 전통 [형] 전통적이다 5급 | **品种** pǐnzhǒng [명] 품종 6급 | **繁多** fánduō [형] (종류가) 많다 | **姿态** zītài [명] 자태 6급 | **优美** yōuměi [형] 우미하다, 우아하고 아름답다 5급 | **鲜艳** xiānyàn [형] 화려하다, 산뜻하고 아름답다 5급 | **号称** hàochēng [동] ~로 알려져 있다, ~로 불리다 | **长期** chángqī [명] 장시간 5급 | **以来** yǐlái [명] 동안, 이래로 5급 | **作为** zuòwéi [동] ~로 삼다, ~로서 5급 | **繁荣** fánróng [형] 번영하다 6급 | **象征** xiàngzhēng [동] 상징하다 [명] 상징 5급 | **温凉** wēnliáng [형] 따뜻하고 서늘하다 | **气候** qìhòu [명] 기후 5급 | **耐寒** nàihán [형] 추위에 강하다 | **不耐** búnài [동] 견디지 못하다 | **湿热** shīrè [형] 습하고 무덥다 | **种植** zhòngzhí [동] 종식하다, 재배하다 6급 | **分布** fēnbù [동] 분포하다 5급

68.

生命在于运动，有规律的运动对于身体健康大有好处。运动会使人流汗，汗水可以使体内的有害物质排出体外，加速血液循环，提高防御疾病的能力。<u>在众多的运动方式中，走路是最简单的一种</u>，不受场地和运动器材的限制。每天坚持走路半个小时，可以让人精力充沛。

A 走路也是一种运动
B 锻炼方式应尽量多样化
C 慢跑是最佳的运动方式
D 运动后要及时补充水分

생명은 운동에 있다. 규칙적인 운동은 신체 건강에 매우 좋다. 운동은 땀을 흘리게 하고 땀은 체내의 유해 물질을 몸 밖으로 배출시키며 혈액 순환을 촉진시키며 질병을 막아 주는 능력을 향상시킨다. <u>많은 운동 방식 중 걷기는 가장 간단한 것으로</u> 장소와 운동 기구의 제한을 받지 않는다. 매일 30분씩 걷기를 계속하면 에너지가 넘친다.

A 걷기 또한 일종의 운동이다
B 단련 방식(운동 방식)을 다양화시켜야 한다
C 조깅은 가장 좋은 운동 방식이다
D 운동 후 제때에 수분을 보충해야 한다

풀이 걷기 또한 운동의 한 방식이므로 A가 정답이 된다.

정답 A

어휘 **在于** zàiyú [동] ~에 달려 있다, ~에 있다(≒就是) 5급 | **规律** guīlǜ [명] 법칙, 규칙 [형] 규칙적이다 5급 | **对于~大有好处** duìyú~dà yǒu hǎochù ~에 대해 크게 좋은 점이 있다 4급 | **流汗** liúhàn [동] 땀을 흘리다 | **有害物质** yǒuhài wùzhì 유해 물질 5급 | **排出体外** páichū tǐwài 체외로(몸 밖으로) 배출하다 | **血液循环** xuèyè xúnhuán [명] 혈액 순환 6급 | **防御** fángyù [동] 방어하다 6급 | **疾病** jíbìng [명] 질병 5급 | **受~限制** shòu~xiànzhì ~의 제한을 받다 | **场地** chǎngdì [명] 장소 6급 | **器材** qìcái [명] 도구, 기재 | **精力** jīnglì [명] 힘, 에너지 5급 | **充沛** chōngpèi [형] 넘치다 6급 | **尽量** jǐnliàng [부] 되도록, 최대한 5급 | **多样化** duōyànghuà 다양화하다 | **慢跑** mànpǎo [명] 조깅 | **最佳** zuìjiā 가장 좋다 | **补充** bǔchōng [동] 보충하다 5급 | **水分** shuǐfèn [명] 수분

69.

心理学家发现，开红色汽车的人具有较强的进取心，往往比较自信。白色汽车车主的性格往往较温和，不爱惹是生非。黑色是天然的公务车，是工作狂的最爱。蓝色意味着车主生性冷静，有较强的分析能力。如果车身颜色是浅色系，如淡紫、淡绿或香槟色，则车主可能多愁善感，有点儿忧郁倾向。 A 开车可能影响心理健康 B 汽车对个人发展有很大帮助 C 车的颜色可以反映车主的性格 D 浅色汽车比深色汽车更受欢迎	심리학자는 빨간색 자동차를 운전하는 사람은 비교적 강한 진취성을 가지고 있으며 종종 비교적 자신감이 있다는 것을 발견했다. 흰색 차주의 성격은 종종 온화하며 문제를 일으키는 것을 싫어한다. 검은색은 천연의 공무용 차량으로 일 중독자들이 가장 좋아한다. 남색은 차주의 성격이 냉정하고 비교적 강한 분석 능력을 가지고 있음을 의미한다. 만일 차체 색깔이 옅은 자주색, 옅은 녹색 혹은 샴페인색같이 옅은 색 계열이라면 차주는 자주 애수에 잠기고 감상적이며 약간 우울한 경향이 있다. A 운전은 심리 건강에 영향을 줄 수 있다 B 차는 개인의 발전에 큰 도움을 준다 C 차의 색깔은 차주의 성격을 반영한다 D 옅은 색의 차량은 진한 색 차량보다 더 인기 있다

풀이 이 글은 전반에 걸쳐서 자동차의 색깔과 차주의 성격의 관련성을 소개하고 있다. 이는 곧 차의 색깔이 차주의 성격을 반영함을 나타낸다. **선별식 독해**를 나타내는 '**心理学家发现**' 문구를 통해, **신속하게 주제를 파악**하고 바로 정답(C)을 찾아낼 수 있어야 한다.

정답 C

어휘 **具有** jùyǒu [동] 가지고 있다 | **进取心** jìnqǔxīn [명] 진취적인 생각 | **性格** xìnggé [명] 성격 4급 | **温和** wēnhé [형] 온화하다, 부드럽다 | **惹是生非** rě shì shēng fēi [성] 시비를 일으키다, 말썽을 일으키다 | **公务车** gōngwùchē 공무용 차량 6급 | **工作狂** gōngzuòkuáng [명] 일 중독자, 워커홀릭 | **最爱** zuì ài [명] 가장 좋아하는 것 | **意味着** yìwèizhe ~을 의미하다 6급 | **车主** chēzhǔ [명] 차주 | **生性** shēngxìng [명] 성격 | **分析** fēnxī [동] 분석하다 5급 | **浅色** qiǎnsè [명] 옅은 색 | **淡紫** dànzǐ [명] 연한 자주색 | **香槟** xiāngbīn [명] 샴페인 | **则** zé [부] 그러나(대비·역접을 나타냄) 5급 | **多愁善感** duō chóu shàn gǎn [성] 자주 애수에 잠기고 감상적이다 | **忧郁** yōuyù [형] 우울하다 6급 | **倾向** qīngxiàng [명] 경향 6급 | **反映** fǎnyìng [동] 반영하다 5급

70.

冰激凌文学是指像冰激凌一样包装精美、色调灿烂、很受青少年喜爱的文学作品，这类作品的最大特点是轻松、活泼、幽默，适合青少年的口味。故事总是简单而温暖，语言总是活泼而俏皮，女主角总是美丽而聪明，男主角总是帅气而深情，满足了广大青少年读者的娱乐需求。	아이스크림 문학이란 아이스크림처럼 포장이 아름답고 색조가 찬란하며 젊은이들의 사랑을 받는 문학 작품을 가리킨다. 이런 작품의 최대 특징은 부담 없고 활기차며 유머러스하여 청소년의 취향에 적합하다. 이야기는 늘 간단하고 따뜻하며 언어는 늘 활기차고 세련되고, 여자 주인공은 늘 아름답고 총명하며 남자 주인공은 늘 멋있고 정이 두터워 많은 청소년 독자들의 오락적 필요(수요)를 만족시켰다.

A 冰激凌文学很严肃
B 冰激凌文学的故事多为悲剧
C 冰激凌文学受到青少年的欢迎
D 冰激凌文学作品的故事比较复杂

A 아이스크림 문학은 엄숙하다
B 아이스크림 문학의 이야기는 주로 비극이다
C 아이스크림 문학은 청소년의 환영을 받았다
D 아이스크림 문학 작품의 이야기는 비교적 복잡하다

풀이 아이스크림 문학은 청소년이 좋아하고 그들의 오락적 수요를 만족시켜 주었다는 것은 그들로부터 환영을 받는다는 것이다.

정답 C

어휘 冰激凌 bīngjīlíng [명] 아이스크림 5급 | 是指 shìzhǐ [동] ~을 가리키다 | 包装 bāozhuāng [동] 포장하다 6급 | 精美 jīngměi [형] 정교하다, 아름답다 | 色调 sèdiào [명] 색조 | 灿烂 cànlàn [형] 찬란하다 6급 | 活泼 huópo [형] 활기차다 4급 | 幽默 yōumò [형] 유머러스하다 4급 | 适合 shìhé [동] ~에 적합하다, ~에 알맞다 4급 | 口味 kǒuwèi [명] 입맛, 취향, 기호 5급 | 俏皮 qiàopí [형] 세련되다 | 主角 zhǔjué [명] 주연, 주인공 | 帅气 shuàiqì [형] 멋있다 | 深情 shēnqíng [형] 정이 두텁다 | 过时 guòshí [동] 유행이 지나다 | 悲剧 bēijù [명] 비극

독해 제3부분 71번~90번

71-74

　　春秋时期，在楚庄王的治理下，楚国人民安居乐业。**71 但是，楚国的交通工具仍比较落后，出行用的马车底座较低**，不仅容易碰伤马腿，而且车速很慢，不利于运送物资。

　　楚庄王注意到这点后，便提出要将全国的马车底座改高，楚国高官孙叔敖认为这种做法不好，他对楚庄王说："老百姓已习惯乘坐这种低矮的马车了，**72 如果大王强行命令他们改造马车，会造成他们不满。**"

　　楚庄王听了，觉得有道理，就问孙叔敖有什么办法，孙叔敖说："只要在各地发布告示，提醒老百姓今年可能会发大水，这样就可以了。"

　　楚庄王虽很疑惑，但还是采纳了孙叔敖的建议。果然，**73 老百姓为避免洪水进屋，都加高了自家的门槛**。可这样一来，马车进门时，车底就会碰到门槛，车上的人不得不先下车，再把车抬进屋，时间一长，大家都觉得这种低矮的马车太不方便了，于是纷纷把马车底座改高，**74 半年后，楚国低矮的马车就全部改造完毕了。**

　　춘추 시기에 초 장왕의 치하에서 초나라 사람들은 안정된 생활을 누리며 즐겁게 일했다. **71 하지만 초나라의 교통수단은 여전히 비교적 낙후해**, 외출할 때 쓰는 마차의 바닥 좌석이 비교적 낮아 말 다리에 부딪혀 다치게 할 뿐만 아니라 게다가 마차의 속도도 느려서 물자 운송에 불리했다.

　　초 장왕은 이 점을 주목한 후 곧 전국의 마차 바닥 좌석을 높게 고칠 것을 제기했다. 초국의 고관인 손숙오는 이 방법은 좋지 않다고 여겨 초왕에게 말했다. "백성은 이미 이런 낮은 마차를 타는 것에 익숙해져 있습니다. **72 만일 대왕께서 강행하여 그들에게 마차를 개조할 것을 명령한다면 그들의 불만을 초래할 것입니다.**"

　　초왕은 듣고 일리가 있다고 느껴, 손숙오에게 어떤 방법이 있는지 물었다. 손숙오는 말했다. "각지에 고시를 발표해 올해 큰 물난리가 날 수 있다고 백성들을 일깨워 주면 됩니다."

　　74 초왕은 비록 의혹스러웠지만 그래도 손숙오의 건의를 받아들였다. 과연, **73 백성은 홍수가 집 안으로 들어오는 것을 피하기 위해 모두가 자기 집의 문간을 높였다.** 그러나 이렇게 하자 마차가 문으로 들어올 때 마차 바닥이 문간에 부딪혀서 마차에 타고 있던 사람은 어쩔 수 없이 먼저 내려서 마차를 집 안으로 들어 넣어야 했다. 시간이 길어지자 모두가 이 낮은 마차가 너무 불편하다고 느껴 잇따라 마차의 바닥 좌석을 높였다. **74 반년 후 초나라의 낮은 마차는 전부 개조가 완비되었다.**

어휘 时期 shíqī [명] 시기 5급 | 治理 zhìlǐ [동] 통치하다, 다스리다 5급 | 安居乐业 ān jū lè yè [성] 안정된 생활을 누리며 즐겁게 일하다 | 落后 luòhòu [형] 낙후하다 5급 | 出行 chūxíng [동] 외출하다 | 底座 dǐzuò [명] 밑받침 | 碰伤 pèngshāng [동] 부딪혀 다치다 | 运送 yùnsòng [동] 운송하다 | 物资 wùzī [명] 물자 6급 | 高官 gāoguān [명] 고관, 고위 관료 | 老百姓 lǎobǎixìng [명] 백성, 서민 5급 | 强行 qiángxíng [동] 강행하다 | 命令 mìnglìng [동] 명령하다 5급 | 改造 gǎizào [동] 개조하다 | 造成 zàochéng [동] 초래하다, 조성하다 5급 | 道理 dàolǐ [명] 도리, 이치 5급 | 发布 fābù [동] 선포하다, 반포하다 6급 | 告示 gàoshì [명] 게시문, 포고문 | 发大水 fā dàshuǐ 홍수가 나다 | 疑惑 yíhuò [동] 의심하다 [명] 의혹 6급 | 采纳 cǎinà [동] (건의·의견 등을) 받아들이다 6급 | 果然 guǒrán [부] 과연 5급 | 避免 bìmiǎn [동] 피하다 5급 | 洪水 hóngshuǐ [명] 홍수 6급 | 屋 wū [명] 방 5급 | 门槛 ménkǎn [명] 문턱, 문지방 | 这样一来 zhèyàng yìlái 이렇게 하니 | 碰 pèng [동] 부딪히다 5급 | 纷纷 fēnfēn [부] 잇따라 [형] 분분하다 5급 | 完毕 wánbì [동] 끝나다 6급

71.

根据第1段，楚国：	첫 단락에 따르면 초나라는:
A 马车只能载人	A 마차는 사람만 태울 수 있다
B 马车底座较高	B 마차의 좌석이 비교적 높다
C 交通工具不发达	C 교통수단이 발달되지 않았다
D 老百姓生活很艰苦	D 백성의 생활이 고달팠다

풀이 '交通工具仍比较落后'를 통해서 그 당시에 교통수단(交通工具)이 발달하지 않았음(不发达)을 알 수 있다. '但是' 뒤에 중요 내용이 나왔다.

정답 C

어휘 载人 zàirén [동] 사람을 태우다

72.

孙叔敖为什么反对楚王直接命令百姓改造马车？	손숙오는 왜 초왕이 직접적으로 백성들에게 마차를 개조하라고 명령하는 것을 반대했는가?
A 改造费用高	A 개조 비용이 높다
B 担心时间来不及	B 시간이 늦을까 봐 걱정했다
C 会引起百姓不满	C 백성들의 불만을 초래할 것이다
D 懂改造技术的人少	D 개조 기술을 아는 사람이 적다

풀이 손숙오는 왕이 직접 명령을 내린다면 백성들의 불만을 일으킬 것(引起他们不满)이라고 생각하여 반대했다.

정답 C

어휘 来不及 láibují [형] 늦었다, 시간이 안 되다 4급

73.

根据最后一段，老百姓加高家中的门槛是为了：	마지막 단락에 근거하면, 백성이 집 안의 문지방을 높인 것은 ~을 위해서이다:
A 方便车马进屋	A 마차가 집 안으로 들어오는 것을 편리하게 하기 위해
B 阻止小偷进入	B 도둑이 들어오는 것을 막도록
C 避免家里进水	C 집안에 물이 들어오는 것을 피하기 위해
D 使房子看着更美观	D 집으로 하여금 더 아름답게 보이도록 하기 위해

풀이 홍수가 날 거라는 소문을 듣고 백성들은 물이 집 안으로 들어오는 것을 피하기(避免洪水进屋) 위해서 문지방을 높이게 되었다. 목적을 나타내는 '为' 뒤에 중요 내용이 나왔다.

정답 C

어휘 阻止 zǔzhǐ [동] 막다 5급 | 小偷 xiǎotōu [명] 도둑 | 美观 měiguān [형] 보기 좋다, 예쁘다, 아름답다 6급

74.

根据上文，下列哪项正确？	윗글에 따르면 아래에서 옳은 것은?
A 楚王不受老百姓欢迎	A 초왕은 백성의 환영을 못 받았다
B 楚国还真发生了洪水	B 초나라는 정말로 홍수가 발생했다
C 孙叔敖提的意见很有效	C 손숙오가 제기한 의견이 효과적이었다
D 后来孙叔敖成为了国王	D 후에 손숙오는 국왕이 되었다

풀이 손숙오가 제안한 방법으로 했더니 강제적이지 않고 사람들이 모두 마차의 좌석을 높였으므로 그의 의견은 효과적이었다고 할 수 있다. 홍수가 날 거라고 소문을 낸 것이지 실제로 홍수가 난 것은 아니므로 B는 지문의 내용과 일치하지 않는다.

정답 C

75-78

　　一家航空公司遇到了资金短缺的问题，若不及时解决，将面临倒闭。按照行业惯例，处理此类问题最有效的办法就是通过裁员来节省开支。当时，**75 这家航空公司内部也流传着公司将裁员的消息。**

　　正当大家整日忧心忡忡地等待着裁员名单的最终公布时，公司总裁却郑重宣布："**75 请大家安心工作，公司绝不会裁掉一个人！**"员工们先是一愣，而后欣喜不已，纷纷鼓起掌来。"可如果不裁员，资金短缺的问题该怎么解决呢？"有人不解地问。"请大家放心，我已经决定'裁掉'一架飞机。"总裁微笑着回答道："**76 我准备卖掉公司的一架飞机，换回的钱应该可以应付一段时间。到时候如果还不行，就再卖一架。**"员工们听后感动不已。

　　其实，在卖飞机还是裁员这个问题上，总裁和董事会曾发生过严重**分歧**。有几位董事觉得，飞机是公司最重要的赢利工具，绝不能轻易卖掉，更何况公司的飞机本来就不多。**78 总裁却认为，裁员虽然能让公司在短时间内节省成本，但却容易使员工丧失对公司的信任，今后可能无法安心工作。**最后，总裁说服了那几位董事，没有裁员。

　　한 항공사가 자금 부족 문제가 생겨 바로 해결하지 못하면 파산에 직면해 있었다. 업계의 관례에 따르면 이런 문제를 처리하는 가장 효과적인 방법은 감원을 통해 지출을 절약하는 것이다. 당시에 **75 이 항공사 내부에도 회사가 곧 감원할 것이라는 소식이 전해졌다.**

　　모두가 하루 종일 걱정스럽게 감원 명단의 최종 발표를 기다리고 있을 때 회사의 총재가 정중하게 선포했다. **75 "모두들 안심하고 일하세요. 회사는 절대로 한 사람도 해고하지 않을 것입니다."** 직원들은 먼저 얼떨떨해 하다가 후에 기뻐서 잇따라 박수를 치기 시작했다. "감원하지 않으면 자금 부족 문제는 어떻게 해결하죠?" 누군가가 이해할 수 없어서 물었다. "모두 안심하세요. 저는 이미 한 대의 비행기를 '자르기'로 결정했습니다." 총재가 미소를 띠며 대답했다. **76 "저는 회사의 비행기 한 대를 팔 계획입니다. 그 돈으로 한동안 버틸 수 있을 것입니다. 그때가 되어도 여전히 안 된다면 또 한 대를 팔 것입니다."** 직원들은 듣고 나서 감동이 멈추지 않았다.

　　사실, 비행기를 파느냐 감원을 하느냐 하는 이 문제에 있어서 총재와 이사회는 심각한 의견 불일치가 발생했었다. 몇 명의 이사들은 생각하길, 비행기는 회사의 가장 중요한 영리 수단으로 절대로 쉽게 팔 수 없으며 하물며 회사의 비행기는 원래 많지도 않았다. **78 총재는 오히려 생각했다. 감원은 비록 회사로 하여금 단기간 내에 비용을 절약할 수 있도록 하지만 직원으로 하여금 회사에 대한 믿음을 잃게 해 앞으로 마음 놓고 일할 수 없게 할 수 있다.** 결국 총재는 그 몇 명의 이사를 설득하여 감원하지 않았다.

어휘 资金 zījīn [명] 자금 5급 | 若 ruò [접] 만약 | 面临 miànlín [동] 직면하다 5급 | 倒闭 dǎobì [동] 파산하다 5급 | 行业 hángyè [명] 업종, 업계 5급 | 惯例 guànlì [명] 관례 | 处理 chǔlǐ [동] 처리하다 5급 | 裁员 cáiyuán [동] 감원하다 6급 | 节省 jiéshěng [동] 절약하다 5급 | 开支 kāizhī [명] 지출 6급 | 流传 liúchuán [동] 전해지다 5급 | 忧心忡忡 yōuxīn chōngchōng 근심 걱정에 시달리다 | 总裁 zǒngcái [명] 총재 5급 | 公布 gōngbù [동] 공표하다, 발표하다 5급 | 郑重 zhèngzhòng [형] 정중하다 6급 | 宣布 xuānbù [동] 선포하다, 공표하다 5급 | 愣 lèng [동] 멍해지다, 얼빠지다 6급 | 欣喜 xīnxǐ [형] 기쁘다, 즐겁다 | 纷纷 fēnfēn [부] 잇따라 [형] 분분하다 5급 | 应付 yìngfù [동] 대응하다, 처리하다, 그럭저럭 때우다 5급 | 董事 dǒngshì [명] 이사 | 分歧 fēnqí [형] (사상·의견이) 불일치하다 [명] 불일치 6급 | 赢利 yínglì [동] 이윤을 얻다 | 工具 gōngjù [명] 공구, 도구, 수단 5급 | 何况 hékuàng [부] 하물며 5급 | 成本 chéngběn [명] 비용, 원가 6급 | 丧失 sàngshī [동] 상실하다 6급 | 说服 shuōfú [동] 설득하다 5급

75.

员工们为什么忧心忡忡?	직원들은 왜 걱정이 많은가?
A 工资要下调	A 월급이 하향 조정됐다
B 担心被辞退	B 해고될까 봐 걱정한다
C 怕被总裁责备	C 총재에게 책망 당할까 봐 두려워한다
D 没完成季度任务	D 분기 임무를 완성하지 못했다

풀이 '裁员'은 '감원하다'는 뜻으로 B가 정답이 된다. '裁员'의 뜻을 모른다 하더라도 총재의 '请大家安心工作，公司绝不会裁掉一个人！'의 표현을 통해서 직원들이 해고를 걱정한다는 것을 유추해 볼 수 있다.

정답 B

어휘 下调 xiàtiáo [동] 하향 조정하다 | 辞退 cítuì [동] 사직하다 | 责备 zébèi [동] 책망하다, 꾸짖다 5급 | 季度 jìdù [명] 분기

76.

总裁是如何解决公司资金短缺的问题的?	총재는 회사의 자금 부족 문제를 어떻게 해결했는가?
A 减少办公开支	A 사무 지출을 줄인다
B 申请银行贷款	B 은행 대출을 신청한다
C 增加更多航班	C 더 많은 비행편을 늘린다
D 卖掉一架飞机	D 한 대의 비행기를 판다

풀이 총재는 감원(裁员) 대신 비행기를 한 대 팔아서(卖掉一架飞机) 해결했다.

정답 D

어휘 贷款 dàikuǎn [동] 대출하다 5급

77.

最后一段中的画线词语"分歧"最可能是什么意思?	마지막 단락에서 밑줄 친 '分歧'는 무슨 뜻일 가능성이 가장 큰가?
A 多次谈判	A 여러 번 협상한다
B 效果很差	B 효과가 나쁘다
C 意见不一致	C 의견이 일치하지 않다
D 语气很过分	D 어투가 심하다

풀이 자금 부족 문제를 해결하는 방법에 있어서 총재와 몇 명 이사와의 견해가 달랐다. 이런 점을 고려한다면 '分歧'는 의견이 일치하지 않는다는 것을 추론해 볼 수 있다.

정답 C

어휘 谈判 tánpàn [동] 협상하다 5급 | 一致 yízhì [형] 일치하다 5급 | 语气 yǔqì [명] 어기, 어투 5급 | 过分 guòfèn [형] 과분하다, 심하다 5급

78.

下列哪项属于总裁的观点?	아래에서 총재의 관점에 속하는 것은?
A 应加强团队建设	A 팀 건설을 강화해야 한다
B 要让员工信任公司	B 직원으로 하여금 회사를 믿게 해야 한다
C 要多奖励优秀的员工	C 우수한 직원을 많이 장려해야 한다
D 应同意董事会的决定	D 이사회의 결정에 동의해야 한다

풀이 총재는 직원들이 회사에 대한 믿음을 잃으면 안심하고 일을 할 수 없다고 생각하므로 B가 정답이 된다.

정답 B

어휘 团队 tuánduì [명] 단체, 팀 | 建设 jiànshè [동] 건설하다, 세우다 5급 | 奖励 jiǎnglì [동] 장려하다, 표창하다 6급

79-82

　　我注意到，狗独处时一般不会玩耍。**79 狗单独呆着时**，就会显出动物式的"一本正经"来。**79 要是没有其他事情可做，它就会东看看西望望**，或是陷入沉思，或是睡觉。但是它不会玩耍，不会追自己的尾巴，不会在草地上兜圈子跑来跑去，不会嘴里衔着小树枝，也不会用鼻头去推小石子。这些行为，狗只有在有观众或者一起玩耍的伙伴时才会做出来。

　　80 狗的玩耍是充满友情和快乐的。也有敏感到你停止观看的那一瞬间就失去玩耍心情的狗，它们玩耍的乐趣似乎只在于获得你的赞赏。总之，狗的玩耍是需要兴致的，是需要与他人接触的。

　　至于猫，它们的玩耍却是 **81 "自娱自乐"的，丝毫不在意有没有观众鼓掌喝彩**。猫独处时，只要有毛线球或松紧带，就能安静地、专心地玩儿。猫在玩耍时，不会表现出"人类先生，你能在一旁看看，我真高兴"的样子。

　　82 猫享受独处的快乐，狗则是希望和别人分享快乐，甚至主动带给别人快乐。狗在跟人一起玩耍时，总是全心全意地投入其中，直到精力耗尽为止。猫只对自己感兴趣，狗则希望别人对自己感兴趣。

　　나는 주목했다. 개가 혼자 있을 때는 일반적으로 놀지 않는다는 것을. **79 개가 혼자 있을 때는** 동물식의 '진지함'을 나타낸다. **79 만일 다른 할 일이 없다면 개는 이리저리 두리번거리거나** 깊은 생각에 잠기거나 잠을 잔다. 하지만 개는 놀지 않는다. 자신의 꼬리를 쫓지 않고, 풀밭에서 빙빙 돌면서 이리저리 뛰어다니지 않으며, 입 안에 작은 나뭇가지를 물지 않는다. 또한 코로 작은 돌맹이를 밀지도 않는다. 이런 행위들은 개가 오직 관중이나 함께 노는 동료가 있을 때만 비로소 하는 것이다.

　　80 개의 놀이는 우정과 즐거움으로 가득하다. 당신이 구경을 멈추는 순간 바로 놀 흥미를 잃어버리는 정도로까지 민감한 개도 있다. 그들이 노는 즐거움은 마치 단지 당신의 칭찬과 감상을 얻는 데에만 있는 듯하다. 한마디로 정리하자면 개는 흥취가 있어야 하며 타인과 접촉을 필요로 한다.

　　고양이의 경우는, 그들의 놀이는 오히려 **81 '혼자서 즐기기'로, 관중의 박수와 갈채가 있는지 없는지 조금도 개의치 않는다.** 고양이는 혼자 있을 때 털실공이나 고무줄만 있으면 조용하게 집중하면서 놀 수 있다. 고양이는 놀 때 '인간 선생, 당신이 옆에서 보고 있어서 내가 정말 기뻐요'라는 표정을 나타내지 않는다.

　　82 고양이는 혼자 있는 즐거움을 누리지만, 개는 다른 사람과 즐거움을 나누길 원하는데 심지어 주동적으로 다른 사람에게 즐거움을 가져다준다. 개는 다른 사람과 함께 놀 때 늘 온 몸과 마음을 다해 그 속에 몰입하며 힘이 다 소진될 때까지 한다. 고양이는 자신에 대해서만 흥미가 있지만 개는 다른 사람이 자신에 대해서 흥미를 느끼기를 바란다.

어휘　独处 dúchǔ [동] 혼자 있다 | 玩耍 wánshuǎ [동] 놀다 | 单独 dāndú [부] 단독으로, 혼자 5급 | 呆 dāi [동] 머무르다 [형] 멍하다 5급 | 一本正经 yì běn zhèng jīng [성] 태도가 단정하다 | 东看看西望望 dōng kànkàn xī wàngwàng 이리저리 두리번 거리다 | 陷入 xiànrù [동] 빠져들다 6급 | 沉思 chénsī [동] 깊이 생각하다 | 尾巴 wěiba [명] 꼬리 5급 | 兜圈子 dōu quānzi [동] 빙 돌다 | 嘴 zuǐ [명] 주둥이, 잎 3급 | 衔 xián [동] 입에 물다 | 树枝 shùzhī [명] 나뭇가지 | 行为 xíngwéi [명] 행위 | 伙伴 huǒbàn [명] 파트너, 동료 5급 | 充满 chōngmǎn [동] ~으로 충만하다, ~으로 가득하다(반드시 목적어를 취함: 充满自信 자신감으로 가득하다) 5급 | 敏感 mǐngǎn [형] 민감하다, 반응이 빠르다 5급 | 观看 guānkàn [동] 구경하다, 보다, 관람하다 | 瞬间 shùnjiān [명] 순간 6급 | 乐趣 lèqù [명] 즐거움 6급 | 似乎 sìhū [부] 마치 (~인 것 같다)(=好像/仿佛) 5급 | 在

于 zàiyú [동] ~에 달려 있다, ~에 있다 5급 | 赞赏 zànshǎng [동] 칭찬하며 높이 평가하다 | 总之 zǒngzhī [접] 총괄하자면, 요컨대 5급 | 兴致 xìngzhì [명] 흥취, 재미 6급 | 接触 jiēchù [동] 접촉하다, 경험하다 5급 | 至于 zhìyú [접] ~에 관해서 말하자면 [동] ~한 정도에 이르다 5급 | 自娱自乐 zì yú zì lè [성] 스스로 즐기다 | 丝毫 sīháo [명] 약간, 조금 5급 | 不在意 búzàiyì 개의치 않다, 신경 안 쓰다 5급 | 鼓掌 gǔzhǎng [동] 박수 치다 5급 | 喝彩 hècǎi [명] 갈채 | 毛线球 máoxiànqiú [명] 털실공 | 松紧带 sōngjǐndài [명] 고무줄 | 专心 zhuānxīn [동] 집중하다, 전념하다, 몰두하다 5급 | 表现 biǎoxiàn [동] 표현하다, 활약하다 [명] 표현, 태도, 활약 5급 | 享受 xiǎngshòu [동] 누리다, 즐기다 5급 | 则 zé [접] 그러나, 오히려(비교・대비를 나타냄) 5급 | 分享 fēnxiǎng [동] 공유하다 | 主动 zhǔdòng [형] 주동적이다 5급 | 全心全意 quán xīn quán yì [성] 전심전력으로 하다 | 投入 tóurù [동] 몰입하다, 몰두하다, 투입하다 6급 | 直到 A 为止 zhídào A wéizhǐ A까지 하다 | 耗尽 hàojìn [동] 다 써 버리다

79.

狗独处时，最可能做以下哪种行为？
A 四处看
B 逗猫玩儿
C 踩自己的影子
D 追自己的尾巴

개가 혼자 있을 때는 아래의 어떤 행위를 할 가능성이 가장 큰가?
A 주위를 둘러본다
B 고양이를 놀리며 논다
C 자신의 그림자를 밟는다
D 자신의 꼬리를 쫓는다

풀이 '东看看西望望'의 뜻은 '이리저리 두리번거리다'는 뜻이다. '四处'는 '사방'이란 뜻이므로 A가 정답이 된다.

정답 A

어휘 四处 sìchù [명] 도처, 사방 | 逗 dòu [동] 놀리다 [형] 재미있다 5급 | 踩 cǎi [동] 밟다 5급 | 影子 yǐngzi [명] 그림자, 모습

80.

根据上文，狗的玩耍具有什么特点？
A 充满好奇
B 模仿人类行为
C 在乎别人的反应
D 不带有任何感情

윗글에 따르면 개의 놀이는 어떤 특징이 있는가?
A 호기심으로 가득하다
B 사람의 행위를 모방한다
C 다른 사람의 반응에 신경 쓴다
D 어떤 감정도 갖지 않는다

풀이 사람이 구경(观看)을 멈추면(停止) 개는 놀 흥미를 잃어버린다(失去玩耍心情)는 것은 개가 놀 때는 다른 사람의 반응에 신경 쓴다(在乎)는 뜻이다.

정답 C

어휘 懒洋洋 lǎnyángyáng [형] 축 늘어진, 기운이 없는 | 模仿 mófǎng [동] 모방하다, 흉내내다 5급 | 在乎 zàihu [동] 신경 쓰다, 개의하다 5급 | 反应 fǎnyìng [명/동] 반응(하다) 5급

81.

第3段中，画线词语"自娱自乐"指的是猫：	셋째 단락에서 밑줄 친 '自娱自乐'가 가리키는 것은 고양이가 ~하다는 것이다:
A 很淘气 B 更爱热闹 C 需要别人的掌声 D 享受独自玩耍的快乐	A 장난을 잘 친다 B 떠들썩한 것을 더욱 좋아한다 C 다른 사람의 박수 소리가 필요하다 D 혼자 노는 즐거움을 누린다

풀이 '自娱自乐'는 '혼자서도 잘 논다'는 뜻이다. 고양이의 놀이는 타인과의 교감을 즐기는 개의 그것과 반대가 된다는 점에서도 추론이 가능하다.

정답 D

어휘 淘气 táoqì [형] 장난이 심하다 5급 | 掌声 zhǎngshēng [명] 박수 소리 5급 | 独自 dúzì [부] 독자적으로, 혼자

82.

上文主要谈的是：	윗글이 주로 말하고 있는 것은:
A 动物的行为心理 B 如何训练猫和狗 C 猫和狗玩耍时的区别 D 养宠物时要注意什么	A 동물의 행위 심리 B 고양이와 개를 어떻게 훈련시킬까 C 고양이와 개의 놀이의 차이 D 애완동물을 기를 때 무엇에 주의해야 하는가

풀이 이 글은 전체적으로 개와 고양이의 놀이의 차이점을 설명했다.

정답 C

어휘 如何 rúhé [대] 어떠한가, 어떻게 5급 | 训练 xùnliàn [동] 훈련하다 5급 | 区别 qūbié [명] 차이 [동] 구별하다 4급 | 宠物 chǒngwù [명] 애완동물 5급

83-86

　　假设汽水两元钱一瓶，两个空瓶可以换一瓶汽水，如果给你6元钱，你最多能喝几瓶汽水？几乎90%的人在简单的计算后都会说："是5瓶吗？"

　　大多数人都能喝到5瓶汽水，但怎样喝到第6瓶才是游戏的核心。很多人会说，我最后只剩一个空瓶，没什么价值，扔掉算了。这就引发了两个问题：空瓶到底有没有价值？你能否发现，自己可以通过与别人合作，使双方手中的空瓶资源得到充分利用？83 <u>其实你可以这样做：向别人借一个空瓶，去换第6瓶汽水，然后喝掉汽水，把空瓶还给人家。</u>

　　这个游戏让我们认识到空瓶这种闲置资源也有潜在的价值。84 <u>每个人都有很多闲置资源，它们或者被遗忘在角落里，或者被丢弃</u>，一旦这些资源被充分整合，人们将惊叹于自己的所得。所以不要轻易放弃任何资源，即使它们现在没有任何用处。

　　"第6瓶汽水"，属于那些善于发现并认真思考的人，他们能敏锐地感知身边的事物，时时刻刻去发现一切可利用的"空瓶"。85 <u>而那些没有得到"第6瓶汽水"的人，不是因为没有能力，而是因为他们没有转换思路，没有最大限度地利用已有的资源。</u>

　　사이다가 한 병에 2원이고 두 개의 빈 병은 한 개의 사이다로 바꿀 수 있다고 가정한다면, 만일 당신에게 6원을 주면 최대 몇 병의 사이다를 마실 수 있겠는가? 거의 90%의 사람은 간단한 계산 후에 말할 것이다. "5병이요?"

　　대다수는 5병의 사이다까지 마실 수 있다. 하지만 어떻게 6병째를 마실 것인가가 게임의 핵심이다. 많은 사람들은 말할 것이다. 나에게 마지막으로 남은 한 병은 별 가치가 없으니 버리면 그만이다고. 이것은 두 개의 문제를 유발한다. 빈 병이 도대체 가치가 있는가 없는가? 당신은 자신이 다른 사람과의 협력을 통해서 쌍방의 손에 있는 빈 병 자원을 충분히 이용할 수 있음을 발견할 수 있는가? 83 <u>사실 당신은 이렇게 하면 된다. 다른 사람에게 한 병을 빌려서 6번째 사이다로 바꾼 후 그 사이다를 다 마시고 빈 병을 그 사람에게 돌려주는 것이다.</u>

　　이 게임은 우리로 하여금 빈 병이라는 이 유휴 자원도 잠재적 가치가 있음을 깨닫게 한다. 84 <u>모든 사람은 많은 유휴 자원을 가지고 있는데 그것은 구석에서 잊혀지거나 버려지거나 한다.</u> 일단 이들 자원이 충분히 합해지면 사람들은 자신의 소득에 경탄할 것이다. 따라서 어떤 자원도 함부로 포기해서는 안 된다. 그것들이 현재 어떤 쓸모도 없을지라도 말이다.

　　'6번째 사이다'는 발견을 잘하고 꼼꼼하게 사고하는 사람들의 것이다. 그들은 예리하게 주변의 사물을 감지하고 시시각각으로 일체의 이용 가능한 '빈 병'을 찾아낸다. 85 <u>하지만 '6번째 사이다'를 얻지 못하는 사람들은 능력이 없는 것이 아니라, 그들은 생각의 길을 바꾸지 않고 기존의 자원을 최대한으로 이용하지 않기 때문이다.</u>

어휘 假设 jiǎshè [동] 가정하다 5급 | 汽水 qìshuǐ [명] 사이다 | 几乎 jīhū [부] 거의 3급 | 核心 héxīn [명] 핵심 5급 | 剩 shèng [동] 남다, 남기다 4급 | 价值 jiàzhí [명] 가치 5급 | 算了 suànle [동] 됐어, 필요 없어(구어체), 됐다, 그만두다, 개의치 않다 | 引发 yǐnfā [동] 일으키다, 유발하다 | 能否 néngfǒu ~할 수 있는가 없는가 | 双方 shuāngfāng [명] 쌍방 5급 | 资源 zīyuán [명] 자원 5급 | 充分 chōngfèn [형] 충분하다 5급 | 闲置 xiánzhì [동] (쓰지 않고) 방치하다, 내버려 두다 | 潜在 qiánzài [동] 잠재하다 | 遗忘 yíwàng [동] 잊어버리다 | 角落 jiǎoluò [명] 구석, 모퉁이 6급 | 丢弃 diūqì [동] (내)버리다 | 一旦 yídàn [부] 일단 (~하기만 하면) 5급 | 整合 zhěnghé [동] 통합 조정하다 | 惊叹 jīngtàn [동] 경탄하다 | 所得 suǒdé [명] 소득, 얻은 것 | 轻易 qīngyì [형] 경솔하다, 함부로 하다 5급 | 用处 yòngchu [명] 용도, 용처 | 属于 shǔyú [동] ~에 속하다 5급 | 善于 shànyú [동] ~에 뛰어나다, ~을 잘하다 5급 | 思考 sīkǎo [동] 사고하다, 생각하다 5급 | 敏锐 mǐnruì [형] (감각이) 빠르다, 예민하다, 날카롭다 6급 | 感知 gǎnzhī [동] 느끼다, 감지하다 | 时时刻刻 shíshí kèkè 시시각각, 늘 | 转换 zhuǎnhuàn [동] 전환하다, 바꾸다 | 思路 sīlù [명] 사고의 맥락, 사고의 방향 | 限度 xiàndù [명] 한도, 한계 | 占用 zhànyòng [동] 점용하다, 유용하다

83.

根据上文，怎样才能喝到第6瓶汽水？
A 再买一瓶
B 把空瓶卖掉
C 把瓶子借给别人
D 向别人借一个空瓶

윗글에 따르면 어떻게 하면 6번째 사이다를 얻을 수 있는가?
A 다시 한 병을 산다
B 빈 병을 팔아 버린다
C 병을 다른 사람에게 빌려 준다
D 다른 사람에게 빈 병을 빌린다

풀이 '向别人借一个空瓶' 즉, 다른 사람에게 빈 병을 빌려 자신의 빈 병과 합쳐서 그것으로 한 병의 사이다로 바꾼다. 그리고 그걸 다 마시고 난 빈 병을 원래 사람에게 돌려주면 된다. '其实'는 선별식 독해를 나타내는 단어로 그 뒤에는 중요 내용이 나오고 이는 문제에 연결될 가능성이 크다.

정답 D

84.

关于闲置资源，可以知道什么？
A 毫无价值
B 往往被忽视
C 太占空间了
D 造成环境污染

유휴 자원에 관해서 무엇을 알 수 있는가?
A 조금도 가치가 없다
B 종종 홀시된다
C 공간을 너무 차지한다
D 환경 오염을 초래한다

풀이 구석에서 잊혀지거나(被遗忘在角落里) 버려진다는(被丢弃) 것은 소홀히 다뤄진다(被忽视)는 것을 의미한다.

정답 B

85.

为什么有些人没有得到"第6瓶汽水"？
A 能力不足
B 对方不同意
C 没有合理利用资源
D 汽水已经被卖完了

왜 일부 사람들은 '6번째 사이다'를 얻지 못했는가?
A 능력이 부족하다
B 상대방이 교환에 동의하지 않는다
C 합리적으로 자원을 이용하지 않았다
D 사이다는 이미 다 팔렸다

풀이 그들은 빈 병 같은 유휴 자원의 가치를 모르고 합리적으로 이용하지 않았기 때문이다. 선별식 독해를 나타내는 '因为' 부분에서 중요 내용이 나왔고 이 부분이 질문으로 연결됐음을 주목하자.

정답 C

86.

最适合做上文标题的是：	윗글의 제목으로 가장 적합한 것은 ~이다:
A 如何管理金钱 B 汽水的很多用处 C 别浪费你的"空瓶" D 哪个"空瓶"更有价值	A 어떻게 돈을 관리할 것인가 B 사이다의 많은 용도 C 너의 '빈 병'을 낭비하지 마라 D 어떤 '빈 병'이 더 가치가 있는가

풀이 이 글은 빈 병 같은 유휴 자원을 충분히 활용하기만 하면 가치가 있게 된다는 것을 나타낸다. 따라서 유휴 자원을 의미하는 '빈 병'을 낭비하지 말 것을 주장하고 있다.

정답 C

87-90

　　"人"这种高级动物有时非常复杂，**87** 有时却又单纯极了。互相不认识的两个人在得知彼此是同乡后，会感到很高兴；即使只是与陌生人共同处理了某一件小事，两人的关系也会因此而亲密起来。

　　90 父母与子女之间也是这样。虽说亲情是天生的，但是假如父母与子女相处的时间过少，彼此兴趣不同，缺少共同话题，那么即使相对而坐也会感觉相隔甚远。相反，**88** 若是每天能多一个小时的时间相处，增加一两件一起做的事情，父母与子女自然就会逐渐拥有共同话题，彼此的关系也会不知不觉地更加亲密起来。

　　即使某些行为在父母看来有些幼稚或是傻，**89** 但是为了维持与孩子的亲密关系，父母也一定要陪同孩子参与各种活动。不一定非要如何正式、成功，即便做得不好也没关系。仅仅是同孩子一起叠彩纸或开心地聊天这类简单的事情，同样不可忽视。因为对孩子而言，与父母相处的时间本身就是爱，就是鼓励，就是美好的回忆。

　　'사람'이라는 고등 동물은 매우 복잡하지만 **87** 때로는 또한 지극히 단순하다. 서로 모르는 두 사람이 피차가 동향인 걸 알게 된 후에는 기쁨을 느낄 것이고, 설령 낯선 사람과 한 작은 일을 함께 처리했다 하더라도 두 사람의 관계는 또한 이로 인해서 친밀해질 것이다.

　　90 부모와 자식 간에도 이러하다. 비록 가족의 정은 천생의 것이지만 부모가 자녀와 함께하는 시간이 너무 적고 피차의 흥미가 다르며 공통 화제가 부족하다면, 설령 서로 마주 앉아 있다 하더라도 거리감이 매우 멀게 느껴질 것이다. 반대로, **88** 만일 매일 한 시간이 넘게 함께 할 수 있고 함께할 수 있는 일을 한두 개 더 늘린다면 부모와 자녀는 자연스럽게 점점 공통의 화제가 생기고 서로 간의 관계도 어느새 더욱 친밀해질 것이다.

　　설령 어떤 행위는 부모가 보기에 좀 유치하고 어리석어 보여도 **89** 자녀와의 친밀한 관계를 유지하기 위해 부모는 반드시 아이와 함께 각종 활동에 참여해야 한다. 꼭 얼마나 정식적인가, 얼마나 성공적인가를 따져야 하는 것은 아니다. 설령 잘 못해도 상관 없다. 그저 아이와 함께 색종이 접기 혹은 즐겁게 이야기를 나누는 이런 간단한 일도 마찬가지로 소홀히 해서는 안 된다. 왜냐하면 아이의 입장에선 부모와 함께하는 시간 그 자체가 사랑이고 격려이고 아름다운 추억이기 때문이다.

어휘 单纯 dānchún [형] 단순하다 6급 | 得知 dézhī [동] 알게 되다 | 彼此 bǐcǐ [대] 피차, 서로 5급 | 陌生人 mòshēngrén 낯선 사람 | 处理 chǔlǐ [동] 처리하다 5급 | 亲密 qīnmì [형] 친밀하다 5급 | 相处 xiāngchǔ [동] 함께 지내다 5급 | 相隔 xiānggé [동] 서로 떨어져 있다 | 甚远 shènyuǎn 매우 멀다 | 若 ruò [접] 만일 | 逐渐 zhújiàn [부] 점점 5급 | 拥有 yōngyǒu [동] 소유하다, 가지다 6급 | 幼稚 yòuzhì [형] 유치하다, 어리다 6급 | 傻 shǎ [형] 어리석다 5급 | 维持 wéichí [동] 유지하다 6급 | 即便 jíbiàn [접] 설령 ~일지라도 6급 | 叠 dié [동] 접다 | 彩纸 cǎizhǐ [명] 색종이 | 忽视 hūshì [동] 홀시하다 5급 | 本身 běnshēn [명] 그 자체 6급

87.

第1段中举了两个例子，主要是为了说明：	첫 단락에서 두 가지의 예를 든 것은 ~을 설명하기 위함이다:
A 动物也有感情	A 동물도 감정이 있다
B 人是高级动物	B 사람은 고등 동물이다
C 人有时非常单纯	C 사람은 때로는 매우 단순하다
D 人其实是很复杂的	D 사람은 사실 매우 복잡하다

풀이 '사람은 복잡한 고등 동물이지만 때로는 지극히 단순해서(单纯级了) 두 가지의 사례가 발생한다고 설명했다. **선별식 독해를 나타내는 전환의 의미인 '却' 뒤에 중요 내용이 나왔다.**

정답 C

88.

根据第2段，可以知道亲情：	둘째 단락에 따르면 가족의 정은 ~임을 알 수 있다:
A 也需要爱护	A 또한 사랑과 보호가 필요하다
B 与兴趣爱好无关	B 흥미 취미와 무관하다
C 存在于陌生人之间	C 낯선 사람 간에 존재한다
D 不会随时间的变化而变化	D 시간의 변화에 따라 변하지 않을 것이다.

풀이 종합적 이해가 필요한 문제이다. 둘째 단락은 가족의 정(亲情)이라 할지라도 함께하려는 노력이 필요하다는 것이다. 이것은 다른 말로 가족 간의 정도 사랑하고 지키려는 노력(爱护)이 필요하다는 것이다.

정답 A

89.

父母陪孩子参与各种活动：	부모가 아이와 함께 각종 활동에 참여하는 것은:
A 应该穿得正式一些	A 옷을 좀 더 정식적으로 입어야 한다
B 能使孩子变得更聪明	B 아이로 하여금 더욱 총명하게 할 수 있다
C 能增加与孩子间的感情	C 아이와의 감정을 돈독하게 할 수 있다
D 要提前做好充分的准备	D 미리 충분한 준비를 해야 한다

풀이 아이와 친밀한 관계를 유지하기 위해 아이와 함께할 수 있는 활동을 해야 한다고 했다. 친밀한 관계를 유지한다는 것은 감정을 더 깊게 한다는 의미이다. **목적을 나타내는 '为了' 뒤에 중요 내용이 나왔다.**

정답 C

90.

上文主要谈的是：	이 글이 주로 말하고 있는 것은 ~이다:
A 游戏的作用	A 게임의 효과
B 如何与子女相处	B 아이와 어떻게 지낼 것인가
C 人要有竞争观念	C 사람은 경쟁 관념이 있어야 한다
D 怎样获得好的人际关系	D 어떻게 하면 좋은 인간 관계를 얻을 수 있는가

풀이 이 글은 부모와 자녀 간의 정을 지키고 강화하는 방법에 대한 것이다.

정답 B

쓰기 제1부분 91번~98번

91.

> 她是一个　人　交际的　不善于　〈是자문〉

풀이 **[1단계]** '善于' 뒤에는 동사나 동목구가 목적어로 오므로 '交际(교제하다)'가 오는 것이 알맞다.
→ 不善于交际的

[2단계] 〈是자문〉이므로 '人'은 '交际的' 뒤에 와서 목적어가 된다. '她'는 주어로 맨 앞에 온다.
→ 她是一个不善于交际的人。

정답 她是一个不善于交际的人。 그녀는 교제에 능하지 못한 사람이다.

어휘 交际 jiāojì [동] 교제하다 5급 | 善于 shànyú [동] ~에 능하다, ~을 잘하다 5급

92.

> 准备　你应该　充分的　事先做好　〈的 용법〉

풀이 **[1단계]** '的'를 관형격 구조조사로 쓸 때는 뒤에 명사가 온다. 따라서 '充分的' 뒤에는 '准备'가 온다. '准备'는 '준비하다'는 뜻으로 동사이기도 하지만 '준비'라고 해석하면 명사적으로도 쓸 수 있다.
→ 充分的准备

[2단계] 〈做~准备〉라고 하면 '~한 준비를 하다'는 뜻이 된다. '你'가 주어이므로 '你应该'는 맨 앞에 온다.
→ 你应该事先做好充分的准备。

정답 你应该事先做好充分的准备。 너는 마땅히 사전에 충분한 준비를 해야 한다.

어휘 充分 chōngfèn [형] 충분하다 5급 | 事先 shìxiān [명] 사전, 미리 5급

93.

> 问题　逃避现实　不能解决　任何　〈동목구 주어〉

풀이 **[1단계]** 동사 '解决(해결하다)' 뒤에는 '问题(문제)'가 목적어로 온다.
→ 不能解决…问题

[2단계] '任何(어떠한)'는 '的' 없이 혼자서 명사를 수식하기 때문에 '任何'는 '问题' 바로 앞에 온다. '逃避现实(현실을 도피하다)'는 주어가 된다.
→ 逃避现实不能解决任何问题。

정답 逃避现实不能解决任何问题。 현실을 도피하는 것은 어떤 문제도 해결할 수 없다.

어휘 逃避 táobì [동] 도피하다 5급 | 任何 rènhé [대] 어떠한 4급

꿀팁 이처럼 **동목구**도 **주어**가 될 수 있다.
• 多吃水果对皮肤很好。 과일을 많이 먹는 것은 피부에 매우 좋다.

94.

> 你的文具　放　右边的抽屉里　把　〈把자문, 무주어문〉

풀이 [1단계] 〈把자문〉이므로 동작(放)의 처치 대상인 '你的文具(너의 문구)'가 '把' 뒤에 온다.
→ 把你的文具放

[2단계] '放' 뒤에는 장소가 오므로 '右边的抽屉里'가 온다.
→ 把你的文具放右边的抽屉里。

정답 把你的文具放右边的抽屉里。 너의 문구를 오른쪽 서랍 안에 넣어.

어휘 文具 wénjù [명] 문구 5급 | 抽屉 chōuti [명] 서랍 5급

꿀팁 명령문에서는 주어가 없을 수 있다. 위 문장은 〈把자문〉으로 명령을 하고 있다.

95.

> 给我推荐　几个特色菜　吗　你可以　〈부사어〉

풀이 [1단계] 동사 뒤에는 목적어가 오므로 '推荐(추천하다)' 뒤에는 '几个特色菜(몇 개의 특색 요리)'가 온다.
→ 给我推荐几个特色菜

[2단계] 조동사(可以)는 개사(给我~) 앞에 오므로 '你可以'는 맨 앞에 온다. 그리고 의문 어기조사인 '吗'는 맨 끝에 온다.
→ 你可以给我推荐几个特色菜吗?

정답 你可以给我推荐几个特色菜吗? 당신은 저에게 몇 가지 특색 요리를 추천해 줄 수 있습니까?

어휘 推荐 tuījiàn [동] 추천하다 5급 | 特色菜 tèsè cài 특색 요리

96.

> 促使人类　不断　进步　好奇心能够　〈겸어문〉

풀이 [1단계] '能够'는 조동사이므로 뒤쪽에는 동사가 와야 한다. '促使'는 사역동사로 '能够' 뒤에 온다.
→ 好奇心能够促使人类

[2단계] '使'는 사역동사로 뒤에는 겸어가 와서 〈겸어문〉을 만든다. 겸어 뒤에는 동사가 온다. 따라서 '人类(인류)' 뒤에는 '进步(진보하다)'가 오고, '不断(부단히)'은 '进步'를 수식한다.
→ 好奇心能够促使人类不断进步。

정답 好奇心能够促使人类不断进步。 호기심은 인류로 하여금 끊임없이 진보하게 할 수 있다.

어휘 促使 cùshǐ [동] ~하도록 하다 5급 | 人类 rénlèi [명] 인류 5급 | 不断 búduàn [동] 끊임없다 [부] 계속해서, 부단히, 끊임없이 5급 | 进步 jìnbù [동] 진보하다, 발전하다 5급 | 好奇心 hàoqíxīn [명] 호기심 5급

97.

> 结束　在热闹的　昨天的闭幕式　气氛中　〈개사구 부사어〉

풀이 **[1단계]** '在' 뒤에는 장소나 시간이 와야 하므로 '在热闹的(뜨거운 ~에서)' 뒤에는 '气氛中(분위기 중)'이 온다. '上, 中, 下, 里' 등은 방위사로서 장소가 아닌 단어를 장소로 만들어 주는 역할을 한다.
→ 在热闹的气氛中

[2단계] 개사구(在~中) 뒤에는 동사나 형용사가 오므로 '结束(끝나다)'가 온다. '昨天的闭幕式(어제의 폐막식)'는 자연스럽게 주어가 된다.
→ 昨天的闭幕式在热闹的气氛中结束。

정답 昨天的闭幕式在热闹的气氛中结束。 어제의 폐막식은 뜨거운 분위기 속에서 마쳤다.

어휘 结束 jiéshù [동] 끝나다, 마치다 4급 | 热闹 rènao [형] 떠들썩하다, 번화하다 4급 | 闭幕式 bìmùshì 폐막식 | 气氛 qìfēn [명] 분위기 5급

98.

> 文章　这篇　广泛关注　社会的　引起了　〈동사 술어문〉

풀이 **[1단계]** '这篇'은 '文章(글)'을 수식하는 것이 알맞다.
→ 这篇文章

[2단계] 동사 '引起(불러일으키다)' 뒤에는 '广泛关注(광범위한 관심)'가 목적어로 오는 것이 좋고, '社会的(사회의)'는 '广泛关注(광범위한 관심)'를 수식한다.
→ 这篇文章引起了社会的广泛关注。

정답 这篇文章引起了社会的广泛关注。 이 한 편의 글은 사회의 폭넓은 관심을 불러일으켰다.

어휘 文章 wénzhāng [명] 글 5급 | 广泛 guǎngfàn [형] 광범위하다, 폭넓다 5급 | 关注 guānzhù [동] 관심을 가지다 | 社会 shèhuì [명] 사회 4급 | 引起 yǐnqǐ [동] 불러일으키다, 야기하다 4급

쓰기 제2부분 99번~100번

99.

稳定、适合、积累、面对、目标

작문 풀이

[제시어 분석]: '稳定(안정적이다)'을 보고, '工作(일, 직장)'가 생각나야 한다. '目标(목표)'도 있으므로 큰 줄기는 '안정적인 직장을 구하는 목표'로 정할 수 있다. 하지만 현실적인 어려움에 직면하여(面对) 어떻게 하면 이 목표를 이룰 수 있는지에 관해 쓰면서 '积累(축적하다)'를 쓴다. 마지막 문장에서는 이렇게 해야 자신에게 맞는(适合) 직장을 구할 수 있다는 내용으로 마무리한다.

[중심 단어]: 目标 mùbiāo [명] 목표 5급 | 稳定 wěndìng [형] 안정적이다 5급

[파생 단어]: 适合 shìhé [동] 적합하다 4급 | 积累 jīlěi [동] 축적하다, 쌓다 4급 | 面对 miànduì [동] 직면하다, 맞서다 5급

작문 내용

현재 대학 졸업생의 목표는 아마 다 같을 것이다. 바로 안정적인 일자리를 찾는 것이다. 하지만 그들은 많은 어려움에 직면해 있는데, 예를 들어 취업 경쟁이 치열하고 업무 경험이 없는 등이다. 그래서 그들은 아르바이트 등의 방식을 통해서 경험을 축적해야 한다. 오직 이렇게 해야만 자신에게 적합한 일자리를 찾을 수 있다.

모범 작문

	目	前	大	学	毕	业	生	的	目	标	也	许	都	一
样	,	那	就	是	找	到	一	个	稳	定	的	工	作	。	但
他	们	面	对	着	很	多	困	难	,	比	如	就	业	竞	争
很	激	烈	,	没	有	工	作	经	验	等	。	所	以	,	他
们	应	该	通	过	打	工	等	方	式	来	积	累	经	验	,
只	有	这	样	才	能	找	到	适	合	自	己	的	工	作	。

참고 어휘 也许 yěxǔ [부] 어쩌면, 아마도 4급 | 就业 jiùyè [동] 취업하다 6급 | 竞争 jìngzhēng [동] 경쟁하다 4급 | 激烈 jīliè [형] 치열하다 5급 | 通过 tōngguò [동] 통과하다 [개] ~을 통하여 4급 | 方式 fāngshì [명] 방식 5급

100.

작문 풀이

[사진 분석]: 개와 노인이 있다. 노인은 엷은 미소를 띤 채 앉아 있고 그 옆에는 개가 든든한 친구처럼 함께 앉아 있다. 누가 봐도 둘은 좋은 관계임을 알 수 있다. 따라서 반려동물로서 개가 노인에게 미칠 수 있는 긍정적인 영향을 쓸 수 있다. 혹은 그들이 어떤 방식으로 소통을 하고 좋은 친구가 될 수 있는지 설명문의 형식으로 쓰는 것이 좋다.

[연상 단어]: 宠物, 狗, 朋友, 养, 寂寞, 沟通, 交流, 幸福, 开心, 健康, 坐…

[핵심 단어]: 宠物, 狗, 朋友

작문 내용

현재 갈수록 많은 사람들이 애완동물을 키우고 있는데, 그중에서 개가 가장 환영을 받는다. 노인은 종종 외로움을 느낄 수 있는데 이때 개는 좋은 친구가 될 수 있다. 비록 개는 언어로 사람과 소통할 순 없지만 눈과 신체로 주인과 감정을 교류할 수 있다.

모범 작문

　　现在越来越多的人养宠物，其中狗最受欢迎。老年人往往会觉得寂寞，这时狗会成为一个很好的朋友。虽然狗不能用语言和人沟通，但可以用眼睛或者身体来与主人交流感情。

참고 어휘 宠物 chǒngwù [명] 애완동물, 반려동물 5급 | 寂寞 jìmò [형] 적적하다, 외롭다 5급 | 语言 yǔyán [명] 언어 4급 | 沟通 gōutōng [동] 소통하다 5급 | 主人 zhǔrén [명] 주인 5급 | 交流 jiāoliú [동] 교류하다 4급

5급
차이나는 중국어 HSK [단어장]

차이나는 중국어 HSK 5급

지은이 | 양영호, 이창재, 권용중, 마연
초판 1쇄 인쇄 | 2017년 9월 13일
초판 1쇄 발행 | 2017년 9월 19일

발행인 | 박효상
총괄이사 | 이종선
편집장 | 김 현
편집 | 박혜민
디자인 | 김보연
마케팅 | 이태호, 이전희
디지털콘텐츠 | 이지호
관리 | 김태옥

교정 및 조판 | 양정희

종이 | 월드페이퍼 인쇄·제본 | 현문자현

출판등록 | 제10-1835호
발행처 | 사람in
주소 | 04034 서울시 마포구 양화로11길 14-10(서교동) 4F
전화 | 02) 338-3555(代) 팩스 | 02) 338-3545
E-mail | saramin@netsgo.com
Homepage | www.saramin.com

:: 책값은 뒤표지에 있습니다.
:: 파본은 바꾸어 드립니다.

ⓒ 양영호 2017

ISBN 978-89-6049-644-6 14720
      978-89-6049-642-2 (세트)

사람이 중심이 되는 세상, 세상과 소통하는 책 사람in

Contents

- 효과적인 단어 암기법   04
- 이것만 알자! 핵심 한자 부수 133   05
- 테마별로 정리한 HSK 5급 필수 어휘 1300

1. 사람・호칭	08	15. 성질	41
2. 신체	08	16. 정도	42
3. 외모・성격	09	17. 상태	45
4. 관계	11	18. 변화	47
5. 일상생활	12	19. 시간	48
6. 음식	14	20. 색깔	50
7. 복식(의복)	16	21. 범위	50
8. 혼례・상례	17	22. 도량	52
9. 감각	18	23. 과학	52
10. 오관 동작	18	24. 업종	57
11. 신체 동작	20	25. 문화	63
12. 감정・태도	24	26. 사회	72
13. 직업	28	27. 어법・어휘	75
14. 활동	36		

◉ 단어장 활용법

- 늘 지참하여 하루 50개씩 26일 동안 학습을 진행한다.
- 우선 뜻과 호응구 위주로 암기한다.
- 꿀팁과 비교란에 있는 내용에 주의해서 출제 포인트를 이해한다.

단어 → 발음과 뜻 → 호응구 → 꿀팁(주의사항)/비교(유의어)

효과적인 단어 암기법

委屈(wěiqu)와 惭愧(cánkuì)는 5급 필수 어휘로 '억울하다'와 '부끄러워하다'는 뜻입니다. 기계적으로 여러 번 보아서 암기하는 것은 너무 비효율적이고 재미도 없습니다. 그렇다면 어떻게 하면 효과적으로 암기할 수 있을까요? 바로 **부수와 재미있는 연상**을 통해서 외우는 것입니다.

● 예시 1

'委屈'에서 '禾'는 '벼'를 의미하는 부수인데 이것을 '농사일'이라고 생각해 보자. '禾(벼)'가 '女(여자)' 위에 있는데, 농사일을 여자에게 맡기는 것이므로 이것은 여자한테는 억울한 것이다. 따라서 '委屈'는 '억울하다, 억울하게 하다'로 암기하면 된다.

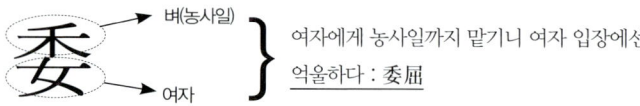

여자에게 농사일까지 맡기니 여자 입장에선
억울하다 : 委屈

● 예시 2

'惭愧'는 '부끄러워하다'는 단어이다. 모두 '忄(마음)'이 들어가므로 사람의 심리를 나타낼 것이다. '鬼'는 귀신인데 귀신은 밤에 나타난다. 그런데 왜 밤에 나타날까? 부끄러움이 많아서 그렇다. 따라서 '惭愧'는 '(실수나 잘못으로) 부끄러워하다'는 뜻이 된다.

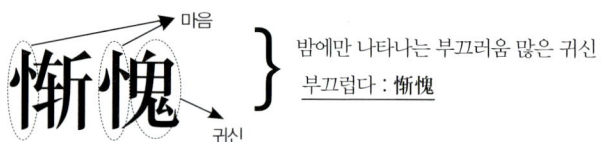

밤에만 나타나는 부끄러움 많은 귀신
부끄럽다 : 惭愧

어때요, 유치하죠? 하지만 실제로 적용시켜 보면 그 놀라운 효과에 어느새 추종자가 될 것입니다. 이 방법은 **딱 두 가지만** 지키면 되는데요. 바로 **부수의 뜻 암기**와 약간은 유치하지만 **자유로운 연상**을 하는 것입니다. 일단 이 방법이 익숙해지면 **단어 암기는 물론 중국어 자체가 더 재미있어지고, 쉽게 외울 수 있는 단어는 무궁무진**해집니다. 상상은 자유니까요.

이것만 알자! 핵심 한자 부수 133

	부수	이름	파생 의미		부수	이름	파생 의미
1	一	한 [일]	하나, 대지	23	二	두 [이]	둘
2	亠	돼지해머리 [두]	머리	24	入	들 [입]	들어가다
3	儿	어진 사람 [인]	서 있는 사람	25	冫	얼음 [빙]	얼음, 물
4	八	여덟 [팔]	여덟	26	力	힘 [력]	힘
5	刀(刂)	칼 [도]	칼	27	匕	숟가락 [시]	오른쪽을 보고 있는 사람
6	勹	쌀 [포]	싸다	28	厂	기슭 [엄]	절벽, 기슭
7	阝	언덕 [부]	언덕	29	广	돌집 [엄]	(언덕 위의) 집
8	卩(㔾)	병부 [절]	(꿇어앉은) 사람	30	言(讠)	말씀 [언]	말, 언어
9	人(亻)	사람 [인]	사람	31	艹	풀 [초]	풀
10	爪(爫)	손톱 [조]	손, 잡다	32	彳	조금 걸을 [척] 두인변	걷다, 가다
11	又	또 [우]	손	33	辶	쉬엄쉬엄 갈 [착]	가다, 달리다, 도망가다
12	寸	마디 [촌]	손에 맥박이 뛰는 형상	34	大	큰 [대]	크다
13	支	지탱할 [지]	손에 막대기를 든 형상	35	工	장인 [공]	사람, 일
14	攴(攵)	칠 [복]	치다, 때리다	36	己	몸 [기]	자신, 몸
15	殳	칠 [수]	치다	37	口	입 [구]	입
16	巾	수건 [건]	수건, 천	38	干	방패 [간]	방패/주로 발음(gàn)에 영향을 줌
17	马	말 [마]	말	39	宀	집 [면]	지붕, 집
18	門	문 [문]	문	40	犬(犭)	개 [견]	개, 짐승
19	女	여자 [녀]	여자	41	尸	주검 [시]	(엉거주춤 있는) 사람
20	山	메 [산]	산	42	士	선비 [사]	사람, 선비, 병사
21	食(飠)	밥 [식]	음식, 먹다	43	水(氵)	물 [수]	얼음, 물
22	手(扌)	손 [수]	손	44	土	흙 [토]	흙, 길, 땅

	부수	이름	파생 의미		부수	이름	파생 의미
45	糸(纟)	실 [사]	실, 적다	68	小	작을 [소]	작다
46	夕	저녁 [석]	저녁	69	子	아들 [자]	아들, 사람
47	心(忄)	마음 [심]	마음, 심장	70	比	비교할 [비]	비교하다, 겨루다
48	贝	조개 [패]	조개, 돈	71	长	길 [장]	길다, 자라다
49	火(灬)	불 [화]	불	72	方	네모 [방]	주로 발음(fāng)에 영향을 줌
50	车	수레 [거]	수레, 차	73	父	아버지 [부]	아버지
51	风	바람 [풍]	바람	74	户	집 [호]	집
52	戈	창 [과]	창, 싸우다	75	斤	도끼 [근]	도끼, 자르다, 근(무게 단위)
53	见	볼 [견]	보다	76	木	나무 [목]	나무
54	毛	털 [모]	털	77	欠	하품 [흠]	입을 크게 벌리고 있는 형상
55	牛(牜)	소 [우]	소	78	示(礻)	보일 [시]	보다
56	日	날 [일]	해, 시간	79	王	임금 [왕]	왕
57	弓	활 [궁]	활	80	牙	어금니 [아]	이(빨)
58	文	글월 [문]	글	81	禾	벼 [화]	벼
59	月	달 [월] 육달 [월]	달, 고기(肉)	82	香	향기 [향]	향기, 냄새
60	瓜	오이 [과]	박과 식물	83	立	설 [립]	서다
61	金(钅)	쇠 [금]	쇠	84	皿	그릇 [명]	그릇
62	龙	용 [룡]	용	85	血	피 [혈]	피
63	目	눈 [목]	눈	86	皮	가죽 [피]	가죽, 피부
64	鸟	새 [조]	새	87	石	돌 [석]	돌
65	生	날 [생]	낳다, 출생하다	88	田	밭 [전]	밭
66	矢	화살 [시]	화살	89	衣(衤)	옷 [의]	옷, 천
67	穴	구멍 [혈]	구멍	90	召	부를 [소]	부르다, 모으다

	부수	이름	파생 의미		부수	이름	파생 의미
91	玉	구슬 [옥]	옥, 구슬	113	虫	벌레 [충]	벌레
92	臣	신하 [신]	신하	114	骨	뼈 [골]	뼈
93	耳	귀 [이]	귀	115	米	쌀 [미]	쌀
94	臼	절구 [구]	절구, 움푹 파인 것	116	色	빛 [색]	색깔
95	肉	고기 [육]	고기, 신체 (月로 쓰기도 함)	117	頁	머리 [혈]	머리
96	舌	혀 [설]	혀	118	行	다닐 [행]	가다, 다니다
97	首	머리 [수]	머리	119	疒	병 [녁]	(질)병
98	血	피 [혈]	피	120	至	이를 [지]	이르다, 도달하다
99	羊	양 [양]	(동물) 양	121	隹	새 [추]	새
100	魚	물고기 [어]	물고기, 생선	122	采	딸 [채]	따다, 채집하다
101	羽	깃 [우]	깃, 털	123	止	그칠 [지]	그치다, 멈추다
102	豆	콩 [두]	콩	124	足(疋)	발 [족]	발
103	里	속 [리]	속, 안	125	辛	매울 [신]	맵다, 힘들다
104	身	몸 [신]	몸, 신체	126	走	갈 [주]	가다, 떠나다
105	酉	닭 [유]	술 단지, 발효 음료	127	雨	비 [우]	비
106	靑	푸를 [청]	푸르다, 젊다	128	非	아닐 [비]	아니다, 줄 서 있는 형상
107	齒	이 [치]	이(빨)	129	高	높을 [고]	높다
108	角	뿔 [각]	뿔	130	革	가죽 [혁]	가죽
109	竹	대 [죽]	대나무	131	鬼	귀신 [귀]	귀신
110	缶	항아리 [부]	항아리	132	先	먼저 [선]	먼저
111	面	얼굴 [면]	얼굴	133	舟	배 [주]	배
112	音	소리 [음]	소리, 음악				

테마별로 정리한 HSK 5급 필수 어휘 1300

1. 사람 · 호칭

1일차

1. 外公 wàigōng [명] 외조부, 외할아버지
2. 姥姥 lǎolao [명] 외할머니
3. 老婆 lǎopo [명] 아내, 처, 집사람, 마누라
4. 舅舅 jiùjiu [명] 외삼촌
5. 姑姑 gūgu [명] 고모
6. 姑娘 gūniang [명] 아가씨
7. 兄弟 xiōngdi [명] 형제
8. 长辈 zhǎngbèi [명] 어른, 연장자
9. 国王 guówáng [명] 국왕
10. 王子 wángzǐ [명] 왕자
11. 公主 gōngzhǔ [명] 공주
12. 太太 tàitai [명] 아내
13. 宝贝 bǎobèi [명] 착한 아기, 보배, 달링
14. 妇女 fùnǚ [명] 부녀자, 성인 여성
15. 女士 nǚshì [명] 여사
    黄女士 황 여사
    女士优先 레이디 퍼스트
16. 主任 zhǔrèn [명] 주임
    班主任 담임 선생님
17. 对象 duìxiàng [명] 대상, (결혼이나 연애의) 상대, 배우자
18. 老板 lǎobǎn [명] 사장
    비교 老伴 lǎobàn 영감, 마누라
19. 青少年 qīngshàonián [명] 청소년
20. 代表 dàibiǎo [명] 대표, 대표자 [동] 대표하다
    비교 总裁 zǒngcái 총재, 기업의 총수, 대표이사
21. 称 chēng [동] ① 칭하다, 부르다 ② 무게를 달다
    他被称为"音乐之父"。 그는 음악의 아버지라 불린다.
    把这些苹果称一称。 이 사과들을 한번 (무게를) 달아 보세요.
22. 称呼 chēnghu [명] 호칭 [동] ~라고 부르다
    我应该怎么称呼你? 제가 그쪽을 어떻게 불러야 할까요?
23. 成人 chéngrén [명] 성인
    长大成人 자라서 성인이 되다

2. 신체

24. 身材 shēncái [명] 몸매
    保持苗条的身材 날씬한 몸매를 유지하다
25. 脑袋 nǎodai [명] 머리, 지능
    敲打脑袋 머리를 쥐어박다
    歪脑袋 고개를 기울이다
26. 眉毛 méimao [명] 눈썹
    黑乌乌的眉毛 시커먼 눈썹
    愁眉苦脸 수심에 가득 찬 얼굴
    眉毛胡子一把抓
    눈썹과 수염을 한 손에 잡으려 하다(일의 경중을 따지지 않다)
27. 脖子 bózi [명] 목
    脖子很酸 목이 쑤신다
    这个动物的脖子很长。 이 동물의 목은 매우 길다.

28 嗓子 sǎngzi [명] 목구멍, 목소리
嗓子很疼 목구멍이 아프다
嗓子哑了 목이 쉬었다
嗓子好听 목소리가 좋다
嗓子不舒服 목이 안 좋다

29 肩膀 jiānbǎng [명] 어깨
拍肩膀 어깨를 두드리다
肩膀宽大 어깨가 떡 벌어지다

30 血 xiě [명] 피
出血 피가 난다
流血 피가 흐르다
高血压 고혈압
血与汗 피와 땀

31 手指 shǒuzhǐ [명] 손가락
手指上戴着戒指。 손가락에 반지를 끼고 있다.

32 背 bèi [명] 등 [동] 외우다 / bēi 등에 짊어지다, 매다
腰酸背痛 허리가 쑤시고 등이 아프다
背生词 새 단어를 외우다
背书包 책가방을 매다

33 后背 hòubèi [명] 등
妈妈拍着孩子的后背哄着。
엄마가 아이의 등을 토닥거리며 달래고 있다.

34 胸 xiōng [명] 가슴, 마음

胸有成竹 일을 하기 전에 모든 것이 준비되어 있다
挺起胸来 가슴을 쭉 펴다
(여기서 挺은 동사로서 '곧추 펴다'는 뜻임)

35 胃 wèi [명] 위
胃口 식욕, 입맛
胃药 위장약
胃不舒服 위가 아프다

36 腰 yāo [명] 허리
腰扭了 허리를 삐었다
腰酸背痛 몸이 쑤신다
挺起腰来 허리를 쭉 펴다

37 肌肉 jīròu [명] 근육
肌肉发达 근육이 발달하다
비교 肥肉 féiròu 지방, 비계

38 骨头 gǔtou [명] 뼈
狗一口咬了骨头 개가 덥석 뼈를 물었다
鸡蛋里挑骨头 달걀에서 뼈를 골라내다(지나치게 트집 잡다)
비교 排骨 páigǔ 갈비

39 牙齿 yáchǐ [동] 이, 치아
牙齿掉了 이가 빠졌다
牙齿整齐 이가 가지런하다
咬咬牙 이를 악물다

3. 외모·성격

40 成长 chéngzhǎng [동] 성장하다
人是在失败中成长的。 사람은 실패를 하면서 성장한다.
비교 '生长(생장하다, 자라다)'은 신체상으로만 자라는 것을 의미하지만 '成长'은 신체상, 정신상 모두 자람을 나타낼 수 있다.

41 年纪 niánjì [명] 나이
上年纪 나이가 지긋하다
年纪很大 연세가 많다

42 丑 chǒu [형] 추하다, 못생기다

长得很丑 생긴 게 못생겼다
비교 臭 chòu 구리다, 나쁜 냄새가 나다

43 苗条 miáotiao [형] 날씬하다
苗条的身材 날씬한 몸매

44 乖 guāi [형] 착하다, 얌전하다(↔ 淘气/调皮 : 장난이 심하다)
这个孩子挺乖的。 이 아이는 매우 착하다.
비교 乘 chéng 타다 | 剩 shèng 남다

45 **大方** dàfang [형] ① (언행이) 시원시원하다, 대범하다
② 인색하지 않다 ③ (옷차림이) 점잖다
穿着大方 옷차림이 점잖다
他对别人很大方，经常请人吃饭。
그는 다른 사람에게 아주 후해서 자주 밥을 사 준다.

46 **小气** xiǎoqi [형] 속이 좁다, 인색하다(↔ 大方)
这不是小气，而是节约。이것은 인색한 게 아니라 절약이다.

47 **魅力** mèilì [명] 매력
很有魅力 매력이 많다
充满魅力 매력이 넘치다

48 **单纯** dānchún [형] 단순하다
想得太单纯了 생각이 너무 단순하다

49 **独立** dúlì [동] 독립하다, 홀로 서다
培养独立思考的能力 독립적으로 생각하는 능력을 기르다

50 **独特** dútè [형] 독특하다
这家酒吧有独特的风格。이 바는 독특한 분위기가 있다.

2일차

51 **个性** gèxìng [명] 개성
很有个性 개성이 강하다
尊重别人的个性 다른 사람의 개성을 존중하다

52 **狡猾** jiǎohuá [형] 교활하다
这只狐狸太狡猾了。이 여우는 매우 교활하다.
비교 巧妙 qiǎomiào 절묘하다, 기막히다(긍정적인 뜻)

53 **老实** lǎoshi [형] 솔직하다, 얌전하다
老实说 솔직히 말해서
老实能干 진실하고 능력 있다

54 **乐观** lèguān [형] 낙관적이다, 긍정적이다
(↔ 悲观 비관적이다)
乐观的态度 낙관적인 태도
乐观对待现实 현실을 낙관적으로 대하다

55 **谦虚** qiānxū [형] 겸손하다
谦虚使人进步，骄傲使人落后。
겸손은 사람을 진보하게 하고 자만은 사람을 낙후하게 한다.

56 **亲切** qīnqiè [형] ① 친절하다, ② 친근하다
对别人很亲切 타인에게 매우 친절하다
通俗亲切的歌词 대중적이고 친근한 가사

57 **勤奋** qínfèn [형] 근면하다
他从小就勤奋好学。
그는 어릴 때부터 근면하고 배우기를 좋아했다.

58 **商务** shāngwù [명] 상업상의 용무, 비즈니스
电子商务 전자 상거래
商务汉语 비즈니스 중국어

59 **青春** qīngchūn [명] 청춘, 젊음
保持青春 젊음을 유지하다

60 **热心** rèxīn [형] 열심이다
他们都在热心为顾客服务。
그들은 모두 열심히 고객을 위해 서비스하고 있다.

61 **傻** shǎ [형] 어리석다, 우둔하다
傻瓜 바보, 멍청이
装傻 멍청한 척하다
那时我做了很多傻事。그때 나는 많은 바보 같은 짓을 했다.

62 **善良** shànliáng [형] 선량하다, 착하다
老板又亲切又善良。사장은 친절하기도 하고 또 착하다.

63 **坦率** tǎnshuài [형] 솔직하다
请把心情坦率地讲一讲。마음을 솔직하게 얘기해 주세요.

64 **体贴** tǐtiē [동] 자상하게 돌보다
他对女朋友特别体贴。그는 여자 친구에게 매우 자상하다.

65 **天真** tiānzhēn [형] 천진하다
天真可爱 천진하고 사랑스럽다
你想得太天真了。넌 생각을 너무 순진하게 한다.

66 温柔 wēnróu [형] 온유하다, 부드럽고 상냥하다
他既温柔又体贴。 그는 부드럽고 또 자상하다.

67 孝顺 xiàoshùn [동] 효도하다 [형] 효성스럽다
小王对父母很孝顺。 샤오왕은 부모님에게 매우 효성스럽다.

68 虚心 xūxīn [형] 겸허하다
虚心学习 겸허하게 배우다
虚心接受~意见 의견을 겸허히 받아들이다
虚心使人进步 겸손은 사람을 진보하게 한다(=谦虚使人进步)

69 严肃 yánsù [형] 엄숙하다
老师的表情很严肃。 선생님의 표정은 매우 엄숙하다.

70 英俊 yīngjùn [형] 영준하다, 잘생기다, 재능이 출중하다
英俊的小伙子 영준한 젊은이

71 勇气 yǒngqì [명] 용기
他的勇气真让人佩服。
그의 용기는 정말 사람을 탄복하게 한다.

72 周到 zhōudào [형] 주도 면밀하다
服务很周到 서비스가 주도면밀하다
准备得很周到 준비가 주도면밀하다

73 自私 zìsī [형] 이기적이다
这样做有些自私。
이렇게 하는 것은 좀 이기적이다.

74 消极 xiāojí [형] 소극적이다, 부정적이다
消极的态度 소극적인 태도
消极的情绪 부정적인 정서
消极的影响 부정적인 영향
비교 '消极'는 '소극적이다'는 뜻 외에도 '부정적이다'는 뜻도 있고, '积极'는 '적극적이다' 외에도 '긍정적이다'는 뜻도 있다.

75 胆小鬼 dǎnxiǎoguǐ [명] 겁쟁이
他简直是个胆小鬼。 그는 그야말로 겁쟁이다.

4. 관계

76 敌人 dírén [명] 적
冲向敌人 적을 향해 돌진하다
敌人退走了 적이 물러갔다

77 对方 duìfāng [명] 상대방
尊重对方的意见 상대방의 의견을 존중하다

78 对手 duìshǒu [명] 상대, 적수
竞争对手 경쟁 라이벌
你可不是我的对手。 너는 절대 나의 적수가 못 돼.
비교 双方 쌍방

79 隔壁 gébì [명] 옆집
隔壁住着一对上年纪的夫妻。
옆집에 나이가 지긋한 노부부 한 쌍이 살고 있다.
비교 '邻居'는 사람(이웃)으로 인식하는 것이 좋고 '隔壁'는 장소(옆집)로 인식하는 것이 좋다.

80 陌生 mòshēng [형] 낯설다(↔熟悉)
陌生人 낯선 사람
这里的一切都很陌生。 이곳의 모든 것이 낯설다.

81 双方 shuāngfāng [명] 쌍방
得听听双方的意见。 쌍방의 의견을 모두 들어봐야 한다.

82 彼此 bǐcǐ [대] 피차, 서로
彼此彼此 피차 일반이다
他们彼此很喜欢。 그들은 서로 좋아한다.

83 主人 zhǔrén [명] 주인
小狗朝主人摇了摇尾巴。
강아지는 주인을 향해 꼬리를 흔들었다.

84 伙伴 huǒbàn [명] 동료, 짝, 파트너
合作伙伴 협력 파트너

5. 일상생활

85 **熬夜** áoyè [동] 밤새다, 철야하다
熬夜学习 밤새워 공부하다
熬夜看电影 밤새워 영화를 보다
经常熬夜有害健康。 자주 밤새는 것은 건강에 해롭다.

86 **打交道** dǎjiāodào [동] ① 왕래하다 ② (사물과) 접촉하다
不要和这种人打交道。 그런 사람과 상종하지 마라.
他的工作整天都跟电脑打交道。 그의 일은 하루 종일 컴퓨터와 함께한다.

87 **交往** jiāowǎng [동] (남녀가) 교제하다, (인간 관계로) 왕래하다
他们交往已经100天了。 그들은 사귄 지 벌써 100일이 되었다.

88 **包裹** bāoguǒ [명] 소포
签收包裹 사인하고 소포를 수령하다
拆开包裹 소포를 뜯다

89 **公寓** gōngyù [명] 아파트
一套公寓 한 채의 아파트

90 **单元** dānyuán [명] (교재 등의) 단원, (아파트·빌딩 등의) 현관
他是咱们一单元的邻居。 그는 우리 1동의 이웃이다.

91 **卧室** wòshì [명] 침실
儿子的卧室里到处都是玩具。
아들의 방에는 온통 장난감이다.

92 **被子** bèizi [명] 이불
盖被子 이불을 덮다
被子很厚 이불이 두껍다
被子很薄 이불이 얇다

93 **窗帘** chuānglián [명] 커튼
拉上窗帘 커튼을 치다
拉开窗帘 커튼을 걷다
把窗帘拆下来洗一洗 커튼을 뜯어내서 빨다

94 **印刷** yìnshuā [동] 인쇄하다
重新印刷 다시 인쇄하다
印刷名片 명함을 인쇄하다
印刷得有些模糊 인쇄가 약간 흐릿하게 되었다

95 **锅** guō [명] 솥
火锅 훠궈(중국식 샤브샤브)
饭锅 전기 밥솥

96 **叉子** chāzi [명] 포크
用叉子吃水果 포크로 과일을 먹다

97 **地毯** dìtǎn [명] 양탄자, 융단, 카펫
一只耳环掉在地毯上了。 한쪽 귀걸이가 카펫 위에 떨어졌다.
비교 毛毯 모포, 담요 | 电热毯 전기 장판

98 **抽屉** chōuti [명] 서랍
钥匙在抽屉里。 열쇠는 서랍 안에 있다.

99 **玻璃** bōli [명] 유리
玻璃杯 유리컵
把玻璃瓶打碎了 유리병을 깨뜨렸다

100 **恭喜** gōngxǐ [동] 축하하다(=祝贺)
恭喜发财! 부자 되세요!
恭喜您获得世界冠军。 세계 챔피언이 되신 것을 축하해요.

3일차

101 **肥皂** féizào [명] 비누
油迹很难用肥皂洗掉。 기름 자국은 비누로 씻어 내기 힘들다.
비교 香皂 세숫비누

102 **冲** chōng [동] ① 물에 풀다 ② 물로 씻어 내다 ③ 충돌하다 ④ 돌진하다 ⑤ chòng [개] ~을 향하여
冲奶粉 분유를 타다
冲咖啡 커피를 타다
冲进家里 방 안으로 뛰어 들어가다

洪水冲走了一切 홍수가 모든 것을 쓸어가 버렸다
对不起，我冲你发脾气了。 미안, 너한테 화내서.

103 **阳台** yángtái [명] 베란다
这种花适合放阳台。 이 꽃은 베란다에 놓는 것이 알맞다.

104 **书架** shūjià [명] 책꽂이
书架上有很多儿童读物。 책장에는 많은 아동 도서가 있다.
[비교] 书柜 책장 | 书房 서재 | 货架 상품 진열대

105 **车库** chēkù [명] 차고
地下车库 지하 차고
把车开出车库 차를 차고에서 몰고 나오다

106 **摆** bǎi [동] 놓다(≒放), 흔들다
摆手 손을 흔들다, 손사래를 치다(거절의 표시)
把碗筷摆好 밥그릇과 젓가락을 잘 놓다

107 **插** chā [동] 꽂다, 삽입하다
插花 꽃꽂이
插画 삽화
插头 플러그
插嘴 말참견하다
插队 새치기를 하다(↔ 排队)

108 **管子** guǎnzi [명] 관, 호스, 파이프
煤气管子 가스관
自来水管道 상수도관

109 **灰** huī [명] 재, 먼지
灰色 회색 | 灰尘 먼지
灰心 낙심하다

110 **灰尘** huīchén [명] 먼지
吸尘器 청소기
一层厚厚的灰尘 한 층의 두꺼운 먼지

111 **漏** lòu [동] 새다, 새나가다
下水道漏水 하수도에 물이 샌다

112 **舒适** shūshì [형] 편안하다, 쾌적하다
舒适的环境 쾌적한 환경

113 **功能** gōngnéng [명] 기능
智能手机有很多功能。 스마트폰은 많은 기능을 가지고 있다.

114 **日用品** rìyòngpǐn [명] 일용품
我在网上买了点日用品。 나는 인터넷으로 일용품을 좀 샀다.

115 **尺子** chǐzi [명] 자
用尺子量量这条鱼的长短。 자로 이 물고기의 길이를 재 봐.

116 **充电器** chōngdiànqì [명] 충전기
忘了带充电器 충전기 챙기는 것을 깜빡하다

117 **夹子** jiāzi [명] 집게, 폴더
夹菜 음식을 집다
文件夹 서류철, (컴퓨터) 폴더
老鼠夹子 쥐덫

118 **火柴** huǒchái [명] 성냥
一根火柴 한 개의 성냥개비
一盒火柴 한 통의 성냥

119 **剪刀** jiǎndāo [명] 가위
用剪刀拆开包裹 가위로 소포를 풀다
[비교] 剪纸 jiǎnzhǐ 전지(중국의 전통 민간 공예의 일종)

120 **胶水** jiāoshuǐ [명] (붙이는) 풀
他用胶水把照片贴在简历上了。
그는 풀로 사진을 이력서에 붙였다.

121 **时差** shíchā [명] 시차
适应时差 시차에 적응하다
时差倒过来很难受 시차가 바뀌어서 괴롭다

122 **铃** líng [명] 벨
彩铃 컬러링
门铃响了 초인종이 울렸다.

123 **扇子** shànzi [명] 부채
电扇 선풍기 | 扇扇子 부채를 부치다
这把扇子两面都有一幅山水画。
이 부채의 양면은 모두 산수화가 있다.

124 **分手** fēnshǒu [동] 헤어지다, (남녀가) 이별하다
　　干脆分手 깨끗하게 헤어지다
　　舍不得分手 헤어지기 아쉽다

125 **绳子** shéngzi [명] 새끼, 밧줄
　　跳绳 줄넘기
　　这个绳子怎么断了? 이 밧줄이 왜 끊어졌지?

126 **实用** shíyòng [형] 실용적이다
　　这个家具既便宜又实用。 이 가구는 싸면서 실용적이다.

127 **梳子** shūzi [명] 빗
　　她拿起梳子又梳了一遍头发。
　　그는 빗을 들어 또 한 번 머리를 빗었다.

128 **锁** suǒ [명] 자물쇠 [동] 잠그다
　　门没有锁 문이 잠기지 않았다
　　保险柜锁着 금고가 잠겨 있다
　　别忘记锁好。 문 잠그는 거 잊지 마.
　　这把锁的设计非常巧妙。 이 자물쇠의 설계는 매우 절묘하다.

129 **玩具** wánjù [명] 장난감
　　玩具车 장난감 자동차
　　把这些玩具送到幼儿园吧。
　　이 장난감들을 유치원에 보내세요.

130 **用途** yòngtú [명] 용도
　　竹子的用途很广(泛)。 대나무의 용도는 매우 넓다.

131 **钟** zhōng [명] 종, 시각
　　3点钟 3시 | 10秒钟 10초간
　　闹钟 자명종 시계

132 **装饰** zhuāngshì [동] 장식하다
　　姐姐的卧室装饰得很漂亮。
　　누나의 방은 매우 예쁘게 꾸며 놨다.
　　비교 装修 인테리어하다

133 **日历** rìlì [명] 달력
　　翻日历 달력을 넘기다
　　비교 阴历 음력(=农历) | 阳历 양력

6. 음식

134 **种类** zhǒnglèi [명] 종류
　　种类繁多 종류가 많다
　　商品种类 상품 종류

135 **开水** kāishuǐ [명] 끓인 물
　　用开水沏茶 끓인 물로 차를 우리다
　　被开水烫伤了手 끓은 물에 손을 데였다

136 **粮食** liángshi [명] 양식, 식량
　　爱惜粮食 식량을 아끼다

137 **食物** shíwù [명] 음식, 먹이
　　狐狸在寻找食物。 여우가 먹이를 찾고 있다.

138 **馒头** mántou [명] 만두(소를 넣지 않고 밀가루만을 발효시켜 만든 것)
　　蒸馒头 만두를 찌다

139 **点心** diǎnxin [명] (떡·과자·빵·케이크 등과 같은) 간식(거리)
　　这些点心已经过期了。 이 간식들은 이미 유통 기한이 지났다.

140 **零食** língshí [명] 간식, 주전부리
　　适当地吃零食有助于恢复精力。
　　적당하게 주전부리하는 것은 힘을 회복하는 데 도움이 된다.
　　비교 零钱 잔돈 | 零件 부품

141 **花生** huāshēng [명] 땅콩
花生是一个很好的零食。 땅콩은 좋은 간식이다.

142 **蔬菜** shūcài [명] 채소
蔬菜很新鲜 채소가 신선하다
蔬菜价格上涨 채소 가격이 오르다
多吃点儿蔬菜 채소를 좀 많이 먹다

143 **黄瓜** huángguā [명] 오이
他对黄瓜过敏。 그는 오이 알레르기가 있다.

144 **辣椒** làjiāo [명] 고추
辣椒粉 고춧가루 | 辣椒酱 고추장
不要放辣椒。 고추는 넣지 마.

145 **土豆** tǔdòu [명] 감자
炒土豆丝 감자채볶음

146 **豆腐** dòufu [명] 두부
臭豆腐 (냄새가 아주 특이한) 발효 두부
豆腐具有很高的营养价值。
두부는 높은 영양 가치를 가지고 있다.

147 **烤鸭** kǎoyā [명] 오리 구이
这家餐厅的烤鸭很地道。 이 식당의 오리구이는 정통이다.

148 **香肠** xiāngcháng [명] 소시지
三根香肠 세 개의 소시지

149 **酱油** jiàngyóu [명] 간장
酱油都用完了。 간장을 다 썼다.

4일차

150 **醋** cù [명] 식초
吃醋 질투하다
醋放多了，很酸。 식초가 많이 들어가서 시다.
醋可以促进消化。 식초는 소화를 촉진시킬 수 있다.

151 **海鲜** hǎixiān [명] 해산물

他对海鲜过敏。 그는 해산물에 알레르기가 있다.

152 **过期** guòqī [동] 기한이 지나다
这张优惠券已经过期了。 이 쿠폰은 이미 기한이 지났다.

153 **胃口** wèikǒu [명] 식욕, 입맛(=口胃)
胃口好 입맛이 좋다
没有胃口 식욕이 없다, 입맛이 없다
不合我的胃口 나의 입맛에 안 맞다

154 **果实** guǒshí [명] 과실
果实还没成熟 과실이 아직 익지 않았다

155 **桔子** júzi [명] 귤
这个桔子又大又甜。 이 귤은 크고도 달다.

156 **桃** táo [명] 복숭아
桃树上结满了果实。 복숭아 나무에 과실이 주렁주렁 열렸다.
비교 挑 tiāo 고르다 | 逃 táo 도망치다

157 **梨** lí [명] 배
吃梨对嗓子很好。 배를 먹으면 목에 좋다.

158 **炒** chǎo [동] 볶다
炒饭 볶음밥 | 炒花生 땅콩을 볶다 | 炒土豆丝 감자채볶음

159 **油炸** yóuzhá [동] 기름에 튀기다
油炸食品 튀긴 음식

160 **煮** zhǔ [동] 삶다
煮咖啡 커피를 끓이다
肉煮好了 고기가 다 삶아졌다
비교 堵 dǔ 막히다 | 猪 zhū 돼지

161 **壶** hú [명] 주전자
水壶 물주전자 | 一壶茶 한 주전자의 차

162 **嫩** nèn [형] (음식이) 부드럽다, 연하다
鲜嫩 (음식이) 신선하고 연하다
皮肤白嫩 피부가 희고 보드랍다
肉都煮嫩了 고기가 부드럽게 삶아졌다

163 **清淡** qīngdàn [형] 맛이 담백하다, 연하다, 싱겁다
我吃得清淡，请不要加盐。
저는 좀 싱겁게 먹으니까 소금은 넣지 마세요.

164 **醉** zuì [동] 취하다(↔ 醒)
喝醉了 술이 취했다
喝一杯就醉了。한 잔 마시고 바로 취했다.

165 **口味** kǒuwèi [명] 입맛
合~口味 입맛에 맞다

비교 '胃口'는 먹고 싶은 욕구인 '식욕'이라는 뜻도 있고 좋아하는 맛을 가리키는 '입맛'이라는 두 개의 뜻을 가지고 있다. 하지만 '口味'는 '식욕'의 뜻은 없고 오직 **좋아하는 맛을 가리키는 '입맛'**이라는 뜻만 있다.

166 **冰激凌** bīngjilíng [명] 아이스크림(=冰淇淋 bīngqílín)
爱吃冰激凌 아이스크림을 좋아한다

167 **酒吧** jiǔbā [명] 술집, 바
经营酒吧 술집을 경영하다
酒吧的生意不错 술집의 장사가 잘 된다

168 **宴会** yànhuì [명] 연회, 파티
出席宴会的嘉宾 연회에 참석한 귀빈

169 **营养** yíngyǎng [명] 영양
营养丰富 영양이 풍부하다
营养全面 영양이 골고루 있다
吸收营养 영양을 흡수하다
补充营养 영양을 보충하다
营养价值 영양 가치
营养成分 영양 성분

170 **玉米** yùmǐ [명] 옥수수
煮玉米 삶은 옥수수, 옥수수를 삶다

171 **结账** jiézhàng [동] 결제하다(=付款)
排队结账 줄 서서 계산하다
用现金来结账 현금으로 결제하다

7. 복식(의복)

172 **服装** fúzhuāng [명] 복장, 의상
服装设计 의상 디자인
服装出口 의류 수출

173 **设计** shèjì [동] 설계하다, 디자인하다
服装设计 의상 디자인
巧妙的设计 절묘한 설계
独特的设计 독특한 디자인

174 **围巾** wéijīn [명] 목도리
戴围巾 목도리를 하다
织围巾 목도리를 짜다
一条围巾 목도리 하나

175 **手套** shǒutào [명] 장갑
戴手套 장갑을 끼다

176 **牛仔裤** niúzǎikù [명] 청바지
被洞牛仔裤 찢어진 청바지(찢청)
这种牛仔裤一点儿也不结实。
이 청바지는 하나도 질기지 않다.

177 **系领带** jì lǐngdài 넥타이를 매다
你能教我怎么系领带吗?
나한테 넥타이 매는 법을 가르쳐 줄래?
비교 系安全带 jì ānquándài 안전벨트를 매다

178 **耳环** ěrhuán [명] 귀걸이
戴耳环 귀걸이를 하다
作为订婚礼物，他送了她个宝石耳环。
약혼 선물로 그는 그녀에게 보석 귀걸이를 선물했다.

179 项链 xiàngliàn [명] 목걸이
  他打算送给女朋友一条项链。
  그는 여자 친구에게 목걸이를 선물할 생각이다.

180 特色 tèsè [명] 특색
  很有特色 매우 특색 있다
  特色菜 특색 요리

181 时髦 shímáo [형] 유행하다, 현대적이다, 세련되다
  赶时髦 유행을 좇다
  穿着时髦 옷차림이 세련되다
  꿀팁 비교적 짧은 시간 동안 유행하는 것.

182 时尚 shíshàng [명] 시대적 유행 [형] 유행하다
  目前最时尚的运动 현재 가장 유행하는 운동
  꿀팁 많은 사람들이 따라하고 생활 각 방면에 쓴다.

183 色彩 sècǎi [명] 색채, 성향
  神话色彩 신화적 색채
  色彩单调 색채가 단조롭다
  彩虹的色彩 무지개의 색채

184 显得 xiǎnde [동] ~하게 보이다(≒看起来)
  显得很年轻 젊어 보이다
  显得很疲劳 피곤해 보이다
  显得很成熟 성숙해 보이다

8. 혼례·상례

185 恋爱 liàn'ài [동] 연애하다 [명] 연애
  谈恋爱 연애를 하다 | 失恋 실연하다

186 婚礼 hūnlǐ [명] 결혼식, 혼례
  参加婚礼 결혼식에 참석하다
  举行婚礼 결혼식을 거행하다
  豪华婚礼 호화 결혼식

187 交换 jiāohuàn [동] 교환하다
  交换意见 의견을 교환하다
  交换礼物 선물을 교환하다

188 戒指 jièzhi [명] 반지
  钻石戒指 다이아몬드 반지
  给女朋友戴戒指 여자 친구에게 반지를 끼워 주다

189 嫁 jià [동] 시집가다(↔ 娶)
  她真不想嫁给那种男人。
  그녀는 정말이지 그런 남자에게 시집가고 싶지 않았다.

190 娶 qǔ [동] 장가들다(↔ 嫁)
  娶媳妇儿 장가들다

191 婚姻 hūnyīn [명] 혼인, 결혼
  婚姻生活幸福美满 결혼 생활이 행복하고 아름답다

192 怀孕 huáiyùn [동] 임신하다
  她已怀孕五个月。그녀는 이미 임신한 지 5개월이 되었다.

193 亲爱 qīn'ài [형] 친애하다, 사랑하다
  亲爱的各位先生和女士 친애하는 신사 숙녀 여러분

194 家庭 jiātíng [명] 가정
  家庭妇女 가정주부
  建立家庭 가정을 꾸리다
  家庭和睦 가정이 화목하다

195 家务 jiāwù [명] 집안일
  家务活儿 집안일
  分担家务 집안일을 분담하다

196 离婚 líhūn [동] 이혼하다
  他们结婚没几年就离婚了。
  그들은 결혼하지 몇 년 되지 않아 이혼했다.

197 去世 qùshì [동] 돌아가다, 세상을 뜨다
  他的父亲在夜里去世了。그의 아버지는 밤에 돌아가셨다.

9. 감각

198 **冻** dòng [동] 얼다, 춥다, 손발이 얼다
冻得全身发抖 추워서 온몸을 떨다

199 **烫** tàng ① [형] 몹시 뜨겁다 ② [동] 데다 ③ [동] 다리미질하다
烫(头)发 머리를 파마하다
被开水烫伤了 끓는 물에 화상을 입었다

200 **温暖** wēnnuǎn [형] 따뜻하다 [동] 따뜻하게 하다
气候温暖 기후가 온난하다
微笑可以温暖受伤的心。
미소는 상처 받은 마음을 따뜻하게 할 수 있다.

5일차

201 **痒** yǎng [형] 가렵다
这个小孩子皮肤过敏, 总是发痒。
이 아이는 피부 알레르기가 있어서 늘 가려워한다.
비교 羊 yáng 양(동물)

202 **晕** yūn [형] 어지럽다 [동] 현기증이 나다
头晕 머리가 어지럽다
晕倒 쓰러지다/기절하다
晕车 yùnchē 차멀미하다
晕船 뱃멀미를 하다

10. 오관 동작

203 **表情** biǎoqíng [명] 표정
表情严肃 표정이 엄숙하다
表情很逗 표정이 매우 웃기다

204 **吵架** chǎojià [동] 다투다, 말싸움하다
从来没吵过架 지금까지 다툰 적이 없다

205 **称赞** chēngzàn [동] 칭찬하다(≒赞美)
称赞也需要技巧。 칭찬에도 기술이 필요하다.

206 **承认** chéngrèn [동] 인정하다
承认事实 사실을 인정하다
承认现实 현실을 인정하다
犯了错误应该及时承认。
잘못을 했으면 바로 인정을 해야 한다.
꿀팁 '승인하다'로 해석하지 않도록 주의해야 한다.

207 **假设** jiǎshè [동] 가정하다, 가설하다 [명] 가정
假设得到证明 가설이 증명되다
假设最坏的情况 최악의 상황을 가정하다

208 **出示** chūshì [동] 제시하다
出示驾照 운전면허증을 제시하다
出示身份证 신분증을 제시하다

209 **吹** chuī [동] 입으로 불다, (남녀가) 헤어지다
吹牛 허풍떨다
吹蜡烛 촛불을 끄다
吹口哨 휘파람을 불다
吹来一阵风 한 차례 바람이 불다

210 **催** cuī [동] 재촉하다
别催我了, 我自己也很着急。 재촉하지 마, 나도 조급하니까.

211 **呆** dāi [동] 머무르다(≒待) [형] 멍하다
发呆 멍하다/멍해지다
吓呆 놀라서 멍해지다
你在中国呆了多久? 넌 중국에 얼마 동안 있었어?

212 **打听** dǎting [동] 물어보다, 알아보다(≒询问)
到处打听 여기저기 물어보다
비교 咨询 자문하다

213 **询问** xúnwèn [동] 물어보다
不停地询问 끊임없이 물어보다

214 **答应** dāying [동] 동의하다(≒同意/允许), 응답하다
答应~要求 ~의 요구를 들어 주다
答应~请求 ~의 부탁을 들어 주다

我说什么，爸爸都答应我。
내가 무슨 말을 하든 아빠는 다 들어 주신다.

215 **点头** diǎntóu [동] 고개를 끄덕이다(긍정 표시)
(↔ 摇头 고개를 가로젓다)
他点了点头就答应了。 그는 고개를 끄덕이더니 곧 동의했다.
비교 低头 고개를 떨구다 | 抬头 고개를 들다

216 **喊** hǎn [동] 소리치다
大声喊 큰 소리로 외치다
비교 咸 xián 짜다

217 **废话** fèihuà [명] 쓸데없는 말 [동] 쓸데없는 말을 하다
少废话! 허튼 소리 좀 그만해!
비교 半途而废 중도 포기하다

218 **胡说** húshuō [동] 헛소리하다, 함부로 말하다
胡说八道 허튼 소리를 하다

219 **沟通** gōutōng [동] 소통하다
沟通感情 감정을 소통하다
与陌生人沟通 낯선 사람과 소통하다

220 **夸** kuā [동] 칭찬하다
大家都夸她做事很认真。
사람들은 그녀가 일을 열심히 한다고 칭찬한다.
비교 吃亏 손해 보다 | 夸张 과장하다 | 夸奖 칭찬하다

221 **握手** wòshǒu [동] 악수하다
主动握手 주동적으로 악수하다
伸出手握手 손을 내밀어 악수하다
与人握手时要保持微笑。
다른 사람과 악수할 때는 미소를 유지하라.

222 **浏览** liúlǎn [동] 훑어보다
浏览生词 단어를 훑어보다
浏览报纸 신문을 훑어보다
浏览网站 사이트를 훑어보다
비교 游览 유람하다

223 **骂** mà [동] 욕하다, 꾸짖다(≒批评/责备)

你会被妈妈骂的。 너는 엄마한테 야단 맞을 거야.
张口就骂 입만 열면 욕이다

224 **念** niàn [동] 소리 내어 읽다, 생각하다, 학교에 다니다, 그리워하다
怀念 그리워하다
纪念 기념하다
观念 관념 | 概念 개념
念书 학교에 다니다, 책을 읽다

225 **瞧** qiáo [동] 보다(=看)
瞧不起 얕보다(=看不起)
瞧你说的，我没有这么坏。
말하는 것 좀 봐, 나는 그렇게 나쁜 사람이 아냐.

226 **说服** shuōfú [동] 설득하다
谁也说服不了他。 누구도 그를 설득하지 못한다.

227 **微笑** wēixiào [명] 미소
握手时要保持微笑。 악수할 때는 미소를 유지해야 한다.
她的脸上总是带着微笑。 그녀는 늘 얼굴에 미소를 띠고 있었다.

228 **闻** wén [동] ① 듣다 ② 냄새를 맡다
难闻 냄새가 고약하다
世界闻名 세계적으로 유명하다
这些花闻起来很香。
이 꽃들은 냄새를 맡아 보면 매우 향기롭다.

229 **威胁** wēixié [동] 위협하다
酒后驾驶会威胁到别人的安全。
음주 운전은 다른 사람의 안전을 위협할 수도 있다.

230 **问候** wènhòu [동] 안부를 묻다
请代我问候老师。 저 대신 선생님께 안부를 전해 주세요.

231 **吻** wěn [동] 키스하다
昨晚我吻她了。 나는 어젯밤 그녀와 키스했다.

232 **叙述** xùshù [동] 서술하다
叙述方式 서술 방식
客观的叙述 객관적인 서술
叙述事故发生的过程 사고가 발생한 과정을 서술하다

233 **吵** chǎo [동] 말다툼하다 [형] 시끄럽다, 떠들썩하다
　　吵架 말다툼하다/다투다
　　吵得不耐烦 시끄러워 못 견디겠다
　　这里太吵了。여기는 너무 시끄러워.

234 **咬** yǎo [동] 물다, 깨물다
　　咬咬牙坚持下来 이를 악물고 버텼다
　　胳膊被虫子咬了，很痒。
　　팔을 벌레에 물려서 너무 가렵다.

235 **议论** yìlùn [동] 의론하다, 왈가왈부하다
　　议论纷纷 의견이 분분하다
　　在背后议论别人 뒷담화하다

236 **偷** tōu [동] 훔치다
　　小偷 도둑
　　偷钱包 지갑을 훔치다
　　偷手表 시계를 훔치다
　　偷看 몰래 훔쳐보다
　　偷偷地抄写了答案 몰래 답안을 베껴 썼다

237 **演讲** yǎnjiǎng [동] 강연하다, 연설하다, 웅변하다 [명] 강연, 웅변
　　演讲比赛 웅변 대회

238 **赞美** zànměi [동] 찬미하다, 칭찬하다(≒称赞)
　　赞美别人 다른 사람을 칭찬하다
　　一首赞美青春的诗 한 편의 청춘을 찬미하는 시

239 **责备** zébèi [동] 꾸짖다, 탓하다
　　吃饭时尽量不要责备孩子。
　　식사할 때는 가능한 한 아이를 나무라지 마라.

240 **争论** zhēnglùn [동] 논쟁하다(≒辩论)
　　争论不休 논쟁이 끊이지 않다

241 **睁** zhēng [동] 눈을 크게 뜨다
　　睁大眼睛 눈을 크게 뜨다
　　睁一只眼闭一只眼 보고도 못 본 척하다
　　비교 挣钱 돈을 벌다

242 **咨询** zīxún [동] 자문하다, 묻다
　　咨询专家的意见 전문가의 의견을 물어보다
　　비교 询问 물어보다 | 打听 알아보다

243 **抓** zhuā [동] 꽉 쥐다, 붙잡다, 체포하다
　　抓住机会 기회를 잡다
　　抓住小偷 도둑을 잡다
　　抓紧时间 시간을 아껴서 하다, 서두르다

244 **转告** zhuǎngào [동] 말을 전하다
　　麻烦您转告他一下。죄송하지만 그에게 말 좀 전해 주세요.

11. 신체 동작

245 **踩** cǎi [동] 밟다
　　今天我在地铁里被人踩到了脚。
　　오늘 지하철에서 발을 밟혔다.

246 **拆** chāi [동] 뜯다, 헐다
　　拆房子 집을 헐다
　　拆开包裹 소포를 뜯다
　　비교 打折 할인하다

247 **抄** chāo [동] 베끼다, 옮겨 적다
　　他偷偷地抄写了答案。그는 몰래 답안을 베껴 썼다.
　　비교 炒 chǎo 음식을 볶다 | 吵 chǎo 시끄럽다, 말다툼하다 | 沙 shā 모래

248 **沉默** chénmò [동] 침묵하다 [형] 과묵하다, 말이 적다
　　保持沉默 침묵을 유지하다
　　沉默会表示同意。침묵은 동의를 표시할 수 있다.

249 **挡** dǎng [동] 가리다
窗帘挡住了窗外的美丽风景。
커튼이 창문 밖의 아름다운 풍경을 가렸다.

250 **创造** chuàngzào [동] 창조하다
创造环境 환경을 조성하다
创造纪录 기록을 세우다
创造奇迹 기적을 만들다
创造条件 여건을 조성하다

6일차

251 **刺激** cìjī [동] 자극하다 [형] 자극적이다 [명] 자극
刺激好奇心 호기심을 자극하다
刺激食欲 식욕을 자극하다
刺激大脑 대뇌를 자극하다

252 **促使** cùshǐ [동] ~하도록 촉진시키다
积累经验能促使自己不断进步。경험을 축적하면 자신으로 하여금 끊임없이 진보하게 할 수 있다.

253 **随身** suíshēn [동] 몸에 지니다, 휴대하다
随身保镖 그림자 경호원
随身携带 몸에 휴대하다
他随身带着枪。그는 몸에 총을 휴대한다.

254 **钓** diào [동] 낚시하다
钓了三条鱼。낚시로 세 마리를 잡았다.
钓鱼要有耐心。낚시는 인내심이 있어야 한다.

255 **递** dì [동] 건네다
快递 속달, 퀵 배달
请把那个文件递给我。그 서류 내게 건네주세요.

256 **逗** dòu [동] 놀리다 [형] 우습다, 재미있다
别逗我了。나 놀리지 마.
这个人很逗。그는 참 재미있는 사람이다.

257 **蹲** dūn [동] 쪼그려앉다
他蹲在地上一动也不动。
그는 바닥에 쪼그려앉아 꼼짝도 하지 않았다.

258 **躲藏** duǒcáng [동] (몸을 움직여) 피하다, 숨다
他们无处躲藏。그들은 숨을 곳이 없다.

259 **发抖** fādǒu [동] 떨다
冷得全身发抖。추워서 온몸을 떨다.

260 **翻** fān [동] ① 뒤집다, 번역하다 ② 뒤지다(찾다) ③ 전복하다
翻书 책을 넘기다
翻译 번역하다
船被风吹翻了。배가 바람에 전복되었다.
别乱翻别人的东西。남의 물건을 함부로 뒤지지 마.

261 **扶** fú [동] 부축하다, (넘어지지 않도록) 짚다
扶手 팔걸이, 손잡이, 난간
把病人扶起来 환자를 부축해 세우다
[비교] 伏 fú 엎드리다

262 **盖** gài [동] 덮다
盖儿/盖子 덮개, 뚜껑
被子没盖好，因此得了感冒。
이불을 잘 덮지 않아서 감기에 걸렸다.

263 **搞** gǎo [동] 하다, 종사하다
搞糊涂 헷갈리다
搞清楚 정확하게 하다

264 **滚** gǔn [동] 구르다, 꺼지다
滚雪球 눈을 굴리다
摇滚音乐 록 음악/로큰롤
滚! 꺼져!

265 **系** ① jì [동] 매다 ② xì [명] 전공
系鞋带 신발 끈을 매다
系安全带 안전벨트를 매다
系领带 넥타이를 매다
中文系 중문과

266 **浇** jiāo [동] 물을 주다
给花浇水 꽃에 물을 주다(=浇花)
[비교] 发烧 fāshāo 열이 나다

267 挥 huī [동] 흔들다
挥手告别 손을 흔들고 작별 인사를 하다

268 捡 jiǎn [동] ① 줍다 ② 고르다, 선택하다
捡垃圾 쓰레기를 줍다(↔ 扔垃圾)
捡到一个戒指 반지 하나를 주웠다
先捡重要的事去做 먼저 중요한 일부터 골라 하다

269 撞 zhuàng [명] 부딪히다, 충돌하다
撞在墙上 벽에 부딪히다
撞在卡车上 트럭에 부딪히다
被汽车撞了 차에 치었다

270 捐 juān [동] 기부하다
捐款 돈을 기부하다
把财产都捐给社会 재산을 모두 사회에 기부하다

271 砍 kǎn [동] (도끼 등으로) 찍다, 패다
砍柴 나무를 하다

272 拦 lán [동] 막다
你真要走的话，我不会拦你的。
네가 정말 가야 한다면 난 막지 않을게.
비교 '挡(막다)'은 객관적인 상태에서 비롯된 것이고, '拦(막다)'은 주관적인 행위에서 비롯된 '막다'는 뜻이다.

273 描写 miáoxiě [동] 묘사하다
形象地描写 형상적으로 묘사하다
他很仔细地描写了当时的情景。
그는 아주 자세하게 당시의 광경을 묘사했다.

274 摸 mō [동] 쓰다듬다
摸一摸头 머리를 쓰다듬다
摸不着头脑 갈피를 못 잡겠다

275 拍 pāi [동] 치다
拍手 박수 치다
拍照 사진을 찍다
拍电影 영화를 촬영하다
拍肩膀 어깨를 두드리다

276 鼓掌 gǔzhǎng [동] 손뼉을 치다, 박수하다

热烈鼓掌 뜨겁게 박수하다
鼓掌欢迎 박수로 환영하다
비교 掌声 zhǎngshēng 박수 소리

277 碰 pèng [동] 부딪히다
昨天我在路上碰见一个老同学。
길에서 우연히 옛 동창을 만났다.

278 披 pī [동] 걸치다
披着外套 외투를 걸치다

279 签 qiān [동] 사인하다, 서명하다
签合同 계약서에 사인하다/계약을 체결하다
请您在合同上签字。계약서에 사인해 주세요.

280 抢 qiǎng [동] 빼앗다, 강탈하다, 앞다투어 ~하다
抢银行 은행을 털다
抢着购买 앞다투어 구매하다
비교 枪 qiāng 총

281 切 qiē [동] 자르다, 끊다
切西瓜 수박을 자르다

282 伸 shēn [동] 뻗다, 내밀다
伸手 손을 내밀다
伸展运动 스트레칭

283 撕 sī [동] 찢다
撕掉合同 계약서를 찢어 버리다
把~撕碎 ~을 갈기갈기 찢어 버리다
他从本子上撕下一张纸来。
그는 공책에서 종이 한 장을 찢어 냈다.

284 逃 táo [동] 도망치다
逃避 도피하다
逃课 수업에 빠지다
비교 桃 táo 복숭아 | 挑 tiāo 고르다, 선택하다 | 跳 tiào 뛰어오르다

285 吐 tù [동] 토하다
晕车把食物全吐了。차멀미로 음식을 모두 토했다.

286 退 tuì [동] 물러나다, (구매한 물건을) 반환하다, 물리다
　　退货 환불하다
　　退步 퇴보하다
　　退休 퇴직하다
　　退房 체크아웃하다

287 往返 wǎngfǎn [동] 왕복하다
　　往返机票 왕복 항공권
　　往返两个小时的路程 왕복 두 시간 거리

288 行为 xíngwéi [명] 행위
　　不礼貌的行为 예의 없는 행위
　　自觉的行为 자발적인 행위

289 寻找 xúnzhǎo [동] 찾다
　　寻找机会 기회를 찾다
　　寻找食物 먹이를 찾다
　　到处寻找 여기저기 찾다

290 摇 yáo [동] 흔들다
　　摇头 고개를 가로젓다 (↔ 点头)
　　摇尾巴 꼬리를 흔들다
　　비교 低头 고개를 숙이다 | 抬头 고개를 들다

291 移动 yídòng [동] 이동하다
　　向上移动 위로 이동하다
　　移动硬盘 이동식 하드디스크, 외장 하드
　　비교 移民 이민하다

292 拥抱 yōngbào [동] 포옹하다
　　紧紧拥抱 꼭 껴안다
　　免费拥抱 프리 허그

293 摘 zhāi [동] 따다, 꺾다
　　摘花 꽃을 꺾다
　　摘苹果 사과를 따다
　　摘帽子 모자를 벗다
　　비교 滴 dī 물방울

294 粘贴 zhāntiē [동] 붙이다
　　粘贴宣传画 포스터를 붙이다

295 展开 zhǎnkāi [동] 펼치다, 전개하다
　　展开讨论 토론을 펼치다
　　展开活动 행사를 펼치다
　　展开地图 지도를 펼치다

296 装 zhuāng [동] ① ~하는 척하다 ② 넣다, 담다
　　装病 꾀병 부리다
　　装糊涂 모르는 척하다
　　不懂装懂 모르면서 아는 척하다
　　卡车上装满了新设备。 트럭에는 신 설비가 가득 실렸다.

297 追 zhuī [동] 뒤쫓다, 추구하다(좇다)
　　追兔子 토끼를 쫓다
　　追时尚 유행을 좇다
　　追尾巴 꼬리를 쫓다

298 姿势 zīshì [명] 자세, 포즈
　　睡眠的姿势会影响睡眠质量。
　　수면의 자세는 수면의 질에 영향을 줄 수 있다.

299 抓紧 zhuājǐn [동] 꽉 쥐다
　　抓紧时间 시간을 아껴서 하다, 서두르다

300 信任 xìnrèn [동] 신임하다, 신뢰하다
　　失去信任 신뢰를 잃다
　　获得信任 신뢰를 얻다
　　恢复信任 신임을 회복하다
　　总裁绝对信任他。 총재는 절대적으로 그를 신임한다.

7일차

301 组织 zǔzhī [동] 조직하다, 구성하다. [명] 조직
　　这次旅游由学校组织。 이번 여행은 학교가 조직했다.

12. 감정·태도

302 **不安** bù'ān [형] 불안하다
心里不安 마음이 불안하다
产生不安之心 불안한 마음이 생기다

303 **惭愧** cánkuì [형] (자신의 실수나 잘못으로 인해) 부끄러워하다
他为自己的行为感到惭愧。
그는 자신의 행위에 부끄러움을 느꼈다.
  비교 害羞 (성격상) 수줍어하다

304 **悲观** bēiguān [형] 비관적이다(↔ 乐观)
悲观情绪 비관적인 정서
对未来悲观 미래에 대해서 비관적이다

305 **不耐烦** búnàifán [형] 귀찮다, 성가시다, 못 참다
等得不耐烦了 기다리다 참을 수 없다
我有点儿不耐烦了。 나는 좀 귀찮아졌다.
他不耐烦地说别管了。 그는 귀찮은 듯 신경 쓰지 말라고 했다.

306 **表达** biǎodá [동] (감정·생각 등을) 표현하다
表达能力 표현 능력
表达爱情 사랑을 표현하다
表达感受 느낌을 표현하다
表达谢意 감사의 뜻을 표현하다
表达自己 자신의 감정을 표현하다

307 **操心** cāoxīn [동] 신경 쓰다
妈妈别瞎操心了，这事我能处理好。
엄마 쓸데없이 신경 쓰지 마세요. 이 일은 제가 잘 처리할 수 있어요.

308 **当心** dāngxīn [동] 조심하다, 주의하다
你说话要当心。 너는 말할 때 조심해야 한다.

309 **淘气** táoqì [형] 장난이 심하다(≒调皮)
淘气鬼 장난꾸러기
太淘气了 장난이 너무 심하다

310 **调皮** tiáopí [형] 장난스럽다(≒淘气)
(↔ 乖 얌전하다, 착하다)
调皮鬼 장난꾸러기

这孩子真调皮。 이 아이는 정말 장난이 심하다.

311 **爱惜** àixī [동] 아끼다, 소중히 여기다(≒珍惜)
爱惜公物 공공 물건을 아끼다
爱惜食物 음식을 소중히 여기다
爱惜时光 시간을 소중히 여기다

312 **安慰** ānwèi [동] 위로하다
拥抱比任何安慰的话都温暖。
포옹은 어떤 위로의 말보다 따뜻하다.

313 **诚恳** chéngkěn [형] 진실되고 간절하다
道歉时要态度诚恳。 사과할 때는 태도가 진실해야 한다.

314 **倒霉** dǎoméi [형] 운이 없다, 재수 없다(↔ 幸运)
手机丢了，今天真倒霉。
핸드폰을 잃어버렸어, 오늘 정말 재수 없어.

315 **多亏** duōkuī [동] ~ 덕택이다
这次多亏了你的积极配合。
이번에 너의 적극적인 협력 덕분이야.
  비교 幸亏 [부] 다행히

316 **老实** lǎoshi [형] 솔직하다, 얌전하다
老实说 솔직히 말해서
老实能干 솔직하고 능력 있다
老实的学生 얌전한 학생

317 **夸张** kuāzhāng [동] 과장하다
他的话有些夸张，不能全信。
그의 말은 좀 과장되어서 다 믿을 수는 없다.
  비교 夸奖 kuājiǎng 칭찬하다

318 **疯狂** fēngkuáng [형] 미치다, 미친 듯이 하다(비유)
疯狂地吃 미친 듯이 먹다
疯狂地工作 미친 듯이 일하다

319 **否定** fǒudìng [동] 부정하다
不要轻易否定别人的观点。
함부로 타인의 관점을 부정하지 마라.

320 **干脆** gāncuì [형] 시원스럽다 [부] 아예, 차라리
　　干脆算了吧 차라리 관두자
　　干脆分手吧 깨끗하게 헤어지자
　　说话很干脆 말을 할 때 시원스럽다

321 **感激** gǎnjī [동] 감격하다, 감사하다(≒感谢)
　　感激你给我的帮助。 당신의 도움에 감사합니다.

322 **抱怨** bàoyuàn [동] 불평하다
　　他总是抱怨这里工作条件不好。
　　그는 늘 이곳은 업무 환경이 좋지 않다고 불평한다.

323 **发愁** fāchóu [동] 걱정하다
　　他还在为投资的事发愁。
　　그는 아직도 투자 문제 때문에 걱정하고 있다.

324 **讽刺** fěngcì [동] 풍자하다, 비꼬다
　　他没有任何讽刺的意思。 그는 어떤 비꼴 의도가 없다.

325 **感受** gǎnshòu [동] 느끼다 [명] 인상, 느낌
　　感受大自然的魅力 대자연의 매력을 느끼다

326 **感想** gǎnxiǎng [명] 감상, 느낌
　　看了那部电影后，感想很多。 그 영화를 보고 느낀 점이 많다.

327 **赶紧** gǎnjǐn [부] 재빨리, 서둘러, 얼른(≒赶快)
　　妈妈一回家就赶紧做饭。 엄마는 돌아오자마자 서둘러 밥을 했다.

328 **赶快** gǎnkuài [부] 황급히, 서둘러
　　车马上就开了，赶快上车吧。 차가 곧 출발하니 빨리 타세요.

329 **恶劣** èliè [형] 열악하다, 나쁘다
　　天气恶劣 날씨가 열악하다
　　环境恶劣 환경이 열악하다
　　态度恶劣 태도가 나쁘다

330 **好奇** hàoqí [형] 호기심이 있다, 이상하게 생각하다
　　产生好奇心 호기심이 생기다
　　他对这件事很好奇。 그는 이 일에 대해서 궁금해 한다.

331 **好客** hàokè [형] 손님 접대를 좋아하다, 손님을 좋아하다
　　当地人热情好客。 현지인은 다정하고 손님을 좋아한다.

332 **糊涂** hútu [형] 어리석다, 멍청하다, 애매하다
　　装糊涂 멍청한 척하다
　　搞糊涂 헷갈리게 하다

333 **恨** hèn [동] 증오하다, 원망하다, 미워하다
　　恨得要死 미워 죽겠다
　　我并不恨他这个人。 나는 결코 그라는 사람을 미워하지 않는다.
　　[비교] 讨厌 미워하다, 싫어하다

334 **忽视** hūshì [동] 소홀히 하다
　　忽视~价值 ~가치를 소홀히 여기다
　　不要忽视细节。 작은 부분을 소홀히 하지 마라.

335 **灰心** huīxīn [동] 낙담하다, 낙심하다
　　灰心丧气 실망하여 풀이 죽다
　　不要灰心 낙담하지 마라
　　[비교] 灰尘 먼지

336 **怀念** huáiniàn [동] 그리워하다(≒想念)
　　怀念故乡 고향을 그리워하다
　　怀念家人 가족을 그리워하다

337 **幻想** huànxiǎng [명] 환상, 상상 [동] 공상하다, 상상하다
　　充满幻想 환상으로 가득하다
　　抱有幻想 환상을 품다

338 **慌张** huāngzhāng [형] 당황하다, 허둥대다
　　他的求婚太突然了，我感到慌张。
　　그의 프로포즈가 너무 갑작스러워서 나는 당황했다.

339 **急忙** jímáng [부] 급히, 황급히
　　一下课，他就急急忙忙地走了。
　　수업을 마치자마자 그는 황급히 떠났다.

340 **寂寞** jìmò [형] 적적하다
　　一个人生活是很寂寞的。 혼자 살면 매우 외롭다.

341 **坚决** jiānjué [형] 단호하다
　　坚决反对 단호히 반대하다

坚决拒绝 단호히 거절하다
他坚决地摇摇头。 그는 단호히 고개를 저었다.

342 **坚强** jiānqiáng [형] 굳세다, 강하다
坚强的意志 강한 의지
失败让人变得更坚强。 실패는 사람을 더 강하게 만든다.

343 **谨慎** jǐnshèn [형] 신중하다
投资要谨慎。 투자는 신중해야 한다.

344 **吸取** xīqǔ [동] 흡수하다
吸取优点 장점을 흡수하다
吸取教训 교훈을 흡수하다

345 **可靠** kěkào [형] 믿을 만하다
可靠的朋友 믿을 만한 친구

346 **可怕** kěpà [형] 무섭다
老虎很可怕。 호랑이는 무섭다.
[비교] 害怕 [동] 두려워하다
她很害怕老鼠。(○) 她很可怕老鼠。(×)
[꿀팁] '害怕'는 [동사]이므로 뒤에 목적어가 올 수 있지만 '可怕'는 [형용사]이기 때문에 목적어가 올 수 없다.

347 **冷淡** lěngdàn [형] 냉담하다, 냉대하다, 쌀쌀하다
态度冷淡 태도가 냉담하다
气氛冷淡 분위기가 냉랭하다
冷淡的表情 냉담한 표정
冷淡地拒绝了 차갑게 거절했다

348 **盼望** pànwàng [동] 몹시 바라다
盼望已久的假期终于到了。
오랫동안 바랐던 휴가가 드디어 왔다.

349 **佩服** pèifú [동] 탄복하다
你的勇气真让人佩服。
그의 용기는 사람들을 탄복케 한다.

350 **迫切** pòqiè [형] 절실하다, 절박하다
迫切希望 절실하게 바라다
我的这个愿望很迫切。 나의 이 희망은 절실하다.

8일차

351 **期待** qīdài [동] 기대하다
期待越高，失望越大。 기대가 높으면 실망도 크다

352 **轻视** qīngshì [동] 경시하다, 얕보다
轻视对手 적수를 얕보다
轻视对方 상대방을 얕보다

353 **轻易** qīngyì [형] 제멋대로이다, 경솔하다, 함부로 하다
轻易放弃 쉽게 포기하다
不会轻易答应 쉽게 동의하지 않을 것이다

354 **情绪** qíngxù [명] 정서
悲观情绪 비관적 정서
调整情绪 마음을 가다듬다
控制情绪 정서를 조절하다
情绪不好 기분이 좋지 않다

355 **热爱** rè'ài [동] 몹시 사랑하다
热爱祖国 조국을 사랑하다
我热爱我的工作。 나는 내 일을 사랑한다.

356 **思考** sīkǎo [동] 생각하다, 사고하다
独立思考 독립적으로 사고하다
思考失败原因 실패 원인을 생각하다

357 **无所谓** wúsuǒwèi [동] 상관없다, 개의치 않다(≒不在乎)
对他来说，成绩好坏根本无所谓。
그에게 있어서 성적이 좋고 나쁘고는 전혀 상관없다.

358 **疼爱** téng'ài [동] 몹시 아끼다, 매우 사랑하다
爷爷奶奶非常疼爱小孙子。
할아버지와 할머니는 손주를 매우 사랑한다.

359 **体会** tǐhuì [동] 깨닫다, 이해하다, 체득하다(체험하다 ×)
没有亲身经历，体会不到这种活儿的辛苦。
직접 경험해 보지 않고서는 이런 일의 힘듦을 알지 못한다.

360 **痛苦** tòngkǔ [형] 고통스럽다
痛苦的经历 고통스러운 경험
痛苦的回忆 고통스러운 기억

感到很痛苦 고통스러워하다
缓解痛苦 고통을 완화시키다

361 **痛快** tòngkuài [형] 통쾌하다
痛快地笑 통쾌하게 웃다
玩得很痛快 재미있게 놀다

362 **委屈** wěiqu [형] 억울하다 [동] 억울하게 하다
感到很委屈 억울하다고 느끼다
小孩子委屈得哭了起来。 아이는 억울해서 울었다.

363 **无奈** wúnài [형] 어쩔 도리가 없다
无奈的选择 어쩔 수 없는 선택
无奈之下 어쩔 수 없는 상황에서

364 **吓** xià [동] 놀라게 하다, 놀라다
吓跑 놀라 도망가다
吓呆了 놀라 멍해지다
吓死我了 깜짝이야

365 **想念** xiǎngniàn [동] 그리워하다
想念家人 가족을 그리워하다
想念故乡 고향을 그리워하다

366 **想象** xiǎngxiàng [동] 상상하다
充满想象力 상상력이 충만하다
想象力很丰富 상상력이 풍부하다
很难想象 상상하기 어렵다

367 **心理** xīnlǐ [명] 심리
心理学 심리학 | 自卑心理 열등 심리
心理承受能力 심리적 인내력

368 **遗憾** yíhàn [형] 유감이다, 안타깝다(≒可惜)
遗憾的是~ 유감인 것은 ~이다
感到很遗憾 매우 유감스럽다

369 **犹豫** yóuyù [형] 망설이다
犹豫了很长时间 오랫 동안 망설였다
犹豫不决 망설이며 결정을 내리지 못하다
毫不犹豫 조금도 망설이지 않다
  비교 举棋不定 주저하다

370 **幸运** xìngyùn [명] 행운 [형] 운이 좋다(↔ 倒霉)
乐观的态度能给我们带来幸运。
긍정적인 태도는 우리에게 행운을 가져다줄 수 있다.
  비교 运气 [명] 운

371 **愿望** yuànwàng [명] 바람, 희망
实现愿望 희망을 실현하다
愿望迫切 바람이 절실하다
  비교 '愿意'는 [조동사]로 '원하다, 바라다'는 뜻이지만, '愿望'은 [명사]로 '희망, 소원, 바람'이라는 뜻이다.
我愿意/愿望参加演讲比赛。 나는 웅변 대회에 참가하길 원한다.

372 **梦想** mèngxiǎng [명] 꿈, 이상
追求梦想 꿈을 좇다
实现梦想 꿈을 이루다
梦想成真 꿈이 이루어지다

373 **珍惜** zhēnxī [동] 소중히 여기다
珍惜时间 시간을 소중히 여기다
珍惜现在 지금을 소중히 여기다
珍惜机会 기회를 소중히 여기다

374 **自豪** zìháo [형] 자랑스러워하다(=骄傲)
父亲为自己的儿子感到自豪。
아버지는 자신의 아들에 대해 자부심을 느끼고 있다.
  비교 '骄傲'는 긍정적인 뜻(자랑스러워하다)과 부정적인 뜻(자만하다)을 모두 가지고 있지만 '自豪'는 긍정적인 뜻만 가지고 있다.

375 **自觉** zìjué [형] 자발적이다 [동] 자각하다
不自觉地撒谎 자기도 모르게 거짓말을 하다
自觉的行为 자발적인 행위

376 **自愿** zìyuàn [동] 자원하다
他自愿参加海军陆战队。 그는 자원하여 해병대에 입대했다.
  비교 志愿者 자원봉사자

377 **平安** píng'ān 평안하다
平安回来 무사히 돌아오다
平安到达 무사히 도착하다
平安度过 무사히 넘기다
祝你一路平安 가시는 길에 평안하시길 빕니다(≒一路顺风)

378 匆忙 cōngmáng [형] 매우 바쁘다
下班的时候，我走得很匆忙。
퇴근할 때 나는 매우 바쁘게 걸었다.

379 追求 zhuīqiú [동] 추구하다
追求幸福 행복을 추구하다
追求梦想 꿈을 좇다
追求完美 완벽을 추구하다
追求理想 이상을 추구하다

380 灵活 línghuó [형] ① 민첩하다, 신속하다 ② 유연하다, 융통성 있다
脑子灵活 똑똑하다
灵活处理 유연하게 처리하다

381 不得了 bùdéliǎo ① [형] 대단하다, 심하다 ② [형] 큰일 났다
疼得不得了 매우 아프다
忙得不得了 정신없이 바쁘다
高兴得不得了 기뻐 어쩔 줄 모르다
꿀팁 주로 〈형용사 + 得 + 不得了〉의 형태로 쓰인다.

382 不见得 bújiàndé [부] 반드시 ~인 것은 아니다
(≒不一定/未必)
选择多不见得好。선택이 많다고 꼭 좋은 것은 아니다.

383 不要紧 búyàojǐn 괜찮다, 문제 없다(긴장하지 마라 ×)
不要紧，吃点儿药就好了。
괜찮아, 약만 좀 먹으면 좋아져.

384 看不起 kànbuqǐ [동] 깔보다(≒瞧不起)
不要随便看不起别人。다른 사람을 함부로 깔보지 마라.

385 了不起 liǎobuqǐ [형] 대단하다
这么快就通过考试，真了不起。
이렇게 빨리 시험에 통과하다니 정말 대단해.

386 舍不得 shěbude [동] 아까워하다, 안타까워하다, 아쉬워하다
舍不得离开 떠나기 아쉬워하다
舍不得分手 헤어지기 아쉬워하다
舍不得花钱 돈 쓰기를 아까워하다

387 忍不住 rěnbuzhù [동] 견딜 수 없다, 참을 수 없다
他终于忍不住生气了。그는 마침내 참지 못하고 화를 냈다.

13. 직업

388 报社 bàoshè [명] 신문사
报社记者 신문사 기자
报社的编辑部 신문사의 편집부
在一家报社兼职 한 신문사에서 아르바이트하다

389 报道 bàodào [동] 보도하다 [명] 보도
多家媒体都对这件事情进行了报道。
여러 매체가 이 일에 대해서 보도했다.

390 模特 mótè [명] 모델
模特比赛 모델 대회
模特对身材和个子有要求。
모델은 몸매와 키에 대해서 요구가 있다.

391 导演 dǎoyǎn [명] 감독, 연출자 [동] 감독하다
陈导演 진 감독
비교 导游 가이드

392 编辑 biānjí [명] 편집, 편집자 [동] 편집하다
王编辑 왕 편집자
编辑工作很辛苦 편집 업무는 매우 힘들다

393 工程师 gōngchéngshī [명] 엔지니어
他有资格当工程师。그는 엔지니어가 될 자격이 있다.

394 工人 gōngrén [명] 노동자
他过去是工人。그는 과거에 노동자였다.

395 **会计** kuàijì [명] 회계, 경리
注册会计师 공인회계사

396 **总裁** zǒngcái [명] 총재
他是一家公司的总裁。 그는 한 회사의 총재이다.

397 **领导** lǐngdǎo [명] 지도(자), 리더, 상사 [동] 지도하다
发挥领导能力 지도력을 발휘하다

398 **秘书** mìshū [명] 비서
刘秘书 류 비서
秘书要随时准备着应对各种变化。
비서는 언제나 각종 변화에 대응할 준비를 하고 있어야 한다.

399 **指挥** zhǐhuī [동] 지휘하다
警察在指挥交通。 경찰이 교통을 지휘하고 있다.

400 **采访** cǎifǎng [동] 취재하다, 인터뷰하다
接受采访 인터뷰에 응하다
采访明星 스타를 인터뷰하다
去外地采访 외지로 취재를 가다

9일차

401 **辞职** cízhí [동] 사직하다
从出版社辞职 출판사에서 사직하다
办理辞职手续 사직 수속을 하다
비교 录取 합격시키다, 뽑다 | 升职 승진하다 | 开除 해고하다 | 辞退 해고하다

402 **处理** chǔlǐ [동] 처리하다
处理问题 문제를 처리하다
灵活处理 유연하게 처리하다

403 **保险** bǎoxiǎn [명] 보험 [형] 안전하다
保险柜 금고
上保险 보험에 가입하다
购买保险 보험에 가입하다

404 **出席** chūxí [동] 참석하다, 참가하다
出席开幕式 개막식에 참석하다
出席宴会 연회에 참석하다

405 **出版** chūbǎn [동] 출판하다, 출간하다
出版社 출판사
出版新书 새책을 출판하다

406 **办理** bànlǐ [동] 처리하다, (수속을) 밟다
办理~手续 ~ 수속을 밟다, 수속하다
办理业务 업무를 처리하다
办理保险 보험에 가입하다

407 **本领** běnlǐng [명] 재능, 재주(≒能力)
学本领 재주를 익히다
画画儿的本领 그림을 그리는 재주
비교 能干 [형] 능력 있는

408 **部门** bùmén [명] 부서
销售部门 판매부
人事部门 인사부
应聘~部门 ~ 부서에 지원하다

409 **成就** chéngjiù [명] 성취, 업적 [동] 이루다
成就感 성취감
很有成就感 매우 성취감이 있다
成就一番事业 사업을 이루어내다

410 **成立** chénglì [동] ① (조직·기구 등을) 세우다
② (의견·주장 등이) 성립되다
成立公司 회사를 세우다
这种主张不能成立 이런 주장은 성립될 수 없다

411 **承担** chéngdān [동] 맡다, 책임 지다
承担责任 책임을 지다
承担工作 일을 맡다
承担任务 임무를 맡다
承担费用 비용을 책임지다
承担后果 뒷감당을 하다

412 **从事** cóngshì [동] 종사하다
从事~工作 ~한 일에 종사하다
从事~行业 ~한 업종에 종사하다
从事~活动 ~ 활동을 하다

413 措施 cuòshī [명] 조치
  采取~措施 ~ 조취를 취하다
  有效的措施 효과적인 조취

414 促进 cùjìn [동] 촉진시키다
  促进关系 관계를 촉진시키다
  促进发展 발전을 촉진시키다
  促进交流 교류를 촉진시키다
  促进消化 소화를 촉진시키다

415 打工 dǎgōng [동] 일하다, 아르바이트하다
  一边打工一边上学。
  아르바이트를 하면서 학교에 다니다.

416 待遇 dàiyù [명] 대우
  待遇很高 대우가 높다
  待遇很低 대우가 낮다
  待遇不错 대우가 괜찮다

417 大型 dàxíng [형] 대형의
  大型超市 대형 슈퍼
  大型综艺节目 대형 종합 예술 프로그램

418 单位 dānwèi [명] 회사, 직장, 단위
  被单位开除 회사에서 해고되다
  公里是计距离的单位。
  킬로미터는 길이를 세는 단위이다.

419 担任 dānrèn [동] 맡다, 담당하다
  担任国家队主教练 국가 대표팀 감독직을 맡다

420 电台 diàntái [명] 라디오 방송국
  [비교] 电视台 TV 방송국

421 发挥 fāhuī [동] 발휘하다
  发挥能力 능력을 발휘하다
  发挥作用 작용을 발휘하다
  充分(地)发挥 충분히 발휘하다

422 发明 fāmíng [동] 발명하다
  这项发明得到了专家们的肯定。
  이 발명은 전문가들의 인정을 받았다.

423 发票 fāpiào [명] 영수증
  开发票 영수증을 끊다
  [비교] 收据/小票 영수증 | 支票 수표 | 股票 주식

424 发表 fābiǎo [동] 발표하다
  发表意见 의견을 발표하다

425 发言 fāyán [동] 발언하다
  限制发言时间 발언 시간을 제한하다
  他的发言让我深受启发。
  그의 발언은 나로 하여금 큰 깨달음을 얻게 했다.

426 方案 fāng'àn [명] 방안
  设计方案 설계 방안
  制定方案 방안을 세우다
  修改方案 방안을 수정하다

427 分配 fēnpèi [동] 분배하다
  他把食物分配给了每个士兵。
  그는 모든 병사들에게 음식을 나누어 주었다.

428 分析 fēnxī [동] 분석하다
  分析原因 원인을 분석하다
  进一步分析 한층 더 분석하다
  分析股市行情 주식 시장의 시제를 분석하다

429 奋斗 fèndòu [동] 분투하다(열심히 하다)
  奋斗目标 분투 목표
  他奋斗了10年，终于买到了一套房子。
  그는 10년을 분투하여 마침내 집 한 채를 장만했다.

430 复制 fùzhì [동] 복제하다, 카피하다
  复制文件 문서를 카피하다
  [비교] 复印(복사기를 이용해) 복사하다

431 改正 gǎizhèng [동] (잘못 등을) 고치다, 개정하다
  改正错误 잘못을 고치다
  改正缺点 결점을 고치다

432 干活儿 gànhuór [동] 일을 하다, 육체 노동을 하다
  熬夜干活儿 밤새워 일하다

433 **公布** gōngbù [동] 발표하다, 공포하다
录取结果将在月底公布。
합격 결과는 장차 월말에 발표될 것이다.

434 **公开** gōngkāi [동] 공개하다 [형] 공개적이다
公开道歉 공개적으로 사과하다
公开秘密 비밀을 공개하다

435 **公平** gōngpíng [형] 공평하다
公平竞争 공정하게 경쟁하다
机会是很公平的。 기회는 공평하다.

436 **合法** héfǎ [형] 합법적이다
公正合法的处理 공정하고 합법적인 처리
合法的行为 합법적인 행위

437 **合理** hélǐ [형] 합리적이다
合理的方法 합리적인 방법
合理的价格 합리적인 가격
合理分配资源 합리적으로 자원을 분배하다

438 **合同** hétong [명] 계약(서)
签合同 계약을 체결하다
修改合同 계약서를 수정하다
请您在合同上签字。 계약서에 사인해 주세요.

439 **基本** jīběn [형] 기본적이다 [부] 거의, 대체로
基本上 기본적으로, 대체적으로
基本没问题 대체로 문제없다
基本原则 기본 원칙
基本常识 기본 상식

440 **方式** fāngshì [명] 방식
以~方式 ~한 방식으로
用~方式 ~한 방식을 이용해서
通过~方式 ~한 방식을 통하여

441 **兼职** jiānzhí [동] 겸직하다 [명] 겸직, 아르바이트
那是一份很赚钱的兼职工作。
그것은 돈을 잘 벌 수 있는 아르바이트이다.

비교 '打工(아르바이트하다)'은 [동사]이지만 '兼职'는 [명사], [동사] 모두 가능하다.

442 **风格** fēnggé [명] 스타일, 풍격, 분위기
独特风格 독특한 스타일
建筑风格 건축 양식
作品风格 작품 스타일
演讲风格 강연 스타일

443 **各自** gèzì [대명] 각자, 제각각
各自走各自的路 각자의 길을 가다
各自准备 각자 준비하다
各自付款 더치 페이하다

444 **构成** gòuchéng [동] 구성하다, 이루다
构成威胁 위협을 조성하다

445 **贡献** gòngxiàn [명] 공헌 [동] 공헌하다
做出巨大贡献 지대한 공헌을 하다
对~贡献很大 ~에 대해서 공헌이 크다

446 **调整** tiáozhěng [동] 조정하다
调整情绪 정서를 조절하다
调整结构 (글의) 구조를 조정하다
调整目光 시선을 조정하다

447 **粗糙** cūcāo [형] (질감이) 거칠다, (일하는 데 있어) 서투르다, 조잡하다
皮肤粗糙 피부가 거칠다
这个家具的做工很粗糙。 이 가구의 가공 상태는 매우 조잡하다.

448 **固定** gùdìng [형] 고정적이다 [동] 고정시키다
固定的位置 고정된 위치
固定的角度 고정된 시각

449 **培训** péixùn [동] (회사에서) 교육하다, 양성하다
培训员工 직원을 교육하다
参加培训 교육에 참가하다
钢琴培训班 피아노 학원

450 **记录** jìlù [명] 기록 [동] 기록하다
会议记录 회의 기록
删除记录 기록을 삭제하다
详细记录 상세하게 기록하다
生动地纪录情景 광경을 생동적으로 기록하다

10일차

451 纪念 jìniàn [동] 기념하다 [명] 기념물
纪念品 기념품
结婚纪念日 결혼 기념일

452 嘉宾 jiābīn [명] 손님, 게스트
出席宴会的嘉宾有100多人。
연회에 참석한 손님은 100여 명이 된다.

453 简历 jiǎnlì [명] 이력(서), 약력, 프로필
投简历 이력서를 넣다
在简历上写学历、专业以及身体状况。
이력서에 학력, 전공 및 신체 상황을 적다
비교 学历 학력 | 经历 경험(하다)

454 接待 jiēdài [동] 접대하다
接待客人 손님을 접대하다
接待游客 관광객을 접대하다

455 节省 jiéshěng [동] 절약하다
节省钱 돈을 아끼다
节省时间 시간을 절약하다
省钱省事 돈도 아끼고 수고도 던다
省时省力 시간도 아끼고 힘도 아낀다

456 结合 jiéhé [동] 결합하다
结合在一起 한데 결합시키다
传统与现代相结合 전통과 현대가 서로 결합하다

457 尽力 jìnlì [동] 최선을 다하다
尽全力 전력을 다하다
我会尽力做到最好。
저는 최선을 다해서 가장 잘 해낼 것입니다.

458 精力 jīnglì [명] 에너지, 힘
集中精力 힘을 집중시키다
花了很大精力 많은 힘을 쏟았다
把精力花在工作上 힘을 일에 쓰다

459 交际 jiāojì [동] (사교상으로) 교제하다
善于交际 교제에 능하다
不善交际 교제를 잘 못하다
交际范围很广 발이 넓다

460 交往 jiāowǎng [동] 왕래하다, 교제하다, (남녀가) 사귀다
他很少与人交往。 그는 사람들과의 교제가 아주 적다.
她跟男友交往3年后结婚了。
그녀는 남자 친구와 3년을 교제한 후 결혼했다.

461 教训 jiàoxùn [명] 교훈 [동] 꾸짖다
得到教训 교훈을 얻다
吸取教训 교훈을 흡수하다
记住教训 교훈을 기억하다
教训了一顿 한 차례 야단을 쳤다

462 阶段 jiēduàn [명] 단계
处于起步阶段 걸음마 단계에 처해 있다
收尾阶段 마무리 단계
비교 台阶 계단

463 借口 jièkǒu [명] 핑계
找借口 핑계를 대다
以工作忙为借口 일이 바쁘다는 핑계로

464 具备 jùbèi [동] 구비하다, 갖추다
具备~资格 ~ 자격을 갖추다
具备~能力 ~ 능력을 구비하다

465 具体 jùtǐ [형] 구체적이다
具体地说 구체적으로 말해서
具体的内容 구체적인 내용

466 据说 jùshuō [동] 말하는 바에 의하면 ~라고 한다(≒听说)
据说他是个著名的作家。 그는 한 유명한 작가라고 한다.

467 克服 kèfú [동] 극복하다
克服缺点 단점을 극복하다
克服困难 어려움을 극복하다
克服不利条件 불리한 조건을 극복하다

468 员工 yuángōng [명] 직원
招聘员工 직원을 뽑다
能干的员工 능력 있는 직원

培训员工 (회사에서) 직원을 교육하다

469 **劳动** láodòng [동] 노동하다 [명] 노동
体力劳动 육체 노동
脑力劳动 정신 노동

470 **理由** lǐyóu [명] 이유
说理由 이유를 말하다
缺乏理由 이유가 부족하다

471 **利用** lìyòng [동] 이용하다
利用机会 기회를 이용하여
利用业余时间 여가 시간을 이용하다
合理利用资源 자원을 합리적으로 이용하다

472 **联合** liánhé [동] 연합하다
联合举办 공동으로 개최하다
联合开发 공동으로 개발하다

473 **名片** míngpiàn [명] 명함
印刷名片 명함을 인쇄하다
准备名片 명함을 준비하다
递名片 명함을 건네다
留名片 명함을 남기다

474 **难免** nánmiǎn [동] 면하기 어렵다, ~하게 마련이다
年轻时谁都难免犯错误。
젊을 때는 누구나 실수하기 마련이다.
비교 '避免'은 나쁜 상황이나 문제를 '피하다'는 뜻이다.

475 **能干** nénggàn [형] 능력 있다
能干的员工 능력 있는 직원
老实能干 진실하고 능력 있다
비교 '能力(능력)'는 명사이지만 '能干(능력 있는)'은 형용사이다.

476 **派** pài [동] 파견하다
我马上派人过去修修。
바로 사람을 파견해서 수리하도록 할게요.

477 **配合** pèihé [동] 협조하다, 호흡을 맞추다
配合得很好 호흡이 잘 맞다
要学会配合他人 타인에게 협조할 줄 알아야 한다

478 **评价** píngjià [동] 평가하다
评价一个人不能光看一方面。
한 사람을 평가할 때 한 면만 봐서는 안 된다.

479 **前途** qiántú [명] 전도, 앞길, 전망
很有前途 전도 유망하다
前途光明 장래가 밝다
对前途充满信心 앞날에 대해서 자신감이 가득하다

480 **人才** réncái [명] 인재
优秀人才 우수 인재
培养人才 인재를 기르다
吸引人才 인재를 유치하다

481 **人事** rénshì [명] 인사
人事科 인사과 | 人事部门 인사부

482 **人物** rénwù [명] 인물
主要人物 주요 인물

483 **人员** rényuán [명] 인원
工作人员 스태프
管理人员 관리원

484 **日程** rìchéng [명] 일정
安排日程 스케줄을 짜다
日程安排得很紧 스케줄이 빡빡하다

485 **善于** shànyú [동] ~에 뛰어나다
善于表达 감정 표현에 뛰어나다
善于交际 교제에 능하다
善于把握机会 기회를 잘 잡는다

486 **实践** shíjiàn [동] 실천하다
理论和实践 이론과 실천
实践出真知 실천이 참된 앎을 만들어 낸다

487 **实习** shíxí [동] 실습하다
应聘实习生 인턴(생)에 지원하다

488 **手工** shǒugōng [명] 수공
手工艺品 수공예품 | 手工制作 수공으로 제작하다

489 乐器 yuèqì [명] 악기
民族乐器 민족 악기
学习乐器 악기를 배우다
演奏乐器 악기를 연주하다

490 手续 shǒuxù [명] 수속
办理~手续 ~ 수속을 하다
辞职手续 사직 수속
入住手续 체크인, 숙박 수속
移民手续 이민 수속

491 推广 tuīguǎng [동] 널리 확대하다
推广产品 제품을 확대하다
推广新能源汽车 신에너지 자동차를 널리 보급하다

492 推荐 tuījiàn [동] 추천하다
推荐人才 인재를 추천하다
积极推荐 적극적으로 추천하다
通过教授的推荐 교수님의 추천으로

493 文件 wénjiàn [명] 문서, 서류
下载文件 문서를 다운 받다
删除文件 문서를 삭제하다
复制文件 문서를 복사(카피)하다
文件夹 파일 폴더, 서류철

494 细节 xìjié [명] ① 세부 사항 ② 사소한 일
细节问题 세부 문제
忽视细节 작은 부분을 소홀히 하다

495 表明 biǎomíng [동] 나타내다
表明态度 태도를 표명하다
调查表明 조사가 나타내기를
研究表明 연구(결과가) 나타내기를, 연구에 따르면

496 表现 biǎoxiàn [동] 표현하다 [명] 활약, 성적, 태도, 행실
工作表现很突出 업무 실적이 뛰어나다
表现出丰富的想象力 풍부한 상상력을 표현해 내다

497 补充 bǔchōng [동] 보충하다
补充营养 영양을 보충하다
补充能量 에너지를 보충하다

498 不如 bùrú [동] ~만 못하다
不如小孩子 아이만도 못하다
与其在这儿等车，不如慢慢走回去。
여기에서 차를 기다리느니 천천히 걸어 돌아가는 게 낫겠다.

> 꿀팁 고정 격식 〈与其 A 不如 B〉: A하는 것은 B만 못하다/ A하느니 B가 낫다

499 步骤 bùzhòu [명] 순서, 절차
注册步骤 등록 절차
按照说明书的步骤来安装 설명서의 순서에 따라 설치하다

500 参与 cānyù [동] 참여하다
参与竞争 경쟁에 참여하다
参与志愿者工作 자원 봉사 업무에 참여하다
重在参与 참여에 의의가 있다

11일차

501 产生 chǎnshēng [동] 생기다, 발생하다, 발생시키다
产生好奇 호기심이 생기다
产生感觉 느낌이 생기다
产生影响 영향을 미치다
产生问题 문제를 발생시키다

> 꿀팁 주로 추상 명사를 목적어로 취한다.
> 비교 '生产'은 '생산하다'는 뜻으로, '产生'과는 전혀 다르다.

502 成果 chéngguǒ [명] 성과
取得成果 성과를 거두다
研究成果 연구 성과

503 项目 xiàngmù [명] 사업, 프로젝트, 운동 종목
拿下项目 사업을 따내다
比赛项目 경기 종목

504 效率 xiàolǜ [명] 효율
提高效率 효율을 높이다
工作效率 업무 효율 | 学习效率 학습 효율

505 行业 hángyè [명] 업종
服务行业 서비스 업종
汽车行业 자동차 업종

钢铁行业 철강 업종

꿀팁 발음에 주의하자. (xíngyè → hángyè)

506 **宣布** xuānbù [동] 선포하다, 공표하다
正式宣布 정식으로 선포하다
宣布独立 독립을 선포하다

507 **宣传** xuānchuán [동] 선전하다, 홍보하다
贴宣传画 포스터를 붙이다
宣传单 전단지
大力宣传 대대적으로 홍보하다

508 **业务** yèwù [명] 업무
办理业务 업무를 처리하다
业务量大增 업무량이 크게 늘다

509 **业余** yèyú [형] 여가의
业余时间 여가 시간
业余爱好 여가 취미
비교 多余 여분의, 쓸데없는

510 **应付** yìngfu [동] (일·사람 등에) 대응하다, 대처하다
应付事情 일에 대처하다
客人这么多，我一个人可应付不了。
손님이 이렇게 많아서 나 혼자서는 대처할 수 없다.

511 **应用** yìngyòng [동] 응용하다
这个理论被应用到很多领域。
이 이론은 많은 영역으로 응용되었다.

512 **运用** yùnyòng [동] 활용하다, 운용하다
运用知识 지식을 활용하다
灵活运用资金 자금을 탄력적으로 운용하다

513 **优势** yōushì [명] 우세, 강점
占优势 우세를 점하다
突出优势 강점을 부각시키다
发挥优势 우세를 발휘하다

514 **召开** zhàokāi [동] 회의를 열다
召开会议 회의를 열다

515 **征求** zhēngqiú [동] (의견을) 구하다
征求意见 의견을 구하다
꿀팁 주로 '意见'을 목적어로 취한다.

516 **挣钱** zhèngqián [동] 돈을 벌다(≒赚钱)
打工挣钱 아르바이트로 돈을 벌다
挣钱养家 돈을 벌어 가족을 부양하다
비교 睁 zhēng 눈을 크게 뜨다

517 **指导** zhǐdǎo [동] 지도하다
在教练的指导下 감독의 지도로
有针对性的指导 맞춤형 지도

518 **制定** zhìdìng [동] 제정하다
制定计划 계획을 세우다(=做计划)
制定目标 목표를 세우다

519 **资格** zīgé [명] 자격
具备资格 자격을 갖추다
没有资格~ ~할 자격이 없다

520 **失业** shīyè [동] 실직하다
失业状态 실업 상태
她的丈夫失业了。 그녀의 남편은 실직했다.
비교 失去 잃어버리다 | 失恋 실연 당하다 | 失败 실패하다
失眠 불면증에 걸리다

521 **退休** tuìxiū [동] 퇴직하다
爸爸是去年退休的。 아빠는 작년에 퇴직하셨다.

14. 활동

522 爱护 àihù [동] 소중히 하다, 사랑하고 보호하다
  爱护儿童 어린이를 사랑하고 보호하다
  爱护动物 동물을 사랑하고 보호하다
  爱护公物 공공물을 아끼다

523 爱心 àixīn [명] 사랑의 마음
  献xiàn 爱心 선행을 베풀다
  用爱心对待病人 사랑의 마음으로 환자를 대하다

524 度过 dùguò [동] 시간을 보내다
  度过难关 난관을 극복하다
  度过幸福的时间 행복한 시간을 보내다
  艰难地度过了少年时代 어렵게 소년 시절을 보냈다

525 对比 duìbǐ [동] (두 대상을 서로) 대비하다
  强烈的对比 강렬한 대비
  形成明显的对比 뚜렷한 대비를 이루다

526 对待 duìdài [동] 대하다
  用爱心对待病人 사랑으로 환자를 대하다
  用耐心对待别人 인내심을 가지고 남을 대하다

527 反复 fǎnfù [부] 반복적으로 [동] 반복하다
  反复强调 반복적으로 강조하다
  反复说明 반복해서 설명하다
  反复了几次 몇 차례 반복했다
  꿀팁 주로 동사를 수식하며, 목적어는 올 수 없다.

528 反应 fǎnyìng [동] 반응하다
  丝毫没有反应 조금도 반응이 없다
  不在乎对方的反应 상대방의 반응을 개의치 않다
  비교 反映 fǎnyìng 반영하다

529 分别 fēnbié [부] 각각, 따로 [동] 헤어지다, 분별하다
  他的两个儿子分别是2岁和6岁。
  그의 아들은 각각 2살과 6살이다.

530 分手 fēnshǒu [동] (만남이나 모임에서) 헤어지다, 이별하다, (남녀가) 헤어지다
  与男友分手 남자 친구와 헤어지다
  干脆分手吧 깨끗하게 헤어지자
  舍不得就这样分手 이렇게 헤어지기가 아쉽다

531 否认 fǒurèn [동] 부인하다(↔ 承认 인정하다)
  否认事实 사실을 부인하다
  否认自己的话 자신의 말을 부인하다

532 告别 gàobié [동] 작별 인사를 하다
  挥手告别 손을 흔들어 작별 인사를 하다

533 鼓舞 gǔwǔ [동] 고무하다, 격려하다
  深受鼓舞 깊이 고무 받다
  谈判的成功给了他极大的鼓舞。
  협상의 성공은 그에게 큰 고무를 주었다.(용기를 북돋아 주었다)
  비교 鼓励 격려하다

534 假装 jiǎzhuāng [동] ~체하다, 가장하다
  假装不知道 모르는 척하다
  假装没听见 못 들은 척하다

535 建立 jiànlì [동] 세우다, 만들다, 맺다
  建立~目标 목표를 세우다
  建立~关系 관계를 맺다
  建立~系统 체계를 구축하다
  建立~友谊 우의를 맺다
  꿀팁 '关系'처럼 주로 추상명사가 목적어로 온다.

536 讲究 jiǎngjiū [동] 중시하다(≒重视), 따지다, 신경 쓰다 [형] 꼼꼼하다 [명] 주의 사항
  讲究~衣着 옷을 따지다
  讲究~信用 신용을 중시하다
  讲究~营养 영양을 중시하다
  帮助别人也要讲究方式。
  다른 사람을 돕는 것도 방식을 신경 써야 한다.
  房子不大，但装修倒很讲究。
  집은 크지 않지만 인테리어는 오히려 신경을 많이 썼다.
  꿀팁 '강구하다'로 해석하지 말자!

537 接触 jiēchù [동] 접촉하다

接触~社会 사회와 접촉하다
接触各种各样的人物 여러 인물과 접촉하다

538 **接近** jiējìn ① [동] 접근하다, 가까이 가다 ② [형] 비슷하다
接近~生活 생활과 가깝다
接近~现实 현실에 가깝다
看法接近 견해가 비슷하다

539 **录音** lùyīn [동] 녹음하다
讲座录音 강의 녹음
请帮我录一下音吧。 녹음 좀 해 줘.

540 **轮流** lúnliú [동] 돌아가며 하다, 순번대로 하다
轮流驾驶 교대로 운전하다
轮流到我了 내 차례가 되었다
轮流背行李 돌아가며 짐을 매다

541 **冒险** màoxiǎn [동] 모험하다
要有冒险精神 모험 정신이 있어야 한다

542 **面对** miànduì [동] 직면하다, (적극적으로) 맞서다
面对~现实 현실을 마주하다
面对~问题 문제에 직면하다
面对~困难 어려움에 직면하다
要勇敢面对困难 용감하게 어려움에 맞서야 한다

꿀팁 '面对'는 '적극적으로 맞서다'는 뜻이지만, '面临'은 '피동적으로 직면하는' 것이기 때문에 '要勇敢面临困难'이라고 쓸 수 없다.

543 **面临** miànlín [동] 직면하다('面对'보다 대상이 더 긴박함)
面临~威胁 위협에 직면하다
面临~破产 파산에 직면하다
面临~灭绝 멸종에 직면하다
面临~危机 위기에 직면하다
面临~困难 어려움에 직면하다(=面对)
面临~问题 문제에 직면하다(=面对)
面临~选择 선택에 직면하다(=面对)

544 **模仿** mófǎng [동] 모방하다
模仿能力 모방 능력
善于模仿 모방에 뛰어나다

模仿别人的风格 다른 사람의 스타일을 모방하다

545 **看望** kànwàng [동] 방문하다, 문안하다, 찾아가 뵙다
看望父母 부모님을 찾아가 뵙다
看望病人 환자를 방문하다

546 **报到** bàodào [동] 도착을 보고하다, 참석 등록을 하다
我不确定他是否回来报到。
나는 그가 돌아와 도착을 보고할지 안 할지 확신할 수 없다.

547 **强调** qiángdiào [동] 강조하다
反复强调 반복해서 강조하다
再三强调 여러 번 강조하다
强调实践 실천을 강조하다

548 **请求** qǐngqiú [동] 부탁하다
再三请求 여러 번 부탁하다
请求帮助 도움을 부탁하다
答应请求 부탁을 들어 주다
满足请求 부탁을 만족시키다

549 **庆祝** qìngzhù [동] 경축하다
庆祝活动 경축 행사
庆祝胜利 승리를 경축하다

비교 '祝贺'는 '말로만 축하하다'는 뜻이지만 '庆祝'는 어떤 행사를 가지면서 축하하는 것을 의미한다.

550 **劝** quàn [동] 권하다(≒建议)
劝不住 말릴 수 없다
你去劝劝他吧。 네가 가서 그를 말려 봐.

12일차

551 **绕** rào [동] 돌다, 감다
绕过去 돌아가다
绕弯子 돌려서 말하다
绕道而行 길을 돌아가다, 우회하다

552 **洒** sǎ [동] 뿌리다, 엎지르다
他不小心把咖啡洒在电脑上了。
그는 실수로 커피를 컴퓨터에 쏟았다.

비교 酒 술 | 晒 햇볕을 쬐다

553 **杀** shā [동] 죽이다
查杀病毒 바이러스를 치료하다
杀毒软件 백신 프로그램

554 **删除** shānchú [동] 삭제하다
删除文件 문서를 삭제하다
删除软件 프로그램을 삭제하다

555 **闪** shǎn [동] 번쩍이다
闪光灯 플래시/섬광등
打雷闪电 천둥 치고 번개 치다
闪闪发亮 반짝반짝 빛나다

556 **省略** shěnglüè [동] 생략하다
下面的部分省略。다음 부분은 생략합니다.
省时省力 시간과 힘을 절약하다

557 **实行** shíxíng [동] 실행하다
实行计划 계획을 실행하다
实行五天工作制 주5일 근무제를 실행하다

558 **实验** shíyàn [동] 실험하다
实验室 실험실
实验设备 실험 설비
实验结果 실험 결과

559 **使劲儿** shǐjìnr [동] 힘주어 하다
使劲儿地哭 악 쓰며 울다
使劲儿摇摇树 힘껏 나무를 흔들다
使劲儿推门 힘주어 문을 밀다

560 **甩** shuǎi [동] 뿌리치다, 흔들다
甩胳膊 팔을 젖다
甩着尾巴 꼬리를 흔들며
他被女朋友甩了。그는 여자 친구에게 실연 당했다.

561 **逃避** táobì [동] 도피하다
逃避不能从根本上解决问题。
도망은 문제를 근본적으로 해결할 수 없다.

562 **提倡** tíchàng [동] 제창하다
提倡环保 환경 보호를 제창하다
提倡节能 에너지 절약을 제창하다

563 **体验** tǐyàn [동] 체험하다
亲身体验 몸소 체험하다
体验野外生活 야외 생활을 체험하다
비교 体会 깨닫다 | 体现 구현하다

564 **挑战** tiǎozhàn [동] 도전하다
向冠军挑战 챔피언에게 도전하다
具有挑战性 도전성이 있다

565 **推辞** tuīcí [동] 거절하다(≒拒绝)
他突然请我吃饭，我推辞了。
그가 갑자기 밥 먹자고 하길래 나는 거절했다.

566 **在于** zàiyú [동] ~에 있다(≒就是), ~에 달려 있다
目的在于~ 목적은 ~에 있다
原因在于~ 원인은 ~에 있다
关键在于~ 관건은 ~에 있다
生命在于运动。생명은 운동에 달려 있다.

567 **把握** bǎwò [동] 파악하다, 잡다 [명] 자신감
把握机会 기회를 잡다 | 有把握 자신 있다(=有信心)

568 **避免** bìmiǎn [동] 피하다
避免麻烦 번거로움을 피하다
不可避免 불가피하다/피할 수 없다

569 **采取** cǎiqǔ [동] 취하다
采取措施 조치를 취하다
采取方式 방식을 취하다
采取姿势 자세를 취하다

570 **承受** chéngshòu [동] 감당하다, 받다
承受压力 스트레스를 받다
心理承受能力 심리적 수용 능력, 정신력

571 **相处** xiāngchǔ [동] 함께 지내다, 어울리다
不好相处 어울리기 힘들다
和谐相处 조화롭게 어울리다

相处得很好 함께 잘 지내다

572 享受 xiǎngshòu [동] 누리다, 즐기다
享受生活 생활을 즐기다
享受优惠 할인을 누리다
享受快乐/乐趣 즐거움을 누리다

573 歇 xiē [동] 쉬다(=休息)
我想歇一会儿。 나는 잠깐 쉬고 싶다.

574 行动 xíngdòng [동] 행동하다 [명] 행동
成功的人行动力很强。 성공한 사람은 행동력이 강하다.

575 迎接 yíngjiē [동] 맞이하다, 영접하다
迎接客人 손님을 맞이하다
迎接新年 새해를 맞이하다
迎接挑战 도전을 받아들이다

576 赞成 zànchéng [동] 찬성하다
赞成方案 방안에 찬성하다
赞成还是反对？ 찬성이냐 반대냐?

577 招待 zhāodài [동] 접대하다, 대접하다
招待客人 손님을 접대하다
热情招待 친절하게 접대하다
꿀팁 '招待'는 '초대하다'로 해석할 수 없고, '초대하다'는 '邀请'으로 표현한다.

578 针对 zhēnduì [동] 겨냥하다, ~을 대상으로 하다
这种产品是主要针对中老年人的。
이 제품은 주로 중노년을 겨냥한 것이다.

579 争取 zhēngqǔ [동] 쟁취하다, ~하려고 애쓰다
争取胜利 승리를 쟁취하다
争取自由 자유를 쟁취하다
争取天黑之前下山。 해가 지기 전에 산을 내려가려고 애쓰다.

580 主张 zhǔzhāng [동] 주장하다
这种主张不能成立。 이런 주장은 성립될 수 없다.

581 追求 zhuīqiú [동] 추구하다
追求目标 목표를 추구하다

追求完美 완벽을 추구하다
追求梦想 꿈을 좇다

582 阻止 zǔzhǐ [동] 막다
目前人类还不能阻止地震的发生。
현재 인간은 아직 지진의 발생을 막을 수 없다.

583 达到 dádào [동] 이르다(+ 추상명사)
达到目的 목적에 이르다
达到效果 효과에 이르다 ｜ 达到水平 수준에 이르다
达到 + 수량사 : 수량사에 이르다
비교 '到达' 뒤에는 '目的地(목적지)'나 '终点(종점)'처럼 반드시 장소가 와야 하지만, '达到' 뒤에는 '目的(목적)' 같은 **추상명사**가 온다는 것이 다르다.

584 耽误 dānwu [동] 시간을 지체하다, 일을 그르치다, 시간을 허비하다
耽误工作 일을 그르치다
耽误学习 공부를 그르치다
耽误时间 시간을 허비하다

585 导致 dǎozhì [동] 초래하다(≒造成)
导致损失 손실을 초래하다
导致疾病 질병을 초래하다
꿀팁 뒤에 '损失(손실)'나 '疾病(질병)'처럼 **부정적인 것**이 온다.

586 妨碍 fáng'ài [동] 방해하다
妨碍睡眠 수면을 방해하다
妨碍学习 공부하는 것을 방해하다
妨碍参观 참관을 방해하다

587 控制 kòngzhì [동] 통제하다, 제어하다
控制情绪 감정을 통제하다
控制规模 규모를 조절하다

588 满足 mǎnzú [동] 만족하다, 만족시키다
对~很满足 ~에 만족한다
满足要求 요구를 만족시키다
满足需求 수요를 만족시키다

589 取消 qǔxiāo [동] 취소하다
取消合同 계약을 취소하다

단어장 39

取消制度 제도를 철폐하다
取消预订 예약을 취소하다
航班取消了 항공편이 취소되다
聚会取消了 모임이 취소되다

590 **确定** quèdìng [동] ① 확정하다 ② 확신하다
确定日期 날짜를 확정하다
确定参加人员 참가 인원을 확정하다
不确定他是否赞成 그가 찬성할지 않을지 확신할 수 없다

591 **确认** quèrèn [동] 확인하다
确认身份 신분을 확인하다
确认考场 고사장을 확인하다

592 **上当** shàngdàng [동] 속다(≒受骗)
上当受骗 속임수에 빠지다

593 **失去** shīqù [동] 잃어버리다
失去信心 자신감을 잃다
失去机会 기회를 잃다
失去信任 신임을 잃다
失去一只腿 한쪽 다리를 잃다

594 **实现** shíxiàn [동] 실현하다, 이루다
实现目标 목표를 이루다
实现愿望 소원을 이루다
实现梦想 꿈을 이루다

595 **体现** tǐxiàn [동] 구현하다, 체현하다
体现精神 정신을 구현하다
体现特点 특징을 구현하다

596 **保持** bǎochí [동] 유지하다
保持身材 몸매를 유지하다
保持平衡 균형을 유지하다
保持安静 정숙을 유지하다
保持联系 연락을 유지하다

597 **保存** bǎocún [동] 보존하다, 저장하다
保存体力 체력을 보존하다
保存文物 문물을 보존하다
食物不能长期保存 음식을 장기간 저장할 수 없다

598 **保留** bǎoliú [동] 남겨 두다, 보존하다, 보류하다
保留习惯 습관을 간직하다
保留意见 의견을 보류하다
毫无保留地 + V 조금도 남김없이 V하다

599 **吃亏** chīkuī [동] 손해 보다
吃亏的买卖 손해 보는 장사
[비교] 吃苦 고생하다

600 **靠** kào [동] ① 기대다, 의지하다 ② 접근하다
可靠 믿을 만하다
靠运气 운에 맡기다
靠岸 (배를) 강가에 대다
靠窗的座位 창가쪽 자리
请勿靠近 가까이 가지 마시오

13일차

601 **显示** xiǎnshì [동] 나타내다, 과시하다
调查数据显示 조사 데이터가 나타내기를(조사에 따르면)
显示器 모니터

602 **造成** zàochéng [동] (나쁜 결과를) 초래하다(≒导致)
造成损失 손실을 초래하다
造成后果 (나쁜) 결과를 초래하다
造成污染 오염을 초래하다

603 **组成** zǔchéng [동] 구성하다, 짜다
组成大家庭 대가족을 이루다
手机是现代人生活中重要的组成部分。
핸드폰은 현대인의 생활 중 중요한 구성 부분이다.
大象的鼻子由坚韧的肌肉组成，可以随意伸缩。
코끼리의 코는 단단한 근육으로 이루어져 있어서 마음대로 신축할 수 있다.
[꿀팁] 고정 격식 〈由~组成〉: ~으로 이루어지다/구성되다

604 **掌握** zhǎngwò [동] 장악하다, 마스터하다, 주관하다
掌握知识 지식을 장악하다
掌握技巧 기술을 습득하다
命运掌握在自己手里。 운명은 자신의 손에 달려 있다.

605 **代替** dàitì [동] 대체하다, 대신하다
代替同事 동료를 대신하다
没有人能代替你。 너를 대신할 사람이 없어.
我代替朋友来了。 나는 친구를 대신해서 왔어요.

606 **尽力** jìnlì [동] 온 힘을 다하다
我会尽力做到最好。
저는 최선을 다해서 가장 잘 해낼 것입니다.

607 **作为** zuòwéi [동] ~로 삼다, ~로서
把收入多少作为标准 수입이 얼마인가를 기준으로 삼는다
作为老师，要对学生负责。
선생님으로서 학생에 대해 책임을 져야 한다.

608 **反映** fǎnyìng [동] 반영하다
这篇文章反映了一些社会问题。
이 글은 약간의 사회 문제를 반영했다.
비교 应 fǎnyìng [동] 반응하다

15. 성질

609 **方** fāng [명] 사각형
方形 사각형

610 **平** píng [형] 평평하다
地面很平 지면이 평평하다

611 **直** zhí [형] 곧다
挺直身子坐着 몸을 곧게 펴고 앉다

612 **斜** xié [형] 기울다, 비뚤다(≒歪)
画儿有点儿斜。 그림이 약간 비뚤다

613 **位置** wèizhi [명] 위치
地理位置 지리적 위치
占有~位置 ~한 위치를 차지하다

614 **表面** biǎomiàn [명] 표면
表面上 표면적으로는, 겉으로는(↔ 实际上)
从表面上看 표면적으로 볼때

615 **非** fēi [동] ~이 아니다(=不是)
非卖品 비매품
非工作人员 비직원
并非~ 결코 ~가 아니다

616 **个别** gèbié [형] 극소수의, 극히 드문, 개별적인
这不是个别现象，我们应该密切关注。 이것은 극히 드문
현상이 아니다. 우리가 면밀하게 주시해야 한다.

617 **良好** liánghǎo [형] 양호하다, 좋다
良好的成绩 좋은 성적
良好的习惯 좋은 습관
良好的环境 좋은 환경

618 **片面** piànmiàn [형] 단편적이다(↔ 全面)
片面地认为~ 편협하게 ~라고 생각하다
这个观点有些片面。 이 관점은 좀 단편적이다.

619 **特征** tèzhēng [명] 특징
时代特征 시대 특징
气候特征 기후 특징
特征明显 특징이 뚜렷하다

620 **巧妙** qiǎomiào [형] 절묘하다
巧妙说话 절묘하게 말하다
巧妙的方法 절묘한 방법
熟能生巧 익숙해지면 절묘한 기술이 생긴다
꿀팁 '교묘하다'로 해석하면 안 되며 주로 긍정적인 의미로 쓰인다.

621 **特殊** tèshū [형] 특수하다
特殊情况 특수 상황
特殊材料 특수 재료

622 **必然** bìrán [형] 필연적이다 [부] 필연적으로, 반드시
必然结果 필연적인 결과
必然趋势 필연적인 추세
必然会~ 필연적으로 ~할 것이다

623 **必要** bìyào [형] 필요하다 [명] 필요
必要的资金 필요한 자금
那个聚会没有必要参加。 그 모임은 참석할 필요는 없다.
꿀팁 '必要'는 [형용사]뿐만 아니라 [명사]로도 쓰인다. 고정 격식으로 〈S + 没有 + 必要 + V～〉를 자주 쓰며 'S는 V할 필요는 없다'로 해석한다.

624 **臭** chòu [형] 냄새가 구리다, 지독하다(≒难闻) (↔香)
臭豆腐 (중국 특유의) 발효 두부/취두부
这是什么味儿，这么臭！이건 무슨 냄새길래 이렇게 구려!

625 **相对** xiāngduì [형] 상대적이다
相对来说 상대적으로 말해서

626 **相似** xiāngsì [형] 비슷하다
有相似之处 유사한 점이 있다
狼和狗的体格相似。 늑대와 개의 체형은 비슷하다.

627 **性质** xìngzhì [명] 성질
氧和氮的物理性质非常相似。
산소와 질소의 물리 성질은 매우 비슷하다.

628 **有利** yǒulì [형] 유리하다
他辞职对你有利。 그의 사직은 너에게 유리하다.
每天吃苹果有利于健康。 매일 사과를 먹으면 건강에 좋다.
꿀팁 주로〈A (有)利于 B〉의 형식으로 출제된다.

629 **真实** zhēnshí [형] 진실되다
这是一个真实的故事。 이것은 진짜 있었던 이야기다.

630 **形状** xíngzhuàng [명] (사물의 윤곽으로서의) 형상
云的形状就像一只羊。 구름의 형상이 한 마리의 양 같다.
비교 '形象'은 '이미지' 혹은 '형상적이다'로 해석한다.

631 **样式** yàngshì [명] 스타일, 디자인
这件衣服的样式很特别。 이 옷의 디자인은 매우 특별하다.

16. 정도

632 **浓** nóng [형] 진하다
雾很浓 안개가 짙다
颜色很浓 색이 진하다

633 **淡** dàn [형] 연하다, 맛이 싱겁다
淡季 비수기 ↔ 旺季 성수기
汤有些淡。국이 약간 싱겁다.

634 **次要** cìyào [형] 부차적인
这只是次要的问题。 이것은 단지 부차적인 문제이다.

635 **发达** fādá [형] 발달하다
发达国家 선진국
发展中国家 개발 도상국

636 **繁荣** fánróng [형] 번영하다

经济繁荣 경제가 번영하다
社会繁荣 사회가 번영하다

637 **高档** gāodàng [형] 고급의
高档品牌 고급 브랜드
高档衣服 고급 의류

638 **根本** gēnběn [형] 근본적이다 [부] 전혀 [명] 근본
根本(就)不~ 전혀 ~가 아니다
根本的原因 근본적인 원인
从根本上解决问题 근본적으로 문제를 해결하다
꿀팁 뒤에 '不, 没, 非' 등 부정부사가 오면 '根本'은 [부사]로 '전혀, 아예, 근본적으로'로 해석한다.
我根本不认识他。 나는 전혀 그를 모른다.
我根本没听过这件事。 나는 전혀 이 일을 들어 본 적이 없다.

639 **过分** guòfèn [형] 심하다, 지나치다
有些过分 약간 심했다
过分追求完美也不好。 너무 완벽을 추구하는 것도 좋지 않다.

640 **激烈** jīliè [형] 치열하다, 격렬하다
激烈的竞争 치열한 경쟁
比赛很激烈 시합이 매우 치열하다

641 **艰巨** jiānjù [형] 막중하다
艰巨的任务 막중한 임무
艰巨的工作 막중한 일

642 **艰苦** jiānkǔ [형] 고달프다, 힘들다
生活很艰苦 생활이 힘들다
训练过程很艰苦 훈련 과정이 힘들다

643 **超级** chāojí [형] 슈퍼의, 최고의
超级市场 슈퍼마켓(=超市)
超级明星 슈퍼스타
超级模特 슈퍼모델
超级苗条 매우 날씬하다

644 **紧急** jǐnjí [형] 긴급하다
他善于处理紧急情况。
그는 긴급 상황을 처리하는 데 뛰어나다.

645 **巨大** jùdà [형] 거대하다
巨大(的)压力 큰 스트레스
巨大(的)变化 큰 변화
巨大(的)损失 큰 손실
[꿀팁] '거대하다'라고 하면 산, 바위 같은 구체적인 사물만 수식할 것 같지만 '压力', '变化', '损失'처럼 **추상명사와도 호응**할 수 있다.

646 **密切** mìqiè [형] 밀접하다
密切相关 밀접하게 상관 있다
密切关注 면밀하게 주시하다

647 **强烈** qiángliè [형] 강렬하다
阳光很强烈 햇빛이 강렬하다
愿望很强烈 희망이 간절하다
强烈(地)要求 강력하게 요구하다
强烈(地)感受到 강렬하게 느끼다

648 **热烈** rèliè [형] 열렬하다, 뜨겁다
热烈的欢迎 뜨거운 환영
讨论得很热烈 토론이 매우 뜨겁다

649 **弱** ruò [형] 약하다
手机信号很弱。 핸드폰 신호가 약하다

650 **深刻** shēnkè [형] 깊다
深刻认识到 절실하게 느끼다
留下深刻的印象 깊은 인상을 남기다
[꿀팁] '深刻'는 '심각하다'로 해석해서는 안 되며, '严重'이 심각하다는 뜻이다.

14일차

651 **熟练** shúliàn [형] 숙련되다, 능숙하다
技术很熟练 기술이 숙련되다
动作很熟练 동작이 숙련되다
[비교] '熟悉'는 '익숙하다, 잘 알다'는 뜻이다.

652 **丝毫** sīháo [명] 조금(≒一点儿)
丝毫不怀疑 조금도 의심하지 않다
丝毫没有反应 조금도 반응이 없다
[꿀팁] 〈毫无 + N〉은 '조금도 N이 없다', 〈毫不 + V/A〉은 '조금도 ~ 않다'의 뜻이다.
毫无疑问 조금도 의문이 없다

653 **突出** tūchū [형] 뛰어나다, 두드러지다 [동] 부각시키다
突出的成绩 뛰어난 성적
突出(的)特点 두드러지는 특징
突出自己的优势 자신의 강점을 부각시키다

654 **完善** wánshàn [형] 완벽하다 [동] 완벽하게 하다
完善的制度 완벽한 제도
要不断完善自己 끊임없이 자신을 완벽하게 가꾸어야 한다.

655 **完整** wánzhěng [형] 온전하다, 완전하다
保存得很完整 보전이 매우 온전하다
这套书丢了一本，不完整。
이 한 질의 책은 한 권을 잃어버려서 온전하지 않다.

656 **伟大** wěidà [형] 위대하다
伟大的建筑物 위대한 건축물
伟大的教育家 위대한 교육자

657 **窄** zhǎi [형] 좁다
路很窄 길이 좁다
胡同很窄 골목이 좁다
비교 宽 kuān [형] 넓다

658 **宝贵** bǎoguì [형] 소중하다
宝贵的经验 소중한 경험
宝贵的意见 소중한 의견
朋友是一笔宝贵的财富。친구는 소중한 재산이다.

659 **本质** běnzhì [명] 본질
本质性的问题 본질적인 문제
这不是从本质上治疗的方法。
이것은 본질적으로 치료하는 방법이 아니다.

660 **薄** báo [형] 얇다
厚薄 두께
被子很薄 이불이 얇다

661 **重大** zhòngdà [형] 중대하다
重大损失 중대한 손실
重大失误 중대한 실책
责任极其重大 책임이 극히 무겁다

662 **不足** bùzú [형] 부족하다
经验不足 경험이 부족하다(=缺乏经验)
面积不足15平方米 면적이 15평방미터가 안 된다
비교 '不足'는 [형용사]이기 때문에 '经验不足'라고 쓰지만, '缺乏'는 [동사]이기 때문에 '缺乏经验'으로 써야 한다.
꿀팁 '不足' 뒤에 수량사가 올 경우(不足 + 수량사) '不足'의 뜻은 '~에 미치지 못하다'이다.

663 **彻底** chèdǐ [형] 철저하다
彻底解决 완벽하게 해결하다
彻底失败 철저하게 실패하다
彻底准备 철저하게 준비하다

664 **程度** chéngdù [명] 정도
达到~程度 ~ 정도에 이르다
在一定的程度上 일정한(어느) 정도에 있어서

665 **充分** chōngfèn [형] 충분하다
充分利用 충분히 이용하다
充分准备 충분히 준비하다
充分发挥 충분히 발휘하다
充分的理由 충분한 이유

666 **出色** chūsè [형] 뛰어나다
表现很出色 활약이 매우 뛰어나다
出色的成绩 뛰어난 성적

667 **相当** xiāngdāng [부] 상당히, 꽤(≒很) [동] 비슷하다, 상당하다
相当不错 상당히 괜찮다
两个队的水平相当。두 팀의 실력이 비슷하다.
这笔钱相当于我一个月的工资。
이 돈은 나의 한 달 월급과 맞먹는다.
꿀팁 '相当' 자체는 '상당히 좋다'라는 뜻이 없어서 '水平相当'만으로는 '수준이 상당히'라는 뜻이기 때문에 문장이 성립될 수 없다. '水平相当不错'라고 해야 성립된다.

668 **迅速** xùnsù [형] 신속하다
迅速适应 빨리 적응하다
迅速解决 신속하게 해결하다
迅速往外跑 신속하게 밖으로 뛰어나가다

17. 상태

669 **存在** cúnzài [동] 존재하다
存在~理由 ~이유가 존재하다
存在~问题 ~문제가 존재하다

670 **单独** dāndú [형] 단독의
单独行动 단독으로 행동하다
单独购买 따로 구매하다

671 **多余** duōyú [형] 여분의, 남아도는, 쓸데없는
多余的担心 부질없는 걱정
省去多余的手续 불필요한 수속을 생략하다
说多余的话 괜한 얘기를 하다

꿀팁 画蛇添足 뱀 그림을 그리는 데 발을 그려 넣다 : 쓸데 없는 짓을 하다(=做多余的事)

672 **活跃** huóyuè [형] 활기차다 [동] 활발하게 하다, 활성화하다
市场很活跃 시장이 활기차다
气氛很活跃 분위기가 활기차다

673 **潮湿** cháoshī [형] 축축하다, 습하다(↔ 干燥 건조하다)
天气潮湿 날씨가 습하다
비교 湿润 습윤하다

674 **湿润** shīrùn [형] 습윤하다, 축축하다, 촉촉하다(↔ 干燥)
空气湿润 공기가 습윤하다
湿润的土地 습윤한 땅
眼睛湿润了 눈가 촉촉해졌다

675 **干燥** gānzào [형] 건조하다(↔ 湿润)
空气干燥 공기가 건조하다
干燥的皮肤 건조한 피부

676 **落后** luòhòu [형] 낙후하다, 뒤떨어지다
技术落后 기술이 낙후하다
设备落后 설비가 낙후하다
落后于别人 남보다 뒤쳐지다
谦虚使人进步，骄傲使人落后。
겸손은 사람을 진보하게 하고 교만은 사람을 낙후하게 한다.

677 **明确** míngquè [형] 명확하다 [동] 명확하게 하다
明确的方向 명확한 방향
目标要明确 목표는 명확해야 한다
要明确自己的目标
자신의 목표가 무엇인지 명확하게 하다

678 **明显** míngxiǎn [형] 현저하다, 뚜렷하다
明显提高 현저하게 오르다
差距明显 격차가 뚜렷하다
效果明显 효과가 뚜렷하다

679 **疲劳** píláo [형] 피로하다(≒累)
过度疲劳 과로하다
缓解疲劳 피로를 완화하다
疲劳驾驶 졸음 운전하다

680 **飘** piāo [동] 바람에 나부끼다, 흩날리다
天空中突然飘起了雪花。
하늘에서 갑자기 눈꽃이 흩날렸다.

681 **平衡** pínghéng [형] 균형이 맞다, 평형을 이루다
保持平衡 균형을 유지하다
生态平衡 생태 균형

682 **平静** píngjìng [형] (마음이) 평온하다, (환경이) 조용하다
心里不平静。 마음이 평온하지 못하다.

683 **缺乏** quēfá [동] 부족하다(≒缺少)
缺乏经验 경험이 부족하다
缺乏自信 자신이 부족하다
缺乏勇气 용기가 부족하다

비교 '缺乏'는 **추상명사**만을 목적어로 취하기 때문에 '缺乏家具 (가구가 부족하다)'는 쓸 수 없으며 이때는 추상명사와 물질명사가 모두 올 수 있는 '缺少家具'로 써야 한다.

684 **神秘** shénmì [형] 신비롭다
神秘的微笑 야릇한 미소
神秘的女人 신비로운 여인

685 **歪** wāi [동] 비뚤다
　车停歪了。 차가 비뚤게 주차됐다.
　画儿挂歪了。 그림이 비뚤게 걸렸다

686 **敏感** mǐngǎn [형] 민감하다, 예민하다, 반응이 빠르다
　敏感的反应 민감한 반응
　对声音特别敏感 소리에 매우 민감하다
　비교 '过敏'은 '과민하다', '알레르기 반응을 보이다'는 뜻이다.

687 **完美** wánměi [형] 완벽하다
　追求完美 완벽을 추구하다
　完美主义者 완벽주의자
　完美的食品 완벽한 식품
　十全十美的人 완벽한 사람

688 **稳定** wěndìng [형] 안정적이다 [동] 안정시키다
　稳定的工作 안정적인 직장
　信号不稳定 신호가 불안정하다
　情绪不稳定 정서가 불안정하다

689 **持续** chíxù [동] 지속하다
　持续上升 지속적으로 상승하다
　持续高温天气 고온 날씨가 지속되다
　展览会持续至5月中旬。 전람회가 5월 중순까지 지속될 것이다.

690 **充满** chōngmǎn [동] 충만하다, 가득하다
　充满活力 활력이 넘친다
　充满自信 자신이 넘치다
　充满希望 희망으로 가득하다
　꿀팁 '充满'은 뒤에 항상 목적어를 동반해야 하기 때문에 '希望充满'이라고 할 수 없고, 반드시 '希望'이 '充满' 뒤로 와야 한다.

691 **显然** xiǎnrán [형] 분명하다(주로 동사나 문장 앞에 와서 부사어로 쓰임)
　这显然是你的错。 이것은 분명히 너의 잘못이다.

692 **一致** yízhì [형] 일치하다
　意见一致 의견이 일치하다
　达成一致 의견 일치를 이루다
　声音和字幕不一致 소리와 자막이 일치하지 않는다

693 **糟糕** zāogāo [형] 나쁘다, 형편없다 [감탄] 아차! 큰일 났다!
　质量糟糕 품질이 나쁘다
　天气糟糕 날씨가 나쁘다
　成绩糟糕 성적이 나쁘다

694 **专心** zhuānxīn [형] 전념하다, 몰두하다
　专心看书 집중해서 책을 보다
　专心学习 집중해서 공부하다

695 **状况** zhuàngkuàng [명] 상황
　经济状况 경제 상황
　健康状况 건강 상황
　身体状况 몸 상태
　天气状况 날씨 상황

696 **状态** zhuàngtài [명] 상태, 컨디션
　紧张状态 긴장 상태
　精神状态 정신 상태
　身体状态 몸 상태
　处于~状态 ~한 상태에 놓이다

697 **整齐** zhěngqí [형] 가지런하다, 단정하다, 깔끔하다
　牙齿整齐 치아가 가지런하다
　穿着整齐 복장이 단정하다
　摆得很整齐 놓인 게 가지런하다
　排列整齐 배열이 가지런하다

698 **生动** shēngdòng [형] 생동적이다
　描写得很生动 묘사가 생동적이다
　生动形象 생동적이고 형상적이다

18. 변화

699 **光滑** guānghuá [형] 매끄럽다, 반들반들하다
  皮鞋光滑 구두가 반들반들하다
  皮肤光滑 피부가 반들반들하다

700 **光明** guāngmíng [명] 광명, 빛 [형] 떳떳하다
  前途光明 장래가 희망차다
  光明的未来 밝은 미래

15일차

701 **烂** làn [형] 썩다, 부패하다, 흐물흐물하다
  煮烂 푹 삶다
  蔬菜烂了 채소가 썩었다

702 **着火** zháohuǒ [동] 불나다, 불 붙다
  邻居家着火了。 옆집에 불이 났다.
  喊叫 "着火了!" "불이야" 하고 외치다.
  비교 救火 불을 끄다

703 **模糊** móhu [형] 흐릿하다(↔清楚) [동] 흐릿하게 하다
  生产日子模糊 생산 날짜가 흐릿하다
  眼泪模糊了双眼。 눈물이 두 눈을 흐릿하게 했다.

704 **趋势** qūshì [명] 추세
  上涨趋势 상승 추세
  不可避免的趋势 피할 수 없는 추세

705 **碎** suì [동] 부서지다 [형] 자질구레하다
  撕碎 갈기갈기 찢다
  零碎的知识 자잘한 지식
  我不小心把玻璃杯打碎了。 나는 실수로 유리컵을 깨뜨렸다.

706 **缩短** suōduǎn [동] (원래의 시간·길·거리 등을) 줄이다, 단축하다
  缩短距离 거리를 좁히다
  缩短工作时间 근로 시간을 줄이다

707 **维修** wéixiū [동] 수리하다
  维修员 수리공
  维修店 수리점
  免费维修 무료로 수리해 주다

708 **消失** xiāoshī [동] 사라지다
  很多动植物逐渐从地球上消失。
  많은 동식물들이 점점 지구상에서 사라지고 있다.

709 **延长** yáncháng [동] 연장하다
  延长训练时间 훈련 시간을 늘리다

710 **涨** zhǎng [동] 가격이 오르다
  工资涨了 임금이 올랐다
  利息涨了 이자가 올랐다
  物价涨了 가격이 올랐다
  水涨船高 물이 불어나면 배도 상승한다/덩달아 오르다

711 **重复** chóngfù [동] 중복하다
  内容重复 내용이 중복되다

712 **软** ruǎn [형] 부드럽다
  耳朵根子软 귀가 얇다
  浑身发软 온몸이 나른해지다
  地毯很软 카펫이 부드럽다
  비교 软件 ruǎnjiàn [명] 소프트웨어

713 **转变** zhuǎnbiàn [동] 바꾸다
  转变观念 관념을 바꾸다
  转变态度 태도를 바꾸다

19. 시간

714 **傍晚** bàngwǎn [명] 저녁 무렵
傍晚天空中突然飘起了雪花。
저녁 무렵 하늘에서 갑자기 눈꽃이 흩날렸다.

715 **夜** yè [명] 밤
熬夜 밤새다
半夜 한밤중

716 **从前** cóngqián [명] 종전, 이전, 예전, 옛날
像从前一样 예전처럼/예전과 같다
从前有一个人~ 옛날에 어떤 사람이~

717 **目前** mùqián [명] 현재(≒现在/如今)
他目前身体如何? 그는 지금 몸이 어떻습니까?

718 **古代** gǔdài [명] 고대
这项技术是从古代流传下来的。
이 기술은 고대에서부터 전해 내려왔다.

719 **近代** jìndài [명] 근대
巴赫是西方近代音乐之父。
바흐는 서양 근대 음악의 아버지다.

720 **如今** rújīn [명] 오늘날, 현재
如今，手机已经成为人们生活中很重要的组成部分。
오늘날 핸드폰은 사람들의 생활에서 중요한 구성 부분이 되었다.

721 **公元** gōngyuán [명] 서기(예수 탄생을 기원으로 한 서양의 기년법)
公元前 기원전(B.C.)
甲骨文记录了公元前3000多年以前中国人祖先的活动。
갑골문은 기원전 3000여 년 전 중국 선조의 활동을 기록했다.

722 **古典** gǔdiǎn [형] 고전적이다
古典文学 고전 문학
古典音乐 클래식 음악
古典建筑的风格 고전 건축의 풍격

723 **空闲** kòngxián [명] 여가, 틈 [동] 한가하다

空闲时间 여가 시간

724 **连续** liánxù [동] 연속하다, 계속하다
连续剧 연속극, 드라마
连续打喷嚏 연속적으로 재채기를 하다
他连续3年获得世界冠军。 그는 연속 3년 동안 세계 챔피언을 차지했다.

725 **临时** línshí [명] 임시 [명] 잠시 [부] 갑자기
临时措施 임시 조치
临时借用一下 잠깐 빌려 쓰자
公司临时有事 회사에 갑자기 일이 생겼다

726 **年代** niándài [명] 년대
上世纪90年代 지난 세기 90년대(1990년대)

727 **偶然** ǒurán [형] 우연스럽다 [부] 우연히
偶然的机会 우연한 기회
偶然发现 우연히 발견하다

728 **平常** píngcháng [명] 평소 [형] 평범하다
和平常一样 평소와 마찬가지로

729 **期间** qījiān [명] 기간
春节期间本店照常营业。
춘절 기간에 본 가게는 평소대로 영업합니다.

730 **日常** rìcháng [형] 일상의
日常生活 일상생활

731 **日期** rìqī [명] 날짜
确定日期 날짜를 확정하다
结婚的日期定下来了。 결혼 날짜가 정해졌다.

732 **日子** rìzi [명] 날, 날짜, 생활
婚礼的日子 결혼식 날짜
难忘的日子 잊을 수 없는 날
过艰难的日子 힘든 생활을 하다

733 **时代** shídài [명] 시대, 시절

信息时代 정보 시대
童年时代 어린 시절
时代不一样了。 시대가 달라졌다.

> 꿀팁 '时代'는 '시대'라고만 해석하지 말고 '시절'이라는 뜻도 있음을 주의한다.

734 **时刻** shíkè [명] 때 [부] 자주
关键时刻 결정적인 순간
时刻提醒自己 시시각각으로 자신을 일깨우다

735 **时期** shíqī [명] 시기
全盛时期 전성기

736 **始终** shǐzhōng [부] 시종, 처음부터 끝까지
始终占优势 시종 우세를 차지하다
始终认为 시종 ~라고 여기다
始终如一 시종일관이다

737 **事先** shìxiān [명] 사전(≒提前)
事先准备 사전에 준비하다

738 **随时** suíshí [부] 수시로, 언제나
随时联系 수시로 연락하다
随时准备着 언제나 준비하고 있다

739 **通常** tōngcháng [부] 통상, 일반적으로(≒一般)
通常的情况 통상적인 상황
通常他不迟到。 통상적으로 그는 지각하지 않는다.

740 **未来** wèilái [명] 미래, 곧 다가올 멀지 않은 미래, 향후
光明的未来 밝은 미래
未来三天将持续高温。 향후 3일간 고온이 지속될 것이다.

741 **一辈子** yíbèizi [명] 한평생
一辈子都忘不了 한평생 잊을 수 없다

742 **以来** yǐlái [명] 이래, 동안
长期以来 오랫 동안
自古以来 자고 이래로, 자고로(예로부터)

743 **悠久** yōujiǔ [형] 유구하다
历史悠久 역사가 유구하다
有悠久的历史 유구한 역사를 가지고 있다

744 **曾经** céngjīng [부] 일찍이
他曾经做过一个著名的实验。
그는 일찍이 유명한 실험을 한 적이 있다.

745 **照常** zhàocháng [동] 평소처럼 하다
春节期间本店照常营业。
춘절 기간에 본 가게는 평소대로 영업합니다.

746 **至今** zhìjīn [부] 지금까지(≒到现在)
至今为止 지금까지
流传至今 지금까지 전해 내려오다
至今还没有消息 아직까지 소식이 없다

747 **中旬** zhōngxún [명] 중순
9月中旬 9월 중순

> 비교 上旬 상순 | 下旬 하순

748 **自从** zìcóng [개] ~부터
他自从当了主任以后，就太骄傲了。
그가 주임이 된 후로 너무 교만하다.

749 **最初** zuìchū [명] 최초
最初的计划 최초의 계획
最初是试一试, 后来成了职业。
처음에는 한번 해 본 거였지만 후에는 직업이 되었다.

750 **礼拜天** lǐbàitiān [명] 일요일(=周日/星期天)
礼拜天居然有会议！ 일요일에 뜻밖에도 회의가 있다니!

> 꿀팁 시험에 '星期天'은 거의 나오지 않으며, 주로 '礼拜天'이나 '周日'로 출제된다.

20. 색깔

16일차

751 **色彩** sècǎi [명] 색깔, 색채
   色彩单调 색채가 단조롭다
   色彩暗 색채가 어둡다
   带有神话色彩 신화적 색채를 띠고 있다

752 **单调** dāndiào [형] 단조롭다
   生活单调 생활이 단조롭다
   颜色单调 색깔이 단조롭다
   单调乏味 단조롭고 재미없다

753 **均匀** jūnyún [형] 고르다, 균등하다
   我国的人口分布很不均匀。
   우리나라의 인구 분포는 매우 고르지 않다.

754 **浅** qiǎn [형] 얕다
   池塘浅 연못이 얕다
   功夫浅 조예가 얕다
   学历浅 학력이 얕다

755 **青** qīng [형] 푸르다
   青春 청춘
   青少年 청소년
   眼圈发青 눈언저리가 퍼렇게 멍이 들다

756 **暗** àn [형] 어둡다
   色彩暗 색채가 어둡다
   楼道里很暗。 복도 안이 매우 어둡다.

757 **紫** zǐ [형] 자주빛의
   紫色 자주색
   嘴唇冻得发紫 입술이 얼어서 새파랗게 되다

758 **透明** tòumíng [형] 투명하다
   不透明 불투명하다
   透明的袋子 투명한 봉투
   不透明的玻璃 불투명 유리

759 **鲜艳** xiānyàn [형] 화려하다, 선명하다
   这条领带的颜色太鲜艳了。 이 넥타이의 색은 너무 화려하다.

21. 범위

760 **范围** fànwéi [명] 범위
   扩大范围 범위를 확대하다
   影响范围 영향 범위
   研究范围 연구 범위

761 **类型** lèixíng [명] 유형
   消费类型 소비 유형
   他不是我喜欢的类型。
   그는 내가 좋아하는 타입이 아니다.

762 **包含** bāohán [동] 포함하다
   包含早餐 조식을 포함하다
   古典文学包含在研究范围之内。
   고전 문학은 연구 범위 안에 포함된다.

763 **县** xiàn [명] 현(행정 구역 단위로 우리나라 읍에 해당)
   这个县管着18个乡。 이 현은 18개 향을 관할한다.

764 **家乡** jiāxiāng [명] 고향
   想念家乡 고향을 그리워하다
   离开家乡 고향을 떠나다
   回家乡 고향에 돌아가다

765 **广大** guǎngdà [형] ① 광대하다 ② 사람 수가 많다
   广大读者 많은 독자들
   广大观众 많은 관중들
   꿀팁 '广大'는 '광대하다'뿐만 아니라 '사람 수가 많다'는 뜻이 있다. 그래서 '广大读者'는 광대한 독자가 아니라 '**많은 독자**'라고 해석해야 한다.

766 **扩大** kuòdà [동] 확대하다
   扩大范围 범위를 확대하다
   扩大面积 면적을 넓히다
   逐渐扩大 점차 확대하다

767 **广泛** guǎngfàn [형] 광범하다
爱好广泛 취미가 많다
广泛使用 광범하게 사용하다
用途很广泛 용도가 넓다
受到广泛欢迎 폭넓은 환영을 받다

768 **集中** jízhōng [동] 집중하다
集中精神 정신을 집중하다
集中精力 힘을 모으다
集中注意力 주의력을 집중하다

769 **其余** qíyú [대] 나머지
其余的人 나머지의 사람들
其余的货物 남은 상품

770 **全面** quánmiàn [형] 전면적이다
全面考虑 전면적으로 고려하다
营养全面 영양이 전면적이다(영양이 골고루 있다)

771 **围绕** wéirào [동] 둘러싸다
地球围绕着太阳运行。지구는 태양을 에워싸고 돈다.

772 **唯一** wéiyī [형] 유일하다
唯一的理由 유일한 이유
唯一的方法 유일한 방법
唯一的朋友 유일한 친구

773 **除非** chúfēi [접] 오직 ~해야만 한다, ~가 아니고서는, ~을 제외하고는
除非他来，问题才能解决。
오직 그가 와야만 문제가 해결될 수 있다.
除非下场大雨，否则旱情难以得到缓解。
오직 큰 비가 와야만 한다. 그렇지 않으면 가뭄이 해소되기 어렵다.

774 **相关** xiāngguān [동] 상관 있다
密切相关 밀접하게 상관 있다
相关手续 관련 수속
相关资料 관련 자료

775 **整个** zhěnggè [명] 전체
整个社会 온 사회
整个国家 온 나라

整个世界 온 세계
> 꿀팁 '整个'는 주로 〈整个 + 명사〉의 형태로 쓰며 한 덩어리로서의 전체를 의미하지만, '所有'는 개별적인 하나하나를 모두 합친 것을 의미한다.
整个学校 한 학교의 전체
所有学校 모든 학교들

776 **整体** zhěngtǐ [명] 일체
整体利益 전체 이익
从整体上看 전체적으로 보다

777 **中心** zhōngxīn [명] 중심, 센터
研发中心 R&D 센터
培训中心 양성 센터
省博览会中心 성 박람회 센터

778 **池塘** chítáng [명] (비교적 작고 얕은) 못, 목욕탕의 욕조
在池塘里养鱼 못에서 고기를 기르다
去池塘钓鱼 못에 낚시하러 가다
> 비교 电池 배터리, 전지

779 **岸** àn [명] 물가, 해안
海岸 해안 | 靠岸 배를 물가에 대다
终于游到河对岸 마침내 헤엄쳐 강 맞은편에 다다랐다

780 **属于** shǔyú [동] ~에 속하다
属于自己的秘密 자신에게 속하는 비밀, 자신만의 비밀

781 **综合** zōnghé [동] 종합하다
综合成绩 종합 성적 | 综合实力 종합 실력

782 **限制** xiànzhì [동] 제한하다 [명] 제한, 한계
没有限制 제한이 없다 | 受~限制 ~의 제한을 받다
限制发言时间 발언 시간을 제한하다

783 **当地** dāngdì [명] 현지
当地人 현지인
当地人热情好客。현지인은 친절하고 손님을 좋아한다.

784 **包括** bāokuò [동] 포함하다
书本中不包括这些问题。
책에서는 이런 문제들을 포함하고 있지 않다.

22. 도량

785 厘米 límǐ [명] 센티미터
毫米 → 厘米 → 米 → 公里
밀리미터 → 센티미터 → 미터 → 킬로미터

786 数 shǔ [동] 수를 세다 [동] 손꼽히다 / shù [명] 수
数不清 헤아릴 수 없다
数到三 셋까지 세다
心里有数 마음속에 계산이 있다

787 平方 píngfāng [명] 평방미터, 제곱
面积不足15平方米 면적이 15제곱미터가 안 된다

788 面积 miànjī [명] 면적
扩大面积 면적을 확대하다
海洋的面积比陆地大得多。
바다의 면적은 육지보다 훨씬 크다.

789 重量 zhòngliàng [명] 중량, 무게
称重量 무게를 달다
重量超过二吨 중량이 2톤을 넘다

비교 称 부르다, 무게를 달다

23. 과학

① 수학

790 甲 jiǎ [명] 갑(순서나 등급의 첫째)

791 乙 yǐ [명] 을

792 等于 děngyú [동] ~과 같다
一加一等于二。 1+1=2
帮助别人等于帮助自己。 남을 돕는 것이 자신을 돕는 것과 같다.

793 正 zhèng [부] 때마침, 딱, 꼭 [형] 바르다
正好 딱 좋다
我正忙着呢。 나는 한참 바쁘다.

794 平均 píngjūn [형] 평균의
年平均气温 연평균 기온
平均收入 평균 수입

795 比例 bǐlì [명] 비율
男女比例是3比2。 남녀 비율은 3:2이다.

796 总共 zǒnggòng [부] 총, 모두(=一共)
出席会议的人总共有17个。 회의에 참석한 사람은 총 17명이다.

비교 '总共'은 숫자를 다 합친 것을 나타내지만, '都'는 그런 의미 없이 단지 앞의 복수 대상을 묶는 역할만 한다.
他们都出席会议。 그들은 모두 회의에 출석한다.

② 물리

797 物理 wùlǐ [명] 물리
物理考试他交了白卷。 물리 시험에서 그는 백지를 냈다.

798 滑 huá [동] 미끄러지다 [형] 반들반들하다
滑冰 스케이트를 타다
滑雪 스키를 타다
台阶很滑 계단이 미끄럽다
皮肤光滑 피부가 매끄럽다

799 规律 guīlǜ [명] 법칙 [형] 규칙적이다
有规律的生活 규칙적인 생활
生老病死是自然规律。 생로병사는 자연의 법칙이다.

꿀팁 '규율'이라고 해석하지 말고 '**법칙**', '**규칙적인**'으로 해석해야 한다.

비교 '规定(규정)'이나 '规则(규칙)'는 사람이 정한 것이지만, '规律'는 자연 현상에 그대로 존재하는 법칙을 의미한다.

800 **角度** jiǎodù [명] 각도
换个角度思考 각도를 바꿔 생각하다
从客观的角度来看 객관적인 시각에서 볼 때
비교 角色 juésè 배역, 역할

17일차

801 **空间** kōngjiān [명] 공간
这家公司发展空间很大。 이 회사는 발전 공간이 매우 크다.

802 **资源** zīyuán [명] 자원
不要浪费资源。 자원을 낭비하면 안 된다.
要合理利用资源。 자원을 합리적으로 이용해야 한다.
비교 能源 에너지

803 **物质** wùzhì [명] 물질
不要过分追求物质的享受。
지나치게 물질적 향유를 추구해서는 안 된다.

804 **影子** yǐngzi [명] 그림자, 모습
大厦的影子 빌딩의 그림자
形影不离 형체와 그림자는 떨어지지 않는다.(언제나 같이 있다)

805 **振动** zhèndòng [동] 진동하다
请将手机调成振动状态。 핸드폰을 진동으로 해 주세요.

806 **吸收** xīshōu [동] 흡수하다
吸收营养 영양을 흡수하다
吸收水分 수분을 흡수하다

③ 화학

807 **化学** huàxué [명] 화학
化学实验还没得出结论。
화학 실험이 아직 결론을 도출하지 못했다.

808 **成分** chéngfèn [명] 성분

营养成分 영양 성분
化学成分 화학 성분

809 **燃烧** ránshāo [동] 연소하다, 불타다
落叶呼啦啦燃烧起来 낙엽이 호르르 타오르다
燃烧的周五 불타는 금요일/불금

810 **银** yín [명] 은
银行 은행 | 银牌 은메달 | 收银台 계산대(=柜台)
비교 金牌 금메달 | 铜牌 동메달

④ 생물

811 **生长** shēngzhǎng [동] 성장하다, 생장하다
植物生长 식물이 생장하다
비교 '生长'은 생물학적인 성장만을 의미하지만, '成长(성장하다)'는 정신적 성숙까지 포함한다.

812 **翅膀** chìbǎng [명] 날개
展开翅膀 날개를 펼치다
翅膀硬了 날개가 딱딱해지다(자립할 수 있는 능력이 생기다)
蝴蝶扇动着翅膀飞去。 나비가 날개를 퍼덕이며 날아간다.
꿀팁 肩膀 jiānbǎng 어깨

813 **宠物** chǒngwù [명] 애완동물, 반려동물
养宠物 애완동물을 기르다
饲养宠物是时尚。 애완동물을 기르는 것은 유행이다.

814 **昆虫** kūnchóng [명] 곤충
这里的昆虫种类很多。 이곳의 곤충은 종류가 많다.

815 **蝴蝶** húdié [명] 나비
蝴蝶效应 나비 효과

816 **老鼠** lǎoshǔ [명] 쥐
抓老鼠 쥐를 잡다
비교 鼠标 (컴퓨터) 마우스

817 **蜜蜂** mìfēng [명] 꿀벌
蜜蜂是一种有益的昆虫。 꿀벌은 일종의 유익한 곤충이다.

비교 蜂蜜 벌꿀 | 蜂蜜是一种完美的自然食品。 벌꿀은 일종의 완벽한 자연 식품이다.

818 蛇 shé [명] 뱀
他被蛇咬了。 그는 뱀에게 물렸다.
画蛇添足 huà shé tiān zú 뱀을 그리는 데 다리를 그려 넣다 : 쓸데없는 짓을 하다(= 做多余的事)

819 兔子 tùzi [명] 토끼
兔子一跳一跳地逃走了。 토끼는 깡충깡충 달아났다.
비교 '兔 tù'는 '免费 miǎnfèi'의 '免 miǎn'과 글자가 유사하니 주의하자!

820 尾巴 wěiba [명] 꼬리
摇尾巴 꼬리를 흔들다
牛甩着尾巴听音乐。 소가 꼬리를 흔들며 음악을 듣다.
靠尾巴控制平衡 꼬리에 의지하여 균형을 잡다

821 竹子 zhúzi [명] 대나무
竹子的用途很广泛。 대나무의 용도는 매우 광범위하다.
我从山上砍来了一根竹子。 나는 산에서 대나무 하나를 베어 왔다.

⑤ 건강 -------------------------------

822 内科 nèikē [명] 내과
内科医生 내과 의사

823 着凉 zháoliáng [동] 감기에 걸리다(≒感冒)
盖好被子，免得着凉。 이불을 잘 덮어, 감기 걸리지 않게.

824 传染 chuánrǎn [동] 전염하다
被别人传染了感冒 다른 사람에게 감기가 옮았다.
把感冒传染给别人 감기를 다른 사람에게 전염시키다.

825 病毒 bìngdú [명] 바이러스
中病毒/中毒 바이러스에 걸리다

826 打喷嚏 dǎpēntì [동] 재채기하다
连续打喷嚏 연속해서 재채기하다
비교 咳嗽 késou 기침하다

827 呼吸 hūxī [동] 호흡하다
呼吸困难 호흡이 어렵다/호흡 곤란
呼吸新鲜的空气 신선한 공기를 마시다

828 心脏 xīnzàng [명] 심장
做心脏手术 심장 수술을 하다

829 消化 xiāohuà [동] 소화하다
促进消化 소화를 촉진시키다
帮助消化 소화를 돕다
消化不良 소화 불량

830 观察 guānchá [동] 관찰하다
善于观察 관찰에 뛰어나다
仔细观察 자세하게 관찰하다

831 挂号 guàhào [동] (병원에서) 접수하다, 편지를 등기로 부치다
网上预约挂号 인터넷으로 예약 접수하다
寄挂号信 등기 우편을 부치다

832 过敏 guòmǐn [동] 알레르기 반응을 보이다 [형] 과민하다
皮肤过敏 피부 알레르기
对花粉过敏 꽃가루에 민감하다
对海鲜过敏 해산물에 알레르기가 있다

833 缓解 huǎnjiě [동] 완화시키다
缓解痛苦 고통을 완화시키다
缓解压力 스트레스를 완화시키다
缓解疲劳 피로를 완화시키다
缓解紧张情绪 긴장된 정서를 완화시키다

834 恢复 huīfù [동] 회복하다
恢复健康 건강을 회복하다
恢复正常 정상을 되찾다

835 记忆 jìyì [동] 기억하다
失去记忆 기억을 잃다
记忆力很差 기억력이 나쁘다
비교 回忆 추억, 추억하다

836 救 jiù [동] 구하다
救命 목숨을 구하다 | 救火 불을 끄다
救急 급한 불을 끄다

837 救护车 jiùhùchē [명] 구급차
救护车把病人送进了医院。
구급차가 환자를 병원으로 후송했다.

838 急诊 jízhěn [명] 응급 진료
急诊室 응급실
急诊病人 응급 환자

839 失眠 shīmián [동] 잠을 못 이루다, 불면이다
昨晚我失眠了。 어젯밤에 나는 잠을 잘 못 잤다.
비교 熬夜 밤새다 | 失去 잃어버리다 | 失业 실직하다 | 失恋 실연하다

840 手术 shǒushù [명] 수술
做心脏手术 심장 수술을 하다
整容手术 성형 수술
风险很大的手术 리스크가 큰 수술

841 伤害 shānghài [동] (몸을) 상하게 하다, 해치다, (감정에) 상처를 주다 [명] (마음의) 상처
伤害保险 상해 보험
伤害感情 감정을 상하게 하다
造成伤害 상처를 입히다
受到伤害 상처를 받다

842 摔倒 shuāidǎo [동] (몸이 균형을 잃고) 넘어지다
小心点儿，路上很滑，别摔倒。
조심해, 길이 미끄러우니 넘어지지 마.

843 受伤 shòushāng [동] 다치다, 부상을 입다
腿受伤了 다리를 다쳤다
微笑可以温暖受伤的心。
미소는 상처 받은 마음을 따뜻하게 할 수 있다.

844 瞎 xiā [동] 눈이 멀다 [부] 함부로, 멋대로
瞎说 함부로 말하다
瞎了一只眼睛 한쪽 눈이 멀다
我只是瞎猜的。 그냥 한번 찔러 본 거야.

845 预防 yùfáng [동] 예방하다
预防感冒 감기를 예방하다
预防疾病 질병을 예방하다
비교 预订 예약하다

846 危害 wēihài [명] 위해 [동] 해를 끼치다
吸烟的危害 흡연의 위해(해로움)
手机会给健康带来危害。 핸드폰은 건강에 해로움을 줄 수 있다.

847 戒 jiè [동] (좋지 못한 습관을) 끊다, 떼다, 방비하다
戒烟 금연하다 | 戒酒 금주하다 | 戒指 반지

848 诊断 zhěnduàn [동] 진단하다
诊断病人 환자를 진단하다 | 诊断和治疗 진단과 치료

849 治疗 zhìliáo [동] 치료하다
治疗病人 환자를 치료하다
治疗方法 치료 방법
비교 看病 진찰하다, 진찰 받다

850 寿命 shòumìng [명] 수명
长寿 장수하다 | 寿命很长 수명이 길다

18일차

851 毛病 máobìng [명] ① (사람의) 질병, 단점 ② (물건의) 고장
坏毛病 나쁜 버릇
出毛病 (기계가) 고장이 나다
她有心口疼的毛病。 그녀는 명치가 아픈 병이 있다.

⑥ 천문 ---

852 天空 tiānkōng [명] 하늘
一道彩虹出现在天空中。 한 무지개가 하늘에 나타났다.

853 雷 léi [명] 천둥
打雷闪电 천둥번개 치다
光打雷，不下雨。 천둥만 치고 비는 오지 않다.(큰소리만 치고 행동에 옮기지는 않다)

854 **雾** wù [명] 안개
　大雾 짙은 안개
　有雾 안개가 끼다
　雾很浓 안개가 매우 짙다

855 **彩虹** cǎihóng [명] 무지개
　一道彩虹出现在天空中。무지개 하나가 하늘에 나타났다.

856 **地震** dìzhèn [명] 지진
　无法阻止地震的发生。지진의 발생을 막을 순 없다.
　地震造成了巨大的损失。지진이 막대한 손실을 초래했다.

857 **晒** shài [동] 햇볕을 쬐다
　晒黑 피부가 햇볕에 검게 그을리다
　晒衣服 옷을 말리다
　晒太阳 햇빛을 쬐다

858 **灾害** zāihài [명] 재해
　地震是一种自然灾害。지진은 일종의 자연 재해이다.

⑦ 문학·예술 --------------------------------

859 **哲学** zhéxué [명] 철학
　他是古代一名著名的哲学家。
　그는 고대의 한 유명한 철학자였다.

860 **神话** shénhuà [명] 신화
　带有一点儿神话色彩
　약간의 신화적 색채를 띠고 있다
　这个电视剧取材于一个神话。
　이 드라마는 한 신화에서 소재를 따왔다.

861 **诗** shī [명] 시
　这是一首赞美青春的诗。
　이것은 한 편의 청춘을 찬미하는 시이다.

862 **文学** wénxué [명] 문학
　古典文学 고전 문학
　对文学感兴趣 문학에 흥미를 느끼다

863 **戏剧** xìjù [명] 연극, 중국 전통극
　现代戏剧 현대극
　对戏剧感兴趣 희극에 흥미를 느끼다

864 **经典** jīngdiǎn [명] 고전(중요하고 권위 있는 저작) [형] 전형적인
　这是浪漫主义的最经典的作品之一。
　이것은 낭만주의의 가장 전형적인 작품 중 하나이다.

865 **美术** měishù [명] 미술
　美术馆 미술관
　展示美术品 미술품을 전시하다

866 **设计** shèjì [동] 설계하다, 디자인하다
　服装设计师 의상 디자이너
　设计方案 설계 방안

867 **摄影** shèyǐng [명] 촬영하다(≒拍照)
　摄影师 사진 작가
　我太太大学时代就喜欢摄影。
　나의 아내는 대학 시절부터 사진 촬영을 좋아했다.

868 **象征** xiàngzhēng [명] 상징 [동] 상징하다
　鸽子是和平的象征。비둘기는 평화의 상징이다.

869 **欣赏** xīnshǎng [동] ① 감상하다 ② 마음에 들어하다 (≒喜欢)
　欣赏风景 풍경을 감상하다
　欣赏景色 경치를 감상하다
　老板很欣赏小王。사장님은 샤오왕을 마음에 들어한다.
　꿀팁 '欣赏' 뒤에 오는 목적어가 **사람**이라면 '감상하다'가 아니라 '**마음에 들어하다**'는 뜻이다.

870 **形象** xíngxiàng [명] 이미지, 캐릭터 [형] 형상적이다
　重视形象 이미지를 중시한다
　他讲话生感动形象，很有吸引力。
　그의 이야기는 생동적이고 형상적이어서 매우 흡인력이 있다.
　비교 形状 형상(사물의 윤곽)

871 **展览** zhǎnlǎn [동] 전람하다
　展览会 전람회
　此次展览将持续至4月中旬。
　이번 전람회는 4월 중순까지 지속될 것이다.

872 作品 zuòpǐn [명] 작품
　　经典作品 고전
　　精彩的作品 훌륭한 작품
　　完美的作品 완벽한 작품

873 形式 xíngshì [명] 형식
　　水星的水以冰的形式存在。
　　수성의 물은 얼음의 형식으로 존재한다.

874 传播 chuánbō [동] 전파하다
　　传播知识 지식을 전파하다
　　传播消息 소식을 전하다
　　传播文化 문화를 전파하다
　　传播速度 전파 속도

24. 업종

① 공업

875 工业 gōngyè [명] 공업
　　工业集中地区 공업 집중 지역

876 企业 qǐyè [명] 기업
　　企业家 기업가, 기업인
　　这家企业正面临着破产。 이 기업은 지금 파산에 직면해 있다.

877 钢铁 gāngtiě [명] 철강
　　钢铁行业 철강 업종

878 工厂 gōngchǎng [명] 공장
　　工厂购买了一批新设备。 공장은 신 설비를 구매했다.

879 机器 jīqì [명] 기계
　　机器坏了 기계가 고장 났다
　　[비교] 计算器 전자 계산기 | 显示器 모니터 | 刷卡机 카드 단말기 | 取款机 현금 지급기

880 建设 jiànshè [동] 건설하다
　　建设福利社会 복지 사회를 건설하다
　　建设民主社会 민주 사회를 건설하다

881 零件 língjiàn [명] 부품
　　翻工具箱找零件 공구함을 뒤져 부품을 찾다
　　[비교] 零食 주전부리, 간식, 군것질 | 零钱 잔돈

882 能源 néngyuán [명] 에너지
　　节约能源 에너지를 절약하다
　　浪费能源 에너지를 낭비하다
　　[비교] 可持续发展 지속 가능한 발전

883 汽油 qìyóu [명] 휘발유
　　汽油的价格在不断地上涨。
　　휘발유 가격이 끊임없이 오르고 있다.

884 金属 jīnshǔ [명] 금속
　　这种产品是用金属材料做的。
　　이 제품은 금속 재료로 만들었다.

885 煤炭 méitàn [명] 석탄
　　煤炭是一种不可再生能源。
　　석탄은 일종의 재생 불가 에너지이다.

886 设备 shèbèi [명] 설비
　　设备太旧了，得进一批新设备。
　　설비가 너무 오래되서 새 설비를 들여야 한다.

887 设施 shèshī [명] 시설
　　运动设施 운동 시설
　　设施不全 시설이 완벽하지 않다
　　基础设施建设 인프라(기초 시설) 구축

888 生产 shēngchǎn [동] 생산하다
　　我们工厂准备扩大生产规模。
　　우리 공장은 생산 규모를 확대할 계획이다.

889 **产品** chǎnpǐn [명] 생산품, 제품
产品的质量吸引消费者。 제품의 질이 소비자를 끈다.

890 **原料** yuánliào [명] 원료, 원자재
这个事故造成了原料不足。
이 사고는 원자재 부족을 초래했다.

891 **丝绸** sīchóu [명] 비단, 실크
丝绸睡衣 실크 잠옷
丝绸之路促进了东西方文化的交流。
실크로드는 동서양 문화의 교류를 촉진시켰다.

892 **布** bù [명] 천, 베
这种衣服的布料很结实。 이 옷의 옷감은 매우 질기다.

893 **制作** zhìzuò [동] 제작하다
手工制作 수공으로 제작하다
电影的制作过程十分复杂。
영화의 제작 과정은 매우 복잡하다.

894 **制造** zhìzào [동] 제조하다, (문제·갈등 등 부정적인 것을) 만들다
制造工程 제조 공정
制造肥皂 비누를 제조하다
中国制造 메이드 인 차이나
制造矛盾 갈등을 만들다

> [비교] '制造(제조하다)'는 주로 **상품 같은 물건을 대량으로 만들다**는 뜻이고, '制作(제작하다)'는 주로 **수작업으로 만드는 것**을 나타낸다. 그래서 '메이드 인 차이나'를 '中国制造(중국이 제조했다)'로 하고, '영화를 제작하다'라고 할 때 '制作电影'이라고 한다.

895 **自动** zìdòng [형] 자동의
自动售货机 자판기
自动开关 자동 스위치

② **농업** ------------------------------

896 **农业** nóngyè [명] 농업
农业是一个国家最重要的产业。
농업은 한 국가의 가장 중요한 산업이다.

897 **农民** nóngmín [명] 농민
农民的生活水平 농민의 생활 수준

898 **土地** tǔdì [명] 토지
土地面积 토지 면적

899 **小麦** xiǎomài [명] 밀
今年的小麦收获真不少。 올해 밀 수확이 정말 적지 않다.
> [비교] 大麦 보리

19일차

900 **木头** mùtou [명] 나무, 목재
金属的不适合这里，木头的更合适。
금속으로 만든 것은 여기에 맞지 않고, 목재가 더 알맞다.

901 **收获** shōuhuò [명] 수확 [동] 수확하다
收获的季节 수확의 계절
一点儿收获都没有 조금의 수확(성과)도 없다
> [꿀팁] 농산물의 수확뿐 아니라 '성과' 같은 얻어낸 유익한 것을 포함한다.

③ **상업** ------------------------------

902 **经商** jīngshāng [동] 장사하다, 상업에 종사하다
他辞职经商多年。 그는 사직하고 여러 해를 장사했다.

903 **商务** shāngwù [명] 상무, 상업상의 용무
商务汉语 비즈니스 중국어
电子商务 전자 상거래
商务舱 비즈니스석

904 **商业** shāngyè [명] 상업
商业街 번화가
商业繁荣 상업이 번창하다

905 **商品** shāngpǐn [명] 상품
打折商品 할인 상품
高档商品 고급 상품
进口商品 수입 상품

906 **柜台** guìtái [명] 계산대, 카운터
请您去旁边的柜台付款。 옆 계산대에서 계산해 주세요.

907 **关闭** guānbì [동] 닫다, 파산하다
关闭工厂 공장을 닫다
机场关闭了 공항이 폐쇄되었다

908 **光临** guānglín [동] 광림하시다(남이 찾아오는 일을 높여 이르는 말)
欢迎光临! 어서 오세요!

909 **规模** guīmó [명] 규모
生产规模 생산 규모
扩大规模 규모를 확대하다
控制规模 규모를 통제하다

910 **风险** fēngxiǎn [명] 위험, 리스크
承担风险 리스크를 감당하다
有一定的风险 일정한 리스크가 있다

911 **破产** pòchǎn [동] 파산하다
彻底破产 철저하게 파산하다
面临着破产 파산에 직면해 있다
存在破产风险 부도 위험이 존재하다

912 **价值** jiàzhí [명] 가치
很有价值 매우 가치 있다
没有价值 가치가 없다

913 **进口** jìnkǒu [동] 수입하다
进口汽车 수입 자동차
비교 出口 수출하다

914 **出口** chūkǒu [동] 수출하다 [명] 출구
今年服装出口增长了6%。 올해 의류 수출이 6% 성장했다.

915 **经营** jīngyíng [동] 경영하다
经营酒吧 술집을 경영하다
经营饭店 호텔(식당)을 경영하다

916 **开发** kāifā [동] 개발하다
开发游戏 게임을 개발하다
开发软件 소프트웨어를 개발하다
开发新产品 신제품을 개발하다

917 **利润** lìrùn [명] 이윤
利润很大 이윤이 크다
创造利润 이윤을 창출하다
巨大的利润 막대한 이윤
비교 损失 손실

918 **利益** lìyì [명] 이익
长远利益 장기적인 이익
眼前利益 눈앞의 이익
整体利益 전체 이익

919 **讨价还价** tǎo jià huán jià [성] 값을 흥정하다
善于讨价还价 값 흥정을 잘한다

920 **贸易** màoyì [명] 무역
加工贸易 가공 무역
国际贸易 국제 무역
限制贸易 무역을 제한하다

921 **名牌** míngpái [명] 명품 브랜드
名牌包 명품 가방
名牌大学 명문 대학

922 **赔偿** péicháng [동] 배상하다
赔偿损失 손실을 배상하다

923 **欠** qiàn [동] 빚지다(≒借), 하품하다
欠了很多钱 많은 돈을 빌렸다
欠费 (전화) 요금 미납
打哈欠 하품하다

924 **收据** shōujù [명] 영수증(≒小票)
开收据 영수증을 끊다
비교 '发票(영수증)'는 개인이 회사로부터 정산 받거나 업주가 국가에 납세하기 위한 영수증을 의미한다. 일반적으로 서민들이 사용하는 영수증은 '收据'나 '小票'라고 한다.

925 **税** shuì [명] 세금
纳税 납세하다, 세금을 내다
交税金 세금을 내다

926 **损失** sǔnshī [명] 손실 [동] 손실을 입다
巨大损失 막대한 손실
造成损失 손실을 초래하다
赔偿损失 손실을 배상하다

927 **谈判** tánpàn [동] 협상하다
谈判很顺利 협상은 순조롭다

928 **签** qiān [동] 사인하다, 서명하다
签证 비자
签合同 계약서에 사인하다(계약을 체결하다)
明星的签名 스타의 사인
请在这儿签个字。여기에 서명해 주세요.

929 **合作** hézuò [동] 협력하다, 합작하다
合作伙伴 협력 파트너
团队合作 팀워크

930 **批准** pīzhǔn [동] 비준하다, 허가하다
这个方案还没得到总经理的批准。
이 방안은 아직 사장님의 허가를 받지 못했다.

931 **投资** tóuzī [동] 투자하다
要谨慎投资 신중하게 투자해야 한다
投资股市有一定的风险。
주식에 투자하는 것은 일정한 리스크가 있다.

932 **投入** tóurù [동] (자금 등을) 투입하다 [형] 몰입하다, 몰두하다
投入资金 자금을 투입하다
投入兵力 병력을 투입하다
她演戏很投入。그녀는 연기에 매우 몰입했다.

933 **消费** xiāofèi [동] 소비하다 [명] 소비
消费者 소비자 | 超前消费 과소비 | 消费观念 소비 관념
您总共消费了100元。총 100위안 소비하셨습니다.

934 **销售** xiāoshòu [동] 판매하다
销售量 판매량(=销量)
销售员 판매원
销售部门 영업부
售后服务 애프터 서비스(A/S)

935 **营业** yíngyè [동] 영업하다
营业执照 영업 허가증
正常营业 정상적으로 영업하다
照常营业 평소처럼 영업하다

936 **优惠** yōuhuì [형] 특혜의, 우대의
优惠券 할인권/쿠폰
优惠政策 우대 정책
搞优惠活动 (할인·경품 증정 같은) 행사를 하다

937 **预订** yùdìng [동] 예약하다
预订房间 호텔을 예약하다
预订餐厅 식당을 예약하다(订餐)

938 **执照** zhízhào [명] 허가증
营业执照 영업 허가증
驾驶执照 운전 면허증(=驾照)

939 **中介** zhōngjiè [명] 중개, 매개 [동] 중개하다
房屋中介 부동산 중개업자

940 **注册** zhùcè [동] 등록하다
注册网站 사이트에 가입하다
注册会计师 공인 회계사
注册商标 상표를 등록하다

④ 금융 --------------------------------

941 **支票** zhīpiào [명] 수표
[비교] 门票 입장권 | 股票 주식 | 彩票 복권 | 小票 영수증

942 **现金** xiànjīn [명] 현금
您是付现金还是刷卡?
현금으로 결제하시겠어요 카드로 결제하시겠어요?

943 **贷款** dàikuǎn [동] 대출하다 [명] 대출금
贷款买房 대출 받아 집을 사다
还清贷款 대출금을 모두 갚다

944 **黄金** huángjīn [명] 황금
黄金的价值 황금의 가치

945 **股票** gǔpiào [명] 주식
投资股票 주식에 투자하다(=投资股市)
卖掉股票 주식을 팔아 버리다

946 **账户** zhànghù [명] 계좌
开一个账户 계좌를 하나 만들다
输入账户密码 계좌 비밀번호를 입력하다

947 **汇率** huìlǜ [명] 환율
今天的汇率多少？ 오늘 환율이 얼마야?

948 **兑换** duìhuàn [동] 환전하다, 현금으로 바꾸다
我用美元兑换了人民币。 나는 달러를 인민폐로 바꿨다.

949 **利息** lìxī [명] 이자
银行的利息又涨了。 은행의 이자가 또 올랐다.
비교 利率 이율

950 **财产** cáichǎn [명] 재산
把财产全部捐给社会 재산을 전부 사회에 기부하다

20일차

951 **硬币** yìngbì [명] 동전
他连一个硬币都十分珍惜。
그는 동전 하나라도 매우 아낀다.

952 **资金** zījīn [명] 자금
必要的资金 필요한 자금
缺乏资金 자금이 부족하다(=资金不足)
비교 资格 자격 | 资源 자원

⑤ 교통 ------

953 **高速公路** gāosù gōnglù [명] 고속 도로
走高速 고속 도로로 가다

954 **运输** yùnshū [동] 운수하다, 운송하다
从事运输行业 운수 업종에 종사하다

955 **驾驶** jiàshǐ [동] 운전하다
驾驶执照 운전 면허증(=驾照)
拿到驾照 운전 면허증을 따다
疲劳驾驶 졸음 운전하다
酒后驾驶 음주 운전하다
轮流驾驶 교대로 운전하다

956 **卡车** kǎchē [명] 트럭
卡车司机 트럭 운전기사

957 **摩托车** mótuōchē [명] 오토바이
开摩托车一定要小心。
오토바이를 운전할 때는 반드시 조심해야 한다.

958 **长途** chángtú [명] 장거리
长途汽车 장거리 버스(시외버스)
长途电话 시외 전화
长途运输 장거리 운수
长途旅行 장거리 여행
长途汽车站 시외버스 터미널

959 **车厢** chēxiāng [명] (열차의) 객실
车厢里十分拥挤 객실은 매우 붐빈다
餐车在几号车厢？ (기차의) 식당칸은 몇 호 객실에 있나요?

960 **标志** biāozhì [명] 표지, 상징 [동] 상징하다
金钱不能成为成功的标志。 돈은 성공의 상징이 될 수 없다.

961 **闯** chuǎng [동] 뛰어들다
闯入 뛰어들다
闯红灯 신호를 위반하다
闯社会 사회로 뛰어들다
비교 闷 mēn 답답하다 | 闪 shǎn 번쩍이다 | 闹 nào 시끄럽다

962 **罚款** fákuǎn [동] 벌금을 부과하다 [명] 벌금
他闯了红灯，所以被罚款了。
그는 신호 위반을 해서 벌금을 받았다.

963 **行人** xíngrén [명] 행인
路上行人很少。 길에 행인이 매우 적다.

964 **意外** yìwài [명] 의외, 뜻밖의 사고 [형] 의외의
感到意外 의외라고 느끼다
万一发生了意外，那怎么办?
만일 의외의 사고가 발생하면 그땐 어떡하냐?

965 **拥挤** yōngjǐ [형] 붐비다, 혼잡하다
交通拥挤 교통이 혼잡하다
车里很拥挤 차 안이 매우 붐빈다
비교 堵车 차가 막히다

⑥ 전자 통신

966 **播放** bōfàng [동] 방송하다, 방영하다, 재생하다
播放光盘 시디를 재생하다
播放电视剧 드라마를 방영하다
播放录音 녹음을 방송하다
播放器 재생기, 플레이어
CD 播放器 CD 플레이어

967 **搜索** sōusuǒ [동] (인터넷에서) 검색하다, 수색하다
你上网搜索一下。 너 인터넷으로 한번 검색해 봐.

968 **网络** wǎngluò [명] 인터넷, 네트워크(=互联网)
网络游戏 인테넷 게임
网络信号 인터넷 신호
网络购物 인터넷 쇼핑

969 **信号** xìnhào [명] 신호
信号不好 신호가 좋지 않다
信号不稳定 신호가 안정적이지 않다
网络信号很弱 인터넷 신호가 약하다

970 **占** zhàn [동] 차지하다, 점하다
占线 통화 중이다
占52% 52%를 차지하다
占优势 우위를 점하다
占小便宜 작은 (부당한) 이득을 보다

971 **电池** diànchí [명] 전지, 배터리
这个电池用完了。 이 건전지는 다 사용했어.
没电了 배터리가 다 됐다

비교 池塘 못, 저수지

972 **键盘** jiànpán [명] (컴퓨터) 키보드, 건반
键盘乐器 건반 악기
键盘太旧了 키보드가 너무 오래됐다

973 **光盘** guāngpán [명] 시디(CD)
这个电脑无法读光盘。 이 컴퓨터는 시디를 읽을 수 없다.

974 **软件** ruǎnjiàn [명] 소프트웨어, 프로그램(↔硬件)
下载软件 프로그램을 다운 받다
安装软件 프로그램을 깔다
删除软件 프로그램을 삭제하다

975 **硬件** yìngjiàn [명] 하드웨어(↔软件)
安装硬件 하드웨어를 설치하다
硬件和软件 하드웨어와 소프트웨어

976 **程序** chéngxù [명] 컴퓨터 프로그램, (일의) 절차
电脑程序师 컴퓨터 프로그래머
程序上有问题 절차상 문제가 있다
비교 秩序 zhìxù 질서

977 **安装** ānzhuāng [동] 설치하다
安装软件 소프트웨어를 설치하다
安装系统 시스템을 설치하다
今天夏天太热了，非安装空调不可。
올해 여름은 너무 더워서 에어컨을 설치하지 않으면 안 된다.

978 **输入** shūrù [동] 입력하다
输入密码 비밀번호를 입력하다

979 **鼠标** shǔbiāo [명] 마우스
无线鼠标 무선 마우스
点击鼠标 마우스를 클릭하다
点击次数 조회 수
비교 老鼠 쥐

980 **数据** shùjù [명] 데이터
数据显示 데이터가 나타내기를
数据流量 데이터 유동량

981 **数码** shùmǎ [명] 디지털
  数码相机 디지털 카메라
  数码产品 디지털 제품

982 **短信** duǎnxìn [명] 문자 메시지
  发短信 문자 메시지를 보내다
  收到短信通知 문자 알림을 받았다

983 **下载** xiàzài [동] 다운 받다
  下载文件 문서를 다운 받다
  下载电影 영화를 다운 받다

⑦ 건축 --------------------------------

984 **广场** guǎngchǎng [명] 광장
  天安门广场在北京，人民广场在上海。
  천안문 광장은 베이징에 있고, 인민 광장은 상하이에 있다.

985 **建筑** jiànzhù [명] 건축(물), 건축하다
  这座雄伟的建筑始建于1833年。
  이 웅장한 건축물은 1833년부터 지어졌다.

986 **结构** jiégòu [명] 구조
  这篇文章内容很丰富，结构很完整。
  이 글은 내용이 풍부하고 구조가 온전하다.

987 **宿舍** sùshè [명] 기숙사
  我们新建的宿舍楼既高大又漂亮。
  새로 지은 기숙사 건물은 크고 아름답다.

988 **大厦** dàshà [명] 빌딩, 건물
  高楼大厦 고층 빌딩
  63大厦 63빌딩
  大厦林立 빌딩이 숲을 이루다

989 **台阶** táijiē [명] 계단
  台阶很滑 계단이 미끄럽다

990 **屋子** wūzi [명] 방
  快进来，屋子里很暖和。 빨리 들어와. 방안은 아주 따뜻해.
  [비교] 房子 집 | 房东 집주인 | 房客 세입자

991 **装修** zhuāngxiū [동] 인테리어하다, 실내 장식하다
  装修方案 인테리어 방안
  装修公司 인테리어 회사
  装修十分豪华 인테리어가 매우 화려하다

25. 문화

① 정치 --------------------------------

992 **改革** gǎigé [동] 개혁하다
  促进改革 개혁을 촉진시키다
  改革人事制度 인사 제도를 개혁하다

993 **改进** gǎijìn [동] 개선하다
  改进技术 기술을 개선하다
  改进方法 방법을 개선하다
  改进关系 관계를 개선하다

994 **改善** gǎishàn [동] 개선하다
  改善环境 환경을 개선하다
  改善条件 여건을 개선하다
  改善关系 관계를 개선하다

  [비교] '改进'은 '进(一步) : 진일보하다' 글자 때문에 주로 '기술, 방법' 등과 어울린다. 그래서 주로 '改进方法', '改进技术' 형태로 쓴다. '改善'은 '善 : 좋다, 훌륭하다' 글자 때문에 기존의 것을 더 좋게 변화시킨다는 의미이다. 그래서 '改善'의 사용 범위가 더 넓다. 하지만 이 둘은 모두 '关系'와 함께 쓸 수도 있다.
  改进关系/改善关系 관계를 개선하다

995 **官** guān [동] 관료, 공공의 것
  当官 관료가 되다
  外交官 외교관
  面试官 면접관

996 **权力** quánlì [명] 권력
　争取权力 권력을 쟁취하다
　失去权力 권력을 잃다

997 **权利** quánlì [명] 권리
　维护权利 권리를 지키다
　放弃权利 권리를 포기하다 | 享有权利 권리를 누리다

998 **外交** wàijiāo [명] 외교
　外交官 외교관
　外交冲突 외교 충돌
　对中外交 대중 외교

999 **义务** yìwù [명] 의무 [형] 무보수의, 봉사의
　义务教育 의무 교육
　尽义务 의무를 다하다
　承担义务 의무를 지다

1000 **政治** zhèngzhì [명] 정치
　政治丑闻 정치 추문
　政治背景 정치적 배경

21일차

1001 **政府** zhèngfǔ [명] 정부
　政府得立即采取措施。 정부는 즉각 조치를 취해야 한다.

1002 **制度** zhìdù [명] 제도
　完善的制度 완벽한 제도
　建立制度 제도를 수립하다
　完善有关制度 관련 제도를 정비하다

1003 **主席** zhǔxí [명] 주석, 의장
　国家主席 국가 주석
　大会主席 대회 의장

1004 **总理** zǒnglǐ [명] 총리
　国务总理 국무 총리

1005 **总统** zǒngtǒng [명] 대통령
　下届总统 차기 대통령

② 풍속 --------------------------------------

1006 **除夕** chúxī [명] 제야, 섣달 그믐날 밤(설날 전날 밤)
　在中国，除夕之夜全家人在一起吃团圆饭。
　중국에서 제야에는 온 가족이 한 자리에 모여서 식사를 한다.

1007 **鞭炮** biānpào [명] 폭죽
　放鞭炮 폭죽을 터뜨리다
　鞭炮声响个不停 폭죽 소리가 끊이지 않는다

1008 **传说** chuánshuō [명] 전설 [동] 이러쿵저러쿵 말이 전해지다
　流传~传说 ~의 전설이 전해지다

1009 **传统** chuántǒng [명] 전통 [형] 전통적이다
　太极拳是中国的一种传统武术。
　태극권은 중국의 전통 무술이다.

1010 **国庆节** guóqìngjié [명] 국경절
　国庆节期间举行很多庆祝活动。
　국경절 기간에는 많은 경축 행사를 거행한다.

1011 **流传** liúchuán [동] 전해지다
　这里流传着一个美丽的传说。
　이곳에는 한 아름다운 전설이 전해지고 있다.

　꿀팁 '流传'을 '유전되다'라고 해석하면 '유전자'의 '유전(遗传)'이 떠오르기 때문에 되도록 '전해지다'로 해석하는 것이 좋다.

1012 **龙** lóng [명] 용
　关于龙的传说 용과 관련한 전설
　龙是想象的动物。 용은 상상의 동물이다.

1013 **当心** dāngxīn [동] 조심하다, 주의하다(≒注意)
　当心恶犬 개 조심

1014 **象棋** xiàngqí [명] 장기
　下象棋 장기를 두다
　我对象棋很感兴趣。 나는 장기에 흥미가 있다.
　비교 围棋 바둑

1015 **元旦** yuándàn [명] 원단(양력 1월 1일)
　迎接元旦 원단을 맞다
　비교 春节 춘절(음력 1월 1일)

1016 **祝福** zhùfú [동] 축복하다
我的好朋友结婚了，我真心祝福他们。
친한 친구가 결혼해서 나는 진심으로 그들을 축복했다.

③ 군사

1017 **战争** zhànzhēng [명] 전쟁
结束战争 전쟁을 끝내다
经历战争 전쟁을 겪다

1018 **和平** hépíng [명] 평화
鸽子是和平的象征。 비둘기는 평화의 상징이다.

1019 **军事** jūnshì [명] 군사
军事行动 군사 행동
军事设施 군사 시설

1020 **命令** mìnglìng [동] 명령하다 [명] 명령
下命令 명령을 내리다
听从命令 명령을 따르다

1021 **枪** qiāng [명] 총
打枪 총을 쏘다 | 中枪 총을 맞다
《像中枪一样》 총 맞은 것처럼(노래)
비교 抢 qiǎng 빼앗다, 강탈하다

1022 **射击** shèjī [동] 사격하다
开枪射击 총을 쏘아 사격하다

1023 **胜利** shènglì [동] 승리하다
争取胜利 승리를 쟁취하다
赢得胜利 승리를 얻다
비교 赢 이기다 | 输 지다

1024 **士兵** shìbīng [명] 병사
一群士兵 한 무리의 병사들
士兵的勇气真让人佩服。
병사의 용기가 정말 사람을 탄복시킨다.

1025 **内部** nèibù [명] 내부
内部消息 내부 소식 | 公司内部 회사 내부

1026 **岛屿** dǎoyǔ [명] 섬, 도서
该国由许多岛屿组成。
이 나라는 많은 섬들로 이루어져 있다.

④ 사법

1027 **法院** fǎyuàn [명] 법원
法院的处理 법원의 처분
法院的判决 법원의 판결

1028 **违反** wéifǎn [동] 위반하다
违反法律 법을 위반하다
违反规定 규정을 위반하다

1029 **证据** zhèngjù [명] 증거
搜索证据 증거를 찾다
证据不足 증거가 부족하다
证据资料 증거 자료

⑤ 교육

1030 **写作** xiězuò [동] 글을 짓다
勤奋写作 부지런히 글쓰다
善于写作 글쓰기를 잘한다

1031 **本科** běnkē [명] (4년제 대학교의) 학부(과정), 본과
本科生(본과생)
참고 硕士研究生 석사 대학원생
博士研究生 박사 대학원생

1032 **报告** bàogào [동] 보고하다 [명] 보고서, 보고
写报告 보고서를 쓰다
交报告 보고서를 제출하다
总结报告 총 결산 보고서

1033 **标点** biāodiǎn [명] 구두점 [동] 구두점을 표시하다
标点符号 문장 부호

1034 **操场** cāochǎng [명] 운동장
我每天绕着操场跑3圈。 나는 매일 운동장을 3바퀴 뛴다.

1035 测验 cèyàn [동] 테스트하다, 시험하다
智力测验 지능 테스트
民意测验 여론 조사

1036 成语 chéngyǔ [명] 성어
这个成语来自一个神话故事。
이 성어는 한 신화 이야기에서 나왔다.

1037 拼音 pīnyīn [명] 병음(현대 중국어 음절 구성 규칙에 따라 자음과 모음을 조합하여 성조를 붙혀 한 음절을 구성함)

1038 文字 wénzì [명] 문자
这种感情很难用文字形容。
이런 감정은 문자로 형용하기 어렵다.

1039 字母 zìmǔ [명] 알파벳, 자모
字母顺序 알파벳 순서
拼音字母 병음 자모

1040 初级 chūjí [형] 초급의
初级水平 초급 수준
初级汉语 초급 중국어

1041 高级 gāojí [형] (품질·수준 등이) 고급의, (단계·급수 등이) 고급의
高级轿车 고급 승용차 | 高级汉语 고급 중국어

1042 辩论 biànlùn [동] 논쟁하다, 변론하다
善于辩论 논쟁을 잘하다
展开热烈辩论 뜨거운 논쟁을 벌이다

1043 参考 cānkǎo [동] 참고하다
他的建议值得参考。 그의 건의는 참고할 만하다.

1044 册 cè [명] 책 [양] 권(책을 셈)
手册 수첩
印了一百万册 백만 부를 인쇄하다

1045 及格 jígé [동] 합격하다
这次考试我刚好及格。 이번 시험에 나는 겨우 합격했다.

1046 纪律 jìlǜ [명] 기율, 규율, 기강
守纪律 규율을 지키다
违反纪律 규율을 위반하다

1047 道理 dàolǐ [명] 도리, 이치, 일리
有道理 일리가 있다/이치에 맞다
没有道理 이치에 맞지 않다
深刻的道理 깊은 이치

1048 辅导 fǔdǎo [동] 학습 지도하다
辅导班 학원(=补习班)
他辅导我数学。 그는 나에게 수학을 과외해 준다.

1049 概括 gàikuò [동] 개괄하다, 간추리다
简单地概括 간단하게 요약하다
概括文章内容 글의 내용을 요약하다

1050 概念 gàiniàn [명] 개념
科学概念 과학 개념
抽象的概念 추상적인 개념

22일차

1051 观点 guāndiǎn [명] 관점
他的观点有些片面。 그의 관점이 좀 단편적이다.

1052 观念 guānniàn [명] 관념
道德观念 도덕 관념
消费观念 소비 관념

1053 计算 jìsuàn [동] 계산하다
计算错了 계산이 잘못됐다
重新计算 다시 계산하다
计算面积 면적을 계산하다
计算机 전자 계산기
计算一下今天花了多少钱。
오늘 얼마 썼는지 계산 한번 해 보자.

1054 朗读 lǎngdú [동] 낭독하다
大声朗读 큰 소리로 낭독하다
朗读课文 본문을 낭독하다

朗读诗歌 시를 낭송하다

1055 **核心** héxīn [명] 핵심
核心技术 핵심 기술
核心人物 핵심 인물
核心内容 핵심 내용

1056 **话题** huàtí [명] 화제
热门话题 뜨거운 화제
共同话题 공통 화제
换个话题 화제를 바꾸다

1057 **结论** jiélùn [명] 결론
下结论 결론을 내리다
得出结论 결론을 내다

1058 **进步** jìnbù [동] 진보하다(↔ 退步) [명] 진보
取得进步 진보하다
进步了很多 많이 향상됐다
进步很快 진보가 빠르다

1059 **讲座** jiǎngzuò [명] 강좌, 강의
举办讲座 강좌를 열다
精彩的讲座 훌륭한 강좌
讲座录音 강의 녹음

1060 **教材** jiàocái [명] 교재
这个教材的内容很丰富。 이 교재의 내용은 매우 풍부하다.

1061 **刻苦** kèkǔ [형] 고생을 참아 내다, 몹시 애를 쓰다
刻苦学习 열심히 공부하다
刻苦训练 열심히 훈련하다

1062 **课程** kèchéng [명] 과목, 교육 과정
网络课程 인터넷 강의
课程结束了 교육 과정이 끝났다

1063 **论文** lùnwén [명] 논문
论文题目 논문 제목
修改论文 논문을 수정하다
毕业论文 졸업 논문

1064 **理论** lǐlùn [명] 이론
理论与实践 이론과 실천
这个理论被应用到很多领域。
이 이론은 많은 분야로 응용되었다.

1065 **录取** lùqǔ [동] 합격시키다, 뽑다, 채용하다
录取结果 합격 결과
录取通知书 합격 통지서
小王被一家大公司录取了。 샤오왕은 한 대기업에 합격했다.
비교 招聘 모집하다 | 应聘 지원하다

1066 **逻辑** luójí [형] 논리적이다 [명] 논리
缺乏逻辑 논리성이 부족하다

1067 **目录** mùlù [명] 목차
产品目录 상품 목록
图书目录 도서 목록

1068 **培养** péiyǎng [동] 배양하다, 기르다
培养习惯 습관을 기르다(≒养成习惯)
培养兴趣 흥미를 기르다
培养人才 인재를 기르다
비교 培训 péixùn [동] 양성하다, 육성하다

1069 **启发** qǐfā [동] 일깨우다
得到启发 깨달음을 얻다
很有启发 큰 일깨움이 있다
他的话使我深受启发。
그의 말은 나에게 깊은 깨달음을 얻게 했다.

1070 **试卷** shìjuàn [명] 시험지
交试卷 시험지를 내다
收试卷 시험지를 걷다

1071 **提纲** tígāng [명] 개요, 요점, 요지
论文提纲 논문 요점
准备发言提纲 발언 요지를 준비하다

1072 **提问** tíwèn [동] 질문하다
连续提问 연속적으로 질문하다
回答提问 질문에 대답하다

1073 题目 tímù [명] 제목, 시험 문제
定题目 제목을 정하다
换题目 제목을 바꾸다
试题目 시험 문제

1074 主题 zhǔtí [명] 주제
讨论会将围绕这个主题展开。
토론회는 장차 이 주제를 둘러싸고 전개될 것이다.

1075 退步 tuìbù [동] 퇴보하다
水平退步了 실력이 떨어졌다
成绩退步了 성적이 떨어졌다
비교 成绩提高 / 成绩进步了 성적이 향상되다

1076 文具 wénjù [명] 문구, 문방구, 필기 도구
随身携带文具 몸에 필기 도구를 휴대하다
비교 家具 가구 | 玩具 완구, 장난감 | 工具 공구, 도구, 수단

1077 用功 yònggōng [동] 노력하다, 열심히 공부하다
用功学习 어려움을 참고 견디며 열심히 공부하다
用功练习 열심히 연습하다
不太用功 그닥 열심히 공부하지 않다

1078 常识 chángshí [명] 상식
一般常识 일반 상식
科学常识 과학 상식
缺乏常识 상식이 부족하다

1079 抽象 chōuxiàng [형] 추상적이다
抽象的概念 추상적인 개념
抽象的内容 추상적인 내용

1080 夏令营 xiàlìngyíng [명] 여름 학교, 하계 캠프
参加夏令营活动 하계 캠프 활동에 참가하다

1081 形容 xíngróng [동] 형용하다, 표현하다
那里美丽的风景简直无法用语言来形容。
그곳의 아름다운 풍경은 그야말로 말로는 형용할 수 없다.

1082 修改 xiūgǎi [동] 수정하다
修改合同 계약서를 수정하다
修改论文 논문을 수정하다
비교 维修 수리하다

1083 归纳 guīnà [동] 귀납하다
逻辑性归纳 논리적 귀납
总结归纳 종합하여 귀납하다
从经验中归纳一般原理 경험에서 일반 원리를 귀납하다

1084 学问 xuéwen [명] 학문
很有学问 학문이 깊다
说话也是一门学问。 말하기도 일종의 학문이다.

1085 学历 xuélì [명] 학력
有研究生学历 대학원 학력이 있다
学历很高 학력이 매우 높다
讲究学历 학력을 중시하다

1086 学术 xuéshù [명] 학술
学术报告 학술 보고
学术观点 학술 관점
参加学术讨论会 학술 토론회에 참석하다

1087 疑问 yíwèn [명] 의문
毫无疑问 조금도 의문이 없다
纷纷提出疑问 잇따라 의문을 제기하다

1088 幼儿园 yòu'éryuán [명] 유치원
把这些玩具送给幼儿园吧。
이 장난감들을 유치원에 보내 주자.

1089 资料 zīliào [명] 자료
参考资料 참고 자료
网上有很多免费资料。 인터넷에는 많은 무료 자료가 있다.

1090 作文 zuòwén [명] 작문
批作文 작문에 평어를 쓰다, 작문을 평가하다
修改作文 작문을 첨삭하다
作文比赛 글짓기 대회

1091 词汇 cíhuì [명] 어휘, 용어
专业词汇 전문 용어
核心词汇 핵심 어휘

1092 **声调** shēngdiào [명] 성조
汉语讲究声调。 중국어는 성조를 매우 중시한다.

1093 **语气** yǔqì [명] 어기, 어투
语气强硬 말투가 강경하다
语气和缓 말투가 부드럽다

⑥ 체육 ----------------------------------

1094 **开幕式** kāimùshì [명] 개막식(↔ 闭幕式)
出席开幕式 개막식에 참석하다
世界杯开幕式 월드컵 개막식

1095 **太极拳** tàijíquán [명] 태극권
打太极拳 태극권을 하다
太极拳是中国的一种传统武术。
태극권은 중국의 일종의 전통 무술이다.

1096 **无数** wúshù [형] 무수하다
无数的人 무수한 사람
无数的观众 무수한 관중

1097 **球迷** qiúmí [명] 축구 팬
现场居然坐满了球迷。
현장에는 뜻밖에도 축구 팬들이 가득 앉았다.

1098 **健身** jiànshēn [동] 신체를 튼튼하게 하다
健身房 헬스장
健身教练 헬스 트레이너

1099 **训练** xùnliàn [동] 훈련하다
刻苦训练 열심히 훈련하다
训练过程很艰苦。 훈련 과정이 힘겹다

1100 **纪录** jìlù [명] 기록
纪录片 다큐멘터리
世界纪录 세계 기록
创造纪录 기록을 세우다(창조하다)
突破纪录 기록을 돌파하다
비교 '记录(기록하다, 기록)'는 [동사]나 [명사]로 모두 쓰이지만, '纪录(기록)'는 주로 [명사]로 쓰인다. '纪录'는 '纪录片(다큐멘터리)', '创造纪录(기록을 세우다)'와 같은 주요 표현이 있다.

23일차

1101 **教练** jiàoliàn [명] (스포츠) 감독
在教练的指导下，他取得了突出的成绩。
감독의 지도로 그는 뛰어난 성적을 거두었다.

1102 **划** huà [동] 긋다, 가르다 / huá [동] 배를 젓다
计划 계획(하다)
划船 배를 젓다
划算 수지 맞다
一笔一划地写 한 획 한 획 쓰다/꼭꼭 쓰다

1103 **结实** jiēshi [형] 튼튼하다, 견고하다
这个塑料袋很结实。 이 비닐봉지는 매우 튼튼하다.
身体还很结实 몸은 여전히 튼튼하다
꿀팁 '结实'는 '사물'과 '사람' 모두에게 쓸 수 있다.

1104 **决心** juéxīn [동] 결심하다 [명] 결심
他下定决心，要把这项工作做好。
그는 이 일을 잘 해낼 거라고 결심했다.

1105 **力量** lìliàng [명] (추상적인) 힘
爱情的力量 사랑의 힘
集体的力量 집단의 힘
비교 力气 (물리적인) 힘

1106 **决赛** juésài [명] 결승전
进决赛 결승전에 진출하다 | 半决赛 준결승전
비교 预赛 예선전 | 加时赛 연장전

1107 **冠军** guànjūn [명] 챔피언, 우승자
拿到冠军 우승하다
获得世界冠军 세계 챔피언을 하다

⑦ 여행 ----------------------------------

1108 **到达** dàodá [동] (장소에) 도착하다
到达目的地 목적지에 도착하다
到达终点 종점에 이르다
비교 '到达' 뒤에는 반드시 **장소**가 오지만, '达到' 뒤에는 '目的', '程度' 같은 **추상명사**가 온다.

1109 **列车** lièchē [명] 열차
列车车厢 기차 칸
列车时刻表 열차 시간표

1110 **登记** dēngjì [동] 등록하다, (호텔에서) 체크인하다, 기입하다
登记结婚 혼인 신고를 하다
登记个人信息 개인 정보를 기재하다

1111 **等待** děngdài [동] 기다리다
等待时机 시기를 기다리다
耐心地等待 인내심 있게 기다리다

1112 **岛屿** dǎoyǔ [명] 섬, 도서
"独岛"是韩国面积较小的岛屿。
'독도'는 한국에서 면적이 비교적 작은 섬이다.

1113 **位于** wèiyú [동] ~에 위치하다
海南岛位于中国的最南端。
해남도는 중국의 최남단에 위치해 있다.

1114 **分布** fēnbù [동] 분포하다
分布均匀 분포가 고르다
分布在世界每个角落 세계 구석구석에 퍼져 있다

1115 **陆地** lùdì [명] 육지
海洋的面积比陆地大得多。
바다의 면적이 육지보다 훨씬 크다.

1116 **沙漠** shāmò [명] 사막
植物很难在沙漠中生长。 식물은 사막에서 생장하기 어렵다.

1117 **沙滩** shātān [명] 백사장
光着脚走沙滩 맨발로 백사장을 걷다

1118 **石头** shítou [명] 돌, (가위 바위 보에서의) 바위
扔石头 돌을 던지다
用石头堆起来 돌로 쌓아 올리다

1119 **顶** dǐng [명] 정상 [동] 축구에서 헤딩하다 [양] 모자를 셈
登上山顶 산 정상

顶球 (축구에서) 헤딩하다
一顶帽子 한 개의 모자

1120 **洞** dòng [명] 구멍
破了个洞 구멍이 났다
破洞牛仔裤 찢청(찢어진 청바지)

1121 **滴** dī [명] 물방울 [양] 물방울을 셈 [동] 한 방울씩 떨어지다
雨滴 빗방울
节约一滴水 물 한 방울도 절약하다
滴水穿石 낙숫물이 댓돌을 뚫는다

1122 **地道** dìdao [형] 정통의, 오리지널의
地道的北京人 베이징 토박이
这里的川菜很地道。 이곳의 쓰촨 요리는 오리지널이다.

1123 **地理** dìlǐ [명] 지리
买房子时地理位置很重要。
집을 살 때는 지리적 위치가 매우 중요하다.

1124 **地区** dìqū [명] 지역
下游地区 하류 지역
灾害地区 재해 지역
贫困地区 빈곤 지역

1125 **拐弯** guǎiwān [동] 커브를 돌다 [명] 모퉁이
向东拐 우회전하다
车到了拐弯处就减速。 차가 모퉁이에 이르면 감속한다.

1126 **海关** hǎiguān [명] 세관
通过海关 세관을 통과하다
在海关部门工作 세관 부처에서 근무하다

1127 **豪华** háohuá [형] 호화롭다
豪华住宅 호화 주택
豪华婚礼 호화 결혼식
豪华的宴会 호화로운 잔치

1128 **合影** héyǐng [동] 단체 사진을 찍다 [명] 단체 사진
合影留念 함께 사진을 찍어 기념으로 남기다
在这儿合个影吧 여기서 단체 사진을 찍자

1129 **胡同** hútòng [명] 골목
死胡同 막다른 골목
北京有很多条胡同，都值得转转。
베이징에는 많은 골목이 있는데 모두 돌아볼 만하다.

1130 **风俗** fēngsú [명] 풍속
这里还保留着一些古老的风俗习惯。
이곳은 아직도 오랜 풍속 습관을 간직하고 있다.

1131 **欧洲** ōuzhōu [명] [지명] 유럽
欧洲艺术品展 유럽 예술품전
去欧洲旅游 유럽 여행을 가다

1132 **风景** fēngjǐng [명] 풍경, 경치(≒景色/风光)
欣赏风景 풍경을 감상하다
美丽的风景 아름다운 경치
优美的风景 아름다운 경치

1133 **开放** kāifàng [동] 개방하다 [형] 개방적이다
教育方式很开放 교육 방식은 매우 개방적이다
博物馆的开放时间 박물관의 개방 시간

1134 **名胜古迹** míngshèng gǔjì [명] 명승고적
到处都是名胜古迹 도처가 모두 명승고적이다
游览名胜古迹 명승고적을 유람하다

1135 **博物馆** bówùguǎn [명] 박물관
参观博物馆 박물관에 참관하다
博物馆里的文物 박물관 안의 문물

1136 **休闲** xiūxián [동] 한가롭게 보내다 [형] (옷차림이) 캐주얼하다 [형] 레저의
休闲服 캐주얼복
休闲产业 레저 산업
休闲设施 레저 시설
穿得很休闲 옷을 캐주얼하게 입다

1137 **优美** yōuměi [형] 아름답다
优美的风景 아름다운 풍경
优美的环境 뛰어난 환경

1138 **游览** yóulǎn [동] 유람하다

游览名胜古迹 명승고적을 유람하다
游览车 관광 버스
[비교] 浏览 liúlǎn 훑어보다

1139 **自由** zìyóu [형] 자유롭다 [명] 자유
争取自由 자유를 쟁취하다
享受自由 자유를 누리다

⑧ 오락 --

1140 **娱乐** yúlè [명] 오락, 엔터테인먼트
休闲娱乐 레저와 오락
娱乐设施 오락 시설 (휴양 시설)
娱乐节目 오락 프로그램
[비교] 游戏 오락, 게임

1141 **频道** píndào [명] 텔레비전 채널
换频道 채널을 돌리다
新闻频道 뉴스 채널
体育频道 스포츠 채널

1142 **动画片** dònghuàpiān [명] 만화 영화, 애니메이션
《冰雪奇缘》是一部著名的动画片。
〈겨울왕국〉은 유명한 애니메이션이다.
[비교] 纪录片 jìlùpiàn 다큐멘터리

1143 **连续剧** liánxùjù [명] 드라마, 연속극
精彩的连续剧 훌륭한 (재미있는) 연속극
我迷上了这个连续剧。 나는 이 드라마에 빠졌다.

1144 **字幕** zìmù [명] 자막
中文字幕 중국어 자막
声音和字幕不一致 소리와 자막이 일치하지 않는다

1145 **明星** míngxīng [명] 스타, 유명인
采访明星 스타를 인터뷰하다
明星很重视自己的形象。
스타는 자신의 이미지를 매우 중시한다.
[비교] 追星族 오빠(언니) 부대, 열성 팬

1146 **主持** zhǔchí [동] 사회를 보다
主持人 사회자, MC
主持节目 프로그램의 사회를 맡다

1147 麦克风 màikèfēng [명] 마이크
麦克风被我不小心摔坏了。
마이크가 나에 의해 실수로 떨어져 부서졌다.

1148 俱乐部 jùlèbù [명] 클럽, 동호회
网球俱乐部 테니스 동호회
读书俱乐部 독서 동호회

1149 媒体 méitǐ [명] 매체, 매스컴
媒体的报道 매체의 보도
受到媒体的密切关注 매체의 깊은 관심을 받다

26. 사회

1150 背景 bèijǐng [명] 배경, 백그라운드
背景音乐 배경 음악
在没有任何背景的情况下 어떤 배경도 없는 상황에서

24일차

1151 差距 chājù [명] 격차
贫富差距 빈부의 격차
两个队的差距开始逐渐缩小。
두 팀의 (실력) 격차가 조금씩 줄어들기 시작했다.

1152 道德 dàodé [명] 도덕 [형] 도덕적이다
道德观念 도덕 관념
不道德的行为 부도덕한 행위

1153 地位 dìwèi [명] 지위
社会地位 사회적 지위
国际地位 국제적 지위
占着很重要的地位 중요한 지위를 차지하고 있다

1154 个人 gèrén [명] 개인
请您登记一下个人信息。개인 정보를 기재해 주세요.

1155 排队 páiduì [동] 줄을 서다
提前订票可以省去排队的时间。
미리 예매하면 줄 서는 시간을 생략할 수 있다.
비교 插队 chāduì [동] 새치기를 하다
꿀팁 '排队'는 이합동사이기 때문에 '한 시간 동안 줄을 섰다'는 '排队了一个小时'가 아니라 '排了一个小时(的)队'라고 해야 한다.

1156 规矩 guīju [명] 규율 [형] 단정하고 모범적이다
遵守规矩 규율을 지키다
不守规矩 규칙을 지키지 않다
不规矩的学生 불량한 학생

1157 规则 guīzé [명] 규칙 [형] 규칙적이다, 일정하다
比赛规则 시합 규칙
游戏规则 놀이 규칙
遵守交通规则 교통 법규를 준수하다

1158 后果 hòuguǒ [명] 나쁜 결과
造成后果 나쁜 결과를 초래하다
后果严重 결과가 심각하다
承担后果 뒷감당을 하다
비교 '结果'는 좋은 결과일 수도 있고 나쁜 결과일 수도 있지만 '后果'는 100% 나쁜 결과를 나타낸다.

1159 华裔 huáyì [명] 중국계, 화교가 거주국에서 낳은 자녀
华裔美国人 중국계 미국인
他的妻子是华裔。그의 아내는 화교 2세이다.

1160 集体 jítǐ [명] 집단
集体的力量很大。집단의 힘은 크다.

1161 角色 juésè [명] 역할, 배역
爸爸的角色 아빠의 역할
演坏人的角色 악역을 연기하다

1162 客观 kèguān [형] 객관적이다(↔ 主观)
客观的角度 객관적인 각도
客观事实 객관적 사실

1163 **主观** zhǔguān [형] 주관적이다(↔ 客观)
这种打分方式主观性太强了。
이런 채점 방식은 주관성이 너무 강하다.

1164 **劳驾** láojià [동] 죄송합니다, 실례합니다
劳驾, 把那个球给我捡一下。
죄송하지만 그 공 좀 주워 주시겠어요.

1165 **老百姓** lǎobǎixìng [명] 서민
老百姓的生活 서민의 생활
老百姓的交通工具 서민들의 교통수단

1166 **领域** lǐngyù [명] 영역, 분야
在医学领域 의학 분야에서
这个理论被应用到很多领域。
이 이론은 많은 분야에 응용되었다.

1167 **矛盾** máodùn [명] 모순, 갈등 [형] 갈등하다, 모순적이다
产生矛盾 갈등이 생기다
前后矛盾 앞뒤가 모순되다
自相矛盾 앞뒤가 모순되다/자가당착이다

1168 **秘密** mìmì [명] 비밀
保密 비밀을 지키다
每个人都有属于自己的秘密。
사람마다 자신만의 비밀이 있다.

1169 **命运** mìngyùn [명] 운명
改变命运 운명을 바꾸다
命运掌握在自己手里。 운명은 자신의 손에 달려 있다.

1170 **平等** píngděng [형] 평등하다 [명] 평등
男女平等 남녀가 평등하다
一律平等 모두가 평등하다
不平等的关系 불평등한 관계

1171 **奇迹** qíjì [명] 기적
创造奇迹 기적을 만들다
这简直就是个奇迹。 이것은 그야말로 기적이다.

1172 **气氛** qìfēn [명] 분위기
节日气氛 명절 분위기
气氛很活跃 분위기가 활기차다
欢乐的气氛 즐거운 분위기

1173 **情景** qíngjǐng [명] 정경, 광경, 장면
这张照片生动地记录当时的情景。
이 사진은 생동적으로 당시의 광경을 기록하고 있다.

1174 **人口** rénkǒu [명] 인구
人口持续增长 인구가 지속적으로 늘다
人口分布不均匀 인구 분포가 불균형적이다

1175 **人类** rénlèi [명] 인류, 인간
人类的生存和发展 인류의 생존과 발전
人类与大自然和谐相处 인류와 대자연이 조화롭게 지내다

1176 **人生** rénshēng [명] 인생
人生观 인생관
人生目标 인생 목표
享受人生 인생을 즐기다

1177 **报社** bàoshè [명] 신문사
报社记者 신문사 기자
报社编辑 신문 편집자
报社的摄像机 신문사의 사진 기자

1178 **押金** yājīn [명] 보증금, 담보금
交押金 보증금을 내다
退回押金 보증금을 돌려주다

1179 **身份** shēnfèn [명] 신분
身份证 신분증
学生身份 학생 신분

1180 **实话** shíhuà [명] 솔직한 말
说实话 솔직히 말하면

1181 **事实** shìshí [명] 사실
承认事实 사실을 인정하다
夸大事实 사실을 과대하다
客观事实 객관적 사실

1182 **事物** shìwù [명] 사물
世上所有的事物都在不断发展变化。
세상의 모든 사물은 끊임없이 발전하고 변화하고 있다.

1183 **私人** sīrén [형] 사적인, 개인의
私人空间 사적인 공간
비교 隐私 사생활 | 自私 이기적이다

1184 **思想** sīxiǎng [명] 사상
沟通思想 사상을 소통하다
思想开放 사상이 개방적이다

1185 **统一** tǒngyī [형] 일치하다 [동] 통일시키다
成功没有统一的标准。 성공은 통일된 기준이 없다.

1186 **文明** wénmíng [명] 문명 [형] 문명적이다
不文明的行为 비문명적인 행위
建设文明社会 문명 사회를 건설하다

1187 **系统** xìtǒng [명] 체계, 시스템, 계통 [형] 체계적이다
建立系统 체계를 구축하다
重装系统 (컴퓨터의) 시스템을 다시 설치하다
没有系统的知识价值不大。
체계가 없는 지식은 가치가 크지 않다.

1188 **现实** xiànshí [형] 현실적이다 [명] 현실
接受现实 현실을 받아들이다
这个主张不太现实。 이 주장은 그다지 현실적이지 않다.

1189 **现象** xiànxiàng [명] 현상
出现~现象 ~ 현상이 나타나다
自然现象 자연 현상
奇怪的现象 이상한 현상

1190 **形成** xíngchéng [동] 형성하다
形成方式 방식을 형성하다
形成性格 성격을 형성하다

1191 **形势** xíngshì [명] 형세
形势严重 형세가 심각하다
观察形势 형세를 관찰하다
国际形势 국제 형세

1192 **移民** yímín [명] 이민 [동] 이민하다
办理移民手续 이민 수속을 하다
想移民去美国 미국으로 이민 가고 싶다

1193 **意义** yìyì [명] 의의, 의미
深刻的意义 깊은 의미
这样活着有什么意义啊！
이렇게 살아야 무슨 의미가 있겠는가!

1194 **因素** yīnsù [명] 요소, 요인
文化因素 문화적 요소
心理因素 심리적 요인
先天因素 선천적 요소

1195 **英雄** yīngxióng [명] 영웅
他现在是民族英雄了。 그는 현재 민족의 영웅이 되었다.

1196 **预报** yùbào [명] 예보 [동] 예보하다
天气预报说今天有雨。
일기 예보 듣기로는 오늘 비가 온다고 했다.

1197 **原则** yuánzé [명] 원칙
原则上 원칙상
坚持原则 원칙을 지키다
做事要有原则 일을 할 때는 원칙이 있어야 한다

1198 **在乎** zàihu [동] 마음속에 두다, 신경 쓰다
一点儿也不在乎 조금도 신경 안 쓴다
不在乎别人的反应 다른 사람의 반응에 신경 안 쓴다
不在乎别人的议论 다른 사람의 왈가왈부에 대해서 신경 안 쓴다

1199 **运气** yùnqi [명] 운
靠运气 운에 맡기다
今天我运气很不错。 오늘 나는 운이 매우 좋다.
비교 幸运 [명] 행운 [형] 운이 좋다(↔ 倒霉 운이 없다, 재수 없다)

1200 **真理** zhēnlǐ [명] 진리
真理往往掌握在少数人手里。
진리는 종종 소수의 사람들 손에 달려 있다.

25일차

1201 证件 zhèngjiàn [명] (학생증・신분증 등의) 증명서
办护照都需要什么证件？
여권 만드는 데 어떤 증명서가 필요한가요?

1202 志愿者 zhìyuànzhě [명] 자원봉사자, 지원자
当志愿者/做志愿者 자원봉사자가 되다
参加志愿者活动 자원봉사 활동을 하다

1203 秩序 zhìxù [명] 질서
秩序良好 질서가 양호하다
遵守秩序 질서를 지키다
비교 程序 절차, 순서, 컴퓨터 프로그램

1204 智慧 zhìhuì [명] 지혜
信心和智慧是克服困难的保证。
믿음과 지혜는 어려움을 극복하는 보증 수표다.

1205 专家 zhuānjiā [명] 전문가
咨询专家们的意见 전문가의 의견을 자문하다(물어보다)

1206 组合 zǔhé [명] 조합 [동] 조합하다, 조립하다
偶像组合 아이돌 그룹
组合家具 조립식 가구
各种颜色的组合 각종 색깔의 조합

1207 尊重 zūnzhòng [동] 존중하다
尊重别人 다른 사람을 존중하다
得到别人的尊重 남의 존중을 받다

1208 遵守 zūnshǒu [동] 준수하다
遵守原则 원칙을 지키다
遵守交通规则 교통 법규를 준수하다

27. 어법・어휘

① 부사

1209 勿 wù [부] ~해서는 안 된다(≒别/不要)
请勿靠近 가까이 가지 마시오
请勿入内 안에 들어가지 마세요

1210 迟早 chízǎo [부] 조만간(≒早晚)
迟早会后悔的 조만간 후회할 것이다
迟早会抓住他 조만간 그를 잡을 것이다

1211 毕竟 bìjìng [부] 결국은, 어쨌든
你毕竟是学生，应该以学习为主。
너는 결국은 학생이잖아, 공부를 위주로 해야 해.
비교 '필경'이라고 해석하지 않도록 하자.

1212 便 biàn [부] 곧, 바로(≒就)
她一躺下便睡着了。그녀는 눕자마자 바로 잠들어 버렸다.

1213 尽快 jǐnkuài [부] 되도록 빨리, 가능한 한 빨리

尽快离开 되도록 빨리 떠나다
尽快答复 되도록 빨리 답변하다

1214 尽量 jǐnliàng [부] 최대한, 가능한 한
要尽量帮助别人。최대한 남을 도와야 한다.

1215 不断 búduàn [부] 끊임없이, 계속해서
不断发展 끊임없이 발전하다
不断努力 끊임없이 노력하다

1216 一律 yílǜ [부] 일률적으로, 예외 없이 [형] 일률적이다
本店商品一律7折。저희 가게 상품은 모두 30% 할인합니다.

1217 的确 díquè [부] 정말로, 확실히
的确如此 정말 그러하다
确很了不起 정말 대단하다

1218 或许 huòxǔ [부] 어쩌면, 아마도(=也许)
这些天没见着他，或许是出差了。
요 며칠간 그를 보지 못했는데 아마도 출장 갔을 것이다.

1219 **反而** fǎn'ér [부] 오히려
雨不但没停，反而越下越大了。
비는 그치지 않았을 뿐 아니라 오히려 갈수록 많이 내렸다.

> 꿀팁 '不但'은 주로 '而且'와 호응하지만(不但 A 而且 B), '不但' 뒤에 부정부사(不/没/非) 등이 올 때는 (위 예문처럼) 뒷절에 '反而(오히려)'과 호응한다는 점을 기억하자.
> 〈不但 + 不/没/非 A, 反而 B〉

1220 **反正** fǎnzhèng [부] 어쨌든
不管你怎么劝我，反正我不去。
니가 어떤 식으로 권해도 어쨌든 나는 가지 않아.

1221 **陆续** lùxù [부] 잇따라
快上课了，同学们都陆续走进了教室。
곧 수업이어서 급우들은 잇따라 교실로 들어갔다.

1222 **纷纷** fēnfēn [부] 잇따라 [형] (말·눈·비·꽃·낙엽 등이) 분분하다, 어지럽게 날리다
纷纷提出疑问 잇따라 의문을 제기하다
议论纷纷 의견이 분분하다

> 비교 '纷纷'은 [형용사]이기도 하기 때문에 '议论纷纷'이라고 표현할 수 있지만, '议论陆续'라고는 표현할 수 없다.

1223 **格外** géwài [부] 유달리, 매우
今天格外冷。 오늘 유달리 춥다.

> 비교 相当 상당히, 极其 극히

1224 **极其** jíqí [부] 극히
极其困难 극히 어렵다
极其重要 극히 중요하다
极其生气 극히 화내다

1225 **一再** yízài [부] 수차, 거듭해서(≒再三)
一再强调 거듭 강조하다
一再推辞 몇 번이나 사양하다

1226 **何必** hébì [부] 하필, 구태여(~할 필요가 있겠는가)
为这么一点小事，何必生气呢？
고작 이런 일로 구태여 화낼 필요가 있는가?

1227 **何况** hékuàng [부] 하물며 (~은 더 말할 나위가 없다)
大人都搬不动，何况小孩子呢？
어른도 옮기지 못하는데 하물며 아이야 더 말할 것이 있겠는가?

1228 **简直** jiǎnzhí [부] 그야말로(과장의 어기)
这次胜利简直是个奇迹。 이번 승리는 그야말로 기적이다.

1229 **居然** jūrán [부] 뜻밖에(≒竟然)
现场居然坐满了球迷。
현장에는 뜻밖에도 축구 팬들이 가득 앉아 있었다.

1230 **忽然** hūrán [부] 갑자기, 홀연히
忽然消失 갑자기 사라지다
忽然想到 갑자기 생각났다
忽然出现了 갑자기 나타났다

1231 **果然** guǒrán [부] 과연, 예상한 대로(↔ 竟然/居然)
天气预报说要有雨，果然下雪了。
일기 예보에서 눈이 온다고 했는데 과연 눈이 내렸다.

1232 **依然** yīrán [부] 여전히(≒仍然)
生活依然没有改善。 생활은 여전히 개선되지 않았다.

1233 **难怪** nánguài [부] 어쩐지(≒怪不得)
难怪今天他这么高兴，原来他的儿子考上了大学。
어쩐지 오늘 그가 이렇게 기뻐하더라니, 알고 보니 그의 아들이 대학에 합격한 것이었다.

1234 **绝对** juéduì [부] 절대로
绝对不行 절대로 안 돼
绝对保密 절대로 비밀로 하다

1235 **立即** lìjí [부] 즉각, 바로
我们得立即采取措施。 우리는 즉각 조치를 취해야 한다.

1236 **立刻** likè [부] 즉각, 바로
老师进来，教室里立刻安静了。
선생님이 들어오자 교실 안은 바로 조용해졌다.

1237 **连忙** liánmáng [부] 황급히, 서둘러
连忙道歉 황급히 사과하다
连忙让座 황급히 자리를 양보하다

1238 **宁可** nìngkě [부] 차라리 ~할지언정
　宁可饿死，也不偷人家的。
　차라리 굶어 죽을지언정 남의 물건을 훔치지 않는다.

1239 **悄悄** qiāoqiāo [부] 은밀히, 살며시
　小猫悄悄地走到了我的椅子旁。
　고양이가 살며시 내 의자 옆으로 왔다.

1240 **亲自** qīnzì [부] 직접
　待一会儿，我亲自去处理这件事。
　잠깐만 기다려. 내가 직접 가서 이 일을 처리할게.

1241 **是否** shìfǒu [부] ~인지 아닌지(≒是不是)
　是否同意 동의하는가 안 하는가
　是否赞成 찬성하나 안 하나

1242 **似乎** sìhū [부] 마치 (~인 것 같다) (≒好像/仿佛)
　我看他很面熟，似乎在哪儿见过。내가 보니 그가 낯이
　익은데 (마치) 어디선가 만난 적이 있는 것 같아.

1243 **随手** suíshǒu [부] 손이 가는 대로, 손에 잡히는 대로
　随手拿来 아무거나 가져와
　随手画画儿 손 가는 대로 그림을 그리다
　随手拿起一本书翻开了。
　손에 잡히는 대로 한 권 가져와서 펼쳤다.

1244 **仿佛** fǎngfú [부] 마치 (~인 것 같다) (≒好像、似乎)
　[동] 비슷하다
　看着这个电影，我仿佛回到了童年时代。
　이 영화를 보니, 나는 마치 어린 시절로 되돌아간 것 같았다.

1245 **万一** wànyī [부] 만일 (~한다면)
　万一失败了，那怎么办？만일 실패하면 어떻게 할 거야？
　꿀팁 주로 안 좋은 일의 발생을 가정하며, 일반 가정은 '如果'，
　'要是'，'假如'를 쓴다.

1246 **未必** wèibì [부] 반드시 ~인 것은 아니다(≒不一定 /
　不见得)
　努力了未必能成功. 노력했다고 꼭 성공할 수 있는 것은 아니다.

1247 **幸亏** xìngkuī [부] 다행히

　幸亏你提醒了我，不然我忘了今天有会议。
　다행히 네가 일깨워 줬기에 망정이지, 그렇지 않았으면 나는 오
　늘 회의가 있다는 것을 잊었을 거야.
　비교 '幸亏'는 [부사]이고 '多亏(~ 덕분이다)'는 [동사]이기 때문
　에 '这次多亏了你的帮助.' 문장에서는 '幸亏'를 쓸 수 없다.

1248 **一旦** yídàn [부] 일단 ~한다면
　这事一旦被别人发现了，我就丢脸死了。
　이 일은 일단 다른 사람이 안다면 나는 정말 창피할 것이다.
　꿀팁 '一旦'을 쓰면 뒷절에는 일반적으로 '就'가 따라온다.

1249 **再三** zàisān [부] 재삼, 여러 번(≒一再)
　再三请求 여러 번 부탁하다
　再三考虑 여러 번 고려하다
　再三强调 여러 번 강조하다

1250 **逐步** zhúbù [부] 점차, 한 걸음 한 걸음
　范围逐步缩小 범위가 점차 축소되다
　逐步引进新技术 점차 신기술을 도입하다

26일차

1251 **逐渐** zhújiàn [부] 점점, 점차
　逐渐改善 점점 개선되다
　逐渐扩大 점점 확대되다
　逐渐适应 점점 적응하다
　逐渐熟练 점점 숙련되다
　비교 '逐步'는 단계별로 계획적으로 변하는 것에 초점이 있고,
　'逐渐'은 서서히 자연스럽게 변하는 것에 초점이 있다. 하지만 이
　둘을 비교하는 문제는 출제되지 않는다.

1252 **总算** zǒngsuàn [부] 마침내(=终于)
　他总算升职了。 그는 마침내 승진했다.

1253 **怪不得** guàibude [부] 어쩐지(≒难怪)
　怪不得屋里这么凉快，原来是开了空调。
　어쩐지 방이 시원하다 했더니, 알고 보니 에어컨을 틀어 놓았구나.
　꿀팁 '怪不得'와 '难怪'를 쓰면 뒷절에는 '原来(알고 보니)'가 따
　라와 호응하는 경우가 많다. → (难怪/怪不得~, 原来~)

1254 **说不定** shuōbúdìng [부] 아마

说不定下次就能成功.
아마도 다음에는 성공할 수 있을 거야.

비교 不一定 반드시 ~인 것은 아니다

1255 从此 cóngcǐ [부] 이때부터
发生了这次事故，从此他就再也不敢马虎了.
이 사고가 나고 그 후로 그는 더 이상 대충 하지 않았다.

② 양사 ---------------------------------

1256 堆 duī [양] 물건의 무더기 [동] 쌓다
一堆垃圾 쓰레기 한 더미
抽屉里堆满了各种纪念品.
서랍 안에는 각종 기념품이 가득 쌓여 있다.

1257 吨 dūn [양] 톤(1000kg)
亚洲大象通常有几吨重.
아시아 코끼리는 통상 몇 톤의 무게에 달한다.

1258 幅 fú [양] 폭(그림을 세는 단위)
墙上挂着一幅美丽的山水画.
벽에 한 폭의 아름다운 산수화가 걸려 있다.

1259 根 gēn [양] 가늘고 긴 것을 세는 단위 [명] 뿌리
一根火柴 한 개비의 성냥
一根烟(=一支烟) 한 개비의 담배
一根头发 한 가닥의 머리카락
一根绳子 한 개의 밧줄
树大根深 나무는 크고 뿌리는 깊다

1260 群 qún [양] (사람이나 사물의) 무리
一群羊 한 무리의 양
一群孩子 한 무리의 아이들

1261 届 jiè [양] 정기적인 회의나 운동회
第28届北京奥运会 제28회 베이징 올림픽

1262 颗 kē [양] 둥글고 작은 알맹이 모양과 같은 것을 세는 단위
一颗星星 한 개의 별
掉了一颗牙齿 이가 하나 빠졌다

꿀팁 '一颗快乐的心(즐거운 마음)', '一颗童心(하나의 동심)'처럼 마음(心)도 셀 수 있다.

1263 克 kè [양] 그램, g
1000克等于1公斤. 1000g은 1kg과 같다.

1264 盆 pén [명] 대야, 화분 [양] 화분
窗台上有一盆紫色的花. 창가에 한 자주색 꽃이 있다.

비교 盒 통, 갑, 상자

1265 批 pī [양] 무리, 무더기를 셈 [동] 허가하다
一批游客 한 무리의 관광객
一批新设备 한 무더기의 신설비
批下来 허가가 나다

1266 匹 pǐ [양] 말 등의 가축을 셈
一匹马 한 필의 말

1267 片 piàn [양] 편평하고 얇은 모양의 것에 쓰임
一片树叶 한 개의 나뭇잎
两片药 2알의 약

꿀팁 '片'은 '경치, 소리' 등이 가득함을 나타낼 때도 쓴다.
一片白 온통 희다
教室里爆出了一片掌声.
교실에 한 차례 박수 소리가 터져 나왔다.

1268 圈 quān [양] 바퀴 [명] 범위, 구역, 원, 동그라미
转了一圈 한 바퀴 둘러보다
绕着操场跑10圈 운동장을 10바퀴 뛰다
生活圈 생활권
朋友圈 친구권(친구들)

1269 升 shēng [양] 리터(ℓ) [동] 오르다
毫升 밀리리터(ml)
升职 승진하다
上升 상승하다

1270 首 shǒu [양] 수, 편, 곡(시·노래 등을 세는 단위) [명] 머리, 우두머리, 시작, 처음
这是一首赞扬青春的诗.
이것은 한 편의 청춘을 찬양하는 시이다.

1271 套 tào [양] 세트, 벌, 조 [명] 덮개 [동] 씌우다
　　手套 장갑
　　套餐 세트 메뉴
　　一套房子 한 채의 집
　　一套公寓 한 채의 아파트

1272 团 tuán [양] 뭉치로 된 것을 셈
　　一团火 (한 덩어리의) 불
　　一团棉花 한 뭉치의 솜

1273 项 xiàng [양] 가지, 항목 [명] 목
　　项链 목걸이
　　这项发明 이 발명
　　一项运动 한 종목의 운동

1274 阵 zhèn [양] 차례, 번(갑작스럽고 일시적인 현상에 씀)
　　一阵掌声 한 차례의 박수 소리
　　吹来了一阵风 한 차례의 바람이 불었다

1275 支 zhī [양] 대오 · 노래 등을 셈
　　一支摇滚音乐队 한 록 밴드
　　一支烟 한 개비의 담배
　　一支歌 한 곡의 노래
　　一支股票 한 개의 주식

1276 组 zǔ [양] 조, 벌, 세트 [동] 짜다, 조직하다
　　这组家具 이 세트의 가구

③ 대명사 ------------------------------------

1277 如何 rúhé [대] 어떠한가, 어떻게(≒怎么样/怎样)
　　无论如何 어찌 되었든 간에, 어쨌든
　　你现在感觉如何？ 지금 느낌이 어때?

1278 某 mǒu [대] 어떤, 모
　　某人 어떤 사람
　　某公司 어떤 회사

④ 개사 ------------------------------------

1279 朝 cháo [개] ~를 향하여
　　小狗朝主人摇了摇尾巴。
　　강아지는 주인을 향해 꼬리를 흔들었다.

1280 趁 chèn [개] (기회·시기·상황 등)을 틈 타, ~을 이용하다
　　趁放假 방학을 틈 타
　　趁周末 주말인 김에
　　趁热吃吧。식기 전에 드세요.

1281 凭 píng [개] ~에 근거하여
　　凭经验 경험에 근거하여, 경험상
　　凭想象 상상에 근거하여, 상상으로

1282 作为 zuòwéi [개] ~로서 [동] ~로 삼다
　　把这个作为礼物 이것을 선물로 삼다
　　作为一个青年，应该有远大的理想。
　　청년으로서 원대한 이상을 가져야 한다.

⑤ 접속사 ------------------------------------

1283 此外 cǐwài [접] 그 밖에
　　墙上挂着一幅油画，此外还有几张彩照。
　　벽에는 유화 한 폭이 걸려 있고, 그밖에 몇 장의 컬러 사진이 있다.

1284 从而 cóng'ér [접] 그리하여
　　他合理安排了作息时间，注意了饮食，从而逐渐改进了健康状况。
　　그는 일과 휴식 시간을 합리적으로 안배하고 음식에 주의하여, 그리하여 점점 건강 상황을 개선시켰다.

1285 假如 jiǎrú [접] 만일(≒如果/要是)
　　假如我考不上研究生，我就申请去海南岛工作。
　　만약 내가 대학원 시험에 합격하지 못했으면 해남도로 가서 일하는 것을 신청했을 것이다.

1286 可见 kějiàn [접] ~임을 알 수 있다
　　红烧鱼他一口也没吃，可见他不喜欢吃鱼。
　　훙샤오위를 그는 한 입도 먹지 않았다. 그가 생선을 좋아하지 않는다는 것을 알 수 있다.

1287 **哪怕** nǎpà [접] 설령 ~일지라도(≒即使)
哪怕明天地球毁灭，也要种下一棵苹果树。
설령 내일 지구가 멸망할지라도 한 그루의 사과나무를 심겠다.
꿀팁 뒷절에는 일반적으로 '也'가 따라와서 호응한다.
→ 〈即使~也~〉

1288 **不然** bùrán [접] 그렇지 않다면(≒否则)
幸亏你提醒了我，不然我忘了今天有会议。
다행히 네가 일깨워 줬기에 망정이지, 그렇지 않았으면 나는 오늘 회의가 있다는 것을 잊었을 거야.
꿀팁 〈幸亏~不然~〉은 자주 쓰는 고정 격식이다.

1289 **要不** yàobù [접] 그렇지 않으면, 아니면
要不你先用我的吧。아니면 먼저 내 것을 써.

1290 **以及** yǐjí [접] 그리고, 및
经常说"谢谢"的人，往往拥有更高的幸福感以及更健康的身体。
자주 '고맙습니다'라고 말하는 사람은 종종 더욱 높은 행복감 및 더 건강한 신체를 가지고 있다.
꿀팁 '以及'는 명사(구), 절 등을 연결할 수 있다.

1291 **因而** yīn'ér [접] 그래서(≒因此/所以)
由于大家意见不一致，因而还不能做出决定。
모두의 의견이 일치하지 않아서, 그래서 결정을 내릴 수 없다.

1292 **与其** yǔqí [접] ~하기 보다는
与其这样浪费时间，还不如看看书。
이렇게 시간을 낭비하느니 책이나 보는 게 낫겠다.
꿀팁 고정 격식 〈与其 A 不如 B〉: A하기보다는 B가 낫다

1293 **则** zé [접] 오히려, 그러나
我喜欢吃米饭，我的妻子则更喜欢吃面条。
나는 밥을 좋아하는데 나의 아내는 면을 더 좋아한다.
꿀팁 '则'는 대비나 역접을 나타낸다.

1294 **至于** zhìyú [접] ~에 관해서는, ~로 말하자면 [동] ~의 정도에 이르다
我们已尽了最大努力，至于结果怎么样，现在很难估计。
우리는 이미 최선을 다했다. 결과가 어떤지 지금은 예상할 수 없다.

我只是擦破了点皮，不至于住院。
나는 그냥 피부가 좀 까졌을 뿐이야, 입원할 정도는 아니야.

1295 **总之** zǒngzhī [접] 총괄하자면, 한마디로 말하면, 요컨대
你爱唱歌，我爱下棋，他爱打乒乓球，总之，都有个人的爱好。
너는 노래를 좋아하고 나는 바둑이나 장기를 두는 것을 좋아하며 그는 탁구를 좋아해. 한마디로 말하면 모두 각자의 취미가 있어.

⑥ 조사

1296 **似的** shìde [조] ~와 같다
你淋得好像落汤鸡似的。너 젖은 게 물에 빠진 생쥐 같다.
꿀팁 고정 격식 〈好像~似的〉의 형태로 많이 쓰인다.

1297 **所** suǒ [조] 〈주술구/동사 + 所 + 的 + N〉의 형태로 N을 수식함.
他是广大观众所熟悉的老演员。
그는 많은 관중들이 잘 아는 배우이다.
꿀팁 〈为/被 + N + 所 + V〉의 형태로 쓰여 피동을 나타냄.
他被真正的友谊所感动。그는 진정한 우정에 감동했다.

⑦ 감탄사

1298 **哎** āi [감] (놀람·반가움 등을 나타내어) 어! 야! 에그!
哎，好可怜！에그, 가여워라!

1299 **嗯** èng [감] 응, 그래

⑧ 의성사

1300 **哈** hā [의성] 하하(크게 웃는 소리로 주로 중복하여 씀)
哈哈大笑 하하 크게 웃다